8 G 377

Paris
1878

Duruy, Victor

Abrégé d'histoire universelle

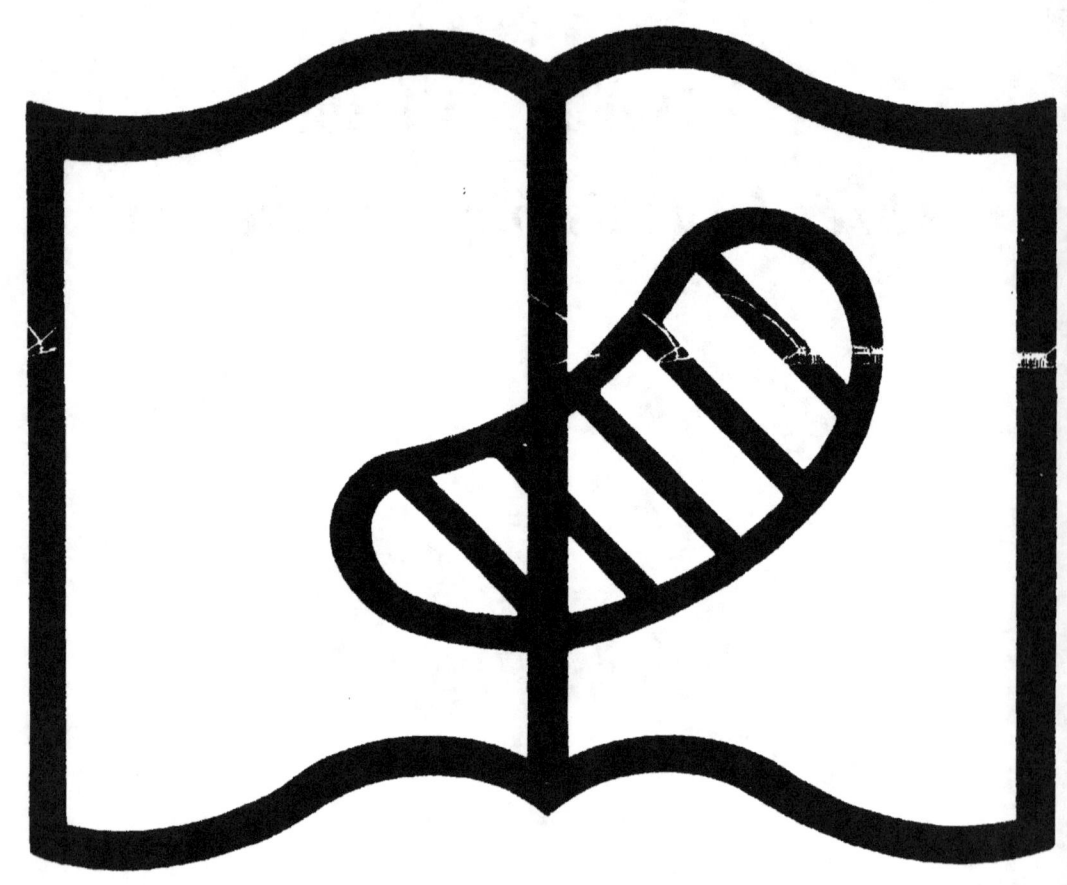

Symbole applicable
pour tout, ou partie
des documents microfilmés

Original illisible

NF Z 43-120-10

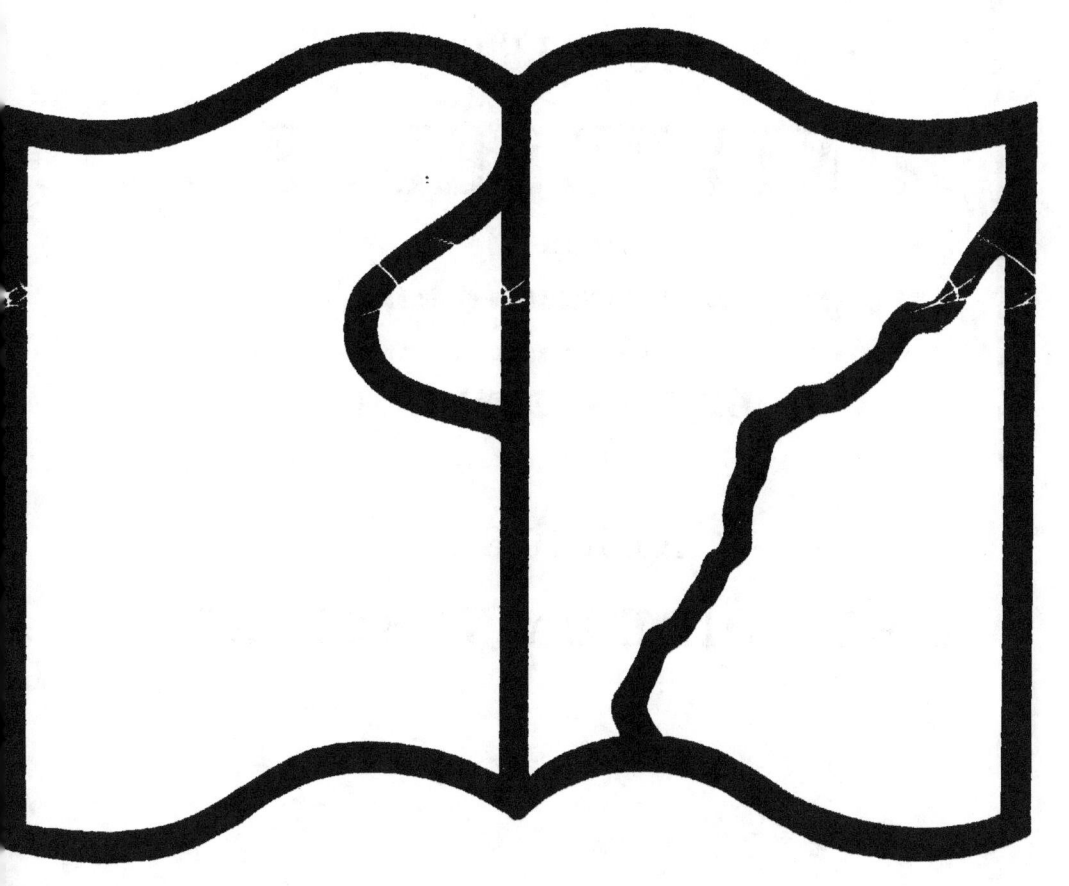

Symbole applicable
pour tout, ou partie
des documents microfilmés

Texte détérioré — reliure défectueuse

NF Z 43-120-11

HISTOIRE UNIVERSELLE

PUBLIÉE

par une société de professeurs et de savants

SOUS LA DIRECTION

DE M. V. DURUY

ABRÉGÉ

D'HISTOIRE UNIVERSELLE

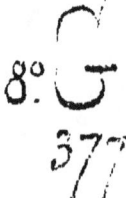

AUTRES OUVRAGES DE M. DURUY

PUBLIÉS PAR LA MÊME LIBRAIRIE.

Histoire des Grecs, depuis les temps les plus reculés jusqu'à la réduction de la Grèce en province romaine. Ouvrage couronné par l'Académie française. 2 volumes in-8, brochés,   12 fr.

Histoire des Romains depuis les temps les plus reculés jusqu'à la fin du règne des Antonins; nouvelle édition. 5 volumes in-8, brochés,   37 fr. 50 c.

Introduction générale à l'histoire de France. 1 volume in-12, broché,   3 fr. 50 c.

Causeries de voyage : *De Paris à Vienne.* 1 volume in-12, broché,   3 fr. 50 c.

Cours d'histoire, rédigé conformément aux derniers programmes officiels, à l'usage des classes de grammaire et d'humanités. Nouvelle édition entièrement refondue, contenant des gravures d'après les monuments et des cartes géographiques. 6 volumes in-12, cartonnés :

Abrégé d'histoire ancienne. Classe de Sixième. 1 vol. 3 fr.

Abrégé d'histoire grecque. Classe de Cinquième. 1 vol. 3 fr.

Abrégé d'histoire romaine. Classe de Quatrième. 1 vol. 3 fr.

Histoire de l'Europe du Ve siècle au commencement du XIIIe (395-1270). Classe de Troisième. 1 vol. 3 fr. 50.

Histoire de l'Europe de la fin du XIIIe siècle au commencement du XVIIe (1270-1610). Classe de Seconde. 1 vol. 3 fr. 50 c.

Histoire de l'Europe de 1610 à 1789, précédée d'une courte révision de l'histoire de France antérieure à 1610. Classe de Rhétorique. 1 vol. 3 fr. 50 c.

Petit cours d'histoire. 8 volumes in-18, avec carte géographique, cartonnés :

Petite histoire sainte, 1 vol. 80 c.

Petite histoire ancienne. 1 vol. 1 fr.

Petite histoire grecque, 1 vol. 1 fr.

Petite histoire romaine. 1 vol. 1 fr.

Petite histoire du moyen âge. 1 vol. 1 fr.

Petite histoire des temps modernes. 1 vol. 1 fr.

Petite histoire de France, depuis les temps les plus reculés jusqu'à nos jours. 1 vol. 1 fr.

Petite histoire générale. 1 vol. 1 fr.

Pour ceux des ouvrages de M. Duruy qui font partie de l'histoire universelle, voir l'annonce sur la couverture.

ABRÉGÉ
D'HISTOIRE UNIVERSELLE

COMPRENANT

LA RÉVISION DES GRANDES ÉPOQUES DE L'HISTOIRE
DEPUIS LES ORIGINES JUSQU'A 1848

PAR

VICTOR DURUY

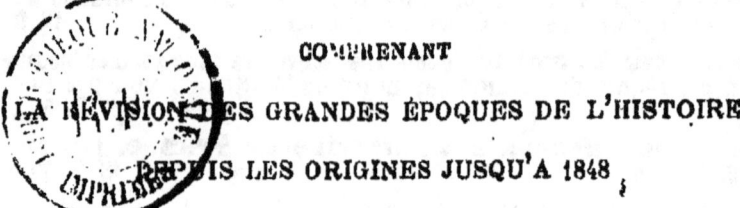

NOUVELLE ÉDITION

PARIS

LIBRAIRIE HACHETTE ET Cie

79, BOULEVARD SAINT-GERMAIN, 79

—

1878

ABRÉGÉ
D'HISTOIRE UNIVERSELLE

HISTOIRE ANCIENNE
DE L'ORIENT

I

LES ORIGINES

La terre. — Toutes les religions primitives ont voulu expliquer Dieu, le monde, la création de l'homme et la coexistence sur la terre du bien et du mal. Aussi tous les anciens peuples avaient ou gardent encore de pieuses légendes en rapport avec leur sol et leur climat, leurs mœurs et leur état social, c'est-à-dire avec le milieu où ils vivaient, sentaient, pensaient et croyaient. De ces antiques récits, le plus simple et le plus grand est la *Genèse*, le livre sacré des Juifs et des chrétiens.

La science à son tour cherche à sonder ces mystères, bien que l'origine des choses doive toujours lui échapper. Elle renonce à trancher les questions que la foi seule doit résoudre; mais elle est arrivée, par un magnifique travail d'analyse et de synthèse, à conquérir une masse de vérités dont la découverte prouverait la grandeur de l'homme, si sa petitesse n'était à chaque instant montrée par l'infini dans la durée et dans l'espace, où ses regards et sa pensée plongent avec une curiosité insatiable et trop souvent impuissante.

Notre système solaire, avec tous les astres qui le composent, n'est qu'un point dans l'immensité, et, suivant l'hypothèse de La Place que rien n'est encore venu démentir, ces astres eux-mêmes n'en faisaient primitivement qu'un seul. C'était une immense nébuleuse, telle qu'on en voit encore dans l'infini des cieux, et qui sont probablement autant de soleils en formation. Peu à peu notre nébuleuse se concentra sur elle-même en un puissant foyer de chaleur et de lumière, mais laissa çà et là, sur la route qu'elle avait suivie dans l'espace, des masses de matière cosmique qui ont formé les planètes. Celles-ci, en témoignage de leur origine, roulent encore dans l'orbite du soleil dont elles sont une émanation.

Le globe que nous habitons est donc une parcelle de soleil, qui s'éteignit en se refroidissant, s'enveloppa successivement d'un océan gazeux, l'atmosphère, d'un océan liquide, la mer, enfin d'une croûte solide, la terre, dont les points culminants émergèrent au-dessus des flots.

La vie animale s'éveilla d'abord au sein des eaux, où elle fut représentée aux époques les plus anciennes, c'est-à-dire, il y a des milliers de siècles, par des espèces intermédiaires entre le végétal et l'animal, analogues aux éponges et aux coraux; vinrent ensuite des mollusques, des crustacés et les premiers poissons. En même temps, les algues, les fucus naissaient dans les eaux peu profondes, et l'air, saturé d'acide carbonique et d'azote, développait sur les terrains à demi noyés une puissante végétation où dominaient les fougères arborescentes et les calamites, dont nous retrouvons les débris dans les mines d'anthracite et de houille.

Dans les deux règnes, animal et végétal, ce sont donc les organismes les plus simples qui se produisent d'abord; mais le temps marche, des milliers de siècles s'écoulent, et l'œuvre de la création se poursuit : les êtres anciens se transforment ou des êtres nouveaux sont créés. L'organisme se complique; les fonctions se multiplient; la vie prend décidément possession de la terre, de la mer et des airs, où elle s'épanouit plus variée dans ses formes, plus puissante et plus riche dans ses moyens d'action. Enfin l'homme parut, et, pour notre terre du moins, Dieu se reposa.

Ainsi, l'ascension continue vers une vie plus complète semble avoir été la loi du monde physique, comme elle a été plus tard celle du monde intellectuel. Aux époques géologiques, la nature modifiait l'organisme, par conséquent les fonctions, et développait les instincts, cette première lueur de l'intelligence; aux époques historiques, la civilisation modifie l'ordre social et développe les facultés. Dans le premier cas, le progrès est marqué par le changement des formes; dans le second, par le changement des idées.

L'homme. — A quelle époque l'homme parut-il sur la terre? Il y a vingt ou trente années seulement que des découvertes inattendues ont forcé de briser tous les vieux systèmes de chronologie, pour faire entrer l'homme lui-même dans les évolutions géologiques de notre globe. Des silex et des ossements taillés en haches, en couteaux, en aiguilles, en pointes de flèche et de lance; des os de grands animaux brisés dans le sens de la longueur, parce qu'on avait voulu en extraire la moelle pour s'en nourrir; des amas de coquilles et des débris de repas (*kjoekkenmœddinger*); des cendres, restes évidents de foyers antédiluviens; même des dessins tracés sur des omoplates et des schistes, représentations d'animaux aujourd'hui disparus ou relégués bien loin des lieux qu'ils habitaient alors; enfin des débris humains trouvés certainement dans les dépôts de l'époque quaternaire, et des traces d'industrie humaine qu'on croit avoir constatées jusque dans les terrains tertiaires, prouvent que l'homme vivait en un temps où nos continents n'avaient ni la faune, ni la flore, ni le climat, ni la configuration qu'ils ont aujourd'hui.

C'est en France que les découvertes les plus nombreuses se sont faites. Mais, sur les pentes du Liban comme dans les grottes du Périgord, dans les vallées de l'Himalaya comme dans celles des Pyrénées, sur les rives du Missouri comme sur celles de la Somme, l'homme primitif se montre avec les mêmes armes, les mêmes coutumes, la même vie sauvage et précaire que conservent, sous nos yeux, certaines tribus de l'Afrique, de l'Australie et du Nouveau Monde. Le futur roi de la création n'en était encore que le produit le plus misérable. Cette science née d'hier a donc reculé la naissance de l'humanité vers une époque où la mesure du temps n'est plus, comme de nos jours, donnée par quelques générations d'hommes, mais où il faut compter par des centaines de siècles. C'est l'âge de pierre, qui déjà peut se diviser en plusieurs périodes dont chacune est en progrès sur celle qui la précède : on commence par des pierres grossièrement transformées en outils ou en armes, et par des cavernes servant de refuge, pour arriver aux pierres artistement travaillées et polies, aux poteries façonnées à la main et déjà ornementées, aux *cités lacustres* ou habitations sur pilotis, enfin aux *dolmens*, aux *menhirs*, aux *allées couvertes*, ces prétendus monuments druidiques que l'on ne connaissait autrefois qu'en France et en Angleterre, et qu'on retrouve aujourd'hui à peu près partout. Le premier homme recule ainsi et se perd dans une vague et effrayante antiquité.

Tous les hommes descendent-ils d'un seul couple ? Oui, si l'unité de l'espèce doit être décidée par la seule considération de la fécondité des unions entre toutes les variétés du genre humain. Cependant la physiologie et la linguistique constatent de bien grandes différences entre les races humaines, depuis les Grecs qui ont servi de modèle à l'Apollon du Belvédère et à la Vénus de Milo, jusqu'au nègre du Congo dont on ferait volontiers un singe perfectionné, si la science n'établissait l'impossibilité anatomique de cette descendance [1].

---

1. Je signale cette impossibilité scientifique pour mettre un terme à une calomnie que je n'ai pas daigné réfuter, quoiqu'on l'ait largement exploitée contre moi. Je n'aurais d'ailleurs aucune compétence

Les races humaines et les langues. — Les variétés de l'espèce humaine sont devenues innombrables sous l'influence des croisements et du milieu habité, c'est-à-dire du sol et du climat. On les ramène ordinairement à trois races principales : la Blanche, la Jaune et la Noire, auxquelles on peut rattacher quantité de nuances intermédiaires provenant des mélanges qui se sont opérés sur les confins des trois races dominantes. Si leur origine est commune, elles se sont du moins développées en des régions distinctes : la Blanche ou caucasique, sur le plateau de l'Iran, d'où elle a gagné l'Inde, l'Asie occidentale et toute l'Europe ; la Jaune ou mongolique, en Chine, dans le nord de l'Asie et les îles de la Malaisie ; la Noire, en Afrique et dans l'Australie, celle-ci étant regardée par certains auteurs comme les restes d'une création qui aurait précédé la faune actuelle. Les Peaux-Rouges d'Amérique paraissent avoir du sang mongol.

Les langues se divisent aussi en trois grandes familles représentées par le *monosyllabisme*, l'*agglutination* et la *flexion*. Dans les idiomes du premier genre, il existe seulement des radicaux, à la fois substantifs et verbes, que la voix exprime par un son unique, mais dont le sens varie suivant la place qui leur est donnée dans la phrase et la relation où ils se trouvent avec d'autres mots. Dans le second cas, le radical demeuré invariable, s'augmente par juxtaposition de particules qui se laissent reconnaître et qui répondent à toutes les catégories grammaticales ; dans le troisième, il subit des altérations qui en changent le son, la forme, l'accent, et qui expriment pour le substantif : le genre, le nombre, la relation ; pour le verbe : le temps et le mode. Aussi, les langues à flexion sont-elles l'instrument le plus per-

---

pour déclarer vraie ou fausse la théorie de Lamarck et de Darwin que les espèces, essentiellement variables, se sont formées par l'accumulation de petites et lentes modifications successivement fixées par l'hérédité.

fectionné qui puisse servir à l'exposition et au développement des idées.

Toutes les langues parlées sur le globe, autrefois ou aujourd'hui, représentent une de ces trois phases. Les plus complètes, celles de la race blanche, sont à la troisième. Les idiomes touraniens (tartare, turc, finnois, tamoul), ceux des peuplades africaines et des Indiens du Nouveau Monde, ou langues agglutinatives, sont à la seconde. Les anciens Chinois s'étaient arrêtés à la première, et leurs descendants n'avancent que lentement vers la deuxième, en conservant, pour l'écriture, leurs cinquante mille caractères *idéographiques* qui, primitivement, étaient chacun, comme les hiéroglyphes égyptiens, l'image d'un objet ou la représentation conventionnelle d'une idée.

La race noire et la race jaune. — L'histoire, qui raconte les transformations de tout ce qui a vécu, n'a point jusqu'à présent de récits pour la race noire, dont l'existence s'est écoulée dans les impénétrables profondeurs de l'Afrique, comme ces fleuves aux sources inconnues qui vont perdre leurs eaux dans les sables du désert. Nous n'en savons pas davantage sur les Indiens d'Amérique et sur les populations océaniennes, car notre science est bien petite encore; mais elle est si jeune! N'est-ce pas de nos jours qu'elle a créé la paléontologie ou l'histoire de la terre, et la philologie comparée ou l'histoire des langues, des races et des idées primitives, par conséquent soulevé un des coins du voile qui cache la création physique et l'origine des civilisations[1]?

Pour les races noire et rouge, pour les anciens maîtres de l'Afrique, de l'Océanie et du Nouveau-Monde, il n'y aurait donc rien autre chose à inscrire sur le livre de l'histoire que leur nom. La race jaune, au contraire,

---

1. Pour toutes ces questions, voir le très-savant livre de M. A. Maury, *La Terre et l'Homme,* dans la collection de l'Histoire universelle publiée sous la direction de M. Duruy.

a eu les plus vieilles annales du monde, une civilisation originale et des empires qui subsistent encore. Les Chinois et les Mongols en sont les représentants les plus connus. Mais on y rattache tous les peuples de l'Indo-Chine, y compris les Annamites, nouveaux sujets de la France, quelques-unes des plus anciennes populations de l'Hindoustan, les Thibétains et les tribus turques et tartares qui errent ou se sont établies à l'ouest de la Chine jusqu'à la mer Caspienne. Les Huns, si terribles à l'Europe au cinquième siècle de notre ère, en faisaient partie, et probablement aussi les Hongrois ou Magyars.

La race blanche : Aryens et Sémites. — La race blanche, qui a fait presque seule tout l'ouvrage de la civilisation, se divise en deux familles principales : les Sémites, dans le sud-est de l'Asie et l'Afrique septentrionale ; les Aryens ou Indo-Européens, dans le reste de l'Asie occidentale et l'Europe. Ceux-ci paraissent avoir eu leur berceau dans les pays situés au nord-ouest de l'Indus, vers l'ancienne Bactriane, aujourd'hui Khanat de Balk, dans le Turkestan. De là partirent de puissantes colonies qui s'échelonnèrent des rives du Gange jusqu'aux extrémités de l'Occident. La parenté des Hindous, des Mèdes et des Perses, à l'orient ; des Pélasges et des Hellènes, dans l'Asie-Mineure, la Grèce et l'Italie ; des Celtes, des Germains et des Slaves, au nord du Pont-Euxin (mer Noire), du mont Hœmus (Balkans) et des Alpes, a été constatée, à l'aide des idiomes, par les analogies grammaticales et la ressemblance des racines dans les mots essentiels. Ainsi le grec et le latin sont des langues sœurs, toutes deux dérivées du sanscrit, la langue sacrée des brahmanes indiens. Le celte, l'allemand, le slave, montrent de même qu'ils étaient les rejetons vigoureux de cette grande souche.

Avant leur séparation, ces tribus avaient déjà domestiqué le bœuf et le cheval, qu'elles savaient soumettre au joug, le mouton, la chèvre, le porc et l'oie ; elles commençaient à cultiver la terre, à travailler certains métaux, et quelques-unes se construisaient des demeures fixes. Le mariage était chez elles un acte religieux, la famille le fondement de tout ordre public. Les familles réunies formaient la tribu ; plusieurs tribus, le peuple, dont le chef, juge suprême durant la paix, conduisait les guerriers quand il fallait combattre. Elles avaient le vague sentiment d'une Cause première, « d'un Dieu élevé par-dessus tous les dieux ». Mais cette doctrine, trop sévère pour des peuples enfants, était obscurcie et cachée par la déification des forces naturelles.

Quant aux Sémites, établis entre le Tigre, la Méditerranée et la mer Rouge, ils avaient, aussi loin qu'on pénètre dans leur histoire, un même système de langues, ce qui conduit à leur donner une même origine. La Bible, d'ailleurs, fait descendre d'Abraham les Arabes, comme les Juifs. Les Syriens, les Phéniciens étaient de même sang. Des colonies sémites peuplèrent l'Afrique septentrionale jusqu'au détroit de Gibraltar. C'est dans le sein de cette race, née au désert, au milieu d'une nature immuable et simple, que devait se conserver, avec toute sa pureté et sa splendeur, le dogme du Dieu unique.

Ainsi, il se forma comme deux grands courants de populations blanches qui s'écoulèrent de l'est à l'ouest, à partir du centre de l'Asie, sur la région occidentale de ce continent, le nord de l'Afrique et l'Europe entière.

Premiers foyers de civilisation. — Ces hommes des anciens âges, les premiers nés du monde, restèrent longtemps sauvages et misérables avant de constituer des sociétés régulières. Lorsqu'ils eurent enfin trouvé des lieux doués d'une fertilité naturelle, où la recherche des moyens de subsistance n'absorba plus toutes les forces de leur corps et de leur esprit, l'association se régularisa. Les premiers arts furent découverts, les premières conventions furent faites et le grand travail de civilisation que l'homme n'achèvera pas, mais qu'il portera toujours plus loin, fut commencé.

Si l'on étudie la configuration physique de l'Asie, on s'expliquera aisément qu'il y ait eu dans cette région trois foyers de civilisation primitive : la Chine, l'Inde et l'Assyrie. Comme les eaux qui, retenues quelque temps dans les régions élevées, s'écoulent vers les lieux bas pour y former de grands fleuves, les hommes descendent dans les plaines que les montagnes abritent et que les rivières fécondent. La vallée du Gange que l'Himalaya enveloppe d'un infranchissable rempart, la plaine du Tigre et de l'Euphrate que circonscrivent les montagnes de la Médie, l'Ararat, le Taurus et le Liban. Les fertiles régions du Kiang ou Fleuve Bleu (3,000 kilom. de cours), et du Houang-Ho ou fleuve Jaune que terminent à l'Occident les monts Young-Ling et In-Chan forment de grands bassins naturels et comme des berceaux de fleurs et de fruits que la main de Dieu a préparés pour des peuples enfants. L'Égypte est un autre exemple de cette civilisation éclose au bord d'un grand fleuve, dans une contrée féconde.

Les livres primitifs. — Si de ces faits généraux que la science a retrouvés l'on voulait passer à des détails plus précis, il faudrait interroger des livres qui remontent très-haut dans la série des siècles et qui racontent, sans hésiter, la création du ciel et de la terre, celle de l'homme et des animaux, la formation des plus vieilles sociétés et l'invention des premiers arts. Mais l'examen et la comparaison des cosmogonies, des religions et des légendes primitives ont fait reconnaître partout la puissance créatrice de l'imagination populaire dans la jeunesse du monde. On a vu que l'homme enfant, avec la témérité de l'ignorance, avait porté sa curiosité sur la nature entière; que les lois du monde physique lui étant alors cachées, il avait voulu tout comprendre en devinant; qu'enfin, pour tout expliquer il avait, comme l'enfant encore, transformé en vivants personnages les effets dérivés de la Cause Première, tandis que le Suprême Législateur restait habituellement voilé pour lui derrière la multiplicité des phénomènes résultant de ses lois. Même dans ces vieux livres, l'étude approfondie des idiomes, en suivant l'ordre de leur développement historique, a permis de constater des interpolations et des rédactions d'époques très-différentes. Il a donc fallu séparer parfois ce qui avait été réuni, rapprocher ce qui avait été divisé, donner un sens nouveau à des expressions, à des images, à des idées mal comprises. Tous les livres sacrés des anciens peuples ont été soumis à ces procédés certains de la science moderne et ce puissant travail d'investigation philologique qui date presque de nos jours, a déjà jeté sur la filiation des peuples et la formation de leurs croyances, une lumière qui reste sur bien des points encore vacillante, mais que les siècles précédents ne pouvaient même pas soupçonner.

II

LA CHINE ET LES MONGOLS

Haute antiquité de la civilisation chinoise. — Tous les anciens peuples aiment à se vieillir : un grand âge était pour eux un titre d'honneur. Ainsi les Chinois habitants du *Céleste empire*, ou comme ils disent encore, de *l'Empire du milieu*, se donnaient quatre-vingts ou cent mille ans d'existence, avant leur histoire à demi certaine qui remonte cependant jusque vers l'année 3500 avant J. C. et qui dix siècles plus tard, vers 2600, devient assez positive pour présenter des annales suivies.

Nous ne savons quand, ni comment se forma cette étrange société qui, depuis quatre mille ans au moins, garde le même caractère : génie pratique, tout occupé de la terre que ces peuples ont domptée par l'agriculture et par l'industrie, mais fort peu du ciel qu'ils ont laissé vide et désert. Tandis que d'un côté de l'Himalaya, l'homme, bercé, les yeux à demi clos, sur le sein d'une nature trop féconde, s'enivrait du souffle énervant de la puissante magicienne et rêvait d'innombrables divinités, bienfaisantes ou terribles, qui lui commandaient le mépris de la vie et l'anéantissement en Brahma ; de l'autre côté des montagnes, une race laborieuse, patiente, active, tirait de la vie tout ce que celle-ci peut donner et remplaçait les formidables théogonies des Hindous par une morale tout humaine. L'empereur Chun qui régnait au vingt-troisième siècle avant notre ère, avait déjà établi pour son peuple les *cinq règles immuables* ou les *cinq devoirs* du père et des enfants, du roi et des sujets, des vieillards et des jeunes gens, des époux, enfin des amis. L'Empire était dès lors divisé en provinces, départements, arrondissements et cités, avec un grand nombre de peuples tributaires et de princes vassaux qui souvent se révoltaient.

Dynasties impériales et féodalité chinoise. — Jusque vers l'année 2200, ce fut l'élection qui fit les empereurs ; à partir de cette époque, l'hérédité s'établit, avec le correctif cependant que les grands pouvaient encore choisir parmi les fils du prince mort, le plus capable de le remplacer. L'empereur Yu commença la dynastie des *Hia* qui dura quatre siècles et finit au milieu d'affreux désordres et d'une abominable tyrannie. Le fondateur de la seconde dynastie, celle des *Chang* (1766) fut un homme supérieur dont Khoung-Tseu (Confucius) a célébré les vertus. Pour apaiser la colère du Ciel, durant une famine, il fit une confession publique de ses fautes, et chaque fois qu'une grande calamité s'est produite, ses successeurs ont imité son exemple. Eux et leurs peuples croyaient que le Ciel serait certainement fléchi par cette expiation volontaire, et il y avait de la grandeur et une haute moralité dans cette croyance.

Le dernier des Chang ressembla au dernier des Hia. Un de ses ministres lui ayant fait des remontrances : « Ton discours, lui dit-il, est celui d'un sage ; mais on prétend que le cœur du sage est percé de sept trous, je veux m'en assurer » et il ordonna qu'on lui ouvrît le ventre. Wou-Wang, prince de Tchéou, se révolta contre le tyran qui, vaincu, mourut comme Sardanapale : il entassa toutes ses richesses dans un palais, y mit le feu et se précipita dans les flammes (1122). Wou-Wang réorganisa l'ancien *tribunal de l'histoire* dont les membres étaient inamovibles, pour être indépendants ; car la sagesse politique des Chinois se composait surtout de respect pour les aïeux et pour les exemples qu'ils avaient laissés. Sous cette dynastie, les royaumes feudataires s'accrurent jusqu'au nombre de 125 et la Chine eut une véritable féodalité qui ne fut pas inutile à la civilisation. A cette époque se rapporte la construction d'un observatoire qui existe encore, ainsi que le gnomon construit par le successeur de Wou-Wang. Déjà, les Chinois connaissaient les propriétés du triangle rectangle et la boussole.

La grande muraille et l'incendie des livres. Immense étendue de l'empire aux premiers siècles de notre ère. — Cependant la féodalité chinoise finit, comme la nôtre, par produire une immense anarchie. L'empereur était sans pouvoir; un de ses tributaires offrit le sacrifice au Ciel, prérogative qui n'appartenait qu'au souverain, et enferma dans un palais le dernier des Tchéou. Une dynastie nouvelle, celle des Thsin, renversa toutes les principautés particulières et reconstitua le grand empire qui prit son nom. Son chef le plus illustre, Thsin-Chi-Hoang-Ti, qui acheva cette révolution (247 av. J. C.), ouvrit des routes, perça des montagnes, et, pour arrêter les courses des Tartares nomades, construisit la *grande* muraille, longue de 2500 kilomètres; mais il est tristement fameux par l'*incendie des livres* et la persécution des lettrés. Afin que tout datât de son règne, il voulait effacer le passé; heureusement qu'il ne put brûler tous les livres, ni tuer tous les lettrés; la société chinoise, un moment troublée par ce violent réformateur, rentra bientôt dans sa vie traditionnelle. — La dynastie des Thsin dura peu : l'an 202 av. J. C. elle était déjà remplacée par celle des *Han*, sous laquelle (202 av. J. C. — 226 après), les lettrés reprirent leur influence, et la Chine arriva à l'apogée de sa puissance. Alors ses armées pénétrèrent jusque vers la mer Caspienne, presque en vue des frontières de l'empire romain ; et sur les bords de la mer Orientale, rois et peuples lui obéissaient.

Invasion des Mongols au treizième siècle. — Mais les deux empires qui se partageaient la plus grande partie du monde alors connu, sourdement minés par les vices qu'entretenait une fortune trop grande, fléchirent et tombèrent sous les coups répétés de l'invasion. Des steppes qui s'étendent de la grande muraille à la mer Caspienne, partirent, à diverses époques, des hordes qui se ruèrent, à droite et à gauche, sur les deux sociétés où la civilisation avait accumulé les biens que ces barbares enviaient. Il en résulta, pour la Chine, un premier démembrement en deux royaumes, que sépara le fleuve Bleu, et où plusieurs dynasties se succédèrent obscurément. Li-Ang (dynastie des Tang) les réunit en 618, sans donner au nouvel empire la force de résister aux continuelles incursions des Mongols.

Ces nomades, établis dans les mêmes lieux d'où était partie, au quatrième siècle, l'invasion hunnique qui avait jeté l'Europe barbare sur l'Europe romaine, étaient toujours faciles à ébranler. Chevaux, troupeaux, maisons, tout marchait ou se transportait aisément, car ces maisons n'étaient que des chariots ou des cabanes placées sur des roues et traînées par des bœufs. Là était le ménage ambulant du Tartare ; il vivait lui-même à cheval, y restant, au besoin, la nuit et le jour, pendant la veille et pendant le sommeil. Sa nourriture était un peu de viande mortifiée entre la selle et le dos du cheval, ou du lait caillé et desséché ; il ne redoutait ni fatigue ni privations, se soumettait à ses chefs avec une obéissance passive, mais avait beaucoup d'orgueil pour sa race et d'ambition pour sa horde.

Le chef d'une de ces hordes mongoliques, Témoudgin, les réunit toutes, en 1203, sous son autorité, prit le surnom de Tchinghiz-Khan ou de chef des chefs, et promit à cette cavalerie irrésistible, animée de l'esprit de ruse et de férocité, comme ne le fut jamais aucun autre peuple, de la conduire à la conquête du monde. Il commença par accabler les Tartares ses anciens maîtres, leur enleva la Chine septentrionale, qu'ils avaient conquise, et, laissant à ses successeurs le soin de soumettre les provinces au sud du fleuve Bleu et la Corée, il jeta ses armées sur l'Asie occidentale et l'Europe, où elles marquèrent leur chemin par des ruines sanglantes, à travers la Perse, la Russie et la Pologne. Les hardis cavaliers qui avaient baigné leurs chevaux dans la mer Orientale leur firent boire les eaux de l'Oder et de la Morava, au pied des montagnes de Bohême. Jamais le soleil n'avait éclairé une aussi vaste domination. Elle était nécessairement fragile ; cependant les Russes la subirent durant deux siècles, puisqu'ils ne furent tirés de la sujétion des Mongols que par Iwan III, au commencement des temps modernes.

A la mort de Tchinghiz-Khan (1227), son empire fut partagé en quatre États : Chine, Djaggathai ou Turkestan, Perse et Kaptschak ou Russie méridionale. Son petit-fils, Koublaï, qui régna sur toute la Chine, le Thibet, le Pégu et la Cochinchine, portait le titre de grand khan, auquel était attaché une idée de supériorité, de sorte que de Pékin, jusqu'aux rives du Dnieper, tout semblait lui obéir. Mais cette suzeraineté ne s'exerça pas longtemps : avant la fin du treizième siècle, la séparation entre les quatre royaumes était complète.

Premiers Européens en Chine. — Koublaï-khan, fondateur de la dynastie des Yen (1279), adopta les mœurs de son nouveau peuple, respecta ses traditions, encouragea les lettres, l'agriculture, mais il embrassa le bouddhisme, religion venue de l'Inde et qui compte en Chine deux cents millions de fidèles, la moitié au moins de la population. Un Vénitien, Marco Polo, résida dix-sept ans à sa cour, et nous avons encore le très-curieux récit de ses voyages. Une révolte nationale ayant expulsé, en 1368, les étrangers, la dynastie chinoise des Mings remplaça celle des Mongols, et garda le trône jusqu'en 1644, c'est-à-dire bien longtemps après l'arrivée des premiers Européens en Chine, puisque l'établissement des Portugais à Macao est de l'année 1514.

Nouvel empire Mongol dans l'Asie centrale et l'Inde. — Durant cette période se place la fortune d'un peuple originaire du Turkestan et par conséquent apparenté aux Mongols, les Turcs, qui prirent Constantinople en 1453, et celle d'un descendant de Djenghiz-Khan, Timour, surnommé Lenk ou le Boiteux, qui, pour la seconde fois, réunit les hordes nomades de la Mongolie. Ce terrible émule d'Attila conquit, de 1370 à 1405, le Turkestan, la Perse, l'Inde et l'Asie-Mineure, vainquit dans le Kaptchak les Mongols de la Horde-d'Or, sans renverser leur domination, et, à la fameuse journée d'Ancyre, les Turcs, dont il fit le sultan prisonnier. Regardant alors d'un bout à l'autre de l'Asie, Timour ne vit plus d'empire resté debout que celui de la Chine; il poussait contre lui ses hordes innombrables, quand la mort arrêta enfin l'infatigable vieillard qui est resté dans l'histoire la personnification la plus terrible du génie malfaisant des conquêtes. Après lui, son empire fut divisé et disparut, à l'exception d'un magnifique débris, l'*empire du Grand-Mogol*, dans la presqu'île du Gange, lequel n'est tombé qu'à la fin du dernier siècle sous les coups des Anglais.

La Chine dans les temps modernes. — En Chine, la dynastie indigène des Mings régnait avec honneur, mais en laissant se relâcher, au milieu des travaux et de la prospérité de la paix, les mœurs et les institutions de la guerre. Aussi le Céleste-Empire fut-il une fois de plus envahi, en 1644, par les nomades de l'ouest, les Tartares-Mandchoux; la dynastie des Tsin qu'ils fondèrent règne encore à cette heure dans Pékin. Mais telle était la force de résistance et d'absorption de cette grande société chinoise, que, loin de céder aux influences étrangères, elle a toujours conquis ses vainqueurs; les empereurs Mandchoux ne changèrent rien à ses mœurs et rétablirent sa fortune en lui donnant les limites qu'elle possède aujourd'hui. Ce furent ces princes qui eurent avec les Anglais, en 1840, la guerre de l'opium, terminée par l'ouverture de cinq ports au commerce étranger, et avec les Anglais et les Français celle de 1860, qui nous valut la victoire de Palikao et la prise de Pékin.

La race jaune a donc fait grand bruit dans le monde, puisqu'elle a, par les Huns, amené l'écroulement de l'empire romain; par les Mongols de Tchinghiz-Khan, élevé au treizième siècle la plus vaste domination de l'univers; par ceux de Timour, renversé vingt royaumes et broyé des populations; par les Turcs, tenu la chrétienté en échec durant des siècles; par les Chinois, enfin, constitué une grande société qui, depuis cinquante siècles, et d'une manière continue, a fait jouir des bienfaits de la vie civilisée une portion considérable du genre humain.

Confucius et la société chinoise. — Un homme a contribué, sinon à établir, du moins à conserver aux constitutions chinoises le caractère qu'elles ont encore : Khoung-Tseu ou Confucius, dont les livres servant comme d'évangile dans l'empire du milieu, doivent être appris par ceux qui se soumettent aux examens exigés pour obtenir les grades littéraires et arriver aux fonctions publiques. Khoung-Tseu n'a pas été un législateur; jamais il n'a eu d'autorité pour publier des lois, mais il a enseigné la sagesse. « Rien de si simple, dit-il, que la morale suivie par nos anciens sages; elle se réduit à observer les trois lois fondamentales des relations entre le souverain et les sujets, entre le père et les enfants, entre l'époux et l'épouse, et à pratiquer les cinq vertus capitales : l'*humanité*, c'est-à-dire une charité universelle pour tous ceux de notre espèce sans distinction; la *justice*, qui donne à chaque individu ce qui lui est dû, sans favoriser l'un plutôt que l'autre; la *conformité aux rites prescrits et aux usages établis*, afin que ceux qui forment la société aient une même manière de vivre, et participent aux mêmes avantages comme aux mêmes incommodités; la *droiture*, ou cette rectitude d'esprit et de cœur qui fait qu'on cherche en tout le vrai, sans se donner le change à soi-même, ni le donner aux autres ; la *sincérité* et la *bonne foi*, ou cette franchise mêlée de confiance, qui exclut toute feinte et tout déguisement, tant dans la conduite que dans le discours. Voilà ce qui a rendu nos premiers instituteurs respectables pendant leur vie, et ce qui a immortalisé leurs noms après leur mort. Prenons-les pour modèles ; faisons tous nos efforts pour les imiter. »

Ailleurs, il expose les principes de la religion et du culte : « Le Ciel, dit-il, est le principe universel, la source féconde de laquelle toutes choses ont découlé. Les ancêtres qui en sont sortis ont eux-mêmes été la source des générations suivantes. Donner au Ciel des témoignages de sa reconnaissance, c'est le premier devoir de l'homme : se montrer reconnaissant envers les ancêtres, voilà le second. C'est pour cela que Fou-Hi établit des cérémonies en l'honneur du Ciel et des ancêtres. »

Ainsi la religion et le gouvernement reposent sur la piété filiale : on honore le Ciel comme l'auteur de tous les êtres, et l'empereur, fils du Ciel, est le père de sa nation. Grâce à la force de ce sentiment, la Chine a pu traverser les nombreuses révolutions que lui a amenées la succession de ses vingt-deux dynasties nationales ou étrangères, sans rien changer d'essentiel au régime intérieur, sous lequel s'est développé le bien-être de 400 millions d'hommes. Aussi les Chinois sont-ils en droit de nous dire : « Nous n'avons rien à vous envier : nous jouissons de tous les arts utiles ; nous cultivons le blé, les légumes, les fruits. Outre le coton, la soie et le chanvre, un grand nombre de racines et d'écorces nous fournissent des tissus et des étoffes. Nous connaissons comme vous l'exploitation des mines, l'art du charpentier, la menuiserie, la poterie, la fabrication de la porcelaine, celle du papier. Nous excellons dans l'art du teinturier, du tailleur de pierre et du charron. Nos routes, nos canaux sillonnent tout l'empire ; des ponts suspendus, aussi hardis et plus légers que les vôtres, s'élèvent au-dessus de nos fleuves, ou réunissent les sommets des montagnes. » Ils pourraient ajouter : « Nous avons une littérature qui remonte à plus de quatre mille ans et une morale qui en vaut bien d'autres[1] ; nos sciences n'ont pas besoin du secours de celles de l'Europe pour rivaliser avec quelques-unes des vôtres, et nous connaissions avant vous ces grandes découvertes dont vous vous êtes tant vantés : la boussole, la poudre à canon et l'imprimerie. Or, si nous sommes arrivés là sans assistance étrangère, c'est que, vivant les yeux fixés sur le passé, nous n'avons pas renouvelé à chaque génération nos institutions. Malgré les changements de personnes sur le trône de Pékin et de limites sur nos frontières, nous avons, au milieu du bouleversement des conquêtes et des invasions, gardé notre ordre social et respecté l'État, parce que nous respectons la famille. »

Cependant, dans ce pays, sans clergé ni noblesse pour conduire et dominer le peuple, sans esclaves pour le corrompre, où l'empereur, afin d'honorer le travail, ouvrait lui-même le sillon avec une charrue, où l'esprit avait fait reconnaître ses droits, puisque les fonctions semblaient ne se donner ni à la naissance, ni à la fortune, mais au savoir, on voit les vices et les misères qu'enfantent d'immenses agglomérations d'hommes, de longues prospérités et le mensonge se glissant dans les institutions qu'il dénature. N'ayant, à vrai dire, ni religion, ni philosophie, ni art, c'est-à-dire, point d'idéal, ce peuple est resté dans ces régions moyennes de l'esprit d'où l'on tombe si aisément dans les régions basses. Préoccupé de ses besoins et de ses plaisirs, il n'a pas eu ces douloureux enfantements d'idées par lesquels d'autres nations ont tant souffert, mais gagné un nom im-

---

1. Voyez surtout l'ouvrage attribué à Lao-Tseu (vi[e] siècle avant C.) et traduit par M. St-Julien sous ce titre: *Livre de la Voie et de la Vertu*, où se trouve un mépris tout stoïque pour le corps, ses joies et ses passions.

périssable. La Chine n'a rien donné au monde ; pour lui, elle a été comme si elle n'était pas.

Ainsi, ils ont une architecture très-légère mais point de monuments. Leurs maisons de bois et de briques rappellent la tente primitive, et leurs palais ne sont qu'un amoncellement de bâtiments construits sur ce type, non sans grâce quelquefois, mais toujours sans grandeur. En peinture, en sculpture, ils imitent ce qu'ils voient, et ils voient le laid, le grotesque, plutôt que le beau et le vrai. Leur imagination se plaît aux formes étranges, au lieu d'idéaliser les formes naturelles. Dans les paysages, point de perspective ; dans les tableaux, rien de la vie morale ; partout des scènes vulgaires qui ne représentent ni une passion, ni une idée, mais qui révèlent les appétits sensuels de cette race adipeuse et pourtant active.

III

L'INDE

Opposition entre la Chine et l'Inde. — La Chine et l'Inde se touchent. Entre elles cependant, il y a plus que l'épaisseur de l'Himalaya, « le palais de neige », comme les Hindous l'appellent ; les deux races sont séparées par le contraste absolu des caractères et des dispositions natives. D'une part, un esprit sec, positif, sans horizon, qui a pourtant arrêté et prescrit les règles de la morale humaine ; de l'autre une imagination désordonnée, la poésie, le merveilleux, la foi ardente sans les œuvres, un ascétisme inutile qui tue la chair, des passions sans frein qui l'assouvissent, l'homme enfin perdu au sein de la nature et n'aspirant qu'à se perdre au sein de la divinité. Des deux côtés pour gouvernement une machine régulière et toujours la même, mais chez les uns cette machine est mise en mouvement par des lettrés qui donnent tous leurs soins à la vie du corps, chez les autres par des prêtres qui commandent au nom des dieux; ici, chacun pouvant arriver à tout; là, personne n'ayant le droit ni le moyen de sortir de la caste où il est né.

Populations primitives : les Aryas, Védas. — L'Inde, qui est formée des deux grandes vallées de l'Indus et du Gange (Hindoustan) et d'une presqu'île, le Dekhan, fut d'abord peuplée par une race noire dont les Ghonds sont les derniers restes, puis par des tribus touraniennes, les Tamoules, les Télingas, etc., embranchement éloigné de la race mongole, enfin par des hommes à peau brune et rougeâtre qui paraissent avoir formé le premier fond de la population, le long des rives septentrionales de l'Océan Indien, et qu'Hérodote connaissait dans la Gédrosie sous le nom d'Éthiopiens; mais ce sont les Aryas qui ont donné à l'Inde son rôle historique.

Ces Aryas faisaient partie d'un groupe considérable de peuplades blanches fixées à demeure dans les vallées de l'Hindou-Kho ou Caucase Indien (Bactriane, Sogdiane) et arrivées au même degré de civilisation, avec des idiomes, des mœurs et des croyances analogues. Quand de longs siècles eurent aggloméré sur cet étroit espace un trop plein de populations, marqué entre les tribus des différences, éveillé des querelles politiques et religieuses, alors de ce plateau s'écoulèrent dans quatre directions et à diverses époques des flots d'hommes qui inondèrent une moitié de l'Asie, l'Inde et l'Europe entière. Celtes, Pélasges, Iaones (Ioniens), dans l'Asie Mineure, la Grèce, l'Italie et la Gaule; Iraniens dans la Médie et la Perse; Germains et Slaves, des monts Ourals jusqu'au Rhin. Pour les Aryas, ils prirent au sud-est, franchirent l'Indus, soumirent la région des Cinq-Fleuves (Pendjâb) après une lutte prolongée dont le souvenir a été conservé par les *Védas*, le premier de leurs livres sacrés et le plus ancien des monuments de notre race [1].

---

1. Les *Védas* (la science) sont un recueil d'hymnes religieux et de prières qui semble avoir été formé quinze ou seize cents ans avant

Quinze siècles peut-être avant Jésus-Christ, les Aryas du Pendjâb firent la conquête de la fertile vallée où le Gange se répand, comme le Nil, en inondations périodiques, et s'avancèrent jusqu'à ses embouchures, qui se confondent avec celles du Brahmapoutra, fleuve aussi puissant, mais né sur le revers septentrional du Palais de Neige. Arrêtés à l'est par les montagnes et la masse des nations mongoles de l'Indo-Chine, les Aryas se déchirèrent entre eux. Le *Mahabahrata*[1], grande épopée indienne en 250 000 vers, nous raconte encore la terrible guerre des Kourous et des Pandavas, qui ne fut terminée que lorsque parut le héros Krichna, incarnation du dieu Vischnou. Cette Iliade indienne, qui présente de singuliers rapports avec l'Iliade grecque, qui la surpasse en beauté dans certaines parties, et qui a été, comme elle, l'œuvre des siècles, peut, avec les *Védas*, éclairer l'origine de beaucoup de croyances et de symboles répandus parmi les anciennes populations de la Grèce, de l'Italie et de l'Europe septentrionale.

Delhi est le théâtre des principaux événements du *Mahabahrata*, dont les héros ne sortent pas de la vallée du Gange ; le Ramayana, autre poëme épique, se rapporte à la conquête par les Aryas de la presqu'île hindostanique et de la grande île de Ceylan, où Rama, à l'arc divin, porta la religion védique. Cette fois, ce fut un seul homme, Valmiki, qui conta, en 48000 vers, les exploits du héros ; par l'éclat et la grandeur de ses tableaux, par la grâce pénétrante de sa poésie, il doit être mis à côté de Virgile et d'Homère.

---

notre ère et dont certaines parties, d'une date beaucoup plus ancienne, sont peut-être antérieures à la migration des Aryas, le *Rig-Véda*, par exemple, qui paraît contenir dans quelques-uns de ses hymnes les origines du mazdéisme de la Perse. Si l'on considère les inscriptions hiéroglyphiques d'Égypte comme des *écrits*, beaucoup sont plus anciennes que les Védas.

1. La première édition n'en a été faite à Calcutta qu'en 1839, avec toutes les additions et interpolations qui ont décuplé le poëme primitif. C'est Vyâsa, ou le Compilateur, qui aurait réuni toutes ces légendes.

Histoire de l'Inde. — Cette race poétique et religieuse n'a malheureusement d'autre histoire que celle de ses dieux. La conquête par Darius des pays situés à droite de l'Indus ne fit rien connaître à Hérodote de l'Inde gangétique ; sur la rive gauche, Alexandre trouva un grand nombre de rois, Taxile Abyssare, les deux Porus et des peuples indépendants : les Malliens, les Oxydraques, etc. Il voulait aller jusqu'à Patna, capitale du grand empire des Prasiens, au confluent de la Djumna et du Gange ; une sédition de ses soldats l'arrêta sur les bords de l'Hyphase. Un Indien de basse naissance, Tchandragoupta, chassa les gouverneurs laissés par le héros macédonien dans le Pendjâb, renversa l'empire des Prasiens et reçut les ambassadeurs de Séleucus Nicator. Un autre conquérant, contemporain de César, Vicramaditya, régna aussi sur une grande partie de la péninsule indienne et accueillit à sa cour brillante Kalidaça, le plus célèbre des poëtes dramatiques de l'Inde, l'auteur du charmant poëme de Sakountala. Les rois grecs de la Bactriane possédèrent une partie de la vallée de l'Indus, et nous y retrouvons leurs médailles ; plus tard des relations de commerce s'établirent d'une manière régulière entre l'Égypte et la presqu'île indienne, où des négociants romains fondèrent des comptoirs. Chaque année, ils y portaient plus de 20 millions de francs en espèces pour acheter de la soie, des perles, des parfums, de l'ivoire, des épices, de sorte que commençait déjà ce drainage de métaux précieux opéré par l'Inde aux dépens du reste du monde et qui a accumulé tant de richesses dans les mains de ses princes.

Ces trésors tentèrent les Musulmans de la Perse. Au commencement du onzième siècle, un chef turc, Mahmoud-le-Ghaznévide porta, au milieu de ces populations inoffensives, ses fureurs iconoclastes, sa cupidité et son culte qui est devenu celui d'un très-grand nombre d'Hindous. Aux Turcs, succédèrent les Mongols, dont les chefs régnèrent à Delhi jusqu'au dernier siècle, sous le nom de *Grands-Mogols*. La découverte du cap de Bonne-Espérance et l'arrivée, en 1498, de Vasco de Gama à Calicut, mirent l'Inde pour la première fois en rapports directs avec l'Europe. A la suite des marchands de Lisbonne vinrent ceux d'Amsterdam, de France et d'Angleterre; les derniers ont fini par tout prendre et règnent aujourd'hui de l'Himalaya à Ceylan sur 200 millions de sujets.

Les castes : Brahmanes, Xatryas et Soudras. — Ainsi voilà près de dix siècles que cette race, intelligente et douce, a perdu son indépendance, mais elle a gardé son organisation sociale, sa religion et sa littérature. Le grand dieu Brahma, disent les livres saints, divisa le peuple en quatre castes : les *Brahmanes* ou prêtres, sortis de sa tête, les *Xatryas* ou guerriers, sortis de ses bras, les *Vaïçyas* ou laboureurs et marchands, sortis de son ventre et de ses cuisses, les *Soudras* ou artisans, sortis de ses pieds. Les trois premières castes, celles des *régénérés*, qui représentent les Aryas conquérants, sont les castes dominantes; le mariage leur est interdit avec la dernière où sont confondus les descendants des aborigènes, c'est-à-dire des vaincus. Les enfants nés de ces unions et tous les violateurs des lois religieuses sont les *parias* ou impurs qui ne peuvent habiter les villes, se baigner dans le Gange ou lire les Védas; leur contact est une souillure.

Les brahmanes avaient seuls le droit de lire et d'expliquer les Saintes Écritures, le livre révélé; et comme toute science, toute sagesse s'y trouvaient contenues, ils étaient à la fois prêtres, médecins, juges et poëtes, etc. Interprètes des volontés du ciel, ils régnaient par la terreur religieuse; aussi avaient-ils pu envelopper les radjahs, ou rois, choisis dans la caste guerrière, des mille liens d'un cérémonial que les lois de Manou nous ont conservé.

Ce ne fut pas sans de terribles luttes que les xatryas se soumirent à la suprématie sacerdotale : des légendes en ont conservé le souvenir. Le triomphe définitif des prêtres ne paraît avoir été complet qu'après le neuvième siècle avant notre ère ; l'Inde reçut alors l'organisation qu'elle garde encore dans ses traits principaux et que l'on retrouve dans le livre des *lois de Manou*[1] dont la dernière rédaction, certainement antérieure à la réforme bouddhique (vi⁵ siècle av. J. C.), reporte à une très-haute antiquité l'origine de ce code religieux, politique et civil.

Organisation politique et religion. — Les *lois de Manou* rappellent le Pentateuque de Moïse, car ce livre prétend exposer, d'après une révélation, la genèse du monde, l'institution sacerdotale ou lévitique, les préceptes pour l'individu, la famille et la cité ; les devoirs du prince et des castes, l'organisation civile et militaire, les lois pénales et religieuses. Tout se résume en deux règles : pour la société, la subordination des castes ; pour l'individu, la pureté physique et morale. Les dieux védiques y sont conservés, mais subordonnés à *Brahme*, l'être absolu et éternel, impersonnel et neutre d'où cependant émane *Brahmâ*, le principe actif de l'univers, qui, à son tour, produit *Paramâtmâ*, l'âme du monde. Celle-ci en s'unissant à *Manas*, le principe intellectuel, enfante tous les êtres qui s'éloignent d'autant moins de Brahmâ, leur source suprême, qu'ils possèdent plus de sagesse.

Le ciel, la terre, avec toutes les puissances, tous les

---

1. Manou est considéré dans les Védas comme le père commun des hommes, le suprême législateur. Ce code, divisé en 12 livres comprenant 5370 vers, a été le lien le plus fort de la société hindoue, celui qui a permis à cette société de résister aux influences extérieures, à celle du christianisme, par exemple. L'Islam seul a eu la force de l'entamer, parce qu'il était la contradiction absolue des croyances brahmaniques et qu'on ne pouvait lutter contre ces théogonies puissantes qu'avec un dogme de la plus grande simplicité. Si e christianisme, porté dans l'Inde depuis trois siècles, n'y fait point de progrès, c'est que la théologie chrétienne semble mesquine et pauvre à des imaginations que séduit une mythologie luxuriante et qu'elle est trop compliquée pour ceux à qui suffit la foi au Dieu unique et jaloux.

êtres qui s'y trouvent, sont donc le produit d'une série d'émanations successives et, dans cette chaîne immense, chaque être a le rang que lui assigne sa valeur intellectuelle ou morale. Ainsi au-dessous de l'Être absolu, apparaît la Trimourti indienne : Brahmâ qui crée les mondes, Vichnou qui les ordonne, Siva qui les détruit pour les régénérer; puis les dévas ou Dieux, représentations symboliques des forces de la nature; plus bas, l'homme; plus bas encore, les créatures inférieures, réelles ou imaginaires, telles que les Nâgas et les Raxasas aux formes changeantes. Par la science et la rigoureuse observance des pratiques religieuses, surtout par les austérités qui domptent la chair, par l'extase qui anéantit la personnalité et confond l'âme individuelle dans l'âme du monde, l'homme peut égaler les dieux, commander à la nature et mériter, à sa mort, d'aller s'anéantir dans le sein de Brahmâ; ceux qui n'ont pas été capables de s'assurer, par leur ascétisme et leur piété, cette puissance surnaturelle et cette fin en Dieu, sont récompensés de leurs vulgaires mérites, quand Yama le dieu de la mort les a touchés, par l'entrée au *Svarga* et dans ses vingt-sept lieues de délices. Les coupables sont précipités dans le *Naraka*, divisé en vingt et une parties selon la diversité des supplices qu'on y souffre. Mais l'effet des bonnes, comme des mauvaises œuvres s'épuise avec le temps; le ciel et l'enfer rejettent dans la vie les âmes qu'ils ont reçues; elles reviennent à l'existence dans des conditions différentes toujours déterminées cependant par la loi de l'élévation et de l'abaissement dans l'échelle des êtres suivant les mérites et les démérites. C'est la métempsycose, doctrine qui soumettait à des transmigrations successives la nature organisée, depuis la plante jusqu'à l'homme. Au temps fixé pour l'accomplissement d'une révolution du monde tout s'abîmait en Brahmâ, mais bientôt sortait de lui une autre création et un cycle nouveau commençait. L'âme du juste était seule affranchie de ces renaissances douloureuses, puisque ses perfections lui avaient valu de se perdre dans l'essence éternelle. C'était la récompense attendue par les prêtres qui avaient parcouru la série des existences antérieures, de manière à mériter de renaître une dernière fois dans la caste supérieure d'où l'on passait dans le sein de Brahmâ.

Cette conception originale de la transmigration des âmes, à la fois profonde et simple, formait un vaste système d'expiations et de récompenses où le mal et la misère étaient expliqués par le péché; le bien, la fortune et la puissance, par la vertu. Malheureusement, cette doctrine légitimait la hiérarchie des êtres, la distinction immuable des castes, le mépris des plus élevées pour les plus basses, enfin la constitution d'une théocratie qui, pour mieux défendre son pouvoir, mit la pureté non dans la vertu véritable, mais dans l'observance d'innombrables rites dont les prêtres surveillaient et réglaient l'accomplissement.

Le Bouddhisme. — Cette théocratie, la plus puissante que le monde ait connue, fut ébranlée au sixième siècle avant notre ère par les prédications de Çâkyamouni surnommé le Bouddha ou le Sage. Son père était radjah d'un pays voisin du Népaul. Il naquit donc, avant l'année 600, dans un palais de roi, mais à vingt-neuf ans, il abandonna tout : famille, richesse et royauté, pour vivre au désert et y chercher la vérité. A trente-six ans, il en sortit et, devant les foules réunies au hasard, sans distinction de condition ou d'origine, il commença une prédication toute en paraboles, qui remuait profondément les âmes. Cet enseignement populaire était déjà une révolte contre les brahmanes, qui interdisaient la communication des dogmes aux soudras. La nouvelle doctrine allait bien plus loin, quoiqu'elle ne se présentât que comme une réformation. Çâkyamouni ruinait absolument le brahmanisme, en substituant au principe des castes, celui de l'égalité de tous les hommes devant la loi morale et aux fausses vertus exigées par les rites, celles qui consistent dans la pratique du bien; en remplaçant les promesses de salut, c'est-à-dire, pour l'hindou, l'union avec l'essence divine, faites aux seuls brahmanes, par l'aptitude reconnue à tous les hommes de gagner par leurs mérites le *Nirvana* ou la délivrance; enfin, en brisant le corps héréditaire des prêtres pour appeler au sacerdoce les pauvres, les mendiants qui se vouaient à la vie religieuse. Le Bouddha établissait pour l'homme six perfections : la *science* qui doit s'appliquer surtout à reconnaître les vrais biens et les faux ; l'*énergie*, qui fait lutter contre nos plus grands ennemis, les plaisirs des sens ; la *pureté* qui constate cette victoire ; la *patience* à supporter les maux imaginaires ; la *charité*, lien de la société ; l'*aumône*, conséquence obligatoire de la charité. « Je suis venu, disait-il, donner aux ignorants la sagesse, et la sagesse, c'est la science, la vertu, l'aumône. L'homme parfait n'est rien, s'il ne console pas les affligés et ne secourt pas les misérables. Ma doctrine est une doctrine de miséricorde. Les heureux du siècle la trouvent difficile et s'enorgueillissent de leur naissance. Mais la voie du salut est ouverte à tous ceux qui anéantissent leurs passions comme un éléphant renverse une hutte de roseaux. »

Ces paroles, cette morale si pure, étaient de bien grandes nouveautés et « cette loi de grâce, » opposée à une loi de terreur, fit de rapides progrès dans les castes inférieures, même parmi les xatryas, qui avaient à souffrir de l'orgueilleuse domination des brahmanes. Aussi, malgré la haine des prêtres contre le réformateur, Çâkyamouni put continuer en paix son apostolat, jusqu'à quatre-vingts ans, sans en appeler jamais à la force parce qu'il respectait l'ordre établi et enseignait qu'il fallait rendre aux princes ce qui leur était dû. A sa mort ses disciples recueillirent ses discours et convoquèrent le premier concile bouddhique, auquel assistèrent cinq cents religieux; après sept mois de discussion ils arrêtèrent le culte et la doctrine, qui furent précisés dans un second et un troisième concile, tenus l'un au cinquième siècle, l'autre environ 150 ans avant J. C.

Le culte est d'une extrême simplicité; le temple renferme l'image de Çâkyamouni qu'on honore et respecte comme le plus sage des hommes, mais qu'on n'adore pas ; point de sacrifices, ni de pratiques superstitieuses, du moins au temps où le bouddhisme n'avait pas encore été corrompu par les traditions idolâtriques des peuples chez lesquels il se répandit et dégénéra. En matière dogmatique, il ne se séparait pas de l'ancienne église ; il ajoutait même aux divinités védiques des dieux nouveaux, seulement il les faisait plus purs. Il conservait la théorie des renaissances qui, dans la doctrine brahmanique n'étaient pour la multitude des fidèles, que des retours périodiques à la misère, au désespoir ; mais il donnait à tous les hommes le moyen d'échapper à ces maux par les mérites propres de l'individu, sans l'intervention providentielle des dieux.

Les religions occidentales, qui placent la personnalité humaine durant la vie sous l'action de la Providence ou de la fatalité, ce qui est la même chose, la conservent éternellement après la mort, par la résurrection même de la chair. Dans les religions panthéistes de l'Orient, au contraire, tous les êtres étant consubstantiels, finissent par se perdre au sein de l'Être absolu, qui est le lien métaphysique de l'univers. Le bouddhisme reconnaissait bien à l'homme le pouvoir de faire son salut, mais l'âme était pour lui, comme dans le brahmanisme, une émanation passagère de la substance infinie ; par conséquent il résolvait le problème de la vie future par le retour de cette parcelle de lumière à son foyer, par l'absorption de la partie dans le grand Tout. L'hindou a moins et plus d'ambition que le juif, le musulman et le chrétien : ceux-ci espèrent revivre après leur mort et voir Dieu face à face ; celui-là consent à perdre toute existence individuelle, à la condition de devenir Dieu même.

Nous insistons sur cette histoire morale de l'Inde, d'abord parce qu'on ne connaît point son histoire politique, ensuite parce que ce pays a été le grand réservoir des idées philosophiques et religieuses qui, de là, ont pris leur cours en différentes directions. Les branmanes auraient pu, comme les prêtres d'Égypte, dire aux Grecs : « Vous êtes des enfants ! » Et qui oserait affirmer qu'aucun écho de ces grands chocs d'idées dont l'Inde était le théâtre, de ces controverses philosophiques et religieuses, de cette organisation singulière des églises bouddhiques qui étaient animées d'un ardent esprit de prosélytisme, ne soit pas arrivé jusqu'aux commerçantes cités de la côte d'Asie où s'est éveillée la civilisation hellénique, jusqu'à cette grande cité d'Alexandrie où les Ptolémées faisaient apporter et traduire les livres des nations? Contre le bouddhisme, par exemple, il finit par s'élever la plus terrible persécution. « Que du pont de Rama (Ceylan) jusqu'à l'Himalaya blanchi par les neiges, disaient les brahmanes, les bouddhistes soient exterminés. Quiconque épargnera l'enfant ou le vieillard, sera lui-même livré à la mort. » La persécution réussit dans l'Inde, qui revint aux brahmanes; mais le bouddhisme se répandit au Thibet, qui en est aujourd'hui comme la métropole (lamaïsme), dans la Mongolie, la Chine (foïsme), l'Indo-Chine, Ceylan; et dans ces pays, il compte encore des multitudes de fidèles, dont bien peu, il est vrai, connaissent et pratiquent la pure doctrine de Çâkyamouni.

On voit, par cette brève histoire, que si l'Inde a peu agi, elle a beaucoup pensé. Ajoutons qu'elle est couverte de monuments grandioses et d'une rare élégance, dont nous ne connaissons encore que la plus faible partie; de sorte qu'elle a eu trois des gloires de la Grèce : la pensée, la poésie et l'art.

IV

ÉGYPTE

Premiers habitants. — Hérodote dit, d'une partie de l'Égypte : « c'est un présent du Nil »; on pourrait le dire de l'Égypte entière, car, sans les inondations périodiques du fleuve, le désert couvrirait tout ce qui ne serait pas caché sous les eaux. Les voyageurs modernes cherchent encore les sources du Nil; mais ils sont bien près de les avoir trouvées là où l'historien grec les plaçait, dans la région des grands lacs africains qui s'étendent au sud de l'équateur.

Ce pays n'est certainement pas celui où s'est formée la première société civilisée; cependant son histoire, positive pour un très-grand nombre de faits et de personnages, comprend soixante-dix siècles, et, avant que les Perses n'en fissent la conquête (527 ans avant J. C.), il avait eu déjà vingt-six dynasties de rois. Les noms et les actes de beaucoup d'entre eux sont gravés sur les monuments dont ils ont couvert l'Égypte, et c'est au quatrième roi de la première dynastie qu'on a pu attribuer la pyramide à degrés de Saqqarah, dont les pierres usées et croulantes semblent porter avec peine le poids des siècles accumulés sur sa tête[1].

Les premiers habitants de l'Égypte ne sont pas venus du sud, en descendant le Nil, comme on l'a cru longtemps, mais du nord et par l'isthme de Suez. Ils appartiennent à la race d'hommes personnifiée dans la *Genèse* sous le nom de Cham, que les Arabes appellent « les Rouges[2] », à cause de la couleur de leur teint, et qui

---

1. On a trouvé des temples construits 1600 avant J. C. et qui avaient été bâtis avec des débris d'édifices plus anciens. La chronologie égyptienne n'est point encore fixée avec certitude. Cependant rien n'a détruit l'authenticité des listes de Manéthon que les tables de Saqqarah et d'Abydos confirment. Pour ceux qui ne sont point autorisés par des études prolongées d'égyptologie à avoir une opinion particulière sur cette question, il n'est rien de mieux que de prendre pour guide, comme je l'ai fait, l'homme qui depuis Champollion, par ses fouilles et ses découvertes, a le plus avancé nos connaissances sur l'ancienne Égypte, M. Mariette-Bey, fondateur du musée de Boulaq au Caire. Voy. son *Aperçu de l'histoire d'Égypte*, 1864. Je dois dire cependant que M. Chabas réduit cette chronologie d'un millier d'années.

2. C'est la couleur qu'ont les anciens Égyptiens dans toutes les représentations figurées. Au tombeau de Séti I, on voit les compa-

paraissent avoir formé, sous le nom de Couschites, le fond de la population tout le long du littoral de l'océan Indien, du golfe Persique et de la mer Rouge. Ces Couschites constituèrent de petits États qui subsistèrent sans doute de longs siècles avant qu'un chef puissant, Ménès, se rendît maître de toute la vallée depuis la mer jusqu'aux cataractes de Syène, et fondât, cinq mille ans au moins avant notre ère, la première race royale. Pour rendre compte de cette période inconnue et de la révolution qui l'avait terminée, on disait que d'abord avaient régné les dieux, puis les demi-dieux, c'est-à-dire les prêtres leurs représentants, et que ceux-ci avaient été contraints de céder leur pouvoir à un chef des guerriers.

Premières dynasties (5000 ans av. J. C.). — On sait peu de chose des trois premières dynasties, dont la domination, d'une durée de huit siècles, s'étendait déjà dans la presqu'île de Sinaï, où l'on a retrouvé sur un rocher le nom d'un de leurs princes qui y faisait exploiter des mines de cuivre. Sous la quatrième (qui commence vers 4200 ans avant J. C.), on voit éclore tous les prodiges d'une civilisation sans pareille en ce moment dans le monde, et l'art, arrivé à son plein développement, monte à une hauteur que les plus brillantes époques dépasseront à peine. Quel espace de temps ne faut-il pas concevoir entre le jour où le premier homme fut jeté nu sur la terre, avec les instincts de la bête fauve, et celui qui, il y a six mille ans, vit sortir des mains d'un Phidias égyptien l'admirable statue de Chéphrem[1], s'élever les pyramides de Gyzeh, et se constituer, avec l'appui d'une forte organisation politique et religieuse, une grande société monarchique qui nous montre, dans les peintures ou les inscriptions des temples et des tombeaux, son industrie, son commerce, son agriculture et tout l'épanouissement d'une jeunesse vi-

---

gnons du roi peints en rouge, les Syro-Arabes en jaune, les Libyens en blanc, les Éthiopiens en noir.

1. Elle est au musée de Boulaq où j'ai pu la voir.

goureuse. Dès cette époque, en effet, l'Égypte avait ce qu'elle eut jamais d'art et de science, et les siècles suivants se trouvèrent n'avoir presque rien à lui apprendre.

Les plus célèbres personnages de la sixième dynastie sont : un conquérant, Apapu, et une reine, Nitocris, que Manéthon appelle la Belle aux joues de rose, et qui, pour venger le meurtre de son frère, invita les coupables à un festin dans une galerie souterraine où elle fit soudainement entrer les eaux du Nil.

De la sixième à la onzième dynastie, les monuments sont rares, et par conséquent l'histoire est muette. De grandes calamités ont dû fondre, dans cet intervalle, sur le pays. Quand la lumière reparaît, on trouve la royauté reléguée dans la Thébaïde ; mais elle en sortit glorieusement avec les rois de la douzième dynastie, qui rendirent à l'Égypte ses frontières naturelles et commencèrent la grande lutte contre les Éthiopiens. L'un d'eux, Amenemha III, creusa, sur une surface de dix millions de mètres carrés, le lac Mœris, pour régulariser l'inondation à la gauche du Nil.

Invasion des Pasteurs ou Hycsos (2200 ans av. J. C.). — L'Égypte comptait déjà quinze dynasties royales lorsque, sous Timaos (2200 ans av. J. C.), une horde de pasteurs, refoulés sans doute de l'orient à l'occident par quelque grand mouvement de peuples en Assyrie, pénétra par l'isthme de Suez dans la vallée du Nil, et fit la conquête du Delta et de la moyenne Égypte. Leurs rois, qui formèrent la dix-septième dynastie, dite des Hycsos, se fixèrent à Memphis, et fortifièrent à l'entrée du Delta la place d'Avaris (Péluse), pour empêcher que d'autres nomades ne suivissent leurs traces. Il paraît que ce fut de l'un de ces rois que Joseph fut ministre. Après avoir dominé pendant cinq siècles, les Hycsos, enfin vaincus par les rois de Thèbes, furent peu à peu repoussés jusqu'aux murs d'Avaris. Amosis parvint même à les en chasser (vers l'an 1700), et le gros de la nation quitta l'Égypte. Toutefois on trouve encore aux environs du lac Menzaleh des hommes aux membres robustes, aux traits anguleux, qui paraissent les descendants des Pasteurs.

Prospérité de l'Égypte (du XVIIIᵉ au XIIIᵉ siècle av. J. C.). — L'expulsion des Hycsos fut suivie d'une prospérité qui devait durer plus de mille ans. Protégée par les déserts qui l'entourent et par sa forte organisation politique, l'Égypte reprit et développa une civilisation brillante, que les plus grands hommes de la Grèce vinrent étudier. Cette époque commence avec les princes de la dix-huitième dynastie (1703-1462) : Amosis le Libérateur ; Thoutmès Iᵉʳ, qui érigea, sur les bords de l'Euphrate et du Nil supérieur, des stèles en commémoration de ses victoires ; la régente Hatasou, dont le temple de Deir-el-Bahari, à Thèbes, raconte les exploits ; Thoutmès III, le conquérant de l'Asie occidentale et du Soudan, « qui posa les frontières de l'Égypte où il lui plut », dit l'auteur d'un chant héroïque gravé sur une stèle du musée de Boulaq ; Aménophis III, le Memnon des Grecs, le roi à la statue parlante, qui, au lever du soleil, saluait l'Aurore, sa mère divine[1]. Dans le tombeau de la mère d'Amosis, on a trouvé tout un trésor de bijoux précieux du plus rare travail.

Cette fortune se maintint sous les princes de la dix-neuvième dynastie (1462-1288), dont plusieurs glorifièrent le nom de Ramsès. Séti Iᵉʳ, après avoir porté ses armes jusqu'en Arménie, construisit la salle hypostyle de Karnak, un des chefs-d'œuvre de l'architecture égyptienne ; il ouvrit même, du Nil à la mer Rouge, un canal dont on voit encore les vestiges, et, sur la route aride des mines d'or de Gebel-Atoky, il creusa un puits qu'il fau' bien appeler artésien, puisque l'eau en jaillissait. Son successeur Ramsès II est le Sésostris, à qui les Grecs

---

1. Ce phénomène ne commença que 27 ans av. J. C., quand un tremblement de terre ayant brisé la partie supérieure du colosse, la statue du roi offrit à la rosée de la nuit une surface irrégulière où l'eau pénétra. Les premiers rayons du soleil faisaient au matin crépiter le granit par l'évaporation rapide de cette humidité : phénomène qui se reproduit partout, dans des conditions analogues.

ont attribué toutes les conquêtes des anciens rois. Il fut cependant un prince guerrier, car des stèles trouvées près de Beyrouth et tout un poëme gravé sur l'un des murs de Karnak attestent encore ses exploits ; mais il fut surtout un grand constructeur : il éleva les deux temples d'Ibsamboul, le Rammesséum de Thèbes et les obélisques de Louqsor, dont l'un, monolithe de granit haut de vingt-trois mètres et chargé d'inscriptions en l'honneur de Ramsès, se voit aujourd'hui sur la plus belle de nos places. A tous ces monuments il faisait travailler ses captifs. Traités comme tels, les Israélites, qui s'étaient répandus en grand nombre dans la Basse-Égypte, durent creuser des carrières, fabriquer des briques et construire des buttes pour mettre les villes à l'abri des inondations. Les exigences du maître donnèrent de la résolution aux esclaves, et, sous Méneptah, fils de Ramsès II, les Hébreux sortirent d'Égypte : on voit encore le tombeau de ce pharaon dans la vallée de Bab-el-Molouk.

Décadence de l'Égypte; invasion des Éthiopiens. — La vingtième dynastie (1288-1110) commence par un grand roi, Ramsès III, qui a représenté, à Thèbes, sur le temple magnifique de Médinet-Abou, ses exploits en Syrie et au Soudan. Mais après lui arrive la décadence. L'Égypte s'était affaiblie à force de s'étendre ; au lieu de rester sur les bords de son fleuve sacré qui faisait sa force et au milieu de son désert qui faisait sa sécurité, elle avait voulu soumettre l'Asie, le pays des Couschites, celui des Libyens et jusqu'à la grande île de Chypre, c'est-à-dire dominer la mer. Quand des rois fainéants eurent remplacé les glorieux pharaons, des intrigues sacerdotales firent asseoir le grand prêtre d'Ammon sur le trône de Thèbes, tandis qu'une autre dynastie, la vingt et unième, régnait à Tanis, dans le Delta. L'Égypte, divisée, subit l'influence des peuples voisins, au lieu de leur imposer, comme autrefois, la sienne ; ses rois prennent des noms assyriens, donnent des princesses de leur sang au harem de Salomon et s'entourent d'une garde libyenne qui partage le pays entre ses chefs. Les

Couschites ou Éthiopiens profitent de ces divisions pour s'emparer de la Haute Égypte. Sabacon, leur prince, prend même et fait brûler vif le roi Bocchoris (XXIVe dynastie), et « la vile race des Cousch » règne durant cinquante années sur toute la terre de ces pharaons, qui l'avaient tenue si longtemps asservie (XXVe dynastie ; 715-665). Parmi les rois de cette dynastie étrangère se trouvent Sébécos ou Sua, qu'Ozée invoqua contre Salmanazar, et Tharaka, qui secourut Ézéchias contre Sennachérib. Suivant Manéthon, une révolte aurait rejeté dans l'Éthiopie le troisième successeur de Sabacon. À la tête de ce mouvement s'était placée une troisième famille, originaire de Saïs, qui forma la vingt-sixième dynastie (665), dont le chef, Psammétichus, nous est connu par les récits d'Hérodote.

Les derniers Pharaons. — « Le dernier des rois éthiopiens, dit cet historien, effrayé par un songe, regagna ses États en laissant le gouvernement du pays au prêtre Séthos, à la mort duquel les guerriers s'emparèrent du gouvernement, qui fut confié à douze d'entre eux. Un des douze, Psammétichus, renversa ses collègues avec l'aide de pirates cariens et ioniens débarqués en Égypte. Frappé de la supériorité militaire des Grecs, il en appela un grand nombre auprès de lui, ce qui mécontenta l'armée nationale, dont une partie émigra en Éthiopie, et avec l'assistance des nouveaux venus, il essaya de recouvrer la Syrie, où pendant vingt-huit ans il assiégea Azoth, dont il finit par s'emparer. » Néchao, son successeur, reprit l'œuvre du canal de Séti, entre la mer Rouge et la Méditerranée, fit faire, par les Phéniciens, un voyage autour de l'Afrique, et battit, à Mageddo, le roi de Juda, Josias. Maître de la Palestine, il poussa jusqu'à l'Euphrate ; mais, vaincu par les Babyloniens, il perdit toutes ses conquêtes. Le second de ses successeurs, Apriès, échoua de même contre les Cyrénéens, et ses soldats, se croyant trahis, mirent à sa place un d'entre eux, Amasis, sous qui l'Égypte jeta un dernier éclat. Vingt mille cités, disait-on, couvraient alors les bords du Nil. Ce prince donna la ville de Naucratis aux Grecs et noua d'étroites relations avec les rois des Mèdes, de Lydie et de Babylone, également menacés par une invasion de nouveaux barbares, les montagnards de la Perside. Mais il ne put conjurer leur perte et vit tomber successivement Astyage, Crésus et Balthasar. Le même sort était réservé à son fils Psamménit, qui, après un règne de six mois (527), fut renversé par le Perse Cambyse.

L'Égypte sous les Perses, les Grecs, les Romains et les Arabes. — Dès lors l'Égypte ne s'appartint plus, bien qu'elle protestât fréquemment par des révoltes contre le joug de l'étranger. Province indocile de la Perse, elle fut conquise par Alexandre, qui y laissa une ville de son nom (331). La dynastie des Lagides y régna un siècle avec gloire, deux siècles dans la honte; les Romains les remplacèrent après la mort de Cléopâtre (30 av. J. C.), et en l'an 381 de notre ère, supprimèrent, par l'édit de Théodose, la religion pharaonique. Les temples furent mutilés, les statues des dieux détruites, et, de l'une des plus brillantes civilisations du monde, il ne resta que les ruines qu'aujourd'hui du moins nous recueillons pieusement.

L'Égypte ainsi jetée violemment dans le christianisme, y demeura deux siècles et demi sans y trouver la paix. Dès l'année 640, les Arabes lui apportaient l'islam; il y est resté et y eut un moment d'éclat sous les khalifes Fatimites. Au Caire qu'ils ont bâti se trouve encore la plus grande école du monde musulman. Trois fois la France a touché cette terre où elle a laissé de glorieux souvenirs : au treizième siècle, avec saint Louis; au dix-huitième, avec Bonaparte; au dix-neuvième, avec ceux de nos compatriotes qui ont conquis l'Égypte à la science et ouvert au commerce du monde l'isthme de Suez, en réalisant d'une façon grandiose la pensée d'un pharaon mort depuis trente-cinq siècles.

Religion, gouvernement et arts de l'Égypte. — Il y avait comme deux religions en Égypte, ainsi, du reste, qu'en tout pays : celle du peuple et celle des prêtres ; la première, grossière et matérielle, regardait certains animaux, l'ichneumon, l'ibis, le crocodile, l'hippopotame, le chat, le bœuf, etc., comme des êtres divins ; c'était le vieux fétichisme africain relevé cependant par quelques idées théogoniques, comme l'attestent ces dieux à tête de chien ou d'épervier et le culte du taureau Apis « engendré par un éclair. » La seconde cherchait à se rendre compte des grands phénomènes de la nature et expliquait le bien et le mal, qui partout se rencontrent, par l'opposition de deux principes : Osiris, le représentant de toutes les influences bienfaisantes, et Typhon, le dieu de la nuit et des mauvais jours. Elle semble même avoir enseigné d'abord la croyance à un Dieu unique qui n'avait pas eu de commencement et ne devait jamais finir ; et le soin pris par les Égyptiens pour la conservation des cadavres prouve qu'ils espéraient une vie à venir ; les inscriptions parlent même de nombreuses renaissances qui rappellent la métempsycose des Hindous. Mais cette idée de l'être absolu et éternel fut voilée aux yeux du peuple et des prêtres par la conception d'une triade divine, Osiris ou le soleil, le principe de toute vie, Isis ou la nature, Horus, leur divin enfant. Une fois sortis du monothéisme pur, les Égyptiens glissèrent rapidement sur la pente du polythéisme, et la représentation sur les monuments et dans les rites religieux d'une quantité de divinités secondaires fit oublier le dieu principal, dont celles-ci n'avaient d'abord symbolisé que les attributs.

Le gouvernement était une monarchie d'autant plus forte que les rois, dans la commune croyance, participaient à la divinité. Tous sont « fils du Soleil » et, à ce titre, ils étaient les chefs de la religion aussi bien que de la société.

Celle-ci n'avait ni caste sacerdotale ou aristocratique, ni corps du peuple constitué pour faire équilibre au roi. Il finit par s'y établir un certain nombre de classes non héréditaires, mais où le fils restait habituellement dans la condition du père. Hérodote en compte sept : les prêtres, les guerriers, les laboureurs, les pâtres, les marchands, les mariniers, et depuis Psammétichus, les interprètes. Il y en avait sans doute beaucoup d'autres ; « L'Égypte, dit Bossuet, était la source de toute bonne police. » On lit dans Diodore que le parjure y était puni de mort ; que celui qui ne secourait pas un homme aux prises avec un assassin était frappé de la même peine ; que le calomniateur était puni. Tout Égyptien devait déposer chez le magistrat un écrit indiquant ses moyens d'existence : une pénalité sévère réprimait les fausses déclarations. On coupait la langue à l'espion qui livrait aux ennemis les secrets de l'État, les deux mains aux faux-monnayeurs. Dans aucun compte, les intérêts dus ne devaient dépasser le capital ; les biens du débiteur répondaient de sa dette, et non sa personne. Un Égyptien pouvait emprunter en donnant en gage la momie de son père, et celui qui ne payait pas sa dette était privé de la sépulture de sa famille.

Les Égyptiens cultivèrent avec succès une foule d'arts industriels et la mécanique, la géométrie, l'astronomie. Ils inventèrent l'écriture hiéroglyphique dont les caractères, d'abord simples représentations figurées des objets ou symboles de certaines idées, se complétèrent par des signes phonétiques ne représentant plus, comme nos lettres et nos syllabes, que des sons [1]. En peinture, ils employaient de vives couleurs que le temps n'a pas effacées ; quelques-unes de leurs belles statues pourraient rivaliser avec celles de la Grèce, sans une certaine raideur qui accuse un art religieux auquel la liberté manquait ; mais leur architecture est sans rivale pour l'aspect imposant et grandiose, témoin les temples de Thèbes, la salle de Karnak, où la voûte est portée par cent quarante colonnes gigantesques dont plusieurs ont soixante-dix pieds d'élévation sur onze de diamè-

---

1. Le copte que parlent les chrétiens d'Égypte, est un dérivé de l'ancien égyptien qui appartenait au groupe des langues sémitiques.

tre ; et les pyramides, dont l'une, haute de cent cinquante mètres, est le plus formidable entassement de pierres que les hommes aient construit ; témoin encore leurs obélisques, leurs hypogées, le labyrinthe, le grand sphinx qui mesure vingt-six pieds du menton au sommet de la tête, et ce lac Mœris, ces digues, ces chaussées, ces canaux pour contenir ou diriger les eaux du Nil. Nul peuple dans l'antiquité ne remua tant la terre et le granit.

V

LES ASSYRIENS

Le Tigre et l'Euphrate, Babylone et Ninive. — Des montagnes de l'Arménie descendent deux fleuves, le Tigre et l'Euphrate, dont les sources sont voisines et qui vont, après avoir réuni leurs eaux, se jeter dans le golfe Persique. Ces deux fleuves embrassent dans leur cours un vaste pays montagneux au nord, plat et sablonneux au centre et au sud : c'est la Mésopotamie, dont les premiers habitants furent : dans la Chaldée ou partie méridionale, ces Couschites que nous connaissons déjà ; vers les montagnes, des tribus Touraniennes, qui firent peut-être, au bord du Nil, la grande invasion des Hycsos ; au milieu, des peuples Sémites, race blanche dont nous ne connaissons pas l'origine, mais qui sont fameux dans l'histoire sous les noms d'Assyriens, d'Hébreux, d'Arabes et de Phéniciens.

Dans ce pays s'élevèrent deux grandes villes, Babylone sur l'Euphrate, Ninive sur le Tigre, tour à tour capitales de l'empire assyrien. Rien n'est célèbre dans l'antiquité comme Babylone dont les murailles avaient un circuit de quinze à vingt lieues et s'élevaient de trois à quatre cents pieds au-dessus du sol. Les prêtres chaldéens lui donnaient une antiquité de 400 000 ans. Mais la Genèse fait rentrer sa fondation dans l'époque historique où elle place elle-même l'origine du peuple hébreu. C'est Nemrod, le fort chasseur, dit-elle, qui fonda Babylone. Ses descendants y régnèrent jusqu'au moment de la grande migration iranienne qui amena une partie des Aryas vers l'Indus et une autre au milieu de la Perse. Ceux qui prirent cette direction arrivèrent à Babylone, mais n'y dominèrent pas longtemps, et l'Assyrie revint à ses premiers maîtres. Les Pharaons de la dix-huitième dynastie la soumirent pour plus de deux siècles, durant lesquels des chefs arabes, leurs vassaux, régnèrent au bord de l'Euphrate. Quand la décadence de l'Égypte commença avec la vingtième dynastie, les princes assyriens s'affranchirent et devinrent conquérants à leur tour. Tout le pays entre l'Euphrate et le Liban reconnut leur pouvoir et, à l'est du Tigre, la Médie devint une de leurs provinces. A en croire le prêtre chaldéen Bérose, ils auraient pénétré jusque dans la Bactriane et dans l'Inde. Mais les monuments ne commencent à nous donner des renseignements certains qu'avec le farouche Assournazirpal et son fils Salmanassar dont la Bible raconte la guerre contre les Hébreux, et la victoire sur Achab, roi d'Israël. Un des successeurs de ces princes eut pour femme Sémiramis qui, à sa mort, restée seule maîtresse de l'empire, agrandit Babylone, bâtit des quais, des jardins suspendus et un mur d'enceinte de soixante-six mille mètres de développement, assez large pour que six chars pussent y passer de front.

Sardanapale fut le dernier prince du premier empire assyrien. Ses honteux excès et sa vie efféminée engagèrent le Chaldéen Phul et le Mède Arbacès à se révolter. Quatre défaites successives ne les découragèrent pas, et ils finirent par enfermer le prince dans Ninive. Plutôt que de se rendre, Sardanapale fit préparer un bûcher et s'y précipita avec ses femmes et ses richesses (789) : Ninive fut détruite.

Second empire assyrien (744-606 av. J. C.). — Les Mèdes avaient reconquis leur indépendance et les Babyloniens dominaient sur l'Assyrie. Phul, leur chef, trouva assez de force dans sa victoire pour reprendre les guerres des rois de Ninive contre les peuples établis à l'occident de l'Euphrate et pour contraindre Manahem, roi de Juda, à lui payer tribut. A sa mort, les Assyriens se soulevèrent sous un descendant de leurs anciens rois, Teglathphalasar (744), qui, par la conquête de Babylone, reconstitua un second empire d'Assyrie. Les lointaines expéditions de ce prince, depuis la Palestine jusqu'à l'Indus, la victoire de Sargon à Raphia, sur l'Éthiopien Sabacon, les succès de Sennachérib qui rebâtit Ninive (707), d'Assarhaddon (681), le conquérant de l'Égypte, et d'un nouveau Sardanapale qui soumit l'Asie Mineure, montrent la puissance du nouvel empire. Mais il finit comme le premier par une coalition des Babyloniens et des Mèdes. Sarac, son dernier roi, se jeta, à l'exemple de Sardanapale, dans un bûcher avec ses trésors, et les vainqueurs entrés dans Ninive détruisirent de fond en comble cette ville détestée, qui tomba alors pour ne plus se relever (606). Elle était depuis vingt-quatre siècles et demi effacée de la terre ; on ignorait jusqu'à la place où s'étaient élevés ses temples fameux, quand elle a tout à coup reparu au monde avec ses arts, sa langue, ses mœurs, sa civilisation enfin, sauvés de l'oubli et attestés par les nombreux débris et les inscriptions cunéiformes, ou écrites en caractères ressemblant à des clous, par les bas-reliefs et les sculptures qu'un Français a retrouvés en 1844 à Mossoul et qu'on peut admirer au Louvre.

Dernier empire assyrien; prise de Babylone par Cyrus (530 av. J. C.). — Babylone remplaça Ninive, et Nabuchodonosor, son roi, put se glorifier d'une grande victoire gagnée sur l'Égyptien Néchao à Cirsésium. Il détruisit Jérusalem (588), s'empara de Tyr après un siège de treize ans, parcourut l'Égypte en conquérant et décora Babylone de monuments magnifiques.

Ses quatre successeurs régnèrent honteusement ; sous le dernier, le roi des Perses, Cyrus, assiégea Babylone et y entra par le lit de l'Euphrate mis à sec (538); au lieu de la détruire, il en fit une de ses capitales. Alexandre l'imita; la construction de Séleucie la fit abandonner par ses rois grecs. Aujourd'hui on ne voit à la place qu'elle occupait qu'un amas de ruines, sur lequel l'Arabe vient rarement planter sa tente, et qui servent le plus souvent de repaire aux bêtes du désert. Quand les Parthes, puis les Perses, relevèrent le grand empire oriental que les Romains ne surent point abattre, Ctésiphon fut la résidence de leurs rois. Une nouvelle domination donna naissance à une nouvelle capitale : sous les Kalifes arabes Bagdad fut la reine de l'Orient; elle est encore une des grandes villes de l'héritier des Kalifes, le sultan de Constantinople.

Gouvernement, religion et arts de l'Assyrie. — Le roi de Ninive ou de Babylone était maître absolu de la vie et des biens de ses sujets ; c'est la loi des monarchies orientales; du moins aux rives du Tigre et de l'Euphrate, il n'était point passé dieu, comme sur les bords du Nil. Point de castes non plus, pas même une hiérarchie des classes ; la société assyrienne était ce pêle-mêle qui ne déplaît pas au despotisme, parce qu'il permet au prince d'élever ou d'abaisser qui lui convient.

Au fond de la religion de ces peuples, on peut entrevoir l'idée d'un Dieu unique, mais là aussi cette idée fut cachée par une foule de divinités secondaires qui sont toujours la personnification d'une des forces de la nature. Dans ces immenses plaines de la Chaldée où l'horizon s'étend si loin, sous ce ciel sans nuages et durant ces nuits que l'Orient rend si belles, parce que les astres y brillent d'un éclat que nous ne leur connaissons pas, le culte dominant fut le sabéisme ou l'adoration des étoiles. Le soleil, Baal, fut le grand dieu des Assyriens et dans les corps célestes ils placèrent des esprits qui exerçaient sur l'homme et sur sa destinée une puissante influence. Aussi leurs prêtres avaient une grande réputation comme astronomes. On leur doit le zodiaque, la division du cercle en trois cent soixante degrés, celle du degré en soixante minutes, le calcul des éclipses de lune, la table dite de Pythagore et un système de poids, mesures et monnaies qui servit à presque tout le commerce de l'ancien monde, puisqu'il fut employé par les Phéniciens et les anciens Grecs ; mais on leur doit aussi l'astrologie qui devint pour eux un lucratif métier par la vente des talismans ou signes consacrés, donnant à leurs possesseurs une puissance magique. Le peuple allait chercher moins haut les objets de son adoration : il avait des dieux poissons, comme Oannès et Dercéto, ou des dieux oiseaux, comme la colombe qui représentait Sémiramis ; le culte de Mylitta, la déesse de la fécondité et de la génération donnait lieu à d'abominables désordres, en sanctifiant les plus grossiers appétits des sens.

L'industrie des habitants, une agriculture savante, un commerce que facilitaient deux beaux fleuves, avaient accumulé de grandes richesses dans cet empire si longtemps rival de celui des Pharaons ; les tapis de Babylone, ses tissus, ses poteries émaillées, ses mille objets d'orfévrerie, amulettes, cannes, etc., étaient recherchés même dans l'empire romain, et les sculptures assyriennes ont révélé un art qu'on ne soupçonnait pas.

Hérodote qui visita l'Égypte lorsqu'elle était encore dans toute sa splendeur, crut que l'art et les dieux des Grecs leur étaient venus des bords du Nil. Nous savons maintenant qu'il faut aller au fond de l'Asie chercher l'origine de leurs idées religieuses et il est probable que, par la Cilicie et l'Asie Mineure, l'art assyrien arriva jusqu'à leurs colonies asiatiques, d'où il éveilla le génie des artistes de la métropole. En voyant à Athènes le soldat de Marathon, je pensais involontairement aux personnages des monuments de Khorsabad[1], et les figures de Sélinonte, même dans une certaine mesure les marbres d'Égine, semblent avoir été sculptés par des Ninivites.

1. C'est en 1842 que M. Botta, consul de France à Mossoul, trouva, au-dessous du village de Khorsabad, le palais du roi Sargon.

VI

LES PHÉNICIENS

Cités phéniciennes entre le Liban et la mer. — Entre l'Euphrate et la mer occidentale s'étend le désert qui appartint aux nomades sémites et le Liban dont les fertiles vallées devinrent la demeure de nombreuses tribus chananéennes primitivement fixées sur les bords du golfe Persique. La plus fameuse pour les anciens de toutes ces tribus, celle des Phéniciens, très-proches parents des Hébreux, s'établit dans le pays du Jourdain et, de l'autre côté de la chaîne des montagnes, sur la côte étroite que baigne la Méditerranée. Par les conquêtes de Josué, la vallée du Jourdain resta aux Hébreux. Resserrés alors entre le Liban, dont les forêts séculaires offraient les bois nécessaires à la construction des vaisseaux, et la mer, qui formait des ports nombreux et les invitait à la navigation et au commerce, les Phéniciens devinrent, par nécessité autant que par position, d'habiles marins, dont les navires sillonnèrent la mer intérieure. La population suivit les progrès de la prospérité publique, les villes se multiplièrent, et bientôt, autant dans l'intérêt du commerce que pour diminuer le nombre trop grand des citoyens, il fallut envoyer au loin des colonies. Les plus connues des villes phéniciennes étaient : Sidon, célèbre par ses verreries et sa pourpre ; Tyr, qui tenait le premier rang, Aradus, Byblos et Béryte. L'Écriture nous apprend quel luxe, quelle mollesse, quelles mœurs licencieuses, quelle religion impure et souvent sanguinaire, régnaient dans la Phénicie. Baal-Moloch voulait des enfants brûlés vifs en son honneur par leurs mères, et Astarté leur grande déesse légitimait toutes les dissolutions.

Commerce et colonies des Phéniciens. — Mais les

Phéniciens ont donné pour rançon de leurs vices, cette industrie, ce commerce, surtout ces colonies qui furent si favorables à l'expansion et aux progrès de la civilisation. Ils s'établirent probablement dans les îles de la mer Égée longtemps avant les Grecs, fondèrent des comptoirs en Afrique, en Espagne, en Gaule, en Sicile, et exploitèrent le commerce de l'Arabie, de l'Inde et de l'Éthiopie. Au cinquième siècle, ils possédaient encore trois villes en Sicile, Motya, Sélinonte et Panorme. En Gaule, les traces de leur établissement disparurent de bonne heure; mais dans l'Espagne, si riche alors en mines d'argent, ils couvrirent de leurs colonies toute la région méridionale; enfin sur la côte d'Afrique s'élevèrent Leptis, Adrumète, Utique et une nouvelle Tyr, Carthage, qui devint la plus grande puissance maritime de l'antiquité, en faisant reconnaître sa suprématie aux colonies phéniciennes dont elle était voisine. Tandis qu'elle s'emparait ainsi du commerce de la Méditerranée occidentale, les Phéniciens de la métropole partageaient avec les Grecs celui de la Méditerranée orientale, et s'efforçaient d'accroître leurs relations avec les pays que baigne l'océan Indien. Ils s'étaient fait céder par les Juifs deux ports sur la mer Rouge, Elath et Asiongaber, d'où leurs flottes partaient pour aller chercher dans le pays d'Ophir l'ivoire et la poudre d'or; dans l'Arabie Heureuse, l'encens et les aromates; dans le golfe Persique, les plus belles perles que l'on connût alors; dans l'Inde enfin, mille denrées précieuses. De nombreuses caravanes traversaient pour eux la Babylonie, l'Arabie, la Perse, la Bactriane et le Thibet, d'où elles rapportaient la soie de la Sérique, qui se vendait au poids de l'or, les pelleteries de la Tartarie, les pierres précieuses de l'Inde. Eux-mêmes ajoutaient à ce commerce les produits de leur industrie nationale : le verre, la pourpre, et mille objets de parure.

Conquérants de la Phénicie. — Cette prospérité de la Phénicie excita la cupidité des conquérants : les Pharaons de la dix-huitième dynastie en firent la conquête, et les Assyriens parurent maintes fois sous les murs de Tyr qui fut prise par Sennachérib, à peu près renversée par Nabuchodonosor (574), et détruite par Alexandre. La Phénicie se trouva comme perdue dans les vastes empires des Perses, des Séleucides et des Romains, mais placée entre deux grands foyers de civilisation, l'Égypte et l'Assyrie, elle y avait pris pour le porter dans l'Occident, ce qu'elle y avait trouvé de meilleur : d'abord quelque chose de l'art, de l'industrie, de la science de ces deux peuples, et plus particulièrement, à Babylone, un système métrique, agent nécessaire du commerce ; à Memphis, cette écriture alphabétique que tant de peuples ont copiée en la modifiant et qui a été l'indispensable instrument du progrès intellectuel et social [1].

VII

LES JUIFS [2]

Anciennes traditions. — Les Hébreux mettaient à la tête de leur race Abraham, qui vint de la Chaldée, 2000 ans peut-être avant Jésus-Christ, s'établir dans la terre de Chanaan ; Isaac, fils du patriarche, et Jacob, le père des douze enfants dont la postérité forma les douze tribus d'Israël. On sait la touchante histoire de Joseph, l'un des douze, que ses frères vendirent à des marchands d'Égypte ; à force de sagesse et d'habileté, l'esclave hébreu s'éleva dans ce pays aux premiers hon-

---

1. C'est de l'écriture hiératique inventée par les prêtres d'Égypte comme abréviation cursive des hiéroglyphes que les Phéniciens tirèrent les 22 lettres de leur alphabet, lequel a donné naissance à tous les alphabets de l'Asie occidentale et de l'Europe.
2. J'ai donné dans mon *Histoire Sainte d'après la Bible*, une analyse scrupuleuse du livre des Écritures tel que l'Église le conserve, avec la traduction de beaucoup de passages propres à faire connaître cette poésie biblique qui ne parle guère que de Dieu et de la patrie, mais qui en parle plus magnifiquement qu'aucune autre au monde.

neurs, et, devenu le ministre d'un Pharaon, appela auprès de lui sa famille, qu'il établit dans la terre de Gessen, entre le Nil et la mer Rouge.

Dans ce canton fertile, les Hébreux multiplièrent sans se mêler aux Égyptiens, qui finirent par regarder avec défiance ce peuple étranger et le traitèrent comme les captifs ramenés par les Pharaons de leurs lointaines conquêtes. Ils voulurent les contraindre à renoncer à la vie pastorale, et à s'enfermer dans des cités. Ils les forcèrent à bâtir les villes de Ramessès, de Pithom et de On ; ils les firent travailler aux canaux, aux constructions de tout genre dont l'Égypte se couvrait. Enfin, disaient les traditions conservées dans le peuple d'Israël, pour diminuer leur nombre qui croissait, malgré tant de misères, les Pharaons ordonnèrent qu'on tuerait tous les enfants mâles nés parmi eux. Une femme israélite de la tribu de Lévi, après avoir caché pendant trois mois son enfant, l'avait exposé sur le Nil dans un berceau d'osier, à l'endroit où la fille du Pharaon avait coutume de se baigner. Celle-ci entendit les cris de l'enfant; et en eut pitié. Moïse, appelé ainsi parce qu'il avait été sauvé des eaux, fut élevé par sa mère adoptive dans le palais des rois, et instruit dans toutes les sciences des prêtres de l'Égypte ; mais sa véritable mère lui avait révélé son origine, et un jour qu'il vit un Égyptien frapper un Hébreu, il le tua. Forcé de fuir à cause de ce meurtre, il se retira auprès de Jéthro, à l'extrémité méridionale de l'Arabie Pétrée, où il retrouva les vieilles croyances de ses pères, des mœurs simples et pures, la vie patriarcale d'Abraham et de Jacob. Il revint de là avec la résolution de tirer son peuple « de la maison de servitude » et ramena les Hébreux au désert avec leurs troupeaux.

Législation religieuse et civile. — Ils errèrent longtemps dans les solitudes de l'Arabie, où sous ce ciel sans nuages, sur cette terre aride et nue, éclatent partout la majesté d'un Dieu unique. Le mont Sinaï fut consacré par la promulgation de la loi civile et religieuse, et Moïse essaya d'enchaîner son peuple au dogme précieux de l'unité divine par de nombreuses prescriptions qui donnèrent aux lois hébraïques une incomparable supériorité sur les autres législations. Au lieu de la distinction des castes, qui d'ailleurs ne peuvent s'établir au désert, les Juifs eurent l'égalité des citoyens devant Dieu, devant la loi, et, dans une certaine mesure, devant la fortune, puisque dans l'année sabbatique et au jubilé, qui revenaient l'une au bout de sept ans, l'autre après quarante-neuf années, l'esclave était affranchi, la dette effacée, et la propriété aliénée restituée à son premier maître. Les chefs des Juifs sortaient du peuple, et si leurs prêtres devinrent comme héréditaires, parce qu'ils durent être toujours pris dans la tribu de Lévi, ils n'eurent que l'hérédité de la pauvreté. Dans le monde ancien, où la société reposait sur l'esclavage, les Juifs avaient des serviteurs plutôt que des esclaves. Ailleurs, le législateur ne s'occupe ni du pauvre, ni de l'indigent, et repousse l'étranger. Ici la loi était partiale pour le pauvre ; elle défendait l'usure, commandait l'aumône, prescrivait la charité, même envers les animaux, appelait l'étranger au temple et aux sacrifices. Ainsi, tout ce que le monde ancien abaissait et repoussait, la loi mosaïque le relevait. Dans cette société, l'étranger n'était plus un ennemi, l'esclave était encore un homme, et la femme venait s'asseoir dignement à côté du chef de la famille entourée des mêmes respects.

Grandeur morale de la législation hébraïque. — Au *Décalogue*, ou résumé en dix articles de toute la morale divine et humaine, on lit : « Tu n'auras point d'autre Dieu que moi, l'Éternel, qui t'ai tiré de l'Égypte, la maison de servitude. — Tu ne feras point d'idoles ni d'images de ce qui est au ciel, sur la terre ou dans les eaux. — Honore ton père et ta mère afin de vivre longuement. — Tu ne déroberas point. — Tu ne tueras point. — Tu ne porteras pas faux témoignage contre ton prochain. — Tu ne convoiteras ni sa maison, ni sa femme, ni son serviteur, ni sa servante, ni rien de ce qui lui appartient. »

Dans la *loi*, on trouve ces belles ou touchantes prescriptions : « Vous ne recevrez point comme juges les paroles de mensonge, et vous ne ferez point le mal pour plaire à la multitude; vous ne parlerez pas comme la foule pour refuser justice. — Vous ne conserverez pas le souvenir de l'injure, mais vous rendrez le bien pour le mal et vous aimerez votre prochain comme vous-même. — Vous protégerez la veuve et l'orphelin; si vous les offensiez, leurs cris viendraient jusqu'à moi; j'écouterais leurs gémissements, et ma colère serait implacable. — Levez-vous devant ceux qui portent les cheveux blancs et honorez les vieillards par crainte du Seigneur. — Vous ensemencerez vos terres pendant six ans, mais la septième année, vous ne prendrez rien de ce que la terre produira, afin que ceux qui sont pauvres trouvent à se nourrir et que ce qui restera serve de pâture aux oiseaux du ciel. — La dîme appartient aux prêtres du Seigneur, mais ils en partageront le tiers avec l'étranger, la veuve et l'orphelin. — Quand vous ferez la moisson, vous ne ramasserez pas les épis tombés derrière vous; et dans vos vignes, vous ne cueillerez pas les grappes oubliées sur le cep, pour que le pauvre et l'étranger puissent les prendre. — Vous travaillerez durant six jours, le septième sera jour de repos, pour que votre bœuf et votre âne, pour que le fils de votre servante et l'étranger se reposent et réparent leurs forces. — Vous ne lierez pas la bouche du bœuf qui foule votre grain sur l'aire. — Vous n'égorgerez pas la génisse en même temps que ses petits et vous ne cuirez pas le chevreau dans le lait de sa mère.

Conquête de la Palestine; les juges; les rois (1097). — Moïse voulait faire rentrer son peuple dans le pays qu'Abraham avait choisi pour y planter sa tente. Josué, son successeur, franchit le Jourdain, détruisit Jéricho et partagea la terre de Chanaan entre les douze tribus d'Israël.

A sa mort, le lien politique qui tenait les tribus réunies se brisa, et le gouvernement des *anciens* fut trop faible pour achever la conquête du pays ou repousser les attaques des rois voisins. De là des *servitudes* d'où les Juifs furent tirés par des hommes forts et braves qui, après la victoire, restaient leurs *juges*, c'est-à-dire constituaient au sein de cette république patriarcale, une sorte de monarchie temporaire. Ces vaillants d'Israël furent Othoniel, Ahod, qui combattait des deux mains, Samgar, la prophétesse Débora, Gédéon, qui dissipa toute une armée avec trois cents hommes; Jephté, qui immola sa fille pour satisfaire à un vœu imprudent; Samson, célèbre par sa force prodigieuse; le grand prêtre Héli, sous qui l'Arche d'alliance où le livre de la loi était conservé, fut prise par les Philistins; Samuel, enfin, que malgré son administration sage et juste, les Hébreux forcèrent de leur donner un roi.

Il choisit (1097 avant J. C.) Saül, homme fort et brave, de la tribu de Benjamin, qui lui semblait simple d'esprit et facile à conduire. Il le sacra en répandant l'huile sainte sur sa tête, puis il déposa dans l'arche un livre où il écrivit les droits et les devoirs de la nouvelle royauté. Saül justifia d'abord le choix du prophète par sa modération et ses victoires. Mais, enorgueilli de ses succès, il abandonna ses mœurs rustiques, se donna une garde de 3000 hommes, et secoua le joug du grand prêtre qui sacra en secret un berger hébreu, David, et l'introduisit dans le palais pour y remplacer un jour le prince indocile. Le jeune écuyer du roi attira sur lui tous les regards d'Israël, en tuant le Philistin Goliath. Saül, dévoré de jalousie, essaya à plusieurs reprises de le percer de sa lance. Lorsqu'il fut tombé lui-même, en 1058, dans une bataille contre les Philistins, les tribus de Juda et de Benjamin, et quelques années plus tard, les dix autres, reconnurent David pour roi d'Israël. L'Égypte et l'Assyrie n'étaient pas pour le moment menaçantes; le petit État juif put se développer et s'étendre sans rencontrer d'adversaires trop redoutables, et la Palestine qui avait été si souvent la route des conquérants, devint conquérante à son tour. La prise de Sion (Jérusalem), la destruction des Philistins et des Moabites, de nombreux succès sur tous les peuples voisins; les limites de son royaume portées, au nord, jusqu'à l'Euphrate, au midi, jusqu'à la mer Rouge, montrent dans David le prince victorieux; ses règlements pour le culte, pour l'administration publique, pour la justice, pour l'établissement d'une nombreuse armée, dont un dixième était toujours sous les armes, les matériaux enfin qu'il réunit pour la construction du temple et les traités de commerce conclus avec Tyr, prouvent sa sollicitude durant la paix. Mais un crime, la mort d'Uri, et la révolte de son fils Absalon, attristèrent ses dernières années. L'Église chante encore ses psaumes sublimes.

Salomon (1019), prince peu guerrier, ami du faste et de la civilisation, gouverna, comme les rois de l'Orient, du fond de son palais. Il affermit d'abord son pouvoir par des supplices, plaça la grande sacrificature dans sa dépendance, pour affranchir la royauté de tout contrepoids, et construisit avec magnificence le temple de Jérusalem. Sa sagesse, prouvée par un jugement fameux, la fondation de Palmyre au milieu du désert, la création d'une marine, ses alliances avec Tyr et l'Égypte, étendirent sa réputation, et la reine de Saba vint visiter le grand monarque de l'Orient. Mais, sous cet éclat extérieur, les provinces s'appauvrissaient, et Salomon ruinait lui-même la base de sa puissance en introduisant l'idolâtrie dans son palais. Les Iduméens, les Syriens se révoltèrent; ses sujets se soulevèrent à cause du poids croissant des impôts, et il mourut au milieu des misères publiques.

Le schisme (978) et la Captivité (599). — Son fils, Roboam, ayant refusé de diminuer les redevances exigées par le fisc royal, dix tribus se séparèrent de lui; Benjamin et Juda restèrent seuls fidèles à la maison de David (978). Dès lors, il y eut deux peuples, deux royaumes : Israël et Juda; Israël plus peuplé, plus étendu ; Juda plus riche et plus respecté, parce qu'il possédait l'Arche d'alliance. Chaque année, tous les Juifs devaient apporter leurs offrandes au temple de Jérusalem. Pour empêcher ses nouveaux sujets d'aller s'établir dans le royaume de Juda, qui possédait le sanctuaire national, Jéroboam fit élever à Béthel et à Dan deux autels, où son peuple vint sacrifier. Cette infraction à la loi religieuse prépara dans Israël l'introduction de l'idolâtrie, dont l'établissement fut d'ailleurs favorisé par les relations continuelles de ses rois avec les Syriens. Juda respecta mieux la loi mosaïque. Là aussi cependant l'idolâtrie pénétra, et il fallut, pour la chasser, que « les prophètes », avec leur double inspiration patriotique et religieuse, Élisée, Amos, Michée, Osée, Isaïe, Jérémie vinssent tour à tour menacer le peuple de la colère de Jéhovah ou le relever du désespoir par la promesse d'un glorieux avenir.

La séparation du peuple hébreu en deux royaumes ruina sa puissance. Au temps de David, il avait dominé jusqu'à l'Euphrate ; depuis le schisme, il ne posséda plus que la Palestine. Entourés d'ennemis, les Hébreux se firent encore entre eux des guerres sanglantes, et ils succombèrent sous les coups des Babyloniens, après une déplorable anarchie. Le royaume d'Israël tomba en 721, quand Osée pris dans Samarie eut été emmené par le roi Sargon à Ninive ; celui de Juda en 588, lorsque Sédécias, captif de Nabuchodonosor, eut été traîné à Babylone, chargé de chaînes, et qu'on lui eut crevé les yeux, après lui avoir montré, égorgés devant lui, tous ses fils et les principaux de son peuple.

Les Juifs sous la domination des Perses, des Grecs et des Romains (538 av. J. C., 70 après). — Cette captivité, qu'on date de la prise de Jérusalem en 599, dura soixante et dix ans, jusqu'à l'édit de Cyrus qui, en 529, permit aux Hébreux de rebâtir leur temple ; 42000 Juifs suivirent Zorobabel vers les ruines de la cité sainte Les travaux, arrêtés sous Cambyse par la jalousie des Samaritains, furent continués avec ardeur sous Darius qui est peut-être l'Assuérus de l'Écriture, et en 516 le temple fut achevé. Sous Artaxerxès Longue-Main, Esdras conduisit encore à Jérusalem un grand nombre de Juifs et ramena le peuple à l'exécution fidèle des commandements mosaïques. Vers le même temps, Néhémie releva les murailles de la cité de David ; de sorte que le peuple avait retrouvé sa loi, son temple, sa ville et toute l'énergie de son patriotisme religieux. Malheureusement ceux qu'Esdras et Néhémie chassèrent à cause de leurs désordres, se réfugièrent chez les Samaritains, et bâtirent sur le mont Garizim un temple rival de celui de Jérusalem.

La Judée fut paisible sous la domination des Perses et sous celle d'Alexandre qui, après le siége de Tyr, vint à Jérusalem sacrifier au temple et exempta la Judée d'impôts pour l'année sabbatique. Après sa mort, les Juifs restèrent soumis près d'un siècle aux rois d'Égypte. Le second des Lagides, Ptolémée Philadelphe, plaça même leurs livres saints dans la fameuse bibliothèque d'Alexandrie, après les avoir fait traduire par soixante et douze docteurs, dont le travail est resté célèbre sous le nom de version des *Septante*. Philopator les persécuta ; aussi passèrent-ils avec joie, mais sans plus de sécurité, sous la domination des rois de Syrie. Séleucus IV envoya son ministre Héliodore dépouiller le temple de ses richesses, et Antiochus IV plaça sur l'autel même la statue de Jupiter Olympien ; plusieurs Juifs qui refusèrent de manger des viandes impures périrent dans d'atroces tortures.

Cette tentative d'installer le polythéisme grec dans le sanctuaire du Dieu unique amena une insurrection formidable. Affranchis par l'héroïque famille des Macchabées, les Juifs passèrent durant deux siècles par les plus cruelles vicissitudes : aujourd'hui abattus, demain relevés ; tantôt libres sous leurs rois, tantôt soumis aux Romains, et souvent troublés par les disputes des Pharisiens et des Saducéens, deux sectes politiques et religieuses. Au temps d'Auguste, ils formèrent, sous le cruel Hérode, un État florissant dont Rome respecta pendant quelques années l'existence. C'est alors que naquit Jésus qui, quatre ans avant la mort de Tibère, commença à prêcher sa sainte doctrine. Devenus les sujets de Rome, les Juifs se révoltèrent dans les derniers jours de Néron. Treize cent mille hommes périrent dans cette lutte suprême, pour la patrie et pour la religion. Jérusalem fut renversée, le temple détruit, et la dispersion commença (70 ap. J. C.).

Les Juifs, peuple à la tête dure, comme disaient ses prophètes, n'ont rien fait pour l'art[1], la science et l'industrie, mais leurs lois morales étaient les plus belles et leur doctrine religieuse fut la plus pure. Ils ont sauvé, au prix de cruelles souffrances, le dogme précieux de l'unité divine, et l'ancienne loi transformée par Jésus est devenue la loi de charité et d'amour fraternel qui devrait gouverner le monde.

VIII

LES MÈDES ET LES PERSES

Le mazdéisme. — On a vu que la Bactriane et la Sogdiane avaient été le berceau de nombreuses tribus blanches qui, sous le nom d'Aryas, émigrèrent au sud-est, vers l'Indus, et sous celui d'Iraniens, allèrent vers la Médie et la Perse. La cause de la séparation de cette grande race fut peut-être un schisme religieux; du moins les Mèdes et les Perses apportèrent dans leur nouvelle patrie une doctrine profondément différente de celle qui régna plus tard au bord du Gange. Ils reconnaissaient pour législateur Zoroastre qui semble avoir vécu quinze siècles avant Jésus-Christ et dont les ensei-

---

1. La loi mosaïque interdisait la représentation de la figure humaine; l'Islam a conservé cette interdiction.

gnements sont contenus dans l'Avesta, ou livre sacré des Perses.

Cette doctrine, qu'on appelle le mazdéisme ou la science universelle, est la plus pure et la plus douce que l'antiquité polythéiste ait connue. Zervane Akéréné, premier principe des choses, éternel, infini, immuable et immobile, créa Ormuzd, le seigneur de la science ou de la sagesse, la source de la lumière et de la vie, comme le soleil, son emblème, l'auteur de tout bien, de toute justice, et Ahriman, son ennemi, le principe du mal physique et moral. Chacun d'eux commande à une hiérarchie d'esprits célestes et infernaux qui travaillent à étendre l'empire de leur chef : ceux-ci en semant la lumière, la vie, la pureté, le bonheur ; ceux-là en multipliant les animaux malfaisants et les influences funestes. Mais un jour viendra où Ahriman, enfin vaincu, reconnaîtra sa défaite et remontera près d'Ormuzd, pour jouir lui-même de la vie bienheureuse, avec tous les pervers entraînés par lui au mal, et que la douleur aura purifiés. Ainsi la bonté d'Ormuzd est éternelle et sans bornes ; la méchanceté d'Ahriman est limitée au temps des épreuves, qui préparent et justifient la rédemption : la miséricorde de Dieu dépasse donc sa justice, et l'enfer des Perses n'était qu'un purgatoire.

L'homme créé avec une âme immortelle et libre est le prix du combat des deux principes ennemis ; et comme les dews d'Ahriman l'entourent incessamment pour l'induire à mal, Zoroastre lui a donné la loi d'Ormuzd pour le conserver au bien : loi humaine et douce qui reconnaît les droits de la vie, tout en proclamant ceux du ciel ; qui veut la foi, mais aussi les œuvres, le travail, l'aumône, la pureté de l'âme et du corps ; qui repousse l'ascétisme stérile et permet le soin des choses terrestres, afin que l'homme, satisfaisant les besoins légitimes de sa nature sans les dépasser, ait plus de mérite à résister aux tentations qui s'y cachent. « Si l'on mange, dit le livre révélé, on écoutera mieux la parole sacrée ; si l'on ne mange pas, on sera sans force pour les œuvres pures. » Le travail est chose sainte : « Laboure et sème ! Qui sème avec pureté accomplit toute la loi. Celui qui donne du bon grain à la terre est aussi grand que s'il avait fait dix mille sacrifices. » Le fidèle doit les mêmes soins à la terre qui le nourrit, aux animaux qui le servent : une commune affection résulte de la communauté du travail. Enfin le mariage est un lien sacré, et beaucoup d'enfants sont une bénédiction.

Pour culte, des prières et une offrande composée de sa chair d'un animal, du suc de certaines plantes et de gâteaux sacrés qui, après le sacrifice, sont consommés par le prêtre et l'assistance. Le feu sacré, le vase de l'élévation, les vêtements de l'officiant, tous les ustensiles du sacrifice sont entretenus par les prêtres, interprètes de la loi religieuse qu'ils expliquent aux fidèles. La prière est fréquente : il y en a pour tous les actes de la vie ; elle sauve les vivants et elle diminue les peines des morts, dont elle prépare la délivrance. Il faut prier Ormuzd et les esprits célestes, les Amschaspans, les Izeds, qui combattent sans cesse les dews d'Ahriman ; il faut « prier le soleil, éclatant et vigoureux coursier qui ne meurt pas ; » le soleil qui purifie la terre et les eaux, et qui donne l'abondance. « S'il ne se levait pas, les dews détruiraient tout sur la terre et il n'y aurait pas d'Izeds célestes. » Il faut enfin prier le jour et prier encore la nuit, car la nuit Ahriman veille et il est tout-puissant. « Lève-toi donc, à minuit, lave tes mains, apporte le bois et entretiens le feu qui doit toujours briller pour être comme le signe de la présence d'Ormuzd à chaque foyer. »

La prière est parfois une confession, mais faite à Dieu, et non à un homme. « Devant vous, ô Père ! je confesse les péchés que j'ai commis en pensée, en paroles et en actions. Dieu ! ayez pitié de mon corps et de mon âme, dans ce monde et dans l'autre. J'y renonce par les trois paroles et je me repens. »

Malheureusement l'homme met trop souvent de côté ses croyances pour suivre ses passions, et les sectateurs de cette pure doctrine ont infligé au monde autant de maux que ceux d'autres religions. Ils ne semblent cependant point être jamais tombés si bas dans la dépravation morale et sanguinaire que les peuples qui étaient allés chercher leurs dieux au milieu des idées physiques de fécondité et de génération, ou, comme on l'a dit, dans les phénomènes de la nature naturante et de la nature naturée.

Nous ne savons rien des peuples de cette race qui restèrent sur les bords de l'Oxus, dans la Sogdiane et la Bactriane ; mais, grâce aux récits des Grecs et aux inscriptions cunéiformes, nous connaissons mieux les Mèdes ; et c'est par les Perses que se noue, entre l'Asie et l'Europe, le lien qui, depuis les guerres médiques, n'a pas été brisé.

Mèdes. — Toutefois nos données sur la Médie sont bien tardives ; elles ne commencent qu'au huitième siècle avant notre ère, quand Arbacès, gouverneur de ce pays pour les rois assyriens, se révolta contre Sardanapale (789). Une période d'anarchie suivit cet affranchissement. Les Mèdes en furent tirés par Déjocès, qui se fit proclamer roi (710), bâtit Ecbatane et régna cinquante-trois ans dans une paix profonde. Son fils Phraortes (657) rendit les Perses tributaires, mais fut tué par un roi de Ninive. Cyaxare, son fils, le vengea en attaquant cette ville qu'une invasion des Scythes sauva et les barbares ravagèrent pendant vingt-huit ans l'Asie occidentale. Le roi Mède, débarrassé de leurs chefs, qu'il fit égorger dans un festin, reprit ses projets contre Ninive, qui succomba en 606, et conquit l'Asie Mineure jusqu'à l'Halys. Une éclipse de soleil prédite par Thalès arrêta une bataille qu'il allait livrer aux Lydiens (602).

Sous Astyage, son successeur (595), cette grande domination médique s'écroula. Ce prince avait donné sa fille Mandane à un chef perse, Cambyse, et de ce mariage était né Cyrus. Astyage, dit Hérodote, craignant, d'après un songe, que son petit-fils ne le détrônât un jour, ordonna à Harpagus de le faire mourir. Un des pâtres du roi éleva, en secret, le fils de Mandane, qui fut plus tard reconnu par Astyage; mais, irrité contre son infidèle serviteur, le prince fit servir à Harpagus, dans un festin, les membres de son propre fils. Le courtisan resta maître de lui-même et remit à une autre époque sa vengeance.

Les Perses sous Cyrus (559-529); conquête de l'Asie occidentale. — Les Perses, pauvres et belliqueux habitants d'une région montagneuse, regrettaient leur indépendance; Cyrus, devenu grand, se proposa à eux pour chef, et les conduisit contre les Mèdes, qu'Astyage avait placés sous les ordres d'Harpagus. La trahison du général assura la défaite de ses troupes. Dans une seconde bataille, Astyage lui-même fut fait prisonnier, et la domination de l'Asie passa des Mèdes aux Perses (559). Le conquérant profitant de l'ardeur des siens, soumit les pays voisins du Caucase et attaqua les Lydiens qui dominaient entre l'Halys et la mer Égée. Leur roi Crésus, vaincu dans les plaines de Thymbrée, s'enferma dans Sardes, où il fut pris vivant (544). Babylone tomba huit ans après (538); et tous les pays qui dépendaient de ces deux capitales: en Asie Mineure, les colonies grecques; à l'ouest de l'Euphrate, la Phénicie et la Palestine firent partie du nouvel empire. Les Scythes dévastaient ses provinces septentrionales, Cyrus attaqua les Massagètes, sur les bords de l'Araxe, les vainquit d'abord, mais périt dans une seconde bataille (529). Toutefois ils ne furent pas assez forts pour envahir à leur tour la Perse, et Cambyse put continuer, dans une autre direction, les conquêtes de son père.

Les Perses sous Cambyse (conquête de l'Égypte 527) et sous Darius. — Il entreprit de soumettre l'Afrique, en commençant par l'Égypte, la dernière grande monarchie que Cyrus eût laissée debout (527), et qui tomba en une seule bataille. Il voulut alors attaquer Carthage, mais, pour une telle expédition, il fallait une flotte et les Phéniciens la refusèrent. Une armée envoyée contre l'oasis d'Ammon périt dans les sables; une autre, menée contre les Éthiopiens, fut décimée par la faim et revint honteusement. Cambyse se vengea de ces revers par des cruautés dont les prêtres d'Égypte et sa famille même furent les victimes : il fit mourir son frère ; il tua sa sœur ; et une révolte le rappelait en Asie, quand une blessure qu'il se fit en montant à cheval l'emporta (522).

La révolte qui venait d'éclater était une réaction des Mèdes contre les Perses. Un mage, Smerdis, qui se faisait passer pour le frère de Cambyse, auquel il ressemblait, conduisait le complot. Sept seigneurs perses répondirent à cette tentative par une autre conjuration, poignardèrent le mage et proclamèrent un d'entre eux roi ; c'était Darius, fils d'Hystaspe. L'usurpation du mage avait ébranlé tout l'empire ; une inscription cunéiforme récemment lue prouve que Darius eut à triompher de révoltes qui éclatèrent successivement dans toutes les provinces orientales ; en Lydie, il fut réduit à faire assassiner le gouverneur de Sardes, Otanès, qui vivait en roi. De toutes ces insurrections, nous connaissons seulement avec quelques détails celle de Babylone, qu'Hérodote nous a racontée. Elle est fameuse par le dévouement de Zopyre qui se mutila pour se faire admettre par les Babyloniens, comme une victime ne désirant que la vengeance et qui ensuite les trahit (517).

En vue d'assurer la rentrée des impôts et l'entretien des troupes régulières, Darius divisa en vingt satrapies l'immense pays compris entre la Méditerranée, la mer Érythrée et les déserts de l'Afrique, de l'Arabie et de l'Inde. Au nord, il reprit l'expédition commencée par Cyrus contre les Scythes, afin d'occuper l'ardeur belliqueuse des Perses ; mais il attaqua ceux d'Europe et non ceux d'Asie. Il franchit le Bosphore, passa le Danube sur un pont de bateaux, construit et gardé par les Grecs d'Asie ou de Thrace, et s'enfonça vainement à la poursuite des Scythes. Le temps fixé pour le retour sur l'Ister étant passé, l'Athénien Miltiade proposa de rompre le pont pour laisser périr l'armée persique. Histiée de Milet s'y opposa en représentant aux chefs, tous tyrans de villes grecques, qu'ils seraient renversés s'ils n'avaient plus l'appui de l'étranger, et par cet avis il sauva Darius. En revenant, ce prince laissa quatre-vingt mille hommes dans la Thrace pour en achever la conquête et faire celle de la Macédoine; il envoya encore deux expéditions aux extrémités de l'empire (509); l'une lui soumit Barcé, dans la Cyrénaïque, l'autre les pays baignés à l'ouest par l'Indus.

L'empire perse fut alors à l'apogée de sa grandeur. De l'Indus à la Méditerranée, du Danube et de l'Araxe jusqu'à l'océan Indien et aux déserts d'Arabie et d'Afrique, tout obéissait au grand roi et il allait précipiter un million d'hommes sur la Grèce. Mais les guerres médiques vont montrer ce qu'il y avait de faiblesse sous ces dehors de la force.

Gouvernement. — Le gouvernement était despotique, tempéré peut-être chez les Mèdes par l'autorité des mages, mais sans autre contre-poids dans l'empire perse que le pouvoir trop grand des satrapes, dont le nombre avait été imprudemment réduit à vingt par Darius. Au reste, le pouvoir central ne se chargeait pas d'administrer. Pourvu que les provinces fournissent les impôts en argent ou en nature et les contingents exigés, elles gardaient leur indépendance. Les grandes cours asiatiques ont toujours aimé la mollesse et le luxe. Les Perses se laissèrent corrompre comme leurs prédécesseurs, malgré la supériorité de leur religion qui enseignait que la vie doit être une lutte continuelle contre le mal. Ils ont élevé peu de monuments. Cependant les anciens vantaient la magnificence d'Ecbatane, la ville aux sept enceintes, et des voyageurs modernes ont pu contempler les ruines grandioses de Persépolis, nommée par les Arabes Tchil-Minar ou les Quarante Colonnes[1].

1. Elles ont 2 mètres de diamètre sur 24 de hauteur. On croit avoir retrouvé au Mont Rachmed, près de Persépolis, le tombeau de Darius.

HISTOIRE GRECQUE[1]

IX

TEMPS PRIMITIFS

Anciennes populations; Pélasges et Hellènes. — La Grèce, une des trois péninsules qui terminent l'Europe au sud, est un fort petit pays; sa surface, les îles comprises, n'égale pas celle du Portugal; mais ses rivages sont si bien découpés que leur étendue surpasse celle des côtes de toute la péninsule espagnole. Au nord, en y comprenant la Macédoine, elle tient au massif des Alpes orientales qui forment une des parois de la vallée du Danube; au sud elle plonge par trois pointes dans la Méditerranée; la mer la sépare à l'ouest de l'Italie et à l'est de l'Asie.

Autant qu'on peut percer l'obscurité de ces vieux âges, les premiers habitants de la Grèce furent ces Pélasges et ces Iaones (Ioniens) dont nous avons déjà parlé comme membres de la grande race Aryane.

Les Pélasges, qui couvrirent de leurs tribus l'Asie Mineure, la Grèce et l'Italie, qui éveillèrent dans ces contrées la première civilisation, qui enfin laissèrent partout, dans leurs monuments, des preuves indestructibles de leur activité et de leur puissance, ont disparu

---

1. Pour les développements, voir mon *Histoire de la Grèce ancienne*, 2 vol. in-8, 1867.

sans qu'il subsiste d'eux aucune tradition certaine. On peut voir encore à Mycènes, à Tyrinthe et à Argos des restes de constructions dites cyclopéennes qui leur sont attribuées.

La Grèce échappait à la vie sauvage, par les seuls efforts des indigènes, quand, s'il fallait en croire des traditions aujourd'hui abandonnées, mais que de poétiques légendes font vivre encore, des colonies, parties des pays les plus civilisés de l'Asie et de l'Afrique, seraient venues lui apporter la connaissance des arts utiles et une religion plus pure. Ainsi l'Égyptien Cécrops débarqué dans l'Attique, en aurait réuni les habitants dans douze bourgades, dont Athènes devint plus tard la capitale; il leur aurait enseigné à cultiver l'olivier, à extraire l'huile et à labourer la terre; pour mieux resserrer les liens de la nouvelle société, il aurait institué les lois du mariage et le tribunal de l'Aréopage, qui prévenait les querelles injustes par des sentences équitables.

Ce que Cécrops avait fait dans l'Attique, Cadmus, dit-on, le fit dans la Béotie, où il apporta l'alphabet phénicien, et où il bâtit la Cadmée, autour de laquelle Thèbes s'éleva. Dans le Péloponnèse, Danaüs introduisit à Argos quelques-uns des arts de l'Égypte, et le Phrygien Pélops s'établit dans l'Élide, d'où sa race se répandit sur la péninsule presque entière qui a pris et gardé son nom. Ces légendes qui n'offrent aucune certitude quant aux personnes, conservent cependant un fait vrai, le souvenir d'anciennes relations entre la Grèce et la côte d'Asie qui lui fait face.

De tous les événements de cet âge reculé, le plus important pour la Grèce fut l'invasion des Hellènes, qui du nord de la Grèce, leur premier séjour, se répandirent dans les autres parties de la péninsule, aux dépens des Pélasges qu'ils effacèrent en les absorbant.

Temps héroïques; guerre de Troie (1184?). — On les représente comme divisés en quatre tribus : les Ioniens et les Doriens restés d'abord dans l'ombre; les

Éoliens et les Achéens, qui dominèrent durant la période qu'on appelle l'époque héroïque. Le temps de l'histoire n'était pas encore venu et la tradition se contentait de légendes qui montrent des héros parcourant la Grèce pour la délivrer de tous les fléaux, des brigands, des bêtes féroces et des oppresseurs. Passant leur vie à combattre le mal sous toutes les formes, ils avaient obtenu de la reconnaissance des peuples le nom et les honneurs de demi-dieux; mais ces héros s'abandonnaient eux-mêmes à leurs passions et abusaient de leur force. Tels auraient été surtout Hercule et Thésée. Les chants populaires célébraient aussi les Argonautes et leur course aventureuse jusqu'en Colchide à la recherche de la Toison d'or, les Sept Chefs qui vinrent assiéger Thèbes souillée par les crimes d'Œdipe et les divisions de ses fils, les Épigones, le sage Minos, et tant d'autres héros de ces temps fabuleux, dont la poésie et l'art ont consacré les tragiques aventures. Un fait certain, si l'on se contente de le prendre dans sa généralité, c'est la guerre qui mit pour la première fois la Grèce aux prises avec l'Asie. Troie était la capitale d'un puissant royaume établi dans le nord-ouest de l'Asie Mineure et le dernier reste de la puissance des Pélasges. L'inimitié des races fut accrue par une sanglante injure. Un des fils du roi Priam, Pâris, épris de la beauté d'Hélène, femme du Pélopide Ménélas, qui lui avait donné l'hospitalité, l'enleva et excita ainsi le ressentiment de toute la Grèce, qui prit parti pour le roi de Sparte. Un immense armement, dirigé par son frère Agamemnon, roi de Mycène, débarqua une grande armée sur les côtes de la Troade. Aucune action décisive n'eut lieu pendant dix années, et Troie, défendue par Hector, fils de Priam, semblait devoir encore résister longtemps, même après que ce héros eut péri sous les coups d'Achille. Mais les Grecs qu'on appelait alors les Achéens, feignant de s'éloigner, laissèrent, comme en offrande, un gigantesque cheval de bois que les Troyens introduisirent dans leurs murs; il recélait dans ses flancs les plus braves des Grecs. Troie ainsi tomba, Hécube et ses filles furent traînées en esclavage, Priam fut tué au pied des autels, et les princes Achéens qui n'avaient point succombé, comme Patrocle, Ajax et Achille, reprirent le chemin de leur patrie. Des malheurs terribles signalèrent ce retour. Les uns périrent dans la traversée; les autres, comme Ulysse, furent longtemps écartés de leurs foyers par des vents contraires; d'autres, comme Agamemnon, virent leur trône et leur lit occupés par des usurpateurs dont ils devinrent les victimes; plusieurs enfin furent contraints d'aller chercher une nouvelle patrie en des régions lointaines, comme Diomède et Idoménée (1174?). L'*Iliade* et l'*Odyssée* nous racontent encore, avec un charme incomparable, ces vieilles légendes auxquelles se plaisait l'imagination populaire.

Invasion des Doriens (1104); colonies grecques et institutions générales. — Les quatre-vingts années qui suivirent la prise de Troie furent remplies par des divisions intestines qui renversèrent les anciennes maisons royales et firent passer la prépondérance à de nouveaux peuples. Les Doriens conduits par les Héraclides, ou fils d'Hercule, envahirent le Péloponnèse (1104), surprirent la Laconie sans défense, chassèrent les Éoliens de la Messénie, les Achéens de l'Argolide, s'emparèrent de Corinthe, de Mégare, et plus tard marchèrent contre Athènes, où les fugitifs s'étaient retirés. Un oracle promit la victoire au parti dont le roi périrait. Le roi d'Athènes, Codrus, pénétra déguisé dans le camp ennemi, et s'y fit tuer; aussitôt les Doriens reculèrent. Ces révolutions et toutes celles qui suivirent déterminèrent plusieurs courants d'émigration, et il se forma sur les côtes de l'Asie Mineure (Smyrne, Phocée, Éphèse, Milet), de l'Afrique (Cyrène), de la Sicile (Messine, Syracuse) et de l'Italie (Tarente, Naples, Sybaris), comme une Grèce nouvelle qui longtemps fut plus riche et plus belle que la mère patrie : c'est dans les colonies asiatiques, au point de contact avec les vieilles sociétés de l'Orient, que s'établit d'abord la civilisation dont Athènes devint plus tard le foyer resplendissant.

Malgré sa dispersion sur tant de rivages, malgré sa division en tant d'États, la grande famille hellénique conserva son unité nationale par la communauté de la langue et de la religion, par la célébrité de certains oracles, celui de Delphes surtout, où l'on se rendait de tous les points du monde grec, et par des institutions générales, telles que les amphictionies et les jeux publics. La plus célèbre des amphictionies se réunissait aux Thermopyles et à Delphes; les députés de douze peuples y discutaient les intérêts communs et châtiaient les attentats à la religion ou à l'honneur de la Grèce. Les jeux publics où la victoire était le plus ambitionnée, ceux d'Olympie qui revenaient tous les quatre ans, servaient de base à la chronologie, parce qu'à partir de l'an 776, on inscrivit sur le registre public des Éléens le nom de celui qui remportait le prix à la course du Stade et qu'on s'habitua, pour marquer les dates des événements, à prendre celles de ces victoires.

X

MOEURS ET RELIGION DES ANCIENS GRECS

Esprit de liberté dans les mœurs et les institutions. — Dans ce pays de montagnes où la nature fait de la lutte la condition de la vie, sur cette terre que le libre Océan enveloppe, souffla toujours l'esprit d'indépendance qu'on y respire encore et qu'on retrouve dans ses plus vieilles traditions.

Les rois ne sont que les chefs militaires de leurs peuples. S'ils jugent, c'est avec le concours des vieillards; pour revenus ils ont des dons volontaires, une part plus grande dans le butin et dans les sacrifices, une double portion de la chair des victimes : nulle trace de cette adoration servile dont les monarques de l'Orient étaient l'objet. Point de clergé constitué à part, ni de livre saint, comme la Bible, les Védas, l'Avesta ; par conséquent, point de doctrines consacrées qui enchaînent l'esprit. Tout chef de famille est prêtre dans sa maison.

L'aristocratie ne forme pas une caste : les nobles sont les plus forts, les plus agiles, les plus braves, et c'est parce qu'ils possèdent ces qualités qu'on les croit fils des dieux. Entre eux et le peuple, il ne se trouve point d'infranchissable barrière et personne ne vit paresseusement de la gloire de ses aïeux : l'homme se fait à lui-même sa place, d'abord par la force, plus tard par l'intelligence. A quelle distance sommes-nous de l'Orient où les dieux et leurs représentants rois et prêtres régnaient impérieusement ! Ici l'homme commande ; tout sera mouvement, passion, désirs sans bornes, efforts audacieux : Prométhée a brisé ses chaînes et dérobé le feu du Ciel, la vie, la pensée.

Au-dessous des nobles composant le conseil du roi, et dans la bataille, la ligne des chars de guerre, est la foule des hommes libres qui forment l'assemblée réunie autour du cercle de pierres polies où les chefs siégent avec le prince, au milieu de la place publique. S'ils ne prennent point part encore à la délibération, ils entendent discuter toutes les graves questions, et par leurs murmures favorables ou contraires, ils influent sur la décision. Ainsi, dès l'époque la plus lointaine, la Grèce eut l'habitude des assemblées publiques et la nécessité de convaincre, avant de commander, aiguisa l'esprit de ce peuple.

La condition de l'esclave est douce : c'est un serviteur dans la famille. Lorsque le vieux pâtre Eumée rencontre le fils de son maître, il le baise au front et sur les yeux et Alceste mourante tend la main à ses femmes pour l'adieu suprême.

La famille est mieux constituée que chez les Orientaux, les Juifs exceptés. La polygamie est interdite, et si la femme grecque est encore achetée, quelques-unes ont déjà la dignité sévère de la matrone romaine. A elles,

les soins domestiques : les filles des rois vont puiser l'eau aux fontaines, comme la belle Nausicaa, et Andromaque donne leur nourriture aux chevaux d'Hector.

Le Grec n'aime ni les longs repas, ni les grossiers plaisirs, jamais l'ivresse. A peine a-t-il donné au corps une sobre nourriture qu'il veut des jeux, des exercices, des danses, des bardes pour lui chanter la gloire des héros. Si l'étranger se présente à sa porte, il sera reçu sans curiosité indiscrète, « car l'hôte est l'envoyé de Jupiter. » Sa colère est terrible ; sur le champ de bataille, il n'épargne pas l'ennemi abattu ; toutefois il n'a point de haine qu'on n'apaise avec des présents et des prières, « ces filles boiteuses, mais infatigables du grand Jupiter qui suivent l'injure pour guérir les maux qu'elle a faits et qui savent fléchir le cœur des vaillants. » Il a besoin d'amis : chaque guerrier a un frère d'armes, et le dévouement est la première loi de ces indissolubles amitiés. Dix ans après son retour à Lacédémone, Ménélas s'enfermait encore dans son palais pour pleurer les amis qu'il avait perdus sous les murs d'Ilion.

Plus tard, se développeront deux traits fâcheux du caractère hellénique : la vénalité, parce que les Grecs étaient pauvres, et que l'Orient eut de l'or pour tout acheter ; la ruse, parce qu'ils étaient entourés de barbares nombreux et qu'il faudra lutter avec l'esprit contre la force.

On verra encore que si toutes les qualités aimables et charmantes dont il vient d'être parlé ont fait chez ce peuple la grandeur de l'individu, par le courage, la poésie, l'art, la pensée, elles n'ont malheureusement pas fait la grandeur durable de la nation. Au nombre des dons que cette race privilégiée reçut ou se donna, ne s'est pas trouvé celui de l'esprit politique qui sait concilier les intérêts contraires et fonder les grands États.

Religion. — Leur religion ne fut d'abord que le naturalisme apporté par eux des lointaines régions de l'Asie qui avaient été leur berceau. A côté des légendes des héros et des dieux, on trouve le culte des forêts, l'adoration des montagnes, des vents et des fleuves. Agamemnon invoque ceux-ci comme de grandes divinités, et Achille consacrait à l'un d'eux sa chevelure. Ce naturalisme dura plus que le paganisme même, et l'on rencontre encore dans la Grèce moderne des gens qui croient à un esprit des eaux. Mais les formes imaginaires et changeantes que prend la nature, quand on la regarde à travers la nuit de l'esprit, deviennent bien vite, pour la foi, des réalités dont l'anthropomorphisme se saisit et fait des dieux personnels. Les forces physiques idéalisées semblent des intelligences, et ces intelligences revêtent un corps.

« Dieu fit l'homme à son image, » dit la Genèse ; les Grecs firent leurs dieux à l'image de l'homme. C'est au fond la même conception et cependant la différence est grande, car le point de départ est, d'un côté, les perfections infinies de l'Être suprême, et de l'autre, les faiblesses de l'humanité. De là, les scandales de l'Olympe avec ses grandeurs et la scabreuse histoire de ces dieux qui avaient toutes nos passions, la colère, la haine, la violence, même nos misères. « La servitude, s'écrie un poëte, mais Cérès l'a soufferte. Ils l'ont soufferte aussi, et le forgeron de Lemnos, et Neptune et Apollon à l'arc d'argent et le terrible Mars. » Dans les combats devant Troie, plusieurs sont blessés. « Leur sang coule, dit Homère, mais un sang pareil à la rosée, une sorte de vapeur divine. »

Lorsque la théodicée des derniers temps eut précisé les fonctions des immortels, ceux qui comptèrent le plus d'adorateurs furent les douze grands dieux de l'Olympe dont le chef, représentant affaibli de l'ancienne idée d'une Cause Suprême, était Jupiter, qui d'un froncement de sourcil ébranlait encore l'univers. Mais il y avait bien d'autres divinités, puisque le polythéisme grec, divinisant les phénomènes de la nature, les passions des hommes, les biens et les maux, était conduit à multiplier incessamment les dieux.

Ces dieux parfois peu respectables étaient cependant

considérés comme les gardiens vigilants de la justice, et les Furies, ministres inexorables de leurs vengeances, s'attachaient aux coupables, vivants ou morts. Les cheveux entrelacés de serpents, une main armée d'un fouet de vipères, une torche dans l'autre, elles jetaient l'épouvante dans leur âme et la torture dans leur cœur. Cette déification du remords était d'autant plus nécessaire, comme sanction morale, que cette religion n'en savait pas plus sur la vie à venir que les anciens Juifs. Sans doute des supplices attendaient le criminel aux enfers, et les justes étaient récompensés. Mais quelle stérile récompense ! Aux champs Élysées, au milieu des bosquets de fruits et de fleurs, dans un printemps perpétuel, les âmes des bienheureux continuaient à goûter les plaisirs qu'ils avaient aimés sur la terre. Minos jugeait encore comme dans son île de Crète, Nestor racontait ses exploits, Tirésias rendait des oracles, et Orion chassait les fauves qu'il avait tués jadis sur la montagne, tous avec le regret de la vie. « Ne me consolez pas de la mort, dit l'ombre d'Achille, j'aimerais mieux cultiver la terre pour quelque pauvre laboureur que régner ici. » Encore cette immortalité est-elle promise aux seuls héros ; pour la foule elle ne doit compter que sur les biens et les maux d'ici-bas que les dieux lui dispensent. Mais il y a solidarité entre les membres de la cité et de la famille. Les fils seront punis ou récompensés jusqu'à la troisième génération pour les fautes ou les vertus des pères ; les peuples pour les rois, les rois pour les peuples. C'est la bénédiction et la menace d'Abraham, croyance précieuse à défaut d'un mobile plus énergique et qu'Hésiode développe en vers magnifiques.

Les dieux pouvaient être apaisés par des offrandes et des prières. A la porte du temple se tenait un prêtre qui répandait l'eau lustrale sur les mains et la tête des assistants. Le sacrifice, toujours accompli en dehors, était un repas sacré, une sorte de communion religieuse entre le dieu, les prêtres et les fidèles. Au centre du temple s'élevait la statue du dieu, à l'entour celles des divinités ou des héros qu'il consentait à admettre dans son sanctuaire, comme les saints dans nos églises. Aux murailles, on suspendait les offrandes et souvent des *ex-voto*, en reconnaissance d'une guérison miraculeuse ou d'un salut inespéré. On avait aussi les reliques des héros : à Olympie, l'épaule de Pélops dont le contact guérissait certaines maladies ; et à Tégée les ossements d'Oreste qui rendirent cette ville victorieuse tant qu'elle les garda. Les statues des dieux possédaient des vertus particulières : l'une guérissait les rhumes, l'autre la goutte ; l'image d'Hercule à Érythrées avait rendu la vue à un aveugle. Plus souvent les simulacres se couvraient de sueurs, agitaient les bras, les yeux, leurs armes. A Andros, chaque année, au jour de la fête de Bacchus, l'eau se changeait en vin. Les temples avaient des biens qui n'étaient pas la propriété des prêtres, et, comme nos églises au moyen âge, beaucoup jouissaient du droit d'asile. Des particuliers, des cités pouvaient être exclus des sacrifices et des peuples entiers, frappés d'excommunication, furent exterminés, comme l'ont été nos Albigeois, et comme les protestants ont failli l'être.

Tous les peuples ont voulu arracher à l'avenir les secrets qu'il gardera toujours ; tous ont eu des sorciers, des magiciens, ou, comme les Grecs, des devins qui interprétaient les signes célestes, des hallucinés qui voyaient l'invisible, des convulsionnaires tels que la pythie de Delphes qui sentait le dieu s'agiter en elle et rendait ses oracles. Par une étrange erreur, les philosophes acceptaient cette superstition : « Dieu, disait Platon, a donné la divination à l'homme pour suppléer à son défaut d'intelligence ; » et les généraux, les politiques étaient obligés de compter avec elle. Notons toutefois l'héroïque protestation d'Hector contre ces prétendues voix d'en haut qui peuvent tromper, tandis que les conseils de la conscience interrogée par un noble esprit guident toujours sûrement : « Le meilleur des présages, disait-il, est qu'il faut défendre son pays. »

Si les dieux helléniques n'ont pas exercé une grande influence sur le développement moral de leurs croyants, ils ont fait beaucoup pour l'art et la poésie, et ils n'ont pas arrêté la pensée philosophique. « Vous mourrez, » leur disait Prométhée par la bouche d'Eschyle dans un siècle de foi ; et un jour ces peuples entendirent une voix qui leur cria : « Les dieux sont morts ! »

XI

LYCURGUE ET SOLON

Sparte avant Lycurgue. — On ne sait à peu près rien de l'histoire de Sparte pendant les deux siècles qui précédèrent Lycurgue. Seulement on voit que les Spartiates, peu nombreux au milieu d'un peuple qui n'avait pas émigré au moment de la conquête, devaient rester pour ainsi dire sous les armes, comme une armée campée en pays ennemi. Les Doriens se concentrèrent autour de Sparte et formèrent seuls l'État, puisqu'ils eurent seuls le droit d'assister aux assemblées où se faisaient les lois, et de remplir les charges publiques. Ils avaient deux classes de sujets : dans les villes ouvertes, les Laconiens, possédant des droits civils ; dans les campagnes, les Hilotes ou esclaves de la glèbe, condamnés à labourer et à moissonner pour leurs maîtres. Quant aux Spartiates qui composaient la race dominante, ils étaient égaux entre eux.

Cependant cette égalité fut peu à peu troublée : des familles puissantes s'élevèrent, tandis que d'autres perdirent leurs terres ; de là des troubles dans la ville et de la faiblesse au dehors. Un homme entreprit d'arrêter cette décadence prématurée, en rappelant les mœurs antiques : c'était Lycurgue.

Lycurgue (822?) ; ses lois politiques. — La veuve du roi Polydecte, son frère, lui avait offert sa main et le trône de Sparte, s'il voulait faire mourir son neveu Charilaos; il refusa, et les grands, irrités de la sagesse de son administration pendant la minorité du jeune prince, le forcèrent à s'exiler. Il voyagea longtemps pour étudier les lois des autres peuples, et retourna à Lacédémone après une absence de dix-huit ans, avec les poésies d'Homère. La pythie de Delphes appuya de son autorité religieuse les réformes qu'il proposa et que les Spartiates, fatigués de leurs dissensions, accueillirent avec faveur. Ses lois politiques maintinrent les rapports établis entre les Spartiates, comme peuple dominateur, et les Laconiens, comme sujets; elles réglèrent les droits de la royauté, divisée entre deux maisons royales, du sénat, composé de vingt-huit membres âgés de soixante ans au moins; de l'assemblée générale, qui put adopter ou rejeter les propositions faites par le sénat et les rois; enfin du collége des éphores, magistrats annuels peut-être institués par Lycurgue, mais dont la grande puissance date d'une époque postérieure. Les deux rois étaient investis, par droit héréditaire, des fonctions religieuses, de la conduite des armées et du soin de veiller à l'exécution des décrets formulés par le sénat, et acceptés librement par l'assemblée du peuple.

Lois civiles. — Ses lois civiles, bien autrement remarquables, eurent pour but d'établir l'égalité entre tous les citoyens. Pour y parvenir, il partagea les terres en trente-neuf mille lots : trente mille pour les Laconiens et neuf mille pour les Spartiates. Cette opération présentait de grandes difficultés et amena une émeute dans laquelle Lycurgue fut blessé; pourtant elle réussit. Les neuf mille lots des Spartiates renfermaient la plus grande partie de la Laconie, et naturellement les terres les plus fertiles que les Hilotes devaient mettre en valeur. Lycurgue défendit qu'aucun de ces lots passât entre des mains étrangères; il en faisait en quelque sorte des fiefs militaires inaliénables. Mais la guerre diminuant sans cesse le nombre des Spartiates, qui n'étaient plus que mille au temps d'Aristote, il en résulta que de grandes richesses s'accumulèrent dans un petit nombre de familles ; les Laconiens, au contraire, pouvant s'allier aux étrangers, leur nombre s'accrut, leurs possessions diminuèrent, et il vint un temps où il n'y eut plus qu'un petit nombre de riches, et au-dessous une foule immense de pauvres : de là naquirent des révolutions qui troublèrent les derniers jours de Sparte.

Pour maintenir l'égalité, Lycurgue défendit le luxe, la monnaie d'or et d'argent, et institua les repas publics, où régna toujours la plus stricte frugalité. En même temps il interdit aux Spartiates le commerce, les arts et les lettres, et condamna tous les citoyens aux mêmes exercices, car il ne proposait qu'un seul but à leur vie entière : préparer et fournir à la patrie de robustes défenseurs. Le même principe dirigea l'éducation des enfants, qui appartinrent bien plus à l'État qu'à leurs parents. L'enfant né difforme était mis à mort. Aux autres, de violents exercices, imposés même aux filles, donnaient la force et la souplesse, et on ne leur inspira que deux sentiments : le respect pour les vieillards et pour la loi, le mépris de la douleur et de la mort.

Guerres de Messénie (743-668). — Délivrée par cette législation rigoureuse de ses dissensions, Sparte acheva la conquête de la Laconie et commença celle du Péloponnèse. Elle se tourna d'abord contre les Messéniens, tribu dorienne établie à l'ouest du Taygète. Il y eux deux guerres ; l'une dura vingt ans (743-723), l'autre dix-sept (685-668). Le héros de la première fut le farouche Aristodème, qui immola sa fille pour obéir à un oracle et se tua lui-même pour ne pas voir l'humiliation de son peuple après la prise d'Ithôme, qu'il avait défendue dix années. Dans la seconde, Aristomène accomplit des exploits fabuleux. Non-seulement il bat les Spartiates, mais il pénètre de nuit dans leur ville et attache dans un de leurs temples un trophée. En vain le poëte Tyrtée relève le courage des Lacédémoniens, Aristomène fait prisonnier et précipité vivant dans la *Céada*, s'en échappe et renouvelle ses courses audacieuses. Vaincu par la trahison du roi des Arcadiens, son allié, à la bataille des Tranchées, il se retire sur le mont Ira et s'y défend onze années. Il fallut céder pourtant ; Aristomène préféra l'exil à la servitude. Quelques Messéniens allèrent fonder Zancle en Sicile (Messine), ceux qui restèrent en Messénie partagèrent la condition des Hilotes.

Cette conquête fut suivie de guerres contre les Tégéates et les Argiens. Les uns et les autres ne furent pourtant pas dépossédés. Mais ces victoires portèrent au loin le nom des Spartiates qui, au sixième siècle avant notre ère, étaient considérés comme le premier peuple de la Grèce, et en étaient réellement le plus redoutable.

Athènes jusqu'à Solon; l'archontat. — Après la mort de Codrus, Athènes avait remplacé la royauté par l'archontat perpétuel en 1045, décennal en 752, annuel en 683, et partagé alors entre neuf magistrats. Ce gouvernement divisé ne sut pas prévenir les excès de l'aristocratie des Eupatrides, ni les projets des ambitieux. La législation trop sévère de Dracon, qui punissait de mort tout délit, ne fut pas acceptée, et les troubles continuèrent.

Solon (594). — En 594, on confia à Solon, célèbre par ses poésies, le soin de réformer les lois et la constitution. Il commença par faciliter le payement des dettes et par mettre en liberté les débiteurs, mais en refusant le partage des terres que les pauvres demandaient, son but étant d'abolir une aristocratie oppressive, sans pourtant établir ce qu'on appellerait de nos jours une démocratie radicale. Il divisa le peuple en quatre classes, d'après les biens. Pour entrer dans la première, il fallait posséder un revenu de 500 médimnes (430 fr.); dans la seconde, de 400 ; dans la troisième, de 300; les Thètes étaient ceux qui avaient un revenu inférieur. Les citoyens des trois premières classes furent seuls déclarés admissibles aux emplois publics, mais tous avaient le droit d'assister aux assemblées du peuple et de siéger dans les tribunaux. Les neuf *archontes*, les magistrats suprêmes de l'État, ne pouvaient remplir des fonctions militaires. Le *sénat* était composé de quatre cents membres choisis par le sort dans les trois premières classes, et soumis à une épreuve sévère; toute proposition à l'Assemblée publique devait au préalable être discutée par lui. Le *peuple* confirmait les lois, nommait aux charges, délibérait sur les affaires de l'État et remplissait les tribunaux pour y juger les grands procès. L'*aréopage*, composé des archontes sortis de charge, et tribunal suprême pour les causes capitales, surveillait les mœurs, les magistrats; il pouvait même casser les décisions du peuple. Cette constitution était donc un mélange habile d'aristocratie et de démocratie où la gestion des affaires publiques était réservée aux citoyens éclairés. Dans ses lois civiles, Solon encouragea le travail et ne sacrifia jamais, comme Lycurgue, l'homme au citoyen, la morale à la politique.

Les Pisistratides; Clisthènes, Thémistocle. — Après avoir donné ses lois, le législateur d'Athènes s'éloigna pour aller consulter la sagesse des vieilles nations de l'Orient. Quand il revint, en 565, il trouva qu'Athènes s'était donné un maître. Les partis qu'il avait cru étouffer avaient reparu, et de ces luttes nouvelles était sortie la tyrannie de Pisistrate qui, sans abolir la constitution, sut, comme favori du peuple et chef de la démocratie, exercer dans la ville une influence qui annula celle des magistrats; tyrannie douce, au reste, sans violence, amie des lettres et des arts. En 560, il parvint, en feignant qu'on avait voulu l'assassiner, à se faire donner des gardes; deux fois exilé, il fut deux fois rappelé et garda le pouvoir jusqu'à sa mort. Il avait honoré, sinon légitimé, son usurpation par une administration habile et prospère.

Ses deux fils, Hipparque et Hippias, lui succédèrent (528) et gouvernèrent ensemble; mais Hipparque étant tombé, en 514, sous le poignard d'Harmodios et d'Aristogiton, Hippias devint un tyran cruel. La puissante famille des Alcméonides, qui s'était enfuie d'Athènes, crut l'occasion favorable pour renverser le dernier des Pisistratides. Ils subornèrent la pythie de Delphes, qui décida les Spartiates à les soutenir. Aidés d'une armée dorienne, ils rentrèrent en effet dans Athènes, et réduisirent Hippias à s'enfuir chez les Perses (510). La ville délivrée retomba aussitôt dans les querelles intestines. Clisthénès et Isagoras, chefs du peuple et des grands, se proscrivirent tour à tour. Le premier à la fin l'emporta, malgré les secours fournis par Sparte à son rival; pour récompenser le peuple qui l'avait soutenu, il rendit la constitution plus démocratique et établit l'ostracisme, coutume qui consistait à faire exiler pour dix ans, comme dangereux à la cité, le citoyen dont le nom était inscrit au moins sur six mille coquilles de vote. Maîtresse de l'Eubée, de la Chersonèse de Thrace et de l'île de Lemnos, que Miltiade avait conquise, Athènes était déjà une puissance maritime formidable; pour augmenter encore ses forces, Thémistocle fit construire 200 navires avec le produit des mines d'argent du Laurion. Cette flotte allait sauver Athènes et la Grèce.

XII

LES GUERRES MÉDIQUES (490-449)

Révolte des Grecs asiatiques contre les Perses (500). — Darius avait entrepris son expédition de Scythie et soumis la Thrace, sans que les Grecs eussent fait attention à ce redoutable voisin, qui devait être inévitablement tenté d'étendre sa main sur leur pays. Un événement inattendu provoqua la lutte. Les Grecs d'Asie, soumis aux Perses, essayèrent de recouvrer leur liberté, et comme Milet, colonie d'Athènes, était le centre du mouvement, elle envoya demander à sa métropole des secours que Sparte avait refusé d'accorder. Athènes donna des vaisseaux et un corps de débarquement qui contribua à la prise et à l'incendie de Sardes (500). Une défaite, essuyée au retour de cette expédition, dégoûta les Athéniens de cette guerre, dont le poids retomba sur les Ioniens, qui furent vaincus dans une bataille navale. Milet prise, et toutes les villes grecques de l'Asie replacées sous le joug, une armée, commandée par Mardonius, passa en Europe pour châtier les alliés des rebelles.

Première guerre médique; Marathon et Miltiade (490). — La flotte persique ayant été détruite par une tempête près du mont Athos, tandis que les Thraces faisaient éprouver de grandes pertes à l'armée de terre, Mardonius rentra en Asie. Une seconde expédition, sous les ordres de Datis et d'Artapherne, que dirigeait le traître Hippias, se dirigea par mer à travers les Cyclades, qu'elle soumit, et débarqua 100 000 Perses à Marathon, où 10 000 Athéniens et 1000 Platéens, commandés par Miltiade, sauvèrent, par leur héroïque courage, leur patrie, la liberté et la civilisation du monde (490). Hippias resta sur le champ de bataille, et la flotte persique, qui essaya vainement de surprendre Athènes, regagna honteusement l'Asie. Le héros de cette grande journée, Miltiade, chargé de soumettre les Cyclades, échoua devant Paros, et, accusé de trahison, fut condamné à une amende qu'il ne put payer; il mourut en prison de ses blessures. Thémistocle eut alors dans Athènes la principale influence; il comprit que les Perses renouvelleraient leur tentative et, profitant d'une insurrection de l'Égypte, qui força Darius d'ajourner sa vengeance, il employa toutes les ressources d'Athènes à augmenter sa flotte.

Seconde guerre médique; Salamine (480). — Lorsque Xerxès, successeur de Darius (485), eut fait rentrer l'Égypte dans l'obéissance, il ébranla son immense empire pour conduire lui-même en Grèce une formidable invasion : un million d'hommes et plus de douze cents vaisseaux. Arrivé de Suze à Abydos, il voulut passer le détroit sur un pont, et pour punir l'Athos, comme il disait, il fit creuser un canal qui dispensa sa flotte de tourner ce dangereux promontoire. La Thrace, la Macédoine, la Thessalie, inondées de troupes, se soumirent, et il ne rencontra de résistance qu'au défilé des Thermopyles. Le roi Léonidas, qui s'y trouvait avec trois cents Spartiates et quelques Thespiens, arrêta tous ses efforts ; mais un traître montra aux Perses un sentier par lequel ils purent tourner cette troupe héroïque qui refusa encore de se retirer et alla chercher, au milieu du camp de Xerxès, un glorieux trépas. Ce passage étant forcé, la flotte grecque ne pouvait plus rester dans l'Artémision, au nord de l'Eubée, où elle s'était d'abord établie ; elle recula jusqu'à Salamine, et la Grèce centrale, l'Attique, furent à découvert. Xerxès entra dans Athènes ; il croyait la guerre finie ; mais Athènes était tout entière sur ses vaisseaux ; Thémistocle, par d'habiles stratagèmes, retint les Grecs réunis dans un poste favorable, et amena Xerxès à vouloir en finir par une bataille navale. Du haut du trône qu'il s'était fait élever sur le rivage, le grand roi vit la défaite et la destruction de sa flotte (bataille de *Salamine*, 480). Six mois après l'avoir franchi en conquérant, il repassa l'Hellespont en fugitif.

Platées (479). — Il avait cependant laissé Mardonius en Grèce avec trois cent mille hommes. Cent mille Grecs se réunirent à *Platées*, sous les ordres du roi de Sparte, Pausanias, et de cette horde de barbares, il n'échappa qu'une petite troupe qui s'était retirée avant la bataille. Le même jour, la flotte grecque remportait à Mycale, sur les côtes d'Asie, une complète victoire (479). Ainsi le continent était purgé des barbares et la mer était libre ; Athènes s'y lança.

Athènes continue seule la guerre; ses alliés. — Le principal honneur de la résistance à l'invasion persique revenait à Athènes. Seule elle avait vaincu à Marathon avec Miltiade ; à Salamine, c'était Thémistocle qui avait encore enchaîné la victoire en forçant les alliés de vaincre malgré eux. La gloire de Mycale lui appartenait presque tout entière, et elle avait partagé celle de Platées. Sparte n'avait à citer que l'immortel mais inutile dévouement de Léonidas. La trahison du roi Pausanias, que les éphores avaient envoyé dans la Thrace pour en chasser les garnisons persiques, et qui traita secrètement avec Xerxès, acheva de dégoûter Lacédémone de cette guerre. Athènes, restée seule à la tête des alliés, accepta hardiment le rôle d'adversaire du grand roi. Elle prit elle-même l'offensive, et bientôt, demandant aux alliés, au lieu de soldats, leurs vaisseaux et de l'argent, elle continua la lutte au nom de la Grèce, mais pour son compte et sa fortune. Elle soumit Amphipolis et une partie de la Thrace, où elle envoya dix mille colons, et entreprit d'affranchir les Grecs asiatiques. Cimon remporta en un même jour deux victoires sur terre et sur mer, près des rives de l'Eurymédon (466), ce qui assura à Athènes l'empire de la mer, et en s'emparant de la Chersonèse de Thrace, il ôta aux Perses la clef de l'Europe.

Dernières victoires des Grecs; Cimon (449). — Monté sur le trône en 465, Artaxerxès Longue-Main vit s'accroître encore la honte de l'empire. Une nouvelle révolte des Égyptiens menaçait la monarchie persique d'un démembrement prématuré. Les Athéniens accoururent au secours des rebelles, qui résistèrent sept ans (463-456). L'exil de Cimon, chassé de sa patrie par l'ostracisme, et la rivalité de Sparte et d'Athènes, qui amena une première guerre entre les deux républiques et leurs alliés, donnèrent quelque répit aux Perses. Mais Cimon rappelé réconcilia Sparte avec Athènes, et recommença aussitôt les hostilités contre l'ennemi commun. Une double victoire sur terre et sur mer, près de Cypre et sur les côtes d'Asie, termina glorieusement sa carrière militaire et les guerres médiques. Le grand roi, menacé jusque dans ses États, signa un traité honteux qui rendait la liberté aux Grecs asiatiques et interdisait à ses flottes l'entrée de la mer Égée, à ses armées, l'approche des côtes à plus de trois journées de chemin (449). Cimon mourut dans son triomphe.

XIII
LE SIÈCLE DE PÉRICLÈS

Le peuple Athénien. — Athènes avait été, dans cette lutte, admirablement servie par les grands hommes qui se succédèrent à la tête de ses armées ou de son administration : Miltiade, le héros de Marathon; Thémistocle, qui mêle si souvent la ruse au courage ; Aristide, plus juste, plus droit, qui sert Athènes par sa vertu autant que par sa valeur, en inspirant aux alliés la confiance de lui donner leurs vaisseaux et leurs trésors, et qui, après avoir administré les finances les plus riches qu'il y eût au monde, meurt sans laisser de quoi suffire aux frais de ses funérailles, léguant à l'État le soin de les payer et de doter sa fille; Cimon, fils de Miltiade, et plus grand que son père, héros qui n'eut qu'une pensée, unir fraternellement les cités grecques et poursuivre les Perses à outrance pour venger sur eux l'incendie d'Athènes et de ses temples. A ces illustres personnages, il faut associer le peuple athénien, foule souvent mobile, ingrate, violente, mais qui a expié ses fautes et ses crimes par son enthousiasme pour tout ce qui était beau et grand, par les chefs-d'œuvre qu'elle a inspirés, par les artistes, les poëtes qu'elle a donnés au monde et qui plaideront encore pour elle dans la postérité.

Périclès. — Un homme mérite une place à part dans cette liste d'honneur, Périclès, fils de Xanthippe, le vainqueur de Mycale. On lui trouvait quelque ressemblance avec Pisistrate, c'est pourquoi il se tint longtemps à l'écart. Sa naissance le rangeait parmi les grands, il se mit à la tête du parti populaire. Il acquit dans la cité par la dignité de sa vie et par ses services, comme stratége annuel, une souveraine influence, et il s'en servit pour contenir les mauvaises passions du peuple et développer les bonnes. Cette petite cité avait un empire trop vaste;

afin d'en assurer le maintien, il envoya de nombreuses colonies qui ne furent plus, comme celles des siècles antérieurs, des villes indépendantes de la mère patrie, mais des forteresses et des garnisons qui tenaient dans la soumission, pour le compte d'Athènes, le pays où elles étaient établies.

Concours à Athènes des plus beaux génies. — Périclès ne voulut pas seulement qu'Athènes fût riche et puissante, il la voulut glorieuse, et il y appela les hommes supérieurs qui honoraient alors la race hellénique. De toute part on accourait dans la cité de Minerve, comme dans la capitale de l'intelligence. On voulait assister à ces fêtes où les plaisirs les plus relevés de l'esprit étaient associés aux plus imposants spectacles des pompes religieuses, de l'art le plus parfait et de la plus riante nature. Ces fêtes n'étaient point, en effet, comme celles de la plèbe romaine, les jeux sanglants de l'amphithéâtre, des spectacles de mort, du sang et des cadavres, mais des hymnes pieux, des chants patriotiques et, au théâtre, la représentation de quelque incident de l'histoire des dieux ou des héros.

Aussi cette époque, si légitimement appelée le siècle de Périclès, vit-elle à Athènes un des plus vifs éclairs de civilisation qui aient brillé sur le monde. Quel temps que celui où pouvaient se rencontrer dans la même cité, à côté de Périclès, deux des plus grands poëtes tragiques de tous les âges : Sophocle et Euripide ; un puissant orateur, Lysias ; un conteur inimitable, Hérodote ; l'astronome Méton, et Hippocrate, le père de la médecine ; Aristophane, le premier des poëtes comiques de l'antiquité ; Phidias, le plus illustre de ses artistes ; Apollodore, Zeuxis, Polygnote et Parrhasios, ses peintres les plus célèbres ; enfin deux philosophes immortels, Anaxagore et Socrate. Si l'on songe que cette même cité venait de perdre Eschyle et qu'elle allait avoir Thucydide, Xénophon, Platon et Aristote, on ne s'étonnera pas qu'on l'ait appelée « l'institutrice de la Grèce » et qu'elle soit devenue celle du monde.

Le Parthénon. — Nous lisons encore les œuvres de ces poëtes, de ces historiens et de ces philosophes, mais de l'œuvre des artistes, il ne reste que des débris. Cependant lorsque, assis sur la tribune d'où parlait Démosthène, on contemple l'Acropole et qu'on voit ce que gardent encore de grâce exquise, d'incomparable beauté et en même temps d'imposante grandeur, ces ruines qui ont été le Parthénon, l'Érechthéon et les Propylées, on reste frappé d'admiration, eût-on, comme j'en avais alors, de récents souvenirs des grands monuments de l'Égypte; et l'on dit, l'art éternel est là.

XIV

RIVALITÉ DE SPARTE, D'ATHÈNES ET DE THÈBES
(431-359)

Irritation des alliés contre Athènes. — Après Salamine, Athènes s'était mise à la tête d'une confédération des Grecs insulaires et asiatiques, afin de poursuivre la guerre contre les Perses; mais les alliés s'étant fatigués de combattre, elle avait accepté leur argent au lieu de leurs troupes et soutint seule la lutte dans l'intérêt commun. La guerre finie, elle continua de percevoir le tribut, sous prétexte qu'il fallait être prêt à repousser une invasion nouvelle. Les alliés se lassèrent de payer toujours pour ces monuments, pour ces fêtes qui donnaient un si grand éclat à leur métropole; et des plaintes qu'ils élevèrent ayant été étouffées durement, ils adressèrent à Sparte de muettes supplications. Jalouse de la gloire d'Athènes, Sparte travailla à former une ligue continentale dont elle pût opposer les forces à celles des villes maritimes et des insulaires soumis aux Athéniens. De 457 à 431 des hostilités partielles eurent lieu, la guerre générale n'éclata qu'après l'attaque de Platées, alliée d'Athènes, par les Thébains, alliés de Lacédémone.

Guerre du Péloponnèse jusqu'à la paix de Nicias

(431-421). — La lutte ne fut d'abord qu'une alternative de pillages : les Spartiates venaient chaque printemps dévaster l'Attique, et la flotte athénienne allait chaque été ravager les côtes du Péloponnèse. Malheureusement, la troisième année, une peste qui moissonna la population entassée dans Athènes enleva Périclès, et des démagogues, incapables de maîtriser la foule, prirent la place du seul homme qui pouvait la conduire (429). Cléon, le nouveau favori de la multitude, laissa un libre cours aux passions populaires ; et l'on vit après la révolte de Mitylène, en 427, un peuple en condamner un autre à mort : mille des révoltés périrent. De 429 à 426 les succès se balancent : si les Béotiens détruisent Platées, Potidée est prise par les Athéniens. En 424, Brasidas enlève Amphipolis, ce qui semble donner l'avantage à Lacédémone ; mais Démosthène s'empare de Pylos, appelle de là les Hilotes à la liberté, et quatre cent vingt Spartiates qui se sont laissé enfermer dans Sphactérie, en voulant reprendre Pylos, sont eux-mêmes forcés dans ce poste, et faits prisonniers. Les Corinthiens, les Béotiens, les Mégariens, leurs alliés, sont battus. Les Athéniens, à leur tour, éprouvent un échec à Délion, et Cléon est tué devant Potidée ; Brasidas aussi succombe dans la même action. Les partisans de la paix reprennent alors l'avantage (421), et Nicias fait signer le traité qui porte son nom.

Expédition de Sicile; Alcibiade (425-413).
Cette paix dérangeait les calculs de l'ambitieux et brillant Alcibiade, neveu de Périclès ; comme il avait besoin de la guerre pour s'élever, il proposa et fit voter la désastreuse expédition de Sicile, qui eût peut-être réussi, si, accusé de sacrilège, il n'eût été rappelé. Le mauvais citoyen se réfugia à Sparte et de là dirigea contre sa patrie des coups mortels. Le siége de Syracuse, mollement conduit par Nicias, se termina par la destruction de la flotte et de l'armée athénienne (413). Les chefs furent mis à mort par les Syracusains et les soldats vendus comme esclaves.

Ce désastre porta à la puissance d'Athènes un coup dont elle ne se releva pas. Les Spartiates, par les conseils d'Alcibiade, fortifièrent Décélie, à l'entrée de l'Attique, qu'ils tinrent alors comme assiégée, et s'allièrent avec les Perses. Athènes fit héroïquement tête à l'orage, déploya des ressources inattendues, et retint tous ses alliés dans le devoir. Un événement heureux pour elle fut la nécessité où Alcibiade se mit de fuir encore de Sparte. Retiré en Asie, il sut se rendre Tissapherne favorable, en lui montrant l'intérêt du grand roi à alimenter une guerre si utile à l'empire. Une armée athénienne était à Samos; Alcibiade l'entraîne par la promesse des subsides de la Perse, et le contre-coup amène une révolution à Athènes, où la démocratie est enchaînée par l'établissement d'un conseil supérieur de quatre cents membres, qui remplace le sénat, et par une réunion de cinq mille citoyens choisis, qui remplace l'assemblée du peuple (411). Mais l'armée de Samos, tout en nommant elle-même Alcibiade son général, réprouve le nouveau gouvernement, qui tombe au bout de quatre mois. L'assemblée des Cinq-Mille est pourtant conservée, et la réconciliation du peuple et de l'armée est scellée par le rappel d'Alcibiade. Deux batailles navales gagnées dans l'Hellespont (411), une grande victoire sur terre et sur mer, près de Cyzique (410), enfin la prise de Byzance (408), affermissent la domination d'Athènes sur la Thrace et l'Ionie, et Alcibiade rentre triomphalement dans sa patrie (407). Mais, la même année, quelques échecs qu'il ne sait pas prévenir réveillant les soupçons, il est dépouillé de son pouvoir et contraint de regagner la terre de l'exil, où il périt de la main des Perses.

Sparte alliée de la Perse; prise d'Athènes (404). — Le jeune Cyrus, frère du roi Artaxerxès II, et qui méditait déjà de le renverser, commandait alors dans l'Asie Mineure. Il comptait, pour la réussite de ses projets, sur l'assistance de ceux qu'on regardait comme les meilleurs soldats de la Grèce et du monde, les Spartiates, et il donna un appui sans réserve à Lysandre, qui enleva à Athènes l'empire de la mer par la victoire d'Ægos-Potamos (405). Cette défaite fut suivie, en 404, de la prise d'Athènes, dont les murailles furent détruites, la marine réduite à douze galères, et le gouvernement remis à une oligarchie de trente tyrans qui se livrèrent à d'abominables excès, jusqu'à mettre à mort un de leurs collègues, Théramène, pour avoir parlé d'indulgence. Au bout de quelques mois, un exilé, Thrasybule, battit l'armée des tyrans et rétablit l'ancienne constitution (403).

Quatre ans après, Socrate buvait la ciguë ; c'est une des plus illustres victimes de la superstition et de l'intolérance.

Puissance de Sparte. Expédition des Dix-Mille (401); Agésilas. — La suprématie, dans le monde grec, était passée d'Athènes à Lacédémone. Celle-ci en usa mal. Elle ne fit rien pour l'art, la pensée ou la science, et ses chefs ne montrèrent qu'une brutale avidité. Le jeune Cyrus donnait suite à ses desseins. Avec treize mille mercenaires grecs, il pénétra jusques auprès de Babylone, où il gagna la victoire de Cunaxa; mais il mourut dans son triomphe (401). Les Grecs, enveloppés de toute part, surent, sous la conduite du Lacédémonien Cléarque, ensuite de l'Athénien Xénophon, se faire jour à travers quatre cents lieues de pays, par les montagnes impraticables de la haute Mésopotamie, de l'Arménie et du Pont jusqu'aux rives de la mer Noire. Cette retraite fameuse, dite des *Dix mille*, révélait la faiblesse du grand empire; aussi, dès l'année 396, le roi de Sparte, Agésilas, s'en proposa la conquête. Vainqueur des satrapes de l'Asie Mineure, allié des Égyptiens encore une fois révoltés, et disposant des forces de plusieurs rois barbares, il allait entreprendre soixante années plus tôt l'expédition d'Alexandre, lorsque les Perses trouvèrent moyen de susciter à Sparte une guerre au sein même de la Grèce. A leur instigation, Corinthe, Thèbes, Argos formèrent une ligue dans laquelle entrèrent Athènes et la Thessalie. Agésilas, rappelé d'Asie, gagna la bataille de Coronée, qui affermit la domination de Sparte sur terre; mais l'Athénien Conon, commandant d'une flotte phénicienne, lui ôta l'empire de la mer, et avec l'or persique, releva les remparts d'Athènes.

Traité d'Antalcidas (387). — Les Spartiates, inquiets de cette renaissance d'une rivale, envoyèrent Antalcidas traiter avec le grand roi, lui livrer les Grecs d'Asie, et accepter ses conditions (387). Au traité de Cimon (449), c'était Athènes qui avait imposé les siennes à la Perse. Pourquoi ce changement? Ce n'est pas que la Perse eût plus de force, mais la Grèce avait moins de vertu. Tout s'y vendait, et comme le grand roi avait beaucoup d'or, il achetait tout: les orateurs, les soldats, les flottes, les cités. La fortune d'une guerre ne dépendait plus du patriotisme des citoyens et du talent des chefs, mais d'une obole en plus ou en moins sur la solde, qui faisait passer ces mercenaires d'un camp dans l'autre.

Lutte de Sparte et de Thèbes; Épaminondas (384-362). — Sparte avait mis la Grèce aux genoux de la Perse, pensant elle-même rester debout. Elle semblait bien forte, en effet, et se crut tout permis, la perfidie comme la violence; un jour c'est Mantinée qu'elle détruit sans motifs, et Olynthe qu'elle abat par envie. Une autre fois, ce sont des patriotes qu'elle proscrit, afin de régner par la terreur. Un dernier crime amena enfin le châtiment. Un de ses généraux, Phébidas, avait surpris, contre tout droit, la Cadmée, citadelle de Thèbes, qui était alors l'alliée de Lacédémone; les Spartiates gardèrent ce que la trahison leur avait donné (382). Le Thébain Pélopidas, à la tête de quelques bannis, délivra sa patrie, et réunit dans une commune alliance toutes les villes de la Béotie. Les Spartiates ayant envoyé contre elles une armée, Épaminondas l'écrasa à la journée de Leuctres (371), et osa porter la guerre dans le Péloponnèse. Il se fraya un chemin jusqu'aux murs de Sparte où cependant il ne put entrer; afin de la tenir en échec, il bâtit à ses côtés Mégalopolis et Messène, deux forteresses et deux camps de refuge pour les Arcadiens et les Messéniens (369). Sparte chercha partout des ennemis à ces nouveaux dominateurs de la Grèce. Elle excita contre Thèbes, Athènes, la Perse et Denys, tyran de Syracuse ; mais Épaminondas envahit une seconde fois le Péloponnèse, ramena la cour de Suze dans l'alliance de sa patrie, et créa une flotte de cent vaisseaux qui soutint Rhodes, Chios et Byzance révoltées contre Athènes. Malheureusement pour Thèbes, Épaminondas, rentré une troisième fois dans le Péloponnèse, périt au sein de la victoire, à Mantinée (362). La puissance de Thèbes tomba avec lui.

XV

PHILIPPE DE MACÉDOINE ET DÉMOSTHÈNE
(359-336)

Philippe (359). — La Macédoine, vaste région au nord de la Thessalie et de la mer Égée, avait eu de bonne heure des rois qui, entourés de peuples barbares et dominés par une aristocratie puissante, n'avaient encore joué qu'un rôle effacé. Avant Philippe, père d'Alexandre, la Macédoine était même dans une situation désespérée : elle payait tribut aux Illyriens, et l'intervention hautaine de Thèbes, d'Athènes dans ses affaires, y augmentait le chaos. Envoyé à Thèbes en otage, Philippe fut élevé dans la maison d'Épaminondas, et vit comment le génie d'un homme pouvait sauver une nation. Aussi lorsqu'il eut le pouvoir, en 359, deux années lui suffirent pour délivrer le royaume des barbares et lui-même de deux compétiteurs, à l'aide de la phalange qu'il avait organisée d'après une idée d'Épaminondas.

Prise d'Amphipolis, occupation de la Thessalie. — La Macédoine délivrée, il veut l'agrandir et lui donner l'empire de la Grèce. Les colonies grecques établies sur ses côtes l'empêchent de toucher à la mer et d'avoir une marine ; il les prendra les unes après les autres. D'abord il neutralise la puissante république d'Olynthe, en lui donnant Potidée, dont il s'est emparé ; puis il enlève Amphipolis, qu'Athènes, trompée par ses promesses, ne peut secourir, et il achève la conquête du pays entre le Nestos et le Strymon, où il trouve des bois de construction pour sa marine et les mines d'or du mont Pangée, qui lui fournissent un revenu de mille talents. Il pousse plus avant, pénètre en Thrace dont il soumet une partie, et songe déjà à mettre la main sur Byzance, qui est sauvée par Athènes. Arrêté de ce côté, il se tourne vers un autre ; il se mêle aux affaires de la Thessalie, où il renverse les tyrans de Phères, puis se fait le défenseur de la religion contre les Phocidiens qui venaient d'être condamnés par les Amphictyons pour avoir labouré un champ sacré, et les écrase dans une grande bataille (352). Les Thessaliens, dans leur reconnaissance, ouvrent trois de leurs villes au vengeur des Dieux ; il y met garnison, et de là tient toute la province. Il veut aller plus loin et s'emparer des Thermopyles ; les Athéniens, par leur vigilance, déconcertent une première fois ce projet, comme ils avaient déconcerté la tentative sur Byzance et une autre sur l'Eubée.

Démosthène. — Seuls, en effet, les Athéniens veillaient alors pour la Grèce, guidés par un grand citoyen, Démosthène, qui employa sa nerveuse éloquence à dévoiler sans relâche les desseins ambitieux du roi. Mais ses Philippiques, ses Olynthiennes ne purent déjouer la ruse appuyée de la force. Olynthe, que Démosthène avait voulu sauver, tomba, et avec elle la barrière qui gênait le plus la Macédoine (348). Athènes, menacée maintenant dans l'Eubée et jusque dans l'Attique, où des troupes macédoniennes vinrent renverser les trophées de Marathon et de Salamine, signa une paix conseillée par Démosthène lui-même, et qu'il alla négocier avec le roi.

Seconde guerre sacrée (346). Bataille de Chéronée (338). — Pendant qu'Athènes, sur la foi de ce traité, s'abandonne aux fêtes, Philippe franchit les Thermopyles, accable les Phocidiens, et se fait donner la voix qu'ils avaient dans le conseil amphictyonique (346). Ce pas était décisif; car, devenu membre du corps hellénique, le roi pouvait faire parler le conseil amphictyonique selon ses intérêts et s'en faire un instrument d'oppression. Toutefois, comme il savait attendre, il s'arrêta presque aussitôt, pour éviter quelque désespoir dangereux, et tourna ses armes vers le Danube, qu'il donna pour bornes à son royaume, et en Thrace, où Phocion l'empêcha encore de saisir les colonies grecques établies sur l'Hellespont. Pendant qu'il était si loin des Thermopyles, ses agents travaillaient pour lui en Grèce : Eschine lui faisait décerner la direction d'une nouvelle guerre sacrée contre les Locriens. Pour la seconde fois, la religion allait perdre ce peuple si peu religieux. Philippe, arrivé dans la Grèce centrale, s'empara d'Élatée. Aussitôt Démosthène éclate; il réunit Athènes et Thèbes pour un suprême effort : la liberté grecque vint mourir à Chéronée (338). Le vainqueur s'honora par sa modération, et, pour légitimer la domination qu'il venait de saisir, il se fit nommer par les Amphictyons généralissime des Grecs contre les Perses. Il allait recommencer l'expédition d'Agésilas, mais avec des ressources bien plus considérables. La Macédoine, en effet, était maintenant un puissant État, s'étendant des Thermopyles au Danube, et des bords de l'Adriatique jusqu'à la mer Noire. Son gouvernement intérieur ne redoutait plus ni les troubles, ni les prétendants; l'aristocratie, cause de tous les désordres antérieurs, avait été gagnée par la gloire du monarque, par les honneurs et les commandements, ou contenue par les otages qu'elle avait dû livrer pour faire de tous les jeunes nobles la garde du prince. Philippe fut arrêté par la mort au milieu de ses grands projets. Un noble, Pausanias, l'assassina, plutôt sans doute à l'instigation des Perses qu'à celle de sa femme, l'impérieuse Olympias (336). Il n'avait que quarante-sept ans.

XVI
ALEXANDRE (336-323)

Soumission de la Grèce à Alexandre (336-334).
— De grands mouvements éclatèrent dans la Grèce et les pays conquis à la nouvelle que Philippe avait laissé pour héritier un jeune homme de vingt ans; mais Alexandre soumet rapidement la Thrace et l'Illyrie, bat les barbares des deux rives du Danube, et à la nouvelle du massacre de la garnison macédonienne à Thèbes, il arrive en treize jours des bords de l'Ister dans la Béotie. « Démosthène m'appelait enfant, dit-il, lorsque j'étais en Illyrie, jeune homme lorsque j'arrivai en Thessalie; je veux lui montrer au pied des murs d'Athènes que je suis un homme. » Il prend Thèbes, tue six mille de ses habitants, en vend trente mille, et les Grecs épouvantés lui donnent, à Corinthe, le titre déjà décerné à son père de généralissime pour la guerre Persique.

Expédition de Perse (334). Conquête du littoral asiatique et de l'Égypte. — Il franchit l'Hellespont avec trente mille fantassins et quatre mille cinq cents cavaliers, défait au Granique cent dix mille Perses, puis se dirige le long des côtes, pour fermer aux agents de Darius l'accès de la Grèce, et leur ôter les moyens d'y exciter des troubles. Darius veut l'arrêter en Cilicie, à Issus; Alexandre le bat (333) et dédaignant de le poursuivre, continue le plan qu'il s'est tracé, l'occupation des cités maritimes. Il ne craint pas de s'arrêter sept mois au siége de Tyr et d'aller perdre une année encore en Égypte, où il sacrifie aux dieux du pays pour en gagner les habitants, fonde Alexandrie, et se fait donner par les prêtres d'Ammon le titre de fils des dieux que portaient les anciens Pharaons (332).

Conquêtes de la Perse; mort de Darius; meurtre de Clitus (331-327). — Les provinces maritimes de l'empire étant conquises, Alexandre traverse de nouveau la Palestine et la Syrie, franchit l'Euphrate dont les Perses ne lui disputent point le passage, le Tigre qu'ils ne défendent pas mieux, et atteint enfin Darius dans la plaine d'Arbelles où il le bat complétement (331). Sûr maintenant qu'aucune armée du roi de Perse ne pourra tenir tête à ses Macédoniens, il laisse encore une fois ce prince fuir vers ses provinces orientales, descend à Babylone où il sacrifie à Bélus dont il relève le temple renversé par Xerxès, et court occuper les autres capitales de Darius : Suze qui renfermait d'immenses richesses, Pasargade, le sanctuaire de l'empire, Persépolis qu'il incendie pour annoncer à tout l'Orient qu'un nouveau conquérant est venu s'asseoir sur le trône de Cyrus. Il soumet au pas de course, par lui ou par ses généraux, les montagnards du voisinage, entre dans Ecbatane huit jours après que le roi en est parti, le poursuit encore et allait l'atteindre quand trois satrapes, dont le malheureux prince était le prisonnier, l'égorgent et ne laissent entre les mains du conquérant qu'un cadavre. Bessus, un des meurtriers, essaye d'établir en Bactriane un centre de résistance; Alexandre ne lui en donne pas le temps; il traverse rapidement l'Arie, l'Arachosie, la Bactriane, jusqu'à l'Oxus ; Bessus, qui s'était retiré derrière ce fleuve, lui est livré, et un conseil de Mèdes et de Perses l'abandonne au frère de Darius qui lui fait souffrir mille tourments.

Alexandre passa l'hiver dans ces régions, où il fonda sur les bords du Iaxartes, une nouvelle Alexandrie qu'il peupla de Grecs mercenaires, de barbares voisins et de soldats invalides. Un satrape, Spitamène, complice de Bessus, avait repris les desseins de ce chef ambitieux; il fut traqué comme une bête fauve et rejeté chez les Massagètes, qui envoyèrent sa tête aux Macédoniens. La prise du roc Sogdien, le mariage d'Alexandre avec Roxane, fille d'un seigneur perse, et la fondation de plusieurs villes achevèrent la soumission de la Sogdiane, où le conquérant laissa de grands, mais aussi de terribles souvenirs : le supplice de Philotas et de son père Parménion, à la suite d'une conspiration qu'ils n'avaient point révélée, le meurtre de Clitus dans une orgie (327), et celui du philosophe Callisthène pour un complot auquel il était étranger.

Alexandre au delà de l'Indus; retour à Babylone; sa mort (327-323). — L'empire perse n'existait plus : c'était maintenant l'empire macédonien. Alexandre ne le trouva point assez grand pour lui et voulut y joindre l'Inde. Il rencontra sur les rives du Cophès un roi indien, Taxile, qui invoqua son appui contre Porus, autre roi de ce pays. Ses soldats abattirent toute une forêt pour construire une flotte sur l'Indus, et Porus vaincu fut pris. « Comment veux-tu que je te traite ? dit Alexandre au captif. — En roi, » répondit Porus. Il lui laissa ses États, les agrandit même et le chargea de maintenir le pays dans son obéissance. Il voulait passer encore l'Hyphase pour pénétrer dans la vallée du Gange; son armée s'y refusa et il dut s'arrêter. Après avoir marqué l'extrême limite de sa course victorieuse par douze autels autour desquels il célébra des jeux, il revint sur l'Indus qu'il descendit jusqu'à l'Océan, soumettant les peuplades riveraines, fondant des villes, des chantiers, des ports, et explorant avec soin les embouchures du fleuve. Il retourna à Babylone par les déserts de la Gédrosie et de la Carmanie, où nulle armée n'avait encore pénétré; pendant ce temps Néarque, son amiral, longeait avec sa flotte le littoral et revenait par le golfe Persique pour tracer au commerce la route des Indes.

Malgré les recrues nombreuses que lui avaient envoyées la Macédoine et la Grèce, Alexandre n'aurait pu fonder tant de villes et maintenir ses sujets dans l'obéissance, s'il n'avait usé envers les vaincus d'une sage politique, sacrifiant à leurs dieux, respectant leurs coutumes, laissant entre les mains des indigènes le gouvernement civil du pays et s'efforçant d'unir les vaincus et les vainqueurs par des mariages, comme il en donna lui-même l'exemple en épousant Barsine ou Statira.

fille de Darius. Les forces militaires restaient seules entre les mains de ses Macédoniens ; et il comptait sur la bienfaisante influence du commerce pour créer entre l'Orient et l'Occident, entre la Grèce et la Perse, des intérêts communs, qui feraient de tant de peuples divers un seul et formidable empire. La mort qui le surprit à Babylone à la suite de ses excès (21 avril 323) arrêta ses grands desseins. Personne après lui n'eut assez de force ou d'autorité pour les reprendre. Près de rendre le dernier soupir, il avait remis son anneau à Perdiccas ; ses autres lieutenants lui demandèrent à qui il laissait sa couronne : « Au plus digne, mais je crains qu'on ne me fasse de sanglantes funérailles. » Il n'avait que trente-deux ans et il en avait régné treize.

Le siècle d'Alexandre. — De grands hommes avaient encore, dans le siècle de Philippe et d'Alexandre, ajouté au patrimoine de gloire que leurs prédécesseurs avaient formé. Praxitèle (360-280), le plus gracieux des sculpteurs grecs, et le peintre Pamphile qui fut le maître d'Apelle, avaient succédé à Phidias, à Polyclète, à Zeuxis. Pourtant, déjà, l'art fléchit ; le goût est moins pur, le style moins sévère. On donne trop à la grâce ; on parle plus aux yeux qu'à la pensée.

Si l'art montre des symptômes de défaillance, l'éloquence et la philosophie n'en ont pas. La tribune d'Athènes retentit des accents passionnés et virils de Démosthène, de Lycurgue, d'Hypérides et d'Hégésippos. Eschine, le rival de Démosthène, y apporte le mouvement et l'éclat de sa parole ; Phocion, sa vertu, qui pour l'orateur est aussi une arme puissante.

Après la mort de Socrate, ses disciples s'étaient dispersés. Le plus illustre d'entre eux était cependant revenu dans Athènes : Platon (429-347) enseignait dans les jardins d'Académos. Les Grecs, charmés par la grâce incomparable de son langage, contaient que son père était Apollon et qu'à son berceau les abeilles de l'Hymette avaient déposé leur miel sur ses lèvres.

Aristote (384-322), son élève, son rival et le maître

d'Alexandre, a fixé sur lui par d'autres mérites l'éternelle attention des hommes. Vaste et puissant génie, il voulut tout connaître, les lois de l'intelligence humaine comme celles de la nature. La philosophie suit encore la double voie que lui avaient tracée ces deux grands esprits : idéaliste avec l'un, rationnelle et positive avec l'autre. Xénophon, âme douce et conteur aimable, ne prend place que bien loin d'eux.

XVII

RÉDUCTION DE LA GRÈCE ET DES ROYAUMES GRECS EN PROVINCES ROMAINES (323-146)

Démembrement de l'empire d'Alexandre; Ipsus (301). — Trois mois après la mort d'Alexandre, sa femme Roxane donna le jour à Alexandre Aigos; il avait un fils naturel, Hercule; un frère bâtard, l'imbécile Arrhidée; deux sœurs, Cléopatre et Thessalonice; sa mère Olympias vivait encore. Arrhidée et Alexandre Aigos furent, après de longs débats, proclamés rois tous deux. On mit Antipater à la tête des forces d'Europe; Cratère dirigea les affaires réservées à Arrhidée; et Perdiccas devint une sorte de ministre suprême de l'empire. Cette autorité divisée causa pendant vingt-deux ans de continuelles convulsions qui coûtèrent la vie à tous les membres de la famille royale et à la plupart des généraux. L'empire se déchira dans le sens des anciennes nationalités: Égypte, Syrie, Asie Mineure et Macédoine, qui se reconstituèrent après la grande bataille d'Ipsus, dernier effort fait par Antigone pour rétablir l'unité (301).

Royaumes de Syrie (201-64) et d'Égypte (301-30). Un des vainqueurs d'Ipsus, Séleucus Nicator, fonda la dynastie des Séleucides, à qui il donna pour capitales Séleucie et Antioche, et pour empire tous les pays compris entre l'Indus et la mer Égée. Son fils ne put empêcher les Gaulois de s'établir en Galatie, et Antiochus II, malgré son surnom de Dieu, vit deux royaumes s'élever dans ses provinces orientales, celui des Bactriens qui ne dura guères, et celui des Parthes qui renouvela la monarchie persique. Antiochus III le Grand (224-187) osa s'attaquer aux Romains, qui le battirent aux Thermopyles (191), à Magnésie (190), lui enlevèrent l'Asie en deçà du Taurus, et réduisirent la Syrie elle-même en province romaine (64).

L'Égypte eut des jours meilleurs, sous les premiers Lagides qui portèrent tous le nom de Ptolémée. Elle fut alors un État puissant, le centre du commerce du monde, l'asile des lettres et des sciences, qui eurent à Alexandrie une magnifique bibliothèque; mais après les rois habiles, arrivèrent rapidement les rois débauchés, cruels et incapables, et à leur suite l'intervention étrangère.

Ainsi Ptolémée Soter (301) augmenta son royaume de la Cyrénaïque, de Cypre, de la Cœlé-Syrie et de la Phénicie; Philadelphe (285) développa la marine et soutint deux guerres heureuses, l'une contre son frère Magas, gouverneur de Cyrène, l'autre contre le roi de Syrie, qui ne put entamer l'Égypte; Évergète (247) pénétra en Asie jusqu'à la Bactriane et en Afrique dans l'intérieur de l'Éthiopie, tandis que ses lieutenants lui soumettaient les côtes de l'Arabie Heureuse, pour assurer la route du commerce avec l'Inde. Philopator (222) commença la décadence; Épiphane (205) l'accéléra en se plaçant sous la tutelle des Romains, qui ne cessèrent plus de se mêler aux affaires de l'Égypte jusqu'aux jours de César et de Cléopâtre, dangereuse sirène, à qui Antoine sacrifia son honneur, sa fortune et sa vie. Octave lui résista et la reine, menacée d'être traînée à Rome en triomphe, se fit piquer par un aspic. L'Égypte devint une province romaine (30). Le royaume de Pergame dans l'Asie Mineure, l'était depuis l'an 129 par le testament de son dernier roi.

Royaume de Macédoine (304-146); Cynocéphale

et Pydna. — La Macédoine subsista moins longtemps, mais tomba avec plus d'honneur, car ses deux derniers rois osèrent soutenir la lutte contre Rome, qui était devenue, par son triomphe sur Carthage, la plus grande puissance militaire du monde. C'était la postérité d'Antigone, le vaincu d'Ipsus, qui s'était assuré le trône de la Macédoine et voulut y joindre, comme Philippe et Alexandre, la domination de la Grèce. Durant la seconde guerre punique, les Romains, par la conquête de l'Illyrie, avaient pris pied sur le continent grec, Philippe de Macédoine essaya de les jeter à la mer, et fit, avec Annibal (215), un traité qui devait lui assurer la possession de la Grèce ; mais une défaite sur les bords de l'Aoüs le força à regagner précipitamment son royaume, et le Sénat, profitant des inimitiés que son ambition avait soulevées, se déclara le protecteur des peuples menacés par lui. Il eut l'imprudence de provoquer Rome, débarrassée d'Annibal ; la réponse fut prompte et terrible : les légions écrasèrent à Cynocéphale la phalange qui avait conquis la Grèce et l'Asie (197). Son fils, Persée, ne fut pas plus heureux à Pydna (168), et en 146 la Macédoine fut effacée de la liste des nations : le royaume d'Alexandre n'était plus qu'une province romaine.

Mort de Démosthène (322) ; la ligue achéenne (251-146). — Pendant que les successeurs d'Alexandre se disputaient en Asie des lambeaux de pourpre, la Grèce avait essayé de recouvrer sa liberté. Démosthène, qui était resté l'âme du parti national, Athènes qui espérait pouvoir briser encore la domination étrangère, avaient suscité la guerre Lamiaque. Elle commença bien et finit par un désastre ; Démosthène, proscrit, s'empoisonna (322). Sur le socle de la statue que plus tard ses compatriotes lui élevèrent, on grava ces mots : « Si ton pouvoir eût égalé ton éloquence, la Grèce ne serait pas aujourd'hui captive. » Phocion périt cinq années plus tard sur l'ordre des Macédoniens.

Cependant les cités grecques profitèrent des troubles de la Macédoine pour recouvrer leur liberté ; mais la domination étrangère, en se retirant, laissa derrière elle, comme un limon impur, des tyrans dans chaque ville. Entourés de mercenaires, ces hommes tenaient les citoyens sous la terreur et arrachaient à leur lâcheté l'or qui servait à sceller leurs fers. Un homme entreprit de renverser ces dominations détestables, ce fut Aratus. D'abord, il reforme une ancienne confédération des douze villes de l'Achaïe, puis il délivre de leurs tyrans Sicyone (251), Corinthe, Mégare, Trézène, Argos, Mantinée, Épidaure, Mégalopolis, et fait alliance avec la ligue étolienne, afin d'élever une barrière devant l'ambition de la Macédoine. Pour étendre son œuvre patriotique dans la Grèce centrale, il aide à la délivrance d'Athènes et d'Orchomène ; encore quelques efforts, et la ligue achéenne va embrasser la Hellade entière.

Malheureusement Sparte se relève par une réforme inattendue. Cléomène y met les biens en commun, rétablit les repas publics, et reconstitue avec des étrangers un nouveau peuple spartiate qui entre aussitôt en lutte avec les Achéens pour leur disputer la prépondérance dans le Péloponnèse. Aratus est contraint d'implorer l'assistance des Macédoniens, qui battent Cléomène à Sellasie (221). Cette victoire annule la nouvelle Sparte, mais place les Achéens dans la dépendance de la Macédoine qui fait tout fléchir devant elle. Les Romains s'inquiètent de cette force renaissante et se préparent à intervenir pour la briser. Les violences de Philippe, le meurtre d'Aratus, leur donnent de nombreux alliés, et les Étoliens contribuent au gain de la bataille de Cynocéphale. Rome victorieuse ne prend rien pour elle, mais elle divise tout pour tout affaiblir : elle rompt les ligues dans la Thessalie et la Grèce centrale, en déclarant que chaque cité sera libre ; et les Grecs applaudissent, sans voir que cette liberté les menait à la servitude. Philopœmen de Mégalopolis, digne successeur d'Aratus à la tête de la confédération achéenne, essaya de reculer le moment d'une ruine inévitable. Lacédémone tombée aux mains des tyrans était un foyer d'intrigues ;

il tua de sa main, dans une bataille, le tyran Machanidas, força son successeur Nabis à lever le siége de Messène, et entrant dans Sparte en vainqueur l'agrégea à la ligue achéenne. Ce n'était pas le compte de Rome que le Péloponnèse tout entier ne formât qu'une cité. Ses envoyés poussèrent Messène à la révolte; Philopœmen dans une expédition contre elle, tomba de cheval, fut pris et condamné à boire la ciguë (183).

Durant la guerre contre Persée, les Achéens firent pour lui des vœux secrets dont Rome après la victoire de Pydna leur demanda compte. Mille de leurs meilleurs citoyens furent déportés en Italie (168). Quand on leur rendit, dix-sept ans après, la liberté, ils rapportèrent dans leur patrie une haine imprudente. Le sénat ayant déclaré que Corinthe, Sparte et Argos cesseraient de faire partie de la ligue, les Achéens coururent aux armes, et vinrent livrer à Leucopétra, près de Corinthe, la dernière bataille de la liberté (146). Corinthe fut brûlée par Mummius, la Grèce réduite en province et ce peuple qui tient une si grande place dans le monde alla se perdre dans l'océan de la puissance romaine.

XVIII

RÉSUMÉ DE L'HISTOIRE GRECQUE

Services rendus par la Grèce à la civilisation générale. — Le créateur de la comédie grecque, Epicharme, disait il y a vingt-quatre siècles : « Tous les biens s'achètent aux dieux par le travail. » Ce que le poëte disait, la Grèce le fit. C'est par une activité dont nul peuple n'avait encore donné l'exemple que les Grecs parvinrent à se placer si haut parmi les nations. Ils couvrirent les côtes de la Méditerranée de cités florissantes; ils firent d'un pays étroit et pauvre le maître du monde par les armes et le commerce, mais surtout par la civilisation.

Dans les sciences, ils ont à peu près créé, en établissant les méthodes, c'est-à-dire les moyens de perfectionnement, les mathématiques, la géométrie, la mécanique et l'astronomie, que l'Égypte et la Chaldée avaient seulement ébauchées ; ils ont commencé la botanique et la médecine.

Si, pour les sciences, nous sommes allés beaucoup plus loin qu'eux en marchant dans la voie ouverte par Hippocrate, Archimède, Aristote et Hipparque, celle de l'observation patiente et du raisonnement pur; dans les lettres, dans les arts, dans la philosophie, les Grecs sont restés les maîtres éternels : les Romains et les modernes n'ont été que leurs élèves.

Ils ont porté à la perfection le poëme épique (Homère); l'élégie (Simonide); l'ode (Pindare) ; la tragédie, dont Eschyle, Sophocle, Euripide avaient su faire une grande fête religieuse, patriotique et morale; la comédie (Aristophane, Ménandre); l'histoire (Hérodote, Thucydide); l'éloquence de la tribune (Démosthène, Eschine); celle du barreau (Isocrate, Lysias).

Pour les arts, le monde suit encore leur impulsion et imite leurs modèles. Nous copions leur architecture en variant leurs trois ordres ; leurs statues mutilées sont l'orgueil de nos musées, et nos arts décoratifs s'inspirent des gracieux dessins de leurs vases ou des ornements de leurs temples et de leurs tombeaux. Les modernes n'ont, à vrai dire, créé qu'un art nouveau, la musique, et développé un art ancien, la peinture.

En philosophie, comme ils n'avaient point de livres saints, par conséquent ni corps de doctrines arrêtées, ni classe sacerdotale gardant avec jalousie pour elle seule le dogme et la science, ni aristocratie sociale limitant le champ de la pensée, ils laissèrent aux esprits la liberté la plus entière. Aussi ont-ils constitué la philosophie morale et politique dans son indépendance. Ils en firent le domaine de tous et ne lui assignèrent d'autre but que la recherche de la vérité. Par là, ils ouvrirent à l'intelligence un immense horizon. Ce que le sentiment seul atteignait vaguement, la raison alla le saisir, et avec quelle puissance! Vingt siècles ont-ils beaucoup ajouté aux découvertes philosophiques des Hellènes?

Enfin telle était la fécondité de cet heureux génie, que sur les ruines mêmes de la société grecque a poussé cette belle doctrine morale du stoïcisme qui, combinée avec l'esprit chrétien et modifiée par lui, peut faire encore de grands caractères.

L'Orient, avant les Hellènes, avait donné naissance à des sages, mais au-dessous d'eux les peuples ne formaient que des troupeaux dociles à la voix du maître. C'est en Grèce que l'humanité a eu conscience d'elle-même; c'est là que l'homme a pris pleinement possession des facultés mises en ui par le créateur et du sentiment de sa dignité personnelle. L'esclavage conservé dans les cités par les politiques, justifié dans les livres par les philosophes, était la rançon payée à ce passé dont les nations les plus libres ne se détachent jamais qu'avec une extrême lenteur.

Défauts de l'esprit politique et religieux des Grecs. — Mais il y a des ombres à ce tableau. Comme théoriciens politiques, ils ont été admirables, surtout Aristote; et ils n'ont su organiser que des cités. L'idée d'un grand État leur était antipathique et jamais, si ce n'est pour un moment, aux guerres médiques, ou trop tard, au temps de la ligue achéenne, jamais ils n'ont consenti à unir fraternellement leurs forces et leurs destinées. Aussi ont-ils perdu leur indépendance le jour où se forma à leurs portes et avec les ressources de leur civilisation, la monarchie militaire, à demi barbare, à demi hellénique des Macédoniens. Rome eut moins de peine encore à les réduire.

La religion grecque si favorable à l'art, à la poésie, ne le fut pas à la vertu. En représentant les dieux, personnifications des forces de la nature, comme livrés aux plus honteuses passions, commettant le vol, l'inceste, l'adultère, respirant la haine, la vengeance, elle obscurcissait la notion du juste et légitimait le mal par l'exemple de ceux qui auraient dû être la représentation du bien. Alors, par le développement parallèle, mais en sens contraire des légendes divines et de la raison humaine, il arriva que le polythéisme grec se trouva dans cette condition, mortelle pour un culte, que la religion fut d'un côté et la morale de l'autre. Celle-ci attaqua celle-là et en eut raison : les dieux tombèrent de l'Olympe et l'herbe poussa au parvis des temples. C'eût été bien si ces dieux détrônés avaient été remplacés par un viril enseignement qui aurait éclairé et purifié la raison humaine. Cet enseignement viril, il se trouvait çà et là, dans les paroles des poëtes et des philosophes; mais la foule ne les écoutait pas. Livrée aux superstitions honteuses par où finissent, pour les faibles, les grandes croyances, elle resta sans défense, quand les tentations mauvaises lui vinrent avec la corruption asiatique que lui avait inoculée la conquête d'Alexandre.

L'or déprava tout : les hommes et les institutions. Ces mercenaires des Séleucides et des Ptolémées, ces ministres de débauches dans les voluptueuses cités de l'Asie, ces hommes sans patrie depuis qu'ils étaient sans liberté, perdirent, avec les mâles vertus, le généreux dévouement qui les avait fait si grands à Marathon et aux Thermopyles, le respect de soi, le culte du beau et du vrai qui avaient formé tant de bons citoyens et préparé tant de chefs-d'œuvre. La Grèce produisit bien encore de loin en loin un homme supérieur, comme une terre longtemps féconde, mais épuisée, continue à donner quelques fruits savoureux; pour la multitude, n'ayant plus rien de ce qui fait tenir un peuple debout, son âme s'abaissa : elle n'honora qu'un Dieu, le plaisir, avec les servilités et les bassesses qui composent son cortége : « La patrie, dit un poëte de cette triste époque, elle est où l'on vit bien. » Et ceux qui ne pouvaient bien vivre avec une fortune ramassée, çà et là, dans la boue ou le sang, s'arrangèrent pour vivre aux dépens d'autrui.

Dans le haut empire romain, les héritiers d'Aristide, de Périclès et de Phocion eurent toutes les industries malsaines en partage, et dans le bas empire ce grand esprit grec finit par ce qui est le précurseur des dernières ruines, par l'esprit byzantin.

HISTOIRE ROMAINE

XIX

ROME ET SON ANCIENNE CONSTITUTION (754-366)

Les légendes et les institutions de la période royale (754-510). — Les fertiles plaines du Latium et de l'Étrurie viennent se rencontrer au-dessous des montagnes de la Sabine, sur les rives du Tibre, le plus grand des fleuves de l'Italie péninsulaire. A quelque distance de son confluent avec l'Anio, ce fleuve passe entre neuf collines, dont deux, le Janicule et le Vatican, dominent sa rive droite, et les sept autres le bord opposé : c'est là que Rome s'éleva.

La légende, qui sait toujours tant de choses sur les origines et se plaît au merveilleux, connaît sept rois de Rome : Romulus, fils de Mars, allaité par une louve, et fondateur, sur le Palatin, de la ville actuelle (754); Numa, le roi religieux inspiré par la nymphe Égérie; Tullus Hostilius, qui renversa Albe-la-Longue, après le combat des Horaces et des Curiaces; Ancus, le fondateur d'Ostie; Tarquin l'Ancien, le représentant peut-être d'une conquête de Rome par les Étrusques; Servius Tullius, le législateur; enfin Tarquin le Superbe, l'abominable tyran que les Romains chassèrent.

L'histoire[1], plus discrète, a bien des doutes sur cette

---

1. Cf. *Histoire des Romains*, par V. Duruy, 4 vol. in-8.

période royale, qu'elle n'entrevoit qu'à travers des récits complaisants. Cependant elle admet la fondation sur le Palatin d'une ville dont on vient de retrouver les murailles, *Roma Quadrata*, qui exerça, contre ses voisins du Latium, de la Sabine, de l'Étrurie, sa robuste jeunesse, et qui grandit au point que Servius fut obligé de lui donner l'enceinte qu'elle garda pendant toute la république. On constate des mœurs, des institutions, une organisation politique qui ont eu besoin de beaucoup de temps pour se développer ; et l'on reconnaît que, sous son dernier roi, Rome était déjà la capitale du Latium, la plus grande puissance de l'Italie. Elle avait comme deux peuples : le patriciat et la plèbe. Le premier se composait de familles dont chacune formait un clan, avec ses dieux particuliers, sa propriété commune, et son chef, qui était à la fois pontife aux autels du foyer domestique, juge sans appel de sa femme et de ses enfants, patron obéi de ses clients, maître absolu de ses esclaves, et, au forum, à la curie, membre du peuple souverain, qui élisait le prince, édictait la loi et décidait de la paix ou de la guerre. La plèbe, pêle-mêle de vaincus transportés dans la ville, d'étrangers qui s'y établissaient, peut-être d'indigènes dépossédés par la première conquête, n'avait rien de commun avec le patriciat, ni les dieux, ni les mariages, ni les droits politiques. Pourtant, on attribue à Servius la division de la ville en 4 quartiers ou tribus urbaines ; du territoire en 26 cantons ou tribus rurales ; du peuple, patriciens et plébéiens, en 6 classes, déterminées par la fortune, et en 193 centuries ; la première classe ayant à elle seule 98 centuries, c'est-à-dire, quand, après l'expulsion des rois, ces centuries représentèrent des suffrages, 98 votes, tandis que toutes les autres réunies n'en avaient que 95.

La république : consuls, tribuns (510-493). — Ce fut le patriciat qui renversa Tarquin et remplaça le roi à vie par deux consuls annuels, pris dans son sein et nommés par lui : c'était donc une révolution aristocratique. L'un des consuls fut Brutus, qui, ayant trouvé ses fils impliqués dans une conspiration formée pour le rappel du roi, ordonna et vit froidement leur supplice. Tarquin se vengea en soulevant tous les peuples voisins qui réduisirent Rome presqu'à ses seules murailles. La sanglante victoire du lac Rhégille (496) la sauva ; mais un mal intérieur la minait : le poids des dettes accru par les dépenses et les pillages des dernières guerres. La loi romaine était singulièrement partiale pour les créanciers ; ceux-ci abusèrent de leurs droits, et les pauvres, irrités, refusèrent de se laisser enrôler. Le sénat créa alors la *dictature*, magistrature sans appel, dont le pouvoir, plus illimité que ne l'avait été celui des rois, ne devait durer que six mois. Le peuple, effrayé, céda, et les violences des créanciers s'accrurent au point que les pauvres, abandonnant la ville, se retirèrent sur le mont Sacré. Ils n'en descendirent que quand on leur eut accordé des *tribuns*, chefs annuels des plébéiens, et armés d'un véto qui pouvait arrêter les décisions des consuls et du sénat. Les tribuns se servirent d'abord de ce droit d'opposition comme d'un bouclier pour défendre le peuple ; plus tard ils s'en servirent pour attaquer les grands et devenir les maîtres de la république (493).

Le décemvirat et les douze Tables. — Les quarante-deux années qui s'écoulèrent entre l'établissement du tribunat et celui du décemvirat furent remplies au dehors par de petites guerres, et à l'intérieur par des troubles qui décidèrent, en 461, le tribun Térentillus Arsa à demander la rédaction d'un code écrit et connu de tous. Longtemps les patriciens s'y opposèrent ; enfin la proposition passa, et on élut des décemvirs, avec des pouvoirs illimités, pour écrire les nouvelles lois. Un d'eux, Appius Claudius, essaya d'usurper la tyrannie. Il tomba à la suite d'une violence qui poussa un père à tuer sa fille pour la soustraire à l'outrage (449).

Dans la législation des Douze Tables, publiées par les décemvirs, les attaques contre la propriété sont cruellement punies : le voleur peut être tué impunément durant la nuit, et le jour, s'il se défend. « Celui qui mettra le feu à un tas de blé sera lié, battu avec des verges et brûlé. — Le débiteur insolvable sera vendu ou coupé par morceaux. » Pour les délits estimés moins graves, on retrouve les deux systèmes de pénalité en usage chez tous les peuples barbares, le *talion* ou représailles corporelles, et la composition. « Celui qui rompt un membre payera trois cents as au blessé ; s'il ne compose pas avec lui, qu'il soit soumis au talion. »

Cependant il s'y rencontrait des dispositions favorables aux plébéiens : le taux de l'intérêt fut diminué, et des garanties données à la liberté individuelle. « Que le faux témoin, ajoutait la loi, et le juge corrompu soient précipités. — Qu'il y ait toujours appel au peuple des sentences des magistrats. — Que le peuple seul, *dans les comices centuriates*, ait le pouvoir de rendre des sentences capitales »; c'est-à-dire attribution au peuple de la juridiction criminelle. C'est à l'assemblée des centuries, où, tous, patriciens et plébéiens, sont confondus d'après l'ordre de leur fortune, que passe le pouvoir.

Un autre avantage pour les plébéiens était le caractère général de la loi. « Plus de lois personnelles. » La législation civile des Douze Tables ne connaît que des citoyens romains. Ses dispositions ne sont faites ni pour un ordre ni pour une classe, et sa formule est toujours, *si quis*, « si quelqu'un » ; car le patricien et le plébéien, le sénateur, le pontife et le prolétaire sont égaux à ses yeux. Ainsi est enfin proclamée, par l'oubli de distinctions, autrefois si profondes, la définitive union des deux peuples, et c'est ce peuple nouveau, c'est l'universalité des citoyens qui a maintenant l'autorité souveraine, qui est la source de tout pouvoir et de tout droit. « Ce que le peuple aura ordonné en dernier lieu sera la loi. » Le peuple avait donc obtenu par les Douze Tables quelques améliorations matérielles, et, sinon l'égalité politique, qui n'est qu'un leurre pour les pauvres, parce qu'elle ne profite qu'à ses chefs, du moins l'égalité civile, qui peut donner même au plus misérable le sentiment de sa dignité d'homme, et l'élever au-dessus des vices honteux de la servilité.

Les plébéiens arrivent à toutes les charges (448-286). — La révolution de 510, faite par les patriciens, n'avait profité qu'à l'aristocratie ; celle de 448, faite par le peuple, ne profita qu'au peuple. Les nouveaux consuls, Horatius et Valérius, défendirent, sous peine de mort, de jamais créer une magistrature sans appel, donnèrent force de loi aux plébiscites ou lois faites dans l'assemblée plébéienne des tribus, et renouvelèrent l'anathème prononcé contre quiconque porterait atteinte à l'inviolabilité tribunitienne. Mais deux choses maintenaient l'outrageante distinction des deux ordres : l'interdiction des mariages, et l'occupation de toutes les charges par les patriciens ; en 445, le tribun Canuléius demanda l'abolition de la défense relative aux mariages, et ses collègues l'admissibilité des plébéiens au consulat. C'était demander l'égalité politique. Les patriciens s'indignèrent, mais le peuple se retira en armes sur le Janicule ; et le sénat, pensant que les mœurs seraient plus fortes que la loi, accepta la proposition du tribun. Cette barrière en tombant, ouvrait aux plébéiens, pour un prochain avenir, l'accès des charges curules, car le sang des deux classes allait se mêler ; cependant le patriciat se défendit 45 ans encore. Au lieu d'accorder le consulat aux plébéiens, il le démembra. Deux nouveaux magistrats, les censeurs, créés en 444, pour cinq ans d'abord, pour dix-huit mois ensuite, héritèrent du droit des consuls de faire le cens, d'administrer les domaines et les finances de l'État, de régler les classes, de dresser la liste du sénat et des chevaliers, d'avoir enfin la haute police de la ville. Restaient aux consuls les fonctions militaires, la justice civile, la présidence du sénat et des comices, la garde de la ville et des lois ; on les donna, mais divisées entre plusieurs, et sous le nom de tribunat militaire, à trois, quatre, et quelquefois à six généraux.

La constitution de 444 autorisait à nommer des plébéiens au tribunat militaire; jusqu'en 400, pas un seul n'y parvint. A cette époque, Rome tenait depuis cinq ans Véies assiégée ; un patricien, Camille, put seul la prendre (395). Les désordres de l'invasion gauloise suspendirent la lutte, qui recommença plus vive quand les inquiétudes eurent cessé. Les tribuns Licinius Stolon et Sextius reprirent, en 376, la demande du partage du consulat, et proposèrent une loi agraire qui limitait à cinq cents arpents (*jugera*) l'étendue de terres domaniales qu'un citoyen pouvait posséder.

Le moment de la lutte suprême était donc arrivé. Dix années de suite les tribuns se firent réélire. En vain le sénat gagna leurs collègues, dont le véto les arrêta, et recourut deux fois à la dictature. Camille, menacé d'une amende de cinq cent mille as, abdiqua. On opposa aux tribuns la sainteté de la religion; pas un plébéien n'était dans le sacerdoce. Pour détruire ce motif, ils ajoutèrent cette quatrième rogation, que le sénat accepta, afin de mettre de son côté les apparences de la justice : « Au lieu de duumvirs pour les livres sibyllins, on nommera à l'avenir des décemvirs, dont cinq seront plébéiens. » L'année 366 vit pour la première fois un consul plébéien. Les patriciens créèrent alors la préture, charge à laquelle ils attribuèrent les fonctions judiciaires des consuls. Mais les plébéiens y parvinrent en 337. Ils avaient obtenu l'accès de la dictature en 355, de la censure en 350, ils arrivèrent au proconsulat en 326, à l'augurat en 302. Les lois de Publilius Philo, en 339, qui rendirent les plébiscites obligatoires pour les deux ordres et permirent de nommer à la fois deux plébéiens au consulat; celles du dictateur Hortensius, qui, en 286, rappelèrent et confirmèrent toutes les conquêtes antérieures des plébéiens, assurèrent l'égalité, et fondèrent cette union au dedans, cette force au dehors qui firent triompher Rome de tous les obstacles.

XX

CONQUÊTE DE L'ITALIE (343-265)

Prise de Rome par les Gaulois (390); Camille. — La prise de Véies, grande cité étrusque (395), avait donné à Rome la prépondérance dans l'Italie centrale ; les Gaulois établis depuis deux siècles dans la vallée du Pô menacèrent d'étouffer cette fortune à son berceau. Ils assiégèrent Clusium, qui leur refusait des terres, et, provoqués par les députés romains, marchèrent sur Rome, battirent son armée sur les bords de l'Allia et pénétrèrent jusqu'au pied du Capitole, où le sénat et la jeunesse romaine s'étaient enfermés. Ils y restèrent sept mois, juqu'à ce que, rappelés dans leur pays par une invasion des Vénètes, ils consentirent à recevoir une rançon. Camille, nommé dictateur, battit pourtant quelques-uns de leurs détachements, et la vanité romaine profita de ces légers succès pour les changer en une complète victoire (390).

Rome mit presque un demi-siècle à se relever. Camille, Manlius Torquatus, Valérius Corvus, vainquirent à plusieurs reprises les peuples du Latium révoltés, les Gaulois venus à leur secours, et quelques-unes des cités étrusques ; ils soumirent l'Étrurie méridionale, domptèrent presque tout le Latium, et rendirent les Romains voisins des Samnites. Alors éclata une guerre qui dura soixante-dix-huit ans (de 343 à 265), désola toute l'Italie centrale, et plaça la péninsule entière sous le joug de Rome. C'est la guerre du Samnium ou de l'indépendance italienne, car tous les peuples de l'Italie péninsulaire entrèrent tour à tour dans la lice, mais en commettant la faute qui fit tomber les ennemis de Rome, celle de ne jamais l'attaquer à la fois.

Guerre du Samnium. — La guerre du Samnium se

divise en six périodes, si l'on y comprend l'expédition de Pyrrhus.

1° De 343 à 341. La grande cité de Capoue, menacée par les Samnites, se donne aux Romains, qui battent ses adversaires, mais sont empêchés de poursuivre leurs succès par l'attitude hostile des Latins.

2° Guerre latine, 340-338. Les Latins demandent à partager le commandement avec les consuls, et réclament une parfaite égalité avec Rome. Sur le refus du sénat, commence une guerre difficile. Afin de maintenir une rigoureuse discipline, Manlius Torquatus fait mourir son fils, vainqueur, qui avait combattu sans ordre, et Décius Mus se sacrifie pour sauver les légions. Après la victoire, des conditions différentes faites aux villes latines assurent leur obéissance.

3° De 326 à 311. La paix dura dix ans; en 327, les Samnites, pour chasser les Romains de la Campanie, soulevèrent la ville grecque de Palépolis; vaincus par Papirius Cursor et Fabius Maximus, les deux héros de cette guerre, ils se vengèrent aux Fourches-Caudines, où ils enveloppèrent toute l'armée romaine, qui fut contrainte de passer sous le joug et de signer la paix. Le sénat ne voulut point ratifier le traité, et livra les consuls aux Samnites, qui refusèrent de les recevoir. La fortune récompensa l'iniquité. Publilius Philo pénétra victorieusement dans le Samnium même; Papirius soumit l'Apulie, de l'autre côté des montagnes samnites, et le sénat crut enfermer son indomptable ennemi dans l'Apennin en l'y enveloppant par une ligne de places fortes ou colonies militaires

4° De 311 à 305. Les peuples du nord de la péninsule prêtèrent secours à ceux du centre. Entraînés par des émissaires samnites, les Étrusques, au nombre de cinquante ou soixante mille, fondirent sur la colonie romaine de Sutrium; mais Fabius les battit près de Pérouse, et dévasta systématiquement le Samnium, dont les peuples sollicitèrent la fin d'une guerre qui avait duré plus d'une génération d'hommes. Ils conservèrent leur territoire et tous les signes extérieurs de l'indépendance ; mais ils reconnurent la majesté du peuple romain. Les circonstances devaient expliquer ce que le sénat entendait par la majesté romaine (305).

5° De 300 à 280. Seconde et troisième coalition des peuples italiens. Les chefs samnites entraînèrent dans un soulèvement général les Sabins, les Étrusques, les Ombriens et les Gaulois. A Rome, les tribunaux se fermèrent ; on enrôla tous les hommes valides ; quatre-vingt-dix mille au moins furent mis sur pied. Le massacre de toute une légion, près de Camérinum, livra aux Sénons le passage de l'Apennin ; s'ils parvenaient à opérer leur jonction avec les Ombriens et les Étrusques, c'en était fait de l'armée consulaire. Fabius rappela, par une diversion, les Étrusques à la défense de leurs foyers, puis courut chercher les Gaulois dans les plaines de Sentinum (295). Le choc fut terrible : sept mille Romains de l'aile gauche, commandée par Décius, avaient déjà péri quand le consul se dévoua, à l'exemple de son père. Entourés de toutes parts, les barbares reculèrent, mais sans désordre, et regagnèrent leur pays. La destruction de la légion samnite du Lin, à Aquilonie, en 293, et la défaite de Pontius Hérennius, le vainqueur des Fourches-Caudines, arrachèrent enfin à ce peuple l'aveu de sa défaite. Un traité dont nous ignorons les clauses les rangea parmi les alliés de Rome (290). Pour les contenir, Vénouse fut occupée par une puissante colonie.

Le centre de l'Italie subissait la domination ou l'alliance de Rome. Mais au nord, les Étrusques étaient hostiles, et les Gaulois avaient déjà oublié leur défaite de Sentinum. Au sud, des bandes samnites erraient encore dans les montagnes des Calabres ; les Lucaniens étaient inquiets, et les Grecs voyaient avec effroi la domination romaine s'approcher d'eux. Tarente montrait un dépit croissant des succès de Rome. Heureusement l'union était impossible entre tant de peuples, et il n'y eut qu'un instant de danger sérieux, au nord, de la part des Étrusques, qui détruisirent une armée romaine. Le sénat y répondit par l'extermination du peuple sénon tout entier. D'autres Gaulois, les Boies, qui voulurent venger leurs frères, furent eux-mêmes écrasés avec les Étrusques près du lac Vadimon (283). Le nord de la péninsule reconnut alors, comme les peuples du centre, la domination romaine.

6° Guerre de Pyrrhus, 280-272. Tarente, restée seule en armes, s'aperçut trop tard de sa faiblesse, et appela à son aide Pyrrhus, roi d'Épire. Arrivé dans la riche et molle cité, Pyrrhus ferma les bains, les théâtres, et força les citoyens de s'armer. A la première bataille, près d'Héraclée, les éléphants, que les Romains ne connaissaient pas, jetèrent le désordre dans leurs rangs ; ils laissèrent quinze mille hommes sur le terrain. Mais Pyrrhus en avait perdu treize mille. « Encore une pareille victoire, disait-il, et je retourne sans armée en Épire. » Aussi envoya-t-il à Rome son ministre Cinéas pour proposer la paix. « Que Pyrrhus, s'écria le vieil Appius, sorte d'abord d'Italie, et l'on verra ensuite à traiter avec lui. » Cinéas reçut l'ordre de quitter Rome le jour même. « Le sénat, disait-il au retour, m'a paru une assemblée de rois. »

Pyrrhus tenta un coup de main hardi, une surprise sur Rome ; dans la ville, tous les citoyens étaient soldats : il ne put qu'en contempler de loin les murailles. Une seconde bataille, près d'Asculum, où un troisième Décius se dévoua, lui prouva qu'il userait vainement ses forces contre ce peuple persévérant, et il passa en Sicile, où les Grecs l'appelaient contre les Carthaginois qui assiégeaient Syracuse. Pyrrhus débloqua cette place, et refoula de poste en poste les Africains jusqu'à Lilybée. Mais bientôt il se fatigua de cette entreprise, comme de la première, et repassa en Italie, où la défaite de Bénévent chassa cet aventurier d'Italie. Il tenta de conquérir la Macédoine, en fut proclamé roi, et alla périr misérablement à l'attaque d'Argos. Tarente, délaissée, ouvrit ses portes (272). La Grande-Grèce était soumise, comme l'étaient le nord et le centre de la péninsule.

Pour achever la conquête de l'Italie, il fallait dompter les Gaulois de la Cisalpine. Rome s'y prit à deux fois, avant et après la seconde guerre punique. Ces peuples lui inspiraient une crainte légitime. En 226, à la nouvelle qu'ils avaient appelé une armée de leurs compatriotes transalpins, le sénat déclara qu'il y avait *tumulte* et tint sous les armes 770 000 soldats, dont 500 000 fournis par les Italiens. La victoire de Télamone, en 225, dissipa le danger, et Marcellus remporta les troisièmes dépouilles opimes en tuant de sa main le roi des Gésates ; des colonies romaines envoyées sur les bords du Pô commencèrent l'asservissement de la Cisalpine. Ce fut alors que ces peuples appelèrent Annibal ; mais contents d'être délivrés par ses victoires, ils ne se levèrent pas en masse pour l'aider à écraser Rome. Après la bataille de Zama, le sénat reprit ses projets contre eux et l'émigration de toute la nation des Boies, qui allèrent chercher une autre patrie sur les bords du Danube, livra aux Romains cette riche contrée et la barrière des Alpes.

XXI

LES GUERRES PUNIQUES (264-146)

Première guerre punique (264-241); conquête de la Sicile. — Colonie de Tyr, Carthage avait étendu sa domination depuis la Numidie jusqu'aux frontières de Cyrène, organisé dans l'intérieur du continent africain un immense commerce de caravanes et saisi l'empire de la Méditerranée occidentale. Tant que Rome avait eu à combattre les Étrusques et les Grecs italiens, rivaux des Carthaginois, ceux-ci avaient applaudi à ses succès et signé des traités avec elle ; la victoire trop complète de Rome les irrita, et ils virent avec effroi une seule puissance dominer sur le beau pays que baignent les trois mers Tyrrhénienne, Adriatique et Ionienne. C'est à l'occasion de la Sicile que la guerre éclata entre les deux républiques. Ni Rome ni Carthage ne pouvaient en effet abandonner à une puissance rivale cette grande île située au centre de la Méditerranée, qui touche à l'Italie et d'où l'on aperçoit l'Afrique. Carthage y était depuis longtemps, Rome y fut appelée par les Mamertins, maîtres de Messine, que Hiéron de Syracuse et les Carthaginois assiégeaient. Les Romains délivrèrent la ville (264), battirent Hiéron et lui imposèrent un traité auquel il resta fidèle cinquante ans, puis chassèrent les Carthaginois de l'intérieur de l'île. Ceux-ci gardaient les ports qu'on ne leur pouvait enlever sans être maîtres de la mer. Une flotte construite par les Romains et armée du redoutable *corbeau*, battit dès la première rencontre la flotte carthaginoise. Une autre victoire navale de Régulus à Ecnome l'engagea à descendre en Afrique (256), et en quelques mois Carthage se trouva réduite à ses seules murailles. Le Lacédémonien Xanthippe fit changer la face des choses ; après avoir affaibli Régulus par une foule de petits combats, il le vainquit dans une grande bataille, et anéantit son armée. La guerre reportée en Sicile y languit plusieurs années. La victoire de Métellus à Panorme (251) ranima les espérances des Romains. Régulus, envoyé par Carthage pour demander la paix, exhorta le sénat à la refuser, et périt, dit-on, au retour dans les plus affreux tourments. Mais un grand général venait d'arriver en Sicile, Hamilcar, le père d'Annibal. Cantonné à Éryx, dans un poste inexpugnable, il tint pendant six années les Romains en échec. La guerre, dans ces conditions, eût pu durer de longues années encore, si le patriotisme n'avait donné au sénat une nouvelle flotte, qui rendit les Romains maîtres de la mer. Dès lors Hamilcar pouvait être affamé. Carthage se résigna à mettre fin à une guerre ruineuse ; elle abandonna la Sicile, rendit sans rançon tous ses prisonniers, et paya en dix ans trois mille deux cents talents euboïques (264-241).

Guerre des mercenaires contre Carthage (241-238).—Carthage ne faisait pas la guerre comme Rome, avec des citoyens, mais avec des soldats qu'elle achetait partout. Ces mercenaires se révoltèrent et, pendant trois ans (241-238), l'Afrique carthaginoise fut désolée par la *guerre inexpiable*. Hamilcar en délivra sa patrie, mais devenu suspect, il fut comme exilé en Espagne dont il entreprit la conquête. En quelques années, tout le pays, jusqu'à l'Èbre, fut soumis par lui et par son gendre Asdrubal. Rome, alarmée de leurs progrès, les arrêta par le traité de 227 qui stipula la liberté de Sagonte, ville gréco-latine au sud de l'Èbre.

Seconde guerre punique; Annibal et Scipion (218-201). — Annibal, fils d'Hamilcar, qui voulait à tout prix recommencer la guerre contre les Romains, attaqua et détruisit cette place sans même attendre l'ordre de Carthage, et avec une armée soigneusement préparée franchit les Pyrénées, le Rhône et les Alpes : expédition audacieuse qui lui coûta la moitié de son armée, mais qui l'amenait au milieu des Cisalpins, ses alliés (218). Le consul Scipion fut d'abord vaincu près du Tessin, dans une rencontre de cavalerie. Une affaire plus sérieuse, sur les bords de la Trébie, chassa les Romains de la Cisalpine. L'année suivante, ils perdirent encore en Étrurie, près du lac Trasimène, une sanglante bataille, et Annibal put pénétrer dans le centre et le sud de l'Italie. Grâce à la sage temporisation du prodictateur Fabius, quelques mois se passèrent sans nouveau désastre; mais, en 216, la désastreuse bataille de Cannes coûta cinquante mille hommes aux légions, et Capoue, avec une partie des peuples de l'Italie méridionale, croyant les Romains perdus, fit défection. Rome fut un prodige de constance. Elle renonça à la guerre offensive, fortifia les places fortes et chercha à envelopper d'une ligne de camps retranchés le général, jusqu'alors si heureux dans les batailles. Avant que ce cercle ne se fermât sur lui, Annibal sortit de la Campanie

Puisque Carthage lui refusait tout secours, il en chercha en soulevant la Sardaigne, la Sicile, Philippe de Macédoine, et en appelant d'Espagne par la route qu'il avait racée, son frère Asdrubal avec une nouvelle armée d'Espagnols et de Gaulois. Mais la Sardaigne fut contenue ; Syracuse révoltée fut prise par Marcellus, malgré les machines d'Archimède ; et Philippe, vaincu sur les bords de l'Aoüs, menacé, à l'instigation de Rome, par plusieurs peuples grecs, ne put conduire sa phalange à Annibal.

Pendant ces vains efforts de son ennemi, Rome armait vingt légions, resserrait chaque jour davantage Annibal dans l'Apulie et la Lucanie, et s'acharnait sur Capoue, afin de faire un exemple terrible de cette cité qui la première avait donné le signal de la défection. Annibal, pour la sauver, pénétra jusque sous les murs de Rome, aussi inutilement que Pyrrhus ; Capoue tomba, et tout son peuple fut vendu. Il ne restait plus à Annibal qu'un espoir : son frère lui amenait soixante mille hommes. Arrêté sur les bords du Métaure par les deux consuls, Asdrubal y périt avec toute son armée (207). Annibal tint pourtant cinq années encore au fond du Brutium, jusqu'à ce que Scipion l'arrachât d'Italie en assiégeant Carthage.

Deux Scipions, Cnéus et Cornélius, luttaient depuis l'année 218 en Espagne. Après de brillants succès, ils furent accablés par des forces supérieures et périrent. Un jeune chevalier, Marcius, sauva les débris de leurs troupes, et la confiance renaissait déjà, quand le fils de Cornélius, Publius Scipion, à peine âgé de vingt-quatre ans, vint prendre le commandement de l'armée d'Espagne (211). Dès les premiers jours, il se signala par un coup d'audace, la surprise de Carthagène, l'arsenal des Carthaginois dans la péninsule (210). Aidé des Espagnols qu'il avait gagnés par sa douceur, il battit Asdrubal qu'il laissa cependant échapper, fit reculer les autres généraux carthaginois jusqu'à Gadès, passa en Afrique où il décida Syphax, roi des Numides, à signer une alliance avec Rome (205), et récompensé de ses succès par le consulat, résolut d'aller attaquer Carthage elle-même. Malgré l'opposition de Fabius, qu'effrayait cette témérité, il débarqua en Afrique, où des deux rois numides sur lesquels il comptait, l'un, Syphax, étai ennemi; l'autre, Massinissa, dépouillé. Néanmoins il dispersa toutes les armées qui lui furent opposées, et réduisit Carthage, menacée d'un siége, à rappeler Annibal. L'invincible général, vaincu lui-même à Zama, sur son dernier champ de bataille, que couvrirent les corps de vingt mille de ses soldats, rentra dans Carthage, mais plus grand que son vainqueur (202).

Scipion s'honora en ne demandant pas l'extradition d'Annibal, et fixa les conditions suivantes : Carthage gardera ses lois et ce qu'elle possède en Afrique ; elle livrera les prisonniers, les transfuges, tous ses navires excepté dix, tous ses éléphants, sans pouvoir en dompter d'autres à l'avenir ; elle ne fera point de guerres, même en Afrique, sans la permission de Rome, et elle ne pourra lever des mercenaires étrangers ; elle payera dix mille talents en cinquante ans, indemnisera Massinissa et le reconnaîtra pour allié. Scipion reçut quatre mille prisonniers, d'assez nombreux transfuges qu'il fit mettre en croix ou périr sous la hache, et cinq cents vaisseaux qu'il brûla en pleine mer. Carthage était désarmée. Pour qu'elle ne pût se relever, Scipion plaça près d'elle un ennemi irréconciliable, Massinissa, qu'il reconnut comme roi de Numidie (201).

Le retour de Scipion à Rome fut le plus magnifique triomphe. On lui donna le nom d'Africain, le peuple lui offrit le consulat et la dictature à vie. Ainsi Rome oubliait ses lois pour mieux honorer son heureux général. Elle offrait à Scipion ce qu'elle laissera prendre à César; c'est que Zama n'était pas seulement la fin de la seconde guerre punique, mais le commencement de la conquête du monde.

Troisième guerre punique; ruine de Carthage (146). — Un dernier mot sur la fin de Carthage. Depuis Zama, son existence ne fut qu'une longue agonie. En 193, Massinissa lui enleva le riche territoire d'Emporie ; onze ans après, des terres considérables, en 174, toute la province de Tysca et soixante-dix villes. Les Carthaginois réclamèrent à Rome ; le sénat promit justice, et Massinissa garda le territoire contesté. Cependant, sous apparence de constituer un arbitrage, on envoya Caton qui, ayant trouvé avec surprise et colère Carthage riche, peuplée, prospère, revint avec la haine au cœur ; chacun de ses discours se termina dès lors par ces mots : « Et de plus je pense qu'il faut détruire Carthage, » (*delenda est Carthago*). L'occasion fut facile à trouver : un jour, Carthage repoussa une attaque de Massinissa ; le sénat cria à la violation du traité (149), et les deux consuls débarquèrent aussitôt en Afrique avec quatre-vingt mille soldats ; ils demandèrent qu'on leur livrât les armes, les machines de guerre ; puis, lorsqu'ils eurent tout reçu, ils ordonnèrent aux Carthaginois d'abandonner leur ville et d'aller s'établir à dix milles dans les terres. L'indignation réveilla ce peuple immense. Nuit et jour on fabriqua des armes, et Asdrubal réunit dans son camp de Néphéris jusqu'à soixante-dix mille hommes. Du côté des Romains, les opérations mal conduites languissaient, lorsque le peuple donna le consulat à Scipion Émilien, le second Africain, qui ne lui demandait que l'édilité. Il ramena la discipline dans l'armée et rendit aux soldats l'habitude de l'obéissance, du courage et des travaux pénibles. Carthage était située sur un isthme ; il le coupa d'un fossé et d'un mur qui empêchèrent les sorties, et pour affamer ses sept cent mille habitants, il ferma le port avec une digue immense. Les Carthaginois creusèrent dans le roc une nouvelle sortie vers la haute mer et une flotte bâtie avec les débris de leurs maisons, faillit surprendre les galères romaines. Scipion la repoussa, et quand la famine, par d'affreux ravages, eut affaibli la défense, il força une partie des murailles : la ville était prise. Cependant, pour atteindre la citadelle Byrsa, placée au centre, il fallut traverser de longues rues étroites, où les Carthaginois, retranchés dans les maisons, firent une résistance acharnée. L'armée mit six jours et six nuits à arriver au pied de la citadelle. Sur la promesse qu'ils auraient la vie sauve, cinquante mille hommes en sortirent :

à leur tête était Asdrubal. Sa femme, après avoir insulté, du haut des murs, à la lâcheté de son époux, égorgea ses deux enfants et se précipita elle-même dans les flammes. Scipion abandonna au pillage ces ruines fumantes, et des commissaires envoyés par le sénat firent du territoire carthaginois une province romaine qu'on appela l'*Afrique* (146).

XXII

CONQUÊTES DES ROMAINS HORS DE L'ITALIE
(229-129)

Conquête d'une partie de l'Illyrie (229) et de l'Istrie (221). — Entre la première et la seconde guerre punique, Rome avait pris pied sur le continent grec. L'Adriatique était alors infestée de pirates illyriens, et la veuve de leur dernier roi, Teuta, avait fait égorger deux députés romains qui lui avaient trop fièrement parlé. Le sénat envoya deux cents vaisseaux et vingt mille légionnaires avec les deux consuls (229), qui forcèrent Teuta à payer tribut et à céder aux Romains une grande partie de l'Illyrie. En 221, ils occupèrent l'Istrie. Là ils étaient maîtres d'une des portes de l'Italie et ils s'établissaient au nord de la Macédoine, qu'ils menaçaient déjà du côté de l'Illyrie.

Conquête de l'Asie mineure, de la Macédoine et de la Grèce (190-146). — Les guerres contre Antiochus, Philippe, Persée et les Achéens ont été mentionnées déjà ; nous dirons seulement ici un mot des généraux romains qui les dirigèrent.

Scipion l'Asiatique, le vainqueur d'Antiochus à Magnésie, en 190, était le frère de Scipion l'Africain, qui l'accompagna comme lieutenant. De retour à Rome, les deux frères furent accusés, par les tribuns, d'avoir reçu de l'argent pour accorder la paix au roi de Syrie. L'Africain, indigné, refusa de répondre, et sortit de Rome ;

l'Asiatique, dégradé par Caton de sa dignité de chevalier, fut condamné à rembourser ce qu'on prétendait qu'il avait reçu ; sa pauvreté prouva son innocence.

T. Quintius Flamininus fut le vainqueur de Philippe à Cynocéphale (197), et le fondateur de la politique romaine en Grèce, où il demeura longtemps après son commandement, pour organiser dans toutes les villes un parti romain, et en chasser les ennemis du sénat. Ainsi, il contraria tous les projets de Philopœmen, et causa le soulèvement de Messène qui coûta la vie à ce grand citoyen. Ce fut lui aussi qui alla demander au roi de Bithynie, Prusias, la tête d'Annibal, réfugié dans ses États ; le héros s'empoisonna pour ne pas tomber vivant aux mains de Rome (183).

Paul-Émile, qui vainquit Persée à Pydna, en 168, s'était illustré dans les guerres de Lusitanie et de Ligurie. Son triomphe, où il étala les dépouilles de la Macédoine, fut le plus riche qu'on eût encore vu. Mais de ses deux fils qui devaient être sur son char à ses côtés, l'un venait de mourir ; l'autre expira trois jours après. Dans sa mâle douleur, Paul-Émile se félicitait encore de ce que la fortune l'avait choisi pour expier la prospérité publique. « Mon triomphe, disait-il, placé entre les deux convois de mes enfants, aura suffi aux jeux cruels du sort. A soixante ans, je retrouve mon foyer solitaire, après y avoir vu une nombreuse postérité ; mais le bonheur de l'État me console. » Il vécut quelques années encore, fut censeur en l'an 160, et mourut dans cette charge.

Mummius, le destructeur de Corinthe et de la ligue achéenne (146), est célèbre par sa rudesse. Il ne garda rien pour lui-même du pillage de cette riche cité ; mais il fit cette condition à ceux qui se chargèrent de transporter à Rome les statues et les tableaux, chefs-d'œuvre de l'art, qu'ils les recommenceraient s'ils les détérioraient ou les perdaient en route.

Conquête de l'Espagne ; Viriathe ; Numance (197-133). — En Espagne, la guerre fut plus difficile et plus longue. Les Espagnols, durant la seconde guerre punique, avaient soutenu les Romains par haine de Carthage ; mais Rome ne leur apportait pas la liberté. Quand ils virent arriver des préteurs, pour les gouverner, ils se soulevèrent (197), et le sénat eut à recommencer la conquête de tout le pays. Il y fallut employer soixante-quatre ans ; Caton, en 195, et Tibérius Gracchus, en 178, s'y distinguèrent. Lorsque Carthage se vit menacée, à l'approche de la troisième guerre punique, un de ses émissaires souleva les Lusitaniens (153) qui tuèrent 9000 hommes au général romain, Galba. Celui-ci feignit de traiter avec eux, leur offrit des terres fertiles, puis en massacra trente mille.

Cette perfidie porta ses fruits. Un pâtre, Viriathe, échappé au massacre, fit aux Romains une guerre de surprises et d'escarmouches, où ils perdirent leurs meilleurs soldats (149). Pendant cinq années, il vainquit tous les généraux envoyés contre lui ; il parvint même à soulever les Celtibériens, ce qui rendit cette guerre très-sérieuse. Un jour, il enferma le consul Fabius dans un défilé, et l'obligea à signer un traité où il était dit : « Il y aura paix entre le peuple romain et Viriathe » (141). Le frère de Fabius, Cépion, se chargea de le venger par un guet-apens. Il gagna deux des officiers du héros lusitanien qui l'assassinèrent (140). Son peuple se soumit ; Cépion en transporta une partie sur les bords de la Méditerranée, où ils bâtirent Valence.

La guerre d'Espagne se concentra alors, au nord, vers Numance. En 141, Pompéius avait fait avec les Numantins un traité qu'il n'osa avouer dans le sénat, et son successeur n'approcha de la ville que pour essuyer une défaite (138). L'année suivante, le consul Mancinus se laissa enfermer par les Numantins, et promit la paix si l'on ouvrait les passages. L'ennemi exigea que la convention fût jurée par son questeur Tibérius Gracchus (137). Comme aux Fourches Caudines, le sénat déchira le traité et livra le consul. Ses successeurs ne surent pas effacer cette honte. Pour abattre cette petite cité espagnole il ne fallut pas moins que celui qui avait renversé Carthage (134). Scipion commença par bannir du camp la mollesse et l'oisiveté. Il refoula peu à peu les Numantins dans leur ville et les y enferma par quatre lignes de retranchements. Pressés bientôt par une horrible famine, ils demandèrent une bataille. Scipion la refusa et les réduisit à s'entr'égorger (133). Cinquante Numantins seulement suivirent à Rome son char de triomphe. L'Espagne, épuisée de sang, rentra enfin dans le repos. Mais les montagnards du nord, Astures, Cantabres, Vascons, n'étaient pas domptés. La pacification de l'Espagne ne s'achèvera que sous Auguste. — En 124, un Métellus prit possession des Baléares, après en avoir presque exterminé les habitants, et, en 133, Attale céda aux Romains son royaume de Pergame, qu'ils eurent pourtant à reconquérir sur un prétendant, Aristonic.

Ainsi cent trente ans avant Jésus-Christ, la cité que nous avons vue naître sur le Palatin, dominait depuis le littoral espagnol baigné par l'océan occidental jusqu'au milieu de l'Asie Mineure. Elle possédait les trois grandes péninsules de l'Europe méridionale, l'Espagne, l'Italie et la Grèce. Entre l'Italie et la Grèce, elle s'était assuré une route autour de l'Adriatique par la soumission des Illyriens, et Marseille lui prêtait ses navires, ses pilotes depuis le Var jusqu'à l'Èbre. L'œuvre de la conquête du monde ancien était donc bien avancée. Rome avait dû ces succès à trois forces qui, en politique, donnent les autres : l'habileté d'un sénat où s'étaient conservées longtemps les grandes traditions de gouvernement, la sagesse d'un peuple docile aux lois qu'il s'était données, la forte organisation et la discipline de légions qui formaient l'instrument de guerre le plus perfectionné que le monde eût encore connu.

XXIII

PREMIÈRES GUERRES CIVILES. LES GRACQUES. MARIUS. SYLLA (133-79)

Résultats des conquêtes de Rome pour ses mœurs et sa constitution. — Cependant la conquête de tant de riches provinces avait eu sur les mœurs et, par contrecoup, sur la constitution des Romains de désastreux effets qui déjà se faisaient sentir et qui, en se développant, allaient détruire la république et la liberté. Peu à peu on renonçait à l'ancienne simplicité : les descendants de Fabricius, de Curius Dentatus, de Régulus, affichaient un luxe ruineux, et pour retrouver les trésors perdus dans la débauche ou d'inutiles dépenses, on pillait les alliés, on pillait le trésor ; les censeurs, gardiens des mœurs publiques, avaient été déjà forcés de chasser du sénat de nobles personnages. Si les grands devenaient avides, le peuple devenait vénal. La classe moyenne avait disparu, décimée par la continuité des guerres, ruinée par la décadence de l'agriculture et par la concurrence que les esclaves faisaient aux travailleurs libres. De sorte qu'au lieu de cette population robuste, fière, énergique, qui avait fondé la liberté et conquis l'Italie, on commençait à ne plus voir dans Rome qu'une foule oisive, affamée, mendiante, recrutée par des affranchissements et qui n'avait pas plus les idées qu'elle n'avait dans les veines le sang des anciens plébéiens. « Il n'y a pas, disait un tribun, deux mille individus qui aient une propriété. » Telle était donc la situation : deux ou trois cents familles riches à millions, et au-dessous d'elles, bien loin, trois cent mille mendiants; entre eux, rien : c'est-à-dire une aristocratie orgueilleuse et une multitude sans force ni dignité. Les Gracques se proposèrent deux choses : ramener au respect des lois ces grands qui ne respectaient plus rien, et rappeler aux sentiments de citoyens ces hommes qu'on appelait encore le peuple roi, mais que Scipion Émilien qui connaissait leur origine nommait les faux fils de l'Italie.

Les Gracques, ou tentative d'une réforme (133-121). — Tibérius élu tribun en 133 commença par le peuple. Pour le ramener à ses anciennes vertus, il fallait lui rendre ses anciennes mœurs ; il voulut faire de tous ces pauvres des propriétaires et les régénérer par la vertu du travail. La république avait des propriétés immenses qui avaient été envahies par les grands. Il songea à reprendre ces terres usurpées pour les distribuer aux pauvres par petits lots inaliénables. Il fit une loi défendant de posséder plus de cinq cents arpents de terres conquises, et promit une indemnité aux détenteurs dépouillés pour les dépenses faites par eux sur les fonds qu'ils restitueraient. Mais les grands opposèrent la plus vive résistance ; et Tibérius, pour briser le véto d'un de ses collègues, Octavius, le fit déposer. C'était fouler aux pieds l'inviolabilité tribunitienne. Exemple dangereux dont on profita contre lui-même ! Les grands, en effet, armèrent leurs esclaves, attaquèrent les partisans du tribun et le tuèrent sur les marches du Capitole (133).

Les amis de Gracchus bannis ou exécutés, le peuple se repentit d'avoir abandonné son tribun et la lutte fut sur le point de recommencer. Scipion Émilien s'interposa ; il songeait lui-même à guérir le mal dont se mourait la république, mais ses adversaires ne lui laissèrent pas le temps de faire connaître ses desseins ; une nuit on le trouva assassiné (129). Les Italiens à qui, peut-être, il voulait donner les droits de cité à Rome, furent aussitôt chassés de la ville, et une révolte ayant éclaté à Frégelles, on la réprima durement.

En 123, Caïus Gracchus, élu tribun, reprit ouvertement les projets de son frère ; il fit confirmer la loi agraire, établit des distributions de blé au peuple, fonda des colonies pour les citoyens pauvres et porta un coup fatal à la puissance du sénat, en lui enlevant l'administration de la justice pour la donner aux chevaliers.

Pendant deux années, il fut tout-puissant dans la ville. Mais le sénat, pour ruiner son crédit, fit à chaque mesure qu'il proposait ajouter par un tribun, à lui, des dispositions plus populaires ; et Caïus ne put obtenir sa réélection à un troisième tribunat. Cet échec fut comme le signal qu'attendait le consul Opimius ; Caïus eut le sort de son frère : trois mille de ses partisans périrent avec lui (121), et les tribuns muets de terreur pendant douze années ne retrouvèrent la voix qu'à la faveur des scandales de la guerre de Numidie, qui mit en lumière le vengeur des Gracques sur l'aristocratie, Marius.

Marius; conquête de la Numidie (118-104). — C'était un citoyen d'Arpinum, rude et illettré, soldat intrépide, bon général, mais aussi irrésolu au forum qu'il était ferme dans les camps. Au siége de Numance, Scipion l'avait remarqué ; l'appui des Métellus qui avaient toujours protégé sa famille le fit arriver, en 119, au tribunat. Son premier acte fut une proposition contre la brigue. Toute la noblesse se récria contre cette audace d'un jeune homme inconnu ; mais, dans le Sénat, Marius menaça le consul de la prison, et appela son viateur pour y traîner Métellus. Le peuple applaudissait ; quelques jours après, le tribun fit rejeter une distribution gratuite de blé. Cette prétention de faire la leçon aux deux partis tourna tout le monde contre lui. Aussi échoua-t-il, quand il brigua l'une après l'autre les deux édilités. En 117, il n'obtint la préture que le dernier. Cette difficulté à se faire jour ralentit son zèle ; il passa obscurément sa préture à Rome et sa propréture en Espagne. A son retour, le paysan d'Arpinum scella sa paix avec les nobles par un grand mariage : il épousa la patricienne Julia, grand'tante de César ; et Métellus, oubliant, en faveur de ses talents militaires, la conduite qu'il avait tenue dans son tribunat, l'emmena en Numidie.

Micipsa, fils de Massinissa et roi de Numidie, avait, à sa mort (118), partagé ses États entre ses deux fils et son neveu Jugurtha. Celui-ci se débarrassa d'un de ses rivaux en l'assassinant; ne pouvant surprendre l'autre, il l'attaqua à force ouverte, malgré la protection de Rome, et le fit périr dans les supplices, quand la famine l'eut forcé d'ouvrir les portes de Cirtha, son dernier refuge (112). Le sénat avait vainement envoyé deux ambassades pour le sauver. Tant d'audace appelait un châtiment, mais le premier général qu'on envoya lui vendit la paix (111). Un tribun cita le roi à Rome; Jugurtha osa comparaître, et quand le tribun lui ordonna de répondre, un autre qu'il avait acheté lui défendit de parler.

Un compétiteur au trône de Numidie était dans la ville ; il le fit tuer (110). Le sénat lui commanda de sortir à l'instant de Rome « Ville à vendre! s'écria-t-il lorsqu'il en franchit les portes, il ne te manque qu'un acheteur. » Un consul le suivit en Afrique; ses légions, enfermées par les Numides, renouvelèrent la honte essuyée devant Numance, et passèrent sous le joug.

Cette guerre, dont on s'était joué d'abord, devenait inquiétante, parce qu'une autre plus terrible, celle des Cimbres, s'approchait de l'Italie. On envoya en Numidie un homme intègre et sévère, Métellus, qui rétablit la discipline, et poursuivit, sans trêve ni relâche, son infatigable adversaire. Il le battit près du Muthul (109), lui prit Vacca sa capitale, Sicca, Cirtha et toutes les villes de la côte ; il allait l'accabler quand son lieutenant, Marius, nommé consul (107), vint lui enlever l'honneur d'achever cette guerre. Le nouveau chef faillit tuer de sa main Jugurtha, dans une bataille, et le rejeta sur la Mauritanie. Le roi Bocchus, beau-père du Numide, trahit le vaincu qui venait à lui en suppliant et le livra aux Romains. Jugurtha traversa, enchaîné, tout son royaume (106), suivit Marius à Rome, et après le triomphe, fut jeté dans le *Tullianum*, prison creusée dans le mont Capitolin. « Par Dieu, s'écria-t-il en riant, que vos étuves sont froides. » Il y lutta six jours contre la faim (104). La province d'Afrique fut agrandie d'une partie de la Numidie.

Invasion des Cimbres et des Teutons (113-102).

— Ce succès arrivait heureusement pour rassurer Rome que menaçait un grand péril. Trois cent mille Cimbres et Teutons, reculant devant un débordement de la Baltique, avaient franchi le Danube, battu un consul (113) et dévasté durant trois années, la Norique, la Pannonie et l'Illyrie; quand il n'y resta plus rien à prendre, la horde pénétra en Gaule (110) et écrasa cinq armées romaines (110-105). L'Italie était ouverte : au lieu de franchir les Alpes, les barbares tournèrent vers l'Espagne, et Rome eut le temps de rappeler Marius d'Afrique. Pour aguerrir ses soldats, il les soumit aux plus pénibles ouvrages, et quand une partie de la horde reparut, il leur refusa longtemps de combattre, afin de les habituer à voir de près les barbares. L'action s'engagea près d'Aix; les Romains firent un horrible carnage des Teutons (102).

Pendant ce temps les Cimbres qui avaient tourné les Alpes étaient descendus dans la péninsule par la vallée de l'Adige. Marius revint en toute hâte sur les bords du Pô au secours de son collègue Catulus. Les barbares attendaient pour combattre l'arrivée des Teutons; ils firent même demander à Marius des terres pour eux et pour leurs frères. « Ne vous inquiétez pas de vos frères, leur dit le consul, ils ont la terre que nous leur avons donnée, et qu'ils conserveront éternellement. » Les Cimbres lui laissèrent fixer le jour et le lieu du combat. A Verceil comme à Aix, ce fut un immense massacre. On en prit pourtant plus de soixante mille, mais il y en eut deux fois autant de massacrés. Les femmes barbares, plutôt que d'être captives, égorgèrent leurs enfants, puis se tuèrent (101).

Renouvellement des troubles civils; Saturninus (106-98).

— En récompense de ses services, Marius avait été continué quatre années de suite dans le consulat. Son ambition n'en fut pas rassasiée. Quand il rentra dans Rome, il brigua encore les faisceaux. Les nobles trouvèrent que le paysan d'Arpinum avait eu assez d'honneurs; ils lui opposèrent son ennemi personnel Métellus le Numidique, et le réduisirent à acheter les suffrages : il ne le leur pardonna pas et les laissa attaquer par un démagogue de bas étage, Saturninus. Celui-ci demandait le tribunat; un ami des grands avait été élu; Saturninus l'égorgea et prit sa place. Aussitôt il proposa, en faveur des vétérans de Marius, une loi agraire que Métellus combattit, ce qui le fit exiler (100).

Les desseins de ce turbulent personnage sont mal connus; peut-être n'en eut-il pas. Cependant les Italiens, les étrangers l'entouraient : et un jour on les entendit le saluer du nom de roi. Pour faire arriver au consulat un de ses complices, le préteur Glaucia, il tua un des consuls élus; cette fois tout le monde s'indigna, et Marius fut contraint d'assiéger, dans le Capitole, puis de laisser lapider ceux qu'il avait peut-être secrètement soutenus. Ce jeu double tourna le peuple contre lui; on rappela Métellus, et, pour ne pas voir son retour triomphant, Marius se rendit en Asie dans la secrète espérance d'amener une rupture entre Mithridate et la république (98). Il avait besoin d'une guerre pour se relever aux yeux de ses concitoyens : « Ils me regardent, disait-il, comme une épée qui se rouille dans la paix. »

Sylla; soulèvement des Italiens (98-88). — La guerre de Jugurtha et celle des Cimbres avaient fait la fortune du plébéien Marius, trois autres guerres firent la fortune d'un patricien qui a gardé une sinistre renommée. Sylla, de l'illustre maison *Cornelia*, fut d'abord questeur de Marius dans la guerre de Numidie. Avide de gloire, brave, éloquent, et d'un zèle, d'une activité que rien n'arrêtait, Sylla fut bientôt cher aux soldats et aux officiers. Marius lui-même aima ce jeune noble qui ne comptait pas sur ses ancêtres, et il lui donna la dangereuse mission d'aller traiter avec Bocchus : ce fut aux mains de Sylla que Jugurtha fut livré. Marius l'associa à son triomphe, et l'employa encore dans la guerre contre les Cimbres; mais une mésintelligence survenue entre eux fit passer Sylla dans l'armée de Catulus; plus tard il commanda en Asie : la guerre sociale mit en relief ses talents.

Il y avait à cette époque comme une fermentation générale; dans la ville, le peuple se soulevait contre les nobles; en Sicile, les esclaves contre leurs maîtres (Eunus en 134, Salvius et Athénion en 103); les alliés contre Rome qu'ils mirent au bord de l'abîme. Associés à tous les dangers des Romains, les Italiens voulaient depuis longtemps être associés aussi à leurs priviléges, et réclamaient le droit de cité. Scipion Émilien, Tib. Gracchus, Saturninus, et, en dernier lieu, le tribun Drusus (91), leur firent espérer ce titre de citoyen qui les aurait soustraits aux exactions et aux violences des magistrats de Rome. Mais les chevaliers assassinèrent Drusus, et les alliés, fatigués d'une si longue attente, résolurent de se faire justice par les armes. Huit peuples du centre et du sud de l'Italie se donnèrent des otages et concertèrent un soulèvement général. Ils ne devaient tous former qu'une même république organisée à l'image de Rome, avec un sénat de cinq cents membres, deux consuls, douze préteurs, et pour capitale la forte place de Corfinium, qu'ils appelèrent du nom significatif d'Italica. Les Latins, les Étrusques, les Ombriens et les Gaulois restèrent fidèles. Le signal partit d'Asculum où le consul Servilius fut massacré avec tous les Romains qui se trouvaient dans la ville; les femmes mêmes ne furent pas épargnées (90). Les alliés eurent d'abord l'avantage. La Campanie fut envahie, un consul battu, un autre tué. Marius, qui avait un commandement, ne fit rien qui fût digne de sa réputation; il se contenta de se défendre sans prendre l'offensive, et bientôt même se retira en prétextant des infirmités : ses anciennes relations avec les Italiens ne lui permettaient pas un rôle plus actif. Sylla qui n'avait pas de ces ménagements à garder fut au contraire actif, énergique, et eut tout l'honneur de cette courte et terrible guerre. La prudence du sénat aida l'habileté des généraux : les lois Julia et Plautia-Papiria, qui accordèrent le droit de cité aux alliés restés fidèles, amenèrent des défections, et à la fin de la seconde année il ne restait plus en armes que les Samnites et les Lucaniens. On forma des nouveaux citoyens huit tribus qui votèrent les dernières et par conséquent n'eurent qu'un droit illusoire (88).

Sylla avait gagné dans cette guerre le consulat et le commandement de la guerre contre Mithridate que Marius sollicita en vain : ce fut le commencement de leur rivalité et des guerres civiles qui préparèrent le règne des soldats.

Proscriptions dans Rome; Sulpicius et Cinna (88-84). — Pour faire casser le dernier décret, Marius s'entendit avec le tribun Sulpicius et une émeute força le nouveau consul à sortir de Rome (88); mais il y rentra à la tête de ses troupes, et Marius, à son tour, s'enfuit devant un arrêt qui mettait sa tête à prix. Réfugié dans les marais de Minturnes, il en fut tiré couvert de vase et jeté dans la prison de la ville. Un Cimbre, envoyé pour le tuer, se laissa effrayer par ses regards et ses paroles; il n'osa le frapper et les habitants qui n'avaient point de colère contre l'ami des Italiens, prirent prétexte de la crainte religieuse qu'il avait inspirée au barbare pour lui donner les moyens de passer en Afrique.

Cependant, à Rome, Sylla avait diminué par quelques lois le pouvoir des tribuns du peuple; mais à peine s'était-il éloigné pour gagner l'Asie, que le consul Cinna avait demandé la restitution au tribunat de sa dangereuse puissance et, chassé de Rome, il avait commencé la guerre contre le sénat. Marius se hâta de revenir pour se joindre à lui; avec une armée d'esclaves fugitifs et d'Italiens, ils battirent les troupes sénatoriales, forcèrent les portes de la ville et firent périr tous les amis de Sylla. Pendant cinq jours et cinq nuits, on tua sans relâche, jusque sur les autels des dieux. De Rome, la proscription s'étendit à l'Italie entière; on tuait dans les villes, sur les chemins, et comme défense était faite sous peine de mort, d'ensevelir les cadavres, ils restaient où ils étaient tombés jusqu'à ce que les chiens et les oiseaux de proie les eussent dévorés.

Le 1ᵉʳ janvier 86, Marius prit avec Cinna possession du consulat, sans élection; mais d'indignes débauches hâtèrent sa fin; le 13 janvier il expira. Il avait mis à prix la tête de Sylla; Valérius Flaccus se chargea d'aller la chercher; il fut tué lui-même par un de ses lieutenants. Cinna, resté seul, se continua, pendant les deux années suivantes (85 et 84), dans le consulat, et finit par tomber sous les coups de ses soldats.

Victoire de Sylla; ses proscriptions; sa dictature (84-79). — A ce moment, Sylla revenait d'Asie pour venger ses amis et lui-même, à la tête de quarante mille vétérans dévoués à sa personne jusqu'à lui offrir leur pécule pour remplir sa caisse militaire. Il pénétra sans obstacle dans la Campanie (83), battit une première armée, en débaucha une autre et vainquit le fils de Marius dans la grande bataille de Sacriport (82). Ce succès lui ouvrit la route de Rome; il y arriva trop tard pour empêcher de nouveaux meurtres; les plus illustres sénateurs venaient d'être massacrés dans la curie même. Sylla ne fit que traverser Rome pour aller en Étrurie combattre l'autre consul, Carbon. Une bataille acharnée, qui dura tout un jour, fut sans résultat; mais la défection de la Cisalpine décida Carbon à fuir en Afrique. Sertorius, autre chef du parti populaire, était déjà parti pour l'Espagne; il ne restait en Italie que le jeune Marius, enfermé dans Préneste. Les Italiens tentèrent un coup hardi pour le sauver: un chef samnite, Pontius Télésinus, qui n'avait pas déposé les armes depuis la guerre sociale, essaya de surprendre Rome et de la détruire; Sylla eut le temps d'accourir. On se battit près de la porte Colline tout un jour et une nuit entière: l'aile gauche, que Sylla commandait, fut mise en déroute. Mais Crassus, avec l'aile droite, dispersa l'ennemi. Le champ de bataille fut couvert de cinquante mille cadavres, dont la moitié étaient Romains.

Le lendemain, Sylla haranguait le sénat dans le temple de Bellone ; tout à coup on entend des cris de désespoir, les sénateurs se troublent : « Ce n'est rien, dit-il, seulement quelques factieux que je fais châtier, » et il continua son discours ; en ce moment, huit mille prisonniers samnites et lucaniens périssaient égorgés. Quand il revint de Préneste, qui avait ouvert ses portes et dont toute la population fut massacrée, les égorgements commencèrent dans Rome. Chaque jour une liste de proscrits était affichée. Du 1er décembre 82 au 1er juin 81, pendant six longs mois, on put tuer impunément ; on tua encore après, car les familiers de Sylla vendaient le droit de faire placer un nom sur la liste fatale. « Celui-ci, disait-on, c'est sa belle villa qui l'a fait périr ; celui-là, ses bains dallés de marbre ; cet autre, ses magnifiques jardins. » Les biens des proscrits étaient confisqués et vendus à l'encan : ceux de Roscius valaient six millions de sesterces, Chrysogonus les eut pour deux mille. Quel fut le nombre des victimes ? Appien parle de quatre-vingt-dix sénateurs, de quinze consulaires et de deux mille six cents chevaliers ; Valère Maxime de quatre mille sept cents proscrits. « Mais qui pourrait compter, dit un autre, tous ceux qu'immolèrent les haines privées ? » La proscription ne s'arrêta pas aux victimes, les fils et les petits-fils des proscrits furent déclarés indignes d'occuper jamais une charge publique. Dans l'Italie, des peuples entiers furent mis hors la loi ; les plus riches cités, Spolète, Interamna, Préneste, Terni, Florence, furent comme vendues à l'encan. Dans le Samnium, Bénévent seul resta debout.

Après avoir tué les hommes par le glaive, Sylla essaya de tuer le parti populaire par des lois. Pour les donner, il se fit nommer dictateur et prit toutes les mesures qu'il crut propres à assurer le pouvoir dans Rome à l'aristocratie. Au sénat, il rendit les jugements et la discussion préalable des lois, c'est-à-dire le véto législatif ; aux tribuns, il enleva le droit de présenter une rogation au peuple ; leur véto fut restreint aux seules affaires civiles, et l'exercice du tribunat ôta le droit de briguer une autre charge. Ainsi le peuple et les grands étaient ramenés de quatre siècles en arrière, les uns à l'obscurité du rôle qu'ils jouaient le lendemain de la retraite au mont Sacré, les autres à l'éclat, à la puissance des premiers jours de la république.

Quand Sylla eut accompli son œuvre, il se retira. Son abdication (79) parut un défi jeté à ses ennemis et une audacieuse confiance dans sa fortune. Retiré dans sa maison de Cumes, il y vécut une année encore. Il avait écrit lui-même son épitaphe ; elle était véridique : « Nul n'a jamais fait plus de bien à ses amis, ni plus de mal à ses ennemis. »

Ruine du parti populaire par la défaite de Sertorius (72). Le parti populaire était écrasé à Rome ; Sertorius essaya de le relever en Espagne. Chassé d'abord par un lieutenant de Sylla avant d'avoir rien pu organiser, puis rappelé par les Lusitaniens, il associa à ses projets les Espagnols, qui croyaient combattre pour leur indépendance, et tint tête, pendant huit années, aux meilleurs généraux du sénat (80-72). Métellus, son premier adversaire, fatigué par une guerre d'escarmouches et de surprises, fut contraint d'appeler à son aide le gouverneur de la Narbonaise, puis Pompée (76), que Sertorius battit en plusieurs rencontres ; malheureusement, l'habile chef était mal secondé. Partout où il n'était pas, ses lieutenants avaient le dessous ; un d'eux, Perpenna, le trahit même et l'assassina dans sa tente (72) ; mais, incapable de soutenir le rôle que sa victime avait si bien joué, il tomba entre les mains de Pompée, qui se vanta d'avoir pris huit cents villes et terminé les guerres civiles. Elles l'étaient en effet, mais seulement pour vingt années.

XXI·V

DE SYLLA A CÉSAR : POMPÉE ET CICÉRON (79-60)

Guerre contre Mithridate sous Sylla (90-84). — L'ébranlement donné à l'empire par les mouvements populaires au temps des Gracques et de Marius, par la révolte des esclaves de Sicile et la guerre sociale d'Italie, s'était communiqué aux provinces. Les sujets horriblement foulés par les gouverneurs, voulaient échapper à cette domination romaine dont les Italiens demandaient seulement le partage ; ceux d'Occident s'étaient donnés à Sertorius, ceux d'Orient se donnèrent à Mithridate.

Mithridate, roi de Pont, avait soumis un grand nombre de nations scythiques au delà du Caucase, le royaume du Bosphore Cimmérien, et, dans l'Asie Mineure, la Cappadoce, la Phrygie et la Bithynie. Le sénat, alarmé de cette grande puissance qui se formait au voisinage de ses provinces, ordonna au préteur d'Asie de rétablir les rois de Bithynie et de Cappadoce (90). Mithridate fit en silence d'immenses préparatifs ; et quand il sut l'Italie en feu, par l'insurrection de tous les peuples Samnites, il inonda l'Asie de ses armées. Telle était la haine qu'avait excitée partout l'avidité des publicains romains, que 80 000 Italiens furent égorgés dans les villes asiatiques sur un ordre de Mithridate. L'Asie soumise, le roi de Pont envahit la Grèce et s'empara d'Athènes (88). Il fallait arrêter au plus tôt ce conquérant qui osait s'approcher de l'Italie. Heureusement la guerre sociale finissait. Au printemps de l'an 87, Sylla arriva en Grèce avec cinq légions, et commença le siége d'Athènes qui dura dix mois ; la ville fut noyée dans le sang. L'armée pontique vint chercher Sylla près de Chéronée ; ses soldats s'effrayaient de la multitude des ennemis. Comme

Marius, il les accabla de travaux jusqu'à ce qu'ils demandassent eux-mêmes le combat. Des cent vingt mille Asiatiques, dix mille seulement se sauvèrent.

Sylla était encore à Thèbes, célébrant sa victoire, lorsqu'il apprit qu'un consul, Valérius Flaccus, passait l'Adriatique avec une armée pour lui enlever l'honneur de terminer cette guerre et pour exécuter un décret de proscription lancé à Rome contre lui. Dans le même temps, un général de Mithridate, Dorylaos, arrivait d'Asie avec quatre-vingt mille hommes. Entre deux périls, Sylla choisit le plus glorieux, il marcha contre Dorylaos qu'il rencontra en Béotie, près d'Orchomène. Cette fois la lutte fut plus vive ; Sylla paya de sa personne ; cependant les hordes asiatiques furent encore une fois dispersées. Thèbes et trois autres villes de la Béotie eurent le sort d'Athènes.

Tandis qu'il gagnait cette seconde victoire, Flaccus le devançait en Asie, et Mithridate, menacé par deux armées, fit demander secrètement la paix à Sylla, donnant à entendre qu'il pouvait obtenir d'assez douces conditions de Fimbria. Ce général avait tué Flaccus, pris le commandement de son armée et fait la guerre pour son compte. Mithridate espérait profiter de la rivalité de ces deux chefs ; mais Sylla feignit l'indignation : « Je lui laisse cette main qui a signé la mort de tant de nos concitoyens, et il ose réclamer ! Dans quelques jours je serai en Asie ; il tiendra alors un autre langage. » Le roi s'humilia et demanda une entrevue. Elle eut lieu à Dardanum dans la Troade. Quand Mithridate, s'avançant à la rencontre de Sylla, lui tendit la main : « Avant tout, dit celui-ci, acceptez-vous les conditions que j'ai faites ? » Le roi gardait le silence : « C'est aux suppliants à parler, aux vainqueurs d'attendre et d'écouter les prières. » Mithridate, subjugué, se soumit à tout, restitua ses conquêtes, livra les captifs, les transfuges, deux mille talents et soixante-dix galères. Fimbria était en Lydie ; Sylla marcha sur lui, entraîna son armée et le réduisit à se donner la mort (84). C'est avec les soldats formés dans cette guerre qu'il revint abattre en Italie le parti de Marius.

Guerre contre Mithridate par Lucullus et Pompée (74-63). — Lorsque six ans plus tard, le roi de Pont apprit la mort du dictateur (78), il excita sous main le roi d'Arménie, Tigrane, à envahir la Cappadoce et lui-même se prépara à entrer en lice. Tous les peuples barbares, du Caucase au mont Hœmus, lui fournirent des auxiliaires; des Romains proscrits dressèrent ses troupes, et, de l'Espagne, Sertorius lui envoya des officiers (74).

Lucullus, proconsul de Cilicie, chargé de lui faire tête, marchait sur le Pont, quand il apprit que son collègue Cotta, après deux défaites, était bloqué dans Chalcédoine (74). Il courut le délivrer, rejeta Mithridate dans Cyzique, où ce prince eût été pris, sans la négligence d'un lieutenant, puis pénétra dans le Pont où il enleva la forte place d'Amisus (72). L'année suivante il cerna encore une fois l'ennemi; le roi n'échappa qu'en semant ses trésors sur la route pour arrêter la poursuite et se réfugia auprès de Tigrane, qui, maître de l'Arménie et de la Syrie, vainqueur des Parthes, sur lesquels il avait conquis le titre de Roi des Rois, était alors le plus puissant monarque de l'Orient. Au temps de sa prospérité, Mithridate n'avait pas voulu reconnaître cette suprématie; aussi fut-il reçu froidement; mais lorsque Lucullus réclama qu'il lui fût livré, Tigrane congédia avec colère l'envoyé du général romain. Celui-ci commença aussitôt les hostilités contre ce nouvel ennemi; il franchit le Tigre et marcha à la rencontre de deux cent cinquante mille Arméniens avec onze mille soldats et quelque cavalerie. Ce fut assez pour dissiper l'innombrable armée des barbares et prendre leur capitale, Tigranocerte.

Lucullus hiverna dans la Gordyène, d'où il invita le roi des Parthes à se joindre à lui et, ce prince hésitant, il résolut de l'attaquer, car il tenait en mépris profond ces cohues asiatiques que leurs princes prenaient pour des armées. Mais ses officiers et ses soldats, trop riches par l'immense butin qu'ils avaient déjà fait, refusèrent comme ceux d'Alexandre de le suivre plus loin; en 67 Pompée vint le remplacer. Mithridate s'était refait une armée; dès la première rencontre elle fut détruite et Tigrane, menacé par la trahison d'un fils rebelle qui se rendit au milieu des Romains, fut contraint de s'humilier lui-même. Rassuré de ce côté, Pompée alla chercher Mithridate dans le Caucase, vainquit les Albaniens et les Ibériens, mais le roi fuyant toujours devant lui, il abandonna cette poursuite infructueuse, et, au printemps de 64, après avoir organisé dans le Pont l'administration romaine, il descendit en Syrie, réduisit ce pays et la Phénicie en provinces, et alla prendre Jérusalem où il rétablit Hyrcan, qui promit un tribut annuel.

Durant ces opérations, Mithridate, qu'on avait cru mort, avait reparu avec une armée dans le Bosphore, et forcé son fils Macharès à se tuer. Là, malgré ses soixante ans, cet infatigable ennemi voulait pénétrer dans la Thrace, entraîner les barbares sur ses pas et descendre en Italie à la tête de leurs hordes innombrables; ses soldats, épouvantés de la grandeur de ses desseins, se révoltèrent à la voix de son fils Pharnace et pour ne pas être livré vivant aux Romains, il se fit tuer par un Gaulois (63). Pompée n'eut plus qu'à achever en Asie, « le pompeux ouvrage de l'empire romain, » en distribuant aux amis du sénat les principautés et les royaumes.

Réveil du parti populaire à Rome; les gladiateurs (71). — Depuis la mort de Sylla et durant la nouvelle guerre contre Mithridate des événements considérables s'étaient passés en Italie. Le consul Lépidus avait soulevé de violentes tempêtes en prononçant ces seuls mots: Rétablissement de la puissance tribunitienne; tout le parti que Sylla croyait avoir étouffé dans le sang avait aussitôt relevé la tête; le gouverneur de la Cisalpine s'était uni à Lépidus, et le sénat, les patriciens tremblaient, lorsque Pompée, encore à la tête de l'armée qu'il avait levée lui-même contre les *Marianistes*, s'était offert à combattre les nouveaux chefs populaires. Il vainquit l'un au pont Milvius, aux portes de Rome, l'autre en Cisalpine, et on a vu comment il parvint à pacifier l'Espagne. Au retour de cette guerre, il eut encore l'occasion de gagner à bon marché de la renommée militaire et du crédit.

Soixante et dix-huit gladiateurs échappés de Capoue, où l'on en dressait un grand nombre, s'étaient emparés d'un poste naturellement fort, d'où sous la conduite d'un esclave thrace, Spartacus, ils repoussèrent quelques troupes envoyées contre eux. Ce succès attira dans leurs rangs un grand nombre de bouviers et de pâtres des environs. Un second général ne fut pas plus heureux; Spartacus se saisit de ses licteurs et voulut conduire son armée vers les Alpes pour franchir ces montagnes et rendre chaque esclave à son pays. Mais les siens, avides de butin et de vengeance, refusèrent de le suivre, et se répandirent dans l'Italie pour la ravager. Deux consuls furent encore battus. Crassus, à qui on remit le commandement, eut un de ses lieutenants écrasé; cependant il parvint à enfermer les gladiateurs à l'extrémité du Brutium, où leur chef les avait conduits pour les faire passer en Sicile; mais, avant que l'ouvrage fût terminé, Spartacus profita d'une nuit neigeuse pour combler les travaux et s'échapper. La division se mit alors parmi les siens, et quelques corps détachés furent détruits. Spartacus, seul, semblait invincible; la confiance que ses succès inspirèrent aux gladiateurs finit par le perdre. Ils l'obligèrent à livrer une action décisive où il succomba après avoir montré un courage héroïque (71). Peu de temps après Pompée arriva d'Espagne; il rencontra quelques bandes de ces malheureux et les tailla en pièces. Ce mince succès lui parut suffisant pour s'attribuer l'honneur d'avoir encore terminé cette guerre.

Pompée se rapproche du peuple; guerre des Pirates (67). — Les grands commençaient à trouver que le vaniteux général avait eu assez de commandements et l'accueillirent froidement. Le peuple au contraire, pour le gagner, lui prodigua les applaudissements et Pompée, qui se vantait de n'avoir jamais servi que comme général, c'est-à-dire d'avoir toujours violé les lois, se tourna du côté du parti populaire : en 70, il provoqua une loi qui rendit au tribunat ses anciennes prérogatives. C'était le renversement de la constitution de Sylla. Le peuple en reconnaissance lui déféra le commandement d'une expédition peu difficile mais brillante, contre les pirates qui infestaient les mers (67), et celui de la guerre contre Mithridate que Lucullus avait réduit aux abois. Pendant qu'il menait à fin ces entreprises, une conjuration fameuse fut sur le point de renverser la république elle-même.

Cicéron : conjuration de Catilina (63). — Cicéron était d'Arpinum comme Marius. Son élocution, abondante et fleurie, révéla de bonne heure en lui l'orateur disert. Après quelques succès au barreau, il eut le courage d'aller encore étudier en Grèce. Il débuta dans les charges publiques par la questure, et accusa, au nom des Siciliens, Verrès, leur ancien gouverneur, le pillard le plus éhonté et le plus avide que Rome ait connu. Ce procès, qui eut un immense retentissement, porta très-haut la renommée de l'accusateur, dont aujourd'hui encore nous admirons *les Verrines*. Mais Cicéron, homme nouveau, avait besoin d'appui ; il rechercha celui de Pompée, et contribua à lui faire décerner des pouvoirs extraordinaires. Dans la suite, ayant reconnu le but où tendait l'ambitieux personnage, il travailla à former le parti des honnêtes gens, qui se donna pour mission de défendre la république. Son consulat parut être la réalisation de ce dessein (63).

Le gouvernement était alors sérieusement menacé par une vaste conspiration. Catilina s'était signalé, durant les proscriptions, parmi les meurtriers les plus féroces; il avait tué son beau-frère; il égorgea son épouse et son fils pour décider une femme à lui donner sa main. Propréteur en Afrique, il y commit de terribles concussions

(66). A son retour, il brigua le consulat ; mais une députation de la province l'accusait ; le sénat raya son nom de la liste des candidats. Il y avait longtemps qu'il s'était uni à tout ce que Rome renfermait de gens infâmes et coupables ; un premier complot fut formé pour égorger les consuls : deux fois le coup manqua et la partie fut remise à l'année 63 où Cicéron avait les faisceaux consulaires. Il reconnut combien le danger était grand. Catilina, en effet, avait réuni des forces en divers lieux ; les vétérans de l'Ombrie, de l'Étrurie et du Samnium s'armaient pour lui ; la flotte d'Ostie paraissait gagnée ; Sittius, en Afrique, promettait de soulever cette province et peut-être l'Espagne. A Rome même, Catilina croyait pouvoir compter sur le consul Antonius ; un des conjurés était tribun désigné, un autre préteur. En plein sénat il avait osé dire : « Le peuple romain est un corps robuste, mais sans tête ; je serai cette tête. » Bientôt on apprit que des rassemblements se formaient dans le Picénum et l'Apulie, et qu'un ancien officier de Sylla, Mallius, était devant Fésules avec une armée. Les consuls furent investis par le sénat d'un pouvoir discrétionnaire ; mais Catilina restait dans Rome : Cicéron l'en chassa par un véhément discours où il dévoilait tous les plans du conspirateur. Alors débarrassé du chef qui, en allant rejoindre Mallius, se déclarait lui-même ennemi public, il se saisit de ses complices, les fit condamner par le sénat et aussitôt exécuter. Cette énergie intimida le reste des conjurés, et Antonius marcha lui-même contre Catilina, qui fut tué près de Pistoia, après avoir vaillamment combattu.

Lorsqu'en sortant de charge Cicéron voulut haranguer le peuple, un tribun factieux lui ordonna de se borner au serment d'usage, qu'il n'avait rien fait de contraire aux lois. « Je jure, s'écria Cicéron, je jure que j'ai sauvé la république ! » A ce cri éloquent, Caton et les sénateurs répondirent en le saluant du nom de *Père de la patrie*, que le peuple entier confirma par ses applaudissements.

XXV

CÉSAR (60-44)

César, chef du parti populaire; son consulat (60).
— César, de l'illustre famille Julia, qui se disait issue de Vénus par Iule, fils d'Anchise, avait, dès l'âge de dix-sept ans, bravé Sylla. Nommé édile-curule en 65, il avait gagné le peuple par la magnificence de ses jeux, et malgré le sénat, relevé au Capitole les trophées de Marius, son grand-oncle. Le peuple reconnaissant l'avait nommé souverain pontife. En 62, il devait déjà huit cent cinquante talents, et il fallut que le riche Crassus, qui possédait tout un quartier de Rome, le cautionnât pour que ses créanciers le laissassent aller prendre possession de son gouvernement de l'Espagne ultérieure. Quand il revint, en 60, il trouva Pompée et Crassus mécontents du sénat ; l'un, parce qu'on ne ratifiait pas ses actes en Asie ; l'autre, parce qu'on le laissait sans influence dans l'État. César les rapprocha et les amena à former une secrète union, qu'on a désignée sous le nom de *triumvirat*. Tous trois se jurèrent de mettre en commun leur crédit et leurs ressources, et de ne parler, de n'agir en toute affaire que conformément aux intérêts de l'association. Mais ce fut César qui recueillit les premiers et les plus sûrs profits de l'alliance : ses deux collègues s'engagèrent à le porter au consulat. Son premier soin fut de proposer une loi agraire, qu'il fit passer malgré le sénat et malgré son collègue Bibulus. L'appui du peuple ainsi assuré, il s'attacha l'ordre équestre en diminuant d'un tiers le prix de la ferme des impôts que les chevaliers levaient pour l'État; il fit confirmer les actes de Pompée en Asie et pour lui-même, obtint le gouvernement, pendant cinq années, de la Gaule cisalpine et de l'Illyrie, avec trois légions. Caton eut beau s'écrier, d'une voix prophétique : « C'est la

tyrannie que vous armez, et vous la mettez dans un fort au-dessus de vos têtes, » le sénat, tremblant, se hâta d'ajouter à ce don, en gage de réconciliation, une quatrième légion et une troisième province, la Gaule transalpine, où la guerre était imminente (59). Avant de s'éloigner, César eut soin de faire arriver au tribunat un homme sur qui il pouvait compter, pour tenir en bride, pendant son absence, et le sénat et Pompée. Clodius le débarrassa d'abord de deux personnages qui le gênaient : de Caton, dont l'austère vertu ne capitulait jamais avec le devoir, et de Cicéron, dont on redoutait le patriotisme et l'éloquence. Sous prétexte que le grand orateur avait illégalement fait mourir les complices de Catilina, Clodius provoqua contre lui une sentence d'exil à quatre cents milles de Rome. Pour Caton, on lui ordonna d'aller réduire Cypre en province.

Guerre des Gaules : victoires sur les Helvètes, Arioviste et les Belges (58-57). — Les Romains avaient, depuis l'an 125, une province en Gaule, la Narbonaise, et ils avaient noué des relations d'amitié avec un peuple du centre, les Éduens. Ceux-ci avaient pour voisins les Séquanes, dont une partie des terres fut envahie par un chef germain. Arioviste avait passé le Rhin avec cent vingt mille Suèves, battu les Séquanes qui l'avaient appelé, les Éduens qui avaient secouru ce peuple, et il faisait peser sur la Gaule orientale une dure oppression : c'était le commencement de l'invasion germanique. Un autre fait appela de ce côté l'attention de César. Les Helvètes, fatigués des incursions des Suèves, voulaient quitter leurs montagnes pour aller chercher aux bords de l'Océan un climat moins rude et une existence moins troublée. Comme on ne pouvait prévoir, de tous ces changements, rien de favorable à la domination romaine en Gaule, César résolut de s'y opposer et les Helvètes malgré ses menaces ayant franchi le Jura, il les atteignit aux bords de la Saône, en extermina une partie et obligea le reste à regagner ses montagnes. Alors, il se trouva en face d'Arioviste : un choc meurtrier rejeta les barbares au delà du Rhin (58). La Gaule était délivrée ; mais les légions ayant établi leurs campements jusque sur les frontières de la Belgique, les peuples de cette région s'alarmèrent de voir les Romains si près d'eux. Ils formèrent une vaste ligue, que la trahison des Rèmes rompit et chaque peuple, attaqué à part, se soumit, hors les Nerviens, qui faillirent exterminer l'armée romaine, et les Atuatiques, qui furent tous vendus après la prise de leur ville. Durant cette expédition au nord-est le jeune Crassus avait parcouru l'Aquitaine (57).

Soumission de l'Armorique et de l'Aquitaine ; expéditions en Bretagne et au delà du Rhin (56-53). — La troisième campagne fut employée à soumettre l'Armorique et les Aquitains ; dans la quatrième et la cinquième, deux expéditions au delà du Rhin, ôtèrent aux barbares l'envie de passer ce fleuve ou d'aider les Gaulois dans leur résistance ; et deux descentes en Bretagne isolèrent aussi la Gaule de cette île, foyer de la religion druidique. Sauf quelques soulèvements en 54 et 53 dont l'Éburon Ambiorix et le Trévire Indutiomar furent l'âme, la Gaule entière semblait résignée au joug.

Soulèvement général (52) ; Vercingétorix ; Alésia. — Cependant une révolte générale se préparait de la Garonne à la Seine. Un jeune chef Arverne, Vercingétorix, dirigea le mouvement (52). Les légions étaient dispersées ; César accouru au milieu d'elles, les mena contre Génabum (Gien), où tous les Romains avaient été égorgés, et enleva Avaricum (Bourges), la seule ville des Bituriges qu'ils n'eussent pas incendiée. Une attaque contre Gergovie (Clermont) réussit mal ; César se hâta d'appeler à lui son lieutenant Labiénus, qui venait de se dégager par une victoire près de Paris, et fit tête à deux cent mille Gaulois qui cherchaient à lui fermer la route de la Narbonaise et des Alpes. Il les vainquit et les rejeta en désordre dans Alésia, qu'il entoura en quelques jours de travaux formidables. La Gaule entière se brisa contre ses lignes, et Vercingétorix fut réduit à se livrer lui-même (52). Après cette grande chute, il n'y eut plus que des mouvements partiels, terminés en 51 par la prise d'Uxellodunum, et le peuple, dont une colonie avait emporté la rançon du Capitole, était pour plus de quatre siècles inscrit sur la liste des sujets de Rome.

Défaite de Crassus par les Parthes (53). — Tandis que César soumettait la Gaule à force d'activité et de génie, un des triumvirs, Crassus, entreprenait une expédition contre les Parthes. Après avoir pillé les temples de Syrie et celui de Jérusalem, il franchit l'Euphrate avec sept légions, s'enfonça dans les immenses plaines de la Mésopotamie, où il ne tarda pas à rencontrer l'innombrable cavalerie des Parthes. Quand ces cavaliers se précipitèrent sur les légions, les rangs serrés résistèrent au choc; mais les armes et le courage des Romains leur devinrent inutiles devant la tactique que l'ennemi adopta. S'ils avançaient, les Parthes fuyaient; s'ils s'arrêtaient, les escadrons tournaient autour de cette masse immobile, et de loin la criblaient de traits. Le jeune Crassus chargea à la tête de treize cents chevaux. Les ennemis cédèrent, l'attirèrent loin du champ de bataille, puis ils firent volte-face et l'entourèrent. Crassus se fit tuer par son écuyer pour ne pas être pris vivant. Les Parthes coupèrent sa tête et vinrent la promener au bout d'une lance en face des légions qui reculèrent jusqu'à Carrhes, en abandonnant quatre mille blessés. Dès le lendemain, l'armée romaine fut rejointe par les Parthes, et les soldats effrayés forcèrent Crassus à accepter une entrevue avec le suréna, ou généralissime des Parthes. C'était un guet-apens : Crassus et son escorte furent massacrés. Quelques faibles débris purent seuls passer l'Euphrate (53).

Guerre civile entre César et Pompée (49-48). — Des trois associés ou triumvirs, il n'en restait plus que deux entre lesquels la paix ne pouvait durer longtemps. Tandis que Crassus combattait en Syrie et César en Gaule, Pompée était demeuré à Rome. Insulté chaque jour par

Clodius, il rappela d'abord Cicéron, ennemi personnel de ce démagogue, puis suscita contre lui le tribun Milon, qui lui tint tête avec une bande de gladiateurs. La violence de ces deux hommes troubla la ville jusqu'en janvier 52, où Milon tua Clodius. Ces désordres rapprochèrent Pompée du sénat, qui acheva de le gagner en le faisant nommer seul consul (fév. 52), avec un pouvoir absolu. C'était une royauté déguisée ; mais, en face de César, dont la gloire devenait chaque jour plus menaçante, le sénat avait besoin d'un général et d'une armée. Caton lui-même avait approuvé ces concessions. Pompée arrivait donc comme il l'avait toujours souhaité, à l'usurpation par les voies légales : mais ce pouvoir, il s'agissait maintenant de le défendre contre son ancien associé du triumvirat. Alors les attaques contre César commencèrent pour arriver à le dépouiller de son commandement. En vain le tribun Curion déclara que, si l'on dépossédait César, il fallait que, pour sauver la liberté, Pompée abdiquât. Le 1ᵉʳ janvier 49, un sénatus-consulte déclara César ennemi public si, à un certain jour, il n'abandonnait pas ses troupes et ses provinces. Deux tribuns qui faisaient opposition furent menacés par les pompéiens, et s'enfuirent dans le camp de César. Il n'hésita plus, franchit le Rubicon, limite de son gouvernement, et, en soixante jours, chassa d'Italie Pompée et les sénateurs qui voulurent le suivre (49). Une armée pompéienne était en Espagne, il courut l'attaquer, l'enveloppa et la força de mettre bas les armes. Au retour, il prit Marseille, et retourna à Rome où le peuple lui avait décerné le titre de dictateur.

Pompée s'était retiré vers Dyrrachium en Épire, et de là appelait à lui toutes les forces de l'Orient. En janvier 48, César passa l'Adriatique, et quoique son armée fût très-inférieure en nombre, il essaya d'envelopper son adversaire. Repoussé dans une attaque contre des positions trop fortes, et manquant de vivres, il gagna la Thessalie, où Pompée eut l'imprudence de le suivre. La bataille de Pharsale, la défaite et la fuite de Pompée jusqu'en Égypte, où il fut tué en trahison au moment où il débarquait sur une terre qu'il croyait amie, laissèrent César sans rival, sinon sans danger.

Guerre d'Alexandrie; César dictateur (48-44). — Avec son activité ordinaire, il avait suivi Pompée comme à la piste, et était arrivé en Égypte quelques jours après lui. Les ministres du jeune Ptolémée comptaient sur une récompense pour leur trahison, il ne leur témoigna que de l'horreur, et, séduit par les charmes de Cléopâtre, sœur du roi, il voulut qu'elle régnât conjointement avec son frère. Les ministres soulevèrent alors l'immense peuple d'Alexandrie, et le vainqueur de Pharsale se vit assiégé pendant sept mois avec quatre mille légionnaires dans le palais des Lagides. Des secours qui lui arrivèrent d'Asie, le dégagèrent ; il prit l'offensive et défit l'armée royale. Le jeune roi se noya dans le Nil en fuyant, et Cléopâtre resta seule maîtresse de l'Égypte (48). César revint à Rome par l'Asie, où il battit Pharnace : *Veni, vidi, vici*, écrivit-il au sénat (47). Une autre guerre l'attendait : les débris de Pharsale, réfugiés en Afrique, formaient maintenant une armée formidable que soutenait Juba, roi des Numides. Il la vainquit à Tapsus, et prit Utique, où Caton venait de se tuer pour ne pas survivre à la liberté (46).

Les fils de Pompée soulevèrent encore l'Espagne l'année suivante ; cette dernière lutte fut difficile. A Munda, César fut obligé de combattre de sa personne ; les républicains furent écrasés. Tous les honneurs que la flatterie peut inventer furent décernés au vainqueur. On le déclara à peu près dieu ; il va sans dire qu'on lui abandonna toutes les prérogatives de l'autorité. Au reste, nul ne fit jamais un plus noble usage de son pouvoir. Point de proscriptions : l'oubli de toutes les injures ; la discipline sévèrement maintenue dans les armées ; le peuple repu de festins et de jeux, mais contenu avec fermeté, et l'agriculture italienne encouragée, comme l'avaient voulu les Gracques. Pour cette autorité nouvelle, on n'inventa point de noms nouveaux. Le sénat, les comices, les magistratures subsistèrent comme par le passé; seulement César concentra en lui seul toute l'action publique, en réunissant dans ses mains toutes les charges républicaines. Comme dictateur à vie et consul pour cinq ans, il eut la puissance exécutive avec le droit de puiser dans le trésor; comme *imperator*, la puissance militaire; comme tribun, le véto sur le pouvoir législatif. Prince du sénat, il dirigeait les débats de cette assemblée; préfet des mœurs, il la composait à son gré; grand pontife, il faisait parler la religion selon ses intérêts et surveillait ses ministres. Les finances, l'armée, la religion, le pouvoir exécutif, une partie du pouvoir judiciaire, et, indirectement, presque toute la puissance législative étaient donc à sa discrétion.

Pour légitimer son usurpation, César avait conçu de grands desseins : il voulait écraser les Daces et les Gètes, venger Crassus, pénétrer jusqu'à l'Indus, et revenir à travers les Scythes et les Germains domptés, ceindre dans la Babylone de l'Occident la couronne d'Alexandre. Alors, maître du monde, il fera couper l'isthme de Corinthe, dessécher les marais Pontins, percer le lac Fucin, et jeter par-dessus l'Apennin une grande route de l'Adriatique à la mer de Toscane. Puis il multipliera le droit de cité pour préparer l'unité de l'empire; il rassemblera dans un code les lois, les sénatus-consultes, les plébiscites et les édits; il réunira dans une bibliothèque publique tous les produits de la pensée humaine. Quatre-vingt mille colons sont allés porter au delà des mers les coutumes et la langue de Rome; la Sicile entière a reçu le *jus Latii*; les Transpadans, la légion gauloise de l'Alouette, tous ceux qui l'ont fidèlement servi, le *jus civitatis*; les grandes injustices de la république sont réparées : Corinthe et Carthage sortent de leurs ruines.

Mais, depuis plusieurs mois, une conjuration était formée; Cassius en était le chef. Il avait entraîné Brutus, neveu et gendre de Caton, qui semblait avoir hérité de ses vertus, mais aussi de son dévouement aveugle et inintelligent aux vieilles institutions. Les tentatives imprudentes faites par César pour se faire donner le titre de roi accrurent le nombre des conjurés ; le jour des ides de mars (15 mars 44), ils le poignardèrent en plein sénat.

XXVI

LE SECOND TRIUMVIRAT (43-30)

Octave. — César mort, les conjurés croyaient que la liberté renaîtrait d'elle-même ; mais Antoine, alors consul, ameuta le peuple contre eux aux funérailles du dictateur, et les chassa de la ville. César n'avait point de fils, seulement un neveu qu'il avait adopté, Octave. Quand ce jeune homme, âgé de dix-huit ans, vint à Rome, Antoine, qui croyait pouvoir hériter de la puissance de son ancien chef, dédaigna ce prétendant sans appui ; mais le nom de César ralliait autour d'Octave tous les vétérans, et comme il s'engagea à accomplir les legs faits par son père au peuple et aux soldats, il se créa, par cette seule déclaration, un parti nombreux. Le sénat, où Cicéron essayait d'arracher encore une fois la liberté aux mains furieuses qui voulaient l'étouffer, avait besoin d'une armée pour tenir tête à Antoine, et cette armée, Octave seul pouvait la lui donner. Cicéron flatta ce jeune homme, qu'il espérait conduire, et lui fit décerner des honneurs qui semblaient peu dangereux. On l'envoya avec les deux consuls, au secours de Décimus Brutus, un des meurtriers de César, qu'Antoine assiégeait dans Modène. Cette guerre fut courte et sanglante (43); Antoine fut vaincu, mais les deux consuls périrent, et Octave demanda pour lui une des places vacantes. Le sénat, qui croyait n'avoir plus besoin de lui, rejeta dédaigneusement sa demande. Aussitôt il conduit huit légions jusqu'aux portes de Rome, y entre aux applaudissements du peuple, qui le proclame consul, fait ratifier son adoption, et distribue à ses troupes, aux dépens du trésor public, les récompenses promises.

Second triumvirat; proscription; bataille de Philippes. — Maintenant il pouvait traiter avec Antoine, sans craindre d'être éclipsé par lui. Il était consul; il avait une armée; il était maître de Rome, et autour de lui s'étaient ralliés tous ceux des césariens qu'avaient éloignés les violences de son rival. Les négociations allèrent vite; Antoine, Lépide, ancien général de la cavalerie du dictateur, et Octave se réunirent près de Bologne, dans une île du petit fleuve Réno. Ils y passèrent trois jours à former le plan du second triumvirat. Une magistrature nouvelle était créée, sous le titre de *triumviri reipublicæ constituendæ*. Lépide, Antoine et Octave s'attribuaient la puissance consulaire pour cinq ans, avec le droit de disposer, pour le même temps, de toutes les charges. Leurs décrets auraient force de loi, et ils se réservaient chacun deux provinces autour de l'Italie : Lépide, la Narbonaise et l'Espagne; Antoine, les deux Gaules; Octave, l'Afrique, la Sicile et la Sardaigne. Pour s'assurer les soldats, les triumvirs leur promirent cinq mille drachmes par tête, et les terres de dix-huit des plus belles villes d'Italie. Ils se firent précéder à Rome par l'ordre de mettre à mort dix-sept des plus considérables personnages de l'État; Cicéron était de ce nombre. Quand ils furent eux-mêmes arrivés, ils affichèrent l'édit suivant : « Que personne ne cache aucun de ceux dont les noms suivent : celui qui aidera à l'évasion d'un proscrit sera proscrit lui-même. Que les têtes nous soient apportées. En récompense, l'homme de condition libre recevra vingt-cinq mille drachmes attiques, l'esclave dix mille, plus la liberté avec le titre de citoyen. » Suivait une liste de cent trente noms; une seconde de cent cinquante parut presque aussitôt; à celles-là d'autres encore succédèrent. En tête de la première, on lut les noms du frère de Lépide, de L. César, oncle d'Antoine et de C. Toranius, un des tuteurs d'Octave. Chacun des chefs avait livré un des siens pour avoir le droit de n'être point gêné dans ses vengeances. Les scènes des jours néfastes de Marius et de Sylla recommencèrent, et la tribune eut encore ses hideux trophées de têtes sanglantes. On présente une tête à Antoine : « Je ne la connais pas, répond-il, qu'on la porte à ma femme. » C'était celle, en effet, d'un riche particulier qui jadis avait refusé de vendre à Fulvie une de ses villas. Plusieurs échappèrent, grâce aux navires de Sextus Pompée qui venait de s'emparer de la Sicile, ou gagnèrent l'Afrique, la Syrie et la Macédoine. Cicéron, qu'Octave avait abandonné aux rancunes de son collègue, fut moins heureux, il fut tué dans sa villa de Gaëte. On lui coupa la tête et la main et on les apporta à Antoine pendant qu'il était à table. A cette vue, il montra une joie féroce, et Fulvie, prenant cette tête sanglante, perça d'une aiguille la langue qui l'avait poursuivie de tant de sarcasmes mérités. Ces tristes restes furent ensuite attachés aux rostres.

En quittant l'Italie, Brutus s'était rendu à Athènes : le gouverneur de la Macédoine lui remit son commandement, et de l'Adriatique à la Thrace, tout, en quelques jours, obéit au général républicain. Cassius, de son côté, avait entraîné les légions d'Orient. Pour trouver de l'argent, il fit payer aux provinces, en une seule fois, l'impôt de dix années. Chargée du butin de l'Asie, l'armée républicaine rentra en Europe, et s'avança jusqu'à Philippes en Macédoine, à la rencontre des triumvirs. Antoine se posta en face de Cassius; Octave en face de Brutus. Les deux armées étaient à peu près égales en nombre; mais les républicains avaient une flotte formidable qui interceptait aux césariens les arrivages par mer. Aussi Antoine, menacé de la disette, hâtait de ses vœux la bataille que Cassius, par la raison contraire, voulait différer. Brutus, pressé de mettre fin à la guerre civile, opina pour le combat. Octave, malade, avait été emporté hors de son camp, quand Messala, attaquant avec impétuosité, pénétra dans ses lignes. Brutus croyait la victoire gagnée. Mais à l'autre aile, Antoine avait dispersé l'ennemi, pris son camp, et Cassius, regardant son parti comme ruiné, s'était tué.

Vingt jours après cette première action, une autre s'engagea où les troupes de Brutus, enveloppées, furent mises en déroute ; leur chef, échappé avec peine, s'arrêta sur une hauteur pour accomplir ce qu'il appelait sa délivrance ; il se jeta sur son épée en s'écriant : « Vertu, tu n'es qu'un mot ! » Antoine montra quelque douceur envers les captifs ; Octave fut sans pitié. La flotte républicaine alla rejoindre Sextus Pompée (42).

Antoine en Orient ; guerre de Pérouse ; traité de Misène (39). — Les deux vainqueurs firent entre eux un nouveau partage du monde, sans se préoccuper de Lépide, que l'on croyait d'intelligence avec Pompée. La part des chefs arrêtée, restait à faire celle des soldats. Octave, malade, prit la tâche, en apparence ingrate, de donner en Italie des terres aux vétérans. Antoine se chargea d'aller en Asie chercher les deux cent mille talents nécessaires.

Il traversa la Grèce et l'Asie au milieu des fêtes, foulant horriblement les peuples pour subvenir à ses profusions. En Asie, il exigea d'un coup l'impôt de neuf années, sans compter les confiscations particulières. Pour un bon plat, il donna à son cuisinier la maison d'un citoyen de Magnésie. Cléopâtre avait fourni quelques troupes et de l'argent à Cassius. Antoine lui demanda raison de cette conduite. Elle vint elle-même à Tarse, en Cilicie, où il se trouvait, dans l'espérance de le gagner, comme César, par ses charmes. Antoine ne résista pas, et, quand il vit cette femme élégante et lettrée, qui parlait six langues, lui tenir tête dans ses orgies et dans ses propos de soldats, il oublia Rome et Fulvie et les Parthes, pour la suivre, dompté et docile, à Alexandrie (41).

Pendant qu'il perdait, en d'indignes débauches, un temps précieux, Octave, en Italie, était aux prises avec les inextricables difficultés que soulevait le partage des terres. Les nouveaux colons dépassaient sans cesse leurs limites, et les propriétaires dépossédés, n'ayant pas, comme Virgile, de beaux vers pour racheter leurs domaines, accouraient à Rome, criant misère et ameutant le peuple. Le frère du triumvir, Antonius, voyant dans ces émotions populaires une occasion de renverser Octave, promit sa protection aux Italiens expropriés, et réunit dix-sept légions, avec lesquelles il s'empara de Rome, où il annonça le prochain rétablissement de la république. Mais Agrippa, le meilleur officier d'Octave, le chassa de la ville et le serra de si près qu'il se jeta dans Pérouse, où la disette le força de se rendre (40). Fulvie s'enfuit en Grèce avec tous les amis d'Antoine, et Octave resta seul maître de l'Italie. Ces nouvelles tirèrent pourtant le triumvir de sa honteuse torpeur; il vint à Brindes, mais les soldats commandèrent la paix, et les deux adversaires firent un nouveau partage qui donna à Antoine l'Orient jusqu'à la mer Adriatique, avec l'obligation de combattre les Parthes, et l'Occident à Octave avec la guerre contre Sextus Pompée, qui, cependant signa aussi, quelques jours après, le traité de Misène. On lui abandonna la Sicile, la Corse, la Sardaigne et l'Achaïe; Lépide eut l'Afrique (39).

Sage administration d'Octave; expédition d'Antoine contre les Parthes. — La paix de Misène n'était qu'une trêve, car il n'était pas possible qu'Octave consentît à laisser les approvisionnements de Rome et de ses légions à la merci de Pompée. La lutte éclata en l'an 38; la trahison de l'affranchi Ménas, qui lui livra la Corse et la Sardaigne avec trois légions et une forte escadre, surtout les talents d'Agrippa, qui créa le port Jules en joignant le Lucrin au lac Averne et réorganisa l'armée et la flotte, assurèrent le succès d'Octave, que la victoire de Naulocque proclama (3 sept. 36). Sextus, réfugié en Asie, fut mis à mort dans Milet par un officier d'Antoine (35). Octave se débarrassa en même temps de Lépide; il lui débaucha ses troupes et le relégua à Circéii, où il vécut encore vingt-trois ans.

Quand Octave revint à Rome, le peuple, qui voyait

renaître soudainement l'abondance, l'accompagna au Capitole, couronné de fleurs. On voulait l'accabler d'honneurs. Commençant déjà son rôle de désintéressement et de modestie, il n'accepta que l'inviolabilité tribunitienne, supprima quelques impôts et déclara qu'il abdiquerait sitôt qu'Antoine aurait terminé la guerre contre les Parthes. En attendant, son administration énergique rétablissait l'ordre dans la péninsule. Les bandits étaient traqués; les esclaves fugitifs rendus à leurs maîtres ou mis à mort quand ils n'étaient point réclamés : en moins d'une année la sécurité régna dans la ville et dans les campagnes. Enfin donc, Rome était gouvernée.

En l'année 37, Antoine vint à Tarente renouveler pour cinq ans le triumvirat, et, réveillé par les victoires de ses lieutenants, il se décida à prendre lui-même la conduite de la guerre contre les Parthes. Mais à peine eut-il touché le sol de l'Asie que sa passion pour Cléopâtre se réveilla plus insensée que jamais. Il la fit venir à Laodicée, reconnut les enfants qu'il avait eus d'elle, et ajouta à son royaume presque tout le littoral du Nil au mont Taurus. Ces pays étaient, pour la plupart, des provinces romaines. Mais est-ce qu'il y avait encore une Rome, un sénat, des lois, autre chose que le caprice du tout-puissant triumvir?

Antoine se décida enfin à marcher contre les Parthes avec soixante mille hommes, dix mille cavaliers et trente mille auxiliaires. Il prit par l'Arménie, dont le roi Artavasde était son allié, et pénétra jusqu'à Phraata, à peu de distance de la mer Caspienne; mais il n'avait pas amené ses machines de siége, il fallut reculer. Au bout de vingt-sept jours de marche, pendant lesquels ils avaient livré dix-huit combats, les Romains atteignirent l'Araxe, frontière de l'Arménie. Leur route, depuis Phraata, était marquée par les cadavres de vingt-quatre mille légionnaires. La fortune offrit à Antoine une occasion de réparer sa défaite; une querelle s'était élevée entre le roi des Parthes et celui des Mèdes, au sujet du partage des dépouilles, et le Mède irrité faisait savoir qu'il était prêt à se réunir aux Romains. Cléopâtre empêcha Antoine de répondre à cet appel d'honneur et l'entraîna à sa suite à Alexandrie.

Tandis qu'Antoine se déshonorait en Orient, Octave donnait à l'Italie ce repos dont elle était affamée, domptait les nombreux pirates de l'Adriatique et les remuantes tribus placées au nord des deux péninsules, les Japodes, les Liburnes, les Dalmates. A l'attaque de Métulum, il monta lui-même à l'assaut, et reçut trois blessures. Il pénétra jusqu'à la Save, soumit une partie des Pannoniens et les Salasses. Ainsi des deux triumvirs, l'un donnait des pays romains à une reine barbare et l'autre accroissait le territoire de l'empire. Cependant Antoine se plaignait et il réclama au commencement de l'année 32 une part dans les dépouilles de Sextus et de Lépide. Octave répondit par d'amères récriminations sur sa conduite en Orient et lut dans le sénat le testament d'Antoine, qui assurait à Cléopâtre et à ses enfants la plupart des provinces qu'il avait en son pouvoir. Octave voulait ainsi accréditer le bruit qu'Antoine, dès qu'il serait le maître, ferait don à Cléopâtre de Rome même. Un décret du sénat déclara la guerre à la reine d'Égypte.

Actium (31); mort d'Antoine et réduction de l'Égypte en province (30). — Antoine réunit cent mille fantassins, douze mille chevaux et cinq cents gros navires de guerre. Octave n'avait que quatre-vingt mille fantassins, douze mille cavaliers et seulement deux cent cinquante vaisseaux d'un rang inférieur, mais plus légers, plus rapides et montés par des matelots et des soldats qui s'étaient formés dans la guerre difficile contre Sextus. L'action s'engagea à Actium, sur la côte d'Acarnanie, le 2 septembre 31. Cléopâtre prit la fuite au milieu du combat avec soixante navires égyptiens et Antoine suivit lâchement ses traces. La flotte abandonnée se rendit ; l'armée résista sept jours à toutes les sollicitations. Cette fois Octave ne souilla pas sa victoire par des vengeances ; aucun de ceux qui demandèrent la vie ne rencontra un refus. Le vainqueur, rappelé en Italie pour y apaiser quelques troubles, ne fut que l'année suivante en mesure de poursuivre son rival. Antoine essaya de défendre Alexandrie ; mais, trahi par Cléopâtre, il se tua. La reine elle-même, après avoir vainement cherché à toucher le vainqueur, se fit piquer par un aspic (30). Octave réduisit l'Égypte en province romaine.

Rome appartenait à un maître. Deux siècles de guerres, de pillages et de conquêtes avaient détruit l'égalité dans la ville de Fabricius, enseigné aux grands l'insolence, aux petits la servilité, et remplacé l'armée des citoyens par une tourbe de soldats qui, oublieux de l'État, de ses lois, de la liberté, ne connaissaient plus que le chef dont la main leur distribuait du butin et de l'or. L'établissement de l'empire est bien une révolution militaire. Mais puisque Rome n'avait pas su s'arrêter aux réformes populaires des Gracques, ou à la réforme aristocratique de Sylla, cette révolution était devenue inévitable. Il ne se pouvait pas, en effet, que les institutions bonnes pour une ville de quelques milliers d'hommes convinssent à une société de 80 millions d'âmes ; que la cité, devenue la capitale du monde, continuât à être troublée par des rivalités sanglantes et stériles ; que les rois, les peuples alliés et les provinces restassent la proie des 200 familles qui composaient l'aristocratie romaine.

Mais à la place des citoyens qu'on dépouille et qui ont mérité leur sort, se formera-t-il des hommes capables de regagner, par leur discipline volontaire et l'intelligence politique, de nouveaux droits, meilleurs peut-être que ceux qu'ils ont perdus ?

Si la liberté ne doit pas revenir, ces multitudes qui n'auront plus qu'une volonté, celle du Prince, saura-t-on les organiser en un corps vigoureux, capable d'une longue existence ? Et puisque nous allons avoir un empire au lieu d'une cité, verrons-nous une grande nation prendre la place de l'oligarchie qui vient d'être abattue et de la populace qui regarde la victoire de César et d'Octave comme son triomphe?

L'histoire d'Auguste et de ses successeurs nous le dira.

XXVII

AUGUSTE ET LES EMPEREURS JULIENS
(31 AV. J. C. 68 APRÈS)

Constitution du pouvoir impérial (30-42). — Antoine mort et l'Égypte rattachée au domaine de l'empire, Octave regagna l'Asie Mineure, où il employa tout l'hiver à régler les affaires de l'Orient, pendant que Mécène et Agrippa veillaient pour lui dans Rome, sans beaucoup de peine, car on n'y entendait d'autre bruit que celui des décrets adulateurs du sénat. Lorsqu'il entra enfin dans sa capitale, il distribua aux soldats, après le triomphe, mille sesterces par tête, aux citoyens quatre cents, et, pour annoncer l'ère nouvelle de paix et d'ordre qui commençait, il ferma le temple de Janus.

Il était consul et il gardera six années encore cette charge qui lui donne légalement presque tout le pouvoir exécutif, mais avant tout, il lui fallait l'armée; pour rester à sa tête, il se fit décerner par le sénat le nom d'*imperator*, avec le commandement suprême de toutes les forces militaires : les généraux ne furent plus que ses lieutenants, et les soldats lui jurèrent fidélité.

Il conserva le sénat et résolut d'en faire le pivot de son gouvernement, après avoir pris toutefois, avec Agrippa pour collègue, la *préfecture des mœurs*, ou censure, qui lui permit de chasser de ce corps les membres indignes ou ennemis du nouvel ordre de choses. Lorsque les anciens censeurs fermaient le cens, celui dont ils avaient mis le nom en tête de la liste des sénateurs, ordinairement l'un d'entre eux, s'appelait le Premier du sénat, *princeps senatus*, et cette place toute d'honneur lui était laissée sa vie durant. Agrippa donna à son collègue ce titre républicain, et plaça ainsi les délibérations du sénat sous la direction d'Octave; car, d'après l'ancien usage, le *princeps* opinait le premier, et ce premier avis exerçait une influence qui maintenant sera décisive.

Les sénateurs avaient placé toutes les provinces sous son autorité en l'investissant du proconsulat; Octave voulut qu'au moins ils partageassent avec lui : il leur laissa les régions calmes et prospères de l'intérieur, et prit pour lui celles qui remuaient encore ou que les barbares menaçaient et où, par conséquent, étaient cantonnées les troupes. Dans la ferveur de sa reconnaissance, le sénat l'appela du nom qu'on ne donnait qu'aux dieux, celui d'Auguste, qu'il a conservé (27 av. J. C.) ; trois ans après il lui décerna la puissance tribunitienne à vie : c'est-à-dire qu'à l'autorité militaire qu'il tenait déjà, on ajoutait la puissance civile que les tribuns, grâce à la nature indéterminée de leur charge, avaient plus d'une fois envahie tout entière, et avec elle il gagnait l'inviolabilité. En l'an 19, il eut le consulat à vie et la préfecture des mœurs. Il n'avait accepté que pour dix ans le commandement des provinces et des armées; en l'année 18, il se fit renouveler ses pouvoirs et demanda plus tard de nouvelles prorogations, en protestant chaque fois contre la violence qu'on faisait à ses goûts au nom de l'intérêt public. Enfin, à la mort de Lépide, il se fit nommer souverain pontife : ce fut sa dernière usurpation, il ne restait plus rien qui valût la peine d'être pris (12).

Ainsi, comme préfet des mœurs, Auguste dressait la liste des sénateurs et des chevaliers, c'est-à-dire qu'il pouvait chasser ses ennemis de l'ordre équestre et du sénat; comme grand pontife, il avait la surveillance du culte et de ses ministres; comme prince du sénat, il dirigeait les délibérations de cette assemblée; comme *imperator*, il commandait les armées, et pour en payer les dépenses, il avait un trésor particulier rempli par la meilleure partie des revenus de l'État. La puissance proconsulaire lui livrait les provinces, la puissance consulaire la ville et l'Italie. Il était irresponsable, puisqu'il avait des pouvoirs à vie et que, tribun perpétuel, sa personne était inviolable et sacrée. Il nommait directement à la plupart des charges, indirectement à toutes; et, juge suprême, il recevait tous les appels. Une garde prétorienne veillait à sa sûreté jusque dans Rome, et, pour lier tout l'Empire par la religion du serment, tous les ans, au 1ᵉʳ janvier, il faisait renouveler par le sénat, le peuple, les légions et les provinces, leur serment de fidélité.

Son règne de quarante-quatre ans fut employé à organiser doucement la monarchie. Le *sénat* épuré subsista comme conseil suprême de l'État; Auguste augmenta même ses attributions en le chargeant du jugement de toutes les causes politiques et des procès importants. Le *peuple* garda aussi ses assemblées, mais pour la forme, les élections publiques n'étant que la confirmation des choix faits par le prince.

Organisation militaire et financière. — Le pouvoir d'Auguste reposant sur les soldats, il rendit l'armée permanente et la rangea le long des frontières, dans des camps retranchés (*castra stativa*), pour faire face aux barbares. Des règlements déterminèrent pour ces trois ou quatre cent mille hommes la durée du service, la vétérance et la solde. Des flottes à Fréjus, Misène et Ravenne firent la police de la Méditerranée; des flottilles stationnaient sur le Danube et l'Euxin. Comme il était chef de toutes les légions, et que les généraux combattaient sous les auspices de l'*imperator*, aucun d'eux, suivant les idées romaines, ne pouvait désormais obtenir le triomphe.

L'administration civile fut réorganisée comme l'administration militaire; le sénat continua d'envoyer chaque année des proconsuls dans les provinces intérieures que l'empereur lui laissait; les provinces frontières furent gouvernées par des légats impériaux qui restèrent en place tant qu'il plut au prince : innovation salutaire, car ces officiers, retenus longtemps en charge, purent étudier les besoins de leurs administrés.

Puisqu'il y avait en apparence deux sortes de provinces, il y eut deux administrations financières : le trésor public, *ærarium*, et le trésor du prince, *fiscus*. L'*ærarium*, que remplissaient les tributs des provinces sénatoriales, lui était du reste ouvert par le sénat, de sorte qu'il disposait réellement de toutes les ressources financières de l'empire, comme il disposait de toutes ses forces militaires. Ces ressources étaient trop faibles pour couvrir les nouvelles dépenses ; il fallut rétablir les douanes et créer de nouveaux impôts, le vingtième des héritages, le centième des denrées vendues, les amendes de la loi *Julia-Poppæa* contre les célibataires. Tous ces revenus joints aux tributs des provinces donnèrent peut-être quatre à cinq cents millions.

Habile administration d'Auguste dans les provinces et à Rome. — Si tout appartenait à Auguste, son temps aussi, ses soins, sa fortune même appartenaient à tous. Pendant ses longs voyages dans les provinces, il soulageait les villes obérées et rebâtissait celles qu'un fléau avait détruites. Tralles, Laodicée, Paphos, renversées par des tremblements de terre, sortirent plus belles de leurs ruines. Une année même il paya de ses deniers tout l'impôt de la province d'Asie. Les mesures générales de l'administration impériale s'accordaient avec cette conduite du prince, qui était pour les gouverneurs un exemple et une leçon. Dans l'ordre des intérêts religieux, nulle violence, excepté en Gaule, où les sacrifices humains furent défendus et le druidisme vivement attaqué. Afin que l'impôt fût établi avec équité, il était nécessaire de dresser un cadastre général : Auguste le fit exécuter. Trois géomètres parcoururent l'empire et en mesurèrent les distances. Ce travail servit à un autre but. L'empire reconnu et mesuré, il fut aisé d'y percer des routes. Auguste répara celles de l'Italie, fit faire celles de la Cisalpine et couvrit de chemins toute la Gaule et la péninsule ibérique. Puis sur ces routes un service de postes régulier fut organisé. Les messagers du prince et les armées purent se porter rapidement d'une province à l'autre ; le commerce, la civilisation y gagnèrent ; et une vie nouvelle circula dans cet empire si admirablement disposé tout autour de la mer intérieure.

Auguste donna une attention particulière à tenir le peuple de Rome repu de jeux et de distributions. Il lui embellit sa ville par de nombreux monuments, créa un préfet et des cohortes urbaines pour veiller à la tranquillité publique, des gardes nocturnes pour prévenir ou arrêter les incendies, et il put se vanter de laisser de marbre une ville qu'il avait trouvée de briques. Dans les provinces occidentales encore barbares, il fit de nouvelles divisions territoriales pour effacer les habitudes des jours de l'indépendance, et il fonda de nombreuses colonies pour multiplier, au milieu de ces populations, l'élément romain.

Pendant le triumvirat, Octave s'était montré souvent cruel, Auguste pardonna presque toujours (Cinna). Il vécut moins en prince, qu'en simple particulier, sans faste, avec décence, au milieu d'amis, Mécène, Horace, Virgile, Agrippa, qui n'étaient pas toujours courtisans.

Politique extérieure ; défaite de Varus (9 ap. J. C.). — Après Actium, il avait cru les guerres finies, et en fermant les portes du temple de Janus, il avait déclaré que la nouvelle monarchie renonçait à l'esprit de conquête qui avait animé la république. Il n'eut point en effet de guerres sérieuses en Orient où la seule menace d'une expédition détermina les Parthes à restituer les drapeaux de Crassus. Mais, en Europe, l'empire n'avait pas encore trouvé ses limites naturelles. Pour mettre l'Italie, la Grèce et la Macédoine à l'abri des invasions, il fallait être maître du cours du Danube ; pour ne pas être inquiété sur la rive gauche du Rhin, il fallait chasser loin de la rive droite les tribus germaniques. Ce fut l'objet d'une série d'entreprises qui réussirent toutes, une seule exceptée. En l'an 16, Drusus et Tibère soumirent les peuples du versant septentrional des Alpes, dans la Rhétie, la Vindélicie et la Norique, ce qui portait la frontière romaine sur le haut du Danube. En l'an 9, Drusus franchit le Rhin inférieur et pénétra jusque sur les bords de l'Elbe; après sa mort, Tibère, son frère, prit ses quartiers d'hiver au cœur même de la Germanie, et, de ces camps, l'influence romaine s'étendit de proche en proche. Mais pendant que ce travail s'accomplissait au nord, le Marcoman Marbod fondait dans la Bohême un royaume défendu par soixante-dix mille fantassins et quatre mille cavaliers, disciplinés à la romaine. Auguste s'alarma de ce voisinage, et une armée formidable s'apprêtait à aller détruire au delà du Danube cet État naissant et déjà redoutable, quand les Pannoniens et les Dalmates se soulevèrent derrière elle. Tibère eut l'art d'amener Marbod à traiter, et il put tomber sur les rebelles avec quinze légions ; cependant il ne vint à bout qu'après trois campagnes, de leur résistance acharnée. Il était temps, car cinq jours seulement après la soumission définitive des Pannoniens et des Dalmates, on apprit à Rome que trois légions, attirées dans une embuscade par un jeune chef des Chérusques, Hermann, y avaient péri avec leur général Varus. C'était la Germanie du nord qui se soulevait et refoulait sur le Rhin la domination romaine (9 de J. C.). « Varus ! Varus ! rends-moi mes légions, » s'écriait douloureusement Auguste. Par bonheur Marbod, jaloux d'Hermann, ne fit aucun mouvement, et Auguste, tranquille du côté du Danube, put envoyer Tibère en Gaule. Il fortifia tous les châteaux du Rhin, rétablit la discipline, et pour ramener un peu de confiance, risqua même les aigles au delà du fleuve. Après lui, Germanicus resta à la tête des huit légions qui garnissaient la rive gauche du Rhin. L'ennemi, content d'avoir vaincu, ne passait pas encore de la résistance à l'attaque. L'empire était sauvé, mais la gloire d'un long règne pacifique était ternie par ce désastre. Auguste mourut cinq ans après (14 de J. C.).

Auguste a donné son nom à un des grands siècles littéraires. La postérité en effet le voit entouré de Tite Live, d'Horace et de Virgile que d'autres grands écrivains avaient précédés dans l'ordre des temps de peu d'années : Lucrèce, Catulle, Cicéron, Salluste et César.

Nous n'avons plus rien de Varius, poëte tragique, très-vanté en ce temps-là ; mais il nous reste beaucoup d'élégies de Tibulle, de Gallus, de Properce, et presque toute l'œuvre d'Ovide. Varron, le polygraphe, vivait encore ; Trogue Pompée écrivait une histoire générale malheureusement perdue, Celse une sorte d'encyclopédie dont il ne subsiste que les livres relatifs à la médecine, et le grec Strabon, sa grande géographie.

Tibère (14-37). — Tibère, fils d'un premier époux de Livie, adopté par Auguste et associé par lui à la puissance tribunitienne, lui succéda sans difficulté. Deux révoltes des légions de Pannonie et du Rhin furent apaisées, et pour occuper ces esprits remuants, Tibère chargea Germanicus qui était à la fois son neveu et son fils adoptif de conduire l'armée au delà du Rhin; il pénétra jusqu'à la forêt Teuteberg où les trois légions de Varus avaient péri. Les Germains ne tinrent nulle part. Dans la campagne suivante, plus hardis ils osèrent attendre l'armée romaine et furent défaits dans la grande bataille d'Idistavisus ; une seconde action fut un second massacre : Varus était vengé. On reprit le chemin de la Gaule (16 de J. C.). Germanicus y trouva des lettres de Tibère qui l'appelaient à Rome pour un second consulat et une grande mission en Asie.

A Rome, Tibère gouvernait sans violence, refusant les honneurs, les temples qu'on lui offrait, et repoussant les basses flatteries du sénat, en homme qui savait leur prix. Quant aux provinces, il leur envoyait les gouverneurs les plus habiles, évitait d'augmenter les tributs, et y soulageait les trop grandes misères. Douze villes de l'Asie ruinées par un tremblement de terre furent exemptées pour cinq ans de tout impôt. Tibère pratiquait ce qu'il recommandait à ses gouverneurs de province : « Un bon pasteur tond ses brebis et ne les écorche pas. »

En Orient, Germanicus, même sans tirer l'épée, contint les Parthes qui le laissèrent donner la couronne d'Arménie à un fidèle vassal de l'empire et réduire en province la Cappadoce et la Comagène. Au retour d'un voyage qu'il fit en Égypte, il eut de vives altercations avec Pison, gouverneur de Syrie ; sa mort arrivée quelque temps après fut attribuée au poison et la joie inconvenante de Pison semblait désigner le coupable. Pour rentrer dans son gouvernement qu'il avait quitté plutôt que d'obéir au fils de l'empereur, Pison ne recula pas devant une guerre civile. Embarqué de force, il revint en Italie où des accusateurs l'attendaient ; il se tua lui-même (20 de J. C.). Tacite donne à entendre, mais n'ose affirmer que Tibère avait empoisonné Germanicus, puis fait disparaître Pison.

Les neuf premières années du principat de Tibère furent heureuses ; après la mort de son fils Drusus, tout changea. Il avait un favori, Séjan, qui lui avait sauvé la vie un jour qu'une voûte s'écroulait sur lui et qu'il avait nommé préfet du prétoire. Ébloui par sa fortune, Séjan voulut monter encore plus haut et crut qu'il lui serait possible d'arriver au rang suprême en renversant ce vieillard et ses enfants. Sa première victime fut le fils même de l'empereur, Drusus, qu'il empoisonna. Cette mort frappa douloureusement Tibère : il sentit que privé de deux fils dans la force de l'âge, il allait se trouver seul exposé aux coups ; et comme cette double mort augmentait les espérances des partis, elle accrut aussi ses soupçons. Il vit partout des intrigues, des complots qui n'étaient pas toujours imaginaires, et pour les déjouer il se servit sans pitié d'une arme terrible, l'ancienne loi de majesté, faite autrefois pour le peuple et maintenant mise au service de celui à qui le peuple s'était donné. Un ami de Germanicus, Silius, le vainqueur du rebelle Gaulois Sacrovir, et après lui le républicain Crémutius Cordus, accusé pour son histoire des guerres civiles, furent les premières victimes. Vers ce temps, Tibère, alors âgé de soixante-neuf ans, quitta Rome pour ne plus y rentrer (26 de J. C.), et se retira dans la délicieuse île de Caprée, à l'entrée du golfe de Naples. Séjan s'interposa entre lui et l'empire; et en irritant les soupçons du vieillard, l'amena à se faire lui-même le bourreau de tous les siens, qu'il lui montrait comme des héritiers impatients qui convoitaient son héritage. Il immola Sabinus, le partisan le plus zélé d'Agrippine, veuve de Germanicus. Cette princesse, dont les malheurs et les vertus excusent le caractère, fut enfermée dans l'île de Pandataria, où quatre ans plus tard elle se laissa mourir de faim. De ses trois fils, Néron fut mis à mort ou se tua; Drusus fut jeté dans une prison où on le laissa mourir de faim; la jeunesse de Caïus le protégea contre les craintes de Tibère.

Toute la famille de Germanicus étant comme détruite, Séjan pour se rapprocher de son but, osa demander la main de la veuve de Drusus ; c'était presque demander à être l'héritier de l'empereur; elle lui fut refusée. Il résolut de frapper l'empereur lui-même et se fit des complices jusque dans le palais. Mais Tibère l'avait pénétré; par une conduite pleine d'artifices, il isola son préfet du prétoire, puis le fit brusquement arrêter en plein sénat : le peuple mit en pièces son cadavre et de nombreuses exécutions suivirent sa mort.

« La cruauté de Tibère, dit Suétone, ne connut plus de frein quand il apprit que son fils Drusus était mort par le poison. On montre encore à Caprée le lieu des exécutions ; c'est un rocher d'où les condamnés, sur un signe de lui, étaient précipités dans la mer. » A côté s'élevaient ces palais, théâtres, assure Tacite, d'infâmes voluptés.

Tibère maintenait sévèrement la paix. Elle fut pourtant troublée un moment en Gaule par Florus et Sacrovir, plus longtemps en Afrique par Tacfarinas; ils furent accablés. Aux frontières, il y eut en l'an 28 une révolte chez les Frisons, à cause du tribut; Tibère les en affranchit. Sur l'Euphrate, Artaban, roi des Parthes, menaçait d'envahir l'Arménie, un prince Ibérien fut aidé faire la conquête de ce pays ; et un Tiridate, élevé à Rome, renversa Artaban qui s'enfuit chez les Scythes. Tibère mourut (37 de J. C.), à l'âge de soixante-dix-huit ans.

Caligula (37-41). — Rome salua de ses acclamations l'avénement de Caligula, fils de Germanicus, et le nouvel empereur justifia d'abord toutes les espérances. Mais à la suite d'une maladie qui sembla avoir altéré sa raison, il se mit en guerre avec les dieux qu'il insultait, avec la nature dont il voulait violer les lois, comme ce jour où il jeta un pont sur la mer entre Baïes et Pouzzoles, avec la noblesse de Rome qu'il décima, avec les provinces qu'il épuisa par ses exactions. En moins de deux ans il dépensa l'épargne de Tibère, trois cents millions, en profusions insensées. Pour remplir son trésor, il prit la fortune des riches, le plus souvent avec leur vie. Un jour, en Gaule, il jouait aux dés et perdait, il se fait apporter les registres de la province et marque pour la mort les citoyens les plus imposés. « Vous jouez pour quelques misérables drachmes, dit-il ensuite à ses courtisans, moi je viens, d'un coup, d'en gagner cent cinquante millions. » Le monde supporta quatre années ce fou furieux qui souhaitait que le peuple romain n'eût qu'une tête pour l'abattre d'un coup. Le 24 janvier 41, un tribun des prétoriens, Chéréas, l'égorgea.

Claude (41-54). — Chéréas était républicain; l'occasion semblait favorable pour le sénat de ressaisir le pouvoir; il l'essaya, et pendant trois jours on put se croire en république. Mais ce n'était pas le compte des soldats qui emportèrent à leur camp, après l'avoir trouvé en un coin du palais, Claude, frère de Germanicus et alors âgé de cinquante ans, homme lettré (il écrivit l'histoire des Étrusques et des Carthaginois), mais maladif et timide, dont l'irrésolution eut les plus déplorables effets. Sous lui, les véritables maîtres de l'empire furent sa femme, l'impudique Messaline, et ses affranchis Polybe, Narcisse, Pallas, qui pourtant firent quelques sages réformes et d'utiles travaux (un port à Ostie, le dessèchement du lac Fucin, etc.) Il nous reste de Claude un fragment de discours où il demandait au sénat pour les nobles de la Gaule chevelue, depuis longtemps citoyens, le droit de posséder les dignités romaines. Cependant il persécuta les druides dont il tâcha d'abolir le culte.

Au dehors, la Mauritanie et la moitié de la Bretagne furent conquises, les Germains contenus, le Bosphore retenu dans l'obéissance, la Thrace, la Lycie, la Judée réduites en provinces, et les divisions des Parthes longtemps entretenues. Mais neuf ou dix complots formés contre la vie de Claude amenèrent de terribles vengeances. Trente-cinq sénateurs et trois cents chevaliers périrent. Beaucoup furent victimes de la haine de cette Messaline, qui, afin de braver l'empereur, les lois et la pudeur publique, contracta un second hymen avant que la mort ou le divorce eût brisé le premier, et épousa suivant la forme ordinaire le sénateur Silius. Les affranchis, alarmés pour eux-mêmes, arrachèrent à Claude un ordre de mort (48) et remplacèrent Messaline par une nièce de l'empereur, Agrippine, qui s'est fait une autre célébrité. La nouvelle impératrice, voulant assurer à son fils Néron, âgé de onze ans, l'héritage qui revenait de droit au jeune Britannicus, fils de Claude, entoura l'empereur de ses créatures, nomma Burrus préfet du prétoire, Sénèque précepteur de Néron; pour en finir, elle empoisonna Claude (54).

Néron (54-68). — A son avénement, Claude pour s'assurer la fidélité des soldats avait donné près de 4,000 francs à chaque prétorien et une somme proportionnelle à chaque légionnaire (*donativum*) : innovation malheureuse que l'armée érigea en loi, et qui fera de l'empire un domaine à vendre au plus fort enchérisseur.

Aussi, les révolutions vont-elles se multiplier, puisque les soldats auront intérêt à multiplier les vacances du trône afin qu'on leur achète plus souvent le droit d'y monter.

Néron commença bien ; on loua longtemps les cinq premières années de son règne. « Que je voudrais ne pas savoir écrire ! » disait-il un jour qu'on lui présentait une sentence capitale à signer. Sénèque et Burrus travaillaient de concert à contenir les fougueuses passions de leur élève, mais l'ambition d'Agrippine amena l'explosion. Liguée avec l'affranchi Pallas, elle espérait que dans le palais rien ne se ferait sans elle. Sénèque et Burrus, pour prévenir une domination qui avait avili Claude, firent disgracier l'affranchi et sur les menaces d'Agrippine de conduire Britannicus au camp des prétoriens, Néron empoisonne son frère d'adoption (55). A quelque temps de là, il enleva à Othon sa femme Poppée et irrité des reproches de sa mère, il fit sombrer en pleine mer un vaisseau qu'elle montait. Comme elle se sauva à la nage, il envoya des soldats la tuer. Sa femme Octavie, et peut-être Burrus, eurent le même sort, et les Romains le virent conduire des chars dans l'arène, monter sur le théâtre pour y réciter des vers en s'accompagnant de la lyre : l'héritier de César devenu histrion ! L'incendie de Rome, l'an 64, ne peut lui être imputé. Mais il lui servit de prétexte pour persécuter les chrétiens ; les uns enveloppés de peaux de bêtes furent déchirés par les chiens ; les autres enduits tout vivants de résine éclairèrent la nuit, comme des flambeaux, les jardins de Néron, pendant une fête qu'il donnait au peuple. Pour payer ses prodigalités, il multiplia les exils et les condamnations. A la fin une conspiration se forma : nombre de sénateurs, de chevaliers, de soldats même y entrèrent. Sénèque et son neveu, le poëte Lucain, le vertueux Thraséa furent contraints de se faire ouvrir les veines. Ce fou furieux avait la vanité maladive des mauvais artistes : pour trouver de plus dignes appréciateurs de ses talents, il fit en l'an 66 un voyage en Grèce, où il parut dans tous les jeux, et ramassa quantité de couronnes, même à Olympie, bien qu'il fût tombé au milieu du stade, mais il paya ces applaudissements en proclamant la liberté de la Grèce.

Cependant l'empire commençait à se lasser d'obéir à un mauvais chanteur, comme l'appelait Vindex, propréteur de Gaule, qui offrit l'empire à Galba. Malgré la mort de ce chef, la révolte réussit et gagna Rome où Néron abandonné de tout le monde fut réduit à fuir, sans trouver même un gladiateur pour le tuer ; il se réfugia dans la métairie d'un de ses affranchis, et quand il se vît sur le point d'être pris, il s'enfonça un poignard dans la gorge en s'écriant : « Quel artiste le monde va perdre ! » Avec lui s'éteignit la race des Césars, qui depuis le grand Jules ne s'était d'ailleurs continuée que par l'adoption (juin 68).

Sous Néron, insurrection inutile en Bretagne excitée par la reine Boadicée et succès de Corbulon en Orient : pour prix de ses victoires, l'habile général reçut l'ordre de se donner la mort.

XXVIII

LES FLAVIENS (69-96).

Galba, Othon et Vitellius (68-69). — Les prétoriens exigeaient un riche *donativum* qui leur avait été promis au nom de Galba. « Je choisis mes soldats, répondit-il, et je ne les achète pas. » Cette fière parole ne fut pas soutenue par des actes vigoureux, et un ancien ami de Néron, homme ambitieux et perdu de dettes, Othon, souleva sans peine les prétoriens qui massacrèrent Galba.

Mais déjà les légions du Rhin avaient, à Cologne, proclamé empereur leur chef Vitellius ; elles marchèrent sur l'Italie et gagnèrent à *Bédriac*, près de Crémone, une grande bataille à la suite de laquelle Othon se tua.

Vitellius était surtout connu par une brutale voracité; il permit tout aux soldats et ne s'inquiéta que de ses plaisirs, sans songer que les légions d'Orient pouvaient être tentées d'imiter ce que celles des Gaules avaient fait pour Galba, les prétoriens pour Othon et les légions du Rhin pour lui-même. Les profits d'une révolution étaient maintenant trop certains pour que chaque armée ne voulût pas se les donner. Vespasien était alors à la tête de grandes forces chargées de réduire les Juifs révoltés. Ses troupes l'ayant proclamé empereur, il laissa à son fils Titus le soin d'assiéger Jérusalem, alla prendre possession de l'Égypte, et fit marcher Mucien sur l'Italie. Un tribun légionnaire, Antonius Primus, le prévint, battit près de Crémone les troupes de Vitellius, et, au bout de peu de jours, prit Rome; Vitellius, après avoir souffert mille outrages, fut égorgé (20 décembre 69).

Vespasien (69-79). — Flavius Vespasianus, fils d'un percepteur d'impôts, était de mœurs simples, et avait fait son chemin par son mérite. Il apprit en Égypte les succès de ses généraux et la mort de son rival. Mais deux guerres duraient encore : l'une, contre les Juifs, acharnée, toutefois sans péril pour l'empire, Titus s'en était chargé; l'autre, qui eût pu l'ébranler jusque dans ses fondements, la révolte du Batave Civilis. Ce personnage, de race royale parmi les siens, avait résolu d'affranchir son peuple; il appela les Gaulois à l'indépendance et les Germains au pillage des provinces. Les Gaulois ne purent s'entendre et un général de Vespasien, Céréalis, vainquit Civilis, qui se retira dans son île, y organisa une vive résistance, et finit par obtenir une paix honorable pour les Bataves; ils restèrent alliés de Rome, mais non tributaires, à la condition de fournir des soldats. Pendant ces événements, Titus mettait fin à la révolte des Juifs (65-70) qui, soulevés par les exactions de leurs derniers gouverneurs, avaient recommencé héroïquement la lutte des Macchabées contre la domination étrangère. Ils croyaient les temps venus pour le messie que les livres saints leur promettaient, et, refusant de le reconnaître dans la sainte victime du Golgotha, ils pensaient qu'il allait se manifester, glorieux et puissant, au milieu du bruit des armes. L'insurrection avait gagné la Galilée, où l'historien Josèphe organisa la résistance. Vespasien et Titus la renfermèrent dans la capitale de la Judée. Après un siége mémorable, Jérusalem tomba; le temple fut incendié, la charrue passa sur ses ruines, et la dispersion du peuple hébreu commença (70). Onze cent mille Juifs étaient tombés dans cette guerre.

Tandis que les généraux de Vespasien faisaient triompher ses armes, lui-même, à Rome, dégradait les sénateurs et les chevaliers indignes, améliorait les finances que Néron avait laissées dans un état déplorable, relevait le Capitole détruit par l'incendie, construisait l'immense Colisée et le temple de la Paix, fondait une bibliothèque, et instituait, pour l'enseignement de la rhétorique, des professeurs que l'État payait. Cependant Vespasien se crut obligé de chasser de Rome les stoïciens, qui affichaient avec ostentation des sentiments républicains. Ce fut aussi à cause de sa trop grande liberté de langage que le plus respecté des sénateurs, Helvidius Priscus, fut exilé et ensuite mis à mort, mais contre les intentions de l'empereur. Esprit sérieux, homme d'affaires et d'ordre, Vespasien se riait des flatteries comme de l'apothéose. « Je sens que je deviens dieu », dit-il quand il vit approcher sa dernière heure. Mais il voulut se lever, en ajoutant : « Un empereur doit mourir debout » (23 juin 79).

Titus (79-81). — Il eut pour successeur Titus, qui s'était distingué dans les guerres de Germanie et de Bretagne, surtout dans l'expédition de Judée, mais dont l'on redoutait les débauches et les violences. Il trompa tout le monde, et sa douceur, ses manières affables lui valurent le surnom de « Délices du genre humain ». C'était lui qui disait avoir perdu sa journée quand, par hasard, il n'avait pas fait quelque bien.

D'affreuses calamités désolèrent ce règne trop court :

un incendie, qui dura trois jours, dévasta une partie de Rome ; une peste décima l'Italie, et, le 1ᵉʳ novembre 79, le Vésuve s'ouvrant tout à coup, vomit des masses de cendres et de laves qui ensevelirent Herculanum, Pompéï et Stabies. Pline le Naturaliste, alors commandant de la flotte de Misène, voulut voir de près le terrible phénomène, et fut étouffé par les cendres ou écrasé par les pierres que le volcan lançait. Titus ne régna que vingt-sept mois (81).

Domitien (81-96). — Domitien, son frère, fut aussitôt proclamé. Dans ses premiers actes, il montra une rigidité sévère, rendit et fit rendre une justice rigoureuse, réprima tous les abus qu'il put connaître, et assura aux provinces, par son active surveillance, un gouvernement presque paternel. Les frontières furent bien gardées, les barbares contenus, même les Daces, qui devenaient redoutables. Mais ses besoins d'argent croissant en même temps que ses craintes, il devint avide et bientôt cruel. Les délateurs reparurent, et avec eux les exécutions. Son cousin Sabinus fut mis à mort, parce que le crieur qui devait le nommer consul l'avait par mégarde appelé empereur ; et nombre de riches furent atteints par l'accusation de lèse-majesté, à cause de leurs richesses.

Une révolte du gouverneur de la haute Germanie augmenta la tyrannie, parce que Domitien se crut entouré dans Rome même par les complices du rebelle. Beaucoup de sénateurs périrent ; quelques-uns furent accusés d'un crime nouveau, celui de judaïser. Sous ce prétexte furent condamnés son cousin Flavius Clémens et sa propre nièce Domitilla. A la fin, un complot se forma parmi les gens du palais, qui l'égorgèrent le 18 septembre 96.

Ce fut lui cependant qui acheva la conquête de la plus grande partie de la Bretagne. Vespasien y avait envoyé Agricola, beau-père de Tacite, qui pacifia l'île, sans parvenir toutefois à dompter les montagnards de la Calédonie. Le sud de l'Écosse seulement fut réuni à la province ; pour la couvrir contre leurs incursions, Agricola éleva une ligne de postes fortifiés, entre les deux golfes de la Clyde et du Forth, et la civilisation romaine, favorisée par les nombreux colons qu'il appela, prit vite possession de la Bretagne.

XXIX

LES ANTONINS (96-192).

Nerva (96-98). — La famille flavienne était éteinte. Le sénat se hâta de proclamer un des conjurés, le vieux consulaire Nerva. Avec ce prince commence une période de quatre-vingts ans, qu'on a appelée le temps le plus heureux de l'humanité : c'est l'époque des Antonins. Nerva montra de bonnes intentions, mais n'eut ni la force ni le temps de les réaliser; du moins il adopta l'Espagnol Trajan, le meilleur général de l'empire.

Trajan (98-117). — A la mort de Nerva (27 janvier 98), Trajan était à Cologne. Reconnu empereur par le sénat, le peuple et les armées, il resta une année encore sur les bords du Rhin, pour y achever la pacification des frontières et le rétablissement de la discipline. Il voulut entrer dans Rome à pied ; l'impératrice Plotine suivit cet exemple, et, en montant les marches du palais, elle se retourna vers la foule pour dire : « Telle j'entre ici, telle j'en veux sortir. » Il chassa les délateurs, diminua les impôts, et vendit les nombreux palais que ses prédécesseurs avaient acquis par des confiscations. Pour encourager la population libre, il distribua aux villes d'Italie des revenus destinés à l'entretien des enfants pauvres. Le sénat pouvait presque se croire revenu au temps de son ancienne puissance, car il délibérait sur de sérieuses affaires et distribuait véritablement les charges. Trajan rendit même les élections aux comices ; du moins les candidats paraissaient solliciter, comme autrefois, les suffrages du peuple. Lui-même il briguait au champ de Mars, confondu dans la foule. Les monuments qu'il éleva eurent pour but l'utilité publique ou l'ornement de Rome, comme la colonne Trajane, qui raconte encore ses exploits. Parmi ses travaux, les plus importants furent : l'achèvement d'une grande route qui traversait tout l'empire, du Pont-Euxin jusque dans les Gaules, et la réparation du chemin jeté à travers les marais Pontins. Il fit creuser à ses frais les ports d'Ancône et de Civita-Vecchia (*Centum Cellæ*), établit des colonies en divers lieux, soit comme stations militaires, soit comme places de commerce, et fonda la bibliothèque Ulpienne, qui devint la plus riche de Rome. On n'a que deux reproches à lui faire : il n'avait pas la sobriété de Caton, et il persécuta les chrétiens. Il défendit qu'on les recherchât, mais ordonna de frapper ceux qui se présenteraient. Lui-même il condamna aux lions l'évêque d'Antioche, Ignace.

Son règne fut le plus belliqueux de tous ceux que vit l'empire. Il dirigea en personne une expédition contre les Daces (101), franchit le Danube à la tête de soixante mille hommes, vainquit les barbares en trois batailles, prit leur capitale Sarmizégéthusa, et les obligea à demander la paix (103). En l'année 104, ils se soulevèrent de nouveau. Trajan jeta sur le fleuve un pont de pierre dont on voit encore les restes, pénétra à plusieurs reprises en Dacie, vainquit Décébale, qui se tua, et réduisit le pays en provinces. De nombreux colons y furent envoyés, des villes florissantes s'y élevèrent; et aujourd'hui tout un peuple parle encore, sur les rives du Danube, un idiome qui est presque la langue des contemporains de Trajan.

En Orient, il réduisit l'Arménie en province. Les rois de Colchide et d'Ibérie promirent une obéissance plus entière, et les Albaniens reçurent le prince qu'il leur donna. Un de ses lieutenants, Corn. Palma, avait déjà soumis une partie des Arabes. Trajan pénétra dans la Mésopotamie, s'empara de Ctésiphon, de Séleucie, de Suze, et descendit jusque dans le golfe Persique. « Si j'étais plus jeune, disait-il, j'irais conquérir les Indes. » Ces rapides conquêtes ne pouvaient être durables. Les vaincus se soulevèrent partout durant l'éloignement de l'empereur, et les Juifs se révoltèrent encore une fois de tous côtés. Des flots de sang coulèrent. Trajan n'eut même pas la consolation de voir la fin de ce formidable soulèvement : il mourut à Sélinonte, en Cilicie (11 août 117).

Hadrien (117-138). — Hadrien abandonna, en Orient, les inutiles conquêtes de son prédécesseur, et, pour arrêter en Bretagne les incursions des montagnards calédoniens, il éleva des bouches de la Tyne au golfe de Solway, le mur des Pictes, dont on voit encore des restes nombreux. Il n'eut qu'une seule guerre, mais elle fut atroce, celle des Juifs. Il avait effacé le nom de la cité de David, qui était devenue Ælia Capitolina ; il y dressa des autels à tous les dieux et il défendit aux Juifs de pratiquer leur baptême sanglant. Ceux-ci étaient donc à présent menacés de perdre leur nationalité religieuse, comme ils avaient perdu leur nationalité politique. A la voix du docteur Akiba, ils tentèrent encore une fois le sort des armes, sous la conduite de Barcochébas, le fils de l'Étoile, qui se faisait passer pour le messie toujours attendu. Près de six cent mille Juifs périrent, et ce qui resta du peuple fut vendu.

Son administration intérieure fut habile : il déchargea les provinces des redevances arriérées depuis seize ans, et effaça les formes républicaines qui, depuis Auguste, avaient perpétué, au grand dommage de beaucoup, le mensonge de la liberté romaine ; il divisa les offices en charges de l'État, du palais et de l'armée, les magistratures civiles ayant le premier rang, les fonctions militaires le dernier. Pour l'expédition des affaires, il institua quatre chancelleries, et les préfets du prétoire, investis d'une autorité à la fois civile et militaire, formèrent comme un ministère supérieur. Enfin Salvius Julianus, par ordre de l'empereur, réunit les anciens édits prétoriens, coordonna leurs dispositions, et forma une sorte de code qui, sous le nom d'*édit perpétuel*, reçut, en l'année 131, force de loi.

L'armée fut, comme le palais et la haute administration, soumise à une réforme sévère. Hadrien fit, pour la discipline, les exercices, l'âge où l'on devenait capable d'obtenir les grades, un grand nombre de règlements qui lui survécurent. Il visita toutes les provinces, les unes après les autres, voyageant la plupart du temps à pied, sans pompe, entouré seulement de quelques jurisconsultes et d'artistes. Nombre de villes furent décorées par lui de monuments splendides, comme Nîmes, où il éleva peut-être les arènes en l'honneur de Plotine; Athènes, où il passa deux hivers, Alexandrie, et Rome, qui lui doit son château Saint-Ange (*Moles Hadriani*) et le pont qui le réunit à la ville. Il encouragea le commerce, l'industrie, et rendit les esclaves justiciables des seuls tribunaux, non plus du caprice de leurs maîtres.

Les bienfaits de ce prince font oublier ses mœurs honteuses qui au reste étaient celles du temps, l'influence d'Antinoüs dont il fit un dieu, et quelques actes de sévérité qui parurent cruels. Dès les premiers jours de son règne, le sénat avait fait exécuter, sans attendre ses ordres, quatre consulaires, accusés de conspiration. Sur la fin de sa vie, lorsqu'il eut adopté Vérus et, à la mort de celui-ci, Antonin, les complots ou ses soupçons recommencèrent, et plusieurs sénateurs en furent victimes. Il mourut à Baïes le 12 juillet 138.

Antonin (138-161). — Antonin, originaire de Nîmes, adopté par Hadrien à la condition qu'il adopterait à son tour Marc-Aurèle et Lucius Vérus, régna vingt-trois années dans une paix profonde, et reçut de ses contemporains reconnaissants le surnom de *Père du genre humain*. Une sage économie dans l'administration financière lui fournit les moyens de fonder d'utiles institutions; et il put venir au secours des cités frappées par quelque fléau, comme Rome, Antioche, Narbonne et Rhodes, qu'avaient désolées des incendies et des tremblements de terre. « La richesse d'un prince, disait-il, est la félicité publique. » Deux conspirations furent découvertes contre lui : les chefs seuls périrent. Une apologie du christianisme, composée par le philosophe Justin, valut aux chrétiens, déjà nombreux à Rome et dans les provinces, la tolérance de l'empereur et des magistrats. Antonin ne fit aucune guerre importante; on ne cite que de petites expéditions pour la police des frontières.

Marc-Aurèle (161-180). — Marc-Aurèle, surnommé le Philosophe, prit à tâche de continuer l'administration de ses trois prédécesseurs. Il avait partagé le titre d'Auguste avec Vérus son gendre et son frère d'adoption; il l'envoya, dans des circonstances graves, en Orient; mais Vérus ne s'occupa à Antioche que de ses débauches, laissant l'habile Avidius Cassius prendre Ctésiphon et Séleucie. Une peste terrible sévit dans Rome; des tremblements de terre désolèrent l'empire, et les peuples germains des bords du Danube se soulevèrent; le philosophe stoïcien qui occupait le trône impérial ne se laissa pas effrayer, et, au milieu des périls de la guerre contre les Marcomans, il écrivit les admirables maximes de la sagesse stoïcienne dans les douze livres de son ouvrage intitulé Εἰς ἑαυτόν. Presque tout le monde barbare s'ébranlait : les Sarmates Roxolans, des Vandales, d'autres peuples dont nous n'avons plus que le nom, passèrent le Danube, et pénétrèrent jusqu'aux environs d'Aquilée. Les deux empereurs marchèrent contre eux, et les barbares reculèrent sans combat pour mettre leur butin en sûreté. Un certain nombre d'entre eux accepta même des terres que Marc-Aurèle leur donna ou du service parmi les auxiliaires des légions. Vérus mourut au retour de cette expédition (déc. 169). Les Germains, qui n'avaient point été vaincus, reparurent encore une fois sous les murs d'Aquilée. Pour trouver l'argent nécessaire à cette guerre, Marc-Aurèle fit vendre les objets précieux et les joyaux du palais impérial; il dut armer des esclaves, des gladiateurs, et enrôler des barbares (172). L'ennemi se retira devant lui, et l'empereur poursuivit les Quades jusque dans leur pays, où il courut, sur les bords du Gran, un sérieux danger. Une pluie mêlée d'éclairs et de tonnerre le sauva, et donna lieu à la tradition sur la légion fulminante composée de chrétiens. Un traité de paix avec plusieurs nations parut terminer glorieusement cette guerre.

Des bords du Danube, Marc-Aurèle gagna promptement la Syrie (175) pour apaiser la révolte de Cassius, qui fut tué par ses soldats. Presque aussitôt les Marcomans, les Bastarnes, les Goths recommencèrent leurs incursions (178). Le malheureux empereur, que la fortune condamnait à passer sa vie dans les camps, se hâta de marcher contre eux avec son fils Commode; il mourut, sans avoir achevé cette guerre, le 7 mars 180, à Vindobona (Vienne).

Commode (180-192). — Commode, âgé de 19 ans, se hâta de conclure la paix avec les Marcomans et les Quades, en prenant 20,000 de ces barbares au service de l'empire, et revint à Rome combattre plus de sept cents fois dans l'arène, conduire des chars et jouer le rôle d'Hercule. Le préfet des gardes, Pérennis, d'abord chargé de tous les soins du gouvernement, fut massacré en 186, et remplacé, comme préfet du prétoire et favori du prince, par l'affranchi Cléander, Phrygien, qui fit argent de tout, de la vie et de l'honneur des citoyens. Trois ans après, l'avare et cruel favori fut tué dans une sédition populaire qu'avaient excitée la peste et la famine. Commode lança alors des sentences de mort contre les hommes les plus vertueux, contre ses proches, contre le sénat, même contre le grand jurisconsulte Salvius Julianus, et permit tout aux prétoriens; mais ceux qui l'approchaient le plus étant les plus menacés, ce fut leur main qui le frappa. Sa concubine Marcia, le chambellan Electus, et le préfet des gardes, Lætus, qu'il se proposait de faire mourir, le firent étrangler par un athlète (déc. 192).

XXX

L'ANARCHIE MILITAIRE (192-285).

Pertinax et Didius Julianus (192-193). — Pertinax, préfet de la ville, proclamé empereur par les meurtriers de Commode, fut reconnu par le sénat et les prétoriens, mais, ayant voulu remettre l'ordre dans l'État et dans les finances, il mécontenta les soldats, qui vinrent l'égorger dans son palais (28 mars). Alors commencèrent des scènes sans nom et heureusement sans exemple. La soldatesque mit littéralement l'empire aux enchères ; deux enchérisseurs se présentèrent, qui luttèrent entre eux de promesses, et la monarchie d'Auguste fut adjugée, au vieux consulaire Didius Julianus, au prix de six mille deux cent cinquante drachmes pour chaque soldat. La vente terminée, les prétoriens conduisirent, en ordre de bataille Didius au palais et les sénateurs acceptèrent l'élu des soldats. Il avait promis plus qu'il ne pouvait tenir ; les créanciers, implacables pour leur imprudent débiteur, l'auraient sans doute eux-mêmes renversé s'ils n'avaient été prévenus par les légions des frontières, qui voulurent, elles aussi, donner l'empire. Les légions de Bretagne proclamèrent leur chef Albinus ; celles de Syrie, Pescennius Niger ; celles d'Illyrie, l'Africain Septime-Sévère. Celui-ci, se trouvant le plus rapproché de Rome, en prit aussitôt la route, et le sénat, encouragé par son approche, déclara Didius ennemi public, le fit tuer, punit les meurtriers de Pertinax, et reconnut Sévère empereur.

Septime-Sévère (193-211). — Il cassa les prétoriens ; mais, au lieu d'abolir cette garde turbulente, il se contenta de la changer, et la rendit même plus nombreuse. Il battit dans l'Asie Mineure Niger, qui fut tué au moment où il fuyait vers les Parthes (194), et près de Lyon (197), Albinus, dont il envoya la tête au sénat avec une lettre menaçante ; de retour à Rome, il y multiplia les supplices : quarante et une familles sénatoriales s'éteignirent sous la hache du bourreau.

Pour jeter un peu de gloire sur ces cruautés, il alla prendre aux Parthes, qui avaient fait alliance avec Niger, Séleucie et Ctésiphon ; mais il revint ordonner une persécution contre les chrétiens, malgré les éloquentes apologies de Tertullien et de Minutius Félix. Le principal instigateur de ces cruautés était son ministre Plautien, qui, accusé à son tour de conspiration par Bassien Caracalla, fils aîné de l'empereur (203), auquel il avait fiancé sa fille, fut mis à mort et remplacé par le jurisconsulte Papinien. Sévère administra les finances avec économie ; à sa mort, on trouva du blé pour sept ans dans les greniers de Rome. « Contentez les soldats, disait-il à ses enfants, et ne vous inquiétez pas du reste. Avec eux vous repousserez les barbares et vous contiendrez le peuple. » La discipline militaire fut sévèrement maintenue ; mais les soldats obtinrent en même temps des priviléges, une augmentation de solde et des distinctions. Après quelques années de repos, Sévère fut appelé en Bretagne par une révolte ; il n'eut pas de peine à l'apaiser. Il pénétra fort avant dans les montagnes des Calédoniens ; mais, harcelé sans relâche, fatigué par de continuelles attaques qui lui coûtèrent jusqu'à cinquante mille hommes, il revint à la politique d'Antonin, et construisit un mur, d'un rivage à l'autre, sur la ligne tracée par Agricola.

Pendant cette expédition, il avait été constamment malade ; son fils Bassien, appelé Caracalla, du nom d'un vêtement gaulois qu'il aimait à porter, ne put cependant attendre sa fin prochaine, et tenta de l'assassiner. Dès lors le mal de l'empereur augmenta. Il expira en disant : « J'ai été tout, et tout n'est rien. » Son dernier mot d'ordre avait été *laboremus!* (travaillons!) Il laissait deux fils, Caracalla et Géta (211).

Caracalla (211). — Les deux princes avaient déjà troublé le palais de leurs querelles ; de retour à Rome,

Caracalla poignarda son frère dans les bras de leur mère. Papinien, qui refusa de faire une publique apologie du fratricide, fut mis à mort, et avec lui périrent vingt mille partisans de Géta. Caracalla fit sentir sa cruauté dans toutes les provinces, particulièrement à Alexandrie, où, pour se venger de quelques épigrammes, il ordonna un massacre du peuple désarmé. Un centurion, qui avait une injure à venger, le tua (217).

Macrin (217). — L'armée élut le préfet des gardes, Macrin, qui, après une sanglante bataille livrée aux Parthes dans la Mésopotamie, acheta la paix au prix de cinquante millions de deniers; mais les mesures sévères qu'il prit pour le rétablissement de la discipline lui aliénèrent les esprits. Les soldats, mutinés dans leur camp, proclamèrent le jeune et beau grand-prêtre d'Émèse Bassianus, et massacrèrent Macrin (juin 218).

Élagabal (218). — Bassianus, plus connu sous le nom du dieu syrien dont il était le prêtre, Élagabal, apporta à Rome les passions les plus honteuses de l'Orient, les voluptés les plus impures, le luxe le plus insensé, et une dépravation à faire rougir Néron. Il se forma un sénat de femmes, et, comme le grand roi, il voulut être adoré. Son palais était sablé de poudre d'or et d'argent, et il remplissait ses viviers d'eau de rose pour s'y baigner. Les soldats eux-mêmes eurent bientôt horreur de cet empereur monstrueusement efféminé, qui s'habillait en femme. Ils le tuèrent le 11 mars 222 avec sa mère Soémis, et saluèrent empereur son cousin Alexandre, âgé de quatorze ans, qui resta sous la direction de son aïeule Mœsa et de sa mère Mammée.

Alexandre-Sévère (222). — Les deux impératrices s'appliquèrent à développer dans le jeune prince les vertus que la nature y avait déposées; elles lui donnèrent pour ministres les jurisconsultes Paul et Ulpien, et lui formèrent un conseil de douze sénateurs. L'empire passa plusieurs années paisibles sous le règne de ce prince, qui faisait graver au frontispice de son palais ces mots, fondement de la morale sociale :

« Fais à autrui ce que tu voudrais qu'on te fît à toi-même, » mais il n'avait pas la main assez ferme pour maintenir les soldats dans la discipline : un jour ils égorgèrent, sous ses yeux, leur préfet Ulpien.

La ruine du royaume des Parthes et la fondation d'un second empire persan par le Sassanide Artaxerxès, en 226, occasionnèrent une guerre sur l'Euphrate; car le nouveau monarque, qui rendait aux montagnards de la Perside la domination que les Parthes leur avaient enlevée, se disait de la race des anciens rois, et réclama toutes les provinces qu'avait autrefois possédées Darius. Alexandre répondit en attaquant les Perses; l'expédition ne paraît pas avoir été très-heureuse. La nouvelle d'une invasion des Germains en Gaule et en Illyrie précipita son retour. Il courut sur le Rhin, et y fut tué dans une sédition (235).

Maximin (235). Six empereurs en neuf ans. — Maximin, que les soldats proclamèrent, était un Thrace, Goth d'origine, qui, dans sa jeunesse avait gardé les troupeaux; espèce de géant de sept pieds, il mangeait, par jour, disait-on, trente livres de viande, et buvait une amphore de vin. Ce barbare, qui n'osa point venir une seule fois à Rome, traita l'empire en pays conquis, pillant les temples et les villes, battant monnaie avec leurs dieux. On en fut bientôt las. Le proconsul d'Afrique, Gordien Ier, et son fils, Gordien II, qui prétendaient descendre des Gracques et de Trajan, furent, malgré leurs prières, proclamés empereurs dans cette province. Le sénat les reconnut, et, quand ils eurent été renversés, il proclama lui-même Pupien et Balbin. Le peuple exigea qu'un fils du jeune Gordien fût déclaré César. Pour Maximin, on l'égorgea avec son fils (avril 238) devant Aquilée, qu'il assiégeait. Mais presque aussitôt les deux empereurs du sénat furent massacrés dans leurs palais. Les prétoriens déclarèrent alors Gordien III seul chef de l'empire : il n'avait que treize ans. Misithée, son précepteur et son beau-père, gouverna sous son nom avec sagesse, mais la mort de cet habile conseiller fit arriver au grade de préfet du prétoire l'Arabe Philippe, qui tua l'empereur et prit sa place (février 244).

Sous Gordien on avait parlé pour la première fois des Francs. C'était une confédération de tribus germaniques qui s'était formée sur le bas Rhin, comme celle des Alamans s'était constituée vers le Rhin supérieur. Ceux-ci menaçaient sans cesse la Rhétie, quelquefois même la Gaule dont les premiers envahirent les provinces septentrionales. A l'autre extrémité de la Germanie les Goths étaient peu à peu descendus de la Scandinavie sur le Danube inférieur et la mer Noire. Ils étaient pour l'heure les plus dangereux voisins de l'empire.

Philippe (244), Décius (249); les trente tyrans (254-268). — Au bout de cinq ans les soldats trouvèrent que le règne de Philippe avait assez duré, et de toutes parts les révoltes éclatèrent. Dans le même temps les Goths franchirent le Danube, et le sénateur Décius, qu'il envoya contre eux, fut proclamé par les troupes. Une bataille se livra près de Vérone (septembre 249), Philippe y fut tué. La tranquillité dont jouit l'Église, sous son règne, a fait croire à tort qu'il était chrétien. Décius, au contraire la persécuta cruellement. Il ne régna du reste que deux années, et périt dans une grande bataille livrée aux Goths dans la Mœsie (251).

L'armée reconnut un de ses chefs, Gallus, qui promit aux barbares un tribut annuel : c'était les engager à revenir. Æmilianus, qui les battit, prit la pourpre; tous deux furent tués par leurs soldats (253). Valérien, salué empereur, nomma César son fils Gallien, et s'efforça d'arrêter la dissolution imminente de l'empire. En 258, il reprit sur les Perses la grande cité d'Antioche et pénétra en Mésopotamie ; mais, près d'Édesse, il fut battu et fait prisonnier (260) par le roi Sapor, qui le retint captif en lui faisant subir, jusqu'à la mort, d'indignes outrages. Sapor était rentré en Syrie ; Balista, préfet du prétoire, le força de repasser l'Euphrate, aidé du chef arabe Odenath, qui se trouva assez puissant pour se faire reconnaître comme Auguste par Gallien, en 264. Palmyre, sa capitale, située dans une oasis à trois journées de l'Euphrate, était devenue riche et puissante, à la faveur d'un immense commerce. Des ruines imposantes témoignent encore de sa grandeur passée.

Depuis la captivité de son père, Gallien gouverna seul pendant huit années, qui ne furent qu'une lutte sans relâche contre les usurpateurs, les barbares et les calamités de toutes sortes qui fondirent sur l'empire. C'est l'époque qu'on appelle celle des Trente tyrans. Il n'y en eut, en réalité, que dix-neuf ou vingt qui tous périrent de mort violente comme Saturnius, qui disait à ses soldats : « Camarades, vous perdez un bon général et vous faites un misérable empereur, » et en effet, ils le tuèrent à cause de sa sévérité. Odenath valeureux prince, qui délivra tour à tour l'Orient des Perses et des Goths, débarqués dans l'Asie Mineure, fut lui-même assassiné, en 267, par son neveu. Zénobie, sa femme fit égorger le meurtrier et succéda à la puissance de son époux. La Gaule fut quatorze ans indépendante sous cinq empereurs gaulois dont le dernier Tétricus abdiqua dans les mains d'Aurélien.

Aux désordres intérieurs s'étaient jointes les invasions des barbares. Les Goths, les Hérules avaient ravagé la Grèce et l'Asie Mineure. Un Goth voulait brûler à Athènes la bibliothèque, un autre l'arrêta : « Laissons, dit-il, à nos ennemis ces livres qui leur ôtent l'amour des armes. » Les Athéniens cependant, sous la conduite de l'historien Dexippe, eurent l'honneur de battre ces brigands.

Claude (268); Aurélien (270); Tacite (275); Probus (275); Carus (282). — Gallien qui paraissait seul légitime au milieu de tous ces usurpateurs fut frappé à mort par des traîtres en assiégeant un de ses compétiteurs dans Milan; en expirant il choisit pour son successeur un Dalmate, Claude, qui était alors le général le plus renommé de l'empire, et qui n'eut que le temps de courir en Macédoine pour faire tête à trois cent mille Goths. Vainqueur près de Naïssus, il fut enlevé par la peste. Aurélien le remplaça (270). Il eut d'abord à repousser une invasion des Alamans qui pénétrèrent par la Rhétie jusqu'à Plaisance, où ils détruisirent une armée romaine, et de là jusque sur les bords de l'Adriatique. La terreur était dans Rome. Le sénat consulta les livres sibyllins, et, d'après leurs réponses, on immola des victimes humaines. Une victoire remportée sur les bords du Métaure délivra l'Italie; mais le danger que Rome avait couru engagea l'empereur à l'entourer d'une forte muraille. Il fut moins heureux contre les Goths; un traité leur abandonna la Dacie, dont il transporta les habitants en Mœsie. Le Danube redevenait la limite de l'empire.

La tranquillité rétablie sur cette frontière, il passa en Orient (273) pour combattre la reine de Palmyre, princesse célèbre par son courage et sa rare intelligence, qui songeait à fonder un grand empire oriental. Il lui enleva la Syrie, l'Égypte et une partie de l'Asie Mineure où elle commandait, la battit près d'Antioche et d'Émèse, et l'assiégea dans Palmyre sa capitale, où elle s'était réfugiée. Quand la ville fut à bout de ressources, Zénobie s'enfuit sur des dromadaires vers l'Euphrate; mais arrêtée, elle fut conduite à Aurélien. Son principal ministre, le sophiste Longin, duquel nous avons encore un traité *sur le sublime*, soupçonné d'être l'auteur d'une lettre offensante envoyée par Zénobie à Aurélien, fut mis à mort; l'empereur réserva la reine pour son triomphe. Dans l'Occident Tétricus, qui gouvernait la Gaule, l'Espagne et la Bretagne, trahit lui-même son armée et passa du côté d'Aurélien qui le nomma gouverneur de Lucanie, et donna à Zénobie une belle villa du territoire de Tibur.

Délivré des embarras extérieurs, Aurélien essaya de rétablir l'ordre dans l'administration et la discipline dans les armées. Pour occuper l'esprit remuant des légions, il préparait une expédition contre les Perses, lorsque son secrétaire Mnesthée, accusé de concussions, et qui craignait un châtiment, le fit assassiner (janvier 275). Les soldats, honteux d'avoir laissé tuer leur glorieux chef, forcèrent le sénat à choisir un empereur : il nomma le vieux Tacite qui mourut au bout de six mois.

Les soldats proclamèrent alors Probus, qui courut aussitôt dans la Gaule, que les Alamans avaient envahie. Il leur reprit soixante villes, passa le Rhin à leur suite, et les poursuivit jusqu'au delà du Necker. Les Germains lui livrèrent seize mille de leurs jeunes guerriers, qu'il enrôla dans ses troupes, mais en les dispersant. Dans l'Illyrie, il battit les Sarmates ; dans la Thrace, les Gètes ; dans l'Asie Mineure, les brigands de l'Isaurie et de la Pamphylie ; en Égypte, les Blemmyes, qui avaient pris Coptos. Le roi de Perse, Narsès, effrayé de ces succès, demanda la paix. A son retour par la Thrace, Probus établit sur les terres de l'empire cent mille Bastarnes, comme il avait établi déjà des Germains dans la Bretagne et des Francs sur les bords du Pont-Euxin. Il se disposait à marcher contre les Perses, quand les rudes travaux qu'il imposait à ses soldats, auxquels il faisait planter des vignes, dessécher des marais, etc., amenèrent une sédition dans laquelle il périt. Le lendemain les soldats le pleurèrent (282). Ils élurent le préfet des gardes Carus qui donna le titre de Césars à ses deux fils, Carin et Numérien. L'aîné eut le gouvernement de l'Occident ; le plus jeune, après une défaite des Goths et des Sarmates, suivit son père en Orient. Carus prit Séleucie et Ctésiphon, mais périt frappé par la foudre ou succomba à une maladie (25 décembre 283), et Numérien se hâta de traiter avec les Perses. Comme il ramenait les légions vers le Bosphore, il fut tué par son beau-père Arrius Aper (284). L'armée proclama cinq jours après, sous les murs de Chalcédoine, le Dalmate Dioclétien qui égorgea Aper de sa main, sous les yeux de toute l'armée. Carin essaya de renverser le nouvel empereur, mais il fut tué dans une bataille, près de Margus en Mœsie (285).

XXXI

DIOCLÉTIEN ET CONSTANTIN (285-337). LE CHRISTIANISME.

Dioclétien (285). La tétrarchie. — Quarante-cinq empereurs avaient déjà revêtu la pourpre; sur ce nombre vingt-neuf, sans parler des trente tyrans, avaient été assassinés, quatre ou cinq autres avaient péri de mort violente. Le reste, onze ou douze seulement, avaient atteint naturellement le terme de leur carrière. Quelle preuve de la mauvaise organisation du pouvoir suprême dans l'empire romain !

Dioclétien s'imposa la double tâche de rétablir l'ordre à l'intérieur, et la sécurité sur les frontières. Tandis que la tyrannie des gouverneurs de la Gaule faisait révolter les paysans de cette province (Bagaudes), les Alamans franchissaient le Danube, et ravageaient la Rhétie; des saxons pillaient les côtes de la Bretagne et de la Gaule; des Francs enfin allaient jusqu'en Sicile ravager Syracuse, et Carausius, chargé d'arrêter les courses de ces pirates, se faisait proclamer empereur en Bretagne (286). Effrayé de cette situation critique, Dioclétien se donna comme collègue un de ses anciens compagnons d'armes, Maximien (286), qui prit le surnom d'Hercule; celui de Jupiter désignait déjà Dioclétien. Le désordre et les menaces d'invasion étant partout, les deux *Augustes* crurent nécessaire de s'adjoindre encore deux lieutenants, les *Césars* Galérius et Constance Chlore.

Dans le partage de l'empire, Dioclétien garda l'Orient; Galérius eut la Thrace et les provinces du Danube; Maximien l'Italie, l'Afrique et les îles; Constance la Gaule, l'Espagne avec la Mauritanie et la Bretagne. Les ordonnances rendues par chaque prince étaient valables dans les provinces de ses collègues. Dioclétien demeura le chef suprême de l'État, et par son habileté et son esprit de conciliation, maintint la concorde entre des princes déjà rivaux. Le premier des empereurs romains, il entoura le trône de toute la pompe extérieure des cours asiatiques; il prit un diadème, s'habilla de soie et d'or, et fit adorer à genoux la divinité et la majesté impériales à tous ceux qui obtenaient la permission de l'approcher. Il commençait à établir cette hiérarchie, nécessaire dans le gouvernement monarchique pour mettre le prince à l'abri des révolutions de caserne, mais aussi ce despotisme de cour, ce gouvernement de sérail, qui tuent l'esprit public et font passer les services rendus à la personne du prince par-dessus les services rendus à l'État. Des guerres heureuses justifièrent le choix de Dioclétien.

En Orient, les Perses avaient chassé du trône d'Arménie un partisan des Romains et menaçaient la Syrie; Galérius marcha contre eux. Une défaite qu'il essuya fut glorieusement réparée, et Narsès, en 297, céda la Mésopotamie, cinq provinces au delà du Tigre, avec la suzeraineté sur l'Arménie et l'Ibérie au pied du Caucase. C'était le plus glorieux traité que l'empire eût encore signé. Dioclétien, pour conserver ces conquêtes, y éleva de nombreuses fortifications. A l'autre extrémité du monde romain, Constance, après avoir chassé les Francs de la Gaule et de la Batavie, descendit en Bretagne et vainquit, en 296, l'usurpateur Alectus qui avait succédé à Carausius.

Le calme partout rétabli, Dioclétien sema la division parmi les barbares; il arma les uns contre les autres, Goths et Vandales, Gépides et Burgondes; puis il fit réparer toutes les fortifications des frontières, construire des postes nouveaux; et en quelques années l'empire se retrouva sur un pied formidable. Ces succès furent célébrés par un pompeux triomphe, un des derniers que Rome ait vus (303).

Malheureusement, Dioclétien se laissa entraîner par Galérius à ordonner une cruelle persécution contre l'Église. Un incendie qui éclata dans le palais impérial, et dont on accusa les chrétiens, redoubla sa colère; tout l'empire, moins les provinces où régnait Constance Chlore, retentit du bruit des tortures.

Peu de temps après Dioclétien, dégoûté du pouvoir, abdiqua, le 1ᵉʳ mai 305, à Nicomédie. Maximien suivit malgré lui cet exemple, et le même jour déposa, à Milan, le diadème. L'ancien chef du monde romain se retira dans une magnifique villa qu'il s'était fait construire près de Salone (Spalatro), sur les côtes de la Dalmatie, et passa sa vieillesse dans de paisibles travaux. Un jour que Maximien le pressait de remonter sur le trône : « Si tu pouvais voir, lui répondit-il, les beaux légumes que je fais pousser moi-même, tu ne me parlerais pas de pareilles fatigues. » Il y mourut en 313 : on voit encore aujourd'hui les ruines de ce palais.

Nouveaux empereurs et nouvelles guerres civiles (305-323). — Galérius et Constance prirent le titre d'Augustes et eurent deux nouveaux Césars : Maximin, qui reçut le gouvernement de la Syrie et de l'Égypte, Sévère, qui eut l'Italie et l'Afrique et qui devint Auguste après la mort de Constance. Le fils de ce dernier prince, Constantin, qu'attendait une brillante renommée, succéda à son père, avec le titre de César.

La combinaison de Dioclétien qui semblait si habilement conçue pour prévenir les usurpations en faisant d'avance la part de quelques ambitieux et en rendant partout présente l'autorité suprême, était en réalité impraticable. Cet empire si vaste et maintenant si menacé, pouvait être tenu réuni pour un moment par une main expérimentée et ferme, comme après Dioclétien sera celle de Constantin, mais le démembrement est inévitable. Ce fut Rome qui donna le signal de nouvelles guerres. Irritée de l'abandon où les nouveaux empereurs la laissaient, elle salua du titre d'Auguste Maxence, fils de Maximien (306), qui prit son père pour collègue, de sorte que l'empire eut à la fois six maîtres : les deux *Augustes*, Galère et Sévère, les deux *Césars* Constantin et Maximin, et les deux usurpateurs Maxence et Maximien. Sévère tomba le premier vaincu et tué par Maximien. Celui-ci disparut ensuite renvoyé par son fils et mis à mort par son gendre Constantin qu'il essayait de renverser (310). L'année suivante, Galère mourut emporté par ses débauches (mai 311). Maxence succomba à son tour sous les coups de son beau-frère Constantin, près du pont Milvius sur le Tibre. Pour cette expédition Constantin s'était donné l'appui des chrétiens en faisant placer la croix sur ses étendards (312).

Licinius, le successeur de Galère, avait en même temps vaincu Maximin, qui s'empoisonna (313). L'empire n'avait donc plus que deux maîtres : Licinius en Orient, Constantin en Occident. C'était trop d'un encore pour ces princes ambitieux et perfides qui cherchèrent à se renverser l'un l'autre. Licinius fomenta une conspiration contre son rival ; celui-ci, en réponse, lui déclara la guerre (314), le battit et lui imposa une paix onéreuse.

Cette paix dura neuf années, que Constantin employa à mettre l'ordre dans l'administration et qu'il utilisa pour sa gloire et sa puissance par une victoire sur les Goths, dont quarante mille guerriers entrèrent à son service, sous le nom de *fœderati*. Sous prétexte de protéger les chrétiens que persécutait son collègue, Constantin l'attaqua et le prit après deux victoires : il lui ôta la pourpre en lui promettant de respecter sa vie, et quelque temps après il le fit tuer (323).

Le Christianisme. — La morale païenne s'était élevée à une grande hauteur avec Sénèque, Lucain, Perse, Épictète, Marc-Aurèle, et l'active propagande des philosophes avait eu quelque effet sur les âmes. Mais l'éclat dont brillent encore à nos yeux certains esprits nous empêche de voir l'état d'enfance spirituelle où était alors retenue la plus grande partie de l'humanité. Pour celle-ci, les plus belles doctrines trouvées par la raison, restaient inefficaces parce qu'elles n'étaient point soutenues par des croyances nées de la foi seule. Les philosophes parlaient en termes magnifiques de leur mépris pour la fortune, la douleur et la mort; mais ils en savaient bien peu sur la vie à venir, les peines et les récompenses qui nous attendent. Leur fière vertu convenait à des sages désespérés, à quelques-uns de ces grands de Rome qui, ayant perdu la dignité du citoyen, s'étaient réfugiés dans celle de l'homme. Pour la foule, il fallait de ces merveilles qui saisissent l'intelligence et imposent la certitude sans qu'on les comprenne, *credo quia absurdum*, comme dit Tertullien; et ces croyances auxquelles la raison n'a rien à voir, une religion seule peut les donner. Placée entre l'Égypte et la Perse, c'est-à-dire, entre les deux pays qui ont professé la foi la plus énergique en une vie à venir, la Judée avait fini par joindre à la grande idée sémitique de l'unité divine, celle de la résurrection et du jugement des morts pour une éternité de tortures ou de béatitudes. L'adorable pureté des paraboles de Jésus, cette foi invincible en Dieu et dans sa justice, cet enseignement qui se répandait en ardente charité pour toutes les souffrances, pour toutes les misères, allaient au cœur des petits; tandis que les Pères et les Docteurs, construisant, avec des idées platoniciennes, la métaphysique la plus rationnelle, la plus philosophique par conséquent que le monde eut encore connue, gagnaient les esprits d'élite à la cause du nouvel évangile.

Jésus était né cinq années avant notre ère dans le bourg de Bethléem, au milieu des Juifs qui accablés de misères attendaient la venue du Messie promis par leurs prophètes. Dans la quinzième année de Tibère il commença à parcourir la Judée, enseignant l'amour de Dieu et des hommes, la pureté et la justice, la récompense des bons et le châtiment des méchants. Les Pharisiens, sectateurs étroits de la loi mosaïque, firent condamner et clouer sur la croix la sainte victime de l'humanité. Après la *Passion*, les apôtres se répandirent par les provinces où s'étaient établies beaucoup de colonies juives. Grand nombre de païens dégoûtés de leurs dieux de marbre, et de ce ciel vide où rien ne les appelait, beaucoup d'esclaves, de misérables qui entendaient enfin une voix humaine murmurer à leurs oreilles des paroles de consolation et d'espérance entraient dans l'église naissante. Au temps de Néron, il se trouva déjà assez de chrétiens dans Rome pour qu'ils y fussent persécutés. Quelques-uns souffrirent sous Domitien; un plus grand nombre sous Trajan, qui défendit qu'on les recherchât, mais punit, par application d'anciens sénatus-consultes, ceux qui furent convaincus d'avoir formé des assemblées secrètes ou méprisé l'autorité impériale en refusant de sacrifier aux dieux dont l'empereur, comme souverain pontife, était chargé de protéger le culte.

Cependant l'Église grandissant, ses doctrines étaient mieux connues. Les païens lui opposèrent les prétendus miracles de Vespasien, ceux d'Apollonius de Tyane, philosophe et thaumaturge. Ils tentèrent aussi de purifier le paganisme pour le rendre moins indigne de lutter contre la religion du Christ et donnèrent à leur culte des formes mystérieuses, propres à frapper les imaginations, par conséquent à les retenir sous leur influence : initiations, expiations, le taurobole, etc., conceptions bizarres qui ne parvinrent pas à empêcher les âmes de se précipiter vers une doctrine à la fois plus simple et plus douce. Le christianisme courait un autre danger; comme la philosophie, il avait ses écoles différentes, les *hérésies* (choix); les *Épîtres*, les quatre *Évangiles*, le *Symbole* des Apôtres maintinrent l'unité et Aristide, Justin présentèrent à Hadrien et à Antonin deux apologies qui valurent aux fidèles quelque repos. Mais les sophistes entraînèrent Marc-Aurèle à décréter de nouvelles poursuites (martyres de Justin, de Polycarpe, de Plotin, etc.). Les chrétiens furent à peu près tranquilles jusqu'à Sévère, rude policier, qui s'alarma de leurs assemblées secrètes, et ordonna une persécution (199-204, Apologétique de Tertullien), que la tolérance sympathique d'Alexandre Sévère arrêta. Sous Décius, on se vengea sur eux des malheurs de l'empire, attribués à la colère des dieux et la dernière persécution, celle de Dioclétien, ou plutôt de Galère, mérita d'être appelée l'ère des martyrs (303-312). Elle n'avait été si cruelle que parce que les chrétiens étaient alors en très-grand nombre dans l'empire. Constantin se fit le chef de ce parti considérable, et cette résolution lui donna la victoire.

Ce fut dans son expédition contre Maxence (312) qu'il se déclara le défenseur de la foi nouvelle. L'année suivante il publia, à Milan, un édit de tolérance. Tant que vécut Licinius, Constantin conserva des ménagements pour les païens, mais dès l'année 321, il accorda à l'Église la faculté de recevoir des donations et des legs, et il paya l'assistance qu'il en reçut contre son dernier rival en la comblant, aux dépens du patrimoine impérial, de biens dont il lui garantit à perpétuité la possession. Il transmit aux prêtres chrétiens tous les priviléges dont jouissaient les pontifes du paganisme, c'est-à-dire le droit d'asile pour leurs temples, et pour eux-mêmes l'exemption des charges publiques, des corvées et des impôts. Le moindre clerc ne put être mis à la question et le repos du dimanche fut prescrit, grande faveur pour les esclaves.

Pour multiplier les conversions, il montra de quel côté on trouverait maintenant les faveurs impériales, en donnant toutes les places aux chrétiens et des priviléges aux villes qui renversaient les autels des dieux. D'autre part, il essaya de ruiner le paganisme d'abord par des exhortations fréquemment adressées à ses peuples, ensuite, quand le christianisme triomphant ne laissa plus craindre de soulèvement dangereux, par des ordonnances sévères qui, excepté à Rome, fermèrent les temples et renversèrent les idoles, sans toutefois qu'on versât le sang de ceux qui restèrent attachés à l'ancien culte. Le concile de Nicée que Constantin réunit en 325 rédigea enfin la charte du christianisme. Lorsqu'il se fut séparé, l'empereur écrivit à toutes les Églises « pour qu'elles se conformassent à la volonté de Dieu exprimée par le concile. »

Réorganisation de l'administration impériale. — La révolution était accomplie dans l'ordre religieux; il l'acheva dans l'ordre politique. Dioclétien n'avait qu'ébauché l'organisation destinée à mettre un terme aux révolutions militaires. Constantin reprit cette œuvre : d'abord il renia Rome, pleine encore de ses dieux dont il ne voulait plus, et il alla fonder une autre capitale sur les bords du Bosphore, entre l'Europe et l'Asie. Constantinople s'éleva sur l'emplacement de Byzance, assez loin des frontières orientales pour n'avoir pas trop à craindre les attaques de l'ennemi, assez près d'elles pour les surveiller mieux et les défendre. Le site était si bien choisi que l'invasion passa, durant dix siècles, au pied de ses murs, avant de l'emporter. Les constructions commencèrent en 326; dès l'année 330, Constantin inaugura la nouvelle cité comme capitale de l'empire. Il y établit un sénat, des tribus, des curies ; il y éleva un Capitole, consacré non aux dieux de l'Olympe, maintenant détrônés et morts, mais à la science, et des palais, des aqueducs, des thermes, des portiques, un milliaire d'or, onze églises. L'emplacement offrait sept collines, il le divisa comme à Rome, en quatorze régions. Le peuple y eut des distributions gratuites; l'Égypte y envoya ses blés, les provinces leurs statues et leurs plus beaux monuments. Rome délaissée de son empereur, de ses plus riches familles qui allèrent s'établir là où vivait la cour, « s'isola peu à peu au milieu de l'empire; et tandis qu'on se battait autour d'elle, elle s'assit à l'ombre de son nom en attendant sa ruine. »

L'empire fut divisé en quatre préfectures, et celles-ci en treize diocèses.

Les provinces trop grandes inspiraient aux gouverneurs la pensée de monter plus haut, jusqu'à l'empire : on les divisa, et les vingt provinces d'Auguste devinrent les cent seize provinces de Constantin. Un nombreux personnel d'administrateurs, distribué en une longue et savante hiérarchie, fut interposé entre le peuple et l'empereur, dont la volonté, transmise par les ministres aux préfets du prétoire, passa de ceux-ci aux présidents de diocèses, pour descendre par les gouverneurs de provinces jusqu'aux cités. A la tête de cette hiérarchie étaient les sept grands officiers qui formaient le ministère impérial : le *comte de la chambre sacrée* ou grand chambellan ; le *maître des offices*, ministre d'État qui dirigeait la maison de l'empereur et la police de l'empire ; le *questeur du palais*, sorte de chancelier, le *comte des largesses sacrées*, ministre des finances ; le *comte du domaine privé* ; le *comte de la cavalerie domestique*, celui de *l'infanterie domestique*, chefs des gardes de l'empereur. Ajoutez à ces officiers la foule des agents secondaires encombrant le palais et *plus nombreux*, dit Libanius, *que les mouches qui volent en été*.

Les quatre préfets du prétoire pour l'Orient, l'Illyrie, l'Italie et la Gaule, n'avaient plus d'attributions militaires ; mais ils publiaient les décrets de l'empereur, rédigeaient le cadastre, surveillaient la perception de l'impôt, jugeaient en appel des chefs de diocèse, etc. Leurs riches appointements et le personnel nombreux de leurs bureaux en faisaient comme quatre rois de second ordre commandant aux gouverneurs des diocèses et des provinces.

Le *maître de la cavalerie* et celui *de l'infanterie* avaient sous leurs ordres les *comtes militaires* des provinces.

Déjà Dioclétien s'était entouré de la pompe des cours asiatiques pour rendre plus respectable en la rendant invisible, la majesté du prince ; Constantin imita cet exemple. Les charges de la cour impériale donnèrent à ceux qui en étaient investis des titres de noblesse personnelle et non transmissible. Les consuls, les préfets et les sept ministres s'appelaient les *illustres;* les proconsuls, les vicaires, les comtes, les ducs étaient *spectabiles* ; les consulaires, les correcteurs et les présidents étaient *clarissimi*. Il y eut aussi des *perfectissimi* et des *egregii*. Les princes de la maison impériale avaient le titre de *nobilissimi*.

Cette divine hiérarchie, comme on appela dans la langue officielle l'armée des fonctionnaires qui entourait et cachait la personne sacrée de l'empereur, augmenta l'éclat de la cour, sans augmenter la force du gouvernement. Il fallut des traitements pour ce personnel immense qui s'inquiéta bien plus de plaire au prince que de travailler au bien public; les dépenses de l'administration s'accrurent; on demanda davantage à l'impôt, quand la misère épuisait déjà les plus riches provinces. Alors commença entre le fisc et les contribuables une guerre de ruses et de violences qui irrita les populations et éteignit jusqu'aux derniers restes du patriotisme.

Les institutions libres d'autrefois vivaient encore dans le régime municipal. Chaque ville avait son sénat, la *curie*, composée de *curiales* ou propriétaires d'au moins vingt-cinq arpents, qui délibérait sur les affaires du municipe, et élisait dans son sein des magistrats pour les administrer; les *duumvirs* qui présidaient la curie, géraient les intérêts de la cité et jugeaient les procès de peu de valeur; un *édile*, un *curateur* ou économe, un *percepteur*, des *irénarques* (commissaires de police), des *scribes*, des *tabellions*; dans les derniers temps elles eurent un *défenseur*, sorte de tribun élu par la cité pour la défendre auprès du gouverneur ou du prince et qui sera souvent l'évêque du lieu.

Mais les curiales chargés de percevoir eux-mêmes l'impôt en garantissaient sur leurs biens le recouvrement. Aussi leur condition deviendra de plus en plus misérable; ils essayeront d'y échapper en se réfugiant dans les corps privilégiés : le clergé, l'armée; mais on les ramènera de force dans la curie où à leur mort leurs fils les remplaceront. L'exemption de la torture et de quelques peines infamantes n'étaient qu'un faible dédommagement. Aussi le nombre des curiales diminue déjà dans toutes les cités.

Ces impôts, dont ils répondaient, étaient très-lourds : D'abord l'*indiction*, taxe foncière qui se répartissait d'après la fortune reconnue à chacun dans le cadastre dressé tous les quinze ans (*cycle des indictions*), ensuite le vingtième des héritages, le centième du prix des ventes aux enchères, la capitation payée par les non-propriétaires et pour les esclaves, etc., enfin les droits de douane et le *chrysargyre*, prélevé tous les quatre ans sur le petit commerce et la petite industrie. L'*aurum coronarium*, autrefois volontaire quand les cités envoyaient aux consuls ou aux empereurs, en des occasions solennelles, des couronnes d'or, était devenu un impôt obligatoire.

Ces charges semblaient d'autant plus lourdes aux basses et moyennes fortunes, qu'elles ne pesaient point ou ne pesaient qu'en partie sur les plus riches. Les *nobilissimi*, les *patricii*, les *illustres*, les *spectabiles*, les *clarissimi*, les *perfectissimi*, les *egregii*, tous les gens du palais, toute la noblesse de cour et le clergé étaient exemptés des plus lourds impôts qui retombaient en entier sur les *curiales*. La troisième classe, celle des simples *hommes libres*, comprenant ceux qui possédaient moins de vingt-cinq arpents, les marchands et les artisans, n'était pas moins malheureuse. Les corporations, que les artisans des villes avaient formées, surtout depuis Alexandre Sévère, étaient devenues des prisons d'où le gouvernement leur défendait de sortir; il croyait ainsi forcer les hommes au travail et il tua l'industrie. Dans les campagnes, les petits propriétaires, dépouillés par les violences et les ruses des grands, ou par les invasions des barbares, étaient réduits à se faire *colons* du riche, condition qui les attachait à la terre en les privant, sinon du titre, au moins de la plupart des droits de l'homme libre. Une seule classe gagna, au milieu de toutes ces misères : celle des esclaves; la philosophie stoïcienne, puis le christianisme, avaient adouci les idées et les lois à leur égard. Ils furent considérés enfin comme des hommes; on les autorisa à disposer plus librement de leur *pécule* et il fut défendu de les tuer, de les torturer, même, lorsqu'on les vendait, de séparer les familles. Les hommes libres étant abaissés et les esclaves relevés, il commença à se former une condition nouvelle, la servitude de la glèbe, préférable à l'esclavage. Mais, en attendant que ce bienfait se généralisât, l'homme libre, découragé, cessa de travailler ; la population diminua et l'on fut obligé de repeupler avec des barbares des provinces devenues désertes.

L'armée véritable, celle qui devait arrêter l'invasion, n'était plus guère composée que de barbares, surtout de Germains à qui l'on confia fort imprudemment la garde des frontières, *limitanei*. Les légions, réduites de six mille hommes à quinze cents, pour qu'elles ne donnassent plus à leurs chefs ces ambitieux désirs qui avaient produit tant d'usurpateurs, allèrent tenir garnison dans les villes de l'intérieur. Les *palatins*, formant la garde particulière de l'empereur, furent les mieux payés et les plus honorés. Du reste, dans l'armée, même régime que dans l'ordre civil, la servitude et le privilége, qui écartaient du métier des armes tout homme de quelque valeur ; les recrues étaient ramassées dans les bas-fonds de la société ou parmi les vagabonds des nations barbares qui ne tarderont pas à faire la loi. Plus d'honneur militaire : on marquait les soldats comme des forçats. Aussi, malgré ses cent trente-trois légions, ses arsenaux, ses magasins, son enceinte magnifique de fortifications le long du Rhin, du Mein, du Danube, de l'Euphrate et du désert d'Arabie, l'empire allait être envahi par des ennemis méprisables.

Si donc le nouvel état de choses relevait tout ce qui avait été humilié autrefois, l'esclave, la femme, l'enfant, en revanche, tout ce qui autrefois avait été fort et fier, l'homme libre, le citoyen, était humilié. Comme on manquait de soldats, on manquait d'écrivains et d'artistes. Rien de grand ne sortira des écoles que va réorganiser Valentinien. On n'avait que des sophistes et des rhéteurs comme Libanius, des poëtes comme sera Claudien, des faiseurs de petits vers et d'épithalames. La littérature et l'art, encore étroitement liés au paganisme, tombaient avec ce culte dont les fidèles ne se trouveront bientôt plus que dans les populations des campagnes, *pagani*.

La foi et la vie, qui se retiraient du vieux culte et de la vieille société, passaient à un culte nouveau et à une société nouvelle. Le christianisme s'était développé et constitué au milieu des persécutions, et il était monté sur le trône avec Constantin qui combla l'Église de priviléges, d'immunités et de richesses, ajoutant cette influence à celle que lui donnaient déjà sa foi ardente et jeune, son esprit de prosélytisme et le génie de ses chefs. L'hérésie même n'avait fait en quelque sorte que la fortifier. De son sein sortait une littérature élevée, passionnée, active (Tertullien et bientôt saint Athanase, saint Ambroise, saint Augustin, saint Grégoire de Nazianze, Lactance, Salvien, etc.); quinze grands conciles, tenus dans le IV° siècle, attesteront son activité, et déjà se régularisaient son dogme, sa discipline et sa hiérarchie de clercs, d'évêques et de métropolitains. L'empire et la vieille société s'écrouleront, l'Église survivra, ouvrant aux barbares son large sein; envoyant aux Goths de la Dacie un évêque arien, Ulphilas, qui traduira la Bible dans leur idiome, et d'autres qui iront convertir les Burgundes.

Dernières années de Constantin (323-337). — Ces trois grands faits : l'établissement du christianisme, comme religion dominante dans l'empire, la fondation de Constantinople et la réorganisation administrative, remplissent tout le règne de Constantin. Depuis la chute de Licinius, en 323, jusqu'à sa mort, en 337, on ne trouve dans son histoire que les sanglantes tragédies du palais impérial, où furent mis à mort, par ses ordres, son fils Crispus, l'impératrice Fausta, nouvelle Phèdre, et le jeune Licinius, enfant de douze ans. Des ambassades de Blemmyes, d'Éthiopiens et d'Indiens, un traité avec Sapor II, qui promit d'adoucir la condition des chrétiens en Perse, et deux expéditions heureuses contre les Goths et les Sarmates (332), firent oublier ces malheurs domestiques. Quelques jours avant d'expirer il se fit baptiser.

XXXII

CONSTANCE, JULIEN ET THÉODOSE.

Constance (337). — Constantin commit la faute de partager l'empire entre ses trois fils et quelques-uns de ses neveux sans décider un démembrement définitif. C'était déchaîner de nouvelles guerres et de nouveaux crimes. Les soldats massacrèrent d'abord ses neveux, à l'exception de Gallus et de Julien. L'aîné de ses fils, Constantin II, périt dans une bataille contre un de ses frères (340) qui lui-même fut tué en 350 par Magnence, Franc d'origine. Restait le troisième, Constance, qui, ayant à contenir les Perses en Orient, et à combattre dans l'Occident un usurpateur, nomma César son cousin Gallus et lui confia le soin de continuer la guerre contre Sapor. Magnence, battu en Pannonie (351), fut réduit à se tuer et la Gaule, l'Espagne, la Bretagne firent leur soumission. Toutes les provinces étaient donc encore une fois réunies sous un seul maître; mais elles n'en furent pas mieux gouvernées : le palais était agité par les intrigues des femmes, des eunuques et des courtisans, l'empire par les querelles religieuses que soulevait l'arianisme[1], et par les continuelles incursions des

---

1. Le règne de Constance fut troublé sans relâche par les prétentions rivales des ariens et des orthodoxes. Alexandrie et Constantinople furent les principaux théâtres de cette lutte. Les partis se subdivisèrent. Il y eut les ariens et les semi-ariens. Ces querelles facilitèrent la restauration du paganisme tentée par Julien. Les donatistes, autre secte, dévastaient en même temps l'Afrique. Les circoncellions, sortis des donatistes, voulaient établir l'égalité sociale. Ils libéraient les débiteurs, brisaient les chaînes des esclaves et partageaient le bien des maîtres. De là une guerre sauvage.

barbares. Aussi une nouvelle révolte se prépara en Orient, où Gallus voulait prendre le titre d'Auguste. Rappelé de l'Asie par de flatteuses promesses, il fut conduit à Pola en Istrie et décapité. On épargna son frère Julien, qui, relégué à Athènes, put s'abandonner librement à son goût pour l'étude, et se faire initier aux doctrines platoniciennes. Mais l'autorité impériale avait besoin d'être comme présente sur toutes ces frontières menacées. Au bout de quatorze mois, il fallut rappeler Julien pour le charger, comme César, de défendre la Gaule envahie par les Francs et les Alamans. Il les vainquit à la bataille de Strasbourg (357), chassa les barbares de tout le pays compris entre Bâle et Cologne, franchit le Rhin et ramena un grand nombre de captifs gaulois et de légionnaires prisonniers. Par une administration habile, il se rendit populaire auprès des citoyens, comme il l'était par ses victoires auprès des soldats. Constance, inquiet, voulut lui ôter ses troupes, qui se mutinèrent et le proclamèrent Auguste. C'était une déclaration de guerre. Une marche rapide et hardie avait conduit déjà Julien au milieu de l'Illyrie, lorsque Constance mourut, le 3 oct. 361.

Julien (361). — Julien, vainqueur sans combat, abjura le christianisme d'où lui vint son nom d'Apostat; il professa publiquement l'ancien culte et rouvrit les temples, espérant y ramener la foule. C'était singulièrement méconnaître la société qu'il était appelé à régir que d'essayer de rendre la vie à ce que la mort avait si légitimement frappé; et s'il eût vécu plus longtemps il eût sans doute cruellement expié ce retour inintelligent vers le passé. Il n'entreprit pas, du moins, de faire triompher cette réaction en s'aidant de la violence; il promulgua un édit de tolérance qui permit les sacrifices défendus par Constance, et rappela les exilés de tous les partis religieux; mais on doit lui reprocher une ordonnance perfide, celle qui interdit aux chrétiens d'enseigner les belles-lettres.

Austère pour lui-même, il affichait la simplicité d'un

stoïcien rigide; mais il fut quelquefois dur aussi pour les autres : témoin le tribunal qu'il établit, après son avénement, pour juger les fonctionnaires prévaricateurs, et qui fut accusé d'avoir rendu des sentences iniques. Cependant, dans une occasion où la sévérité lui eût été permise, il montra une patience qui l'honore. Ambitionnant la gloire de venger sur les Perses les longues injures de l'empire, il avait gagné avec son armée la Syrie; à Antioche, les habitants, zélés chrétiens, le raillèrent bien haut de sa barbe inculte et de ses vêtements sordides : ils allèrent jusqu'à l'insulte. L'empereur pouvait punir; le philosophe se contenta de répondre par une satire de leurs mœurs efféminées (le *Misopogon*).

A la tête de trente-cinq mille hommes, il pénétra jusqu'à Ctésiphon, franchit le Tigre et brûla sa flotte pour ne laisser à ses soldats d'espérance que dans la victoire. Mais, égaré par des traîtres et manquant de vivres, il dut se replier sur la Gordyène, dont une victoire lui ouvrit la route. Dans un second combat, il tomba grièvement blessé et mourut en s'entretenant avec ses amis de l'immortalité promise à l'âme du juste : il avait trente-deux ans et était resté moins de vingt et un mois sur le trône (363).

Jovien (363); Valentinien et Valens (364). — L'armée proclama Jovien, qui, par un traité honteux, abandonna à Sapor la suprématie sur l'Arménie et les cinq provinces transtigritanes, avec plusieurs places fortes qui servaient de boulevards à l'empire; il mourut le huitième mois (fév. 364). Les généraux s'accordèrent à proclamer Valentinien, qui donna l'Orient à son frère Valens et vint s'établir à Paris, pour veiller de là sur les Germains. Il sema la division parmi les barbares, opposa les Burgundes aux Alamans, et, vainqueur de quelques-unes de ces remuantes tribus, il releva les fortifications qui gardaient les passages du Rhin. Dans son gouvernement intérieur, il était dur jusqu'à la cruauté, n'ayant guère qu'une punition pour tous les délits : la mort. Mais dans les affaires religieuses, il se montra tolérant à l'égard de toutes les religions. Malheureusement pour l'empire, ce vaillant chef mourut dans une expédition contre les Quades (375). Son fils, Gratien, qui lui succéda, abandonna à son jeune frère, Valentinien II, les préfectures d'Italie et d'Illyrie.

En Orient, Valens, moins sage, s'était mêlé aux querelles religieuses au lieu de réorganiser l'armée. Cependant un grand péril le menaçait : des tribus hunniques appartenant aux races mongoles de l'Asie orientale avaient franchi l'Oural, subjugué les Alains et refoulé sur le Danube les Goths qui tendirent vers l'empereur des mains suppliantes (375). Valens flatté dans son orgueil, oublia la prudence, et accueillit cette multitude où l'on comptait encore deux cent mille combattants. Ils se révoltèrent et Valens éprouva, près d'Andrinople, une défaite plus désastreuse que celle de Cannes (378). Un tiers à peine de l'armée romaine s'échappa; l'empereur, blessé, périt dans une cabane à laquelle les barbares mirent le feu, et tout le plat pays fut livré à la plus affreuse désolation. Quelques troupes de Sarrasins appelés d'Asie sauvèrent Constantinople. Ces enfants des déserts du sud se trouvaient pour la première fois aux prises avec les hommes du nord qu'ils devaient rencontrer deux siècles et demi plus tard à l'autre extrémité de la Méditerranée.

Théodose (378). — Gratien battait en ce même temps les Alamans près de Colmar. Mais l'empire d'Orient était sans chef; il choisit, pour remplacer son oncle, un habile général, Théodose, qui réorganisa l'armée et releva le courage des soldats en leur fournissant l'occasion de livrer mille petits combats où il eut soin de leur assurer l'avantage. Il ne laissa aucune place forte tomber au pouvoir de l'ennemi, dont il diminua le nombre en provoquant des défections, de sorte que sans avoir gagné une grande victoire, il amena les Goths à traiter (382). Au fond, Théodose leur donnait ce qu'ils voulaient; il les établit dans la Thrace et la Mœsie avec la charge de défendre le passage du Danube; quarante mille de leurs guerriers furent admis dans les troupes impériales : c'était leur livrer l'empire pour une époque prochaine.

En Gaule, Gratien avait été renversé par l'usurpateur Maxime (383) qui, profitant des troubles excités en Italie au sujet de l'arianisme, franchit les Alpes et força Valentinien II à s'enfuir auprès de Théodose. Ce prince le ramena en Italie, après une victoire sur Maxime que ses propres soldats mirent à mort dans Aquilée, et lui donna, comme principal ministre, le Franc Arbogast, qui venait de délivrer la Gaule des Germains, mais qui remplit de barbares tous les offices civils et militaires. Après le départ de Théodose, Valentinien voulut secouer cette tutelle et retirer au comte ses emplois; à quelques jours de là il fut trouvé mort dans son lit (392).

Arbogast jeta la pourpre sur les épaules d'un de ses secrétaires, le rhéteur Eugène, et tâcha de rallier à sa cause ce qui restait de païens. Cette imprudente conduite souleva contre lui la population chrétienne; aussi une seule bataille, près d'Aquilée, mit fin à cette domination éphémère; Eugène, fait prisonnier, fut mis à mort, Arbogast se tua lui-même (394). Cette fois le vainqueur garda sa conquête. Cette victoire fut celle aussi de l'orthodoxie. Théodose défendit sous des peines sévères le culte des dieux, qui chassé des villes se réfugia dans les campagnes (*paganisme*), et il ôta aux hérétiques, avec le droit d'arriver aux honneurs, celui de disposer par testament de leurs biens. D'autre part, il fit de sages règlements pour essayer de guérir quelques-unes des maux qui travaillaient cette société mourante, et il honora les derniers jours de l'empire en montrant sur le trône des vertus que les peuples avaient eu rarement à y respecter.

Le peuple de Thessalonique avait, dans une sédition, tué le gouverneur et plusieurs officiers impériaux. Théodose donna des ordres qui coûtèrent la vie à sept mille personnes. Ce massacre excita dans tout l'empire un sentiment d'horreur. Lorsqu'il se présenta quelque temps après aux portes de la cathédrale de Milan, saint Ambroise lui reprocha son crime en présence de tout le peuple, et lui interdit l'entrée de l'église. L'empereur accepta la pénitence publique que le saint évêque lui imposait au nom de Dieu et de l'humanité outragés : pendant huit mois il ne dépassa point le parvis du temple. A sa mort, il partagea l'empire entre ses deux fils, Arcadius et Honorius (395), partage définitif et qui répondait à la réalité des choses, car l'Adriatique séparait deux langues, et presque deux religions : Constantinople grecque et si souvent arienne, Rome, latine et orthodoxe, avaient voulu chacune leur empereur ; cette séparation dure encore dans la religion et la civilisation différentes de ces deux moitiés de l'ancien monde.

Fin de l'Empire d'Occident (476). — Les barbares qui, pendant quatre siècles, étaient restés sur la défensive, allaient attaquer maintenant sans relâche les postes romains. Grâce à sa situation, Constantinople pourra résister dix siècles à l'invasion, Rome, au contraire, fut presque aussitôt prise, et l'empire d'Occident se débattit quatre-vingts ans dans une douloureuse agonie dont on retrouvera les principaux traits dans l'histoire d'Alaric, d'Attila et de Genséric qui va suivre. Honorius mourut en 423, son neveu, Valentinien III, régna misérablement jusqu'en 455, et périt assassiné. Majorien, digne d'un temps meilleur, fut tué par le Suève Ricimer, qui donna successivement sa place à trois sénateurs. Enfin un chef des Hérules, Odoacre, mit fin à l'empire d'Occident (476), en déposant Romulus Augustule. Proclamé roi d'Italie par ses barbares, il leur livra le tiers des terres du pays et demanda, à Constantinople, le titre de patrice, ce qui était la reconnaissance des droits de l'empereur d'Orient comme suzerain du nouveau royaume.

Résumé. — L'Empire romain est tombé parce qu'il

cut, dès le principe, de détestables institutions politiques et, dans les derniers temps, une déplorable organisation militaire. Des impôts toujours plus lourds, une fiscalité impitoyable désaffectionnèrent les sujets que les armées ne défendaient plus, et une religion nouvelle qui tendait à détacher les esprits de la terre ruina le peu qui restait de dévouement pour la chose publique. Aussi l'empire ne fut-il point précipité par un coup violent et imprévu ; il s'affaissa sur lui-même, comme ne pouvant plus vivre.

Le peuple romain n'a guère ajouté à l'héritage que la Grèce lui avait légué ; pourtant il a aussi laissé derrière lui de grandes choses et de grandes leçons, mais dans un autre ordre de faits et d'idées. Sa langue a été et est toujours, au besoin, le lien du monde savant ; son droit a inspiré les législations modernes ; ses voies militaires, ses ponts, ses aqueducs, ont fait comprendre la nécessité des travaux publics ; son administration a appris à conduire des multitudes d'hommes ; son gouvernement a servi de modèle aux monarchies absolues qui ont succédé à la féodalité ; ses institutions municipales, source des nôtres, auraient encore d'utiles exemples à nous offrir ; enfin, il a commencé la transformation de l'esclavage antique en servitude de la glèbe.

Les rois barbares éblouis de l'éclat que jetait cet empire mourant, ne pensèrent d'abord qu'à le continuer : Clovis sera patrice de Rome ; Théodoric se considérera comme le collègue de l'empereur d'Orient, et Charlemagne, Otton, Frédéric Barberousse, se diront les successeurs de Constantin. Le christianisme de Jérusalem, devenu à Rome le catholicisme, sera le plus puissant gouvernement des âmes, et la monarchie spirituelle des Papes copiera la monarchie temporelle des empereurs qu'elle voudra remplacer. Les *romanistes*, héritiers d'Ulpien et de Papinien rattacheront à la royauté féodale les pouvoirs donnés aux Césars par la *lex regia* ; et, lorsque ces royautés auront à leur tour péri, ce sera un titre romain que Napoléon prendra pour être le représentant d'une idée à la fois nouvelle et vieille : celle du protectorat des intérêts populaires exercé à Rome par les tribuns du peuple dont les empereurs avaient absorbé en eux-mêmes la puissance, *tribunicia potestas*.

Aussi l'histoire de Rome restera-t-elle longtemps encore l'école du légiste et de l'homme d'État, comme vers la Grèce se tourneront toujours les artistes, les penseurs et les poëtes.

HISTOIRE DU MOYEN AGE

XXXIII

LE MONDE BARBARE AU IVᵉ ET AU Vᵉ SIÈCLES.

Définition du moyen âge. — On appelle moyen âge les temps qui s'écoulent entre la ruine de l'empire romain et l'établissement des grandes monarchies modernes, depuis l'invasion des Germains au commencement du cinquième siècle de notre ère, jusqu'à celle que les Turcs accomplirent dix siècles plus tard, en 1453. Dans cette époque placée entre les temps anciens et les temps modernes, la culture des lettres et des arts est comme suspendue, quoiqu'il ait été créé alors un genre magnifique et nouveau d'architecture. Au lieu des républiques de l'antiquité et des monarchies de notre âge, il s'établit une organisation particulière qu'on a appelée la féodalité : c'est la domination des seigneurs qui mit plusieurs siècles à grandir et qui mourut sous la main de Louis XI, des Tudors et des princes leurs contemporains. Quoiqu'il y eût des rois en chaque pays, les chefs militaires et ecclésiastiques régnèrent véritablement du neuvième au douzième siècle. Le pouvoir central était sans force, les pouvoirs locaux sans surveillant et sans guide, les frontières sans limite précise. La souveraineté réunie à la propriété morcelait le territoire en une foule d'États qui ne laissaient pas se produire le sentiment de la nationalité. Cependant au-dessus de cette immense polyarchie planait l'idée de l'unité chrétienne représentée par le pape et celle d'une certaine unité politique représentée par l'empereur qui appelait tous les rois de l'Europe *reges provinciales*. Aussi les grandes guerres de ce temps furent des guerres religieuses : la croisade contre les musulmans de la Palestine, les Maures de l'Espagne, les hérétiques de l'Albigeois, les païens de la Baltique, ou la lutte des deux pouvoirs qui aspiraient à gouverner le monde, la querelle du sacerdoce et de l'Empire. Tout diffère donc entre cette époque et celles qui l'ont précédée ou suivie ; de là, l'obligation de lui donner un nom et une place à part dans l'histoire universelle.

Barbares du Nord; leurs mœurs et leur religion.
— Durant l'anarchie militaire qui usait les dernières ressources de l'Empire romain, s'agitaient au delà de ses frontières dont elles se rapprochaient tous les jours, des populations jusqu'alors cachées dans les profondeurs du nord, du sud et de l'orient. Au nord, trois bans de peuples échelonnés dans l'ordre suivant : Germains, Slaves et tribus touraniennes ; à l'est, les Perses, peuple assis et fixé qui avait fait souvent la guerre à l'empire, mais ne songeait pas à l'envahir ; au sud, dans les déserts de leur grande péninsule, les Arabes qu'on ne redoutait pas encore et, dans ceux de l'Afrique, les populations maures qui avaient été touchées, plutôt que pénétrées par la civilisation romaine.

A la mort de Théodose (395), le danger sérieux ne venait que du nord. Poussés par les hordes asiatiques des bords du Volga, les Germains se pressaient sur les frontières de l'empire : Suèves ou Souabes, Alamans et Bavarois au midi, entre le Mein et le lac de Constance ; Marcomans, Quades, Hermundures, Hérules et la grande nation des Goths, sur la rive gauche du Danube ; à l'ouest, le long du Rhin, la confédération des Francs formée dès le milieu du IIIe siècle, et du lac Flévo à l'embouchure de l'Ems, les Frisons, reste des Bataves ; au nord, Vandales, Burgundes, Rugiens, Longobards ou Lombards ; entre l'Elbe et l'Eyder, les Angles et les Saxons; plus au nord, les Scandinaves, Jutes et Danes, dans la Suède et le Danemark, d'où ils sortiront pour faire la seconde invasion ; enfin dans les plaines immenses de l'est et sur plusieurs points de la vallée du Danube, les Slaves qui suivront l'invasion germanique, mais n'entreront que plus tard dans l'histoire, d'abord par les Polonais, ensuite par les Russes.

Un génie tout différent de celui des habitants de l'Empire romain animait ces barbares. Parmi eux régnaient l'amour de l'indépendance individuelle, le dévouement du guerrier pour son chef, le goût des guerres aventureuses. Dès que le jeune homme avait reçu, dans l'assemblée publique, le bouclier et la *framée*, il était guerrier et citoyen; aussitôt il s'attachait à quelque chef fameux qu'il suivait à la guerre avec d'autres guerriers, ses *leudes* ou *fidèles*, toujours prêts à mourir pour sauver sa vie. Le gouvernement des Germains était simple : les affaires de la tribu se faisaient dans une assemblée (*mall*) à laquelle tous prenaient part. Les guerriers s'y réunissaient en armes; le choc des boucliers marquait l'applaudissement; un murmure violent, la désapprobation. La même assemblée exerçait le pouvoir judiciaire. Chaque canton avait son magistrat, le *graf*, et toute la nation un roi, *koning*, élu parmi les membres d'une même famille qui avait la possession héréditaire de ce titre. Pour le combat, les guerriers choisissaient celui qu'ils voulaient suivre, *herzog*.

L'olympe de ces peuples offrait un mélange de conceptions terribles et gracieuses. A côté d'Odin qui donne la victoire et qui, la nuit, chevauche dans les airs avec les guerriers morts; à côté de Donar, l'Hercule des Germains; à côté des joies féroces du Walhalla, apparaissent les déesses Fréa et Holda, la Vénus et la Diane du nord qui portent partout la paix et les arts. Les Germains adoraient aussi Herta, la terre, Sunna, le soleil, et son frère Mani, la lune, que deux loups poursuivent. Les *bardes* étaient leurs poëtes qui les encourageaient à braver la mort. Aussi se faisaient-ils gloire de *mourir en riant*.

Les Germains cultivaient peu la terre ; ils ne possédaient point de domaine en propre, et tous les ans les magistrats distribuaient à chaque bourgade, à chaque famille, le lot qu'elle devait cultiver. Ils n'avaient point de villes, mais des cabanes de terre disséminées, éloignées les unes des autres, entourées chacune du champ que cultivait le propriétaire. Les mœurs étaient assez pures : la polygamie n'était autorisée que pour les rois et les grands. Mais l'ivresse et les querelles sanglantes terminaient ordinairement leurs festins homériques, et ils étaient possédés de la fureur du jeu.

Arrivée des Huns en Europe. — Derrière cette famille germanique, qui allait occuper la plus grande partie de l'empire, deux autres races barbares se pressaient : les Slaves dont le rôle ne vint que plus tard, et les Huns, qui, par leur vie errante, passée dans des chariots énormes ou sur la selle de leurs chevaux, par leur visage osseux et percé de petits yeux, leur nez plat et large, leurs oreilles énormes et écartées, leur peau brune et tatouée, étaient un sujet d'horreur et d'effroi pour les Occidentaux. Ce furent eux qui à la fin du IVe siècle ébranlèrent tout ce monde barbare et précipitèrent les Germains sur l'empire d'Occident. Par suite de discordes intestines, une partie de la nation des Huns, poussée vers l'Europe, traversa le Volga, et, entraînant dans sa course les Alains, vint heurter le grand empire gothique dans lequel Hermanrich avait réuni les trois branches de sa nation : *Ostrogoths* ou Goths orientaux à l'est du Dniéper ; *Visigoths* ou Goths occidentaux ; *Gépides* ou traîneurs plus au nord. Les Ostrogoths se soumirent, les Visigoths s'enfuirent vers le Danube, et obtinrent de l'empereur Valens un asile sur les terres de l'empire. Révoltés bientôt après contre leur bienfaiteur, ils le tuèrent à la bataille d'Andrinople (378). Mais Théodose les arrêta et en établit dans la

Thrace un grand nombre, qui, d'abord, défendirent fidèlement cette frontière contre les Huns.

Invasion des Visigoths; Alaric; grande invasion de 406. — Mais à la mort de Théodose, son héritage ayant été partagé entre ses deux fils (395), Honorius eut l'Occident, et ce fut sur ses provinces que porta tout le choc de l'invasion du nord. En un demi-siècle cet empire reçut quatre assauts terribles : Alaric, Radagaise, Genséric, Attila; à peine était-il tombé, que les Francs de Clovis en ravissaient la plus belle partie aux premiers envahisseurs et ils la gardent encore.

Les Visigoths sous la conduite de leur roi, Alaric, essayent d'abord leurs forces contre l'empire d'Orient; ils ravagent la Thrace et la Macédoine, passent les Thermopyles où il n'y a plus de Léonidas, dévastent l'Attique où ils respectent Athènes et pénètrent dans le Péloponnèse. Le Vandale Stilicon, général d'Honorius, les cerne sur le mont Pholoë, mais ils s'échappent, et Arcadius qui régnait à Constantinople ne se débarrasse de leur dangereuse présence qu'en leur montrant l'empire d'Occident. Ils y courent, et retrouvent à Pollentia en Ligurie (403) le même Stilicon qui les bat et leur fait évacuer l'Italie. Honorius, pour célébrer cette victoire de son lieutenant, va triompher à Rome et donner au peuple les derniers jeux sanglants du cirque; puis se cache à Ravenne, derrière les marais de l'embouchure du Pô, dédaignant sa vieille capitale, et n'osant plus résider à Milan où Alaric avait failli le surprendre.

Un consentement, au moins apparent, de l'empire, avait admis sur son territoire les Visigoths, qui l'en récompensaient si mal. Mais voici que quatre peuples: Suèves, Alains, Vandales et Burgundes, percent violemment sa frontière en deux points : une de leurs divisions passe les Alpes, sous Radagaise, et est anéantie à Fésules par Stilicon; une autre franchit le Rhin (31 décembre 406) et pendant deux années désole toute la Gaule. Après quoi les Burgundes fondent (409), sur les bords du Rhône, un royaume qu'Honorius reconnaît en 413, et les Alains, les Suèves, les Vandales vont inonder l'Espagne : la grande invasion est commencée.

Prise de Rome par Alaric (410) ; royaumes des Visigoths, des Suèves et des Vandales. — Cependant Alaric revient à la charge et ne trouve plus devant lui Stilicon, sacrifié à la jalousie d'Honorius. Il prend Rome, la livre aux fureurs de ses barbares, en respectant toutefois les temples chrétiens et meurt quelque temps après dans la Calabre, à Cozenza (410). Les Visigoths lui creusent une tombe dans le lit d'une rivière dont les eaux ont été détournées et ils rendent au fleuve son cours naturel, après avoir égorgé les prisonniers qui avaient fait le travail.

Mais avec Alaric ne meurt pas la puissance des Visigoths. Malgré le pillage de Rome, ce peuple, depuis si longtemps en contact avec l'empire, avait une disposition particulière à subir l'ascendant de la civilisation romaine. Ataulf, beau-frère d'Alaric, et, après lui, Wallia, se mirent au service d'Honorius, et allèrent, pour son compte, délivrer la Gaule de trois usurpateurs qui s'y étaient revêtus de la pourpre, et l'Espagne des trois peuples barbares qui l'avaient envahie. En récompense Wallia obtint la seconde Aquitaine et y fonda (419) le royaume des Visigoths qui bientôt franchira les Pyrénées. La même année Hermanrich organisait, avec les débris des Suèves, un royaume dans les montagnes des Asturies. Un peu plus tard, les Vandales, refoulés dans le sud de l'Espagne (*Vandalitia*, Andalousie), passent dans l'Afrique que leur ouvre la trahison du comte Boniface, prennent Hippone malgré une longue résistance encouragée par les prédications de saint Augustin, évêque de cette ville, et obligent (435) l'empereur Valentinien à reconnaître leur établissement. Genséric, qui a fait cette conquête, s'étant aussi emparé de Carthage (439), fonde une puissance maritime sur ces bords qui avaient vu jadis celle des Carthaginois, et jusqu'à sa mort (477) fait ravager par ses vaisseaux toutes les côtes de la

Méditerranée. En 453, il prend Rome et la livre pendant quatorze jours au plus affreux pillage.

Attila. — Quatre royaumes barbares se sont donc élevés déjà dans l'empire d'Occident lorsque apparaît Attila. C'est le grand épisode de l'invasion du v° siècle. Que fut devenue l'Europe sous une domination tartare, sous cet Attila, le *fléau de Dieu*, qui ne voulait pas *que l'herbe poussât là où son cheval avait passé?* Ayant fait périr son frère Bléda, il gouvernait seul la nation des Huns et tenait sous son joug tous les peuples établis au bord du Danube. Il habitait une ville et un palais de bois dans les plaines de la Pannonie, d'où il avait dicté des lois et imposé des tributs (traité de Margus) à Théodose II, empereur d'Orient. Genséric l'ayant appelé, pour qu'il fît une diversion utile à ses desseins, il entraîna sur l'Occident l'immense cohue de ses peuples. Il traversa le N. E. de la Gaule bouleversant tout, et vint assiéger Orléans. Le patrice Aétius accourut avec une armée où les Visigoths, les Burgundes, les Francs, les Saxons combattirent avec les Romains contre les nouveaux envahisseurs, et la grande bataille de Châlons (451) rejeta Attila au delà du Rhin. Il se rabattit sur l'Italie, y détruisit beaucoup de villes, entre autres Aquilée dont les habitants allèrent jeter dans les lagunes de l'Adriatique les fondements de Venise. De retour en Pannonie, il y mourut d'un coup de sang (453), et la grande puissance des Huns se dissipa dans les discordes de ses fils.

Les empereurs d'Occident n'étaient plus que des jouets dans la main des chefs barbares qui commandaient leurs troupes ; un de ceux-ci, l'Hérule Odoacre, termina cette agonie en prenant le titre de roi d'Italie (476). Ainsi tomba ce grand nom d'empire d'Occident, événement plus important aux yeux de la postérité qu'à ceux des contemporains, habitués depuis plus d'un demi-siècle à voir les barbares disposer en maîtres de toutes choses. Pourtant il en subsistait un débris, au centre de la Gaule, entre Loire et Somme, sous l'autorité du patrice Syagrius ; mais dix ans plus tard il disparut par l'épée des Francs.

XXXIV

PRINCIPAUX ROYAUMES BARBARES, JUSTINIEN.

Royaumes barbares de Gaule, d'Espagne et d'Afrique. — On vient de voir Alaric et ses successeurs fonder le royaume des Visigoths dans la Gaule et l'Espagne, depuis la Loire jusqu'au détroit de Gibraltar; Genséric élever celui des Vandales en Afrique ; enfin Attila tout ravager mais ne rien construire. D'autres dominations barbares s'étaient établies, celles des Burgundes, des Suèves, des Anglo-Saxons, des Ostrogoths et des Lombards qui passèrent rapidement. Nous parlerons plus loin des Francs qui ont su durer.

Le royaume des Burgundes, créé en 413, dans la vallée de la Saône et du Rhône, avec Genève et Vienne pour villes principales, eut huit rois qui sont restés obscurs. Clovis le rendit tributaire en 500, et ses fils le conquirent en 534.

Le royaume des Suèves, né en même temps, tomba quelques années plus tard. En 409, ce peuple avait envahi l'Espagne, et pris la région du nord-ouest ou Galice. Sous ses rois Réchila (441) et Réchiaire (448), il faillit conquérir l'Espagne entière. Les Goths arrêtèrent son essor, et le soumirent en 585.

Royaumes saxons en Angleterre. — Séparée du continent par la mer, la Bretagne eut son invasion particulière. Elle avait conservé, sous la domination romaine, trois populations distinctes : au nord, dans l'Écosse actuelle, les Calédoniens (Pictes et Scots) que les empereurs n'avaient pu dompter; à l'est et au sud, les Logriens, qui avaient subi l'influence de la civilisation romaine; à l'ouest, derrière la Severn, les Cambriens ou Gallois, peuple qui semblait invincible dans ses montagnes. Abandonnés des légions, en 428, et livrés sans défense aux incursions des Pictes, les Logriens appelèrent à leur secours (455) les Saxons, les Jutes, les Angles, qui partaient sans cesse de leurs rivages d'Allemagne et de la péninsule cimbrique pour écumer les mers. Deux chefs saxons, Henghist et Horsa, battirent les Pictes et reçurent en récompense l'île de Thanet sur la côte de Kent. Mais Henghist, dépouillant ceux qui les avaient appelés, prit possession du pays, de la Tamise à la Manche, et se donna le titre de *roi de Kent* (455). Dès lors l'ambition de tous ces pirates fut de conquérir un établissement dans la Bretagne. En 491 est fondé le royaume de *Sussex* (Saxons méridionaux); en 516, celui de *Wessex* (Saxons occidentaux); en 526 celui d'*Essex* (Saxons orientaux). En 547, commença l'invasion des Angles, qui fondèrent les royaumes de *Northumberland* (pays au nord de l'Humber), sur la côte orientale de la Grande-Bretagne, d'*Estanglie* (577) et de *Mercie* (584). Alors ces trois royaumes angles étant ajoutés aux quatre saxons, il y eut dans la Bretagne sept petites monarchies (*Heptarchie anglo-saxonne*) qui plus tard n'en firent qu'une seule. Les Saxons ont formé le fond de la population actuelle du pays, et l'Angleterre leur doit sa langue.

Royaume des Ostrogoths en Italie; Théodoric (489-526). — La conquête de l'Italie par les Ostrogoths eut lieu plus tard et coïncida à peu près avec celle de la Gaule par les Francs. Ce peuple, affranchi du joug des Huns à la mort d'Attila, avait pris pour chef, en 475, Théodoric, fils d'un de ses princes, et qui avait été élevé, comme otage, à Constantinople. Sur l'invitation de Zénon, empereur d'Orient, Théodoric conquit l'Italie sur les Hérules (489-493), et se montra le plus véritablement grand des souverains barbares avant Charlemagne. Il ajouta à son royaume d'Italie l'Illyrie, la Pannonie, le Norique et la Rhétie, par d'habiles négociations; la province de Marseille, par une guerre contre les Burgundes, et il battit une armée franque près d'Arles, en 507. Les Bavarois lui payèrent tribut; les Alamans l'invoquèrent contre Clovis; enfin, à la mort d'Alaric II, il eut la tutelle de son petit-fils Amalaric, et régna de fait sur les deux grandes branches de la nation gothique dont les possessions se touchaient vers le Rhône et qui occupaient le littoral de la Méditerranée en Espagne, en Gaule et en Italie. Des alliances de famille l'unissaient à presque tous les rois barbares. Il fit de la paix le plus bel usage. Aux nouveaux venus, il fallait des terres : chaque cité abandonna le tiers de son territoire pour être distribué aux Goths. Ce prélèvement une fois fait, une loi commune fut établie pour les deux peuples, sauf quelques coutumes particulières que les Goths conservèrent. Mais, à d'autres égards, il s'appliqua à séparer les vainqueurs des vaincus, réservant les armes aux barbares, aux Romains les dignités civiles. Il professait une grande vénération pour les vieilles institutions impériales; il consultait le sénat de Rome; il maintint le régime municipal, en nommant lui-même les décurions, et un barbare rendit à l'Italie une prospérité qu'elle avait perdue sous ses empereurs. Les édifices publics, aqueducs, théâtres, bains, furent réparés ; des palais, des églises bâtis, les terres incultes défrichées. Des compagnies se formèrent pour dessécher les marais Pontins et ceux de Spolète; la population s'accrut considérablement. Théodoric, qui ne savait pas écrire, attira autour de lui les plus beaux génies littéraires de ce temps, Cassiodore, Boèce, l'évêque Ennodius. Arien, il respecta les catholiques, et confirma les immunités des églises. Pourtant la fin de son règne fut attristée par des menaces de persécutions en représailles de celles que l'empereur d'Orient faisait souffrir aux Ariens, et par le supplice de Boèce et du préfet Symmaque injustement impliqués dans une conspiration. Il mourut en 526 et son peuple lui survécut quelques années à peine. Ainsi passèrent rapidement les Vandales et les Hérules, les Suèves et les Burgundes, les Goths de l'ouest et ceux de l'est. Ils faisaient tous partie du premier ban de barbares entrés dans l'Empire, et il semble que cette société romaine, incapable de se défendre, ait été assez forte pour communiquer à ceux qui la touchaient la mort qu'elle avait dans le sein.

Justinien (527-565); réveil de l'empire d'Orient. — L'empire d'Occident détruit avait été recouvert par treize royaumes germaniques : Burgundes, Visigoths, Suèves, Vandales, Francs, Ostrogoths et les sept États Anglo-Saxons. Seul, l'empire grec avait échappé à l'invasion, et restait debout, malgré son abâtardissement précoce, ses discordes religieuses et la faiblesse de son gouvernement, livré la plupart du temps à des femmes ou à des eunuques. Le règne de Théodose II, le plus long qu'il nous offre dans le v° siècle (408-450), fut plutôt celui de Pulchérie, sœur de cet empereur incapable; il fut signalé par la publication du *code Théodosien*. Sous Zénon, sous Anastase, querelles et émeutes dans Constantinople au sujet de la religion. Justinien (527-565), d'origine Slave, rendit à cet empire quelque vigueur et de l'éclat. Il conserva intacte la frontière orientale et obligea les Perses à conclure, en 562, après trente-quatre ans de guerre, un traité honorable pour l'empire; il repoussa (559) une invasion de Bulgares qui menaçaient Constantinople, et, à l'occident, détruisit le royaume des Vandales, par la victoire de Bélisaire à Tricaméron (534), et celui des Ostrogoths par les succès de l'eunuque Narsès à Tagina (552). En même temps que ses généraux gagnaient des batailles, ses légistes rédigeaient le *Code*, le *Digeste* ou les *Pandectes*, les *Institutes*, les *Novelles* ou *Authentiques*, qui ont transmis à la postérité la substance de la jurisprudence antique. Ce règne était une glorieuse protestation de l'empire romain d'Orient et de la civilisation contre l'invasion et la barbarie. Mais elle fut éphémère; dès 568, l'Italie lui échappa; conquise par les Lombards, ce peuple y fonda un quatorzième royaume germanique qui dura plus de deux cents ans, jusqu'à sa chute sous les coups de Charlemagne. Il est décidé dès lors que Constantinople n'héritera pas de

Rome et que les dépouilles de l'empire d'Occident, moins l'Afrique et l'Espagne, réservées aux Arabes, appartiendront à la race germanique, dont toutes les tribus, excepté celles de Bretagne, subiront la domination des Francs.

Quant à l'empire d'Orient, après ce moment d'éclat, il n'eut plus que des jours sombres, malgré les talents de quelques princes tels que Maurice et Héraclius. Grâce à sa situation géographique, Constantinople, fille décrépite de la vieille Rome, et qui porta au front, dès sa naissance, les rides de sa mère, resta seule debout, comme un roc insulaire, et brava pendant dix siècles l'assaut des vagues, mais en vivant d'une vie misérable. Resserrée entre la double invasion des musulmans au sud et des tribus slaves ou touraniennes au nord, les Grecs du Bas-Empire, indignes héritiers de la fortune de Rome et de la Grèce, tombèrent dans des ténèbres de corruption, de folie et de bassesse sanglante comme un grand fleuve qui finirait dans un marais fangeux et fétide.

XXXV

CLOVIS ET LES MÉROVINGIENS (481-752).

Les Francs. — Au III° siècle avant notre ère, les Germains avaient formé sur la rive droite du Rhin deux confédérations : au sud celle des tribus suéviques qui s'appelèrent les Alamans (les hommes), au nord celle des Saliens, des Sicambres, des Bructères, des Chérusques, des Cattes, etc., qui prit le nom de Francs (les braves). La première mention qu'on trouve de ceux-ci dans les écrivains romains est de l'an 241 : Aurélien, alors tribun légionnaire, battit un corps de Francs sur le Rhin inférieur. Probus leur reprit les villes gauloises qu'ils avaient envahies à la mort d'Aurélien et en transporta une colonie sur la mer Noire (277) ; mais un peu plus tard, d'autres passèrent le Rhin, dévastèrent la Belgique, et reçurent de Julien l'autorisation de s'établir sur les bords de la Meuse qu'ils avaient ruinés.

Quelques chefs de ces Francs s'élevèrent aux premières charges de l'empire; on a vu qu'Arbogast avait été le premier ministre de Valentinien II, et qu'il disposa de la pourpre. Douze ans après sa mort, les Francs, déjà établis dans le nord de la Gaule, essayèrent d'arrêter la grande invasion de 406. N'y ayant pas réussi, ils voulurent au moins prendre leur part de ces provinces que l'empereur lui-même abandonnait, et leurs tribus s'avancèrent dans l'intérieur du pays, chacune sous son chef ou roi. Il y eut alors des rois francs à Cologne, à Tournay, à Cambrai, à Thérouanne. De ces rois, Clodion, chef des Francs Saliens du pays de Tongres (Limbourg), est le premier dont l'existence soit bien constatée, car Pharamond, qu'on fait régner avant lui, n'est cité que dans des chroniques postérieures. Il prit Tournay et Cambrai, mit à mort tous les Romains qu'il y trouva, s'avança vers la Somme qu'il franchit, et arriva jusque près de Sens, où il fut vaincu par le général romain Aétius (448).

Il ne survécut pas à sa défaite; Mérovée, son parent, qui lui succéda, se joignit trois ans après à tous les barbares cantonnés en Gaule et au reste des Romains, pour faire tête aux Huns. La bataille de Châlons contre Attila coûta la vie, dit-on, à trois cent mille hommes, et sauva les nations barbares campées entre le Rhin et les Pyrénées.

Childéric, fils de Mérovée (458), fut chassé par les Francs mécontents de ses excès, et remplacé par le général romain Ægidius. Rappelé au bout de huit ans, qu'il passa en Thuringe, il revint régner sur les Francs jusqu'à sa mort (481), et fut enterré à Tournay, où l'on a découvert son tombeau en 1653. Son fils Chlodowig ou Clovis fut le vrai fondateur de la monarchie franque.

Clovis (481). — En 481, Clovis ne possédait que quelques districts de la Belgique, avec le titre de roi des

Francs Saliens, cantonnés aux environs de Tournay, et commandait à quatre ou cinq mille guerriers. Cinq ans après, uni à Ragnachaire, roi de Cambrai, il défit, près de Soissons, Syagrius, fils d'Ægidius, qui gouvernait au nom de l'empire le pays d'entre Somme et Loire, força les Visigoths, chez lesquels le vaincu s'était réfugié, à le lui livrer, le mit à mort et soumit le pays jusqu'à la Loire.

En 493, il épousa Clotilde, fille d'un roi des Burgundes et chrétienne orthodoxe. Cette circonstance eut les plus heureux résultats, car Clotilde convertit bientôt son époux; et comme tous les barbares établis dans la Gaule étaient ariens, ce qui, pour les évêques et les anciens habitants, voulait dire hérétiques, Clovis, devint l'espérance des populations gauloises. Même avant sa conversion, Amiens, Beauvais, Paris, Rouen lui ouvrirent leurs portes, grâce à l'influence de leurs évêques. Les Alamans ayant passé le Rhin, Clovis qui avait marché contre eux allait être vaincu, lorsqu'il invoqua le Dieu de Clotilde; il retrouva le courage dans cette prière, et les Alamans, rejetés au delà du fleuve, furent poursuivis jusqu'en Souabe. Clovis se fit, au retour, baptiser ainsi que trois mille de ses leudes par saint Remi, archevêque de Reims. En répandant l'eau sainte sur la tête du néophyte, l'archevêque lui dit : « Baisse la tête, Sicambre adouci, adore ce que tu as brûlé; brûle ce que tu as adoré. » Puis renouvelant la coutume du sacre des rois juifs, il l'oignit du saint chrême (496). La population gallo-romaine, opprimée par les Burgundes et par les Visigoths ariens, tourna désormais vers le chef converti des Francs ses regards et ses espérances. Il eut pour lui tout l'épiscopat. « Quand tu combats, lui écrivait Avitus, évêque de Vienne, c'est à nous qu'est la victoire, » et ils l'aidèrent dans toutes ses entreprises. Quelques-uns de ses leudes s'éloignèrent de lui; mais ses succès et surtout le butin qu'on pouvait faire sous un chef si habile les ramenèrent.

Le pays entre la Loire et la Somme était soumis, et

l'Armorique gagnée à son alliance. Il attaqua alors les Burgundes, battit (500) leur roi Gondebaud, assassin de son frère et lui imposa tribut. Puis un jour il dit à ses soldats : « Je supporte avec grand chagrin que ces ariens de Visigoths possèdent une partie des Gaules. Marchons avec l'aide de Dieu, et après les avoir vaincus, réduisons leur pays en notre pouvoir. » L'armée franchit la Loire, respectant religieusement sur son passage, par l'ordre exprès du roi, les biens des églises. Le roi des Visigoths, Alaric II, fut vaincu et tué à Vouglé, près de Poitiers (507) ; cette ville, Saintes, Bordeaux, Toulouse en 508, ouvrirent leurs portes et la Septimanie (Nîmes, Béziers, Narbonne, etc.,) eût été conquise si le grand chef des Goths de l'est, Théodoric, n'avait envoyé des secours à ses frères de l'ouest. Au retour de cette expédition, Clovis trouva les ambassadeurs de l'empereur Anastase qui lui apportaient les titres de consul et de patrice avec la tunique de pourpre et la chlamyde. Ses dernières années furent souillées par des meurtres : il tua Sigebert et Chlodéric, rois de Cologne, Chararic, autre petit roi franc, Ragnachaire, roi de Cambrai, Renomer, roi du Mans, pour recueillir leurs royaumes et leurs trésors. Il mourut en 511 et fut enterré dans la basilique des Saints-Apôtres (Sainte-Geneviève), qu'il avait lui-même fait construire. Son règne avait duré trente ans et sa vie quarante-cinq.

A la mort de Clovis, l'État qu'il avait fondé comprenait toute la Gaule moins la Gascogne, où aucune troupe franque ne s'était montrée, et la Bretagne, que surveillaient des comtes ou chefs militaires, établis à Nantes, à Vannes et à Rennes. Les Alamans, dans l'Alsace et la Souabe, étaient plutôt associés à la fortune des Francs que soumis à l'autorité de leur roi. Les Burgundes, après avoir un instant payé tribut, comptaient bien s'y refuser à l'avenir ; et les villes de l'Aquitaine, faiblement contenues par les garnisons franques laissées à Bordeaux et à Saintes, étaient restées presque indépendantes.

Quant à la nation victorieuse, unie seulement pour la conquête et le pillage, elle s'était contentée de chasser les Visigoths de l'Aquitaine sans les y remplacer ; la guerre terminée, les Francs avaient regagné, avec le butin, leurs anciennes demeures entre le Rhin et la Loire. Clovis lui-même s'était fixé à Paris, position centrale entre les deux fleuves, d'où il pouvait plus facilement surveiller la Bretagne, l'Aquitaine, les Burgundes et les tribus franques de la Belgique.

Les fils de Clovis (511-561). — Les quatre fils de Clovis firent quatre parts de son héritage et de ses *leudes* ou fidèles, de manière que chacun d'eux eut une portion à peu près égale du territoire au nord de la Loire, où la nation franque s'était établie, et aussi une partie des cités romaines de l'Aquitaine qui payaient de riches tributs. Childebert fut roi de Paris avec Poitiers, Périgueux, Saintes et Bordeaux ; Clotaire, roi de Soissons avec Limoges ; Clodomir, roi d'Orléans avec Bourges ; Thierry, roi de Metz ou d'Austrasie, avec Cahors et l'Auvergne.

L'impulsion donnée par Clovis continua quelque temps. Thierry repoussa victorieusement les Danois qui étaient descendus aux bouches de la Meuse, et fit la conquête de la Thuringe, tandis que Clotaire et Childebert, à l'instigation de leur mère Clotilde, faisaient celle de la Bourgogne. En 533, les Austrasiens enlevèrent aux Ostrogoths d'Italie le Rouergue, le Vélay, le Gévaudan, puis la Provence, et, franchissant les Alpes, ravagèrent toute la péninsule jusqu'au détroit de Messine. Les rois de Paris et de Soissons, pour n'être pas abandonnés de leurs leudes, les menèrent butiner en Espagne, où ils prirent Pampelune. Ainsi les Francs sortaient de la Gaule devenue leur domaine par toutes ses frontières. Au delà du Rhin, les Alamans et les Bavarois avaient reconnu leur suzeraineté et les Saxons leur payaient tribut.

Frédégonde et Brunehaut ; traité d'Andelot (587). — Un des fils de Clovis, Clotaire, réunit, en 558, tout son héritage, mais pour peu de temps, car il mourut trois ans après, et la monarchie franque redevint une tétrarchie par le partage de ses États entre ses quatre fils : Caribert, roi de Paris; Gontran, d'Orléans et de Bourgogne; Sigebert, d'Austrasie; Chilpéric, de Soissons, chacun ayant encore une part dans le midi. Dès cette époque commence à se produire une rivalité qui ira croissant entre les Francs orientaux ou *austrasiens* et les Francs occidentaux ou *neustriens*; les premiers, plus fidèles aux mœurs rudes de la Germanie, dont ils sont voisins; les seconds, plus accessibles à l'influence de la civilisation romaine, au milieu de laquelle ils sont établis. Cette opposition se marque d'abord par la haine de deux femmes. Sigebert avait épousé Brunehaut, fille d'Athanagild, roi des Visigoths, belle, savante et ambitieuse. Chilpéric, pour avoir aussi une épouse royale, obtint la main de Galswinthe, sœur de Brunehaut, mais revint bien vite à son impérieuse concubine Frédégonde, qui fit étrangler sa rivale et prit sa place (567). Brunehaut, pour venger sa sœur, poussa son époux à attaquer la Neustrie. Sigebert, vainqueur, allait se faire proclamer roi des Neustriens, quand deux serviteurs de Frédégonde, *ensorcelés par elle*, le frappèrent à la fois dans les deux flancs avec des couteaux empoisonnés (575). Comme il ne laissait qu'un fils en bas âge, Childebert II, les Austrasiens furent gouvernés par un *maire du palais*. Ces chefs, à l'origine, simples intendants de la maison du roi, choisis parmi les leudes, et avec leur concours, allaient acquérir une influence considérable, au profit de cette aristocratie barbare, déjà très-hostile à la royauté, et tenir celle-ci en tutelle, sous les rois fainéants, jusqu'au moment où ils la remplacèrent.

La confusion des événements devient grande : assassinat de Chilpéric, peut-être à l'instigation de Frédégonde (584); invasion des Lombards en Provence; révolte dans le midi de Gondowald soutenu par les leudes burgundes et autrasiens. Contre ces leudes, Gontran et Childebert II s'unissent par le traité d'Andelot (587), mais ils sont en même temps forcés, pour conserver l'appui de ceux qui leur restent fidèles, de faire à ceux-ci d'importantes concessions. Ces barbares vivant au milieu des débris de la civilisation romaine avaient été naturellement pris du désir de posséder, comme les Gallo-Romains, de belles villas, de grandes terres, et ils entendaient laisser ces biens à leurs enfants. En un mot, cette société germaine, à demi nomade, voulait, la conquête finie, se fixer et s'asseoir. Au delà du Rhin, le roi donnait à ses fidèles, une framée, un cheval; en Gaule, ils leur avaient donné des terres, pour un certain temps, car ils avaient besoin de les reprendre, afin de payer d'autres services; on appelait ces terres des *bénéfices*, par opposition aux *alleux* ou domaines possédés en toute propriété. Les leudes, au contraire, prétendaient jouir de ces largesses leur vie durant, même en rendre la possession transmissible par hérédité. Plus tard, ils élèveront la même prétention au sujet des charges ou fonctions publiques dont ils seront investis, et la lutte entre les deux intérêts contraires de l'aristocratie et de la royauté fait toute l'histoire intérieure des fils de Mérovée et de Charlemagne. A Andelot, les leudes gagnèrent une première victoire, car on trouve dans ce traité les premières traces de l'hérédité des bénéfices.

A quelque temps de là, ils se trouvèrent en face d'un adversaire moins facile que Gontran, lorsque Brunehaut ressaisit le pouvoir et, sous le nom de deux de ses petits-fils, régna à la fois en Austrasie et en Bourgogne. Amie de la civilisation romaine, elle protégea les arts, fit construire des routes, bâtir des monastères, détruire le culte des idoles; elle aida les missionnaires qui allaient prêcher le christianisme chez les Anglo-Saxons, et le pape Grégoire le Grand lui écrivit pour l'en féliciter; mais dans ces traditions de l'empire romain qu'elle se plaisait à faire revivre, elle aurait voulu reprendre aussi celle d'un gouvernement assez fort pour mettre l'ordre en tout. Elle prétendit réformer les mœurs violentes et licencieuses du clergé où beaucoup de barbares étaient entrés; surtout elle luttait contre l'indiscipline des leudes. Ceux-ci se tournèrent secrètement vers le roi de Paris Clotaire II fils de Frédégonde, et lui offrirent de le reconnaître pour roi de Bourgogne et d'Austrasie s'il voulait les débarrasser de Brunehaut. Il envoya une armée contre elle; abandonnée des siens, elle fut prise avec ses petits-fils que Clotaire fit égorger, en même temps qu'il commandait qu'on attachât la vieille reine à la queue d'un cheval indompté (613).

Clotaire II (584) et Dagobert (628). — Clotaire II rétablit une troisième fois l'unité de la *monarchie* franque. Sous son règne, le *concile de Paris* auquel prirent part soixante-dix-neuf évêques et un grand nombre de laïques, promulgua une *constitution dite perpétuelle* qui avança beaucoup la victoire de l'aristocratie laïque et ecclésiastique : abolition des impôts établis par les quatre fils de Clotaire Ier; confirmation irrévocable des bénéfices accordés; élections ecclésiastiques réservées au concile provincial, au clergé et au peuple des cités; extension de la juridiction ecclésiastique, etc.

Cependant la royauté reprit de la force sous Dagobert, dont le règne, le plus brillant de ceux des Mérovingiens, donna aux Francs la prépondérance dans l'Europe occidentale. Il arrêta les incursions des Vénèdes dont un marchand franc était devenu roi, opposa aux incursions des Esclavons en Thuringe, les tribus saxonnes, et délivra la Bavière d'une invasion de Bulgares. En Gaule, il obtint la soumission des Vascons et l'alliance des Bretons, dont le chef avait pris le titre de roi. Il sut choisir d'habiles ministres, et gagner une légitime popularité en parcourant lui-même ses royaumes pour rendre la justice aux petits comme aux grands. Il corrigea les lois des Saliens, des Ripuaires, des Alamans, des Bavarois, encouragea le commerce, l'industrie et fit bâtir l'abbaye de Saint-Denis.

Les rois fainéants, les maires du palais, Ébroïn et Pépin d'Héristal (638-687). — Mais Dagobert emporta dans le tombeau (638) la puissance des Mérovingiens; après lui les *rois fainéants* commencent.

Pourtant Grimoald, maire du palais d'Austrasie, qui osa tenter de mettre son fils sur le trône, fut tué par les leudes (656), ce qui ajourna l'usurpation. La royauté trouva d'ailleurs un champion redoutable dans un maire du palais de Neustrie, Ébroïn, qui recommença avec plus d'énergie la lutte de Brunehaut et de Dagobert contre les leudes et leur chef saint Léger, évêque d'Autun. Dans un diplôme de l'an 676, il avait fait écrire : « Ceux-là paraissent perdre à bon droit leurs bénéfices, qui sont convaincus d'infidélité envers ceux dont ils les tiennent. » Beaucoup qui avaient de trop vifs sentiments d'indépendance furent mis à mort, dépouillés de leurs biens ou bannis. Les leudes austrasiens firent cause commune avec les exilés ; ils déposèrent leur roi mérovingien, en 679, et confièrent le pouvoir aux deux maires Martin et Pépin d'Héristal, avec le titre de *princes des Francs*. Vaincus à Leucofao par Ébroïn, ils gagnèrent après sa mort la bataille de Testry qui leur livra la Neustrie (687) ; depuis ce jour, Pépin d'Héristal régna véritablement sans prendre le titre de roi et nous verrons ses successeurs élever l'Empire Franc en qui se résuma l'invasion germanique.

XXXVI

MAHOMET ET L'INVASION ARABE.

L'Arabie; Mahomet et le Coran. — Après l'invasion germanique, venue du nord, s'était avancée du midi l'invasion arabe. L'Arabie, dont les peuples parurent alors pour la première fois sur la scène de l'histoire, est une vaste presqu'île de cent vingt-six mille lieues carrées, qui s'ouvre au nord, sur l'Asie, par de larges déserts, et se rattache, au nord-ouest, à l'Afrique par l'isthme de Suez ; des autres côtés elle est bornée par la mer Rouge, le détroit d'el-Mandeb, la mer des Indes, le détroit d'Ormus et le golfe Persique. Les anciens qui ne l'avaient connue que fort imparfaitement, la divisaient en trois parties: *Arabie pétrée* ou presqu'île du Sinaï; *Arabie déserte* ou Nedjed comprenant les déserts qui s'étendent de la mer Rouge à l'Euphrate; *Arabie heureuse* ou Yémen. La religion y était un mélange de christianisme, apporté par les Abyssins et les Grecs; de sabéisme, enseigné par les Perses; de judaïsme, qui s'était infiltré partout à la suite des juifs, et surtout d'idolâtrie. Le temple de la Caaba, dans la ville sainte de la Mecque, contenait trois cent soixante idoles, dont la garde était confiée à la famille illustre des Coréischites. Beaucoup d'indifférence religieuse au milieu de tant de cultes. Ceux qui réunissaient la foule étaient les poëtes qui préparaient déjà la langue de l'Islam dans ces *luttes de gloire*, tournois poétiques où revenait souvent l'idée d'un Être suprême, *Allah*, croyance indigène en un pareil pays.

Mahomet naquit, en 570, du Coréischite Abdallah. Orphelin dès l'enfance et sans fortune, il se fit conducteur de chameaux, voyagea en Syrie où il se lia avec un moine de Bostra, et, par sa probité, son intelligence, décida une riche et noble veuve, Khadidjah, à l'épouser; dès lors il put se livrer à ses méditations. A l'âge de quarante ans, il avait arrêté ses idées, et il s'ouvrit de ses projets à Khadidjah, à son cousin Ali, à son affranchi Zeid, à son ami Abou-Bekre, pour rendre à la religion d'Abraham sa pureté primitive. Il leur dit qu'il recevait de Dieu, par l'ange Gabriel, les versets d'un livre qui serait le livre par excellence (*Al Coran*), et il désigna sa religion nouvelle sous le nom d'*Islam*, qui indique un entier abandon à la volonté de Dieu. Ils crurent en lui, et Abou-Bekre attira au culte nouveau Othman, puis le bouillant Omar. Le nombre de ses prosélytes augmentant chaque jour, les Coréischites dirigèrent contre lui des persécutions qui l'obligèrent à s'enfuir à Yatreb (622). Cette année est l'année de l'*hégire* (fuite), à laquelle commence l'ère des musulmans.

De Yatreb, devenue Médine (Medinat-al-Nabi, la ville

du prophète), il entreprit la guerre contre les Coréischites, et en battit mille, en 624, avec trois cents fidèles. Vaincu ensuite au mont Ohud, il prit un avantage décidé dans la *guerre des Nations* ou *du Fossé*, et, en 630, il rentra à la Mecque, où il détruisit toutes les idoles en disant : « La vérité est arrivée, que le mensonge disparaisse. » Devenu dès lors le chef religieux de l'Arabie, il écrivit des lettres menaçantes au roi de Perse Chosroès, à l'empereur d'Orient Héraclius, et il allait entreprendre contre eux la guerre sainte quand il mourut (632).

Le Coran est la réunion de toutes les révélations tombées, selon l'occasion, de la bouche du prophète, et recueillies, dans une première édition, par les ordres du khalife Abou-Bekre, et, dans une seconde, par ceux du khalife Othman. Composé de cent quatorze chapitres ou *surates* subdivisés en versets, il contient la loi religieuse et la loi civile des musulmans. Le fond du dogme est tout dans ces mots : « Dieu seul est grand, et Mahomet est son prophète. » Dans *Allah*, le dieu unique et jaloux, le Coran n'admet point la pluralité des personnes, et à côté de lui, il ne place aucune divinité inférieure. Il rejette toute idée d'un Dieu fait homme ; mais il enseigne que Dieu s'est révélé par une série de prophètes dont Mahomet est le dernier et le plus complet ; ceux qui l'ont précédé sont : Adam, Noé, Abraham, Moïse et le Christ avec lesquels Allah communiquait par des anges, ses messagers. Mahomet reconnaissait que le Christ avait eu le don des miracles et que lui-même ne l'avait point. Il prêchait l'immortalité de l'âme, la résurrection des corps et la participation de cette portion de notre être aux joies ou aux souffrances d'une vie future. Un paradis délicieux pour les sens était promis aux bons, un enfer brûlant aux méchants. Cependant, dans ce paradis sensuel conçu pour gagner la foule vulgaire, il y avait aussi des joies spirituelles : « Le plus favorisé de Dieu sera celui qui verra sa face soir et matin, félicité qui surpassera tous les plaisirs des sens, comme l'océan l'emporte sur une perle de rosée. »

Il releva la condition des femmes arabes : « Un fils, disait-il, gagne le paradis aux pieds de sa mère. » Les filles n'héritaient pas : il leur assigna la moitié de la part de leur frère. Tout en maintenant l'autorité de l'époux, il lui ordonna d'être pour sa femme un protecteur plein d'égards. S'il laissa subsister la polygamie, pour ne pas heurter les mœurs de l'Orient, il ne permit que quatre femmes légitimes, et conseilla même, comme un acte louable, de se borner à une seule. Le Coran porte des peines sévères contre le vol, l'usure, la fraude, les faux témoignages, et prescrit l'aumône. Il règle avec sévérité les pratiques du culte : le jeûne du Rhamadan ; l'observation des quatre mois sacrés, coutume ancienne, qui suspendait, par une sorte de trêve de Dieu, les hostilités des fidèles entre eux ; le grand pèlerinage annuel à la Mecque, où Mahomet avait installé le siège du nouveau culte ; les cinq prières par jour ; les ablutions, soit avec l'eau, soit avec le sable du désert ; la circoncision ; la privation du vin, etc. Tous ceux qui ne croient pas en l'*Islam* sont des ennemis. Pourtant, à l'égard des chrétiens et des juifs, il suffit de ne point s'allier avec eux par le sang, et l'on ne doit les combattre que s'ils provoquent. Quant aux autres, c'est le devoir de tout bon musulman de les attaquer, de les poursuivre, de les tuer s'ils n'embrassent pas la religion du prophète.

Ces préceptes, ces espérances, ces menaces furent des ressorts puissants qui lancèrent les Arabes, le sabre à la main, dans toutes les directions.

Le khalifat ; les sonnites et les schiites ; conquêtes des Arabes (637-661). — Mahomet n'avait pas désigné son successeur ; mais Abou-Bekre, qu'il avait chargé de dire la prière à sa place, fut reconnu *khalife*, chef religieux, civil et militaire (632) ; Abou-Bekre ensuite désigna Omar (634), et après Omar on élut Othman (644), auquel succéda (655) Ali, époux de Fatime, fille du prophète, et chef du parti des Fatimites, qui ont donné naissance à la grande secte musulmane des *schiites* ou séparatistes (les Persans), lesquels regardent Ali comme ayant été injustement dépossédé après la mort de Mahomet. Les *sonnites* ou partisans de la tradition (les Turcs) reconnaissent comme légitimes Abou-Bekre, Omar et Othman. Après Ali (661), le régime héréditaire commence avec les Ommiades.

Cette période (632-661) est celle des grandes conquêtes. Khaled et Amrou, par les victoires d'Aïznadin et de l'Yermouk, prirent la Syrie à l'empereur d'Orient, Héraclius, qui venait de relever momentanément l'empire grec par ses belles expéditions contre la Perse. De 632 à 642, la Perse fut conquise par les victoires de Cadésiah, de Jalula et de Néhavend, et le dernier des Sassanides, Yezdegerd, alla en vain demander des secours à l'empereur de la Chine. En 639, Amrou entra en Égypte, et s'en rendit maître après avoir assiégé quatorze mois Alexandrie.

Les Ommiades. — L'usurpation de Moawiah, chef des Ommiades (661), qui rendit le gouvernement despotique et fit de Damas sa capitale, fut suivie de discordes où le sang coula à flots durant trente années. Le mouvement de conquête, à peu près suspendu, recommença, vers 691, sous Abd-el-Mélek : à l'orient, la Transoxiane, la Sogdiane furent conquises, et l'Inde menacée (707); au nord, une tentative sur Constantinople échoua à cause du feu grégeois ; mais, à l'occident, la puissance arabe s'établit sur tout le littoral septentrional de l'Afrique : Kaïroan fut fondée, Carthage prise, une révolte des Maures étouffée, et les colonnes d'Hercule, franchies par Tarik, qui leur donna son nom (Gibraltar ou montagne de Tarik (711). La monarchie des Visigoths, très-affaiblie par l'influence ecclésiastique et livrée aux discordes par son système de royauté élective, succomba à la bataille de Xérès (711). De toute la péninsule, les chrétiens ne conservèrent qu'un coin de terre dans les montagnes des Asturies, où Pélage se réfugia avec ses compagnons. Emportés par le même élan, les rapides conquérants franchirent les Pyrénées, occupèrent la Septimanie, ravagèrent l'Aquitaine et déjà marchaient sur Tours, lorsque Charles-Martel les arrêta par la victoire de Poitiers (732).

Division du khalifat. — Ainsi, les Arabes avaient atteint d'un bond les Pyrénées et d'un autre l'Himalaya; et le croissant brillait sur deux mille lieues de pays. Cependant la géographie, la plus grande des forces pour ou contre les États naissants, condamnait leur empire à être bien vite partagé entre plusieurs maîtres, parce qu'il était trop étendu pour avoir un centre, et qu'il renfermait trop de peuples différents pour avoir de l'unité. On vit bientôt les influences diverses des pays et des races se manifester, puis entrer en lutte les unes contre les autres; les dynasties, représentant telle ou telle nationalité qu'avaient produite la géographie et l'histoire, se disputer le trône, et, en suite de ces discordes, l'empire tomber en lambeaux. En 750, la dynastie syrienne des Ommiades fut renversée par Aboul-Abbas, qui fonda la dynastie des *Abbassides*, issue d'un oncle de Mahomet. Un seul Ommiade, échappé à la proscription, s'enfuit en Espagne, et y éleva le khalifat d'Occident ou de Cordoue (755).

Les Abbassides ne régnèrent donc plus que sur le khalifat d'Orient ou de Bagdad, nouvelle capitale bâtie sur le Tigre en 762, près de l'ancienne Séleucie. Ils y fournirent une suite de grands hommes : Almanzor (754), Haroun-al-Raschid ou le Juste (786), Al-Mamoun (813), tous protecteurs des lettres, des arts et des sciences, qu'ils avaient empruntés aux Grecs. Mais, dans ces lieux qui ont toujours vu le despotisme et où semblait errer encore l'ombre des *grands rois*, les khalifes se considérèrent bientôt comme l'image de Dieu sur la terre. Une cour pompeuse les sépara de leur peuple; d'immenses richesses remplacèrent la pauvreté d'Omar, et l'ardeur guerrière s'éteignit au sein d'une vie efféminée. Alors ces hommes qui ne savaient plus combattre, achetèrent des esclaves pour en faire des soldats qui devinrent leurs maîtres. Après l'introduction, dans le palais, d'une garde turque qui le remplit de désordres et de violences, qui fit ou défit à son gré les souverains, les Abbassides tombèrent dans la condition de nos rois fainéants. Le Turcoman Togrul-Beg ne laissa au khalife qu'une vaine autorité religieuse (1058), et fonda la puissance des Turcs Seldjoucides. — Dès le neuvième siècle, l'Afrique s'était détachée du khalifat de Bagdad et partagée entre trois dynasties : *Édrissites*, à Fez ; *Aglabites*, à Kaïroan ; *Fatimites*, au Caire ; ceux-ci prétendaient descendre de Fatime, fille de Mahomet.

Quant au khalifat de Cordoue, il eut, comme celui du Caire, des jours brillants. Beaucoup de chrétiens, traités avec modération, se mêlèrent aux musulmans, et formèrent la population active des *Mozarabes;* les juifs, toujours si habiles, furent soustraits aux rigueurs de la loi des Visigoths. Commerce, industrie, agriculture prospérèrent donc, et donnèrent aux khalifes de grandes richesses. Ébranlé par les conquêtes des lieutenants de Charlemagne au nord de l'Èbre, le khalifat de Cordoue le fut ensuite par les révoltes des *Walis* ou gouverneurs de provinces, et par l'insurrection des bandits *Béni-Hafsoun*, qui dura quatre-vingts ans. Les règnes d'Abdérame Ier (755), d'Hescham Ier (787), d'Al-Haken Ier, d'Abdérame II, etc., furent très-heureux. Celui d'Abdérame III les surpassa tous (912-961); les succès de ce khalife et ceux d'Almanzor, principal ministre d'Hescham II, arrêtèrent, au Douro et à l'Èbre, les progrès des royaumes chrétiens fondés dans le nord. Mais après Almanzor tout s'écroula. Une garde africaine livra le palais à une anarchie sanglante qui favorisa les tentatives d'indépendance des Walis. En 1010, Murcie, Badajoz, Grenade, Saragosse, Valence, Séville, Tolède, Carmona, Algésiras, furent autant de principautés indépendantes. En 1031, Hescham, dernier descendant des Ommiades, fut déposé, et se retira avec joie dans l'obscurité ; peu de temps après, le titre même de khalife disparut.

Civilisation arabe. — Tel fut le sort de l'empire des

Arabes dans les trois parties du monde, Asie, Afrique, Europe : une soudaine et irrésistible expansion, puis un morcellement et un affaiblissement général au bout de peu de siècles. Mais ils avaient établi leur religion, leur langue, les lois de leur Coran, sur un grand nombre de peuples, et transmis à l'Europe du moyen âge des industries, des sciences, dont ils furent sinon les inventeurs, du moins les courtiers. Tandis que l'Europe était plongée en d'épaisses ténèbres de barbarie, Bagdad, Bassorah, Samarcande, Damas, le Caire, Kaïroan, Fez, Grenade, Cordoue étaient autant de grands centres intellectuels.

Le Coran avait fixé la langue, qui s'est conservée jusqu'à nos jours, telle que la parlait Mahomet, dans l'arabe littéral, tandis que les siècles et les influences locales faisaient subir à la langue vulgaire des transformations très-diverses. Cet arabe, prodigieusement riche en mots qui expriment les objets et les impressions du désert, se plia pourtant à tous les usages de la littérature et de la science. De l'école mourante d'Alexandrie, les Arabes avaient reçu Aristote, qu'ils se mirent à commenter avec une extrême ardeur, et plus d'une fois les commentateurs furent eux-mêmes des philosophes dignes de considération : tels sont, en Orient, Avicenne ; en Occident, Averroès, qui fut si fameux, au moyen âge, pour avoir transmis aux chrétiens d'Europe la connaissance du Stagyrite.

Les sciences exactes reçurent du second Abbasside, Almanzor, une vive impulsion, grâce aux savants que les khalifes attirèrent de Constantinople. Dès la première moitié du neuvième siècle, deux astronomes de Bagdad mesuraient, dans la plaine de Sennaar, un degré du méridien. Bientôt on vit Euclide commenté, les tables de Ptolémée corrigées, l'obliquité de l'écliptique calculée plus exactement, la précession des équinoxes, la différence de l'année solaire et de l'année commune mieux déterminée, de nouveaux instruments de précision inventés, et, à Samarcande, un admirable observatoire.

Toutefois, c'est par erreur qu'on attribue vulgairement aux Arabes l'invention de l'algèbre et des chiffres, dits arabes, dont nous nous servons : ils ne firent probablement que transmettre à l'Europe ce qu'ils trouvèrent dans la savante école d'Alexandrie. Nous tenons d'eux au même titre la boussole et la poudre à canon. Ils excellèrent dans la médecine où ils furent encore les élèves des anciens, témoin les nombreux traités d'Averroès sur Galien.

Pour l'architecture, ils ont aussi beaucoup emprunté aux Grecs ; c'est au style byzantin qu'appartient leur cintre en fer à cheval. Ils n'ont cultivé ni la peinture ni la sculpture, parce que leur religion leur interdisait la représentation de la forme humaine ; mais leurs *arabesques* sont un genre d'ornementation qui leur est propre. On peut voir, à Cordoue, à Grenade, au Caire, les restes magnifiques de cette architecture.

Quant à l'agriculture et à l'industrie, nous n'avons rien imaginé de supérieur à leur système d'irrigation, que les paysans de Valence et de Grenade pratiquent encore, et la réputation des lames de Tolède, des soies de Grenade, des draps bleus et verts de Cuença, des harnais, des selles et des cuirs de Cordoue, était répandue dans toute l'Europe. Mais cette civilisation, comme la domination au sein de laquelle elle était éclose, disparut presque aussi vite qu'elle s'était formée.

XXXVII

L'EMPIRE DES FRANCS ; EFFORTS POUR METTRE L'UNITÉ DANS L'ÉGLISE ET DANS L'ÉTAT.

Différence entre l'invasion arabe et l'invasion germanique. — L'invasion arabe avait commencé par l'unité de foi, de commandement et de direction ; elle s'était perdue par le schisme, la division et la faiblesse. L'invasion germanique, faite au hasard et en vue seulement du pillage, sous des chefs qu'aucune idée commune ne réunissait, avait d'abord donné naissance à quantité de royaumes fragiles; mais elle s'était opérée en des pays où vivait encore le souvenir de l'empire romain et où s'élevait un principe nouveau d'unité, celui de l'Église. Aussi, après avoir erré deux siècles dans le chaos et au milieu des ruines qu'ils avaient faites, ces aventuriers finirent par se rassembler presque tous sous la main d'une famille, celle des Carlovingiens qui essaya de reconstituer l'État et le pouvoir, tandis que le pape, avec ses moines et ses évêques, organisait la hiérarchie ecclésiastique. L'accord de ces deux puissances fit l'éclat du règne de Charlemagne; leur rivalité amena la grande lutte du moyen âge, celle du sacerdoce et de l'empire.

La société ecclésiastique. — L'empire romain avait péri, et les barbares n'avaient jusqu'à présent élevé sur ses ruines que de fragiles édifices; une seule institution, l'Église, traversait les siècles, se développant régulièrement selon l'esprit de son principe, gagnant sans cesse en puissance et se fortifiant par l'unité de son gouvernement. Cette société avait d'abord été toute démocratique avec des chefs élus. Quand elle sortit mutilée, mais radieuse, des catacombes et des amphithéâtres; lorsque Constantin lui eut livré le monde romain, et qu'elle eut arrêté, dans les conciles, son dogme et sa discipline, elle se trouva constituée avec une hiérarchie sévèrement ordonnée, où l'élection subsista pour la plus haute dignité, l'épiscopat et la papauté, mais non pour les grades inférieurs, que l'évêque conféra. Si l'on considère les circonscriptions territoriales, l'évêque gouvernait le *diocèse* qui se divisa assez tard en *paroisses* curiales; plusieurs diocèses formèrent la *province* ecclésiastique de l'*archevêque* ou *métropolitain*, au-dessus desquels s'élevaient les évêques des grandes capitales avec le titre de *patriarches* ou de *primats*; enfin il s'attacha de bonne heure au siége de Rome une suprématie que le concile de Constantinople proclama en 381.

A ce tableau on reconnaît toute l'organisation civile de l'empire. Ainsi l'autorité à laquelle participait d'abord la masse des fidèles, se retira peu à peu des parties inférieures pour passer aux évêques et finit par se concentrer, au sommet, dans le pape. Cette ascension de l'autorité religieuse qui ne s'est terminée que de nos jours par la proclamation du dogme de l'infaillibilité pontificale, est toute l'histoire interne de l'Église. Mais au huitième siècle la monarchie sacerdotale n'était encore qu'à la moitié du chemin au bout duquel Boniface VIII devait la conduire.

L'évêque de Rome possédait de grands biens en Italie et il occupait dans la ville, la plus fameuse de l'univers, la large place qui, à la fin de l'empire, avait été attribuée aux évêques dans le régime municipal. Le pape avait donc, outre son autorité spirituelle, des moyens d'action, par les revenus des biens donnés à son église, et une autorité qui s'agrandit naturellement à la chute de l'empire d'Occident et du royaume de Théodoric. Il restait toujours soumis pour le temporel à l'empereur de Constantinople et à son représentant en Italie, l'exarque de Ravenne, mais le joug était léger, grâce à la distance et aux embarras de l'exarque que les Lombards menaçaient et qu'ils finirent par chasser.

Grégoire le Grand (590-604) fit beaucoup pour le développement de cette puissance. D'abord il sauva Rome d'une attaque des Lombards; puis il prit énergiquement en main la conversion des hérétiques et des païens qui, avant lui, allait à l'aventure. Il fit rentrer les Visigoths dans le giron de l'Église catholique, gagna à la foi l'Angleterre, l'Helvétie, la Bavière, multiplia les monastères où vivait une milice fidèle sous la règle de saint Benoît, et resserra autour des évêques le lien de la discipline. Ses successeurs continuèrent l'œuvre des missions, et les nouvelles églises, filles de Rome, montraient pour leur métropole un respectueux attachement. La Hollande, la Frise furent évangélisées et saint Boniface nommé, en 723, par le pape, évêque de la Germanie, allait donner à Rome ces vastes provinces.

Ainsi la Rome nouvelle redevenait conquérante et dominatrice. Son chef restait pourtant le sujet de l'Empereur ; mais une rupture était inévitable. Justinien II ayant voulu faire enlever le pape Sergius qui rejetait les canons du concile *in Trullo*, les soldats refusèrent d'obéir ; lorsque Léon, l'*Iconoclaste*, ordonna de briser à Rome les images, le peuple chassa de la ville le préfet impérial et le pape souleva les Italiens contre le prince hérétique (726). Les Lombards profitèrent de cette agitation pour s'emparer de l'exarchat de Ravenne, et essayèrent de mettre la main sur Rome. C'est alors que Grégoire III recourut aux chefs des Francs austrasiens.

Charles-Martel et Pépin le Bref (715-768). — Après la mort de Pépin d'Héristal (715), Charles, son fils naturel, s'était emparé de la mairie, du consentement des leudes et avait vaincu les Neustriens qui, coalisés avec les Saxons et les Aquitains, s'efforçaient de détruire les effets de la bataille de Testry. C'était un vaillant homme : par la bataille de Tours (732), il fit rebrousser chemin à l'invasion arabe jusque derrière les Pyrénées, sauvant du même coup la chrétienté et l'invasion germanique ; à l'est, il battit les Saxons et les Bavarois, tout en laissant beaucoup à faire de ce côté à ses successeurs ; et au sud, il entreprit de dompter l'Aquitaine, toujours indocile à l'autorité des chefs du nord de la Gaule. Sa renommée égalait sa puissance. En 741, deux nonces de Grégoire III vinrent lui apporter de magnifiques présents, les clefs du sépulcre de saint Pierre, les titres de consul et de patrice et une lettre suppliante. Le pape disposait de ce qui ne lui appartenait pas ; car c'était la souveraineté de Rome que le pontife offrait au vainqueur des Sarrasins, avec le protectorat de l'Église romaine. Dans sa lettre, Grégoire implorait le secours de Charles-Martel contre un prince énergique et ambitieux, Luitprand, roi des Lombards, qui voulait réunir toute la péninsule italienne sous sa puissance. Luitprand était catholique, mais tout proche de Rome; Grégoire voulait un protecteur plus éloigné, partant moins exigeant, et il donnait à un étranger ce qu'il refusait au prince italien. Cette politique qui est restée celle de ses successeurs était toute naturelle, parce que malgré le précepte : « rendez à César ce qui est à César », le saint-siége visait à une complète indépendance. Mais que de maux elle a attirés sur l'Italie, sans jamais avoir réussi pour longtemps !

Charles n'eut pas le temps de répondre à cet appel : il mourut en 741, et ses fils, Carloman et Pépin, qui lui succédèrent comme maires du palais en Austrasie et en Neustrie, furent d'abord trop occupés sur toutes leurs frontières pour songer à l'Italie. Mais en 747, Carloman s'étant retiré au couvent du mont Cassin, Pépin dépouilla ses neveux, puis se décida à mettre sur sa tête cette couronne, qui n'était plus qu'un mensonge sur celle des rois fainéants. Il consulta à ce sujet le pape Zacharie qui répondit que le titre appartenait à celui qui avait la puissance, et saint Boniface renouvela pour lui la solennité hébraïque de la consécration par l'huile sainte (752). Le dernier des mérovingiens fut enfermé dans un couvent. Deux ans après, Étienne II vint en France sacrer pour la seconde fois le maire d'Austrasie. Pépin récompensa le pape en lui donnant la Pentapole et l'exarchat de Ravenne, qu'il conquit sur les Lombards; de sorte qu'il se fit dans le même temps deux importantes révolutions : parmi les peuples qui avaient toujours pratiqué l'élection royale, l'Église introduisait habilement la doctrine contraire du droit divin dont elle était naturellement la dispensatrice, et, en échange de cette légitimité venue d'en haut qui supprimait la vieille légitimité nationale, le roi prépara par ses donations la souveraineté temporelle du pape. C'étaient deux principes nouveaux qui ont dominé la société durant dix siècles et qui par un enchaînement logique des choses sont tombés en même temps.

Les autres guerres de Pépin le Bref furent dirigées contre les Saxons, qu'il vainquit, contre les Sarrasins, auxquels il enleva la Septimanie, contre les Aquitains, qu'il dompta après huit années de ravages et de combats.

Charlemagne roi des Lombards et patrice de Rome (774). — La seconde monarchie franque, fondée par Pépin le Bref, arriva à son apogée sous Charlemagne, qui compléta l'œuvre de ses deux prédécesseurs et fournit le plus grand règne que présente l'histoire de l'invasion germanique. Sur tous les points où son aïeul et son père avaient fait la guerre, il la fit aussi et l'épuisa. La frontière orientale était la plus menacée par les Saxons, les Danois, les Slaves, les Bavarois, les Avares : il fit dix-huit expéditions contre les Saxons, trois contre les Danois, une contre les Bavarois, quatre contre les Slaves, quatre contre les Avares. Il en fit sept contre les Sarrasins d'Espagne, cinq contre les Sarrasins d'Italie, cinq contre les Lombards, deux contre les Grecs. Si l'on y ajoute celles qu'il dirigea contre quelques peuples déjà compris dans l'empire franc, mais mal soumis, savoir : une contre les Thuringiens, une contre les Aquitains, deux contre les Bretons, c'est un total de cinquante-trois expéditions que Charlemagne conduisit pour la plupart en personne.

Il avait d'abord partagé l'héritage de Pépin avec son frère Carloman (768) ; ce prince étant mort au bout de trois ans, Charles demeura seul maître, en s'emparant de l'Austrasie, au préjudice de ses neveux, qui se réfugièrent à la cour de Didier, roi des Lombards. Tandis qu'il battait une première fois les Saxons, le pape Adrien I*er* l'appela contre Didier, qui avait envahi l'exarchat. Il passa les Alpes, vainquit les Lombards, dont le roi se fit moine, jeta les fils de Carloman dans un couvent, et entra triomphalement à Rome où il confirma au pape la donation de Pépin. Au titre de *roi* *des Francs* il ajouta ceux de *roi des Lombards* et de *patrice* qui lui réservait la souveraineté sur Rome et sur tous les domaines du saint-siége (774).

Conquête de la Germanie (771-804) ; expédition d'Espagne. — Commencée en 771, la guerre contre les Saxons ne se termina qu'en 804 : c'est trente-trois ans de durée. Ce peuple, encore tout barbare, occupait le cours inférieur du Wéser et de l'Elbe : Westphaliens à l'ouest, Ostphaliens à l'est, Angariens au sud, et Nordalbingiens sur la rive droite de l'Elbe. Encore païens, ils adoraient l'idole appelée Irminsul (Hermann-Saül), consacrée au vainqueur de Varus, et quand saint Libuin voulut les convertir, ils égorgèrent ses compagnons. Charlemagne soutint ses missionnaires, conquérants spirituels qui préparaient la voie aux autres, prit Ehresbourg et fit briser l'Irminsul. Alors parut Witikind, l'Hermann d'un autre âge. Contre ce valeureux chef les expéditions les plus formidables restèrent longtemps impuissantes. Quand ses compatriotes étaient contraints à venir prêter serment au vainqueur dans Paderborn (777), il fuyait jusqu'au fond de la Germanie, et revenait ensuite rallumer la guerre. Après la grande victoire de Buckholz, Charlemagne transporta dix mille familles saxonnes en Belgique et en Helvétie ; il priva de leurs assemblées, de leurs juges, les Saxons restés dans le pays, les soumit à des comtes francs, et partagea leur territoire « entre les évêques, les abbés et les prêtres, à condition d'y prêcher et d'y baptiser. » Les évêchés de Minden, Halberstadt, Verden, Brême furent établis, plus tard ceux de Munster, d'Hildesheim, d'Osnabrück et de Paderborn. Cependant Witikind, réfugié chez les Danois, revint encore, et battit plusieurs généraux francs. Le massacre de quatre mille prisonniers Saxons, excita une insurrection désespérée ; il fallut deux victoires, à Detmold et à Osnabrück, et un hiver passé en armes dans les neiges de la Saxe, pour triompher de l'opiniâtreté de Witikind, qui, enfin, consentit à recevoir le baptême. La Saxe, noyée dans le sang, fut obligée de se soumettre aux dures lois que le vainqueur dicta (804).

La soumission de la Bavière avait précédé celle de la Saxe. Ses provinces furent divisées en comtés, et son dernier duc enfermé au monastère de Jumiéges. Derrière les Bavarois, les Avares, nation hunnique, établie dans l'ancienne Pannonie, conservaient en un immense camp retranché, le *Ring*, les dépouilles du monde. Après de sanglants combats, un fils de Charlemagne réussit à s'emparer du *Ring*, et imposa un tribut aux débris de ce peuple.

Au sud, les Francs étaient moins heureux. Le désastre de Roncevaux, la résistance des Vascons, celle des musulmans d'Espagne, ne laissèrent les Francs occuper que des avant-postes au delà des Pyrénées, dans la vallée de l'Èbre, et ce fut en 812 seulement que le fils aîné de Charlemagne, Louis, roi d'Aquitaine, cantonna ses margraves au sud des Pyrénées.

Par ces guerres, toute la race germanique, sauf les Anglo-Saxons de la Grande-Bretagne et les Northmans de la Scandinavie, était réunie en un seul faisceau. Les races étrangères et hostiles qui touchaient ses frontières, Slaves, Avares et Arabes, étaient refoulées ou contenues, et sur la carte du monde, au lieu de la confusion des siècles précédents, on voyait de l'Indus à l'Atlantique quatre grands États, les deux empires germain et grec, et les deux khalifats de Bagdad et de Cordoue.

Limites de l'empire. — L'empire de Charlemagne avait pour frontières : au nord et à l'ouest l'Océan, de l'embouchure de l'Elbe à la rive espagnole du golfe de Gascogne ; au sud les Pyrénées, et, en Espagne, une partie du cours de l'Èbre ; en Italie le Garigliano et la Pescara, moins Gaëte, restée aux Grecs ; en Illyrie, la Cettina, ou la Narenta, moins les villes de Trau, Zara et Spalatro ; à l'est, la Bosna, la Save jusqu'à son confluent avec le Danube ; la Theiss, les montagnes de la Bohême, la Saale, l'Elbe et l'Eyder.

Hors de cette vaste enceinte, où tout était sujet, des

peuples tributaires formaient autour de l'empire carlovingien une zone protectrice. Tels étaient les Navarrais, les Bénéventins, les Saxons Nordalbingiens, les Obotrites, les Wiltzes, les Sorabes, tous surveillés par les comtes des frontières. La Bretagne et la Bohême avaient été ravagées, non conquises.

Charlemagne empereur (800). — Depuis l'an 800, le maître de cette vaste domination était empereur. Pendant les fêtes de Noël de cette année, le pape Léon III avait posé sur sa tête la couronne des Césars. Ainsi se consommait l'alliance du chef suprême de la société germaine et du chef suprême de l'Église.

En prenant ce titre, Charlemagne reprenait aussi tous les droits des empereurs sur Rome et sur son évêque; il semblait donc que l'unité, l'harmonie, la paix allaient être enfin rétablies dans le monde occidental. Cette résurrection de l'empire sera fatale au contraire à tous ceux qui la font ou qui s'en réjouissent : à l'empereur qui n'ayant pas l'appui d'une administration savante ne pourra porter ce grand fardeau ; à l'Italie qui y perdra pour dix siècles son indépendance. Quant aux deux alliés de l'an 800, le pape et l'empereur, ils seront bientôt les irréconciliables adversaires qui feront la querelle des investitures et les guerres des Guelfes et des Gibelins.

Gouvernement. — Malgré son titre romain Charlemagne restait le chef de la race germanique, et surtout de la victorieuse nation des Austrasiens, dont il continua de parler la langue, de porter les vêtements et d'habiter le pays (Aix-la-Chapelle fut sa résidence de prédilection). Mais il montrait une sagesse qui n'avait rien d'un barbare. Deux fois chaque année l'assemblée nationale se réunissait autour de lui. Les évêques, les leudes, les hommes libres, les agents impériaux s'y rendaient de toutes les extrémités de l'empire, et venaient instruire l'empereur de ce qui se passait dans leurs provinces. Les grands se réunissaient à part de la multitude des hommes libres pour discuter et rédiger les capitulaires dont il subsiste soixante-cinq, comprenant 1151 articles sur toutes les matières du gouvernement civil et ecclésiastique.

Des *missi dominici*, ou envoyés impériaux, parcouraient quatre fois l'an les districts soumis à leur surveillance, deux par deux, habituellement un comte et un évêque, afin de se contrôler l'un par l'autre, et de pourvoir à tous les besoins de la société laïque et de la société religieuse. Ils rendaient compte à l'empereur de l'état des provinces, qui conservaient toujours leurs *ducs*, leurs *comtes*, et leurs *viguiers* ou *centeniers*, selon l'étendue de la circonscription territoriale à laquelle chacun d'eux était préposé. Tout possesseur d'au moins douze arpents devait le service militaire. Les évêques et les abbés en furent personnellement exemptés, à condition d'envoyer leurs hommes à l'armée.

La justice se rendait dans les assemblées provinciales, non plus par tous les hommes libres, qui avaient cessé d'y paraître, mais par un certain nombre de *scabini* (échevins), sept au moins, qui formaient un jury et jugeaient sous la présidence du comte ou du centenier, sauf appel aux *missi dominici*. Il n'y avait plus, depuis le commencement du septième siècle, d'impôts publics; le roi ne recevait que ce qui lui était dû comme propriétaire, par ses nombreux colons, les fruits et revenus de ses domaines, les services personnels et réels des comtes et des bénéficiers royaux, les dons gratuits des grands et les tributs des pays conquis. Les propriétaires étaient obligés de fournir à la dépense du prince ou de ses agents, lorsqu'ils passaient sur leurs terres; ils étaient chargés, en outre, de l'entretien des routes, des ponts, etc. L'armée s'équipait elle-même et vivait à ses frais, sans solde; la terre que le soldat avait reçue en tenait lieu.

Charlemagne aurait voulu dissiper les ténèbres amassées sur le monde par l'invasion. Toute littérature s'était réfugiée dans les monastères, particulièrement dans ceux de l'ordre des bénédictins, fondé au commencement du sixième siècle par Benoît de Nursia : la *règle* tracée par lui imposait aux moines la copie des manuscrits anciens. Pour faire sortir les lettres des couvents et les répandre parmi son peuple, Charles fonda des écoles et obligea ses officiers d'y envoyer leurs enfants. Lui-même établit dans son palais une académie dont il était membre ; il commença une grammaire tudesque, et composa des poésies latines. Alcuin, moine anglais, qu'il attira auprès de lui et fit abbé de Saint-Martin de Tours, Éginhard, son secrétaire et peut-être son gendre, qui plus tard écrivit sa *vie*, sont les principaux noms littéraires de l'époque.

Ainsi Charlemagne avait prétendu mettre l'ordre dans le chaos, la lumière dans les ténèbres, en organisant la société germanique et chrétienne qu'il rassemblait autour du trône relevé des empereurs d'Occident : effort immense qui a valu à son nom d'être placé à côté des trois ou quatre noms devant lesquels le monde s'incline ; et pourtant tentative infructueuse, parce que toutes les forces morales du temps, tous les instincts et tous les intérêts des peuples s'opposaient à son succès. Même dans la vieille Gaule, l'unité politique ne pouvait être conservée qu'à la condition qu'une main énergique sût la maintenir. Au delà du Rhin, il avait fait, du pêle-mêle de tribus qui s'y agitaient confusément, un peuple organisé sous des comtes et des ducs pour être une vivante barrière contre les Slaves ; à la Germanie succédait l'Allemagne, c'était une grande chose. Mais le jour où il alla ceindre à Rome la couronne des empereurs fut pour l'Italie un jour funèbre. La belle contrée eut dès lors un maître étranger qui résidait au loin et ne venait la visiter que pour lui faire violence avec des hordes avides et barbares. Que de sang a coulé durant des siècles pour continuer cette partie de l'œuvre de Charlemagne ! Que de ruines ont été faites dans ce pays des cités innombrables et des monuments splendides, sans compter la plus triste de toutes, celle qui sembla si longtemps irréparable, la ruine du peuple même et du patriotisme italien !

Charlemagne sentit que son œuvre ne pouvait du

rer. Le partage de ses États entre ses fils montrait qu'à ses yeux mêmes l'empire manquait d'unité réelle, et déjà l'apparition des pirates northmans présageait les malheurs qui vont suivre.

XXXVIII

LES DERNIERS CARLOVINGIENS ET LES NORTHMANS.

Faiblesse de l'empire carlovingien; Louis le Débonnaire. — On a vu se former au septième et au huitième siècles deux immenses empires à côté et aux dépens de l'empire romain. Au neuvième, l'ancien continent change de face, et, à la place des grands blocs qui couvraient précédemment le sol de l'Europe, de l'Asie et de l'Afrique, on ne trouve plus que des grains de sable.

Les Gallo-Romains et les Italiens parlaient, avec des nuances, une même langue, née du latin; les Germains conservaient l'idiome teutonique. Aux Lombards, aux Saxons, Charlemagne laissa leurs lois particulières; les Francs Saliens, les Ripuaires, les Alamans, les Bavarois avaient gardé les leurs. Ces peuples n'étaient donc pas mélangés et fondus ensemble; un seul lien les tenait réunis en un faisceau, la volonté de Charlemagne et l'administration dont il les avait enveloppés. Après sa mort, les efforts des tributaires pour s'affranchir, les attaques des voisins, Northmans, Slaves, Bretons, pour recommencer l'invasion, montrèrent que tout le prestige du nouvel empire tenait à son fondateur. Enfin les nombreux partages qui se firent entre les fils et les petits-fils du Débonnaire n'attestèrent pas seulement l'ambition de ces princes, mais aussi la tendance des divers peuples à se séparer les uns des autres. Le premier de ces partages eut lieu en 817. Il créait deux royaumes subalternes, l'un d'Aquitaine, l'autre de Bavière, pour Pépin et Louis, second et troisième fils de l'empereur; l'aîné, Lothaire, était associé à l'empire; Pépin et Louis ne pouvaient, sans son autorisation, ni faire la guerre, ni conclure un traité. Le roi d'Italie, Bernard, neveu de l'empereur, se révolta contre ce partage : vaincu, il eut les yeux crevés, et mourut de ce supplice. Son royaume fut donné à Lothaire.

Louis avait épousé en secondes noces la belle et savante Judith, fille d'un chef bavarois, qui lui donna un fils, Charles, et dès lors exerça sur lui une influence considérable. En 829, elle exigea de son époux qu'il fît une part à cet enfant, et Louis lui constitua un royaume composé de l'Alamannie, de la Rhétie, d'une partie de la Bourgogne, de la Provence et de la Gothie (Septimanie et Marche d'Espagne).

Lothaire, Pépin d'Aquitaine et Louis de Bavière, qui se crurent lésés par ce nouveau partage, prirent les armes contre leur père, le firent prisonnier, et rétablirent la constitution de 817. Mais les vainqueurs ne s'entendirent pas entre eux, et le Débonnaire, que son fils aîné voulait enfermer dans un cloître, en fut tiré par les autres. En 833, nouvelle révolte soutenue par le pape Grégoire IV, qui vint en France comme défenseur du partage de 817. L'armée de Louis et celle de ses fils s'étant rencontrées dans la plaine de Rothfeld, en Alsace, les soldats de l'empereur l'abandonnèrent; il fut relégué au monastère de Saint-Médard de Soissons, déclaré par les évêques déchu du trône, dépouillé de ses insignes militaires, et revêtu de l'habit de pénitent. Rétabli encore une fois, l'année suivante, il fit, en 839, un dernier partage qui avantageait beaucoup son plus jeune fils, Charles le Chauve; déjà les autres reprenaient les armes, lorsqu'il mourut (840).

Traité de Verdun (843). — Ces guerres honteuses étaient dues à l'incapacité du Débonnaire, mais aussi au désir de ses fils de ne pas reconnaître l'autorité supérieure de leur aîné, qui revendiquait pour lui les prérogatives impériales, dont les peuples ne voulaient plus. Aussi continuèrent-elles, lorsque Lothaire, succédant à Louis comme empereur, réclama, dans les États mêmes de ses frères, le serment direct des hommes libres. Charles le Chauve s'unit à Louis le Germanique, son ancien adversaire, pour repousser cette prétention. Après de vaines tentatives d'accommodement, une grande bataille se livra à Fontanet, près d'Auxerre (841). Excepté les Vascons, les Goths de Septimanie et les Bretons, tous les peuples de l'empire carlovingien prirent part à cette grande mêlée : Lothaire avait amené des Italiens, des Aquitains, des Austrasiens ; Louis, des Germains ; Charles, des Neustriens et des Bourguignons. On dit que quarante mille hommes périrent du côté de Lothaire, qui fut vaincu, et cependant refusa d'accepter ce « jugement de Dieu. » Pour l'y contraindre, les deux vainqueurs resserrèrent leur alliance par un serment que Louis le Germanique prononça en langue romane devant les soldats de Charles le Chauve, et Charles en langue tudesque devant ceux de Louis (842). Ces deux serments sont les deux plus anciens monuments que nous ayons des langues française et allemande.

Lothaire céda, et le traité de Verdun (843) partagea l'empire carlovingien en trois parties. Lothaire eut, avec le titre d'empereur, l'Italie jusqu'au duché de Bénévent exclusivement, et, depuis les Alpes jusqu'à la mer du Nord, une longue bande de terre séparant les États de ses deux frères (Pays-Bas, Lorraine et Alsace, comté de Bourgogne et Suisse, Dauphiné et Provence). Tout ce qui était à l'ouest de cette *Lotharingie* resta à Charles le Chauve ; tout ce qui était à l'est, à Louis le Germanique. Dans ce partage, bien différent de ceux que faisaient les Mérovingiens, on voit apparaître les premières démarcations de deux nations modernes, la France et l'Allemagne. La part de Lothaire était seule éphémère : les deux autres devaient, par la suite, s'agrandir des lambeaux de la première. Mais ce traité causa une vive douleur aux partisans de l'unité, qui la voyaient à jamais évanouie.

Charles le Chauve (840-877). — Ce prince ne possédait même pas tout ce qu'on lui laissait de la Gaule. Noménoé, puis son fils Hérispoé, le forcèrent à les reconnaître rois des Bretons; Guillaume, fils de Bernard, battit son armée, qui avait attaqué la Septimanie. L'inconstante Aquitaine, à qui il voulait donner pour roi son fils, reconnut Pépin II, et ne se soumit que plus tard. Les véritables maîtres de ce pays étaient les trois Bernard, marquis de Toulouse, de Gothie et d'Auvergne.

A la mort de Lothaire Ier (855), ses États furent partagés entre ses trois fils : à Louis II, l'Italie et le titre d'empereur; à Charles, le pays entre les Alpes et le Rhône, sous le nom de Provence; à Lothaire II, sous le nom de *Lotharingie*, le pays entre la Meuse et le Rhin. Tous trois étant morts sans laisser d'enfants, Charles le Chauve essaya de recueillir leur héritage en le partageant avec Louis le Germanique; et comme celui-ci le précéda au tombeau, il voulut prendre encore l'Allemagne, et reconstituer l'empire de Charlemagne. Ce prince, qui entassait sur sa tête tant de couronnes, ne savait défendre ni ses villes contre les Northmans, ni son autorité contre les grands.

Progrès de la féodalité. — Les possesseurs de bénéfices et les officiers qui gouvernaient les provinces (ducs, comtes, viguiers), par une tendance que déjà Charlemagne avait dû combattre, usurpaient l'hérédité pour leurs offices et pour leurs terres; Charles consacra cette usurpation, en 877, par le capitulaire de Kiersy-sur-Oise, et il laissa les simples hommes libres, les possesseurs d'alleux se *recommander* aux grands bénéficiers, pour être protégés par eux; de sorte que l'autorité royale n'était plus reconnue ni des puissants, ni des faibles.

Pendant ce temps, les Northmans débarquaient sur toutes les côtes de la France, remontaient le cours de ses fleuves et dévastaient les villes, surtout les églises. En 845, ils pillent l'abbaye de Saint-Germain des Prés, aux portes du Paris d'alors, et, en 857, ils emmènent captif l'abbé de Saint-Denis. En 856, ils sont à Orléans; en 864, à Toulouse. Charles le Chauve ne savait que leur donner de l'or pour les éloigner, ce qui était le plus sûr moyen de les faire revenir. Un seul homme leur fit une énergique résistance, Robert le Fort, à qui Charles le Chauve avait donné (861) le pays entre Seine et Loire, sous le nom de duché de France. Ce Robert, ancêtre des Capétiens, vainquit plusieurs fois les envahisseurs, et périt en les combattant (866).

Déposition de Charles le Gros (887) ; sept royaumes. — Louis II le Bègue (877) continua le règne misérable de son père. Ses deux fils, Louis III et Carloman (879), vainquirent, il est vrai, les Northmans; mais ces vainqueurs ne purent empêcher Boson de prendre le titre de roi d'Arles et de Provence, et de se faire couronner dans une assemblée d'évêques. Ils moururent sans laisser d'enfants, et la couronne fut offerte à Charles le Gros, qui avait réuni toute l'Allemagne, et acquis le titre d'empereur. L'empire de Charlemagne fut reconstitué un instant (884). Mais ce n'était plus que l'ombre d'une grande chose : l'empereur ne fut même pas en état de repousser les Northmans qui assiégeaient Paris; Eudes, qu'on croit fils de Robert le Fort, sauva cette ville.

Indignés de la lâcheté du Carlovingien, les Germains le déposèrent à la diète de Tribur (887) et sept royaumes se formèrent des débris de l'empire : Italie, Germanie, Lorraine, France, Navarre, Bourgogne cisjurane ou Provence et Bourgogne transjurane ; neuf, si l'on ajoute ceux de Bretagne et d'Aquitaine, qui existaient de fait, sinon de droit. La couronne impériale resta à l'Italie où de petits souverains se la disputèrent.

Eudes, Charles le Simple, Louis IV, Lothaire et Louis V (887-987). — En France, ce fut au brave comte Eudes que l'on donna la couronne. Beaucoup de seigneurs, surtout dans le midi, refusèrent de le reconnaître, et au nord, il trouva un compétiteur dans un fils posthume de Louis le Bègue, Charles III, dit le Simple, qui fut proclamé dans une assemblée tenue à Reims et dont le roi de Germanie, Arnulf, fils naturel d'un Carlovingien, se déclara le protecteur. Eudes l'emporta, mais sa mort prématurée, en 898, fit passer son titre à Charles le Simple.

Sous ce prince, les invasions des Northmans cessèrent parce qu'après avoir pris si longtemps le butin, ils prirent le pays même. Le traité de Saint-Clair-sur-Epte céda à Rollon, leur plus terrible chef, le pays entre l'Andelle et l'Océan, avec la main de la fille du roi et le titre de duc, à la condition qu'il rendrait hommage, et se ferait chrétien (911). La Neustrie appelée désormais Normandie arriva, sous la domination de ce prince actif, à une grande prospérité. Charles, dont le surnom indique la faiblesse, se laissa déposer en 922 par les grands qui élurent à sa place Robert, duc de France, puis son gendre Raoul, duc de Bourgogne (923); et il mourut captif dans la tour de Péronne. En 936, un roi carlovingien reparaît: Hugues le Grand, duc de France, fait asseoir sur le trône Louis IV d'Outre-mer, puis le renverse, le rétablit et le renverse encore. Louis IV demande en vain du secours à l'empereur; il meurt sans avoir réussi à recouvrer une ombre d'autorité. Son fils, Lothaire lui succède (954), mais est réduit à la possession de la seule ville de Laon ; aussi ne se maintient-il qu'en faisant une alliance étroite avec Hugues Capet nouveau duc de France. Il sentit si bien à son lit de mort qu'il n'y avait plus de force que dans la maison de France, qu'il supplia Hugues Capet de protéger son fils Louis V. Celui-ci régna en effet, mais seulement un an, et Hugues Capet se décidant enfin à prendre cette couronne dont son père n'avait pas voulu, se fit proclamer roi dans une assemblée des principaux évêques et seigneurs du nord de la France (987). On signale dans cette révolution deux circonstances importantes : les Capétiens eurent dès l'origine l'Église pour alliée, et la couronne unie à un grand fief put désormais se défendre par elle-même.

XXXIX

LA TROISIÈME INVASION AU NEUVIÈME ET AU DIXIÈME SIÈCLE.

La nouvelle invasion. — Une puissante cause de dissolution pour la domination carlovingienne fut l'invasion qui assaillit le second empire d'Occident, quatre siècles après que les Germains avaient ruiné le premier. Le mouvement partit de trois points : du nord, du sud et de l'est et se prolongea à l'ouest, de manière à envelopper l'empire entier. Les Northmans parurent les premiers.

Les Northmans en France. — Lorsque les Francs, faisant face en arrière, après avoir atteint les limites occidentales de la Gaule, refoulèrent de l'O. vers l'E. les flots d'hommes qui s'étaient précipités sur les provinces romaines et entreprirent de soumettre la Thuringe et l'Alamanie, la Bavière et la Saxe, beaucoup de guerriers reculèrent vers le nord dans les deux péninsules cimbrique et scandinave où habitaient des populations de leur sang. Contenus par l'organisation militaire que Charlemagne avait donnée à sa frontière orientale et par les Slaves qui possédaient les pays de l'Oder, les hommes du Nord, *Northmans*, ne virent devant eux que la mer qui fût libre et ils se jetèrent « sur la route des Cygnes. » Ses tempêtes leur étaient familières ; aussi les *vikings* ou *enfants des Anses*, ne redoutaient aucun péril : « l'ouragan nous porte, disaient-ils, où nous voulons aller. » Et ils allaient le long des côtes, aux embouchures des fleuves, pillant et tuant, puis s'établissaient sur quelque point favorable et de là couraient le pays, en chantant aux populations « la messe des lances. »

Ils occupèrent ainsi les îles de Walcheren aux bouches de l'Escaut, de Bétau entre le Rhin, le Wahal et le Lech, d'Oyssel dans la Seine, de Noirmoutier en face des entrées de la Loire. En 840, ils brûlèrent Rouen ; en 843, ils pillèrent Nantes, Saintes, Bordeaux et pénétrèrent dans la Méditerranée. Ils saccagèrent, à plusieurs reprises, les environs de Paris qui soutint contre eux un siége mémorable (885), puis Tours, Orléans et jusqu'à Toulouse. En 851 ils remontèrent le Rhin et la Meuse dont ils dévastèrent les bords. Cependant un édit royal ordonna aux comtes et vassaux du roi de réparer les anciens châteaux et d'en construire de nouveaux ; le pays en fut bientôt couvert, et les envahisseurs arrêtés à chaque pas songèrent à s'établir en quelque lieu sûr et plantureux, plutôt que de courir ces routes devenues difficiles : en 911, ils se firent donner la Neustrie. Leurs dévastations prolongées durant trois quarts de siècle avaient préparé l'avénement de la féodalité.

Les Northmans-Danois en Angleterre. — Les Northmans ravirent à la France et aux Pays-Bas leur sécurité avec une partie de leurs richesses ; à l'Angleterre, ils prirent de plus son indépendance. En 827, l'heptarchie saxonne ne formait plus qu'une monarchie sous Egbert le Grand qui repoussa les premiers Danois débarqués sur ses côtes. Après lui, ils occupèrent le Northumberland, l'Estanglie et la Mercie. Alfred le Grand (871) arrêta leurs progrès et donna à son royaume ou régularisa une organisation qui s'est conservée dans ses traits généraux : division du pays en comtés ; justice rendue par douze francs tenanciers (jury) ; affaires générales décidées dans le *Wittenagemot* ou assemblée des sages, avec le concours d'une royauté à demi héréditaire, à demi élective. Un de ses successeurs, Athelstan, vainquit les Danois « au jour du grand combat » et en délivra l'Angleterre (937). Mais ils reparurent bientôt, sous la conduite d'Olaf, roi de Norwége, et de Svein ou Suénon, roi de Danemark qui emportèrent d'énormes rançons. L'or ne réussissant pas à les éloigner, Éthelred trama un vaste complot : tous les Danois qui s'étaient établis en Angleterre furent massacrés le jour de la Saint-Brice (1002). Suénon vengea ses compatriotes en chassant Éthelred et prit le titre de roi d'Angleterre (1013). Edmond II, *Côte de fer*, renouvela une lutte héroïque mais inutile contre Kanut, successeur de Suénon (1017), et tout le pays reconnut la domination danoise. Kanut, d'abord cruel, s'adoucit ; en épousant Emma, veuve d'Éthelred, il prépara l'union des vainqueurs et des vaincus. Il fit de sages lois ou remit en vigueur celles d'Alfred le Grand ; veilla à ce que les Danois n'opprimassent pas les Anglais ; envoya en Scandinavie des missionnaires saxons chargés d'y hâter la chute du paganisme expirant, et en 1027 fit un pèlerinage à Rome où il s'engagea, pour toute l'Angleterre, à payer chaque année un denier par feu, qu'on appela le denier de saint Pierre.

Ainsi les Northmans de France n'avaient pris qu'une province ; ceux d'Angleterre prenaient un royaume. Au reste, des deux côtés du détroit, ces pillards montraient la même aptitude à la civilisation et ces païens farouches devenaient d'excellents chrétiens. Rollon en Normandie fut un justicier sévère et Kanut mérita le surnom de Grand.

Les Northmans dans les régions polaires et en Russie. — Le plus grand nombre de ces hardis aventuriers descendaient vers les pays du sud où ils trouvaient du vin et de l'or. D'autres s'enfonçaient dans la Baltique jusqu'au bout du golfe de Finlande, ou remontaient par delà le cap Nord pour le seul plaisir de voir l'inconnu et de faire l'impossible. En 861 ils arrivèrent aux îles Féroë, vers 870 en Islande et un siècle après à la Terre-Verte ou Groënland, d'où ils atteignirent le Labrador et le Vinland, le pays de la Vigne : ils étaient en Amérique ; et ils y étaient quatre ou cinq siècles avant Colomb. Leurs bannis, *Warègues*, pénétraient en même temps par la Baltique au milieu des Slaves et allaient vendre leurs services à la puissante ville de Novogorod que Rurik, leur chef, assujettit (862). Il prit le titre de grand prince et commença l'État qui est devenu l'empire russe.

Comme les Arabes, sortis à l'O. et à l'E. de leur presqu'île brûlée s'étaient étendus de l'Inde à l'Espagne, sans quitter les régions du Midi, les Northmans partis de leurs péninsules stériles avaient atteint l'Amérique et le Volga, en restant dans les régions du Nord. Les premiers avaient eu à certains égards une civilisation originale, parce qu'ils avaient une religion particulière, les seconds saisis par le christianisme ne se distinguèrent pas du reste des nations chrétiennes.

Les Sarrasins et les Hongrois. — Les Sarrasins étaient des Arabes d'Afrique qui, laissant leurs frères conquérir des provinces, prirent la mer pour domaine et ravagèrent toutes les côtes de la Méditerranée occidentale. La Tunisie ou ancienne province carthaginoise était leur point de départ. Dès 831, ils soumirent la Sicile et passèrent sur la Grande Terre, comme ils appelaient l'Italie. Ils prirent Brindes, Bari, Tarente, désolèrent maintes fois l'Italie méridionale, même les faubourgs de Rome. Malte, la Sardaigne, la Corse, les Baléares leur appartenaient. Ils s'établirent à demeure en Provence, à Fraxinet qu'ils gardèrent jusque vers la fin du dixième siècle et eurent des postes dans les défilés des Alpes pour y rançonner le commerce et les pèlerins. De là leurs courses et leurs pillages s'étendaient dans la vallée du Rhône et dans celle du Pô. C'était une piraterie plus terrible et plus audacieuse que celle qui fut organisée au seizième siècle par Khaïr-Eddyn Barberousse et que la France n'a abattue qu'en 1830.

Dans la vallée du Danube par où vinrent les Hongrois, l'invasion n'avait guère cessé depuis Attila. Les flots d'hommes s'y étaient pressés comme se succèdent incessamment les vagues d'une mer poussée par la tempête : après les Huns, les Slaves qui y sont encore, puis les Bulgares, « les maudits de Dieu, » les Avares que Charlemagne extermina, les Khazares, les Petschénègues qui ont disparu, enfin un mélange de tribus hunniques et ougriennes que les Latins et les Grecs appelèrent Hungares ou Hongrois et qui à eux-mêmes se donnaient le nom de Magyars. Appelés par le roi de Germanie Arnulf contre les Slaves de la Moravie, ils firent en quelques années la conquête des plaines de la Theiss et de la Pannonie. En 899, ils ravageaient la Carinthie et le Frioul ; l'année suivante, ils lancèrent leurs hardis cavaliers des deux côtés des Alpes ; dans le bassin du Pô et la haute vallée du Danube, même au delà du Rhin ; l'Alsace, la Lorraine, la Bourgogne furent dévastées. Les hordes de la troisième invasion Northmans, Sarrasins, Hongrois, semblaient s'être donné rendez-vous au centre de la France et ce sont les derniers qui y ont laissé le souvenir le plus redouté : les Ougres ou Ogres étaient naguère encore l'épouvante des populations. L'Allemagne finit par faire de grands efforts pour se débarrasser de ces envahisseurs : Henri l'Oiseleur gagna sur eux la victoire de Mersebourg (934) et son fils Otton Ier leur tua, dit-on, 100 000 hommes à la bataille d'Augsbourg (955). Ce désastre les rejeta dans le pays qu'ils ont gardé.

Les courses dévastatrices des Magyars eurent le même résultat que celles des Northmans. En Italie, les villes pour leur résister s'entourèrent de murailles, comme les campagnes en France s'étaient hérissées de châteaux, et elles réorganisèrent leurs milices, ce qui leur permit de reprendre leur indépendance municipale. Un des deux grands États allemands, l'Autriche, fut d'abord un margraviat constitué militairement contre les Hongrois ; le margraviat de Brandebourg, origine de la Prusse, joua le même rôle contre les Slaves ; et par ces deux immenses forteresses fut enfin arrêtée cette marche des populations d'Orient en Occident qui avait commencé après les premiers jours du monde. Les Mongols au treizième siècle, les Turcs au quinzième, qui obéiront encore à ce mouvement primitif, n'entameront que le monde slave et seront arrêtés aux frontières de la race germanique : les pays qui formaient l'empire romain d'Occident n'ont plus de peuples nouveaux à recevoir.

L'invasion du neuvième siècle avait eu pour conséquence de fonder des dominations nouvelles dans la Russie, la Normandie, l'Angleterre et la Pannonie, tout au pourtour du vieux monde; et, dans ce vieux monde, elle avait, par ses pillages, troublé les États fondés par les Germains, favorisé la confusion et hâté les progrès de l'anarchie féodale, si l'on met sous ce dernier mot l'idée que l'étymologie lui donne, l'absence d'un pouvoir central.

XL

LA FÉODALITÉ.

La féodalité ou l'hérédité des offices et des bénéfices. — Par la faute de ses chefs et par l'aversion des peuples, l'empire carlovingien n'avait pas duré un siècle. On vient de le voir se diviser en royaumes, les royaumes vont encore se dissoudre en seigneuries. Les grandes masses politiques tombent en poussière ; l'État se réduit aux proportions d'un fief. L'esprit des hommes de ce temps ne comportait pas de plus larges horizons. Comment se formèrent les seigneuries? Les officiers du roi, sous les derniers Carlovingiens, ayant usurpé à tous les degrés de l'échelle administrative l'hérédité de leur office ou charge publique, duché, comté, etc., en même temps que celle de leur bénéfice ou terre concédée, il se forma une hiérarchie de propriétaires souverains, mais souverains imparfaits, car il n'y eut point de terre qui ne fût un *fief* (*point de terre sans seigneur*), point de seigneur qui ne fût un *vassal* et ne reconnût un *suzerain;* ensuite souverains inégaux, par le fait même de la hiérarchie. Ce régime s'appelle la *féodalité;* le premier acte royal qui le constitua fut l'édit de Kiersy-sur-Oise (877), par lequel Charles le Chauve reconnut au fils le droit d'hériter du *bénéfice* ou du *comté* de son père.

Un homme devenait le vassal d'un autre par la cérémonie de l'*hommage* et de la *foi* ; c'est-à-dire qu'il se déclarait l'*homme* de son nouveau seigneur, lui jurait fidélité, et que le seigneur lui accordait le fief par l'*investiture* ou *saisine*, souvent accompagnée d'un symbole, une motte de gazon, une pierre, une baguette, etc. Sans parler des obligations morales du vassal envers son seigneur, comme de le défendre, de respecter et faire respecter son honneur, de l'assister de ses bons conseils, etc., les obligations matérielles, les *services* dûs par lui, étaient : 1° Le service militaire, principe fondamental de cette société, qui ne connaissait pas les armées permanentes et soldées. Le nombre d'hommes à fournir à la réquisition du seigneur et la durée du service variaient en proportion du fief : ici soixante jours, là quarante, ailleurs vingt. 2° La *fiance*, ou obligation de servir le suzerain dans sa cour de justice, de se rendre à ses *plaids*. 3° Les *aides*, les unes *légales* et obligatoires, les autres *gracieuses* et volontaires. Les aides légales étaient dues généralement dans trois cas : quand le seigneur était prisonnier et qu'il fallait payer sa rançon ; quand il armait chevalier son fils aîné ; quand il mariait sa fille aînée. Les aides tenaient lieu des impôts publics. A ces services il faut ajouter certains *droits féodaux* : de relief, de déshérence, de confiscation, de garde, de mariage, etc. Ces services rendus, le vassal devenait à peu près maître dans son fief. Il pouvait en inféoder tout ou partie à des vassaux d'un moindre rang, ou *vavasseurs*.

Le suzerain avait aussi ses obligations. Il ne pouvait retirer à un vassal son fief arbitrairement et sans motif légitime ; il devait le défendre s'il était attaqué ; lui rendre bonne justice, etc. Le *jugement par les pairs* était le principe de la justice féodale. Les vassaux d'un même suzerain étaient *pairs* entre eux. Si le seigneur refusait de rendre ou rendait mal justice à son vassal, celui-ci pouvait en appeler par *défaute de droit* au suzerain supérieur. Il usait même, au besoin, du droit de *guerre privée*, droit dont les seigneurs étaient très-jaloux, et qui fit de la féodalité un régime de violence entièrement contraire à tous les développements pacifiques de la société humaine, au commerce, à l'agriculture, à l'industrie. C'était le même principe qui faisait admettre dans la procédure le *combat judiciaire* en champ clos. La *trêve de Dieu*, qui défendait les guerres privées du mercredi soir au lundi matin, fut un effort de l'Église pour régulariser la violence, qu'on ne pouvait interdire complétement (1041).

La justice n'appartenait pas à tous les seigneurs avec la même étendue. On en distinguait en France trois degrés : haute, basse et moyenne justice. La première seule donnait droit de vie et de mort. En général c'étaient les plus grands fiefs qui avaient la justice la plus étendue. Parmi les droits seigneuriaux, il faut noter celui de battre monnaie : à l'avénement de Hugues Capet, il n'y avait pas moins de cent cinquante seigneurs qui l'exerçaient. En outre, dans l'étendue de leur fief, ils faisaient la loi. Les capitulaires de Charles-le-Chauve sont la dernière manifestation du pouvoir public légiférant. Dès lors, jusqu'à Philippe Auguste, il n'y eut plus en France de lois générales, mais seulement des coutumes locales. Le clergé était lui-même entré dans ce système. L'évêque autrefois *défenseur de la cité* en était souvent devenu le comte ce qui faisait de lui le suzerain de tous les seigneurs de son diocèse ; de plus, l'évêque, l'abbé avait reçu, par donations faites à son église ou à son couvent, de grands biens qu'il inféodait ; et cette féodalité ecclésiastique fut si puissante qu'en France et en Angleterre, elle posséda plus du cinquième, en Allemagne près du tiers de toutes les terres.

Au-dessous de la société guerrière des seigneurs était la société travailleuse des *vilains* et des *serfs*, des *hommes de poeste* (*gens potestatis*). Les hommes libres ont disparu. Les vilains et les serfs cultivaient la terre pour le seigneur, à l'ombre du donjon féodal autour duquel ils se groupaient et qui quelquefois les défendait, souvent les opprimait. Le vilain n'était assujetti qu'à des redevances fixes, comme un fermier, et qu'aux corvées les moins pénibles ; il ne pouvait être détaché de la terre qui lui avait été assignée à cultiver, et avait le droit de posséder en propre ; quant aux serfs, « le sire, dit Pierre de Fontaines, peut prendre tout ce qu'ils ont et les corps tenir en prison toutes fois qu'il lui plaît, soit à tort, soit à droit, et il n'est tenu d'en répondre à personne, fors à Dieu. » Malgré cela, la condition du serf était meilleure que celle de l'esclave dans l'antiquité. Il était tenu pour un homme ; il avait une famille et l'Église qui le disait fils d'Adam, le faisait, au moins devant Dieu, l'égal des plus fiers seigneurs.

En somme : abandon de tout droit au seigneur, tel est le principe de la société féodale. La royauté ne remplissant plus l'office pour lequel elle était instituée, on demandait aux évêques, aux comtes, aux barons, à tous les puissants, la protection qu'on ne pouvait plus attendre de la loi ni du chef nominal de l'État. Mais cette protection, c'était l'épée qui la donnait ; de là ces interminables guerres qui éclataient sur tous les points de l'Europe féodale et qui furent la grande désolation de cette époque, par leurs suites inévitables, le meurtre et le pillage.

Cependant on vante parfois ce temps qui fut si dur au pauvre peuple. On convient que le commerce, l'industrie étaient tombés bien bas ; que la vie sociale semblait revenue à ses conditions élémentaires ; qu'il y avait beaucoup de violences, peu de sécurité, un état intellectuel misérable et, malgré les enseignements de l'Église, plus de passions brutales que dans notre âge et probablement des vices aussi nombreux. Mais, dit-on, le serf de la terre était plus heureux que le serf de l'industrie moderne. S'il n'avait qu'une maigre pitance, du moins la concurrence ne la lui enlevait pas. Sauf les hasards des guerres privées et des brigandages, il était plus assuré que nos ouvriers de son lendemain. Ses besoins étaient bornés, comme ses désirs ; il vivait et mourait à l'ombre de son clocher, plein de foi et de résignation.

Tout cela est vrai. Mais l'Indien est heureux aussi dans les prairies du Far-West, tant que le bison ne manque pas sur son terrain de chasse et que le Grand Esprit écarte de lui la petite vérole et le Yankee. Pourtant la nature n'a point fait de l'homme la plante qui végète au coin d'un bois ou l'animal que ses appétits conduisent. Elle lui a donné des *facultés*, avec le devoir de les mettre en action pour augmenter chaque jour en lui les forces qui constituent la dignité humaine. C'est le prix de la vie et, au risque de beaucoup de souffrances, nous devons tendre vers l'idéal que Dieu nous a proposé, sans nous arrêter plus à la question secondaire du bonheur, que le soldat commandé d'assaut ne s'arrête à l'idée de tous les biens qu'il s'expose à perdre en échange du devoir accompli. Au moyen âge, l'humanité a contenu dans son sein des multitudes infinies où se trouvaient en réalité bien peu d'hommes et j'imagine que ce doit être le plaisir du Créateur de voir la création morale se continuer, par l'expansion sur la terre de l'intelligence, comme la création matérielle s'est perfectionnée dans les deux règnes organiques par le développement des fonctions ou de l'instinct.

Sur quantité de points, le moyen âge est en arrière de l'antiquité; sur quelques-uns, il est en progrès. Il faisait bien des misérables; mais il ouvrait dans les couvents beaucoup d'asiles. Sous l'heureuse influence du christianisme, la famille se reconstitua et, par la nécessité de ne compter que sur soi, l'âme fut retrempée. Ces batailleurs reprirent des sentiments de courage, d'honneur que les Romains de la décadence ne connaissaient plus et si l'État était fort mal organisé, il existait pour le vassal de fortes maximes de droit qui, à travers mille violations sont arrivées jusqu'à nous : nulle taxe ne peut être exigée qu'après le consentement des contribuables; nulle loi n'est valable, si elle n'est acceptée par ceux qui lui devront obéissance; nulle sentence n'est légitime si elle n'est rendue par les pairs de l'accusé. Enfin au milieu de cette société qui ne connaissait plus que les droits du sang, l'Église maintenait par l'élection ceux de l'intelligence; et, avec son Dieu mort sur la croix, avec sa doctrine de l'égalité humaine devant la justice divine, elle était, pour les grandes inégalités de la terre une menace qui se réalisera le jour où le principe de la loi religieuse passera dans la loi civile.

Grands fiefs de France, d'Allemagne et d'Italie. — L'organisation féodale, qui ne fut complète qu'à la fin du onzième siècle, régna dans toutes les provinces de l'ancien empire carlovingien. Cependant de grands noms survivaient : France, Allemagne, Italie; et de grands titres étaient portés par ceux qu'on appelait les rois de ces pays : rois de parade, non de réalité, purs symboles de l'unité territoriale qui avait disparu et non chefs de nation sérieux, actifs, puissants. De ces trois royautés, une disparut de bonne heure, dès 924; une autre tomba très-bas, celle de France; la troisième, la couronne de Germanie, jeta, durant deux siècles un vif éclat, lorsque Otton I eut renouvelé l'empire de Charlemagne, avec moins de grandeur assurément, car la copie se rapetisse à mesure qu'elle s'éloigne du modèle. Comme le fils de Pépin avait régné sur moins de peuples que Constantin et Théodose, les Otton, les Henri, les Frédéric régnèrent sur moins de pays que Charlemagne et leur autorité fut moins incontestée.

Le roi de France, possédait le duché de France, devenu *domaine royal*. Tout autour, entre la Loire, l'Océan, l'Escaut, la Meuse supérieure et la Saône, s'étendaient, sous sa suzeraineté, de vastes principautés dont les possesseurs rivalisaient de richesse et de puissance avec lui : le *comté de Flandre*, depuis l'Escaut jusqu'à Térouanne; le *duché de Normandie*, qui s'étendait de la Bresle au Couesnon, et qui prétendait étendre sa suzeraineté sur le *comté de Bretagne*; le *comté d'Anjou*; le *duché de Bourgogne*; le *comté de Champagne*. Entre la Loire et les Pyrénées, l'ancien royaume d'Aquitaine était divisé en quatre *fiefs dominants* : au nord, le *duché d'Aquitaine* appartenait aux puissants comtes de Poitiers depuis 845 ; au sud-ouest, le *duché de Gascogne*, entre la Garonne et les Pyrénées ; le *comté de Toulouse*, enfin le *comté de Barcelone*, au sud et au nord des Pyrénées orientales. Ces grands feudataires, vassaux immédiats de la couronne, étaient appelés *pairs du roi :* à ces pairs laïques on avait ajouté six pairs ecclésiastiques : l'archevêque-duc de Reims, les deux évêques ducs de Laon et de Langres, et les trois évêques-comtes de Beauvais, de Châlons et de Noyon. Parmi les arrière-fiefs on ne comptait pas moins de cent comtés, et un bien plus grand nombre de vicomtés, seigneuries, évêchés comtaux, abbayes seigneuriales, etc.

Le royaume de Germanie, proprement dit, avait pour limites : à l'ouest, la Meuse et l'Escaut ; au nord-ouest, la mer du Nord ; au nord, l'Eyder, la Baltique et le petit royaume de Slavonie ; à l'est, l'Oder, le royaume de Pologne et celui de Hongrie ; au sud, les Alpes. On y comptait neuf grandes divisions territoriales : le vaste *duché de Saxe*, depuis l'Oder jusqu'à quelque distance de la rive droite du Rhin ; la *Thuringe*, au sud de la Saxe ; la *Bohême* et la *Moravie*, soumises à un même duc héréditaire qui avait reconnu la suzeraineté de l'empire ; le duché de *Bavière*, entre le Lech et Presbourg ; le duché de *Carinthie*, sur le haut cours de la Drave et de la Save ; l'*Alamannie*, ou *Souabe*, la *Franconie*, au nord de la Souabe, la *Lorraine*, à l'ouest de la Franconie et de la Saxe jusqu'à l'Escaut et jusqu'à la Meuse ; la *Frise* enfin, sur les rivages de la mer du Nord.

Le *royaume d'Arles* comprenait les trois vallées de la Saône, du Rhône et de l'Aar ; celui d'*Italie*, le bassin du Pô, ou la *Lombardie*, avec ses grandes républiques de Milan et de Pavie, de Venise et de Gênes ; le *duché* ou *marquisat de Toscane*, les *États de l'Église* et quatre États normands : la *principauté de Capoue et d'Aversa*, le *duché de Pouille et Calabre*, la *principauté de Tarente* et le *grand-comté de Sicile*.

Dans l'*Espagne chrétienne* on trouvait : au centre le royaume de *Castille et Léon* ; à l'ouest le comité de *Portugal*, relevant de la couronne de Castille ; au nord et au nord-est, les royaumes de *Navarre* et d'*Aragon* ; dans la Grande Bretagne, les royaumes d'*Angleterre* et d'*Écosse* plus la principauté de *Galles* ; entre la mer du Nord et la Baltique, les trois États scandinaves : *Suède*, *Norwége* et *Danemark* ; chez les Slaves : les royaumes de *Slavonie* sur la Baltique et de *Pologne* sur la Vistule, le grand duché de *Russie* divisé en une foule de principautés et celui de *Lithuanie*. Le Pape Sylvestre II avait envoyé en l'an mil la couronne royale à Étienne le Saint qui venait de convertir les *Hongrois* et il faudra bientôt que l'Europe chrétienne aille au secours de l'*empire d'Orient* qui a perdu l'Afrique et l'Égypte conquises par les Arabes, la Syrie et l'Asie Mineure où les Turcs sont campés.

La civilisation du IX° siècle au XII°. — La renaissance des lettres sous Charlemagne ne s'était pas continuée après lui. Le grand évêque de Reims, Hincmar, le moine Gottschalk, partisan de la prédestination, et Jean Scott Erigène son adversaire, agitèrent encore de grandes questions, mais après eux tout se tut et d'épaisses ténèbres couvrirent le x° siècle. La misère physique était extrême, comme la misère morale, et il y avait tant de maux sur le monde que l'on crut qu'il allait finir en l'an 1000 : on ne bâtissait plus pour un avenir si court, et on laissait les édifices tomber en ruine. Cependant le moment fatal passé, on se reprit à espérer et à vivre ; l'activité humaine se ranima ; on construisit beaucoup d'églises et Sylvestre II jeta à l'Europe le premier mot de la croisade qui allait remettre le monde en mouvement.

Il y eut alors un réveil littéraire plus puissant que sous Charlemagne. Les *langues vulgaires* prenaient place déjà, pour certains travaux de l'esprit, à côté de la langue ecclésiastique, savante et universelle, le latin. Celle-ci continuait à être employée dans les couvents, qui se multipliaient extrêmement, elle servait à la théologie et aux graves discussions qui commençaient à retentir. Lanfranc, qui fut abbé du Bec, puis archevêque de Cantorbéry, saint Anselme, son successeur qui composa le traité fameux du *Monologium*, ranimèrent le mouvement des idées et le XIe siècle n'était pas achevé qu'éclatait la grande querelle des *réalistes* et des *nominalistes* à laquelle Abélard prit part avec tant d'éclat.

Les langues vulgaires aussi nombreuses que les nations nouvellement formées étaient : dans l'Allemagne, les États scandinaves et l'Angleterre, les idiomes *tudesques* (langue de *ia*) qui ne commençaient qu'à l'ouest de la Meuse ; en Italie, *l'italien* (langue de *si*), destiné à atteindre, avant les autres, sa perfection ; en France, le *roman*, qui se distinguait déjà en *roman du nord*, *welche* ou *wallon* (langue d'*oïl*), et en *roman du midi* ou *provençal* (langue d'*oc*), qui se parlait aussi dans la vallée de l'Èbre.

Le premier emploi littéraire du *roman* fut fait par les poëtes du temps : les *trouvères* dans le nord, les *troubadours* dans le midi, et les *jongleurs*. Le trouvère et le troubadour inventaient et composaient le poëme ; le jongleur (*joculator*) le récitait ; quelquefois le même homme réunissait les deux rôles. Ils erraient de château en château, abrégeant par leurs chants l'ennui du manoir. Les trouvères composaient généralement des *chansons de geste*, en vingt, trente ou cinquante mille vers, et les sujets qu'ils traitaient formèrent plusieurs cycles, suivant les époques : d'abord le cycle carlovingien, dont Charlemagne et ses douze pairs furent les héros (*chanson de Roland*, le *roman des Lohérains*, etc.), puis le cycle armoricain, consacré au roi Arthur, défenseur de l'indépendance bretonne, et dont Robert Wace est resté le principal poëte avec son roman du *Brut* (1155), qui raconte les exploits des chevaliers de la Table ronde ; au troisième cycle appartiennent tous les sujets antiques qui prennent place dans la poésie populaire, comme s'il y avait eu alors un pressentiment lointain et confus de la Renaissance. Les chansons de geste sont la poésie de la féodalité, mais aussi de la chevalerie qui était venue à sa suite.

Les seigneurs se plaisaient à attirer autour d'eux leurs vassaux, et confiaient à quelques-uns des services d'honneur : connétable, maréchal, sénéchal, chambrier, bouteiller, etc. Le vassal amenait ses fils à la cour du suzerain, où ils se préparaient, comme pages et comme écuyers, à être faits chevaliers. Ils le devenaient par une cérémonie à la fois religieuse (jeûne de vingt-quatre heures, veillée des armes, bain symbolique, etc.) et militaire (accolade, éperons, épée, etc.). Prier, fuir le péché, défendre l'Église, la veuve, l'orphelin, protéger le peuple, faire la guerre loyalement, combattre pour sa dame, aimer son seigneur, écouter les prud'hommes, tels étaient les devoirs du chevalier.

Cette société nouvelle et originale qui produisait la scolastique, les langues vulgaires, la féodalité et la chevalerie, innova aussi dans l'art. A l'architecture romane, appelée également byzantine, lombarde, saxonne, etc. (plein cintre porté par des colonnes), se substitua l'architecture ogivale, improprement appelée gothique. L'ogive, procédé élémentaire plus facile que le cintre, est de tous les temps et de tous les pays, mais au douzième siècle, elle commença à être employée avec profusion et elle devint l'élément essentiel d'un genre nouveau d'architecture qui a donné à nos cathédrales leur imposante grandeur.

XLI

L'EMPIRE GERMANIQUE. LUTTE DU SACERDOCE ET DE L'EMPIRE

L'Allemagne de 887 à 1056. — Tandis que la France nommait rois ses seigneurs indigènes, Eudes,

Robert, Raoul et Hugues Capet, la Germanie, à la déposition de Charles le Gros (887), élisait un descendant de Charlemagne, Arnulf, bâtard de Carloman. Héritier des prétentions carlovingiennes, il reçut l'hommage des rois de France, de Bourgogne transjurane, d'Arles, d'Italie, et le dernier l'ayant appelé contre un compétiteur, il se fit lui-même couronner roi d'Italie et empereur, ce qui ne lui donna qu'un titre de plus (896). Il repoussa quelques bandes de Northmans et opposa aux Moraves les Hongrois qui commençaient à faire par l'Europe des courses aussi dévastatrices que celles des pirates du Nord. Avec son fils Louis l'Enfant s'éteignit la branche allemande des Carlovingiens, et comme par l'absence d'héritiers naturels, la Germanie fut appelée à choisir des rois en différentes familles, l'élection rentra dans les mœurs politiques de ce pays au même moment où la royauté française devenait héréditaire d'après le droit des fiefs. De là résulta, pour les deux royautés, un sort différent. Sous Conrad Ier, élu en 911, commença cette lutte, qui remplit tout le moyen âge allemand, des grands feudataires contre l'empereur Franconien; il voulut affaiblir la Saxe, rivale de la Franconie, et en détacher la Thuringe; il fut vaincu à Ehresbourg par le duc Henri, mais prit l'avantage sur le duc de Lorraine qu'il dépouilla de l'Alsace, et sur les administrateurs de Souabe, qu'il fit décapiter.

Après lui, la couronne entra dans la maison de Saxe où elle resta plus de cent ans. Conrad mourant avait désigné son ancien vainqueur, comme le plus capable de défendre l'Allemagne contre les Hongrois, et le duc Henri fut élu.

Il organisa l'Allemagne où régnait le désordre et qui manquait de barrières. Il passe pour avoir institué, au profit de l'autorité royale, les comtes palatins, placés dans les provinces à côté des ducs, et chargés de l'inspection des biens de la couronne; c'était un souvenir des *missi dominici* de Charlemagne. En

926; il rétablit l'heerban, et obligea quiconque avait passé sa seizième année à porter les armes; il fonda les marches de Slesvig, de la Saxe septentrionale, de la Misnie, qui étaient organisées militairement et les places fortes (*burgwarten*) de Quedlimbourg, Meissen et Mersebourg. La grande victoire gagnée par lui près de cette dernière ville (934) annonça la fin prochaine des ravages des Hongrois que son fils, Otton Ier le Grand, arrêta enfin par la victoire décisive d'Augsbourg (955), qui obligea ce peuple à se fixer dans le pays où il habite encore. Les ducs de Bavière et de Franconie, appuyés par Louis IV, roi de France, s'étaient révoltés; Otton vainquit les rebelles et pénétra en France jusqu'à Paris. Mais le fait le plus important de son règne, est la restauration de l'empire. Au milieu de l'anarchie dont l'Italie avait été le théâtre depuis un siècle, la couronne impériale, disputée par les petits souverains de la péninsule, puis un moment saisie par Arnulf, était tombée, en 924, de la tête de Bérenger Ier, assassiné, et personne, au milieu du désordre, ne l'avait ramassée. Appelé par la veuve du dernier roi, contre le marquis d'Ivré qui voulait la contraindre à épouser son fils pour légitimer une usurpation, Otton prit pour lui-même la reine en mariage, se fit proclamer roi d'Italie à Milan, et couronner empereur à Rome (2 fév. 962). Il s'engagea à maintenir les donations faites au Saint-Siége par Charlemagne, et les Romains promirent de n'élire de pape qu'en la présence des envoyés de l'empereur. Du même coup, il restaurait l'empire au profit des rois de Germanie, et il fondait la domination allemande en Italie. Il lui manquait le sud de la péninsule demeuré aux Grecs. Afin de le gagner sans combat, il demanda à l'empereur de Constantinople la main de la princesse Théophanie pour son fils Otton et l'obtint. Il eut alors en Europe une grande situation que ses successeurs Otton II, Otton III et Henri II (973-1024), ne surent pas garder. Sous Otton III, le tribun Crescentius essaya de renverser la souveraineté pontificale pour rétablir la république romaine; et sous Henri II, l'Italie se donna momentanément un roi national.

En 1024, la couronne impériale sortit de la maison de Saxe et revint à celle de Franconie. Conrad II, le Salique, rendit les Lutizes tributaires et chrétiens; il obligea le roi de Pologne à le reconnaître pour suzerain, fit prisonnier celui de Bohême et réunit à l'empire les deux Bourgognes, en vertu d'une convention signée avec le vieux roi d'Arles, et qu'aujourd'hui des écrivains allemands invoquent pour revendiquer, au nom du nouvel empire germanique, les deux vallées de la Saône et du Rhône. En Italie, Conrad ruina la grande féodalité italienne par son édit de 1037, qui déclara les fiefs des vassaux, immédiats et héréditaires, ce qui constitua dans ce pays une féodalité particulière, dépourvue du développement hiérarchique qu'elle eut ailleurs parce que, tous les fiefs relevant directement du prince, les grands feudataires ne furent plus un intermédiaire obligé entre l'empereur et les petits vassaux. Son fils, Henri III (1039), fut de tous les empereurs le plus assuré de son autorité en Allemagne et en Italie. Il força le roi de Bohême à lui payer tribut, ramena dans Albe-Royale le roi de Hongrie, qui en avait été chassé, et y reçut son hommage; il se crut même assez fort pour rétablir la dignité ducale en Bavière, en Souabe et en Carinthie, afin de donner à ces provinces un gouvernement plus capable de faire exécuter la *trêve de Dieu*. En Italie, il domina la papauté même.

Le moine Hildebrand. — Ce fut un moine, conseiller de plusieurs papes avant de s'asseoir lui-même au saint-siége, qui se proposa de délivrer la papauté et l'Italie de la domination allemande. En 1059, Hildebrand fit rendre, par Nicolas II, un décret établissant que l'élection des papes serait faite par les cardinaux-prêtres et les cardinaux-évêques du territoire romain, que le reste du clergé et le peuple romain donneraient ensuite leur consentement, que l'empereur conserverait le droit de confirmation, qu'enfin on élirait de préférence un membre du clergé romain. Un autre décret défendait aux clercs de recevoir d'un laïque l'investiture d'aucun bénéfice ecclésiastique. Ces décrets délivraient le pape de la dépendance où il était à l'égard de l'empereur, et, dans la main du pontife, devenu libre, mettaient tout le temporel de l'Église.

Grégoire VII et Henri IV (1073-1085). — En 1073, Hildebrand fut élu sous le nom de Grégoire VII; le pape allait compléter l'œuvre du moine. Ses desseins s'agrandirent avec sa situation. Charlemagne et Otton le Grand s'étaient subordonné la papauté et avaient mis l'Église dans l'État comme faisaient les Grecs et les Romains. Mais la royauté, pouvoir central, déclinait dans toute l'Europe, en raison des progrès accomplis par la féodalité, c'est-à-dire par les pouvoirs locaux, ducs, comtes et barons. Le clergé, au contraire avait vu s'augmenter encore dans ce siècle la foi des peuples et leur confiance dans l'Église. Il sembla à son chef que le moment était venu de rendre à ceux qui avaient la charge d'assurer le salut des âmes, l'influence nécessaire pour donner la meilleure direction à la société civile, pour y réprimer le désordre des mœurs, les violations de la justice, toutes les causes de perdition. Cette ambition était grande et légitime dans un prêtre; mais si elle avait réussi, elle aurait eu pour conséquence de mettre l'État dans l'Église et de constituer une autocratie sacerdotale qui aurait immobilisé le monde, la pensée, la science et l'art.

Grégoire VII voulut quatre choses : affranchir la papauté de la suzeraineté allemande; réformer l'Église dans ses mœurs et dans sa discipline; la rendre partout indépendante du pouvoir temporel; enfin dominer les laïques, peuples et rois, au nom et dans l'intérêt de leur salut. Le premier point fut acquis par le décret de Nicolas II et le refus de soumettre l'élection des nouveaux papes à la sanction impériale; le second par les actes nombreux de Grégoire VII pour la réformation du clergé (célibat des prêtres) et la destruction de la simonie; le troisième, par la défense faite aux princes laïques de donner l'investiture d'aucun bénéfice ecclésiastique, aux clercs de la recevoir; le dernier par l'intervention hautaine du pontife dans le gouvernement des royaumes.

Ce fut sur le troisième point que s'engagea entre la papauté et l'empire la querelle fameuse dite des investitures.

Sous la minorité de Henri IV, toutes sortes de désordres avaient envahi le clergé allemand; Grégoire les imputant au mauvais choix des prélats somma Henri de renoncer à la collation des dignités ecclésiastiques et de comparaître à Rome pour se justifier de ses déportements privés. L'empereur répondit en faisant déposer Grégoire dans le synode de Worms par 24 évêques (1076), et le pape lança contre lui une bulle d'excommunication et de déchéance. Les Saxons et les Souabes, vieux ennemis de la maison de Franconie, exécutèrent cette sentence dans la diète de Tribur qui suspendit l'empereur de ses fonctions et le menaça de déposition s'il ne se réconciliait avec Rome. Henri plia; il se rendit en Italie, alla trouver le pape dans le château de Canossa sur les terres de la grande-comtesse Mathilde, alliée du Saint-Siége, et attendit l'audience du pontife pendant trois jours, les pieds nus dans la neige. Il se retira absous mais furieux, et commença la guerre. La bataille de Volksheim, où Rodolphe de Souabe son compétiteur fut tué par la main de Godefroy de Bouillon, duc de basse Lorraine, qui portait la bannière impériale, le rendit maître de l'Allemagne (1080). Il put alors retourner en Italie : la comtesse Mathilde fut dépouillée d'une partie de ses biens, Rome prise, l'évêque de Ravenne, nommé pape sous le nom de Clément III; Grégoire lui-même serait tombé aux mains de l'homme qu'il avait tant outragé, si les Normands, qui venaient de conquérir l'Italie méridionale, ne l'eussent délivré. Il mourut chez eux (1085) en disant : « Parce que j'ai aimé la justice et poursuivi l'iniquité, je meurs dans l'exil. »

Concordat de Worms (1122). — Henri IV triomphait, mais l'Église suscita contre lui son propre fils, et il mourut misérablement. Ce fut pourtant ce prince parricide, Henri V, qui termina la querelle des investitures. Le concordat de Worms (1122) partagea le différend avec équité en attribuant à l'empereur, souverain temporel, l'investiture temporelle par le sceptre, et au pape, souverain spirituel, l'investiture spirituelle par la crosse et l'anneau; mais le plan de Grégoire VII n'avait réussi qu'à moitié, car le lien de vasselage qui unissait le clergé au prince n'était pas brisé : l'Église restait dans l'État par ses membres, sinon par son chef.

Ce même Henri V recueillit la riche succession de la comtesse Mathilde, les fiefs comme chef de l'empire, les alleux comme le plus proche héritier de la comtesse; ce qui supprima la plus redoutable puissance féodale de l'Italie. La maison de Franconie s'éteignit avec cet empereur (1125). Malgré ses efforts pour abaisser la grande féodalité allemande par la concession de l'*immédiateté* à une foule de petites seigneuries et par l'élévation de beaucoup de cités au rang de *villes impériales*, cette maison avait laissé subsister de puissants vassaux, surtout les Welf, ducs de Bavière, et les Hohenstaufen, ducs de Souabe. Aussi Lothaire II (1125-1138) fut très-humble en face de ces princes; il le fut même à l'égard du pape, qui en mettant sur sa tête la couronne impériale prétendit la lui conférer comme un *bénéfice*.

Les Hohenstaufen. — La maison de Souabe, arriva au trône avec Conrad III (1138), qui s'y affermit en détruisant la puissance des Welf par la spoliation de Henri le Superbe, duc de Saxe et de Bavière. La part malheureuse qu'il prit à la seconde croisade, et sa mort, au retour, l'empêchèrent d'achever son œuvre. Mais son fils Frédéric Ier Barberousse (1152) fit reparaître en Italie le pouvoir impérial, avec éclat. L'édit de 1037 avait bien changé l'aspect de la péninsule : plus de grande féodalité; un mélange de petites seigneuries et de villes organisées en républiques, ayant leur sénat (*credenza*), leurs consuls en nombres divers (douze à Milan, six à Gênes, quatre à Florence), leurs assemblées générales (*parlement*). Ce régime politique gagnait jusqu'à Rome, d'où Arnaldo de Brescia chassa le pape Innocent II (1141). Frédéric s'empressa de détruire ce commencement d'indépendance italienne, et livra Arnaldo au bûcher. Mais, en faisant trop sentir son autorité, il indisposa les républiques et le pape lui-même, qu'il venait de rétablir. Ses principes de despotisme, proclamés à la diète de Roncaglia (1158) par les légistes de l'école de Bologne, jetèrent l'alarme. Milan se révolte contre ses podestats ; il la rase, et abandonne ses ruines aux villes voisines, ses rivales (1162). A peine a-t-il regagné l'Allemagne, que la *ligue lombarde* se forme derrière lui : le pape Alexandre III, *le propugnateur de la liberté italienne*, y adhère, et Frédéric qui accourt pour dissoudre cette coalition est complétement vaincu à Legnano (1176).

Sept ans après (1183), le traité de Constance régla définitivement la querelle de l'empire et de l'Italie, comme le concordat de Worms avait réglé celle de l'empire et de la papauté. Les villes conservèrent les droits régaliens qu'elles avaient usurpés : droit de lever des armées, de se couvrir par des fortifications, d'exercer dans leur enceinte la juridiction tant civile que criminelle, et de se confédérer entre elles. L'empereur ne garda que le droit de confirmer, par ses légats, leurs consuls, et d'établir un juge d'appel dans chacune d'elles pour certaines causes.

Barberousse n'avait pas été aussi malheureux partout. Les rois de Danemark et de Pologne reconnaissaient sa suzeraineté ; Henri le Lion, duc de Saxe et de Bavière, était dépouillé de ses domaines, et les ambassadeurs étrangers venaient assister aux diètes pompeuses convoquées par l'empereur, dont la plus célèbre est celle de Mayence où parurent quarante mille chevaliers (1184).

Quand Barberousse, durant la troisième croisade, se fut noyé dans le Sélef, son fils Henri VI lui succéda (1190). Époux de Constance, fille et héritière du roi de Sicile Roger II, il établit dans le sud de l'Italie la maison de Souabe, qui se dédommagea ainsi de ce qu'elle avait perdu d'autorité dans le nord et enveloppa de tous côtés les domaines du Saint-Siége. Innocent III (1198-1216) se résolut à conjurer ce nouveau danger. Il venait d'excommunier les rois de France, d'Aragon et de Norwége, comme infracteurs des lois morales, et de remettre encore une partie de la chrétienté en mouvement par la prédication de la quatrième croisade. A voir les rois s'humilier devant lui et les peuples se lever à sa voix, le pape devait se croire assez fort pour avoir raison de l'ambitieuse maison qui s'obstinait à garder le souvenir de la suprématie impériale sur Rome. Il soutint en Allemagne Otton de Brunswick contre Philippe de Souabe, et la grande lutte des guelfes, amis de l'Église, et des gibelins, amis de l'Empire, commença. Pourtant, mécontent d'Otton, qui à peine délivré de son rival montra les mêmes prétentions sur l'Italie, Innocent revint à la maison de Souabe, et fit reconnaître empereur le jeune Frédéric II, fils de Henri VI, à condition qu'il abandonnerait les Deux-Siciles. Mais ce prince ami des arts et des lettres, des mœurs légères et des croyances faciles, garda ces provinces, son séjour de prédilection. Dans ses palais de Naples, de Messine et de la *trilingue* Palerme, il s'occupait avec son chancelier Pierre des Vignes d'organiser fortement son royaume italien ; et pour avoir toujours une ressource contre les foudres de l'Église, il engageait à son service une armée de Sarrasins.

Le pape voyait avec effroi cet allemand tenir l'Italie : au sud, par son royaume des Deux-Siciles, au centre, par les allodiaux de la comtesse Mathilde que l'empire avait revendiqués ; au nord, par l'influence et les droits que son titre d'empereur lui donnait ou lui permettait de ressaisir. Il l'obligea à prendre la croix, afin de l'éloigner, et comme Frédéric hésitait, il le menaça de l'anathème, s'il n'exécutait pas son engagement. Frédéric II partit, mais ne combattit point : un traité avec le Soudan d'Égypte lui ayant ouvert les portes de la ville sainte (1228), il se couronna lui-même roi de Jérusalem et se hâta de revenir. Son absence avait donné à l'énergique vieillard assis alors dans la chaire de saint Pierre le temps de réorganiser contre lui la *Ligue Lombarde*, de faire révolter son fils, le jeune prince Henri, et de jeter avec une armée, un aventurier sur le royaume de Naples. Frédéric eut raison de tous ses adversaires, et la victoire de Corte-Nuova (1237) sur les Lombards parut mettre l'Italie à ses pieds. Le pape seul ne céda point. Il lança contre lui l'excommunication, le déposa et offrit la couronne impériale à Robert d'Artois, frère du roi de France. Louis IX refusa en reprochant au pape de vouloir « fouler avec l'empereur, tous les rois sous ses pieds. » Grégoire chercha alors à s'appuyer sur un concile qu'il convoqua, pour 1241, à Saint-Jean de Latran, mais les vaisseaux de Frédéric battirent, à la Melloria, la flotte génoise qui portait les Pères du concile ; et deux cardinaux, des évêques, des abbés furent pris : Grégoire en mourut de douleur. Son successeur, Innocent IV (1242), s'échappa de Rome déguisé et réunit à Lyon un grand concile qui excommunia Frédéric II et fit prêcher une croisade contre lui (1244). Quand l'empereur le sut, il prit sa couronne, l'affermit sur sa tête et s'écria : « Elle n'en tombera point avant que des flots de sang n'aient coulé. » Il en appela aux souverains de l'Europe : « Si je péris, vous périssez tous! » et il lança sur l'Italie centrale ses Sarrasins, tandis que Eccelino de Romano, tyran de Padoue et son allié, répandait dans le Nord des torrents de sang. Mais les villes se soulevaient partout à la voix des prêtres et des moines ; d'un bout à l'autre de la péninsule, les Guelfes s'étaient armés en faveur du saint Père, qui pour être libre, avait alors besoin que l'Italie le fût. En vain, Frédéric s'humilia : il offrit d'abdiquer, d'aller mourir en Terre Sainte, de diviser son héritage, à condition qu'on le laissât à ses enfants, Innocent resta inexorable et poursuivit l'anéantissement de cette « race de vipères. » La lutte allait devenir atroce, lorsque l'empereur mourut subitement (1250). Cette mort annonçait la chute de la domination allemande en Italie, et le commencement, pour la péninsule, d'une période nouvelle, celle de l'indépendance.

XLII

CROISADES D'ORIENT ET D'OCCIDENT

La première croisade en Orient (1096-1099). — Dans ce monde du moyen âge, il y avait deux mondes, celui de l'Évangile et celui du Coran; l'un au nord, l'autre au sud et qui étaient depuis longtemps aux prises à leurs extrémités : en Espagne et vers Constantinople. A la fin du onzième siècle, les deux religions se prirent corps à corps, et cette lutte s'appelle les croisades.

L'Asie musulmane était alors au pouvoir, non plus des Arabes, mais des Turcs, qui, sous Alp-Arslan (1063) et Malek-Schah (1075), avaient conquis la Syrie, la Palestine et l'Asie Mineure. A la mort de Malek-Schah, son empire s'était divisé en sultanies de Perse, de Syrie et de Kerman, auxquelles il faut ajouter celle de Roum (en Asie Mineure). L'empire de Constantinople, qui eût dû servir de boulevard à la chrétienté, avait donc fléchi devant cette nouvelle invasion. Séparé depuis 1054 de la communion orthodoxe par la consommation du schisme de l'Église grecque, il était incapable de tenir tête à ses ennemis, malgré la vigueur passagère que lui avaient rendue quelques empereurs de la dynastie macédonienne, Nicéphore Phocas, Jean Zimiscès et Basile II, par leurs succès contre les Bulgares, les Russes et les Arabes. Un autre vaillant prince, Romain Diogène, après trois brillantes campagnes contre les Turcs, fut fait prisonnier par eux et Alexis, un de ses successeurs, confessant sa faiblesse et ses dangers, demanda du secours à l'Occident.

Dès le commencement du siècle, Sylvestre II avait parlé aux peuples occidentaux d'aller délivrer le saint sépulcre (1002). A défaut d'expédition, les pèlerinages s'étaient multipliés : des troupes de plusieurs milliers de pèlerins visitaient les saints lieux et revenaient raconter à l'Europe les outrages et les cruautés des musulmans. Grégoire VII reprit le projet de Sylvestre, et Urbain II le réalisa. Il convoqua à Plaisance un premier concile, où parurent les ambassadeurs d'Alexis Comnène, puis un second, à Clermont en Auvergne, où accourut une foule innombrable. Ajoutant son éloquence majestueuse à l'éloquence toute populaire de l'ermite Pierre, qui revenait de la terre sainte, il enleva la multitude, et, au cri de « Dieu le veut ! » chacun mit sur ses vêtements la croix rouge, emblème de la *croisade* (1095). D'abord se mit en marche la croisade du peuple, des vilains, des pauvres : hommes, femmes, vieillards, enfants partirent pêle-mêle sous la conduite de Pierre l'Ermite et d'un petit gentilhomme, Gauthier sans Avoir. Presque toute cette multitude périt en Hongrie, et ce qui put atteindre Constantinople tomba sous le cimeterre en Asie Mineure.

L'année suivante (1096), se mit en route la croisade des seigneurs, plus prudente, mieux organisée, plus militaire. Quatre grandes armées s'assemblèrent, composées surtout de Français. La première, où se trouvaient Godefroy de Bouillon, duc de la basse Lorraine, Eustache de Bourgogne, Baudouin du Bourg, Baudouin de Flandre, était formée des hommes de l'est de la France (Lorraine, Bourgogne, Flandre, Frise); la seconde, comprenant les hommes du centre et de l'ouest (Ile-de-France, Touraine, Normandie, Bretagne), obéissait à Hugues le Grand, comte de Vermandois, à Étienne, comte de Blois, à Robert Courte Heuse, fils de Guillaume le Conquérant ; la troisième réunissait les hommes du midi ou Provençaux sous Raymond de Saint-Gilles, comte de Toulouse ; la quatrième, enfin, s'assemblait à Brindes et se composait des Normands d'Italie, sous les ordres du prince de Tarente, l'habile et rusé Bohémond. Ces quatre armées prirent trois routes différentes : les Lorrains et les Français du nord suivirent les traces de Pierre l'Ermite ; les Français du sud passèrent par la Lombardie et l'Esclavonie ; le duc de Normandie, les comtes de Blois, de Flandre et de Vermandois allèrent se joindre, à Brindes, aux Normands italiens, qui franchirent l'Adriatique, la Macédoine et la Thrace. Le rendez-vous de ces six cent mille hommes était Constantinople.

L'empereur Alexis ne reçut qu'avec méfiance, dans sa capitale, des hôtes aussi rudes que les guerriers d'Occident, et, le plus vite qu'il put, les fit transporter au delà du Bosphore. Ils assiégèrent d'abord Nicée, à l'entrée de l'Asie Mineure, et laissèrent les Grecs y planter leur drapeau quand la ville eut été contrainte de se rendre. Le sultan de Roum, Kilidje-Arslan essaya de les arrêter ; ils le vainquirent à Dorylée (1097) et s'engagèrent dans l'aride Phrygie. La soif, la faim décimèrent l'armée et firent périr presque tous les chevaux ; déjà la mésintelligence divisait les chefs. Pourtant Baudouin, qui marchait en avant, s'empara d'Édesse, sur l'Euphrate supérieur, et le gros de l'armée, après avoir pris Tarse, arriva devant Antioche (1098). Le siège en fut long, les souffrances des croisés terribles ; enfin la ville s'ouvrit aux intrigues de Bohémond qui s'en fit nommer prince ; mais à leur tour les croisés y furent assiégés par deux cent mille hommes qu'avait amenés Kerbogâ, le lieutenant du khalife de Bagdad. Ils se firent jour par une nouvelle victoire, et réduits à cinquante mille, marchent enfin sur Jérusalem, où ils entrèrent après un siége non moins pénible que celui d'Antioche, le 15 juillet 1099.

Godefroy, élu roi, n'accepta que le titre de *défenseur et baron du saint sépulcre*, refusant « de porter couronne d'or là où le roi des rois avait porté couronne d'épines. »

La victoire d'Ascalon, qu'il gagna peu de temps après sur une armée égyptienne, venue pour reprendre Jérusalem, assura la conquête.

Livré à lui-même par la retraite de la plupart des croisés, le petit royaume de Jérusalem s'organisa pour la défense et se constitua régulièrement suivant les principes de la féodalité, transportée toute faite en Asie. Il eut pour code les *Assises de Jérusalem*, que Godefroy de Bouillon fit rédiger, tableau complet du régime féodal. Des fiefs furent établis : les principautés d'Édesse et d'Antioche, accrues ensuite du comté de Tripoli et du marquisat de Tyr; les seigneuries de Naplouse, de Jaffa, de Ramla, de Tibériade. Le pays fut soumis à trois juridictions : la cour du roi, celle du vicomte de Jérusalem et le tribunal syrien pour les indigènes. Deux grandes institutions militaires, l'ordre des hospitaliers de Saint-Jean de Jérusalem, fondé par Gérard de Martigues, en 1100, et celui des templiers, en 1118, par Hugues de Payens, furent chargés de la défense du pays. Grâce à ces sages institutions, le royaume de Jérusalem poursuivit le mouvement de la conquête sous les deux premiers successeurs de Godefroy, Baudouin Ier (1100-1118) et Baudouin II du Bourg (1118-1131) : Césarée, Ptolémaïs, Byblos, Beyrout, Sidon, Tyr, furent prises. Mais, après ces deux règnes, la décadence commença avec les discordes, et Noureddin, sultan de Syrie, de la famille des Atabeks, prit Édesse dont il massacra la population (1144).

Seconde et troisième croisade (1147 et 1189). — Ce sanglant désastre décida l'Europe à renouveler la croisade. Saint Bernard émut la chrétienté de ses éloquents appels. Dans la grande assemblée de Vézelay, Louis VII, qui voulait expier la mort de treize cents personnes brûlées par lui dans l'église de Vitry, sa femme, Éléonore de Guyenne, et une foule de grands vassaux et de barons prirent la croix. L'empereur d'Allemagne, Conrad III, parti le premier, s'engagea au milieu de l'Asie Mineure, et perdit toute son armée dans les défilés du Taurus. Il revint presque seul à Constantinople, où Louis VII venait d'arriver. Celui-ci ne fut guère plus heureux en suivant le littoral pour éviter les dangereuses solitudes de l'intérieur; il ne put gagner la Syrie. En Cilicie, il abandonna la foule des pèlerins qui tomba sous les flèches des Turcs, et, avec ses nobles, il s'embarqua sur des vaisseaux grecs, arriva à Antioche et de là devant Damas, que les croisés assiégèrent et ne prirent pas. Il ne rapporta de cette expédition que son fatal divorce.

La prise de Jérusalem (1187) par Saladin, qui avait réuni sous sa domination l'Égypte et la Syrie, provoqua la troisième croisade. Le pape établit sur toutes les terres, même celles de l'Église, la *dîme saladine.* Les trois plus puissants monarques de l'Europe partirent : l'empereur Frédéric Barberousse, le roi de France Philippe Auguste, et le roi d'Angleterre Richard Cœur de Lion (1189). Barberousse gagna l'Asie par la Hongrie et Constantinople et il était arrivé en Cilicie, lorsqu'il se noya dans le Sélef; toute son armée fut à peu près détruite. Philippe et Richard firent meilleur voyage par une voie nouvelle, la mer. Le premier s'était embarqué à Gênes, le second à Marseille. Ils relâchèrent en Sicile, et commencèrent à s'y brouiller. Richard s'arrêta encore à Chypre pour y dépouiller un usurpateur, Isaac Comnène, et rejoignit Philippe sous les murs de Ptolémaïs dont les croisés faisaient le siége. Ils y restèrent plus de deux ans, tout occupés de prouesses chevaleresques contre les Sarrasins et de querelles entre eux : Philippe s'autorisa de ces discordes pour regagner la France et Richard demeuré en Palestine ne put y reprendre Jérusalem. Au retour, une tempête le poussa sur les côtes de Dalmatie; il voulut traverser l'Allemagne pour rentrer en Angleterre; Léopold, duc d'Autriche, dont il avait fait jeter la bannière dans les fossés de Saint-Jean d'Acre, le retint prisonnier jusqu'à ce qu'il eût payé une énorme rançon.

Quatrième Croisade (1202); empire latin de Constantinople. — Innocent III ne pouvait se résoudre à laisser Jérusalem aux mains des infidèles; il fit prêcher une quatrième croisade par Foulques, curé de Neuilly, qui entraîna beaucoup de noblesse de Flandre et de Champagne. Baudoin IX, comte de Flandre, et Boniface II, marquis de Montferrat, en furent les chefs. Les croisés demandèrent des vaisseaux à Venise par une ambassade dont fit partie Geoffroy de Villehardouin, l'historien de cette croisade. Venise se les fit payer d'abord en bon argent, ensuite en demandant aux croisés de conquérir pour elle la place forte de Zara qui appartenait au roi de Hongrie. Ainsi détournée une première fois de son objet religieux, la croisade le fut plus encore par Alexis, fils d'un empereur grec détrôné qui prétendit que les clefs de Jérusalem étaient à Constantinople. Ils allèrent le rétablir, puis, voyant cette grande capitale en proie à l'anarchie, ils y entrèrent de vive force, et se partagèrent tout l'empire. Baudoin fut nommé *empereur de Romanie*. Les Vénitiens qui prirent un quartier de Constantinople, la plupart des îles de l'Archipel et les meilleurs ports, s'intitulèrent seigneurs d'un *quart et demi de l'empire grec*. Le marquis de Montferrat fut roi de Thessalonique, les provinces d'Asie furent données au comte de Blois; on fit un seigneur de Corinthe, un duc d'Athènes, un prince d'Achaïe, etc. Plusieurs princes de la famille Comnène gardèrent cependant quelques lambeaux : principautés de Trébizonde, de Napoli d'Argolide, d'Épire, de Nicée. L'empire latin de Constantinople dura cinquante-sept ans (1204-1261).

Dernières croisades (1229-1270); saint Louis. — Jérusalem n'était pas délivrée et les barons de la terre sainte ne cessaient d'invoquer les secours de la chrétienté. André II, roi de Hongrie, dirigea sur l'Égypte une cinquième croisade qui fut infructueuse. La sixième fut conduite par Frédéric II qui, profitant de la terreur inspirée à Malek-Kamel par l'approche des hordes tartares du Kharism, obtint de lui, sans combat, une trêve de dix ans avec la restitution de la ville Sainte, Bethléem, Nazareth, Sidon, et se couronna roi de Jérusalem (1229). A peine s'était-il éloigné que les Turcomans qui fuyaient devant les Mongols de Tchenghiz-Khan (voyez ci-dessus, p. 13) se jetèrent sur la Syrie, taillèrent en pièces à Gaza une armée de croisés et s'emparèrent de la ville sainte. A cette nouvelle, le pape Innocent essaya de remuer l'Europe pour la précipiter sur les infidèles.

L'esprit des croisades, chaque jour plus faible, ne se retrouva plus que dans l'âme de saint Louis. Durant une maladie, il fit vœu d'aller délivrer Jérusalem, et malgré les prières de toute sa cour, même de la pieuse Blanche de Castille, sa mère, il s'embarqua à Aigues-Mortes avec une puissante armée (1248). On hiverna à Chypre. Les croisés avaient compris que les clefs de Jérusalem étaient au Caire, et le printemps venu, ils firent voile vers l'Égypte où ils s'emparèrent de Damiette. Mais leurs lenteurs perdirent tout : l'insubordination se mit dans l'armée ; les débauches amenèrent les épidémies. Arrêtés un mois par le canal d'Aschmoun, ils essuyèrent après l'avoir enfin franchi le désastre de Mansourah par l'imprudence de Robert d'Artois. Durant la retraite, ils furent décimés par la peste, harcelés par les musulmans, qui firent le roi prisonnier. Saint Louis donna pour sa rançon un million de besants d'or, puis passa en Palestine où il resta trois années, employant son influence à maintenir la concorde et ses ressources à fortifier les villes.

Il avait fort mal conduit cette grande expédition ; seize ans après il en tenta une autre. En 1270, son frère, Charles d'Anjou, roi des Deux-Siciles, lui persuada qu'il fallait attaquer les musulmans de Tunis dont les menaces l'inquiétaient pour son nouveau royaume. On retrouva sous les murs de cette ville la famine avec la peste et saint Louis en mourut. Les princes qui l'avaient accompagné vendirent leur retraite, surtout Charles d'Anjou qui fit un traité fort utile à ses sujets de Sicile. Cette croisade fut la dernière.

Résultats des croisades d'Orient.—Ces grandes expéditions auxquelles la France prit la part la plus considérable, avaient dévoré des multitudes infinies et manqué leur but, puisque la terre sainte restait aux infidèles, mais elles avaient rapproché l'Europe de l'Asie et, dans l'Europe même, toutes les nations chrétiennes, dans chaque pays, toutes les classes de la population ; elles multiplièrent pour le commerce les relations d'affaires et, pour les idées, elles agrandirent l'horizon de la pensée ; elles ouvrirent l'Orient aux voyageurs chrétiens (voyages d'Ascelin, de Plan Carpin, de Rubruquis à la cour du khan des Mongols et en Chine, XIII° siècle), et aux négociants de Marseille, de Barcelone, de Pise, de Gênes, de Venise ; elles révélèrent à l'industrie de nouveaux procédés, à nos pays de nouvelles plantes (mûrier, maïs, canne à sucre). La féodalité fut ébranlée par les vides faits dans ses cadres, et par les ventes de terre auxquelles un certain nombre de ceux qui partaient, durent recourir pour réaliser les ressources nécessaires au voyage. Le mouvement communal en prit plus de force, l'affranchissement des serfs, plus d'étendue. Enfin les croisades donnèrent naissance aux chevaliers du Temple et de Saint-Jean de Jérusalem qui défendirent la terre sainte, aux chevaliers teutoniques qui, de bonne heure, quittèrent l'Orient pour aller convertir et soumettre les peuples païens des bords de la Baltique ; et elles rendirent nécessaire l'usage des noms propres et des armoiries (le blason), pour distinguer l'individu au milieu de ces multitudes et reconnaître l'homme d'armes sous sa sombre armure.

On peut considérer comme un effet du mouvement religieux dont les croisades furent elles-mêmes la conséquence, la création de nouveaux ordres religieux, et placer les moines mendiants à côté des moines soldats; la croisade que ceux-ci continuaient au dehors, ceux-là la poursuivirent au dedans : les *Franciscains*, qui donnèrent naissance aux *Récollets*, aux *Cordeliers*, aux *Capucins*, datent de 1215, les *Dominicains* ou *Jacobins* sont de 1216. Soustraits à la juridiction des évêques, ils furent l'armée du Saint-Siége ; ne possédant rien, vivant d'aumônes, ils coururent le monde pour porter l'Évangile partout où un clergé trop riche ne le portait plus, au milieu des pauvres, sur les chemins, dans les carrefours et dans les places publiques. Les évêques contestaient au pape le droit d'accorder aux moines mendiants le privilége de prêcher et de remplir les fonctions des prêtres des paroisses; à quoi saint Thomas d'Aquin répondait déjà : « Si un évêque peut déléguer ses pouvoirs dans son diocèse, le pape a le droit d'en faire autant dans la chrétienté. » On voit que l'ultramontanisme n'est pas né d'hier. Ce n'est pas un principe chrétien, puisque l'Évangile ne le connaît pas; mais c'est le principe même et la logique nécessaire du catholicisme.

Croisades d'Occident. — En Orient, les croisades échouèrent; en Occident, elles réussirent, car elles ont fondé deux grands États : la Prusse et l'Espagne, et fait l'unité d'un autre, la France.

Dans l'intervalle de la première à la seconde croisade, des bourgeois de Brême et de Lubeck avaient fondé en terre sainte, pour leurs compatriotes, un hôpital desservi par des Allemands. Tout prenait à Jérusalem la forme religieuse et militaire. Ces hospitaliers se transformèrent en corporation armée, l'*ordre Teutonique*, qui acquit bien vite de grands biens, et dont le chef fut élevé, par Frédéric II, au rang de prince d'Empire. Un régent de Pologne les chargea, en 1230, de combattre et de convertir les Borussiens ou Prussiens, entre le Niémen et la Vistule. Ils y réussirent en détruisant une partie de la population, et continrent le reste par les forteresses de Kœnigsberg et de Marienbourg qu'ils bâtirent. Les chevaliers Porte-glaives soumettaient en même temps les pays voisins; quand ils se furent réunis à l'ordre Teutonique, la Prusse, l'Esthonie, la Livonie et la Courlande, auparavant barbares et païennes, se trouvèrent rattachées à la communion de l'Europe, et l'ordre joua dans le nord jusqu'au XV° siècle le rôle de puissance prépondérante ; au XVI°, son grand-maître sécularisa cette principauté ecclésiastique qui revint ensuite aux électeurs de Brandebourg.

La croisade contre les païens de la Baltique faisait naître la civilisation en un pays sauvage, celle que Simon de Montfort dirigea contre les Albigeois, l'étouffa en une région riche et prospère.

Dans la population du midi de la France, mêlée de races diverses, s'étaient formées des opinions religieuses qui rappelaient le manichéisme et s'éloignaient beaucoup de l'orthodoxie. On appela *albigeois* ces hérétiques (Albi était leur centre) qui accueillirent saint Bernard lui-même avec des huées. Innocent III, effrayé de la contagion, résolut de mettre le pied sur ce nid d'hérésie et envoya à Raimond VI comte de Toulouse son légat, le moine Pierre de Castelnau, qui exigea l'expulsion des hérétiques, mais n'obtint rien. Raimond, excommunié (1207) proféra des menaces : un de ses chevaliers suivit le légat et l'égorgea au passage du Rhône (1208). Aussitôt les moines de Cîteaux prêchèrent une croisade d'extermination et comme les indulgences étaient les mêmes que pour le voyage de Jérusalem, les périls beaucoup moindres et le profit plus certain, on accourut en foule : duc de Bourgogne, comtes de Nevers, d'Auxerre, de Genève, évêques de Reims, Sens, Rouen, Autun, et mille autres; le chef était Simon de Montfort, petit châtelain des environs de Paris, ambitieux, fanatique et cruel. La guerre fut sans pitié : à Béziers on égorgea quinze mille habitants, partout ailleurs à proportion. Raimond VI fut vaincu à Castelnaudary; le roi d'Aragon, Pierre II, à la bataille de Muret, où il périt (1213). Le concile de Latran donna les fiefs du comte de Toulouse à Simon de Montfort; quantité d'autres seigneurs furent dépossédés : c'était la conquête du midi par les Français du nord. La brillante civilisation de ces provinces périt étouffée par ces rudes mains ; la gaie science, ainsi que les troubadours appelaient la poésie, ne pouvait chanter sur tant de ruines sanglantes, au milieu desquelles s'établit, comme un spectre funèbre et toujours menaçant, le tribunal de l'inquisition qui a fait tuer tant d'hommes sans réussir à tuer la libre pensée. Louis, fils de Philippe Auguste, était venu, vers la fin, prendre part à cette croisade.

Dans leur misère, les gens de la langue d'oc se souvinrent du roi de France; Montpellier se donna à lui, et lorsque Montfort eut été tué au siége de Toulouse, son fils céda à saint Louis les provinces que le pape avait données à son père, mais qu'il ne pouvait garder contre l'universelle réprobation de ses sujets (1229). Ainsi ni Montfort ni sa race ne profitaient de cette grande iniquité, et tout le bénéfice de la croisade revenait à la maison de France, qui y était d'abord restée étrangère.

Quand Charles Martel et Pépin le Bref chassèrent les Arabes de France, ils se contentèrent de les rejeter de l'autre côté des Pyrénées, dans la péninsule ibérique. Là, musulmans et chrétiens se trouvèrent enfermés comme en un champ clos. Aussi l'histoire de l'Espagne, au moyen âge, est celle d'une croisade de six siècles. Après la bataille de Xérès en 711, Pélage et ses compagnons s'étaient réfugiés dans les Asturies, derrière les Pyrénées cantabriques, où Gihon fut leur première capitale; Oviédo le devint en 760, lorsqu'ils eurent fait un pas vers le sud; plus tard encore ce fut Léon dont le royaume prit le nom. Charlemagne les protégea. Des débris des *marches* qu'il fonda au nord de l'Èbre sortirent d'autres États chrétiens : le royaume de Navarre (831) et le comté de Barcelone entre lesquels les seigneurs d'Aragon et les comtes de Castille fondèrent des fiefs qui deviendront de puissants royaumes. Alors il se trouva dans le nord de l'Espagne, depuis le cap Creus jusqu'à la Corogne, une suite d'États chrétiens adossés aux monts, comme à une forteresse, et qui s'avancèrent en ligne vers le sud. A la fin du neuvième siècle, Alphonse le Grand, roi d'Oviédo, atteignait déjà et dépassait le Douro; au dixième, le khalifat de Cordoue reprenant une vigueur nouvelle, les chrétiens reculèrent à leur tour devant l'épée victorieuse d'Abdérame III, qui les battit à Simancas ; et devant le fameux Almanzor, qui leur enleva toutes les places des bords de l'Èbre et du Douro, même Léon. Mais, lorsque ce victorieux de cinquante batailles eut été vaincu lui-même à Calatanazor (998), la puissance du Khalifat tomba avec lui. Au xie siècle, le khalifat de Cordoue se morcèle et les chrétiens se rapprochent. Sanche III, roi de Navarre vers l'an 1000, acquiert par mariage le comté de Castille, et le donne, avec le titre de roi, à son second fils Ferdinand, qui épouse une fille du roi de Léon (1035); il érige également en royaume le comté de Jacca ou d'Aragon pour son troisième fils Ramire II, tandis que l'aîné, Garcias, hérite de la Navarre.

Ainsi, quatre royaumes chrétiens sont fondés et unis par des alliances de famille. Trois : Navarre, Castille, Aragon, appartiennent aux fils de Sanche; le quatrième, Léon, restait séparé, mais, en 1037, s'éteint la ligne mâle des descendants de Pélage, et le conseil des Asturies donne la couronne à Ferdinand qui réunit le Léon à la Castille (1037). Des affaires d'intérieur firent oublier quelque temps aux Espagnols la lutte contre les Maures, mais lorsque la guerre sainte devint populaire en Europe, Alphonse VI (1073) recommença à porter la croix en avant. En 1085, il s'empara de Tolède qui redevint capitale et métropole, comme sous les Visigoths. C'était la quatrième étape des chrétiens partis des Asturies et désormais établis au cœur de la péninsule. Cinq ans après, Henri de Bourgogne, arrière-petit-fils de Robert, roi de France, et qui s'était distingué à la prise de Tolède, s'emparait, à l'embouchure du Douro, de Porto Calé, érigée pour lui en comté de Portugal par Alphonse. Presque dans le même temps, le fameux *cid* (seigneur), Rodrigue de Bivar, le héros du romancéro espagnol, s'avançait de victoire en victoire le long de la Méditerranée et s'emparait de Valence (1094). Enfin, en 1118, Alphonse Ier, roi d'Aragon, gagnait, comme le roi de Castille, une capitale, en prenant Saragosse.

Les Arabes amollis et divisés, par conséquent vaincus, attirèrent successivement à leur secours deux bans de Maures africains, sectaires qui prétendaient simplifier encore la religion de Mahomet : c'étaient les Almoravides et les Almohades ou Unitaires. Les premiers, appelés, en 1086, par Aben-Abed, roi de Séville, arrivèrent sous leur chef Yousouf, fondateur de Maroc (1069), taillèrent en pièces l'armée chrétienne à Zalaca, et se payèrent de ce service aux dépens de ceux qui les avaient fait venir. Ils reprirent même Valence à la mort du Cid (1099), s'emparèrent des Baléares, et gagnèrent, en 1108, à Uclès, sur Alphonse VI, une bataille aussi sanglante que celle de Zalaca. Là, du reste, s'arrêtèrent leurs succès. Tolède les repoussa plusieurs fois ; Alphonse, fils de Henri de Bourgogne, qui prit avant le combat le titre de roi de Portugal, remporta sur eux à Ourique une victoire complète (1139), qui le rendit maître des bords du Tage et de quelques places au delà de ce fleuve.

Les Almohades ne vinrent du Maroc qu'au siècle suivant ; lorsqu'ils parurent, en 1210, au nombre de 400,000, l'Europe entière s'effraya et le pape, Innocent III, fit prêcher une croisade pour secourir les chrétiens d'Espagne. Les rois espagnols coalisés les détruisirent à la grande bataille de Las Navas de Tolosa, qui arrêta pour jamais les grandes invasions africaines. A ces succès avaient contribué des ordres militaires, particuliers à l'Espagne, ceux d'Alcantara, de Calatrava et de Saint-Jacques en Castille, d'Évora en Portugal.

Une anarchie sanglante acheva de ruiner la domination des Almohades. Cordoue (1246), Séville (1248), Murcie (1266), et bien d'autres places tombèrent au pouvoir du roi de Castille, tandis que Jayme I*er*, le *conquistador*, roi d'Aragon, soumettait le royaume de Valence avec les Baléares (1244), et que le Portugal arrivait, en 1270, par la réunion définitive des Algarves, à remplir le cadre d'où il n'est pas encore sorti. A la fin du XIII° siècle, les Maures ne possédaient donc plus que le petit royaume de Grenade, enveloppé de tous les côtés par la mer et par les possessions du roi de Castille, qui, en s'emparant de Murcie, avait séparé le royaume d'Aragon de la domination musulmane. Mais, dans ce petit espace, recrutés par les populations que les chrétiens chassaient des villes conquises, ils se maintinrent avec une force qui différa leur ruine de deux siècles, car dominés par des préoccupations extérieures, les Espagnols suspendirent à peu près la guerre sainte jusqu'en 1492.

La croisade de Jérusalem avait échoué, mais elle avait eu des résultats généraux pour la civilisation du moyen âge ; celle d'Espagne, sans conséquence pour l'état social de l'Europe à cette époque, changea la face de ce pays et réagit, au XVI° siècle, sur l'Europe moderne. Elle arracha la Péninsule aux Maures pour la donner aux chrétiens. Le petit royaume de Portugal croyait poursuivre la croisade au delà des mers, lorsqu'il découvrit le cap de Bonne Espérance, et dans cette guerre de huit siècles, les rois d'Aragon et de Castille prirent une ambition qui les jeta dans beaucoup d'entreprises, et leurs sujets, des mœurs militaires qui firent d'eux les condottières de Charles-Quint et de Philippe II, au lieu des héritiers paisibles et actifs de l'industrie, du commerce et de la brillante civilisation des Arabes.

Maintenant, pourquoi cette différence entre les deux croisades? c'est une affaire de distance. La Palestine touchait au territoire de la Mecque, et l'Espagne était en vue de Rome ; Jérusalem, à l'extrême limite du monde catholique, devait rester aux musulmans, comme Tolède, dernière étape de l'islamisme, à l'ouest, devait tomber aux mains des chrétiens. La géographie explique bien des choses.

XLIII

LA SOCIÉTÉ AU XIIe ET AU XIIIe SIÈCLE.

Progrès de la population urbaine. — Depuis la chute de l'empire carlovingien, on a vu trois faits : l'établissement de la féodalité, la lutte du pape et de l'empereur pour la domination de l'Italie et la direction du monde, enfin la croisade. Il s'en produisit un quatrième qui résulta des trois autres, et eut à son tour de graves conséquences, c'est la reconstitution de la classe des hommes libres. Marquons-en le caractère, avant de revenir à l'étude particulière des États.

Dès l'année 987, les vilains s'étaient soulevés en Normandie ; la féodalité était alors trop forte, ils furent écrasés. Mais si les seigneurs tenaient les campagnes, les manants des villes retrouvaient du courage et de l'audace derrière leurs murs et dans leur nombre. En 1067, la ville du Mans prit les armes contre son seigneur. Ce fut le commencement de ce mouvement communal qui se manifesta par toute l'Europe du XIe au XIVe siècle. Beaucoup de villes dans le Nord de la France et aux Pays-Bas arrachèrent, comme le Mans, à leurs seigneurs, évêques ou comtes laïques, des chartes de *commune*, qui assuraient à leurs habitants des garanties pour la sécurité des personnes et des biens, et à leurs magistrats, maires, jurés, échevins, une juridiction. Les priviléges obtenus dans les *communes*, habituellement par l'insurrection, furent gagnés, dans les *villes de bourgeoisie*, par concession du roi. Au sud de la Loire beaucoup de cités avaient gardé ou fait revivre l'organisation municipale qu'elles avaient eue sous l'empire romain. Par ces causes diverses, il se forma peu à peu, à l'abri de ces priviléges et de la sécurité qu'ils donnaient, une classe bourgeoise qui s'enrichit par l'industrie et le commerce ; qui forma des corporations puissantes, remplit les universités, acquit la science, surtout celles des lois en même temps que la richesse. Comme marchands, ils seront appelés par saint Louis dans son conseil ; comme légistes, ils guideront nos rois dans leur lutte contre la féodalité ; comme bourgeois, ils entreront aux États généraux de Philippe le Bel et ils formeront alors un ordre dans le royaume, le tiers-état. En Angleterre, les villes envoyèrent des députés au parlement dès l'année 1264 ; à celui de 1295, on comptait cent vingt villes ou bourgs représentés. L'Italie eut de bonne heure ses républiques, et la Ligue lombarde, victorieuse de Frédéric Barberousse, lui imposa le traité de Constance (1183), qui changea leurs usurpations en droits. Au nord des Alpes, les empereurs, pour affaiblir la féodalité, donnèrent l'immédiateté aux villes (*cités impériales*) qui, en vue de se protéger mutuellement, formèrent entre elles des ligues dont la plus fameuse fut la grande union commerciale de la Hanse : son pavillon flottait de Londres à Novogorod. Ce progrès des populations urbaines en amena un pour les populations rurales. Déjà, au XIIe siècle, on avait admis les serfs à témoigner en justice, et des papes avaient demandé leur liberté. Aussi les affranchissements devenaient nombreux ; car les seigneurs commençaient à comprendre qu'ils gagneraient à avoir sur leurs terres des hommes libres laborieux plutôt que des serfs « qui négligent de travailler, en disant qu'ils travaillent pour autruy. »

Les bourgeois, vilains et serfs trouvèrent un auxiliaire puissant dans le droit romain, dont les rois, dans l'intérêt de leur pouvoir, encourageaient l'étude, et qui, ayant pour point de départ l'équité naturelle et l'utilité commune, permettait aux légistes de travailler de mille manières à l'affranchissement des deux grandes servitudes du moyen âge, celle de l'homme et celle de la terre. Au XIIIe siècle, commence entre le droit rationnel et le droit féodal, cette sourde guerre qui ne se terminera pour la France qu'en 1789.

Progrès intellectuel. — Avec plus d'ordre dans l'État, plus de travail dans les cités, plus d'aisance dans les familles, naquirent d'autres besoins, ceux de l'esprit. Les écoles se multiplièrent; les études s'étendirent, et les littératures nationales commencèrent.

Le douzième siècle avait entendu retentir les deux grandes voix rivales du philosophe breton Abélard qui usait d'une certaine liberté de pensée, et de saint Bernard, l'apôtre de l'autorité dogmatique. Les milliers d'écoliers qui se pressaient autour d'Abélard furent le noyau de l'université. En 1200, l'*Étude* appelée plus tard (1250) l'*Université de Paris* fut dotée par Philippe Auguste de ses premiers priviléges, dont un consistait à ne relever que des tribunaux ecclésiastiques. Elle servit de modèle à beaucoup d'autres, Montpellier, Orléans, Cambridge, Oxford, Salamanque, etc., et devint bientôt un foyer de science scolastique, une arène d'idées; son opinion fit autorité dans les plus grands débats et tout ce qu'il y eut dans la catholicité d'hommes éminents en sortit. Les deux ordres mendiants des dominicains et des franciscains, récemment créés, comptèrent aussi dans leurs rangs des hommes de génie: saint Thomas d'Aquin qui, dans sa *Somme théologique*, s'était proposé de consigner tout ce qu'on sait sur les rapports de Dieu et de l'homme, et saint Bonaventure, le *docteur séraphique*. Il faut citer encore l'Allemand Albert le Grand; l'Anglais Roger Bacon, digne prédécesseur de l'autre Bacon; l'Écossais Duns Scot; enfin Vincent de Beauvais, l'encyclopédiste de ce siècle, l'auteur du *Speculum majus*.

Mais, sauf Bacon, qui découvrit ou exposa dans ses écrits la composition de la poudre à canon, du verre grossissant et de la pompe à air, tous vivaient des débris du savoir antique sans y rien ajouter. Aussi, de vieilles erreurs et des erreurs nouvelles étaient populaires: on croyait à l'astrologie ou à l'influence des astres sur la vie humaine, à l'alchimie qui faisait chercher la pierre philosophale, c'est-à-dire le moyen de faire de l'or par la transmutation des métaux, et les sorciers pullulaient.

Littératures nationales. — A mesure que se dessinait l'individualité des peuples, les littératures nationales se développaient; un genre, l'épopée, la chanson de Geste dégénère : Martin de Troyes (après 1160) délaye en un long poëme octosyllabique la légende d'Arthur, et Guillaume de Lorris, mort en 1260, écrit le *Roman de la Rose*, plein d'idées raffinées et d'allégories froides. Mais Rutebeuf montre une poésie franche et originale; a prose française naît avec Geoffroy de Villehardouin, sénéchal de Champagne, dont nous lisons encore le beau livre, la *Conquête de Constantinople*, et avec Joinville qui, après la septième croisade, compose ses *Mémoires*, déjà plus fins, plus parfaits de style, et où l'on pressent Froissard. Quant à la littérature du midi de la France, après avoir donné de brillants troubadours (Bernard de Ventadour, Bertrand de Born, Richard Cœur de Lion), elle avait péri, noyée dans le sang des Albigeois.

La littérature allemande brilla sous les Hohenstauffen, mais d'un éclat qui n'était que le reflet de la nôtre. Wolfram d'Eschenbach imitait en Souabe les épopées du cycle de Charlemagne ou de la Table-Ronde; les *Niebelungen* ont pourtant un caractère tout barbare qui révèle leur origine germanique. Les chanteurs d'amour (*minnesinger*) et les maîtres chanteurs (*meistersinger*) s'inspiraient de la poésie provençale. La prose allemande apparaît à peine dans quelques rares monuments du XIII° siècle. En Italie, Dante était déjà né (1265); l'Espagne avait ses chants de guerre dans les romances de Bernard de Carpio, des enfants de Lara et du Cid; mais l'Angleterre était trop occupée encore à fondre en un seul idiome l'allemand des Saxons et le français des Normands pour avoir des œuvres littéraires. Son premier grand poëte, Chaucer, est de l'âge suivant.

L'art original du moyen âge, l'architecture, atteignit au treizième siècle sa perfection. Elle est alors simple, sévère, grandiose, tandis qu'elle deviendra, au siècle suivant, *fleurie* et *flamboyante*. Elle produit, en France,

Notre-Dame de Paris, Notre-Dame de Chartres, la Sainte-Chapelle, les cathédrales d'Amiens, de Reims, de Strasbourg, de Bourges, de Sens, de Coutances, etc. Des corporations d'architectes laïques se sont formées. Lanfranc et Guillaume de Sens ont coopéré à la construction de la cathédrale de Cantorbéry; Pierre de Bonneuil va bâtir en Suède la cathédrale d'Upsal (1258), maître Jean élève, dans le même siècle, la cathédrale d'Utrecht; des artistes français travaillèrent à celle de Milan.

La sculpture est grossière; mais les vitraux des églises étaient magnifiques et les peintres en miniature ornaient les livres d'heures de chefs-d'œuvre délicieux.

XLIV

FORMATION DU ROYAUME DE FRANCE (987-1328)

Premiers Capétiens (987-1108). — Pendant que l'Europe féodale couvrait les routes qui menaient à Jérusalem, les grandes nations modernes commençaient à se délimiter; l'Italie se séparait de l'Allemagne; la France cherchait à se séparer de l'Angleterre et l'Espagne à se débarrasser des Maures. La royauté capétienne qui entreprit en France le premier travail d'organisation intérieure était très-faible à l'origine : Hugues Capet passa son règne de neuf années (987-996) à lutter contre le dernier représentant de la famille carlovingienne et à se faire reconnaître dans le midi, ce à quoi il ne réussit pas. Son fils Robert, qu'il avait fait sacrer de son vivant afin de lui mieux assurer sa succession (996), régna pieusement, quoique excommunié pour avoir épousé Berthe, sa parente; il eut la sagesse de refuser la couronne d'Italie qui lui était offerte, mais recueillit le duché de Bourgogne par héritage (1002). Henri Ier (1031), Philippe Ier (1060) vécurent dans l'obscurité; le dernier ne prit même part ni à la croisade de Jérusalem, ni à la conquête de l'Angleterre faites par ses vassaux. Ces rois se contentaient de durer et c'était déjà beaucoup. Du neuvième au douzième siècle, en effet, la royauté n'exista que de nom, parce que les pouvoirs publics, qui auraient dû rester dans sa main, étaient devenus des pouvoirs domaniaux exercés par tous les grands propriétaires. A cette révolution qui avait brisé, pour trois siècles, l'unité du pays, va en succéder une autre qui s'efforcera de réunir les membres épars de la société française et d'enlever aux seigneurs les droits usurpés par eux. Cette révolution qui fera du roi le seul juge, le seul administrateur, le seul législateur du pays commence avec Philippe Auguste et saint Louis qui reconstitueront un gouvernement central, mais elle ne sera accomplie qu'avec Louis XIV, parce que la guerre de Cent ans au quatorzième et au quinzième siècles, les guerres de religion au seizième suspendront ce grand travail intérieur.

Louis le Gros (1108-1137). — Le règne de Louis VI marque le premier réveil de la royauté capétienne. Ce prince, actif et résolu, triompha, dans les environs de Paris et de l'Ile-de-France, de presque tous les petits seigneurs (de Montmorency, du Puiset, de Corbeil, de Coucy), qui descendaient de leurs donjons pour piller les marchands, et il favorisa la formation des communes sur les terres de ses vassaux. L'exemple donné par le Mans en 1066, fut suivi bientôt par Cambrai, Noyon, Beauvais, Saint-Quentin, Amiens, Laon, Soissons, etc. Mais Louis qui aidait volontiers les villes contre leurs seigneurs, parce que ceux-ci se trouvaient par là affaiblis, ne laissa pas s'élever de communes dans ses domaines. Il eut une guerre avec Henri Ier, roi d'Angleterre, et voulut l'obliger à céder la Normandie au neveu de ce prince, Guillaume Cliton ; elle ne lui réussit pas : il fut vaincu à Brenneville (1119) ; mais en 1124, l'empereur d'Allemagne Henri V, gendre du roi d'Angleterre, ayant menacé la France, Louis VI lui opposa une puissante armée où figuraient les hommes des communes, et que l'ennemi n'attendit pas. Au nord, il imposa pour un moment Cliton aux Flamands qui venaient d'assassiner leur comte (1126); au midi, il protégea l'évêque de Clermont contre le comte d'Auvergne; il força Guillaume IX, duc d'Aquitaine, à lui rendre hommage et il obtint pour son fils Louis le Jeune, la main d'Éléonore, héritière de ce puissant seigneur.

Louis VII (1137-1180). — Par ce mariage, Louis VII ajouta au domaine royal, l'Aquitaine, le Poitou, le Limousin, le Bordelais, l'Agénois, l'ancien duché de Gascogne, et la suzeraineté sur l'Auvergne, le Périgord, la Marche, la Saintonge, l'Angoumois, etc. Mais, dans une guerre avec le comte de Champagne, il brûla treize cents personnes dans l'église de Vitry, en eut du remords, partit pour la croisade, et en rapporta des griefs si graves contre Éléonore, qu'il divorça en lui rendant sa dot, c'est-à-dire le duché de Guyenne; la royauté française, et avec elle l'unité du pays, recula pour trois siècles. Éléonore en effet épousa un prince moins scrupuleux, Henri Plantagenet, comte d'Anjou, duc de Normandie et héritier de la couronne d'Angleterre: puissance formidable qui enveloppa et étreignit le petit domaine du roi de France. Heureusement ce roi était le suzerain et la loi féodale qui imposait le respect au vassal, gardait encore toute sa force. Ainsi Henri, ayant attaqué Toulouse, n'osa poursuivre le siége, parce que Louis se jeta dans la place. Ce prince trouva d'ailleurs des soutiens contre son puissant adversaire en s'alliant avec le clergé, que l'Anglais persécutait, et avec ses fils qui se révoltaient; il accueillit Thomas Becket, archevêque de Cantorbéry que les officiers de Henri assassinèrent quand le prélat, se fiant à la parole royale, osa retourner en Angleterre.

Philippe Auguste (1180). — Ce prince, le dernier roi sacré avant son avénement, répara les fautes paternelles. Au début il chassa et dépouilla les juifs pour faire de l'argent, livra à l'Église les hérétiques et les blasphémateurs pour gagner les évêques et s'allia étroitement avec le rebelle Richard, fils de Henri II, pour multiplier les embarras autour de l'Anglais. En même temps de petites guerres sans péril, mais non sans profit, lui valaient le Vermandois, le Valois et l'Amiénois : on a vu (p. 278) sa troisième croisade et sa brouille avec Richard ; revenu le premier de Palestine, il s'entendit avec Jean sans Terre, frère du nouveau roi d'Angleterre, pour dépouiller celui-ci, qui à sa sortie de prison arriva furieux en Angleterre, puis en France, où la guerre éclata avec violence dans le midi. Richard, troubadour et roi, la faisait et la chantait tout ensemble. Le pape Innocent III s'interposa et fit signer une trêve de cinq ans ; deux mois après Richard fut tué par une flèche au siége d'un château du Limousin (1199).

La couronne d'Angleterre revenait de droit au jeune Arthur, fils d'un frère aîné de Jean sans Terre ; celui-ci l'usurpa, vainquit son neveu et l'égorgea (1203). Philippe Auguste somma le meurtrier de comparaître à sa cour ; Jean se garda bien de venir et Philippe s'autorisa de cette forfaiture pour lui enlever toutes les places de Normandie : cette riche province, d'où étaient partis les conquérants de l'Angleterre, entra alors dans le domaine royal, et la Bretagne, qui relevait d'elle, devint fief immédiat de la couronne (1204). Le Poitou, la Touraine et l'Anjou furent aussi facilement occupés. C'étaient les plus brillantes conquêtes qu'un roi de France eût encore faites. Pour se venger, Jean sans Terre forma une coalition contre la France avec son neveu, l'empereur d'Allemagne Otton de Brunswick, et les seigneurs des Pays-Bas. Philippe réunit une grande armée où tenaient leur place les milices des communes et gagna à Bouvines, entre Lille et Tournay, une victoire dont le retentissement fut très-grand dans tout le pays. C'était le premier trophée national de la France (1214).

Avant de mourir (1223), Philippe Auguste reçut l'hommage d'Amaury de Montfort, fils et héritier de Simon ; ainsi la royauté française atteignait les Pyrénées et la Méditerranée. A l'intérieur, l'université avait été fondée, la suprématie de la juridiction royale consacrée par le jugement des pairs contre Jean sans Terre (1203), le royaume soumis à une organisation régulière par la division en *bailliages* et *prévôtés*, le trésor des chartes institué, Paris embelli, pavé, ceint d'une muraille.

Philippe avait épousé, en 1193, Ingeburge de Danemark, et, dès le lendemain de ses noces, l'avait renvoyée pour donner sa place à Agnès de Méranie. Ce scandale appela les réprimandes du pape Innocent III, qui menaça longtemps « le fils aîné de l'Église » avant de le frapper, mais finit, pour vaincre sa résistance, par mettre le royaume sous l'interdit. Philippe comprit le danger d'une rupture ouverte avec l'Église ; il se sépara d'Agnès, et reprit Ingeburge dans le concile de Soissons (1201).

Philippe Auguste resta étranger à un des grands événements de son règne, la croisade des Albigeois (p. 283). Cependant, vers la fin, il y envoya son fils.

Louis VIII (1223) et saint Louis (1226). — Louis VIII qui, avant son avénement, avait été appelé en Angleterre par les barons révoltés contre Jean, fit une nouvelle expédition dans le midi ; il prit Avignon, Nîmes, Albi, Carcassonne, et, au retour, mourut d'une épidémie (1226). Son fils aîné, Louis, n'avait que neuf ans. Les barons voulurent enlever la régence à la reine mère, Blanche de Castille. Les comtes de Champagne, de la Marche et de Toulouse, les ducs de Bretagne et d'Aquitaine, formèrent une ligue que dirigea le sire de Coucy. Mais Blanche gagna à sa cause le comte de Champagne, et, en 1231, la guerre se termina à l'avantage de la royauté. Par le traité de Paris (1229), Raimond VII abandonna à la France tout le bas Languedoc, qui fut érigé en sénéchaussée de Beaucaire et de Carcassonne ; il conserva l'autre moitié, à la condition qu'elle formerait la dot de sa fille unique, fiancée à Alphonse, second frère du roi, et déjà comte de Poitou et d'Auvergne. Une partie de la haute Provence était donnée à l'Église ; c'est l'origine du droit des papes sur le comtat Venaissin qu'ils ont possédé jusqu'en 1789. Un autre frère de saint Louis,

Robert, était comte d'Artois (1237) ; le troisième, Charles, eut l'Anjou et le Maine, et bientôt après (1246) devint encore comte de Provence, par son mariage avec l'héritière Béatrix, enfin roi de Naples (1268), par ses victoires sur la maison de Souabe. Ainsi s'étendait et grandissait la maison de France.

Victoire de Taillebourg (1242) ; modération de saint Louis. — Henri III, roi d'Angleterre, s'étant mis à la tête d'une révolte des seigneurs d'Aquitaine et de Poitou, saint Louis, vainqueur à Taillebourg et à Saintes (1242), se montra généreux pour s'assurer la possession légale de ce qu'il conservait : il consentit (1259) à rendre ou à laisser au roi d'Angleterre, sous la condition d'hommage-lige, le Limousin, le Périgord, le Quercy, l'Agénois, une partie de la Saintonge et le duché de Guyenne ; mais il gardait, en vertu d'un traité, la Normandie, la Touraine, l'Anjou, le Poitou et le Maine. Il agit suivant le même principe avec le roi d'Aragon, lui cédant en toute souveraineté le comté de Barcelone, mais l'obligeant à abandonner ses droits sur les fiefs qui relevaient de lui en France (1258). Ses vertus le rendaient l'arbitre de l'Europe et il donnait à la royauté française une auréole de sainteté. Il servit de médiateur entre Innocent IV et Frédéric II, puis entre le roi d'Angleterre et ses barons, à propos des statuts d'Oxford.

On a raconté (p. 280) ses deux croisades d'Égypte et de Tunis. Son gouvernement intérieur fut dirigé en vue de faire cesser le désordre féodal. En 1245, il ordonna que, dans ses domaines, il y aurait trêve entre l'offenseur et l'offensé pendant quarante jours (*quarantaine-le-roy*), et que le plus faible pourrait recourir au jugement royal. Il abolit le duel judiciaire dans ses domaines : « Cil qui prouvoit par bataille, prouvera par témoins ou par chartes. » (1260.) Il donna une grande place aux légistes dans la justice royale, dont il étendit les limites par la multiplication des *appels* et des *cas royaux*. Il établit des *enquesteurs royaux*, image des *missi* de Charlemagne, fixa le titre de la monnaie royale et appela le premier des bourgeois dans son conseil. On a de lui deux curieux monuments de législation et d'administration : les *Établissements selon l'usage de Paris et d'Orléans*, et les *Établissements des métiers de Paris*. Enfin on peut considérer son règne comme la plus belle époque du moyen âge pour la science, l'art et la littérature.

Philippe III (1270) et Philippe IV (1285). — Avec le corps de son père, Philippe III rapporta en France le cercueil de son oncle Alphonse, dont la mort lui livrait le comté de Toulouse, le Rouergue et le Poitou qui furent réunis au domaine royal ; le mariage de son fils aîné (Philippe IV) avec l'héritière de la Navarre et de la Champagne, prépara en outre la réunion de ces provinces à la couronne de France. Les *Vêpres Siciliennes* qui chassèrent les Français de la Sicile (1282), furent cause d'une guerre avec l'Aragon au profit des Français de Naples. Elle se termina, en 1291, par un traité qui ne suspendit que pour peu d'années une rivalité destinée à durer plusieurs siècles. Six ans plus tôt, Philippe le Bel avait succédé à son père, dont le règne est fort obscur. En 1292, une querelle de matelots causa une rupture avec l'Angleterre dont Philippe IV profita pour faire prononcer par sa cour des pairs la confiscation de la Guyenne. La guerre se fit d'abord dans l'Écosse et la Flandre, l'une étant alliée de la France, l'autre de l'Angleterre. Philippe soutint contre celle-ci les chefs écossais Baliol et Wallace et il occupa la Flandre, dont il envoya le comte à la tour du Louvre.

Querelle entre le roi et le pape. — Pour faire face aux dépenses de ces guerres et pour alimenter un gouvernement de plus en plus actif et compliqué, il fallait beaucoup d'argent. Philippe pilla les juifs, falsifia les monnaies, mit des taxes sur le clergé. Boniface VIII, alors pape, réclama impérieusement en faveur des immunités ecclésiastiques ; il excommunia tout clerc qui consentirait à payer un impôt sans l'ordre du Saint-Siége et ceux qui établiraient cet impôt « quels qu'ils fussent » (1296.) Philippe répondit en ne laissant sortir du royaume aucun argent sans sa permission, ce qui revenait à intercepter les revenus du Saint-Siége. Le grand jubilé de l'an 1300 fit illusion au pontife sur sa puissance ; il envoya à Philippe, comme légat, un évêque de Pamiers, Bernard Saisset, qui offensa gravement le roi par sa hauteur et Philippe le fit arrêter. Aussitôt le pape lança (1301) la fameuse bulle *Ausculta, fili*, à laquelle Philippe fit une réponse impertinente. Mais, sentant le besoin de s'appuyer pour cette lutte sur la nation, il convoqua (1301) la première assemblée des *États généraux*, où clergé, barons et bourgeois se prononcèrent pour lui. Boniface repoussa cette attaque par la bulle *Unam sanctam*, qui subordonnait le pouvoir temporel au pouvoir spirituel, et menaça de donner le trône de France à l'empereur d'Allemagne. Ainsi la querelle du sacerdoce et de l'empire recommençait, mais cette fois elle ne dura guère et l'on peut mesurer l'affaiblissement du pouvoir spirituel à la rapidité de sa défaite. Dans de nouveaux États généraux (1303) le légiste Guillaume de Nogaret accusa le pape de simonie, d'hérésie, etc. ; Guillaume de Plasian, autre légiste, proposa au roi de convoquer lui-même un concile général et d'y citer Boniface. Nogaret se rendit en Italie pour appréhender le pape au corps et l'Italien Colonna, dont il était accompagné, frappa au visage, de son gantelet de fer, le vieux pontife qui en mourut de douleur (1303). Le roi fut assez puissant pour faire choisir par les cardinaux (1305) une de ses créatures, Clément V, qui établit le Saint-Siége à Avignon (1308), et commença cette série de papes demeurés à la merci de la France pendant soixante et dix ans (1308-1378), période qu'on a appelée la *captivité de Babylone*.

Condamnation des Templiers. — Philippe obtint de Clément V la condamnation de la mémoire de Boniface et celle de l'ordre des Templiers, milice dévouée au Saint-Siége et dont les biens immenses tentaient le roi.

Le 13 octobre 1307, au matin, les Templiers furent arrêtés par toute la France, sans qu'ils pussent faire résistance ; on instruisit leur procès où ils furent accusés d'impiétés monstrueuses, et la torture leur arracha les aveux qu'elle arrache toujours. Des États généraux, convoqués à Tours (1308), les déclarèrent dignes de mort et en 1309 cinquante-quatre furent brûlés. En 1314, Jacques Molay, grand maître du Temple, eut le même sort.

Insurrection des Flamands. — Tandis que la royauté triomphait des grandes institutions religieuses du moyen âge, le peuple commençait la lutte contre les seigneurs. Les Flamands poussés à bout par les exactions du gouverneur que Philippe IV leur avait imposé, Jacques de Châtillon, s'étaient soulevés et avaient fait essuyer à la noblesse française le grand désastre de Courtray (1302), dont Philippe le Bel tira vengeance par la victoire de Mons-en-Puelle (1304) ; néanmoins il ne lui resta de la Flandre que Lille, Douai et Orchies.

Derniers Capétiens directs; la loi salique (1314-1328). — Une réaction féodale eut lieu, sous Louis X le Hutin (1314), contre les tendances nouvelles de la royauté. Les ministres de Philippe le Bel, Enguerrand de Marigny, Raoul de Presles, en furent les victimes. A la mort de Louis X (1316), qui n'a guère attaché son nom qu'à une ordonnance pour l'affranchissement moyennant finance, des serfs du domaine royal, Philippe, son frère, prit la couronne au préjudice de Jeanne sa nièce, et fit déclarer par les États généraux, que « la femme ne succède pas au royaume des Francs; » règle qui est devenue fondamentale dans notre monarchie et qu'on a appelée improprement *loi salique*. Philippe V mourut aussi sans enfant mâle (1322). Son frère, Charles IV le Bel lui succéda et, à son tour, ne laissa qu'une fille. La couronne fut donnée à un neveu de Philippe IV, qui commença la branche capétienne des Valois (1328). Mais Édouard III, roi d'Angleterre, petit-fils par sa mère Isabelle de Philippe le Bel, prétendit être l'héritier légitime; ce fut la cause de la guerre de Cent ans.

XLV

FORMATION DE LA CONSTITUTION ANGLAISE

Invasion normande (1066.) — On a vu la lutte des Saxons et des Danois en Angleterre (p. 252). Après Kanut le Grand (1036), cette lutte se compliqua d'un élément nouveau : les princes d'origine saxonne, dépossédés par les Danois, avaient trouvé un asile auprès des Normands de France; quand Édouard le Confesseur remonta sur le trône d'Alfred le Grand, il en attira un grand nombre à sa cour et leur distribua les principaux évêchés. Les Saxons furent jaloux et le puissant comte Godwin, leur chef, réussit à faire chasser les Normands; mais son fils Harald, qui succéda à ses dignités et à son influence, eut la malheureuse pensée de se rendre en Normandie, auprès du duc Guillaume qui, le tenant en son pouvoir, lui fit promettre de l'aider à monter sur le trône d'Angleterre après Édouard. Lorsque ce prince mourut (1066), Harald, élu roi par le wittenagemot, ne tint aucun compte d'une promesse arrachée par la force, et Guillaume l'accusant de parjure, entreprit la conquête de l'Angleterre avec l'autorisation du Saint-Siège, qui se plaignait de son côté, que le denier de Saint-Pierre ne fût pas payé. Guillaume débarqua au sud, tandis qu'Harald repoussait au nord une invasion des Norwégiens; quelques jours après, la bataille d'Hastings (1066), où Harald périt, livra le pays aux Normands. Toutefois les Saxons ne se résignèrent pas de longtemps à leur défaite : ils résistèrent avec le secours des Gallois (1067), des Norwégiens (1069), puis dans l'île d'Ély, où ils formèrent le *camp du refuge* (1072); beaucoup d'entre eux (*outlaws*), plutôt que d'accepter le joug, vécurent dans les bois, où les traquaient les seigneurs normands.

Force de la royauté normande en Angleterre. — Guillaume partagea l'Angleterre à ses compagnons. Les domaines des Saxons, laïques ou ecclésiastiques, furent occupés par les conquérants, dont beaucoup, bouviers et tisserands ou simples clercs sur le continent, devinrent seigneurs et évêques en Angleterre. De 1080 à 1086, fut dressé un cadastre de toutes les propriétés occupées. C'est le *grand terrier* de l'Angleterre, appelé par les Saxons *livre du jugement dernier* (dooms-day book). Sur cette terre, ainsi partagée, s'établit le corps féodal le plus régulier de l'Europe : six cents barons; au-dessous d'eux soixante mille chevaliers, au-dessus, le roi, qui prit pour lui quatorze cent soixante-deux manoirs avec les principales villes, qui eut soin, en exigeant le serment direct des simples chevaliers, de se rattacher étroitement tous les vassaux.

Ceci est digne de considération, car toute l'histoire de l'Angleterre dérive de ce partage comme la nôtre vient de la position inverse faite aux premiers capétiens. La royauté anglaise, si forte au lendemain de la conquête, devint bientôt oppressive et obligea les barons, pour être en état de lutter contre elle, à s'unir aux bourgeois, de sorte qu'ils ne sauvèrent leurs droits qu'en assurant ceux de leurs alliés. Voilà comment, par l'accord des bourgeois et des nobles, se sont fondées en Angleterre les libertés publiques, et pourquoi la noblesse y est restée populaire. Aussi le sentiment qui domine chez nos voisins est celui de la liberté qui a fait leurs belles institutions et ils n'ont pas la passion de l'égalité à laquelle, en France, nous sacrifions tout. Aux premiers jours de notre vie nationale, l'oppresseur n'était pas le petit seigneur de l'Ile-de-France qui portait la couronne, mais la féodalité; les opprimés, roi et peuple, s'unirent contre elle, et le chef qui conduisit la bataille garda pour lui tous les profits de la victoire, si bien que, au lieu de libertés générales, nous avons eu l'autorité absolue du roi, puis le sentiment et le besoin de l'égalité trouvés dans la commune dépendance, vis-à-vis de lui, des nobles et des vilains.

Guillaume II (1087); Henri I (1100); Étienne (1135). — Guillaume le Conquérant mourut en 1087, dans une expédition contre le roi de France, Philippe I*er*, qui lui avait enlevé le Vexin français. Guillaume II le Roux, son second fils, lui succéda en Angleterre, Robert Courte-Heuse (courte cuisse), l'aîné, en Normandie. Robert essaya bien d'enlever l'Angleterre à son cadet ; mais il n'y réussit pas, et partit pour la croisade ; il y était encore quand Guillaume le Roux mourut à la chasse. Leur plus jeune frère, Henri I*er* *Beau Clerc*, se saisit de la couronne, et quand Robert voulut faire valoir ses droits, il le vainquit à Tinchebray (1106), réunit la Normandie à l'Angleterre et battit Louis le Gros qui avait essayé d'assurer au moins ce duché à Guillaume Cliton, fils de Robert, (1119).

Henri I*er*, en mourant (1135) croyait laisser le trône à sa fille Mathilde, veuve de l'empereur Henri V, et épouse du comte d'Anjou Geoffroy Plantagenet. Il avait chargé son neveu Étienne de Blois de protéger l'*emperesse*, comme on l'appelait. Étienne prit pour lui la couronne et vainquit les Écossais (*bataille de l'Étendard*), alliés de Mathilde ; mais moins heureux contre elle, il fut fait prisonnier : on convint qu'il resterait roi jusqu'à sa mort, et aurait pour successeur Henri d'Anjou, fils de l'emperesse.

Henri II (1154). — Henri Plantagenet avait reçu (1148), par abandon de Mathilde, sa mère, la Normandie et le Maine ; en 1151, il hérita de son père l'Anjou et la Touraine ; son mariage, l'année suivante, avec Éléonore, femme divorcée de Louis le Jeune, lui valut Poitiers, Bordeaux, Agen et Limoges, avec la suzeraineté sur l'Auvergne, l'Aunis, la Saintonge, l'Angoumois, la Marche et le Périgord ; enfin, en 1154, il monta, à vingt et un ans, sur le trône d'Angleterre, et plus tard, il maria un de ses fils à l'héritière de la Bretagne. Cette puissance était formidable, mais Henri l'usa à lutter contre son clergé et contre ses fils.

Le clergé, depuis le temps même de l'empire romain,

avait le privilége de se juger lui-même. Quand un clerc était en cause, les tribunaux laïques étaient incompétents; la juridiction ecclésiastique pouvait seule prononcer. En Angleterre, Guillaume le Conquérant avait donné à ce privilége, appelé *bénéfice de clergie*, une très-grande extension : il en résulta de nombreux abus, et de scandaleuses impunités. Henri II voulut y mettre un terme, et, pour dominer le clergé, nomma archevêque de Cantorbéry son chancelier, Thomas Becket, Saxon d'origine, et jusqu'alors le plus brillant et le plus docile des courtisans. Becket devint aussitôt un tout autre homme, austère, inflexible. Dans une grande assemblée d'évêques, d'abbés et de barons tenue à Clarendon (1164), le roi fit adopter les *Constitutions* de ce nom, qui obligeaient tout clerc accusé d'un crime à comparaître devant les cours ordinaires de justice, défendaient à tout ecclésiastique de quitter le royaume sans la permission royale, et attribuaient au roi la garde et les revenus de tout évêché ou bénéfice vacant. Thomas Becket s'éleva contre ces statuts, et pour éviter la colère de son ancien maître s'enfuit en France. Louis VII l'ayant réconcilié avec Henri, il retourna à Cantorbéry, mais sans rien céder sur les priviléges ecclésiastiques, de sorte que le roi, à bout de patience, laissa échapper des paroles que quatre chevaliers interprétèrent comme un arrêt de mort : ils allèrent égorger l'archevêque au pied des autels (1170). Ce crime souleva contre Henri II une telle indignation, qu'il fut obligé d'abolir les *Constitutions* de Clarendon, et de faire pénitence sur le tombeau du martyr.

Il ne se serait pas soumis à cette humiliation, s'il n'avait craint une émeute populaire et une excommunication, au moment où il était en guerre avec ses trois fils aînés : Henri Court-Mantel, duc du Maine et d'Anjou; Richard Cœur de Lion, duc d'Aquitaine, et Geoffroy duc de Bretagne; le quatrième même, Jean sans Terre, finit par se joindre à eux. Henri II passa ses derniers jours à combattre ses fils et le roi de France, qui soutenait les rebelles. En 1171, il avait conquis l'est et le sud de l'Irlande

Richard (1189); Jean Sans Terre (1199). — Richard qui lui succéda (1189-1199), est ce Cœur de Lion, fameux par la troisième croisade et dont il a été question plus haut p. 278 et 279. Ce prince violent, mais brave et chevaleresque, fut remplacé par son frère Jean sans Terre qui avait tous les vices, sans une seule qualité, pas même le courage. Il perdit par un crime (voy. p. 296) la Touraine, l'Anjou, le Maine, la Normandie, le Poitou (1203-1205), que lui enleva Philippe Auguste et il recommença follement la guerre de son père avec l'Église. Ayant refusé d'accepter le prélat que le pape avait désigné pour l'archevêché de Cantorbéry, il fut excommunié et menacé d'une descente par Philippe Auguste, qu'Innocent III autorisa à conquérir l'Angleterre. Alors il s'humilia devant le Saint-Siége, lui promit tribut, se reconnut son vassal (1213), puis essaya de se venger de toutes ces hontes en formant contre la France la coalition que déjoua la bataille de Bouvines (p. 296). Tandis que ses alliés étaient vaincus au nord, Jean lui-même était vaincu dans le Poitou. Quand il rentra dans son île, il y trouva ses barons révoltés qui le forcèrent de signer la *Grande Charte* (1215). Cet acte mémorable, base des libertés anglaises, garantissait les priviléges de l'Église, renouvelait les limites tracées, sous Henri Ier, aux droits de relief, de garde et de mariage dont les rois avaient abusé; promettait de n'établir aucun impôt dans le royaume sans le consentement du commun conseil; enfin établissait la loi fameuse de l'*habeas corpus* qui protégeait la liberté individuelle et celle du jury qui assurait à l'accusé un juste jugement. Une commission de vingt-cinq barons fut chargée d'en surveiller l'exécution et d'obliger le roi, par tous les moyens, à réformer les abus. Le péril passé, Jean voulut déchirer la charte et s'y fit autoriser par le pape; les barons appelèrent contre lui le fils de Philippe Auguste, Louis, qui fût devenu roi de ce pays si, après la mort subite de Jean (1216), les barons n'avaient préféré un enfant, son fils, au puissant héritier de la couronne de France.

Henri III (1246). — Le nouveau règne fut une longue minorité. On y voit sans cesse de la faiblesse, des parjures et des accès de violence, tout ce qu'il fallait en un mot pour donner à la nation le besoin et les moyens de contenir par des institutions cette volonté royale si peu sûre d'elle-même. Au dehors Henri III fut battu par saint Louis à Taillebourg et à Saintes. Son frère Richard de Cornouailles, élu empereur, alla jouer en Allemagne un rôle ridicule et dispendieux pour l'Angleterre. Au dedans, mécontentement croissant du peuple à cause des violations répétées de la Grande Charte, de la faveur des parents de la reine Éléonore de Provence qui se faisaient donner toutes les charges, et d'une véritable invasion de clercs italiens, envoyés par le pape, qui accaparaient tous les bénéfices ecclésiastiques.

Premier parlement anglais (1258.) — Le 11 juin 1258, dans le grand conseil national d'Oxford, première assemblée à laquelle ait été donné officiellement le nom de parlement, les barons forcèrent le roi de confier la réforme à vingt-quatre d'entre eux, dont douze seulement nommés par lui. Ces vingt-quatre délégués publièrent les statuts ou provisions d'Oxford : le roi confirmait la Grande Charte ; les vingt-quatre nommeraient tous les ans le grand chancelier, le grand trésorier, les juges et autres officiers publics, les gouverneurs des châteaux; etc.; ce serait crime capital de s'opposer à leurs décisions; enfin le parlement serait convoqué tous les trois ans. Henri III protesta et en appela à l'arbitrage de saint Louis, qui prononça en sa faveur. Mais les barons n'acceptèrent pas ce jugement, attaquèrent le roi les armes à la main, sous la conduite d'un petit-fils du vainqueur des Albigeois, Simon de Montfort, comte de Leicester, et le firent prisonnier, avec son fils Édouard, à la bataille de Lewes (1264). Leicester gouvernant alors au nom du roi qu'il tenait captif, organisa la première représentation complète de la nation anglaise, par l'ordonnance de 1265, qui prescrivait l'élection pour le parlement de deux chevaliers par comté et de deux *citoyens* ou *bourgeois* par chaque cité ou bourg dudit comté.

Sous Édouard Ier (1272), les libertés publiques furent respectées, et le royaume s'accrut par l'acquisition du pays de Galles (1274-1284). En Écosse, Édouard vainquit successivement les trois champions de l'indépendance de ce pays : Jean Baliol à Dunbar (1297), William Wallace à Falkirk (1298), et Robert Bruce. Mais celui-ci reprit l'avantage sous le règne du faible Édouard II (1307), et assura, par la grande victoire de Bannock-Burn (1314), l'indépendance écossaise. Le méprisable Édouard II se laissa gouverner par des favoris, que les grands chassèrent ou envoyèrent à l'échafaud; lui-même fut mis à mort par sa femme (1327).

Progrès des institutions anglaises. — Ces convulsions consolidaient les institutions qui devaient, après leur complet développement, en prévenir à jamais le retour. Résumons ces faits constitutionnels : En 1215, la Grande Charte ou déclaration des libertés publiques; en 1258, les statuts d'Oxford qui établissent la périodicité du grand conseil national gardien du pacte de 1215; 1264, entrée au parlement des représentants de la petite noblesse et de la bourgeoisie qui formeront plus tard la chambre basse ou des Communes comme les barons, vassaux immédiats du roi, formeront la chambre haute ou des lords; à partir de 1295, élection régulière et constante des députés des comtés et des villes; en 1309, le parlement met des conditions au vote de l'impôt, de sorte que la royauté, nécessairement dépensière, sera tenue en bride et ramenée au respect des lois. Ainsi, en moins d'un siècle, grâce à l'union des nobles et des bourgeois, l'Angleterre avait jeté les bases qui ont si fermement porté dans les temps modernes sa fortune et garanti sa tranquillité.

XLVI

PREMIÈRE PÉRIODE DE LA GUERRE DE CENT ANS
(1328-1380)

Causes de la guerre de Cent ans. Philippe de Valois (1328) et Édouard III (1327). — L'Angleterre et la France, toutes deux fortes, l'une par le progrès du pouvoir royal, l'autre par celui des libertés publiques, se trouvèrent aux prises pendant plus d'un siècle (1328-1453) : c'est la guerre de Cent ans que la témérité et l'impéritie de notre noblesse rendirent si fructueuse pour l'Angleterre. Comme petit-fils de Philippe le Bel, Édouard III avait des prétentions sur la couronne de France, la loi salique n'ayant pas encore l'importance qu'elle prit plus tard. Cependant à l'avénement de Philippe de Valois, il parut les abandonner, en lui rendant l'hommage féodal qu'il devait pour le duché de Guyenne au roi de France. Il n'en gardait pas moins au fond l'espoir de le supplanter, et il y fut encouragé par le transfuge Robert d'Artois, dépouillé du comté d'Artois et par les Flamands qui, ayant besoin des laines anglaises pour alimenter leur industrie, se révoltèrent, sous le brasseur Jacques Artevelt, contre leur comte, ami de la France, et reconnurent Édouard pour leur roi légitime.

Hostilités en Flandre et en Bretagne (1337). — La guerre, commencée en 1337, ne fut marquée pendant huit ans par aucun fait d'importance, sauf le combat naval de l'Écluse (1340), perdu par la France, et elle se fit surtout en Bretagne où Charles de Blois, chef du parti français, disputa la couronne ducale à Jean de Montfort, appuyé par les Anglais. La mort de Jacques Artevelt, tué dans une émeute populaire, n'enleva pas l'alliance flamande à l'Angleterre, qui conserva la supériorité en Flandre et en Bretagne.

Crécy (1346). — En 1346, les hostilités devinrent plus sérieuses : Édouard envahit la France par la presqu'île du Cotentin et pénétra au cœur de la Normandie, comptant avancer jusqu'à Paris : le manque de vivres l'obligea à tourner au nord pour se rapprocher de la Flandre. Philippe de Valois, qui avait 60 000 hommes pour lui barrer la route, ne sut l'empêcher de passer ni la Seine ni la Somme, et engagea près de Crécy la bataille avec des troupes harassées de fatigue et indisciplinées. L'armée des Anglais, moitié moins forte, était bien placée sur une hauteur avec des canons qui paraissaient alors pour la première fois dans une bataille, et couverte par une ligne épaisse d'habiles archers. La chevalerie française lancée au hasard contre cette forte position fut criblée de flèches et couvrit de ses morts le champ de bataille. Édouard, vainqueur, continua sa retraite sur Calais, qu'il prit après un an d'efforts (1347), et que les Anglais conservèrent deux siècles. Il obtenait en même temps d'importants avantages en Écosse et en Bretagne : David Bruce fut fait prisonnier à Nevil-Cross, Charles de Blois, à la Roche Derien.

Jean le Bon (1350) ; défaite de Poitiers (1356). — A l'avénement de Jean le Bon (1350) la France était déjà dans un triste état, une grande bataille et Calais perdus ; Charles le Mauvais, roi de Navarre, intriguant pour faire valoir les droits au trône qu'il prétendait tenir de sa mère, Jeanne d'Évreux, et les États généraux, convoqués en 1355, élevant des prétentions qui rappelaient la Grande Charte anglaise, qui la dépassaient même, puisqu'ils voulaient percevoir par leurs agents les deniers publics, en surveiller l'emploi, imposer tous les ordres, etc. Les nobles, refusèrent de se soumettre à l'impôt, et ourdirent un complot dont Charles le Mauvais fut le chef. Jean en fit saisir plusieurs dans un festin, à la table même de son fils Charles, et leur fit couper la tête. Les Anglais jugèrent le moment favorable pour eux : Édouard envoya le duc de Lancastre en Normandie et le *prince Noir* en Guyenne. Celui-ci s'avança vers la Loire, et, comme il faisait retraite après beaucoup de ravages, il se vit couper la route par le roi Jean qui pouvait avec ses 50 000 hommes envelopper la petite armée ennemie. Mais les habiles dispositions prises par le prince sur le coteau de Maupertuis, près de Poitiers, et la témérité ordinaire de la noblesse française, lui donnèrent la plus complète victoire (1356) : le roi lui-même fut pris.

Tentative de réformes ; la Jacquerie. — Ces grands désastres de Crécy et de Poitiers, causés par l'impéritie des deux rois, de leurs généraux et de la noblesse, devaient amener une commotion populaire. Le roi étant prisonnier avec la plupart des grands de l'État, la nation prit en main la direction des affaires publiques. Les États généraux, convoqués par le dauphin Charles, dictèrent leurs volontés par l'organe d'Étienne Marcel, prévôt des marchands, pour le tiers état ; de Robert le Coq, évêque de Laon, pour le clergé, et de Jean de Pecquigny, seigneur de Vermandois, pour la noblesse. Avant d'accorder aucun subside, ils exigèrent le renvoi et le jugement des principaux officiers de finance et de justice, l'établissement d'un conseil choisi dans les trois ordres et destiné à diriger le gouvernement. Les États de 1357, plus hardis encore, établirent une commission de trente-six membres pour tout surveiller, et firent rendre la *grande ordonnance de réformation*, par laquelle le dauphin s'engageait à n'établir aucun impôt sans le vote des États, à en laisser la levée et l'emploi à leurs délégués, à réformer la justice, à ne plus altérer les monnaies, etc. Mais une réforme politique, en face des Anglais victorieux était dangereuse, bien qu'elle n'allât pas, comme on l'a vu depuis, jusqu'à renverser le gouvernement établi. En outre, l'ordonnance de réformation, œuvre de quelques députés intelligents, n'était ni l'œuvre, ni la pensée, ni même le désir de la France, et lorsque Paris fut contraint de s'armer pour maintenir et défendre ce qu'avaient fait les États, pas un seul bras ne se leva en France pour lui venir en aide :

la révolution n'était qu'une émeute parisienne. Le dauphin ayant essayé de se soustraire aux obligations qu'on lui imposait, Étienne Marcel fit égorger sous ses yeux les maréchaux de Champagne et de Normandie, ses deux ministres. Ces violences discréditèrent le parti populaire que les horreurs commises par les *Jacques* achevèrent de déshonorer. Marcel, forcé de chercher un appui, fit alliance avec Charles le Mauvais et allait lui livrer Paris, quand l'échevin Maillard, qui avait découvert ce complot, le tua; le parti tomba avec lui (1358).

Traité de Brétigny (1360). — Le dauphin, débarrassé de Marcel, éloigna Charles de Navarre par le traité de Pontoise, et resta seul maître. Il annula, avec l'assentiment des États, un traité désastreux que Jean, las de sa captivité, venait de conclure, et signa celui de Brétigny (1360), encore bien funeste : Édouard y renonçait à la couronne de France, mais recevait en souveraineté directe le Poitou, l'Aunis, l'Angoumois, la Saintonge, le Limousin, le Périgord, le Quercy, le Rouergue, l'Agénois, le Bigorre, le Ponthieu, Calais, Guines et Ardres. Jean termina, en 1364, ce règne qui fut si fatal à la France, même dans la paix : le duché de Bourgogne ayant fait échute à la couronne, par l'extinction de la première maison ducale (1361), au lieu de le réunir au domaine, il l'aliéna en faveur de son quatrième fils, Philippe le Hardi, chef de cette seconde maison ducale qui faillit deux fois perdre le royaume.

Charles V (1364) et Duguesclin. — Charles le Sage (1364-1380) tira la France de cet abîme de misères. Il laissa l'invasion étrangère s'épuiser elle-même au milieu des campagnes ravagées et renferma ses troupes dans les places fortes, d'où elles inquiétaient l'ennemi et rendaient son ravitaillement impossible. Par la victoire de Cocherel (1364), Duguesclin, petit gentilhomme breton qu'il avait pris à son service, et qu'il fit plus tard connétable, le délivra de Charles le Mauvais. Moins heureux en Bretagne, Duguesclin fut battu et pris à Auray, défaite qui obligea le roi à reconnaître Jean de Montfort comme duc de cette province; mais il délivra la France des *grandes compagnies*, en les menant au secours du roi de Castille Henri de Transtamare contre son frère Pierre le Cruel que les Anglais soutenaient et qu'il finit par renverser (1369).

En 1369, les Gascons mécontents des exactions du Prince Noir, en appelèrent à Charles V, suzerain féodal du duc d'Aquitaine, et le roi fit prononcer par la cour des pairs la confiscation de ce grand fief. C'était une déclaration de guerre. Charles V était prêt et Édouard ne l'était plus. Cependant, en 1373, une puissante armée débarqua à Calais : elle traversa encore toute la France jusqu'à Bordeaux, mais au terme du voyage, elle se trouva réduite à six mille hommes. Quand le prince de Galles (1376) et Édouard III (1377) moururent, ils avaient perdu tout le fruit de leurs victoires : Bayonne, Bordeaux et Calais restaient seuls aux Anglais.

Charles fut aussi heureux parce qu'il fut aussi habile contre Charles le Mauvais, auquel il enleva Montpellier et Évreux; il échoua pourtant dans une tentative pour réunir la Bretagne au domaine royal. Effrayé des souvenirs de sa jeunesse, il avait évité de convoquer les États généraux. Mais il fortifia le parlement en lui permettant de nommer lui-même aux places vacantes dans son sein; il favorisa les lettres, qui ont alors pour principal représentant Froissart, l'inimitable chroniqueur, et il commença la bibliothèque royale, qui compta sous lui 900 volumes. Il mourut en 1380.

XLVII

LA FRANCE ET L'ANGLETERRE APRÈS ÉDOUARD III ET CHARLES V; SECONDE PÉRIODE DE LA GUERRE DE CENT ANS (1380-1453)

Charles VI (1380). — Mouvement communal. — La lutte entre la France et l'Angleterre fut à peu près suspendue pendant trente-cinq années (1380-1415), à cause des troubles intérieurs. La minorité de Charles VI livrait le gouvernement à ses oncles, les ducs d'Anjou, de Berry, de Bourgogne et de Bourbon, qui se disputèrent l'influence et les revenus publics dans des vues tout égoïstes. Le peuple de Paris, soulevé par de nouveaux impôts, assomma à coups de maillets les percepteurs (révolte des *Maillotins*). Rouen, Châlons, Reims, Troyes, Orléans s'associèrent à ce mouvement communal, dont le foyer était dans la Flandre, et qui, pour la première fois, se produisait avec une certaine entente. Pour frapper la rébellion au cœur, les princes, une fois l'émeute de Paris étouffée, conduisirent au bord de l'Escaut le roi et une armée qui fit essuyer aux Gantois la sanglante défaite de Rosebecque (1382), où périt Philippe Arteweld. Ce succès jeta la terreur dans les villes révoltées et de nombreuses exécutions les firent rentrer dans l'obéissance.

Les princes ne tirèrent de ces événements aucune leçon. Le gaspillage des deniers publics, les désordres de toute espèce continuèrent, et l'on fit au jeune roi une vie de plaisirs à laquelle sa faible raison ne résista pas. Un jour qu'il traversait la forêt du Mans, allant poursuivre, chez le duc de Bretagne, le sire de Craon, assassin du connétable de Clisson, il tomba fou (1392). Le duc de Bourgogne, qui venait de doubler la puissance de sa maison en recueillant le riche héritage des comtes de Flandre, et le duc d'Orléans, frère du roi, se disputèrent le gouvernement. Jean sans Peur décida la question en faisant assassiner son rival (1407).

Les Armagnacs et les Bourguignons (1407). — Le comte d'Armagnac, beau-père du nouveau duc d'Orléans, celui qui devint plus tard un gracieux poëte, devint le chef de la faction à laquelle se rattacha une partie de la noblesse et qui prit son nom (1410). Le duc de Bourgogne, au contraire, s'appuya sur les villes et une guerre civile marquée par d'abominables cruautés éclata. Jean sans Peur flattait Paris, surtout la populace dont il laissa se déchaîner les passions féroces. La faction des bouchers, qui avait pour chef l'écorcheur Caboche, inonda la ville du sang des Armagnacs ou de ceux qu'on appelait ainsi, nobles, évêques, magistrats. Le duc, un des *royaux de France*, encourageait cette hideuse démagogie : un jour, il prit la main du bourreau Capeluche. Pourtant l'*ordonnance cabochienne* pour la réforme du royaume, œuvre des habiles du parti et surtout de l'Université, est remarquable. Mais elle ne dura guère ; les Armagnacs, rappelés à Paris en 1413 par les modérés, l'abolirent. Deux ans après, la guerre de cent ans recommençait.

Insurrection en Angleterre. — Wiclef. — L'Angleterre n'avait pas été moins troublée, car une grande effervescence agitait alors l'Europe occidentale : partout le peuple s'irritait contre un ordre social qui l'accablait de tant de misères, et les bourgeois des villes, enrichis par un commencement d'industrie et de commerce, voulaient mettre leur bien-être à l'abri des caprices, des rapines et des violences des grands. Quelques-uns touchaient même aux choses d'Église.

En 1366, le pape Urbain V réclama de l'Angleterre 33 000 marcs, arrérages du tribut que Jean sans Terre avait promis au Saint-Siége. Le Parlement les refusa, et un moine, Jean Wiclef, profita de l'indignation publique pour attaquer, au nom de l'égalité apostolique, toute la hiérarchie de l'Église, au nom de l'Évangile, les dogmes, les sacrements et les rites qui ne se trouvaient pas expressément écrits dans le Nouveau Testament. Sa traduction de la Bible en anglais répandit rapidement ces idées que Lollard, brûlé à Cologne en 1322, avait déjà enseignées.

Un des partisans de Wiclef tira même les conséquences politiques de sa doctrine : John Bull s'en allait par les villes, par les bourgs, disant aux pauvres gens : « Quand Adam bêchait, quand Ève filait, où donc était le gentilhomme ? » Dangereuses pensées qui s'infiltraient partout. Elles étaient dans l'esprit de ceux qui firent, vers le même temps, les émeutes de Rouen, de Reims, de Châlons, de Troyes, d'Orléans et de Paris, l'insurrection des *Chaperons blancs*, dans la Flandre, celle des *Tuchins* en Languedoc. Ainsi se montrent toujours quelques signes précurseurs des grands orages. Les révoltes inconscientes de la fin du xiv° siècle contre la double féodalité laïque et religieuse du moyen âge annonçaient la révolte réfléchie de Luther et de Calvin au xvi°, dans l'ordre des croyances, de Descartes au xvii°, dans la philosophie, et de tout le monde au xviii° dans la politique.

Richard II (1380) ; il est déposé (1399). — En 1381, un an après l'avénement de Richard II, fils du Prince Noir, 60 000 hommes arrivèrent aux portes de Londres, demandant l'abolition du servage, la liberté de vendre et d'acheter dans les marchés et les foires et, ce qui était fort déraisonnable, la réduction des rentes à un taux uniforme. On les paya de belles promesses ; quand ils se furent dispersés, on en pendit 1500, et tout rentra dans l'ancien ordre.

Le jeune roi avait trois oncles aussi ambitieux et avides que ceux de Charles VI. Ils se mirent à la tête de l'opposition contre Richard, qui se débarrassa du plus turbulent, le duc de Glocester, en le faisant assassiner ; quantité de nobles personnages périrent ou furent exilés et l'Angleterre courba la tête sous la terreur. Un de ces bannis, Henri de Lancastre, descendant d'un troisième fils d'Édouard III, organisa un vaste complot ; Richard fut abandonné de tout le monde et le Parlement le déposa « pour avoir violé les lois et priviléges de la nation (1399). » Ainsi, dès cette époque, l'Angleterre, grâce à son Parlement, était arrivée à former un peuple, et à reprendre la vieille idée d'un droit national supérieur au droit dynastique. L'an d'après, Richard périt assassiné dans sa prison.

Henri IV ; bataille d'Azincourt (1415) ; traité de Troyes (1420). — Henri IV passa son règne de quatorze années à affermir la couronne dans sa maison. Sur son lit de mort, il conseilla à son fils de reprendre la guerre contre la France, pour occuper ses turbulents barons. Dès 1415, Henri V était en France et renouvelait à Azincourt les lauriers de Crécy et de Poitiers. Cette défaite due encore à la témérité de la noblesse renversa le gouvernement armagnac, et les Bourguignons (1418) rentrèrent dans Paris, qu'ils ensanglantèrent de nouveau. Quand les archers et les hommes d'armes anglais eurent mis leur butin en sûreté au delà du détroit, ils revinrent à la curée pillant méthodiquement la Normandie et prenant ses villes l'une après l'autre. En 1419, Rouen tomba dans leurs mains. L'assassinat de Jean sans Peur au pont de Montereau servit encore leurs intérêts, car ce meurtre, autorisé par le dauphin, jeta le nouveau duc de Bourgogne, Philippe le Bon, dans le parti anglais. Henri V, maître de Paris et de la personne de Charles VI, se fit reconnaître par le traité de Troyes, héritier du roi dont il épousa la fille (1420). Celle-ci allait venger la France, en transmettant au fils qu'elle donna à Henri V l'imbécillité de l'aïeul.

Charles VII (1422) ; Jeanne d'Arc (1429). — Henri et Charles moururent la même année (1422). Il y eut alors deux rois en France : l'Anglais Henri VI, à Paris ; le Valois Charles VII, au sud de la Loire.

La petite cour de Charles VII, que les Anglais appelaient le *roi de Bourges*, ne songeait qu'aux plaisirs et aux intrigues des courtisans, dont le connétable de Richemont s'efforça en vain de délivrer le roi. Les défaites de Crevant-sur-Yonne (1423) et de Verneuil (1424) chassèrent les armées de Charles de la Bourgogne et de la Normandie, et, en 1428, les Anglais, dont le régent Bedfort avait habilement conduit les affaires, assiégèrent Orléans, la clef du Midi. La honteuse *journée des Harengs* (1429) acheva de décourager le parti français, et déjà Charles VII songeait à se retirer dans le sud quand parut Jeanne d'Arc.

Cette jeune fille, née à Domrémy, sur la frontière de Lorraine, se présenta à la cour, ayant, disait-elle, pour mission de délivrer Orléans et de faire sacrer le roi. Ses vertus, son enthousiasme firent croire en elle ; les plus vaillants capitaines se jetèrent à sa suite dans Orléans (1429), et dix jours après, les Anglais évacuaient leurs bastilles. Elle gagna ensuite la bataille de Patay, où Talbot fut pris, et conduisit le roi à Reims. Après le sacre, elle voulut se retirer ; on la retint, et au mois de mai 1430, en défendant Compiègne contre les Anglais, elle tomba dans leurs mains : ils la brûlèrent à Rouen comme sorcière (30 mai 1431).

Réformes et succès de Charles VII. — Ce crime marqua la fin de leur fortune. En voyant leurs revers, le duc de Bourgogne se rappela qu'il était Français et au traité d'Arras (1435), il vendit sa défection. Il fallut lui donner les villes de la Somme, les comtés d'Auxerre, de Mâcon, etc., avec l'exemption de tout hommage, ce qui le faisait vraiment roi dans ses fiefs. L'année suivante Paris ouvrit ses portes. Charles VII, transformé par le malheur, habilement secondé par Jean de Brézé, sénéchal de Normandie, par le chancelier Juvénal, l'argentier Jacques Cœur, et les frères Bureau, qui organisèrent l'artillerie, sans parler de Dunois, Lahire et Xaintrailles, triompha partout, et, en 1444, les Anglais, par l'influence du cardinal de Winchester, chef du parti qui désirait la paix, conclurent avec la France une trêve de deux ans, scellée par le mariage de Henri VI avec Marguerite d'Anjou. Charles VII étouffait dans le même temps une révolte des seigneurs, déjà effrayés des progrès de son autorité (*Praguerie*), et faisait jeter à l'eau, dans un sac, le bâtard de Bourbon. Une mesure, qui porta le coup le plus sérieux à la puissance féodale, fut la création d'une armée permanente par l'établissement de quinze *compagnies d'ordonnance*, de cent lances chacune, et des *francs-archers* (un par paroisse). Les états d'Orléans (1439) en avaient suggéré l'idée et avaient voté, pour la réaliser, une taille perpétuelle de 1 200 000 livres. Charles VII, comptant sur cette force militaire toute nationale, se débarrassa des routiers qui dévastaient la France ; il en conduisit une partie en Lorraine et confia l'autre au dauphin Louis, qui alla battre les Suisses à Saint-Jacques, et devint leur allié en voyant leur valeur.

Ces réformes accomplies, Charles se trouva assez fort pour en finir avec les Anglais (1449); la bataille de Formigny (1450) les chassa de la Normandie; celle de Castillon (1453), de la Guyenne; Calais seul leur resta. Ce fut le terme de cette guerre de Cent ans, qui avait accumulé sur la France tant de calamités et affermi en Angleterre les libertés publiques par la dépendance où les rois, même victorieux, durent se mettre vis-à-vis du Parlement pour obtenir l'argent et les hommes nécessaires à leurs expéditions sur le continent. Durant cette période, les deux peuples avaient donc encore marché dans la voie différente où nous les avons vus s'engager; au milieu des ruines de la France, la royauté allait trouver le pouvoir absolu et, malgré la gloire de Crécy, de Poitiers et d'Azincourt, les rois anglais s'étaient habitués à subir la loi des représentants du pays.

XLVIII

L'ESPAGNE ET L'ITALIE DE 1250 A 1453

Les rois espagnols oublient la croisade, querelles intestines. — Au lieu de continuer la lutte pour jeter à la mer les Maures acculés maintenant aux Alpujarras, comme les chrétiens l'étaient naguère aux Pyrénées, les rois espagnols oublièrent la croisade qui avait fait leur fortune, et cédèrent à la tentation de se mêler aux affaires de l'Europe.

La Navarre, qui n'avait pu s'accroître par la guerre religieuse, regarda au nord, du côté de la France, et se donna aux Capétiens avec son héritière qui épousa Philippe le Bel.

Le roi de Castille, Alphonse X (1252), voulut être

empereur d'Allemagne. Tandis qu'il dépensait beaucoup d'argent à cette inutile candidature, les maisons rivales de Castro, de Lara, de Haro, troublaient le royaume et allaient jusqu'à chercher du secours chez les Maures. Menacé par une insurrection, le roi lui-même demanda l'appui des Mérinides ; la nation le déclara déchu et mit à sa place son second fils, don Sanche, un brave soldat (1282). Alphonse X était pourtant surnommé le Sage ; il connaissait l'astronomie et publia le code des *siete partidas* (en six parties). Dans ce code il avait voulu introduire le droit de *représentation*, en vigueur dans le états féodaux, mais point en Espagne. En vertu de ce droit, le trône revenait aux fils de Ferdinand de la Cerda, fils aîné d'Alphonse X, et qui était mort avant son père. Sanche se prévalut du droit ancien ; il prétendit succéder à la couronne, à quoi il réussit, avec l'appui de la nation, en 1284. Ce fut l'occasion de quelques hostilités avec le roi de France, oncle des jeunes princes dépossédés. Les minorités orageuses de Ferdinand IV et d'Alphonse XI mirent de nouveau le trouble dans la Castille. Le dernier de ces princes s'illustra pourtant par la grande victoire du Rio-Salado sur la troisième invasion africaine, celle des Mérinides. Après lui, Pierre le Cruel et son frère Henri de Transtamare, se disputèrent le trône, qui, par le secours de du Guesclin, resta à Transtamare, après qu'il eut, dans sa tente, poignardé son frère fait prisonnier à la bataille de Montiel. Henri III (1390) essaya de réprimer la noblesse castillane qui sous Jean II et Henri IV fut véritablement maîtresse du pays et de la cour. La royauté ne se releva que dans la seconde moitié du xve siècle sous Isabelle et Ferdinand le Catholique, comme on le verra plus loin.

Pendant que ces divisions arrêtaient la fortune de la Castille, l'Aragon acquérait le Roussillon, la Cerdagne, la seigneurie de Montpellier, intervenait (1213) dans les affaires des Albigeois (bataille de Muret où périt Pierre II), acceptait la Sicile après les Vêpres siciliennes la conservait malgré les renonciations prononcées au traité d'Anagni, et ajoutait à ses possessions la Sardaigne. En 1410, s'éteignit la glorieuse maison de Barcelone; toutes les couronnes qu'elle avait possédées furent transférées à un prince de Castille qui laissa deux fils : Alphonse V, que son adoption par Jeanne de Naples fit roi des Deux-Siciles, et Jean II qui réunit, pour un moment, la Navarre à l'Aragon, en empoisonnant son beau-fils, don Carlos de Viane. C'est au successeur de cet homme abominable qu'il était réservé de faire, par son mariage avec Isabelle de Castille, en 1469, l'unité et la grandeur de l'Espagne.

Le régime féodal, avec toute sa hiérarchie, ne s'établit véritablement pas en Castille. Au milieu des hasards de la lutte contre les Maures, seigneurs et villes, combattant isolément, avaient acquis l'indépendance et s'étaient fortifiés dans leurs châteaux (Castille) ou derrière leurs murailles. Beaucoup de ces villes obtinrent des *fueros* c'est-à-dire des chartes de libertés et le roi n'y avait qu'un officier (*regidor*) chargé d'une surveillance générale. On comptait cependant trois classes en Castille : les *ricos hombres*, grands propriétaires ; les *caballeros* ou *hidalgos*, petite noblesse, exempte d'impôts, à condition de servir à cheval ; les *pecheros* ou contribuables formant la bourgeoisie. Tout le monde ayant combattu dans la guerre sainte, il n'y avait point de serfs, comme dans les pays féodaux et l'écart entre les classes était moins grand qu'ailleurs. A partir de 1169, les députés des villes furent admis dans les *cortes*.

L'Aragon tenait davantage du régime féodal, peut-être à cause de l'ancienne domination carlovingienne dans la marche de Barcelone. Les *ricos hombres* y recevaient des baronnies, qu'ils divisaient et sous-inféodaient ; les *mesnadaires*, vassaux moins considérables, les *infanzones*, simples gentilshommes, et les roturiers venaient ensuite. C'étaient les quatre ordres du pays, représentés dans les cortès. Mais l'Aragon, la Catalogne, Valence avaient leurs cortès séparées et l'autorité royale était fort limitée par la juridiction du grand *justiza*.

Le Portugal, à l'extrémité de l'Europe, s'ouvrait des voies nouvelles. Jean I*er*, chef de la maison d'Avis, qui prit en 1383 la place de la maison de Bourgogne éteinte, sauva d'abord, par la victoire d'Aljubarotta (1385), l'indépendance du Portugal contre les prétentions de la Castille, puis il tourna l'attention de son peuple vers l'Afrique : en 1415, il conquit Ceuta. Son plus jeune fils, Henri, comprit par cette expédition que le Portugal n'avait d'avenir que du côté de la mer, la terre lui étant fermée par la Castille. Il s'établit au village de Sagres, sur le cap Saint-Vincent, y appela des marins, des géographes, y fonda une académie nautique, et enfin lança sur l'Océan ses navigateurs. En 1417, ils découvrirent Porto Santo, une des îles Madères, où le prince fit planter des vignes de Chypre et des cannes à sucre de Sicile. Le pape Martin V lui accorda le droit de souveraineté sur toutes les terres qui seraient trouvées depuis les Canaries jusqu'aux Indes, avec indulgence plénière pour ceux qui périraient dans ces expéditions. Le zèle redoubla ; en 1433, le cap Bojador fut franchi, puis le cap Blanc et le cap Vert (1450) ; les Açores furent reconnues. On était sur la route du cap de Bonne-Espérance qui dans un demi-siècle sera doublé par le portugais Vasco de Gama.

Le royaume de Naples donné à Charles d'Anjou. (1265). — Au milieu des combats que s'étaient livrés pour la domination universelle les deux pouvoirs suprêmes de la chrétienté, le pape et l'empereur, l'Italie théâtre et victime de la lutte n'avait pu arriver à l'indépendance. Quand l'empire et la papauté déclinèrent, il sembla qu'elle allait enfin se saisir de ses propres destinées, il n'en fut rien. Elle conserva l'habitude des discordes intestines et celle de mêler l'étranger à ses querelles ; mais on revit alors ce qui avait eu lieu dans les cités orageuses de l'ancienne Grèce : l'Italie, couverte de républiques en guerre les unes contre les autres et souvent chacune contre elle-même, brilla d'un vif éclat de civilisation qui fut la première renaissance des lettres et des arts.

La mort de Frédéric II (1250) avait marqué la fin de la domination allemande en Italie. Il avait cependant laissé un fils à Naples, Manfred, qui, fort de ses talents, de son alliance avec les podestats de la Lombardie, et du secours des Sarrasins de Lucera, brava d'abord le mauvais vouloir du pape. Alexandre IV, il est vrai, était alors chassé de Rome par Brancaleone, qui avait rétabli pour un moment la république romaine.

Urbain IV décidé à extirper « la race de vipères, » eut recours à l'étranger. Il donna la couronne de Naples à Charles d'Anjou, frère de saint Louis, à la condition de l'hommage au Saint-Siége, d'un tribut annuel de huit mille onces d'or et de la cession de Bénévent. Charles s'engageait en outre à ne jamais réunir à ce royaume la couronne impériale, la Lombardie ou la Toscane (1265). Manfred fut vaincu et tué, et le légat du pape fit jeter dans le Garigliano le cadavre de l'excommunié. Un petit-fils de Frédéric II, Conradin, vint d'Allemagne réclamer cette part de l'héritage paternel ; battu et pris à Tagliacozzo, il fut décapité par l'ordre de Charles d'Anjou avec son ami Frédéric d'Autriche, et avec lui s'éteignit la glorieuse maison de Souabe (1268).

Le vainqueur affermit son pouvoir dans le royaume de Naples par des exécutions, et malgré ses promesses il domina presque toute l'Italie aux divers titres de *vicaire impérial*, de *sénateur* de Rome, de *pacificateur*, etc. Il rêvait une fortune encore plus vaste, et pensait à restaurer à son profit l'empire latin de Constantinople récemment tombé. Quelque temps détourné de ce dessein par la croisade de Tunis (1270) et par l'opposition des papes Grégoire X et Nicolas III, il allait l'exécuter enfin, lorsque les *Vêpres siciliennes* (1282) donnèrent la Sicile à Pierre III, roi d'Aragon, un des complices du grand complot dont le médecin Procida avait été le chef. Alors commença le châtiment de cet ambitieux sans pitié :

l'amiral Roger de Loria brûla sa flotte ; son fils, Charles le Boiteux, fut pris dans une nouvelle bataille navale, tandis que le roi de France, son allié, était repoussé de l'Aragon. Le traité de 1288 assura la Sicile à un fils de l'Aragonais ; mais en 1310, le pape Clément V trouva un dédommagement pour la maison d'Anjou en faisant asseoir un de ses membres sur le trône de Hongrie.

Républiques italiennes ; Guelfes et Gibelins. — Pendant ce conflit au sud, les petits États du nord, débarrassés à la fois de la domination allemande et de la domination sicilienne, se débattaient en de continuelles révolutions. Les gouvernements tournaient, en Lombardie, au principat ou à la tyrannie ; en Toscane, à la démocratie ; à Venise, à l'aristocratie ; en Romagne, à tous ces régimes divers. En 1297, Venise, restreignit l'éligibilité pour le grand conseil aux familles nobles des conseillers alors en exercice ; mesure que complétèrent un peu plus tard la clotûre du *livre d'or*, registre de la noblesse vénitienne, et l'établissement du conseil des Dix.

En 1282, Florence éleva les *arts mineurs* (métiers inférieurs) presque au niveau des *arts majeurs*, en constituant un conseil exécutif ou *seigneurie*, composé des *prieurs* de tous les arts. L'inégalité fut même décrétée contre les nobles qui ne purent être admis aux emplois publics à moins de se *désanoblir*. Peu après, on divisa la population en vingt compagnies sous autant de *gonfaloniers* commandés par un gonfalonier suprême. Cette organisation passa, sans beaucoup de changement, dans la plupart des villes de Toscane, à Lucques, Pistoie, Pise, Arezzo, même à Gênes. Mais ce ne fut pas une cause de bonne intelligence. Gênes, qui disputait à Pise la Corse et la Sardaigne, détruisit la force militaire des Pisans dans la grande bataille navale de la Meloria (1284). Aussitôt toute la Toscane se jeta sur la malheureuse cité vaincue. Florence, Lucques, Sienne, Pistoie, Volterra, s'en arrachèrent les dépouilles. Elle résista quelque temps en confiant le pouvoir au trop fameux

Ugolin. Lorsqu'il eut péri avec ses quatre enfants dans la tour de la Faim, Pise abattue ne continua de vivre qu'en renonçant à toute ambition. Florence domina alors la Toscane, mais elle tourna ses armes contre son propre sein. Sous le nom de Gibelins et de Guelfes, les factions s'y faisaient une guerre acharnée. Dante, le grand poëte florentin, le père de la langue italienne, exilé de sa patrie, gémissait sur ces discordes, et cherchait partout un pouvoir capable de rendre la paix à l'Italie. Il ne le trouvait ni dans la papauté, captive à Avignon, ni dans l'empereur pour qui l'Italie était simplement un pays à exploiter. Henri VII n'y vint (1310) que pour rançonner les villes; Louis de Bavière, qui y parut en 1327, ne fit pas mieux; Jean de Bohême un peu plus tard, vendit au plus offrant ce qui restait des anciens droits impériaux.

Le tribun Rienzi, plein des souvenirs de l'antiquité, auxquels on revenait alors, essaya (1347) de rendre à Rome la liberté, et d'en faire la tutrice de l'indépendance italienne. Il y établit le *bon État*, mais ne souleva qu'un enthousiasme éphémère qui ne put triompher des passions locales ni de l'effroi causé par la grande peste noire ou peste de Florence, dont Boccace nous a laissé le tableau dans son *Décaméron* (1348). Le légat du pape, Albornoz, le fit massacrer par ce même peuple de Rome qui l'avait tant de fois applaudi.

Retour de la papauté à Rome (1378); les principautés. — Avertie par la révolution de 1347 du mécontentement causé par son éloignement, la papauté rentra enfin à Rome en 1378. Mais dépouillée de la puissance et du prestige qu'elle avait autrefois, elle était incapable de donner le repos à l'Italie où les révolutions continuèrent. A Florence, un cardeur de laine, Michel Lando, livrait (1378) le gouvernement aux métiers infimes, aux *ciompi* (compères), également hostiles aux arts majeurs, classe supérieure dirigée par les Albizzi, et aux arts mineurs, classe moyenne à la tête de laquelle apparaissaient les Médicis. Venise et Gênes, rivales pour leur commerce, se faisaient la guerre dite de Chiozza (1378), que Venise, d'abord assiégée jusque dans ses lagunes, termina par la destruction de la marine génoise; sur terre, elle asservissait Padoue et Vicence, du moins elle ne les ruinait pas, comme Florence qui détruisit Pise de fond en comble.

Dans la Lombardie, d'habiles chefs, profitant des discordes civiles, tranformaient les républiques en principautés : ainsi Matteo Visconti à Milan; Cane della Scala à Vérone; Castruccio Castracani à Lucques. En 1396, Jean Galéas Visconti acheta de l'empereur Venceslas les titres de *duc* de Milan et de comte de Pavie, avec l'autorité suprême sur vingt-six villes lombardes. Les condottières, autre fléau de l'Italie, livraient tout au premier ambitieux qui savait les conduire ou pouvait les payer, et substituaient leurs bandes sans patriotisme aux milices nationales. Un d'eux, ancien paysan, Sforza Attendolo, se mit au service de Philippe-Marie Visconti, épousa sa fille, et, à sa mort, s'empara du duché de Milan (1450). Le nord de l'Italie tombait sous l'épée d'un mercenaire, Florence courba la tête sous l'aune d'un marchand enrichi, Cosme de Médicis, qui supplanta les Albizzi; et avec l'appui de ce même Sforza, dont il était le banquier, établit dans sa ville un régime analogue, quoique moins despotique, et plus brillant. Le cri de liberté que le Romain Porcaro jeta à la péninsule en 1453 fut sans retentissement.

Les Aragonais à Naples. — Rien à attendre non plus, pour le salut de l'Italie, du royaume Napolitain livré à d'interminables guerres de prétendants. Contre la coupable Jeanne, reine de Naples, Urbain VI avait appelé Charles de Duras, fils du roi de Hongrie, lui offrant le royaume des Deux-Siciles, tandis que Jeanne reconnaissait pour son successeur le duc Louis, de la seconde maison d'Anjou. Charles, vainqueur en 1381, fit étouffer Jeanne sous des matelas et exerça pendant quelque temps une sérieuse influence en Italie. Mais, quand il eut péri en Hongrie, le royaume de Naples retomba dans l'anarchie, disputé qu'il fut successivement par les princes angevins, hongrois et aragonais. Alphonse V d'Aragon, adopté par Jeanne II, l'emporta enfin (1442).

Éclat des lettres et des arts. — Malgré cette triste situation politique, l'Italie brillait par les lettres, les arts, le commerce, l'industrie. Sa langue, formée déjà à la cour de Frédéric II, se fixait sous la plume du Dante (*Divine Comédie*), mort en 1321 ; de Pétrarque (canzones, sonnets), mort en 1374 ; de Boccace (*Décaméron*), mort en 1375. Elle accueillait les Grecs émigrés, et ses savants, Pétrarque, Chrysoloras, Poggio Bracciolini, Leonardo Bruni donnaient le signal de la recherche des manuscrits et de la renaissance des lettres antiques. Nicolas V fondait la bibliothèque du Vatican, Cosme de Médicis la *Médicéo-Laurentienne* et il faisait commenter Platon par Marcile Ficin. Venise avait son église de Saint-Marc (1071) ; Pise, son fameux dôme (1063), son baptistère (1152), sa tour penchée (1174), sa galerie du *Campo-Santo* (1278) ; Florence, ses églises de Saint-François d'Assise, de *Santa-Croce*, de *Santa-Maria del Fiore* (XIIIe siècle), et ce dôme admirable de Brunelleschi, en face duquel Michel-Ange voulut être enterré. Cimabue, Giotto, Masaccio commençaient la grande peinture.

Venise avait 35,000 matelots (fin du XIIIe siècle) et faisait tout le commerce de l'Égypte ; Gênes, celui de l'Asie Mineure, des Dardanelles, de la mer Noire (colonie de Caffa). Milan était une grande ville industrieuse au milieu du plus riche pays. Florence fabriquait chaque année 80 000 pièces de drap ; Vérone, 20 000. Des canaux fertilisaient la Lombardie ; des banques ou *monti* faisaient circuler l'argent. Aucun autre État européen n'était aussi avancé en civilisation, mais aucun pays n'était aussi divisé ; par conséquent, il possédait beaucoup de richesses qui excitaient les convoitises étrangères, et pas un citoyen, pas un soldat pour les défendre.

XLIX

L'ALLEMAGNE ET LES ÉTATS SCANDINAVES, SLAVES ET TURCS DE 1250 A 1453

Le grand interrègne; maison de Habsbourg. (1273). — L'autorité impériale s'était usée en Italie, au lieu d'employer ses forces à discipliner l'Allemagne. Après la mort de Frédéric II, ce dernier pays eut vingt-trois années d'anarchie (1250-1273), qu'on appelle le *grand interrègne*, parce que la couronne, dédaignée des princes allemands et sollicitée par des compétiteurs étrangers ou sans puissance, Guillaume de Hollande, Richard de Cornouailles, Alphonse X, roi de Castille, fut comme vacante. Durant cette éclipse de l'autorité suprême, les rois de Danemark, de Pologne et de Hongrie, les vassaux du royaume de Bourgogne s'affranchirent de la suzeraineté impériale; la petite noblesse, les villes *s'immédiatisèrent;* les seigneurs bâtirent des donjons qui devinrent des repaires de bandits. Pour garantir leurs héritages contre ces violences, les seigneurs inférieurs se confédérèrent (*ganerbinats*), les villes en firent autant (*ligue du Rhin*). Vers la même époque (1241) prit naissance la *hanse teutonique*, union commerciale qui eut pour chefs-lieux Lubeck, Cologne, Brunswick, Dantzick, et pour principaux comptoirs, Londres, Bruges, Berghen, Novogorod. Dans les campagnes, beaucoup de serfs s'affranchissaient ou venaient chercher un asile dans les faubourgs des villes.

Le grand interrègne cessa par l'élection de Rodolphe de Habsbourg, seigneur pauvre qui parut peu redoutable aux électeurs (1273). Abandonnant l'Italie, qu'il appelait la *caverne du lion*, il s'occupa surtout de l'Allemagne, vainquit et tua dans le Markfeld (1278) le roi de Bohême, Ottocar II, qui lui refusait l'hommage, reprit quelques-unes des usurpations faites depuis Frédéric II, défendit les guerres privées, fit jurer la paix publique aux États de Franconie, de Souabe, de Bavière, d'Alsace et détruisit nombre de châteaux. Tout en travaillant pour la paix de l'empire, il fonda la puissance de sa maison, en donnant à ses fils Albert et Rodolphe l'investiture des duchés d'Autriche, de Styrie, de Carinthie et de Carniole.

La Suisse (1315). — Les Habsbourgs avaient des domaines en Suisse et leurs baillis étaient durs pour ces montagnards. En 1307, les cantons de Schiwtz, d'Uri et d'Unterwalden s'unirent pour mettre un terme à ces violences (légende de Guillaume Tell). Albert ayant été assassiné par son neveu au passage de la Reuss, quand il allait les combattre, ce fut le duc d'Autriche, Léopold, qui perdit contre eux la bataille de Morgarten (1315), où les Suisses fondèrent leur indépendance et leur renommée militaire. Aux trois cantons primitifs se joignirent ceux de Lucerne, Zurich, Glaris, Zug et Berne (1332-1353). Les victoires de Sempach (1386) et de Næfels (1388) consolidèrent la liberté helvétique.

Impuissance des empereurs. — Les princes allemands qui disposaient maintenant de la couronne, ne voulaient plus la donner qu'à de pauvres gentilshommes pour que l'empereur ne fût point en état de leur demander des comptes. C'est ainsi qu'ils élurent Henri VII de Luxembourg (1308). Louis IV de Bavière (1314) était de meilleure maison, mais excommunié par le pape Jean XXII, menacé par le roi de France, alors tout-puissant, il allait abdiquer un titre qui ne lui donnait qu'ennui, lorsque les princes, honteux de la situation faite à leur élu, rédigèrent la *Pragmatique sanction de Francfort*, qui déclarait que le pape n'avait aucun droit sur l'empire, ni sur l'empereur. Le règne de Charles IV (1346-1378), n'est remarquable que par l'avidité de ce prince besoigneux qui fit argent de tout, « plumant et débitant, en vrai marchand de foire, l'aigle impériale. » Il publia pourtant (1356) la *Bulle d'or* qui fixa le régime électif de l'Allemagne : sept électeurs, trois ecclésiastiques, les archevêques de Mayence, de Cologne et de Trèves; quatre laïques, le roi de Bohême, le comte palatin, le duc de Saxe et le margrave de Brandebourg.

Wenceslas (1378) déshonora le trône impérial par des vices de bas étage et fut déposé, en 1400. Sous Sigismond (1410) le concile de Constance se réunit et la guerre des Hussites éclata. Ce concile, convoqué en 1414 pour faire cesser le schisme, né de l'élection simultanée de deux papes, l'un à Rome, l'autre à Avignon, et pour réformer l'Église, n'atteignit qu'avec peine le premier but et point du tout le second; mais il fit monter sur le bûcher (1415) Jean Huss, recteur de l'université de Prague, qui, à l'exemple de Wiclef, attaquait la hiérarchie ecclésiastique, la confession auriculaire, le culte des images, etc. Les partisans de la victime ou Hussites se soulevèrent sous la conduite d'un général aveugle, Jean Zisca; toute la Bohême fut en feu et, durant quinze années, on s'égorgea religieusement.

A la mort de Sigismond (1438), les Habsbourgs remontèrent sur le trône impérial qu'ils ont gardé jusqu'en 1806. Albert II mourut en 1439 dans une guerre contre les Turcs, et son fils posthume, Ladislas, n'hérita que de la Bohême et de la Hongrie. Mais un autre prince autrichien lui succéda sur le trône impérial, Frédéric, de la branche de Styrie, le dernier empereur qui soit allé se faire couronner à Rome (1452). Du reste, ce titre ne donnait pas même une ombre de pouvoir, le chef de l'empire n'ayant, comme empereur, ni revenus, ni domaines, ni forces militaires, ni pouvoir judiciaire, sauf dans certains cas, et son droit de véto contre les décisions de la diète étant le plus souvent illusoire. Cette assemblée, divisée en trois colléges, des électeurs, des princes et des villes, était le vrai gouvernement de l'Allemagne, mais elle gouvernait le moins possible, et en réalité gouvernait fort peu les sept ou huit cents États dont se composait l'Empire.

Au système germanique se rattachait la Hongrie, alors le boulevard de l'Europe contre les Turcs. Un instant réunie à l'Autriche pendant le règne de Sigismond (1392), elle en fut séparée sous Wladislas, roi de Pologne, qui fut vaincu et tué à Warna par les Ottomans (1444). Sous le jeune Ladislas, de la maison d'Autriche, Jean Huniade, weiwode de Transylvanie et régent du royaume, arrêta longtemps les infidèles.

Union de Calmar (1397). — En Scandinavie, trois royaumes : Danemark, Suède et Norwége. Ces pays, d'où étaient partis les Northmans païens, avaient été convertis au xe et au xie siècle. Le Danemark fut puissant sous Kanut le Grand qui régna aussi sur l'Angleterre, et sous les deux frères, Kanut VI et Valdemar le Victorieux (1182-1241) qui firent la conquête du Holstein et de la Nordalbingie. Valdemar avait de grands revenus, une belle marine, une nombreuse armée ; il publia le *Code de Scanie*, et des étudiants danois venaient chercher la science à l'université de Paris. La Suède arriva plus tard à la puissance, sous la dynastie des Folkungs, qui fonda Stockholm (1254). La Norwége dut de longs troubles au caractère électif de la royauté, qui ne devint héréditaire qu'en 1263.

En 1397, sous Marguerite, fille du roi de Danemark Valdemar III, il fut stipulé par l'*Union de Calmar* que les trois royaumes du nord formeraient une union permanente, sous le même souverain, chacun conservant sa législation particulière, sa constitution et son sénat. Cette union, condition de leur grandeur et de leur sécurité, ne dura malheureusement pas. Après la mort de la *Sémiramis du Nord* (1412), elle fut ébranlée par la rébellion du Slesvig et du Holstein, et fut rompue en 1448 par les Suédois qui se donnèrent alors un roi particulier. Le Danemark et la Norwége demeurèrent unis.

Puissance de la Pologne. — Les États slaves, entre la Baltique et la mer Noire, fournissent bien peu de chose à l'histoire avant le ixe siècle. Les Polènes ou Polonais sur les bords de la Vistule et de l'Oder, eurent pour premier duc, Piast, fondateur d'une dynastie qui régna d'abord sous la suzeraineté de l'empire allemand. Boleslas Ier Chrobri ou l'Intrépide (992) s'en affranchit en prenant le titre de roi. Boleslas III le Victorieux (1102-1138) soumit les Poméraniens. Mais après lui la Silésie se sépara et les *chevaliers teutoniques*, appelés au secours de la Pologne contre les Borussiens ou Prussiens, peuple idolâtre qui sacrifiait des victimes humaines, constituèrent entre la Vistule et le Niémen, un État nouveau qui bientôt devint un dangereux ennemi. La Pologne fut obligée de leur céder la Pomérellie et Dantzick (1343); elle se dédommagea sous Casimir le Grand par la conquête de la Russie rouge, de la Wolhynie, de la Podolie, et porta sa frontière jusqu'au Borysthène (1333-1370). Cependant sous ce sage prince prit naissance l'usage des capitulations, *Pacta conventa*, imposées par la noblesse aux nouveaux rois et origine de cette anarchie qui a fini par livrer les Polonais à leurs ennemis. L'élection de Jagellon, grand duc de Lithuanie (1386), fit de la Pologne l'état prépondérant dans l'Europe orientale. Il enleva (1410) plusieurs provinces aux chevaliers teutoniques que le traité de Thorn (1466) réduisit à la Prusse orientale.

Les Mongols en Russie. —La Russie, qui plus tard dévora la Pologne, n'était encore que peu de chose. On a vu que des pirates northmans conduits par Rurick, étaient venus se mettre au service de la puissante ville de Novogorod qu'ils finirent par occuper en maîtres (862). S'étendant de proche en proche, ils descendirent le Borysthène, afin d'aller chercher à Constantinople un service lucratif ou des aventures. En chemin, ils prirent Kiew et au siècle suivant, se convertirent au christianisme byzantin. Au XIe siècle le grand duché de Kiew était déjà une puissance respectable; au XIIe, la suprématie passa au grand duché de Wladimir, mais au siècle suivant la Russie fut envahie par les Mongols de Gengiskhan (voy p. 16) qui, en 1223, livrèrent une bataille où six princes russes périrent. Batou prit Moscou en 1237 et s'avança jusqu'à Novogorod. Le grand duché de Kiew cessa d'exister ; celui de Wladimir paya tribut. Après la Russie, la Pologne, la Silésie, la Moravie et la Hongrie furent vaincues ou dévastées. Le Danube même fut franchi, et un moment l'Europe trembla. Les Mongols s'arrêtèrent enfin devant les montagnes de Bohême et d'Autriche ; mais la Russie resta deux siècles sous leur joug.

Les Turcs à Constantinople (1453). — A la même époque, une autre invasion, moins bruyante et plus tenace, avait lieu au sud de la mer Noire. Descendus de l'Altaï « ou montagne d'or », les Turcs avaient envahi l'Inde, la Perse, la Syrie et l'Asie Mineure. Le chef d'une de leurs plus petites tribus, Othman, s'empara de Pruse (1325), et son fils Orkhan, de Nicomédie, de Nicée, et de Gallipoli sur la rive européenne de l'Hellespont. Amurat Ier donna à ces Turcs une armée redoutable, en instituant les *janissaires*, recrutés de jeunes chrétiens faits prisonniers et élevés dans la religion mahométane ; des lots de terre appelés *timars* leur étaient assignés ; l'obligation du célibat et de la vie en commun leur donnait quelque ressemblance avec un ordre militaire. Avant d'attaquer directement Constantinople, les sultans la tournèrent : Amurat prit Andrinople et attaqua les vaillants peuples de la Bulgarie, de la Servie, de la Bosnie et de l'Albanie. Vainqueur à Cassova, il périt assassiné sur le champ de bataille (1389). Mais son successeur recueillit les fruits de cette victoire : la Macédoine et la Bulgarie se soumirent, la Valachie se reconnut tributaire.

Bajazet Ier trouva sur les bords du Danube une croisade européenne, Sigismond la commandait ; une foule de chevaliers français en faisaient partie, et parmi eux Jean sans Peur. Ces brillants seigneurs perdirent tout par leur présomptueuse témérité dans la bataille de Nicopolis (1396). Un secours plus efficace arriva aux Grecs, d'où on ne l'attendait guère : Tamerlan venait de relever la domination de Gengis-khan et d'étendre son empire destructeur depuis le Gange jusqu'au Tanaïs. L'empereur de Constantinople et quelques Seldjoucides l'appelèrent contre Bajazet que la grande bataille d'Ancyre livra à son ennemi (1402). Mais la disparition rapide du nouvel empire mongol permit aux Turcs de se relever. En 1422, Amurat II assiégea Constantinople sans pouvoir la prendre; il échoua encore en Albanie contre Scanderbeg, mais il gagna la bataille de Varna, où périt le jeune roi de Hongrie, Wladislas (1444). Heureusement les Hongrois et Huniade, vaincus encore quatre ans plus tard, et cependant toujours debout, contenaient par d'héroïques efforts ces conquérants qui ne pouvaient d'ailleurs se lancer à fond sur l'Europe occidentale, tant que Constantinople leur résistait. Aussi Mahomet II, résolu à se délivrer de cette entrave, vint-il assiéger la cité impériale avec deux cent soixante mille hommes, une artillerie colossale, une flotte qu'il réussit à introduire dans le port en la faisant passer pardessus l'isthme qui sépare la « Corne d'or » du Bosphore, et l'assaut du 29 mai 1453 fit tomber enfin ce dernier reste de l'empire romain.

L

RÉSUMÉ DE L'HISTOIRE DU MOYEN AGE

Si, maintenant, on résume cette histoire d'apparence si compliquée, on voit que les dix siècles du moyen âge peuvent se diviser en trois sections :

Du ve au xe, l'empire romain qui s'écroule, les deux invasions du nord et du midi qui s'opèrent; la civilisation arabe qui brille un instant et s'éteint; le nouvel empire germanique que Charlemagne veut organiser et qui se dissout : c'est la destruction du passé et la transition à un état nouveau de la société et des esprits.

Du xe au xive, la féodalité s'élève; les croisades s'accomplissent; le pape et l'empereur se disputent la terre;

la bourgeoisie se reconstitue ; voilà le vrai moyen âge, simple dans ses lignes générales, et qui arrive à son plus complet épanouissement au temps de saint Louis, avec des mœurs, des institutions, des arts, une littérature qui lui sont propres.

Au XIVe et au XVe, cette société féodale descend dans un abîme de misère ; tout se corrompt et l'on sent venir la mort. Mais la mort est la condition de la vie ; si le moyen âge se dissout, c'est pour faire place aux temps modernes. Un peu de charbon, de salpêtre et de soufre rétablira bientôt l'égalité sur les champs de bataille, ce qui est l'annonce de sa venue prochaine dans la société : ici, sous l'omnipotence royale ; là, sous la protection des libertés publiques. La force se déplace donc ; elle n'est plus seulement à l'homme d'armes, au seigneur, elle va aux rois d'abord et, plus tard, elle viendra aux peuples. En même temps la pensée se sécularise et sort du sanctuaire : du milieu des ruines va s'échapper le génie de la civilisation ancienne ; déjà les artistes et les écrivains sont sur la route de la Renaissance, comme les Portugais sur celle du cap de Bonne Espérance, et l'on entend des voix hardies qui raisonnent l'obéissance, même la foi : le moyen âge est bien fini puisque toutes ces nouveautés approchent.

Mais est-il mort tout entier? Il a légué aux temps modernes de fortes maximes de droit public et personnel qui ne servaient alors qu'aux seigneurs et qui servent aujourd'hui à tout le monde. Il a eu des idées chevaleresques, un sentiment de l'honneur, le respect de la femme qui marquent encore d'un signe particulier ceux qui les ont gardés et qui les pratiquent. Enfin, son architecture est restée la plus imposante manifestation matérielle de l'esprit religieux et nous y recourons lorsque nous voulons bâtir de vraies maisons de prière.

HISTOIRE DES TEMPS MODERNES

LI

PROGRÈS DE LA ROYAUTÉ EN FRANCE (1453-1494)

Principales divisions de l'histoire des temps modernes. — Le moyen âge avait été caractérisé par la prédominance des pouvoirs locaux, fiefs et communes, et l'obscurcissement de la notion de l'État; les temps modernes le furent par la prépondérance du pouvoir central, ou l'autorité absolue des rois, et par l'action du gouvernement substituée à celle des communautés et des individus.

Mais, tandis que la vie politique des nations se concentrait dans leurs chefs, par un effort contraire, l'esprit brisant ses entraves se répandait sur toutes choses pour tout renouveler.

A la révolution politique qui aura pour conséquence les guerres d'Italie et la rivalité plus que séculaire des maisons de France et d'Autriche, s'ajouteront :

Une révolution pacifique dans les arts, les sciences et les lettres, ou la Renaissance;

Une révolution économique, ou la découverte du nouveau monde et du passage aux Indes, c'est-à-dire la création du grand commerce qui amassera dans les mains des roturiers la richesse mobilière;

Une révolution religieuse, la réforme de Luther et de

Calvin avec les guerres abominables qu'excitera l'intolérance ;

Une révolution philosophique, celle de Bacon, de Descartes et du dix-huitième siècle, qui amènera une nouvelle révolution politique et sociale dont le succès sera malheureusement compromis par des résistances aveugles et de criminelles violences.

Voilà dans ses traits généraux l'histoire des trois siècles qui composent la période dite des temps modernes, de 1453 à 1789.

La première partie de cette histoire sera donc consacrée à montrer les institutions politiques du moyen âge faisant place, dans les principaux États de l'Europe, à un système nouveau de gouvernement.

Louis XI (1461-1483). Ligue du Bien public (1465). — Charles VII avait reconquis la France sur les Anglais, il restait à la reconquérir sur les seigneurs. L'œuvre était déjà commencée, car la Praguerie avait été déjouée, un frère bâtard du duc de Bourbon, cousu dans un sac et jeté à la rivière ; le sire de l'Esparre, qui intriguait pour les Anglais, décapité ; le duc d'Alençon, qui promettait de leur ouvrir ses forteresses, condamné à mort ; le comte d'Armagnac au bannissement. Le dauphin même, celui qui allait être Louis XI, et qui se mettait de tous les complots contre son père, avait été réduit à aller vivre dans son apanage, puis à fuir auprès du duc de Bourgogne. Il s'y trouvait quand Charles VII mourut (1461).

On crut, à l'avénement de l'ancien chef des mécontents, que les bons jours de la féodalité allaient revenir. Louis détrompa vite tout le monde. Il s'y prit mal d'abord ; il destitua la plupart des officiers mis en place par son père, porta la taille perpétuelle d'un million huit cent mille livres à trois millions, signifia à l'Université de Paris défense pontificale de se mêler aux affaires du roi et de la ville, restreignit les juridictions des parlements de Paris et de Toulouse, en créant à leurs dépens (1462) le parlement de Bordeaux ; blessa le corps ecclésiastique en révoquant la Pragmatique de Bourges malgré les remontrances du parlement pour son maintien, interdit à la noblesse la chasse, et réclama tous les vieux droits féodaux. Il obligea le duc de Bretagne à reconnaître les appels de sa cour au parlement de Paris, à payer les droits de vassalité féodale, à accepter les évêques que le roi nommait. Il s'en prit même à la puissante maison de Bourgogne, lui racheta les villes de la Somme, comme il venait de se faire rendre par le roi d'Aragon la Cerdagne et le Roussillon, en gage de deux cent mille écus qu'il lui prêta. La réponse à cette conduite fut la *Ligue du bien public* que formèrent cinq cents princes ou seigneurs.

Le danger était grand, Louis employa pour le conjurer peu d'héroïsme mais beaucoup d'habileté. Il accabla d'abord vers le sud le duc de Bourbon, puis courut au nord à la rencontre du comte de Charolais, qui menaçait Paris. S'il ne vainquit pas à la bataille de Montlhéry, qui fut moitié perdue et moitié gagnée, il s'assura du moins la possession de Paris, sans lequel il eût pu redevenir le roi de Bourges. Une fois derrière les murs de la capitale, il travailla à dissoudre la ligue en offrant des pensions, des domaines à ces seigneurs avides. Par les traités de Conflans et de Saint-Maur (1465), il leur accorda tout ce qu'ils voulurent : au duc de Berri son frère, la Normandie ; au duc de Bourgogne, Boulogne, Guines, Roye, Montdidier, Péronne, les villes de la Somme, qu'il lui avait récemment rachetées ; au comte de Charolais, le Ponthieu ; au duc de Bretagne, l'exemption de l'appel au parlement, la nomination directe des évêques, la dispense des devoirs féodaux, etc. Quant au bien public, personne n'en parla et personne n'y avait songé.

Entrevue de Péronne (1468). — Mais les alliés rentrés chacun chez eux, il s'occupa de leur reprendre ce qu'il venait de leur céder. La Normandie surtout lui semblait importante à conserver. Tandis que, pour distraire Charles le Téméraire, devenu duc de Bourgogne en 1467, il excitait des soulèvements à Liége, à Dinant, à Gand, et qu'il retenait chez lui le duc de Bretagne par un présent de cent vingt mille écus, il entra dans la province, et s'en rendit maître. Pour gagner le duc de Bourbon il lui donna un gouvernement considérable et prit pour gendre le frère du duc, Pierre de Beaujeu; il acheta la maison d'Anjou avec de l'argent, celle d'Orléans, en s'attachant le vieux Dunois, enfin l'ami même de Charles, le comte de Saint-Pol, en le faisant connétable du royaume. Puis il fit déclarer par les états généraux, convoqués à Tours (1468), que le frère du roi devait se contenter de douze mille livres de rente pour apanage.

Charles essaya de soulever de nouveau toute la féodalité et d'attirer à la suite le roi d'Angleterre, Édouard IV. Mais Louis tombant sur le duc de Bretagne avec des forces supérieures, lui imposa le traité d'Ancenis, et comme une armée anglaise s'apprêtait à débarquer en France, il alla, pour détourner ce péril, négocier à Péronne avec Charles. En ce moment éclata à Liége une révolte qu'il avait précédemment excitée et qu'il oublia de contremander. Charles, profondément irrité, l'enferma dans le château de Péronne, d'où Louis ne sortit qu'en promettant de céder à son frère la Champagne, ce qui ouvrait aux Bourguignons la route de Paris, et en se résignant à accompagner le duc contre Liége. Cette malheureuse ville, dont les habitants se battaient au cri de *vive le roi*, fut mise à sac (1468).

Le traité de Péronne fut pour Louis XI la dernière de ses fautes; pour le duc de Bourgogne, le commencement de rêves et d'entreprises impossibles. Louis mit son frère à l'autre bout de la France, en lui donnant la Guyenne au lieu de la Champagne; il contraignit le duc de Bretagne à renoncer encore une fois à toute alliance étrangère et s'arrangea de manière à ce que la promesse fût tenue. Le cardinal La Balue et l'évêque de Verdun l'avaient trahi; il montra le danger qu'on courait à ne pas lui être fidèle en enfermant ces princes de l'Église dans des cages de fer, où ils restèrent dix ans. Le roi d'Angleterre allié du duc de Bourgogne avait un mortel ennemi, le comte de Warwick ; Louis réconcilia celui-ci avec Marguerite d'Anjou, et lui donna les moyens de renverser Édouard IV. Sûr alors d'avoir encore une fois isolé le Téméraire, il convoqua à Tours une assemblée de notables (1470), lui fit déchirer le traité de Péronne, et se saisit de Saint-Quentin, de Roye, de Montdidier, d'Amiens. Il avait mis sur pied cent mille hommes et une artillerie formidable (1471).

Mort du duc de Guyenne (1472). — La colère de Charles fut portée au comble par la mort du duc de Guyenne, sur qui reposaient les espérances de la féodalité (1472). Des bruits d'empoisonnement circulaient : le Téméraire accusa hautement Louis XI, et entra dans le royaume, y mettant tout à feu et à sang. A Nesle, la population entière fut égorgée. Les habitants de Beauvais, avertis, résistèrent avec un héroïsme dont les femmes, surtout Jeanne Hachette, donnèrent l'exemple. Cet échec força Charles à rebrousser chemin ; d'ailleurs l'ambition l'appelait d'un autre côté ; il signa la trêve de Senlis.

Folles entreprises et mort de Charles le Téméraire (1477). — A partir de 1472, toute l'attention du duc de Bourgogne se porta vers l'Allemagne, la Lorraine et la Suisse. Il avait formé le projet de réunir les deux Bourgognes et ses possessions des Pays-Bas par l'acquisition des pays intermédiaires, Lorraine et Alsace. Cela fait, il eût encore conquis la Provence, puis la Suisse et restauré l'ancienne Lotharingie, sous le nom de Gaule-Belgique. Déjà il tenait la haute Alsace et le comté de Ferrette que Sigismond, prince autrichien, lui avait engagés pour de l'argent ; il avait acquis la Gueldre et le Zutphen ; et il sollicitait de l'empereur Frédéric III le titre de roi. Louis XI, par son activité et son argent, fit échouer ces desseins menaçants. L'archiduc apporte tout à coup au duc les quatre-vingt mille florins convenus pour le rachat de l'Alsace. Hagenbach, agent de Charles en ce pays, est saisi et décapité par les habitants de Brisach (1474) ; enfin les Suisses qu'il avait molestés entrent en Franche-Comté et gagnent sur les Bourguignons la bataille de Héricourt. Pendant que ces événements se passaient dans le sud, Charles lui-même, au nord, échouait devant Neuss, en voulant soutenir l'archevêque de Cologne contre le pape et l'empereur, et Édouard IV, débarqué en France, sur son invitation, ne trouvant pas les secours promis, concluait le traité de Pecquigny avec Louis XI, qui le comblait d'argent et le renvoyait dans son île (1475).

Pour être libre de terminer ses affaires de Lorraine et de Suisse, le duc signa avec le roi de France une nouvelle trêve, celle de Soleure. Quelques jours après, il entrait à Nancy, et la Lorraine était conquise ; restaient les Suisses. Il les attaqua follement, et fut complétement battu à Granson (mars 1476), trois mois après à Morat ; puis la Lorraine s'étant soulevée en faveur de René de Vaudemont, il alla se faire tuer sous les murs de Nancy (1477).

Réunion des grands fiefs à la couronne. — Tandis que la plus grande maison féodale de France s'écroulait dans les plaines de Lorraine, Louis XI ruinait les autres. Tous ces seigneurs étaient coupables, ou de complots contre le roi, ou de crimes monstrueux. Jean V d'Armagnac épousait sa sœur et frappait de sa dague quiconque lui résistait : une armée alla l'assiéger dans Lectoure et quand il eut été pris, on le poignarda ; sa femme était grosse, on l'empoisonna (1473). Le duc de Nemours, chef d'une branche cadette de cette maison, eut la tête tranchée aux halles. Le duc d'Alençon fut jeté en prison (1474), le connétable de Saint-Pol, décapité. Avec les têtes, Louis prenait les biens (1475).

Quant à l'immense héritage de Charles le Téméraire, il n'en put acquérir qu'une partie. Sa politique déloyale força l'héritière de Bourgogne, Marie, à épouser l'archiduc Maximilien ; funeste mariage d'où est sortie la monstrueuse puissance de Charles V, et qui devint, pour les maisons de France et d'Autriche, la cause de luttes sanglantes. Cependant, malgré la perte de la bataille de Guinegate (1479), Louis réussit à incorporer définitivement au domaine royal la Bourgogne et la Picardie; il contraignit même l'archiduc à céder sous condition l'Artois et la Franche-Comté (traité d'Arras, 1482). L'année précédente, il avait recueilli tout l'héritage de la maison d'Anjou. Ainsi, quand il mourut (1483), la féodalité avait perdu la Provence, le Maine, l'Anjou, le Roussillon et la Cerdagne, la Bourgogne avec le Mâconnais, le Charolais et l'Auxerrois, la Franche-Comté, l'Artois, la moitié de la Picardie, Boulogne, l'Armagnac, Étampes, Saint-Pol et Nemours.

Administration de Louis XI. — Il avait accordé l'inamovibilité à la magistrature, établi les *postes*, qui, pendant un siècle, ne servirent que pour les affaires du roi et celles du pape ; érigé les parlements de Grenoble, de Bordeaux et de Dijon ; étendu les appels par-devant la justice du roi ; assuré la paix publique, la sûreté des routes ; multiplié les foires et les marchés ; attiré de Venise, de Gênes et de Florence, des ouvriers qui fondèrent à Tours les premières manufactures de soieries, et encouragé l'industrie des mines ; il eut enfin l'idée de donner à la France l'unité des poids et mesures. Il aimait les savants, fonda les universités de Caen et de Besançon, et accueillit avec faveur l'imprimerie. « Tout mis en balance, c'était un roi. » Villon et Commines, son conseiller, sont le poëte et le prosateur de son règne.

Charles VIII (1483). — Son successeur, Charles VIII, était un enfant de treize ans, faible de corps et d'esprit. Il eut pour tutrice sa sœur aînée, Anne de Beaujeu, digne fille de son père pour l'habileté et la décision. Une réaction violente contre la politique du feu roi fit plusieurs victimes. Mais quelques pendus ou décapités ne suffisaient pas aux grands pour renverser l'œuvre de Louis XI ; ils demandèrent la convocation des états généraux et l'obtinrent. Leur attente fut trompée ; les députés, surtout ceux du *tiers*, ne voulurent point servir d'instrument aux rancunes féodales, et tout en réformant quelques abus, laissèrent à Anne de Beaujeu la plénitude du pouvoir avec la garde de la personne du roi, qu'ils déclarèrent majeur. Cette princesse continua la politique de son père sans la cruauté. Le duc d'Orléans essaya de la renverser, et s'allia dans ce but au duc de Bretagne et à l'archiduc Maximilien : il fut battu et pris à Saint-Aubin du Cormier (1488) : c'est ce qu'on a appelé la *guerre folle*. La régente triompha encore dans la question de la succession de Bretagne. Elle fit épouser l'héritière de ce grand fief, presque aussi redoutable que la Bourgogne, à Charles VIII et en prépara ainsi la réunion à la France (1491). Par malheur, le roi s'affranchit de la tutelle de sa sœur et rêva des expéditions lointaines. Pour se donner le loisir de les accomplir, il signa trois traités déplorables : celui d'Étaples, par lequel il continuait à Henri VII la pension que Louis XI payait à Édouard IV (1492) ; celui de Barcelone, qui rendit au roi d'Aragon le Roussillon et la Cerdagne ; celui de Senlis enfin, plus désastreux encore, car Maximilien y gagna l'Artois et la Franche-Comté (1493). Par l'ineptie de son prince, la France reculait sur trois de ses frontières ; il faudra près de deux siècles et Richelieu, puis Louis XIV, pour reprendre ce que Charles VIII abandonna, afin de courir après une dangereuse chimère.

LII

PROGRÈS DE LA ROYAUTÉ EN ANGLETERRE ; GUERRE DES DEUX ROSES

Henri IV (1422) et Richard d'York, protecteur (1454). — L'Angleterre avait devancé l'Europe par ses institutions politiques : le parlement et le jury donnaient aux Anglais le vote de l'impôt et le jugement par les citoyens, double garantie de la liberté politique et civile ; et la noblesse unie aux communes ne permettait pas aux rois de s'abandonner à leurs caprices. Une guerre civile de trente ans détruisit tous ces gages de prospérité et ouvrit à la royauté la voie de l'absolutisme : c'est la guerre des Deux Roses, née de la rivalité des maisons d'York (rose blanche), et de Lancastre (rose rouge).

La maison de Lancastre, placée sur le trône par l'usurpation de Henri IV, avait donné à l'Angleterre le glorieux Henri V, mais ensuite le faible et imbécile Henri VI. Sous celui-ci, la France fut perdue et l'orgueil national des Anglais souffrit beaucoup de ces revers. Ils virent avec indignation la trêve de 1444, et le mariage du roi avec Marguerite d'Anjou, qui, à titre de princesse française, devint l'objet de leur aversion. Le duc d'York, Richard, crut le moment venu de faire valoir ses droits au trône, réellement supérieurs à ceux des Lancastre, qui ne descendaient que du troisième fils d'Édouard III, tandis que les York descendaient à la fois du second par les femmes et du quatrième par les hommes. Il fit accuser par les communes le ministre favori, le duc de Suffolk. La cour ayant procuré l'évasion de l'accusé, celui-ci fut rejoint en pleine mer par un vaisseau anglais, dont l'équipage le saisit, le jugea et le décapita (1450). Dans le même temps, un Irlandais, John Cade, souleva le comté de Kent, rassembla autour de lui jusqu'à soixante mille hommes, et fut pendant plusieurs jours maître de Londres ; les pillages commis par cette multitude armèrent tout le monde contre eux, et une amnistie offerte par le roi amena leur dispersion. Leur chef fut pris et exécuté (1459) : il passa pour avoir été un agent du duc d'York.

Le roi ayant eu un accès de son mal, Richard se fit nommer *Protecteur* (1454), et lorsque le monarque, revenu à la santé, voulut lui ôter ses pouvoirs, il prit les armes, aidé de la haute aristocratie, surtout de ce Warwick, surnommé le *faiseur de rois*, qui était assez riche pour nourrir journellement dans ses terres jusqu'à trente mille personnes. Vainqueur à Saint-Albans (1455), première bataille de cette guerre, et maître de la personne du roi, Richard se fit de nouveau donner par le parlement le titre de Protecteur et après une seconde bataille à Northampton (1460), celui d'héritier légitime du trône. Marguerite protesta au nom de son fils, et aidée des secours de l'Écosse, qu'elle acheta par la cession de la forte place de Berwick, elle vainquit et tua Richard à Wakefield : on exposa sur les murs d'York la tête du rebelle, que par dérision on avait orné d'une couronne de papier (1460); le plus jeune de ses fils, le comte de Rutland, à peine âgé de dix-huit ans, fut égorgé de sang-froid. Dès lors le massacre des prisonniers, la proscription des vaincus, la confiscation de leurs biens, devinrent la règle des deux partis.

Édouard IV (1460). — Richard d'York fut vengé par son fils aîné, qui se fit proclamer roi dans Londres sous le nom d'Édouard IV. Les Lancastriens, vainqueurs à la seconde bataille de Saint-Albans, éprouvèrent la même année, à Towton (au sud-ouest d'York), une sanglante défaite (1461). Marguerite se réfugia en Écosse, de là en France, où Louis XI lui prêta deux mille soldats, en lui faisant promettre de restituer Calais; mais la bataille d'Hexham renversa ses espérances (1463). Elle put regagner le continent, tandis que Henri VI, prisonnier pour la troisième fois, était enfermé à la Tour de Londres, où il resta sept ans.

Le nouveau roi mécontenta Warwick qui arma contre lui, le battit à Nottingham (1470) et le força à s'enfuir dans les Pays-Bas, près de son beau-frère, Charles de Bourgogne; et le parlement, toujours docile aux volontés du plus fort, rétablissait Henri VI.

Ce triomphe des Lancastriens fut court. Leurs violences suscitèrent de vifs mécontentements qui permirent à Édouard de reparaître avec une petite armée que le Téméraire l'avait aidé à former. Warwick succomba à Barnet (1471); Marguerite ne fut pas plus heureuse à Tewkesbury (1471). Cette dernière victoire eut des résultats décisifs. Le prince de Galles égorgé,

Henri VI mort, Marguerite emprisonnée, les partisans de la rose rouge tués ou proscrits, Édouard IV demeura paisible possesseur du trône. Le reste de son règne fut marqué par l'expédition de France, que termina le traité de Pecquigny (1475), et par le procès de son frère Clarence, qu'il fit mettre à mort (1478). Lui-même, victime de ses débauches, succomba en 1483.

Richard III (1483). — Son frère Richard d'York, duc de Glocester, profita de la jeunesse des enfants d'Édouard, pour les dépouiller, après quoi il les fit tuer dans la Tour de Londres. Cette usurpation jeta le trouble parmi les Yorkistes, Buckingham se souleva et appela le Gallois Henri Tudor, comte de Richmond, dernier rejeton, par les femmes, de la famille de Lancastre. Henri soudoya en Bretagne deux mille hommes, débarqua dans le pays de Galles et vainquit à Bosworth Richard III qui périt dans la mêlée (1485).

Henri VII (1485). — Henri VII réunit les deux roses, en épousant l'héritière d'York, fille d'Édouard IV et commença la dynastie des Tudors, qui régna cent dix-huit ans jusqu'à l'avénement des Stuarts. Il n'eut à étouffer que d'obscurs complots formés par des imposteurs, comme Lambert Simnel et Perkin Warbeck, et il régna en maître sur les ruines de l'aristocratie décimée : quatre-vingts personnages tenant par le sang à la famille royale avaient péri; près du cinquième des terres du royaume était tombé par confiscation dans le domaine de la couronne. La royauté anglaise se trouva donc, au sortir de la guerre des deux Roses, ayant plus de ressources à sa disposition et moins d'adversaires à craindre.

Henri VII convoqua rarement le parlement, et l'argent qu'il ne voulait pas lui demander de peur de se mettre dans sa dépendance, il se le procura par des emprunts forcés ou *bienveillances*, par des confiscations qu'il multipliait sous tous les prétextes. La *chambre étoilée* devint un tribunal tout à sa dévotion qui frappa ceux que le jury ne lui eût pas permis d'atteindre. Deux mesures consommèrent la ruine de l'aristocratie : l'abolition du droit de *maintenance* qui permettait aux nobles d'avoir autour d'eux toute une armée de serviteurs, avec lesquels ils troublaient le pays, et l'abolition du droit de *substitution*, qui empêchait l'aliénation et le morcellement des terres nobles. Du reste il favorisa le commerce et l'industrie, où la nation se jetait avec ardeur, par les traités qu'il conclut, par les voyages de découvertes qu'il fit entreprendre et par le développement qu'il donna à la marine. Il prépara la réunion de l'Écosse et de l'Angleterre en mariant sa fille Marguerite au roi Jacques IV, union d'où datent les droits des Stuarts à la couronne d'Angleterre qu'ils prirent en 1603. Un autre mariage, celui de son fils aîné, et après la mort de ce jeune prince, de son second fils avec Catherine d'Aragon, fille de Ferdinand le Catholique, eut des suites plus graves, le schisme d'Angleterre. Henri VII mourut en 1506. Perfide, rapace et cruel, sans grandeur dans l'esprit ou les actes pour racheter ses vices, il fonda comme Louis XI en France et Ferdinand le Catholique en Espagne, ce gouvernement absolu qui, en Angleterre n'eut un moment d'éclat que sous Élisabeth.

LIII

PROGRÈS DE LA ROYAUTÉ EN ESPAGNE

Abandon par les Espagnols de la croisade contre les Maures. — Le peuple espagnol était demeuré jusqu'alors presque entièrement étranger aux affaires européennes. Il lui avait fallu conquérir son sol pied à pied sur les Maures : et cette œuvre, première condition de son existence nationale, n'était pas même achevée. L'extrémité méridionale de la Péninsule appartenant encore aux Mulsumans. formait le royaume de

Grenade, le dernier des neuf États entre lesquels avait été démembré le Khalifat de Cordoue. L'Espagne avait donc vécu d'une vie à part pendant tout le moyen âge. Elle s'était absorbée dans une tâche unique et n'avait eu, pour ainsi dire, qu'une seule pensée : chasser les Maures, qui lui étaient odieux comme musulmans et comme étrangers. Cet isolement et cette croisade perpétuelle lui donnèrent une remarquable originalité. Nulle part la religion n'avait autant d'ascendant sur les âmes : elle était la moitié de la patrie, et le seul lien qui unît les divers États de la grande péninsule. On a vu cependant qu'oubliant les Maures, les quatre États chrétiens avaient tourné de divers côtés leur attention et leurs forces : le Portugal vers l'Océan, l'Aragon vers la Sicile et l'Italie, la Navarre vers la France qui l'entraînait dans son action ; quant à la Castille elle était déchirée par des discordes intestines. Partout la royauté était fort abaissée : un esprit d'indépendance régnait dans les villes qui avaient leurs *fueros*, chez les nobles qui défendaient leurs priviléges, c'est-à-dire le droit de porter autour d'eux la guerre et le brigandage. Cependant le besoin de s'unir pour se protéger contre ces violences s'était fait sentir, dès 1260, aux villes d'Aragon et un peu plus tard à celles de Castille. La confrérie militaire des bourgeois, dite la sainte-hermandad, était assez prospère vers la fin du XV° siècle, lors du siége de Grenade, pour fournir au roi six mille bêtes de somme et huit mille hommes armés chargés de les conduire.

Mariage de Ferdinand d'Aragon avec Isabelle de Castille (1469). — En Aragon, Jean II (1458) empoisonna son fils Charles, prince de Viane, qui lui disputait le royaume de Navarre (1461), et les Catalans soulevés se donnèrent successivement au roi de Castille, à Pierre de Portugal, à la maison d'Anjou ; ils ne se soumirent qu'après onze ans de guerre (1472).

En Castille, Henri IV (1454) se rendait à la fois odieux et méprisable par sa prédilection pour Bertrand de la Cueva, favori cupide et lâche qui le déshonorait. Les nobles déposèrent le roi en effigie dans la plaine d'Avila (1465) et à sa place proclamèrent son frère, don Alphonse, qui mourut en 1467 ; ils forcèrent alors Henri IV à reconnaître pour princesse des Asturies sa sœur Isabelle au détriment de sa propre fille (1468). Isabelle, parmi beaucoup de prétendants à sa main, choisit Ferdinand, fils aîné du roi d'Aragon, et l'épousa en secret à Valladolid (1469) : il fut établi dans le contrat que le gouvernement de la Castille lui resterait en propre. Elle en prit possession à la mort de son père (1474), et elle l'affermit dans ses mains en battant le roi de Portugal, qui prétendait le lui disputer (1476). Trois ans après, Ferdinand, son époux, devenait roi d'Aragon.

Conquête du royaume de Grenade (1492). — De ce jour l'Espagne exista. Isabelle, douée d'un ferme génie, Ferdinand, homme fort habile, quoique perfide et déloyal, travaillèrent avec vigueur à fonder l'unité nationale au profit de la royauté. D'abord ils rendirent la péninsule toute chrétienne, en détruisant le dernier débris de la domination musulmane. Grenade avait plus de 200 000 habitants ; on promit aux Maures après la prise de leur ville (1492), de les laisser dans le pays avec leurs lois, leurs biens et leur religion.

L'inquisition ; puissance de la royauté. — La population de la péninsule présenta alors un singulier mélange de musulmans, de juifs et de chrétiens ; Isabelle et Ferdinand résolurent d'amener par la persuasion et surtout par la terreur, les dissidents à une même croyance religieuse. Ils avaient déjà, dans cette pensée, organisé le tribunal tristement fameux du *Saint-Office* : l'inquisition avait été établie en Castille vers 1480, et quatre ans plus tard en Aragon. De janvier à novembre 1481, à Séville seulement, les inquisiteurs avaient envoyé au supplice deux cent quatre-vingt-dix-huit nouveaux chrétiens, accusés de judaïser en secret, et deux mille dans les provinces de Cadix et de Séville. En 1492, ils obtinrent l'expulsion des juifs dont huit cent mille sortirent d'Espagne, et en 1499 ils firent enlever aux

Maures la liberté religieuse que leur avait laissée le traité de Grenade. Le seul Torquémada, premier grand-inquisiteur, condamna au feu huit mille huit cents personnes.

Le roi était maître du terrible tribunal, car il en nommait le chef et les biens des condamnés étaient confisqués à son profit. Aussi l'inquisition ne fut-elle pas seulement pour la royauté espagnole un moyen de dominer les consciences, mais un instrument de gouvernement : tout rebelle ou suspect pouvait être déféré au Saint-Office. C'était une grande force ; Ferdinand en acquit une autre, avec des revenus considérables, en se faisant grand-maître des ordres de Calatrava, d'Alcantara et de Saint-Jacques. Il réorganisa la sainte-hermandad, s'en déclara le protecteur, c'est-à-dire le maître, et s'en servit pour faire la police du pays aux dépens des barons dont il rasa les châteaux. En une seule année, quarante-six forteresses furent démolies en Galice. Des commissaires envoyés dans toutes les provinces écoutaient les plaintes des peuples et faisaient trembler les grands.

A la mort d'Isabelle (1504), Ferdinand fut régent de Castille. Comme roi d'Aragon, il acquit les Deux-Siciles (1504), puis la Navarre (1515) qui lui livra une des deux portes des Pyrénées, dont le Roussillon cédé par Charles VIII (1493) lui avait ouvert l'autre ; enfin, dès 1492, Christophe Colomb avait donné l'Amérique à la couronne de Castille. Cet immense héritage revint en 1516 à son petit-fils, Charles, déjà maître de l'Autriche, des Pays-Bas, de la Franche-Comté, et dont on verra plus loin l'histoire.

En l'absence du nouveau roi, le cardinal Ximénès exerça le pouvoir avec une énergie qui fit plier les grands. Les *communeros* inquiets trop tard des menaçants progrès de la royauté, formèrent une sainte Ligue (*Junta santa*) qui commit la faute de réclamer l'abolition des immunités pécuniaires de la noblesse. L'aristocratie séparant sa cause de celle des villes, se rallia autour du souverain ; l'armée de la ligue fut battue à Villalar, et son chef, don Juan de Padilla, mourut sur l'échafaud (1521). La royauté espagnole triomphait donc des bourgeois, comme elle avait triomphé des nobles, et cette nation allait perdre, à servir l'ambition de ses maîtres, sa richesse, sa force et son honneur.

Progrès de la royauté en Portugal. — Au Portugal, même révolution : Jean II (481) annula les aliénations du domaine royal, retira aux seigneurs le droit de vie et de mort sur leurs vassaux, fit monter sur l'échafaud le duc de Bragance (1483), et poignarda de sa main le duc de Viseu. Il transmit un pouvoir absolu à son fils Emmanuel le Fortuné (1495), qui passa vingt années sans convoquer les cortès. Sous ce dernier prince les Portugais découvrirent la route du cap de Bonne-Espérance et des Indes.

Ainsi dans toute l'Europe occidentale, la royauté devient prépondérante. C'est l'annonce que de grandes guerres s'approchent, et les pays de l'Europe centrale restant divisés, ce seront eux qui deviendront le champ de bataille de ces royales ambitions.

LIV

L'ALLEMAGNE ET L'ITALIE DE 1453 A 1494

Frédéric III (1440) et Maximilien (1493); son mariage avec Marie de Bourgogne. — En Allemagne, la maison d'Autriche venait de ressaisir la couronne impériale (1438); mais on sait qu'il n'y restait plus attaché même une ombre d'autorité, et l'empereur Frédéric III n'était pas homme à modifier cet état de choses ; il se contenta de durer. Son règne de cinquante-trois ans n'est marqué que par une guerre malheureuse contre le roi de Hongrie, Mathias Corvin, et par le mariage de son fils Maximilien avec Marie de Bourgogne, fille du Téméraire et héritière des Pays-Bas. Maximilien (1493) fit pourtant quelques efforts pour rétablir la paix publique en Allemagne. La diète, qui retenait le pouvoir législatif, interdit toute guerre entre les États sous peine de déchéance, et afin de faciliter la répression, l'empire fut partagé en dix cercles dans chacun desquels un directeur, investi du commandement militaire, fut chargé de veiller au maintien de l'ordre. La chambre impériale jugeait les infractions. Cette organisation d'une police ne réussit point, parce que les princes allemands n'entendaient pas être gênés dans leurs désirs. Ils avaient saisi sur leurs terres, comme les rois dans leurs royaumes, le pouvoir absolu, et la révolution monarchique signalée en France, en Angleterre, en Espagne, s'était opérée aussi dans l'empire, mais non pas au profit de l'empereur. En 1502, les sept électeurs conclurent l'*union électorale* et arrêtèrent de se réunir tous les ans pour aviser au moyen de maintenir leur indépendance contre l'autorité impériale. Des villes avaient conclu dans un autre but, une ligue qui fut longtemps prospère, la *Hanse*, ou association marchande de toutes les cités des bords du Rhin et du littoral allemand qui avait des comptoirs aux Pays-Bas, en France, en Angleterre et jusqu'au cœur de la Russie.

Comme archiduc d'Autriche et souverain des Pays-Bas, Maximilien acquit par le traité de Senlis (1493) l'Artois et la Franche-Comté; puis se mêla avec beaucoup d'inconstance aux guerres d'Italie. Le fait le plus important de son règne fut le mariage de son fils Philippe le Beau avec Jeanne la Folle, fille d'Isabelle de Castille et de Ferdinand d'Aragon, qui apporta en dot à la maison d'Autriche l'Espagne, Naples et le Nouveau Monde. Maximilien mourut (1519) au milieu des premières agitations de la réforme.

L'Italie vers 1453; républiques remplacées par des principautés. — Au milieu du XII° siècle, l'Italie était le centre du commerce de la Méditerranée; elle avait une agriculture savante, une industrie développée, beaucoup d'or, de luxe et de corruption; le goût des arts et des lettres, mais point celui des armes. Plus divisée que l'Allemagne, elle n'avait pas même un chef nominal, comme l'empereur, ni un corps qui parlât quelquefois en son nom comme la diète. Presque partout les républiques s'étaient changées en principautés et ces princes régnaient en tyrans ou en despotes magnifiques. La prise de Constantinople par les Turcs les avait un moment effrayés et les différents États de l'Italie s'étaient confédérés à Lodi (1454); on parlait de croisade : Pie II voulait qu'on sonnât chaque matin « la cloche des Turcs » dans toute la chrétienté. Mais le premier moment d'effroi passé, chacun retourna à ses intérêts particuliers.

A Milan, le condottière François Sforza, qui avait succédé aux Visconti en 1450, laissa la couronne ducale à son fils que les grands assassinèrent (1476). Son petit-fils, Jean Galéas, enfant de huit ans, tomba sous la tutelle de son oncle, Ludovic le More, celui qui, pour usurper le pouvoir, allait appeler les Français et commencer les fatales guerres d'Italie. Les Génois, sans cesse troublés par les factions, s'étaient donnés à Louis XI qui avait eu la sagesse de repousser ce don funeste et les avait cédés au duc de Milan. Les Lombards, comme on appelait les habitants de ce riche duché, demeuraient les banquiers de l'Europe et l'on trouvait leurs agents dans toutes les places du monde commercial.

Venise restait la première puissance du nord de l'Italie. Elle s'était rapprochée de la royauté autant qu'une république le pouvait faire, car son étroite oligarchie était gouvernée depuis 1454 par trois inquisiteurs d'État, qui se surveillaient les uns les autres et faisaient eux-mêmes leurs statuts. Elle vivait tranquille, au sein des plaisirs, sous ce gouvernement fort, mais impitoyable, qui avait pour principaux moyens d'action, l'espionnage et la délation. Des provéditeurs surveillaient les généraux qu'elle avait soin de choisir parmi les condottières étrangers, afin de n'avoir rien à redouter d'eux à l'intérieur et elle venait de conquérir sur le continent quatre provinces, tandis que les Turcs ruinaient sa domination en Orient. Elle perdit Négrepont, Scutari, et vit leurs rapides cavaliers pénétrer jusqu'aux lagunes. Pour sauver leur commerce, les Vénitiens consentirent à payer tribut aux nouveaux maîtres de Constantinople, et quand on leur reprochait cette honte ils répondaient : « Nous sommes Vénitiens d'abord, chrétiens ensuite. » En Italie, les richesses de la « sérénissime république » excitaient la convoitise des princes ses voisins, et ses récentes acquisitions les inquiétaient. En 1482, ils se liguèrent contre elle et elle triompha des excommunications du pape comme des armes de ses alliés.

A Florence dominaient les Médicis, qui avaient supplanté les Albizzi en s'appuyant sur les arts mineurs, ou classe moyenne. C'étaient de riches banquiers, qui comptaient dans la ville beaucoup de débiteurs et les tenaient attachés à leur fortune. Côme de Médicis, chef de cette maison, fut maître à Florence jusqu'en 1464, sans porter aucun titre. Il fit prospérer le commerce, l'industrie, les arts, les lettres, et dépensa trente-deux millions en constructions de palais, d'hôpitaux, de bibliothèques, tout en continuant de vivre comme un simple citoyen. On le surnomma le *Père de la patrie*. Pourtant la liberté n'existait plus. Les nobles la revendiquèrent par la conjuration des Pazzi (1478), qui assassinèrent au pied de l'autel Julien de Médicis. Laurent, son frère, échappé aux poignards, punit les meurtriers ; un des complices, l'archevêque Salviati, fut pendu avec ses habits pontificaux à une fenêtre de son palais. Laurent, le plus illustre des Médicis, accueillit les Grecs, chassés de Constantinople, fit traduire Platon, publier une édition d'Homère et encouragea les artistes, comme les savants ; Ghiberti fondit pour lui les portes du baptistère de Saint-Jean que Michel-Ange croyait « dignes d'être les portes du Paradis. » En 1490, ruiné par ses magnificences, il allait suspendre ses paiements ; la république fit banqueroute pour lui. Sous Pierre II, son indigne successeur, un nouveau parti populaire, celui des *fra-*

teschi réclama les libertés publiques. Son chef le dominicain Jérôme Savonarole voulait rendre au clergé la pureté des mœurs, au peuple ses anciennes institutions, aux lettres et aux arts le sentiment religieux qu'ils avaient déjà perdu ; et voyant les riches, la jeune noblesse surtout s'opposer à toute réforme, il comprit et annonça que tous ces vices dorés allaient être rudement châtiés par une main étrangère. « Oh Italie ! oh Rome ! faites pénitence, car voici les barbares qui vont venir affamés comme des lions ! »

Ce n'était pas la papauté qui pouvait conjurer ces malheurs, car le Saint-Siége était tenu par des papes qui déshonoraient la tiare. Ainsi Sixte IV s'occupait d'acquérir à son neveu Jérôme Riaro une principauté dans la Romagne, et pour y mieux réussir trempait dans la conjuration des Pazzi. Alexandre VI, Borgia (1492), est resté la douleur de l'Église. Son élection avait été souillée par la simonie, son pontificat le fut par la débauche, la perfidie et la cruauté. Il délivra le Saint-Siége d'un grand nombre de petits seigneurs turbulents qui infestaient les environs de Rome, mais en usant, pour les renverser, de la ruse, de la trahison et de l'assassinat. Son fils, César Borgia, est resté fameux comme le type de l'ambitieux sans scrupules, qui marche à son but par tous les chemins. César, pour se créer un État dans la Romagne, fit aux seigneurs de ce pays la même guerre que son père faisait à ceux de l'État romain. Nul crime ne lui coûtait, que ce fût par le poignard ou par le poison, et il contribua plus que personne à mériter à l'Italie le surnom qu'on lui donnait alors, la Vénéneuse.

A Naples, Ferdinand, successeur depuis 1458 d'Alphonse le Magnanime, triompha à Troia de Jean de Calabre, son compétiteur angevin ; mais il sembla prendre à tâche d'amener une révolution nouvelle en ravivant les haines au lieu de les effacer. La dureté de son gouvernement ayant soulevé contre lui ses barons, il les trompa par des promesses, les invita à un festin de réconciliation, et à sa table même les fit saisir, puis égorger. Les petits n'étaient pas mieux traités : Ferdinand s'attribuait le monopole de tout le commerce du royaume et écrasait le peuple d'impôts. Il n'en laissait pas moins les Turcs s'emparer d'Otrante, les Vénitiens de Gallipoli et de Policastro. Le mécontentement profond qu'il excitait explique comment Charles VIII fera la conquête du royaume de Naples, sans rompre une lance ; et il en était de même de toutes les dominations italiennes d'un bout à l'autre de la péninsule

LV

LES TURCS DE 1453 A 1520

Forte organisation militaire des Turcs ; Mahomet II. — L'ennemi le plus à craindre pour l'Italie semblait alors le Turc. Par la conquête de Constantinople ce peuple s'était établi à demeure dans la grande péninsule qui sépare l'Adriatique et la mer Noire ; Mahomet II était obéi depuis Belgrade, sur le Danube, jusqu'au Taurus, dans l'Asie Mineure. Mais ce vaste empire avait deux ennemis : à l'Occident, le corps des nations chrétiennes, à l'Orient, les Persans, schismatiques ; et ces deux ennemis se relayant pour combattre les Turcs, les contiendront : les uns sur le Tigre, les autres dans la vallée inférieure du Danube.

Le gouvernement turc était, comme celui de tous les peuples asiatiques, le despotisme, tempéré par l'insurrection et l'assassinat. Pourtant au-dessus du sultan ou padischah était le Coran, dont les interprètes, le mufti et les ulémas, se faisaient quelquefois écouter du prince ou du peuple. L'armée turque valait mieux alors que celles des chrétiens. Sa principale force consistait en quarante mille janissaires, troupe régulière et permanente instituée par Amurat Ier, tandis que les chrétiens n'avait toujours que des milices féodales. Le sultan pouvait encore lever rapidement cent mille hommes dans les *timariots*, sortes de terres données à vie sous la condition du service militaire. La discipline de ces soldats était sévère; ils savaient bien fortifier les places, et possédaient une artillerie supérieure à toutes les autres. Qu'à ces puissants moyens d'action mis en jeu durant un siècle par quatre ou cinq princes énergiques et habiles, on ajoute le fanatisme religieux et l'ardeur guerrière d'un peuple à qui la victoire avait livré en quelques années tant de terres et de richesses, et l'on comprendra la triomphante fortune des Ottomans.

Quand Mahomet II eut fait de Constantinople sa capitale, il voulut entamer la Hongrie et l'Autriche; repoussé en 1456 des murs de Belgrade, par Jean Huniade, il se rejeta sur les débris de l'empire grec et s'empara d'Athènes, de Lesbos, de la Morée, de Trébizonde (1461). La chrétienté aurait dû se réunir à ce moment pour un commun effort; le pape Pie II le lui demandait. On a vu que les princes avaient alors bien d'autres soucis : les plus menacés, Mathias Corvin, roi de Hongrie et l'empereur d'Allemagne, Frédéric III, guerroyaient l'un contre l'autre; Corvin arrêta du moins les Turcs sur le Danube. Un seul homme, l'Albanais Scanderbeg, prince d'Épire, lutta sans relâche : en vingt-trois ans, il gagna vingt-deux batailles sur les Ottomans. Sa mort, en 1468, et la chute de Croia, sa capitale, leur livra l'Albanie. Deux ans après, ils enlevèrent Négrepont aux Vénitiens et triomphèrent d'une diversion opérée, à l'instigation du pape Paul II, par le Tartare Ouzoun-Hasan qui venait de fonder en Perse la dynastie du *Mouton-Blanc*.

Heureusement les Moldaves, sur le bas Danube, les Albanais et quelques Grecs des montagnes forçaient Mahomet II à disséminer ses forces. Quoiqu'il eût juré de faire manger l'avoine à son cheval sur l'autel de Saint-Pierre à Rome, il ne put rien entreprendre de sérieux contre l'Italie. La surprise d'Otrante par sa flotte (1480) ne fut qu'un coup de main hardi. Pourtant quand ses cavaliers vinrent brûler des villages en vue de Venise, la République eut peur : elle demanda la paix, céda Scutari sur la côte de l'Adriatique et promit un tribut annuel. Mahomet II agitait encore de grands desseins, quand la mort le surprit en 1481 à l'âge de 53 ans.

Bajazet II (1481) et Sélim le Féroce (1512). — Son fils Bajazet II, plus lettré que soldat, fut d'ailleurs condamné à la prudence par la révolte de son frère Zizim, qui vaincu se réfugia chez les chevaliers de Rhodes. Ils le livrèrent au pape Alexandre VI, et, aux mains des chrétiens, Zizim resta une menace pour son frère. Aussi, malgré ses goûts pacifiques, Bajazet afin d'occuper et de gagner les janissaires, les envoya conquérir la Bosnie, la Croatie et la Moldavie, sur la rive gauche du Danube où déjà les Turcs possédaient la Valachie (1489). Mais les soldats, mécontents de ce prince indolent, le déposèrent; son quatrième fils, Sélim, l'empoisonna, fit périr ses trois frères avec tous leurs enfants, (1512) et le mouvement de conquête reprit son cours. D'abord il attaqua la Perse et commença cette guerre religieuse par le massacre de quarante mille sectaires schiites trouvés dans ses États. Une sanglante bataille près de Tauris fut indécise, mais l'expédition reprise quelques années plus tard lui valut les districts de Diarbékir, d'Orfa et de Mossoul, qui étendirent l'empire turc jusqu'au Tigre (1518). En deçà de cette limite, la Syrie appartenait aux Mameluks d'Égypte. Sélim les attaqua, les vainquit à Alep, à Gaza, enfin sur les bords du Nil, où les coptes et les fellahs foulés par les Mamelucks le reçurent en libérateur. Le khalife du Caire, Motawakkel, lui remit l'étendard du prophète et abdiqua dans ses mains l'autorité religieuse. Les tribus arabes se soumirent à leur tour, et le schérif de la Mecque vint offrir au vainqueur les clefs de la Caaba. Le sultan devenait le commandeur des fidèles, c'est-à-dire chef spirituel en même temps que chef temporel.

Un grave résultat de cette conquête fut de fermer le

chemin de l'Orient par l'Égypte aux Européens et de porter le coup mortel à Venise. Maître du bassin oriental de la Méditerranée, Sélim occupa encore dans le bassin occidental la forte position d'Alger, que le pirate Horouk surnommé Barberousse avait enlevée aux Espagnols et mis sous sa protection en obtenant le titre de bey (1518). Depuis cette époque, jusqu'en 1830, Alger resta un repaire de pirates dangereux pour le commerce européen. D'abominables cruautés avaient marqué ces conquêtes et ont valu au vainqueur le nom de Sélim le Féroce. Il mourut en 1520, et eut pour successeur Soliman le Magnifique, digne émule de ses illustres contemporains, François I*er* et Charles-Quint.

LVI

GUERRES D'ITALIE; CHARLES VIII ET LOUIS XII

Conséquences de la révolution politique : Premières guerres européennes. — Un fait général s'était produit dans la seconde partie du quinzième siècle : la société reprenait dans tous les États une forme de gouvernement qui s'était perdue depuis l'empire romain, le pouvoir absolu des rois. C'est le côté politique de la grande Révolution qui s'opère et qui changera les arts, les sciences, les littératures et, même pour une moitié de l'Europe, les croyances, en même temps qu'elle change les institutions. L'inévitable conséquence de cette première transformation qui met les peuples, avec leurs richesses et leurs forces, à la disposition des rois, sera de donner à ceux-ci la tentation d'agrandir leurs domaines. Les guerres européennes vont donc succéder aux guerres féodales, comme les rois ont succédé aux seigneurs. La France, prête la première, fut la première aussi à vouloir sortir de ses frontières.

Expédition de Charles VIII en Italie (1494). — « Les Génois se donnent à moi, avait dit le prudent Louis XI, moi je les donne au diable, » et il s'était bien gardé de faire valoir les droits que la maison d'Anjou lui avait légués sur le royaume de Naples. Son fils, Charles VIII, les reprit et pour n'être pas gêné dans l'exécution de projets qui devaient sûrement, pensait-il, le conduire de Naples à Constantinople et de Constantinople à Jérusalem, il abandonna à Ferdinand le Catholique la Cerdagne et le Roussillon ; à Maximilien, la Franche-Comté, le Charolais et l'Artois. Il franchit les Alpes au mont Genèvre, fut bien accueilli à Turin et dans le duché de Milan où Ludovic le More avait alors besoin de son appui contre les Napolitains, se fit livrer par Pierre de Médicis Sarzane et Pietra Santa les deux forteresses de l'Apennin, et arriva sans obstacle à Florence, où il entra en conquérant. Mais quand il exigea une contribution de guerre, les habitants menacèrent d'une émeute et il s'éloigna, en occupant toutefois Pise et Sienne.

A Rome, les cardinaux et les seigneurs, maltraités par Alexandre VI, ouvrirent les portes aux Français. Le pape s'était réfugié dans le château Saint-Ange ; Charles fit braquer ses canons sur la vieille forteresse et exigea de lui son fils César Borgia, comme otage, puis Zizim, frère du sultan Bajazet, qui devait servir aux projets ultérieurs sur l'Orient. Quelques jours après, le premier s'échappa; le second, livré peut-être empoisonné, mourut. A San Germano, le roi de Naples, Ferdinand II, voulait combattre; il fut abandonné de ses soldats et Charles entra dans la capitale sans rompre une lance (1495). Il s'y fit couronner roi de Naples, empereur d'Orient et roi de Jérusalem. Mais il mécontenta les barons du parti aragonais en les dépouillant de leurs fiefs et de leurs offices; ceux du parti angevin, en donnant ces dépouilles aux Français. Pendant qu'il s'oubliait dans les fêtes, derrière lui se formait une ligue dont Venise était l'âme, et qui comprenait Ludovic le More, Alexandre VI, Maximilien, Ferdinand le Catholique, et Henri VII. Quarante mille hommes l'attendaient au pied de l'Apennin. Averti par Commines, il remonta en toute hâte vers le nord, laissant dans le sud onze mille hommes. La bataille de Fornoue (1495) lui rouvrit le chemin des Alpes, mais l'Italie fut perdue, et il ne resta rien de cette brillante expédition.

L'Italie, délivrée de l'étranger, retourna à ses querelles intestines, Ludovic appela Maximilien qui échoua ridiculement devant Livourne. La guerre civile continua dans la Romagne, entre le pape et les barons; dans la Toscane, entre Pise et Florence; à Florence même, entre les partisans et les ennemis de Savonarole. Ce dernier périt sur le bûcher (1498); mais sa mort ne rétablit point la concorde.

Louis XII (1498). Conquête de Milan et de Naples. — Louis XII, petit-fils d'un frère de Charles VI, succéda à son cousin (1498) dont il épousa la veuve pour l'empêcher de porter la Bretagne dans une autre maison. Héritier des droits de Charles VIII sur Naples, il tenait encore de sa grand'mère, Valentine Visconti, des prétentions sur le Milanais usurpé par les Sforza. Il promit à Venise Crémone, et la Ghiara d'Adda; à César Borgia, le duché français de Valentinois; à Florence, la soumission de Pise révoltée, et envoya Trivulce, Italien passé à son service, conquérir le Milanais. Ludovic, repoussé de tout le monde, s'enfuit dans le Tyrol (1499). La mauvaise administration de Trivulce, ancien guelfe, qui persécuta ses adversaires, rouvrit le Milanais à Ludovic; mais il fut battu près de Novare (1500), livré par ses mercenaires Suisses et enfermé en France au château de Loches.

Maître du Milanais, Louis XII s'allia avec les Florentins qu'il soutint contre Pise révoltée, avec Alexandre VI, dont il aida le fils César Borgia à se faire une principauté dans la Romagne. Enfin, pour prendre le royaume de Naples sans coup férir, il le partagea d'avance avec Ferdinand le Catholique (1500). Il se réservait le titre de roi, avec la capitale, les Abruzzes et la Terre de Labour. Ferdinand ne demandait que la Pouille et la Calabre. Le malheureux roi de Naples,

Frédéric, trahi par l'Espagnol Gonzalve de Cordoue, se remit entre les mains du roi de France, qui lui offrit une retraite sur les bords de la Loire (1501). Mais la conquête faite, des différends s'élevèrent entre les Espagnols et les Français. Des négociations perfides donnèrent à Gonzalve de Cordoue le temps d'amener des troupes. D'Aubigny fut vaincu à Seminara, le duc de Nemours, vice-roi de Naples, à Cerignola, La Trémouille sur le Garigliano, et les Français évacuèrent encore une fois le royaume (1504).

Pour conserver du moins le Milanais, Louis XII signa le désastreux traité de Blois (1504). En retour de l'investiture du Milanais que lui donnait l'empereur, il renonça à ses droits sur Naples, qu'il transmettait au souverain des Pays-Bas, à l'héritier de l'Autriche et de l'Espagne, au prince qui sera bientôt Charles-Quint, lequel épouserait la fille du roi, Madame Claude, avec la Bourgogne et la Bretagne en dot. L'opinion publique se soulevant contre ce dangereux mariage, Louis convoqua les états généraux qui déclarèrent les deux provinces inaliénables, et supplièrent le roi d'accorder sa fille à son héritier présomptif, François, duc d'Angoulême.

Ligue de Cambrai (1508) et Sainte Ligue (1511). — Jules II avait succédé à Alexandre VI; ce pape belliqueux se proposait de chasser d'Italie ceux qu'il appelait les barbares, d'abaisser Venise et de faire du Saint-Siège la grande puissance de la péninsule. Il sut réunir d'abord tout le monde contre Venise : Louis XII qui voulait reprendre à la République les places anciennement perdues par le duché de Milan; Ferdinand le Catholique qui lui réclamait quelques villes maritimes du royaume de Naples; enfin l'empereur Maximilien, désireux de s'étendre dans le Frioul. Toutes ces cupidités se coalisèrent en 1508 à Cambrai.

Louis XII remporta sur les Vénitiens, à Agnadel, une victoire qui permit à ses alliés de se garnir les mains. Quand ils furent satisfaits, le pape, avec une prestesse fort peu apostolique, retourna contre Louis le traité de Cambrai ; il forma une Sainte Ligue pour expulser les Français de l'Italie et donnant l'exemple en même temps que le conseil, il assiégeait en personne les villes et y entrait par la brèche. Louis XII convoqua à Pise un concile pour le déposer : Jules II en convoqua à Latran un autre, qui excommunia le roi et entraîna dans l'alliance toutes les puissances catholiques, même les Suisses, à qui Louis prodiguait l'argent.

Invasion de la France (1513); Traités de paix (1514). — La France triompha d'abord, grâce aux talents du jeune Gaston de Foix qui refoula les Suisses dans leurs montagnes, enleva Brescia aux Vénitiens, et vainquit les alliés à Ravenne (1512); mais il fut tué dans ce combat et, sous son successeur, La Palisse, les Français rétrogradèrent jusqu'aux Alpes. Maximilien Sforza, fils de Ludovic le More, rentra dans Milan, puis la France fut envahie de trois côtés : Ferdinand le Catholique menaça la Navarre espagnole; les Anglais et les Allemands, firent tourner bride à la chevalerie française dans la *journée des Éperons*; enfin les Suisses pénétrèrent jusqu'à Dijon, et ne furent éloignés qu'à prix d'or. Le seul allié qu'eut la France, le roi d'Écosse, Jacques IV, partagea sa mauvaise fortune; il fut tué à Flowden par les Anglais. Louis arrêta ses ennemis par une trêve, désavoua le concile de Pise, et renvoya Henri VIII dans son île avec une pension de 100 000 écus pendant dix ans (1514). Ainsi, après quinze années de guerre, beaucoup de sang et d'argent perdu, la France n'était pas plus avancée qu'à la fin du règne de Charles VIII. Louis mourut le 1er janvier 1515. Son administration avait été meilleure que sa politique. Il créa deux parlements : un en Provence et un autre en Normandie, supprima la procédure criminelle en latin, réprima les pillages des gens de guerre, et fit prospérer le commerce et l'agriculture; aussi l'a-t-on surnommé le *Père du Peuple*.

LVII

LA RÉVOLUTION ÉCONOMIQUE

Découverte du cap de Bonne-Espérance (1497).
— La fin du moyen âge n'est pas seulement marquée par la destruction de la forme politique qui le régissait, mais encore par la révolution qui s'opéra en même temps dans les intérêts, à la suite de la découverte de l'Amérique et du passage aux Indes par le cap de Bonne-Espérance.

Jusqu'alors, on avait suivi pour le commerce les routes tracées par les Grecs et les Romains ; les denrées de l'Orient arrivaient en Europe par la mer Rouge et l'Égypte, ou par la Perse et la mer Noire. Cependant les peuples qui bordaient l'Atlantique tournaient depuis longtemps leurs regards vers l'étendue mystérieuse de cette mer inconnue. Ils s'étaient familiarisés avec ses tempêtes et avaient pris confiance dans la boussole. Nos Normands étaient entrés les premiers dans la voie des découvertes maritimes le long des côtes occidentales d'Afrique; les Portugais, mieux placés, les y suivirent et les y dépassèrent. En 1472, ils franchirent l'équateur; en 1486, Barthélemy Diaz reconnut le cap des Tempêtes que le roi Jean II appela le cap de Bonne-Espérance. En effet, Vasco de Gama (1497) tourna bientôt le continent Africain, et atteignit Calicut, sur la côte de Malabar. Le Camoëns chanta plus tard, dans *les Lusiades*, cette héroïque expédition. Alvarez Cabral fonda dans les Indes le premier établissement européen, celui de Calicut ; en chemin il avait été jeté sur la côte du Brésil.

Empire colonial des Portugais. — Le véritable créateur des colonies portugaises fut Albuquerque. Par la prise de Socotora et d'Ormuz, il ferma les anciennes routes du commerce indien aux musulmans et à Venise ; il donna à l'Inde portugaise sa capitale en s'emparant de Goa (1510), conquit Malacca, s'assura l'alliance des rois de Siam et de Pégu, la possession des îles Moluques et préparait une expédition contre l'Égypte, ainsi qu'une autre contre l'Arabie où il voulait détruire la Mecque et Médine, lorsqu'il fut arrêté par une disgrâce (1515).

La conquête continua sous Jean de Castro qui s'empara de Cambaye. Le Japon fut découvert en 1542, et un comptoir établi en face de Canton, dans l'île de Sanciam. Les principaux points occupés par les Portugais furent, après Goa, centre de leur domination, Mozambique, Sofala et Mélinde sur la côte d'Afrique, d'où ils tiraient de la poudre d'or et de l'ivoire, Mascate et Ormuz dans le golfe Persique, où arrivaient les denrées de l'Asie centrale, Diu sur la côte de Malabar, Negapatam sur celle de Coromandel, Malacca dans la presqu'île de ce nom, qui leur livrait le commerce des pays de l'Indo-Chine, les Moluques où ils occupèrent Ternate et Timor, et d'où ils exportèrent les épices. Leurs comptoirs sur la côte occidentale d'Afrique, au Congo, etc., n'eurent d'importance qu'après l'établissement de la traite des nègres, et le Brésil reçut longtemps pour uniques colons des criminels et des juifs déportés.

Christophe Colomb (1492); Empire colonial des Espagnols. — La découverte de l'Amérique avait eu lieu plus tôt, en 1492. Le Génois Christophe Colomb, préoccupé de l'idée que l'Inde devait s'étendre fort loin vers l'est, afin de faire contre-poids au continent européen, espérait en aborder l'extrême rivage en se dirigeant vers l'ouest à travers l'Atlantique. Repoussé comme visionnaire par le sénat de Gênes, par le roi de Portugal, et quelque temps par la cour d'Espagne, il réussit à obtenir d'Isabelle trois petits navires, et, après deux mois de navigation, il aborda, le 11 octobre 1492, dans l'île de Guanahani, une des Lucayes, qu'il appela San-Salvador. Ce n'est qu'à son troisième voyage, en 1498, qu'il toucha le continent sans le savoir, et au quatrième, en 1502, qu'il reconnut les côtes de la Colombie. Il crut toujours avoir atteint les rivages de l'Inde, de là le nom d'*Indes occidentales* qui a longtemps prévalu ; quant à celui d'Amérique, il rappelle Amérigo Vespucci qui n'eut que le mérite secondaire de descendre sur la terre ferme avant Colomb.

La route une fois trouvée, les découvertes se succédèrent rapidement. En 1513, Balboa traversa l'isthme de Panama et aperçut le Grand océan ; en 1518, Grijalva découvrit le Mexique, dont Fernand Cortez fit la conquête (1519-1521) ; en 1520, Magellan trouva le détroit auquel on a donné son nom, entre l'Amérique méridionale et la Terre de Feu ; il traversa l'océan Pacifique où il mourut et ses compagnons revinrent en Espagne par les Moluques et le cap de Bonne-Espérance : c'étaient les premiers des hommes qui eussent fait le tour du monde. Des aventuriers, Almagro et Pizarre, donnèrent encore à la couronne d'Espagne le Pérou et le Chili ; d'autres fondèrent sur la côte opposée Buénos-Ayres à l'embouchure de la Plata. En 1534, Cartier découvrit le Canada pour la France.

Les colonies portugaises tombèrent rapidement : elles n'étaient qu'un cordon de comptoirs le long des côtes de l'Afrique et de l'Indoustan, sans force de résistance parce que peu de Portugais s'y établirent. Les colonies espagnoles, qui se proposèrent d'abord pour but moins le commerce que l'exploitation des mines, attirèrent au contraire dans le nouveau monde beaucoup d'Espagnols et formèrent en Amérique une domination compacte, divisée en deux gouvernements, celui de Mexico et celui de Lima. Aujourd'hui encore, le Mexique et l'Amérique méridionale appartiennent à la race espagnole, le Brésil aux Portugais.

Résultats. — Ces découvertes livraient à l'activité industrieuse des hommes de l'Occident un nouveau monde et cet Orient où tant de richesses restaient inutiles. Elles changeaient la marche et la forme des transactions générales. Au commerce de terre qui s'était jusqu'alors maintenu au premier rang allait se substituer le commerce maritime et il en résultera que les villes de l'intérieur déclineront, tandis que celles des côtes grandiront. En outre, l'importance commerciale passa des pays baignés par la Méditerranée aux pays situés sur l'Atlantique, des Italiens aux Espagnols et aux Portugais; plus tard, de ceux-ci aux Hollandais et aux Anglais. Non-seulement ces peuples s'enrichirent, mais ils s'enrichirent d'une certaine manière. Les mines du Mexique et du Pérou jetèrent dans la circulation européenne une masse énorme de numéraire; l'industrie, le commerce et l'agriculture eurent les capitaux dont ils ont besoin pour prospérer, et ils se développèrent. « La tierce partie du royaume de France, dit un écrivain du seizième siècle, fut défrichée en quelques années et, pour un gros marchand qu'on trouvait à Paris, à Lyon, à Rouen, on en trouva cinquante qui faisaient moins de difficulté d'aller à Rome, à Naples, à Londres qu'autrefois à Lyon ou à Genève. » Tout ce travail créa une puissance nouvelle, la richesse mobilière qui vint aux mains des bourgeois et qui, aux siècles suivants, entrera en lutte avec la richesse territoriale restée aux mains des seigneurs.

Par les postes que Louis XI avait organisées, par les canaux à écluses que Venise commença à construire en 1481, les communications devenaient plus rapides et plus aisées. Quand, aux lettres de change imaginées au moyen âge par les juifs pour soustraire leur fortune à leurs persécuteurs, s'ajoutèrent les banques de dépôt et de crédit instituées par la Hanse, les Lombards et les Toscans, il arriva que les capitaux circulèrent aussi facilement que les denrées : on a déjà vu un banquier, Cosme de Médicis, passer prince. Enfin, les assurances pratiquées d'abord à Barcelone et à Florence, plus tard à Bruges, commencèrent le grand système de garanties qui aujourd'hui donne au commerce tant d'audace et de sécurité. Ainsi le travail se faisait sa place dans la société nouvelle ; et par lui, par l'ordre, l'économie, l'intelligence, les descendants des esclaves de l'antiquité et des serfs du moyen âge, devenus les chefs du monde industriel et les maîtres de l'argent, seront un jour les égaux des anciens maîtres de la terre.

LVIII

LA RÉVOLUTION DANS LES LETTRES ET LES ARTS OU LA RENAISSANCE

Découverte de l'imprimerie. — Cet ardeur des hommes d'action qui les poussait à sortir des sentiers battus pour se jeter en des voies non frayées, était partagée par les hommes d'étude. Ceux-là aussi aspiraient après un autre monde, et ils ne le cherchaient pas en avant, mais en arrière. Comme Colomb, ils ne croyaient aller que vers la terre antique, et sur leur route, ils trouvèrent comme lui une terre nouvelle.

Rassasié des vaines disputes de la scolastique et des arguties de l'école qu'un latin barbare enveloppait d'ombres épaisses, on se précipitait vers les lumières de l'antiquité à demi éteintes, on fouillait les bibliothèques des couvents, les dépôts de vieux livres, et la découverte d'un manuscrit latin ou grec, celle d'une statue antique, causaient la joie d'une victoire. Mais quelques hommes eussent seuls vécu de l'esprit nouveau que l'antiquité renaissante soufflait sur le monde, sans une invention grâce à laquelle les trésors qui auraient été réservés à un petit nombre purent devenir le domaine de tous. Guttenberg créa l'imprimerie en imaginant les caractères mobiles, et en 1454 parut le premier livre imprimé : c'était une Bible. Le nouvel art se répandit rapidement dans toute l'Europe chrétienne et le prix des livres baissa dans une proportion énorme. En 1500, Alde Manuce, à Venise, mettait en vente toute une collection d'auteurs anciens à 2 fr. 50 le volume. Un seul libraire de Paris, Josse Bade, publia jusqu'à quatre cents ouvrages, la plupart in-folio, et en 1529 les *Colloquia* d'Érasme furent tirés à 24 000 exemplaires, tant les peuples étaient avides d'apprendre « car ils commençaient à s'apercevoir qu'ils avaient vécu dans l'esclavage de l'esprit, comme dans la servitude du corps. »

Les anciens écrivaient sur parchemin ou sur papyrus, deux matières d'un prix élevé, les Chinois sur de la soie, les Arabes de Damas sur du coton, ceux d'Espagne sur un papier fait avec du lin et du chanvre. Les imprimeurs eurent donc, dès les premiers essais, à leur disposition, une denrée à bas prix pour recevoir l'empreinte des caractères.

Renaissance des lettres. — L'Italie s'empara avidement de l'invention nouvelle. Avant l'année 1470, il y avait déjà des imprimeurs à Rome, Venise et Milan. Partout on fondait des écoles, des bibliothèques, des universités ; on publiait, ont raduisait les anciens : non-seulement des Pères de l'Église pour soutenir la foi, mais aussi des orateurs, des historiens, des philosophes qui l'exposeront à de grands périls, en ouvrant aux esprits des horizons nouveaux où la raison ira chercher et trouver son domaine. Le pape Jules II n'était pas toujours entouré de capitaines et de diplomates, on voyait près de lui tout autant de savants et d'artistes. « Les belles-lettres, disait-il, sont de l'argent aux roturiers, de l'or aux nobles, des diamants aux princes. » Le jour où l'on retrouva le Laocoon dans les Thermes de Titus, il fit sonner les cloches de toutes les églises de Rome. Léon X achetait cinq cents sequins cinq livres manuscrits de Tite-Live et était l'ami aussi bien que le protecteur de Raphaël et de Michel-Ange.

A cette époque, trois pays seulement pensent et produisent : l'Italie est le premier avec l'Arioste, Machiavel, Guichardin et tous ses artistes de génie ; la France le second avec Marot, Rabelais, Calvin, Amyot, Montaigne et quantité d'érudits ou de jurisconsultes dont la renommée est encore entière tels que Cujas, Pithou, Godefroy, Dumoulin ; l'Allemagne le troisième, avec Ulric de Hutten, le poëte cordonnier Hans Sachs et des

Cicéroniens à la tête desquels on peut mettre Luther pour ses belles-lettres latines. Les Pays-Bas ont Érasme, esprit hardi, cœur timide, dont les œuvres latines eurent un immense succès. Pour l'Angleterre, elle cicatrice ses blessures de la guerre des Deux-Roses et l'Espagne a les yeux tournés bien moins sur l'antiquité que vers l'Amérique et ses mines, vers l'Italie et les Pays-Bas où les bandes de Charles-Quint aiment tant à faire la guerre et le pillage.

Renaissance des arts. — L'Italie en fut le berceau et c'était naturel, puisque là se trouvaient les plus beaux débris de l'art antique. Dès le commencement du quinzième siècle, Brunelleschi substituait à l'ogive, l'arcade et aux lignes tourmentées du gothique fleuri, la ligne droite des temples grecs ou la courbe élégante du dôme romain. Bramante construisit, pour Jules II, le Saint-Pierre de Rome que Michel-Ange couronna de l'immense coupole dont le Panthéon d'Agrippa lui donna l'idée. Les sculpteurs de Florence et de Rome n'avaient pu vaincre leurs rivaux de l'antiquité ; mais Léonard de Vinci, Michel-Ange, Raphaël, le Titien dépassaient de beaucoup les plus illustres renommées et créaient ce qui est resté, avec la musique, l'art moderne par excellence, la peinture.

Pour les arts, l'Italie est au seizième siècle la grande institutrice des nations. La France la suivit de près avec ses architectes qui élevèrent tant de châteaux et de palais, le Louvre, les Tuileries de Philibert Delorme, Fontainebleau, Blois, Chambord où l'élégance et la grâce s'unissent à la force, et avec ses sculpteurs, dont deux sont restés illustres, Jean Goujon (la Fontaine des Innocents, etc.), et Germain Pilon. L'Allemagne n'avait que deux peintres, Albert Durer et Holbein. La gravure récemment inventée multipliait les chefs-d'œuvre des artistes comme l'imprimerie vulgarisait ceux des lettrés, et Palestrina commençait la grande musique.

Renaissance des sciences. — La science hésitait encore entre les rêveries du moyen âge et la raison sévère qui la guide aujourd'hui. On ne savait pas que le monde physique est soumis à des lois immuables ; on continuait de croire au diable, aux puissances capricieuses, aux influences magiques, aux sorciers qu'on brûlait par milliers : A Wurtzbourg, 158 furent, en deux ans, envoyés au bûcher (1527-8). Cependant l'Italie comptait quelques géomètres et le polonais Copernic trouvait dès 1507 la vérité sur le système planétaire.

Ainsi, tandis que les navigateurs livraient à l'activité humaine de nouveaux mondes et que, par les artistes, les érudits, les lettrés, le génie moderne se retrempait dans le génie antique pour se fortifier, la science fixait au soleil sa place et à la terre, aux planètes, leur rôle dans l'univers. Comment s'étonner que le siècle qui voyait ces grands résultats de l'audace et de l'intelligence, se soit abandonné à la redoutable puissance de la pensée?

LVIX
LA RÉVOLUTION DANS LES CROYANCES, OU LA RÉFORME

Le clergé au seizième siècle. — La littérature du seizième siècle, par son culte pour les deux antiquités sacrée et profane qui venaient d'être comme retrouvées, menait à la réforme religieuse dont le vrai caractère fut un mélange d'esprit rationaliste emprunté aux païens et d'ardeur théologique prise à la Bible et aux Pères. Mais le premier auteur de cette révolution fut le clergé lui-même. Qu'y avait-il de commun entre l'Église des anciens jours, pauvre, humble, ardente, et l'Église opulente, souveraine, oisive de ce Léon X qui vivait en gentilhomme de la Renaissance avec des veneurs, des artistes, des poëtes, bien plus qu'avec des théologiens? Et ces évêques-princes qui avaient des armées, et ces moines qui avaient tant de vices et d'ignorance, que n'en disait-on pas? Depuis longtemps les plus pieux personnages demandaient la réforme de l'Église dans son chef et dans ses membres. « Je vois, disait le cardinal Julien au pape Eugène IV, que la cognée est à la racine ; l'arbre penche et, au lieu de le soutenir, nous le précipitons à terre. » Bossuet reconnaît lui-même qu'une réforme était nécessaire.

Luther (1517). — La guerre commença par des pamphlets, ceux d'Érasme et de Hutten ; elle ne devint sérieuse que quand Luther eut entraîné, à sa suite, les théologiens dans la lice. C'était le fils d'un mineur saxon d'Eisleben ; moine de l'ordre des augustins, il était devenu le docteur le plus écouté de l'université de Wittenberg. Dans un voyage à Rome, il vit les désordres de l'Église ; le scandale avec lequel se vendaient les *indulgences*, dont Léon X destinait le produit à l'achèvement de l'église Saint-Pierre, l'amena à examiner le principe même de cette doctrine. L'ayant trouvé contraire aux enseignements de la primitive Église sur la grâce, il se fit une loi de le combattre. Le dominicain Tetzel était le courtier de cette vente en Allemagne ; Luther afficha aux portes de l'église de Wittenberg quatre-vingt-quinze propositions concernant les indulgences ; Tetzel y répondit par cent dix contre-propositions ; la lutte était engagée.

Léon X ne voulut y voir d'abord qu'une querelle de moines et envoya en Allemagne le légat Caietano pour les mettre à la raison. Luther en appela du légat au pape, du pape au futur concile, puis rejetant jusqu'à l'autorité des conciles, c'est-à-dire toute parole humaine contre la parole de Dieu consignée aux Évangiles et telle qu'il la comprenait, il n'admit plus d'autre règle pour le croyant que le texte même de l'Écriture.

Ainsi Luther « s'enfonçait dans le schisme. » Des deux sources où la foi s'alimentait : l'Écriture et la Tradition, il niait celle-ci et, s'il conservait celle-là, c'était à la condition de ne point accepter d'intermédiaire entre lui et le texte saint pour en interpréter et résoudre les difficultés. Ne voyant dans l'Évangile ni l'autorité du pape, ni les sacrements, ni les vœux monastiques, il les rejetait. L'Église, devenue un gouvernement, avait bien compris qu'une société même de fidèles n'est possible qu'à la condition que ses membres croient devoir ajouter aux mérites de leur foi, ceux de leurs œuvres. Luther, moine violent et théologien élevé dans l'esprit de saint Paul et de saint Augustin, n'hésita pas devant le redoutable problème de la grâce. Dans son livre de la *Liberté chrétienne* adressé au pape en 1520, il immola le libre arbitre de l'homme, et la grâce devint pour les protestants le principe essentiel de leur foi ; Calvin en dégagea plus tard l'abominable doctrine de la prédestination. Léon X excommunia le hardi novateur, qui pourtant ne faisait que regarder en arrière et qui remontait aux âges apostoliques. Luther rendant coup pour coup, brûla en public la bulle pontificale. Il était protégé par l'électeur de Saxe, Frédéric le Sage, et lorsque Charles-Quint, pour gagner les catholiques, le cita devant la diète de Worms, il y parut fièrement et si bien entouré qu'on n'osa pas s'emparer de lui comme autrefois de Jean Huss pour l'envoyer au bûcher. Toutefois l'électeur, qui trouvait ce moine fort utile, le fit prudemment enlever et le tint sous garde au château de la Wartbourg, d'où Luther remua toute l'Allemagne par ses pamphlets.

Le réformateur en effet servait bien les intérêts des princes : il remettait en leurs mains la direction religieuse, et la sécularisation des biens d'église était une prime offerte à leur convoitise : en 1525, le grand maître de l'ordre teutonique se déclara duc héréditaire de Prusse. Déjà l'électeur de Saxe, le landgrave de Hesse-Cassel, les ducs de Mecklenbourg, de Poméranie, de Zell, un grand nombre de villes impériales avaient embrassé la réforme, et en même temps saisi les domaines ecclésiastiques situés sur leur territoire.

Le peuple voulut prendre part à cette immense curée ; dans la Souabe et la Thuringe, les paysans se soulevèrent non pour la réforme de l'Église, mais pour celle de la société, où ils entendaient établir une égalité absolue et la communauté des biens. Luther lui-même prêcha contre eux une guerre d'extermination, et ces malheureux périrent par milliers (1525).

Cette démagogie sauvage qui reparut en 1535, avec les Anabaptistes de Munster, effraya tout le monde, mais surtout les catholiques, et la diète de Spire défendit la propagation des nouvelles doctrines (1529). Les réformés *protestèrent* contre ce décret au nom de la liberté de conscience ; d'où le nom de *protestants*. L'année suivante, ils publièrent à Augsbourg une confession de leurs croyances qui est restée le symbole et le lien de tous les partisans de Luther (1530).

Grâce à François Ier et à Soliman, l'empereur, occupé à se défendre sur toutes ses frontières, évitait de se créer un nouvel ennemi au cœur de l'empire en s'attaquant aux réformés. Il ne se risqua à le faire qu'après le traité de Crespy et la mort du roi de France. La victoire de Muhlberg (1547) parut mettre l'Allemagne à sa discrétion et pour imposer la paix religieuse, il promulgua l'*Interim* d'Augsbourg qui mécontenta les deux partis. Les princes allemands semblaient descendus à la condition des seigneurs de France, d'Espagne et d'Angleterre, lorsque cette toute-puissance de Charles-Quint s'évanouit par l'alliance des protestants avec le roi de France, Henri II. Maurice de Saxe faillit enlever l'empereur à Inspruck (1551) et la paix d'Augsbourg accorda aux réformés une entière liberté de conscience (1555).

La réforme luthérienne dans les États scandinaves. — A cette époque, les nouvelles doctrines avaient déjà triomphé dans presque toute l'Europe septentrionale. Gustave Vasa, qui avait délivré la Suède de la domination danoise, les accueillit pour abaisser l'aristocratie épiscopale et s'élever au pouvoir absolu.

Dans le Danemark, au contaire, la révolution se fit au profit de l'aristocratie laïque qui supprima les états généraux, tint durant cent vingt années la royauté en tutelle et courba le peuple sous un dur esclavage.

La réforme en Suisse. Zwingli (1517) et Calvin (1536). — En Suisse, la réforme était née aussitôt qu'en

Allemagne. Zwingli avait déclaré dès 1517 que l'Évangile était la seule règle de foi. *La religion évangélique* se répandit dans la Suisse allemande excepté dans les cantons primitifs, Lucerne, Uri, Schwitz et Unterwald qui restèrent fidèles à l'ancien culte. La guerre qui éclata en 1531 et où Zwingli périt, fut favorable aux catholiques; chaque canton resta cependant maître de régler souverainement son culte; mais la doctrine évangélique fut expulsée des bailliages communs. C'était une défaite pour le protestantisme; en revanche, il acquit Genève, depuis longtemps mécontente de l'évêque, son souverain temporel, et divisée entre les partis des *mameluks* et des *huguenots* (*Eidgenossen*). Grâce à l'appui de Berne, le parti huguenot l'emporta et maintint contre la Savoie l'indépendance de la ville (1536). A ce moment Calvin y arriva; c'était un Français de Noyon, qui venait de publier un livre remarquable, l'*Institution chrétienne*, où il condamnait tout ce qui ne lui semblait pas prescrit par l'Évangile, tandis que Luther, moins audacieux, laissait subsister ce qui lui paraissait n'y être pas formellement contraire. Son éloquence, l'austérité de sa vie, ses doctrines radicales lui donnèrent dans Genève une autorité dont il usa pour faire de la joyeuse cité un cloître sombre où toute parole, toute action légère était punie comme un crime : un poëte fut décapité pour ses vers; Michel Servet brûlé, pour avoir pensé sur la Trinité autrement que le dictateur spirituel. Mais grâce à lui, Genève devint la citadelle, et comme le sanctuaire de la réforme calviniste.

La réforme aux Pays-Bas, en France, en Écosse, en Angleterre. — Les dix-sept provinces des Pays-Bas formaient, sous la direction d'un gouverneur autrichien ou espagnol, un État fédératif; chacune d'elles avait sa constitution et son assemblée. Ces institutions libres, l'esprit indépendant de la population néerlandaise et le voisinage de l'Allemagne, favorisèrent la propagation dans ce pays de la réforme luthérienne. Charles-Quint l'y étouffa sous les rigueurs d'une inquisition spéciale qui punit de mort plus de trente mille personnes. Mais le luthéranisme fit place au calvinisme, descendu de la Suisse par l'Alsace, ou arrivé d'Angleterre pendant le règne d'Édouard VI, et qui se répandit rapidement dans les provinces bataves.

Le protestantisme ne s'établit en France qu'assez tard. La Sorbonne réfutait, le roi réprimait par la force les nouvelles doctrines ; enfin, et c'était le grand point, il y avait moins d'abus dans le clergé gallican, parce qu'il avait moins de richesse et de pouvoir ; et si beaucoup de nobles des provinces regrettaient les domaines jadis cédés par leurs pères à l'Église, si les doctrines indépendantes des novateurs plaisaient à leur esprit féodal, si des désirs d'affranchissement politique se mêlèrent pour eux à des désirs de liberté religieuse, le peuple des grandes villes resta profondément catholique. Ce ne fut pas le luthéranisme qui prit pied chez nous, mais le calvinisme dont le point de départ était le livre de l'*Institution chrétienne* de Calvin (1535). François Ier, qui soutenait les protestants en Allemagne, ne les toléra pas chez lui ; il fit brûler des luthériens sous ses yeux, et approuva l'horrible massacre des Vaudois. Henri II, par l'édit de Chateaubriand, porta la peine de mort contre les hérétiques. Il fit même arrêter, en plein parlement, deux magistrats suspects d'hérésie dont l'un, Anne Dubourg, monta sur le bûcher. La persécution allait comme toujours amener les complots et une épouvantable lutte.

C'est aussi le calvinisme qui l'emporta en Écosse. Après la mort de Jacques V, sa veuve, Marie de Guise, avait laissé la direction des affaires au cardinal Beaton, qui défendit le catholicisme par des rigueurs extrêmes, et fut assassiné (1546). La réforme gagna toute l'Écosse, où Knox, appelé de Genève, établit le *presbytérianisme* qui supprime toute hiérarchie entre les ministres ecclésiastiques (1561).

La réforme fut, en Angleterre, non pas l'œuvre du peuple, mais celle d'un despote, qui trouva le pays disposé à cette révolution par les souvenirs de Wiclef et des Lollards. Épris d'Anne Boleyn, il sollicita du pape

Clément VII la dissolution de son mariage avec Catherine d'Aragon, et, le pontife hésitant, il fit prononcer le divorce par son parlement. Excommunié, il se proclama chef de l'Église anglicane (1534), supprima les ordres monastiques, et confisqua les biens des couvents (1539). Henri VIII, en se séparant du Saint-Siége, prétendit pourtant rester orthodoxe : il garda le titre de *défenseur de la foi*, que le pape lui avait donné pour une réfutation de Luther ; et il punissait de mort aussi bien celui qui niait la présence réelle que celui qui contestait la suprématie religieuse du roi : 72 000 sentences capitales furent prononcées. La spoliation suivait le meurtre ; et ce peuple, qui, par amour du repos, avait abandonné, après la guerre des Deux-Roses, sa liberté politique, voyait son argent, son sang, ses croyances même, sacrifiés à un abominable tyran. Mais en publiant, pour justifier ses usurpations, une traduction anglaise des livres saints, Henri VIII favorisa sans le vouloir l'esprit d'examen, qui fit éclore tant de sectes en Angleterre et prépara la révolution de 1648. Sous Édouard VI, ce catholicisme décapité, comme on a appelé la réforme de Henri VIII, fit place au protestantisme pur (1547).

Une réaction catholique se produisit à la mort de ce prince (1553) : Warwick, chef de ce parti, porta au trône Jeanne Gray. Marie, fille de Henri VIII, fit décapiter cette reine de dix jours, puis épousa le roi d'Espagne Philippe II et réconcilia l'Angleterre avec le Saint-Siége. Cette restauration fut marquée par de nombreux supplices : de février 1555 à septembre 1558, 400 réformés périrent, dont 290 par le feu. Les protestants anglais ont flétri leur reine du surnom de Marie la *sanglante*. Entraînée par Philippe II dans la guerre contre la France, elle y perdit Calais, et ne survécut que quelques mois à ce désastre. Elle répétait souvent que, si on ouvrait son cœur, on y lirait le nom de cette ville (1558). L'Église anglicane, telle qu'elle existe aujourd'hui, fut enfin constituée par l'héritière de Marie, Élisabeth, en 1562.

Caractère des trois églises réformées. — Ainsi en moins d'un demi-siècle, la Suisse, la Grande-Bretagne, la Suède, le Danemark, la moitié de l'Allemagne et une partie de la France s'étaient séparés du catholicisme. Le principe de la réforme étant le libre examen, il s'était produit déjà quantité de sectes dont le nombre devait s'accroître encore, mais trois grands systèmes dominaient : le luthéranisme dans le nord de l'Allemagne et les États Scandinaves ; le calvinisme en Suisse, en France, aux Pays-Bas et en Écosse ; l'anglicanisme en Angleterre. Ils avaient un dogme commun, la justification par la grâce. Mais par une heureuse inconséquence, les sectateurs de ces trois églises qui semblaient ne devoir songer qu'au ciel, se sont fort occupés de la terre et beaucoup de réformés d'aujourd'hui ont laissé leur dogme favori pour penser aux œuvres ; le théologien a fait place au moraliste : le culte calviniste n'est à vrai dire que l'enseignement de la morale humaine.

Des trois églises nouvelles, la plus éloignée de l'orthodoxie était le calvinisme qui considérait la Cène comme une simple commémoration. Les luthériens admettaient la présence réelle, mais non la transsubstantiation ; quant aux anglicans, c'étaient des calvinistes par le dogme et des catholiques par la liturgie, car leur église, avec ses archevêques, ses évêques et ses nombreux revenus, ne différait de l'église catholique que par la simplicité du costume, la froide austérité du culte, l'emploi de la langue vulgaire et le mariage des prêtres. Soumise à la suprématie royale, son existence se trouva intimement unie au maintien de la monarchie et le clergé fut en Angleterre, ce qu'il était dans les pays catholiques, l'appui le plus sûr de la royauté. L'église presbytérienne d'Écosse, démocratique comme toutes les églises calvinistes, avait des prêtres égaux entre eux ; les puritains supprimeront même la délégation du sacerdoce ; tout chrétien sera prêtre, quand il aura l'inspiration. Les pays luthériens conservaient des évêques, mais sans richesse, ni liberté, le prince ayant hérité à peu près du pouvoir spirituel ravi au pape et rédigeant les symboles. « Luther, disait Mélanchthon, nous a mis sur la tête un joug de fer, au lieu d'un joug de bois. »

Conséquences de la réforme. — La révolution religieuse fortifia donc d'abord la révolution politique, puisqu'elle ajouta aux droits civils des princes, celui de gouverner les consciences, excepté dans les communautés calvinistes qui ne reconnurent le pouvoir spirituel qu'à l'assemblée des fidèles.

Au point de vue de la civilisation générale cette insurrection de l'esprit d'examen ne profita pas dans les premiers temps aux progrès de la raison publique. En Allemagne, toutes les intelligences se tournèrent vers la théologie. On délaissa les lettres antiques pour ne s'occuper plus, comme aux beaux jours de la scolastique, que de questions puériles, parce qu'elles étaient inextricables et insolubles. La Renaissance en mourut; peintres et poëtes disparurent devant les fureurs iconoclastes des uns et les emportements théologiques des autres.

Luther et Calvin, le premier qui remit aux princes le pouvoir spirituel, le second qui brûla Michel Servet et enseigna la prédestination, ne sont donc pas ce qu'on a voulu les faire, les pères de la liberté moderne. Mais sur le champ où l'homme laboure et sème, bien souvent lève une moisson qu'il n'attendait pas. La négation de l'autorité absolue du pape, dans l'ordre spirituel, aboutissait inévitablement à la négation de l'autorité absolue des rois dans l'ordre philosophique et social. Luther et Calvin, bien sans le vouloir, menaient à Bacon et à Descartes, comme Bacon et Descartes à leur insu menèrent à Locke et à Mirabeau.

LX

LA RESTAURATION CATHOLIQUE

Réformes à la cour pontificale et dans l'Église. Les Jésuites. — La papauté prise au dépourvu avait en quelques années perdu la moitié de son empire. Réveillée par ce sévère avertissement, elle commença, sur elle-même et sur l'église, un admirable travail de réformation qui fit l'honneur de quatre grands papes, Paul III, Paul IV, Pie V et Sixte-Quint. Le tribunal de la *rote*, la pénitencerie, la chancellerie romaine reçurent une organisation meilleure. Une nouvelle *Inquisition*, dont le tribunal supérieur siégea à Rome, fut instituée en 1542, pour rechercher et punir, au delà comme en deçà des monts, toute atteinte à la foi. Ni rang, ni dignité ne pouvaient soustraire à la juridiction des inquisiteurs qui se mirent à l'œuvre avec une telle énergie que les routes conduisant d'Italie en Suisse et en Allemagne se couvrirent de fugitifs. La congrégation de l'Index ne permit l'impression d'un ouvrage qu'après l'avoir examiné et corrigé. Il y eut des supplices pour les personnes, des auto-da-fé pour les livres. Ces moyens soutenus de la persévérance romaine réussirent et l'orthodoxie fut sauvée dans la Péninsule; mais à quel prix? L'asservissement des Italiens à la maison d'Autriche avait supprimé la vie politique; les mesures pour extirper ou prévenir l'hérésie supprimèrent la vie littéraire. On cessa de penser, et l'art tomba comme les lettres. Les mœurs y gagnèrent-elles? Les sigisbés et les bandits répondent pour la moralité privée et publique. Là où l'on ne trouve ni citoyens, ni soldats, ni artistes, ni poëtes, ni écrivains, où pourrait-on trouver des hommes?

Cette double inquisition n'était qu'une mesure de défense; pour attaquer, le Saint-Siége multiplia la milice qui combattait en son nom. D'abord on réforma les anciens ordres monastiques: en 1522, les Camaldules; en 1525 les Franciscains, qui donnèrent naissance aux Capucins. Puis des ordres nouveaux furent créés: en 1524, les Théatins; en 1530, les Barnabites; en 1540, les Jésuites dont les statuts révèlent une des plus fortes conceptions politiques qui aient jamais été. Outre les vœux ordinaires, les Jésuites en faisaient un d'obéissance absolue au Saint-Siége, et au lieu de s'enfermer au fond d'un cloître, ils vivaient au milieu de la société pour y saisir tous les moyens d'influence : par leurs *profès*, chargés de parcourir le monde pour retenir les fidèles dans la foi ou y amener les hérétiques et les barbares ; par les *coadjuteurs spirituels* et les *scolastiques*, qui devaient s'emparer de l'éducation de la jeunesse. Lorsque Ignace de Loyola mourut, en 1556, la société comptait déjà quatorze provinces, cent colléges, mille membres ; l'Espagne et l'Italie étaient conquises, l'Autriche et la Bavière occupées, la France entamée, et de hardis missionnaires parcouraient le Brésil, l'Inde, le Japon et l'Éthiopie.

Concile de Trente (1545-1563). — Ainsi fortifiée, l'Église put rejeter bien loin les idées de conciliation qui s'étaient plusieurs fois produites, mais que les princes protestants avaient fait échouer pour n'être pas obligés à la restitution des biens ecclésiastiques, et le concile de Trente proclama l'inflexibilité des doctrines catholiques. Convoqué en 1545 par Paul III, et présidé par ses légats, il fut souscrit par onze cardinaux, vingt-cinq archevêques, cent soixante-huit évêques, trente-neuf procureurs d'évêques absents, et sept généraux d'ordres. Les prélats italiens étaient en majorité, habituellement en nombre double, et l'on votait par tête, non par nation, ce qui les rendait maîtres du concile. Les ambassadeurs des puissances catholiques assistaient aux délibérations.

Transféré de Trente à Bologne, en 1546, rétabli à Trente en 1551, le concile se dispersa en 1552, à l'approche des luthériens de Maurice de Saxe, et resta dix ans interrompu, lorsque Paul IV essaya de renverser, avec l'appui de la France, la domination espagnole en Italie. L'épée du duc d'Albe ayant terminé cette lutte à l'avantage de l'Espagne, Pie IV abandonna la cause temporelle de l'indépendance italienne, mais il fut dédommagé au spirituel par les derniers décrets du concile de Trente, qui, au lieu de s'élever au-dessus du pape, à l'exemple des Pères de Constance et de Bâle, s'abaissa devant son autorité. Le pontife resta seul juge des changements à opérer dans la discipline, interprète suprême des canons, chef incontesté des évêques, infaillible dans les choses de la foi, sans avoir pourtant l'infaillibilité personnelle (*se solo*) que Pie IX a arrachée au concile de 1870. Rome pouvait donc se consoler de la perte définitive d'une partie de l'Europe, en voyant sa puissance doublée dans les nations catholiques du midi qui se serraient religieusement autour d'elle.

Le pape, en tant que roi, se mettait aussi hors de page. Après Pie V, qui célébra, dans la victoire de Lépante gagnée par don Juan d'Autriche sur les Turcs, une sorte de renaissance des croisades, et Grégoire XIII, qui attacha son nom à l'utile réforme du calendrier, Sixte-Quint (1585-1590) remit l'ordre dans ses états en y montrant l'inflexibilité de Louis XI; il purgea la campagne romaine des brigands qui l'infestaient, rétablit les finances, agrandit et orna sa capitale, dont la population monta à cent mille âmes, bâtit la bibliothèque du Vatican, et y annexa une imprimerie pour l'impression des livres saints et des écrits des Pères.

Ainsi, réforme dans l'administration temporelle des États pontificaux et réforme dans le sein de l'Église, voilà le résultat des efforts du catholicisme dans la seconde moitié du seizième siècle et la cause de sa grandeur au siècle suivant. La discipline étant raffermie et le scandale de la vie mondaine des prélats restreint, l'esprit religieux se ranima; l'ascétisme, l'exaltation reparurent. On revit des miracles, des saints, des martyrs, ceux que la *Propagande* envoya dans les dangereuses missions des deux mondes. Mais, à Rome, on avait espéré autre chose de cette restauration du catholicisme dans son empire amoindri. L'image de Grégoire VII avait passé devant les yeux de ses successeurs; et l'église régénérée avait repris l'ambition de ses grands pontifes. Démocratique aux premiers siècles, aristocratique au moyen âge avec ses puissants évêques qui, au besoin, menaçaient le pape d'excommunication, avec ses conciles qui imposaient leur volonté, elle était arrivée, en suivant la pente des pouvoirs civils et par les besoins de sa défense, à la royauté absolue. Par malheur pour elle, cette constitution de la monarchie pontificale avait lieu au moment où les monarchies temporelles étaient trop fortes pour s'abaisser sous quelque autorité que ce fût. Les décisions du concile de Trente en matière de discipline ne furent point reçues en France, pas même en Espagne, et les souverains catholiques s'attribuèrent une partie des prérogatives que les princes protestants avaient prises de vive force. Mais lorsque l'autorité de ces rois fléchit sous le coup d'une nouvelle révolution politique, l'ultramontanisme reprit au dix-neuvième siècle l'œuvre du seizième; c'était bien tard; car si la lutte est conduite cette fois avec plus d'ensemble, la force est moins grande et l'esprit du monde suit d'autres voies.

LXI

NOUVELLES GUERRES D'ITALIE; FRANÇOIS Iᵉʳ, CHARLES-QUINT ET SOLIMAN

François 1ᵉʳ; victoire de Marignan (1515). — Le successeur de Louis XII, François Iᵉʳ, jeune, ardent et belliqueux, ouvrit son règne par une invasion dans le Milanais. Il passa les Alpes au col de l'Argentière, et rencontra à Marignan trente mille Suisses qu'il vainquit dans une *bataille de géants* (1515). Les Suisses dégoûtés de ces guerres italiennes, rentrèrent dans leurs montagnes où ils signèrent la *paix perpétuelle* qui a assuré leur alliance à la France jusqu'à la révolution française. Pour arrêter le jeune conquérant, le pape Léon X, se hâta de signer avec lui un traité dont l'Église de France fit les frais, au double profit du pape et du roi. Le concordat de 1516, supprimant les élections ecclésiastiques, reconnues par la pragmatique sanction de Bourges, donna au roi la nomination directe des évêques et des bénéficiers; au pape, les annates ou revenus d'une année de tous les siéges vacants. Dans ce partage, le pontife laissait au prince le spirituel et prenait le temporel.

Puissance de Charles-Quint. — En face de la France s'était formée, par une suite de mariages heureux, une puissance rivale et menaçante. En 1516, Charles d'Autriche prit possession de l'Espagne, où Ferdinand le Catholique venait de mourir, et se trouva maître de l'Autriche, des Pays-Bas, de la Franche-Comté, de Naples, de la Sicile, de l'Espagne (Castille, Aragon, Navarre) et de l'Amérique.

François Ier, encore dans tout l'éclat de la victoire de Marignan, ne redoutait pas le maître de tant d'États divisés et, au lieu de chercher à détruire avant qu'elle se consolidât, cette puissance monstrueuse, il conclut avec Charles le traité de Noyon (1516) qui permit au jeune prince de recueillir tranquillement toutes ses couronnes.

Cette amitié se rompit trois ans après, à propos de la dignité impériale, vacante par la mort de Maximilien. Charles et François Ier se la disputèrent. Les électeurs, trouvant les deux compétiteurs trop puissants, nommèrent Frédéric le Sage ; mais celui-ci refusa, et conseilla aux princes de choisir Charles d'Autriche, plus intéressé que personne à défendre l'Allemagne contre les Turcs, de jour en jour plus menaçants.

Charles d'Autriche devint donc l'empereur Charles-Quint et sa puissance, servie par une habileté supérieure, menaça l'indépendance des autres États. Ce fut l'honneur de la France de prendre, à ses risques et périls, la charge de résister au nouveau Charlemagne. Les forces des deux adversaires étaient d'ailleurs moins inégales qu'elles ne le paraissaient. La France formait un tout compacte, et déjà, dans une certaine mesure, homogène, qu'il était difficile d'entamer ; et ses ressources étaient aux mains d'une royauté qui ne trouvait devant elle aucune résistance.

Par le concordat, François Ier venait de placer le clergé sous sa main ; l'aristocratie féodale y était déjà et il se vantait d'avoir mis les rois *hors de page*. Charles-Quint, au contraire, rencontrait partout des résistances : en Espagne, les *comuneros*; en Flandre, les bourgeois; en Allemagne, les princes, plus tard les protestants; en Autriche, il avait à combattre un ennemi alors terrible, les Ottomans, et il lui était bien difficile de donner une même direction à tous ses moyens d'action, épars en tant de pays.

Les deux rivaux cherchèrent d'abord des alliés. François Ier ne réussit, à l'entrevue du camp du Drap d'Or, qu'à blesser l'amour-propre du roi d'Angleterre, Henri VIII, en l'éclipsant par son luxe élégant et ses grâces chevaleresques; Charles, plus modeste, gagna Wolsey, le ministre dirigeant de ce prince, en lui promettant la tiare, et s'assura l'alliance anglaise. Le pape Léon X se déclara également pour celui qui semblait pouvoir arrêter en Allemagne la fermentation de la Réforme.

François Ier commença les hostilités en reprochant à l'empereur, ce qui était vrai, de n'avoir pas exécuté une des principales clauses du traité de Noyon, la restitution de la Navarre française. Six mille hommes envahirent ce pays, et le duc de Bouillon attaqua le Luxembourg. Mais les Français furent battus en Castille, et les Impériaux auraient pris Mézières si Bayard ne s'était jeté dans la place (1521). En Italie, Lautrec, laissé sans ressources et obligé de céder à ses mercenaires suisses, qui demandaient *argent, congé* ou *bataille*, fut complétement battu à la Bicoque (1522). La perte du Milanais entraîna la défection de Venise et de Gênes. La même année, Charles-Quint faisait monter sur le trône pontifical son précepteur Adrien VI.

Pavie (1525); traités de Madrid (1526) et de Cambrai (1529). — La France fut alors menacée dans son existence par la trahison du connétable de Bourbon, le dernier des grands seigneurs féodaux, qu'une injustice avait jeté dans le camp de Charles-Quint. Il vainquit l'incapable Bonnivet à Biagrasso, où Bayard fut tué (1524) et conduisit les Impériaux en Provence. La difficulté d'y vivre, la résistance de Marseille, le soulèvement des paysans les obligèrent à se retirer en désordre. Les Français, le roi en tête, se précipitèrent à leur poursuite, et les rencontrèrent à Pavie. L'artillerie faisait merveille, lorsque François Ier, chargeant avec sa cavalerie, se jeta follement devant son propre feu. La bataille fut perdue; et le roi lui-même fut pris (1525).

L'Europe s'émut et se montra disposée à ne pas laisser succomber la France. L'Italie, menacée dans son indépendance ; Henri VIII que la gloire de Charles-Quint offusquait et dont le ministre Wolsey s'était vu joué deux fois par l'empereur qui avait donné à d'autres la tiare promise, entrèrent dans une ligue contre le vainqueur. Cependant François Ier, impatient de sortir de captivité, signait le désastreux traité de Madrid (1526) par lequel il cédait à Charles, sous la réserve de l'hommage, la province de Bourgogne, renonçait à Naples, à Milan, à Gênes, à la suzeraineté sur la Flandre et l'Artois, réintégrait Bourbon dans ses biens et promettait d'épouser la sœur de l'empereur, reine douairière de Portugal. Une fois libre, il fit déclarer par les députés de la Bourgogne, dans l'assemblée de Cognac, que le roi n'avait pas le droit d'aliéner une province du royaume. L'empereur traita de parjure François Ier, qui l'accusa de mensonge ; les deux princes se défièrent en combat singulier et la guerre recommença. L'Italie en fut la première victime. Bourbon y précipita une armée de luthériens fanatiques, dont le chef, Georges Frondsberg, voulait pendre le pape avec une chaîne d'or. Il fut tué sous les murs de Rome, mais sa horde ayant pris la ville, le vengea par d'abominables dévastations et par les plus odieuses cruautés (1527).

Lautrec, qui avait reconquis le Milanais, marchait sur Naples ; la défection de la flotte génoise compromit l'expédition : le général mourut de la peste, et la défaite de Landriano chassa encore une fois les Français de l'Italie. Charles-Quint y parut alors en maître ; il obligea les ducs de Ferrare, de Milan et de Mantoue, à se reconnaître vassaux de l'empire, la Savoie et le Montferrat à renoncer à l'alliance française, le pape Clément VII à le couronner roi d'Italie et empereur (1529). La France même signa le traité de Cambrai, moins dur que celui de Madrid, puisque l'empereur renonçait à la Bourgogne, mais aussi humiliant, car le roi de France livrait ses alliés d'Italie, abandonnait ses prétentions sur Naples, et reconnaissait Sforza comme duc de Milan (1529).

Alliances de François Ier, succès de Soliman. — François Ier prépara une revanche par des négociations qui montrent que l'esprit religieux, un des caractères du moyen âge, faisait place à l'esprit politique, seule nspiration des gouvernements dans les temps modernes. Il fit alliance avec les protestants d'Allemagne et Soliman, le sultan des Turcs, plus tard avec les réformés de Suède et de Danemark. Soliman (1520-1566), ami des arts, protecteur des lettres, auteur du code intitulé le *Khanounnamé*, mérita le triple surnom de *conquérant*, de *magnifique* et de *législateur*. En 1521, il avait pris Belgrade, le boulevard de la Hongrie ; en 1522, il avait enlevé Rhodes aux Hospitaliers malgré l'héroïque résistance du grand maître, Villiers de l'Isle-Adam, qui se défendit cinq mois ; enfin, en 1526, ayant passé le Danube avec deux cent mille hommes, il avait détruit l'armée hongroise à la fatale journée de Mohacz, où périt Louis II, e dernier des Jagellons. La couronne de Hongrie revenait à Ferdinand d'Autriche ; Soliman soutint contre ce frère de Charles-Quint un prétendant de race magyare, Jean Zapoly. Toute la Hongrie fut ravagée, Bude même tomba en son pouvoir, et il pénétra en Autriche jusque sous les murs de Vienne, qui repoussa vingt assauts. Le sultan pour faire oublier ce revers couronna de ses mains dans Bude son vassal, roi de Hongrie.

Deux ans après, il reparut en Autriche à la tête de trois cent mille hommes. Heureusement une petite place de Styrie, Grœtz, l'arrêta un mois. C'est pendant le siége de cette ville qu'il reçut la première ambassade de François Ier. Il comptait envahir l'Allemagne. Mais

Charles-Quint avait eu le temps de rassembler cent cinquante mille combattants. Luthériens et catholiques s'étaient donné la main contre le croissant, et François Ier n'osait appuyer son redoutable allié par une diversion sur le Rhin ou l'Italie. Il n'y eut point toutefois d'action générale. Au bout de six semaines, le sultan apprit qu'une flotte espagnole venait d'entrer dans les Dardanelles et menaçait Constantinople : il se retira (1532). Cependant la marine turque se développait, sous la direction du célèbre Khayr-Eddin Barberousse. Ce corsaire, devenu amiral des flottes ottomanes, parcourut la Méditerranée avec cent vaisseaux, et, pendant que le sultan enlevait, en Asie, Tauris et Bagdad aux Persans, il s'empara de Tunis, qui devint un nouveau nid de pirates pour tout le littoral d'Espagne et d'Italie. Charles-Quint dirigea contre eux deux expéditions. Dans la première, avec quatre cents vaisseaux commandés par Doria, il s'empara de la Goulette à l'entrée du golfe de Tunis, et délivra vingt-deux mille captifs (1535); mais, moins heureux six ans après à Alger, il vit sa flotte dispersée par une tempête, et eut peine à sauver quelques débris. L'empereur protégea mieux le commerce des peuples chrétiens, en cédant l'île de Malte aux chevaliers de Rhodes, qui continrent longtemps les pirates. Tandis que Charles-Quint prenait le rôle de défenseur de la chrétienté, François Ier paraissait en être l'ennemi. L'année même de l'expédition de Tunis, il avait signé avec Soliman le premier de ces traités appelés *capitulations*.

Nouvelle guerre entre Charles-Quint et François Ier. — C'est au retour de la première de ces expéditions, alors que l'empereur était dans toute l'infatuation de sa gloire, qu'il provoqua, par un guet-apens, une nouvelle guerre contre la France, en faisant saisir et exécuter un agent que le roi envoyait à Constantinople. Une seconde invasion en Provence ne lui réussit pas mieux que la première. Il trouva un pays systématiquement dévasté par Montmorency qui refusa de lui livrer bataille et il fit une retraite désastreuse (1536).

François Ier le cita alors devant le parlement, comme vassal félon à cause de ses fiefs de Flandre et d'Artois. La lutte semblait devoir être violente, une grande victoire de Soliman à Essek sur les Autrichiens et les ravages de Barberousse rendirent l'empereur plus pacifique, et François Ier, content d'avoir conquis le Piémont, signa à Nice, sous la médiation du pape, une trêve de dix ans avec son rival (1538). Les deux souverains parurent réconciliés. En 1540, Gand s'étant révoltée, François offrit à Charles de passer par la France pour aller la soumettre. L'empereur accepta et promit de rendre le Milanais. Mais, à peine en Flandre, il nia sa promesse, et fit encore assassiner deux envoyés français qui se rendaient en Turquie. Cet attentat et l'insuccès d'Alger décidèrent François Ier à reprendre les armes. Sa flotte, unie à celle de Barberousse enleva Nice, et le duc d'Enghien gagna la belle victoire de Cérisoles (1544). Mais au nord, Charles-Quint pénétra jusqu'à Château-Thierry, à quinze lieues de Paris, tandis que le roi d'Angleterre son allié assiégeait Boulogne. La disette et la maladie arrêtèrent les impériaux qui signèrent la paix de Crespy (1544) à la condition de restitutions mutuelles. Henri VIII continua la guerre et prit Boulogne, mais pour la rendre, moyennant deux millions, par le traité d'Ardres (1546). L'année suivante, François Ier mourut.

Abdication de Charles-Quint (1556). — Cette mort sembla d'abord laisser Charles-Quint libre enfin de rétablir l'empire de Charlemagne, car depuis cette époque, Soliman fut surtout occupé de guerres en Asie contre les Persans, et les Hongrois paraissaient suffire à contenir les Ottomans sur le Danube. On a vu que les protestants formaient déjà un corps puissant en Allemagne. L'Empereur voulut les accabler avant que la France pût les soutenir, et il les vainquit à Muhlberg (24 avril 1547) par la trahison de Maurice de Saxe et dicta l'intérim d'Augsbourg qui mécontenta tout le monde. Le nouveau roi de France, Henri II, en profita pour se déclarer le protecteur des libertés germaniques. Il entra en Lorraine, s'empara des Trois-Évêchés, Metz, Toul et Verdun (1551), tandis que les protestants surprenaient l'empereur et l'obligeaient à fuir en Italie. Charles leur accorda par la transaction de Passau la liberté de conscience (1552) et se retourna contre la France, sa vieille ennemie, pour se venger de cette humiliation. Sa fortune se brisa contre Metz ; alors, fatigué de tant de luttes inutiles, il renonça à ses couronnes d'Espagne, d'Italie et des Pays-Bas en faveur de son fils Philippe II (1556), puis à l'empire qu'il céda à son frère, l'archiduc Ferdinand, déjà roi des Romains. A partir de ce moment, la maison d'Autriche se sépara en deux branches, et la vaste domination de Charles-Quint fut pour jamais divisée (1556).

Continuation de la lutte entre les maisons de France et d'Autriche (1558-1559). — Ainsi la France n'était pas entamée, et Charles-Quint n'avait pu réaliser son rêve d'une monarchie universelle. L'Allemagne avait aussi gardé ses libertés, c'est-à-dire ses divisions. Seule l'Italie se trouvait aux mains des Espagnols, cantonnés à Naples et à Milan. Un pape énergique, Paul IV, entreprit de les chasser ; il comptait pour y réussir sur la France. La guerre continua donc. Une armée française fut dirigée vers les Pays-Bas ; une autre sur l'Italie : on voulait réduire Philippe II à l'Espagne.

Déjà le duc de Guise avait traversé le Milanais et marchait sur Naples, quand il fut rappelé en France par la défaite de Saint-Quentin. Ce hardi capitaine frappa un grand coup : il assiégea Calais à l'improviste, en plein hiver, et la prit au bout de huit jours (1558) ; mais les Espagnols étaient toujours sur la Somme et une défaite du maréchal de Thermes à Gravelines ôta l'espoir de les en chasser rapidement. L'Italie était d'ailleurs à leur discrétion et le plan conçu devenait inexécutable. Henri II négocia le traité du Cateau-Cambrésis par lequel la France rendait au duc de Savoie ses États, moins quelques villes, Sienne aux Médicis, la Corse aux Génois ; mais elle gardait les Trois-Évêchés et, moyennant cinq cent mille couronnes, la ville de Calais (1559).

La domination espagnole était donc affermie au nord et au midi de la péninsule italienne, et les princes, qui y subsistaient encore, n'avaient plus qu'une ombre d'indépendance. Nos rois avaient jeté la France dans ces guerres pour conquérir Naples et Milan, et c'est à l'Espagne qu'ils les avaient données. Mais à la faveur de ces rivalités princières qui avaient occupé, durant quarante années, l'attention et les forces des monarques, la réforme s'était étendue sur une moitié de l'Europe, et la paix de Cateau-Cambrésis n'avait mis fin aux guerres d'Italie, que pour permettre aux rois de France et d'Espagne de commencer, avec l'aide du pape et du clergé catholique, les guerres religieuses.

LXII

LES GUERRES DE RELIGION DANS L'EUROPE OCCIDENTALE (1559-1598)

Philippe II. — L'Église restaurée pouvait maintenant combattre par la parole ; il lui fallait un bras pour combattre aussi par l'épée. Elle en eut deux : au seizième siècle, le fils de Charles-Quint et son successeur en Espagne, Philippe II ; au dix-septième l'héritier de ses possessions allemandes, Ferdinand II d'Autriche.

Philippe II, que les protestants ont appelé le *démon du midi*, était maître de la Sicile et de la Sardaigne, de Naples et de Milan, en Italie ; de la Flandre, de l'Artois, de la Franche-Comté et du Roussillon en France ; des Pays-Bas aux bouches de l'Escaut, de la Meuse et du Rhin ; de Tunis, d'Oran, du cap Vert et des Canaries, en Afrique ; du Mexique, du Pérou, du Chili et des

Antilles, en Amérique ; enfin des Philippines dans l'Océanie. Il avait des ports sans nombre, une flotte puissante, les troupes les mieux disciplinées, les plus habiles généraux de l'Europe, et les trésors inépuisables du nouveau monde. Il accrut encore cette domination, en 1581, par l'acquisition du Portugal, et de son immense Empire colonial; le soleil ne se couchait pas sur ses États et l'on disait alors : « Quand l'Espagne remue, le monde tremble. »

Tant de puissance ne suffisait pas à son ambition. Catholique, il haïssait les protestants; roi absolu, il les redoutait. Par intérêt et par conviction, il se fit le chef armé du catholicisme qui pouvait, en reconnaissance, le porter au suprême pouvoir dans l'Europe occidentale. Ce fut la pensée de toute sa vie et il ne recula devant aucun moyen pour écraser ce principe ennemi. Il consacra à cette lutte de rares talents ; il y dépensa toutes ses forces militaires, tout son or qu'il jeta à pleines mains pour soudoyer, en Hollande, l'assassinat; en Angleterre, la conspiration; en France, la guerre civile. On verra avec quel succès.

Caractère de cette période. — Lorsque les deux rois de France et d'Espagne avaient signé la paix de Cateau-Cambrésis (1559), c'était pour porter dans le gouvernement l'esprit nouveau qui animait l'église et livrer à l'hérésie un combat sans pitié. L'un se chargea de l'étouffer en France, l'autre de l'empêcher de naître en Italie et en Espagne, puis de l'écraser aux Pays-Bas et en Angleterre.

Henri II mort, ses fils, les derniers Valois, continuèrent son dessein, et n'eurent d'abord besoin que des conseils de l'Espagne. Le premier, François, régna moins d'un an et demi (1559-60); le second, Charles IX, en avait 24 quand il mourut (1574) ; le troisième (1574-1589), qui seul arriva à l'âge d'homme, resta toujours dans une sorte de minorité d'où il ne sortait que par des emportements. Cette lignée des Valois était donc incapable de conduire en France la grande bataille des croyances. Mais à côté ou en face d'eux, se trouvaient des esprits plus fortement trempés pour le bien ou pour le mal : Catherine de Médicis, leur mère, caractère sans scrupule; les Guise, oncles de la reine d'Écosse, Marie Stuart, qui organisèrent les catholiques en parti, quand ils virent les protestants former une faction autour des princes de la maison de Bourbon, leurs rivaux; Condé; Coligny qui, au point de vue moral, leur est supérieur à tous; aux Pays-Bas, le Taciturne ou prince d'Orange; en Angleterre, Élisabeth, fille de Henri VIII et qui avait été durant le règne de sa sœur Marie, l'espoir des protestants Anglais.

Dans la guerre que ces chefs vont conduire, il y aura bien des intérêts divers : les Hollandais voudront leur liberté, l'Angleterre son indépendance, les villes de France leurs anciens droits de commune, la féodalité provinciale ses vieux priviléges. Mais la forme religieuse, qui est celle du temps, recouvre alors toute chose et, à considérer l'ensemble du haut du Vatican ou de l'Escurial, on reconnaît que le but supérieur poursuivi dans l'Europe occidentale, durant la seconde moitié du seizième siècle, est le triomphe de l'Église, telle que le concile de Trente l'a constituée, et celui du roi d'Espagne son chef militaire.

La France, principal champ de bataille des deux partis. Première guerre (1562-3). — L'engagement pris à Cateau-Cambrésis par les deux rois avait été aussitôt tenu. En France, Anne Dubourg monta sur un bûcher et l'édit d'Écouen menaça de mort les protestants. En Espagne, Philippe II faisait célébrer des auto-da-fé en sa présence, afin de montrer à ses gouverneurs de province qu'ils ne devaient accorder aux hérétiques aucune pitié; à Naples, dans le Milanais, tous ceux qu'on put trouver périrent. L'Archevêque de Tolède fut même persécuté pour ses opinions; et des édits sanglants portèrent l'effroi aux Pays-Bas, où la création de nouveaux évêchés fut pour la population l'annonce d'une plus étroite surveillance. A cette déclaration de guerre faite à l'hérésie, répondirent, dès l'année 1559, les actes du parlement d'Angleterre qui reconnut Élisabeth comme chef suprême de l'Église anglicane ; la sécularisation de tous les évêchés du Brandebourg et la suppression de l'ordre religieux et militaire des chevaliers Porte-Glaive de Livonie. Ainsi la réforme s'affirmait et s'étendait depuis la mer d'Irlande jusqu'au fond de la Baltique, malgré les foudres de Rome et les menaces de deux puissants rois.

Elle essaya même de gagner la France par un complot, celui d'Amboise qui faillit réussir et que les Guise déjouèrent en versant des flots de sang (1560). En vain un grand magistrat, L'Hôpital, parla de modération et de tolérance à ces furieux qui n'écoutaient que leurs passions ; le massacre de Vassy (1562) inaugura une guerre qui ne finit qu'en 1598 et durant laquelle la France fut le principal champ de bataille des deux partis. Ce caractère se marqua dès les premières hostilités. Aussitôt que Philippe II apprit que l'épée avait été tirée, il envoya à Montluc « le boucher catholique » dans le midi, 3000 de ses meilleurs soldats et en dirigea d'autres des Pays-Bas sur Paris. En même temps les protestants d'Allemagne donnaient 7000 hommes à Condé à qui Élisabeth faisait aussi passer des renforts et de l'argent. La défaite de ce prince à Dreux et la mort du duc de Guise assassiné devant Orléans rendirent l'influence aux pacifiques ; Catherine de Médicis accorda aux protestants l'édit d'Amboise (1563) dont les principales dispositions se retrouveront dans le dernier édit de pacification, celui de Nantes, preuve de l'inutilité de ces trente-six années de meurtres, de ravages et d'incendies.

Succès du catholicisme aux Pays-Bas et en France (1564-1568). Le tribunal de sang (1567). — La paix d'Amboise irrita l'Espagne et Rome. Pie V, qui avait été grand inquisiteur avant d'être pape, reprocha à Catherine sa faiblesse, et Philippe II envoya au-devant d'elle, à Bayonne, durant un voyage qu'elle fit dans le midi, le plus impitoyable de ses lieutenants, le duc d'Albe, qui jeta dans l'esprit de la reine le germe de la Saint-Barthélemy en lui enseignant la politique de son maître qui consistait à se débarrasser des chefs par l'assassinat (1565). Enfin les jésuites se répandaient partout, et partout préparaient contre l'hérésie un combat mortel. Cette fois ce fut aux Pays-Bas que le feu éclata; de là, il gagna la France.

Il y avait comme une invasion d'Espagnols dans ces provinces, et chez un peuple où la vie municipale avait toujours été si forte, ils apportèrent l'esprit du despotisme. La publication des décrets du concile de Trente fut le signal de l'insurrection. Les nobles, menacés de perdre leur liberté religieuse et politique, s'engagèrent par le *compromis* de Bréda (1466) à se prêter mutuelle assistance pour obtenir le redressement de leurs griefs; et le peuple, au sein duquel la réforme avait déjà fait de grands progrès, se rua, avec la violence aveugle des foules, sur les églises, brisa les images des saints, renversa les autels et brûla les chaires. Effrayée de ces excès démagogiques, la noblesse, se tint à l'écart et l'émeute, isolée, tomba bientôt. Mais Philippe entendait faire un exemple : il envoya aux Pays-Bas le duc d'Albe qui institua le *tribunal de sang* : 18 000 personnes périrent sur l'échafaud, parmi lesquelles les comtes de Horn et d'Egmont; 30 000 furent dépouillés de leurs biens; 100 000 sortirent du pays, et un impôt désastreux, l'Alcavala, ruina la fortune de ceux qui n'émigrèrent pas.

Le contre-coup de ces événements retentit dans la France qui vit éclater successivement la seconde guerre civile (1567) marquée par la bataille de Saint-Denis, et la troisième (1568) où des Italiens soudoyés par Pie V, des Espagnols envoyés par le duc d'Albe et des Allemands catholiques combattirent à Jarnac (mort de Condé), et à Moncontour (défaite de Coligny) contre les protestants de tout pays.

La victoire restait donc aux catholiques : en France, victoire indécise qui oblige Catherine à signer la paix de Saint-Germain (1570) afin de se donner le temps de chercher « autre chose »; aux Pays-Bas, victoire complète, du moins en apparence, et préparatifs d'une descente en Angleterre où depuis 1563 l'or est habilement semé pour entretenir l'agitation; en Espagne, répression implacable de toute tentative pour échapper à l'étreinte politique et religieuse. La colère du roi plane sur toutes les têtes : il pousse en 1568 son fils au suicide, sa femme à la mort, les Mauresques des Alpujarras à la révolte; il établit l'inquisition dans les colonies espagnoles et, d'un bout à l'autre de sa monarchie, règnent le silence et la terreur. Le catholicisme n'éprouve dans cette période qu'un échec sérieux : les fautes et la chute de Marie Stuart (1568) assurent en Écosse la victoire aux réformés.

Dispersion des forces de l'Espagne; victoire de Lépante (1571). — Cependant les forces de l'Espagne se dispersaient de tous côtés. Beaucoup d'argent était dépensé, beaucoup de soldats étaient employés: dans l'Andalousie, contre les Maures, qui, soutenus par l'Angleterre, résistèrent jusqu'en 1571; sur la Méditerranée, contre les Turcs, dont les progrès continuaient (conquête de Chypre en 1570); aux Pays-Bas, contre les *gueux*, qui, le long des côtes, aux embouchures des fleuves, arrêtaient les navires espagnols et, en empêchant le ravitaillement des places, jetaient l'inquiétude chez les uns, l'espérance chez les autres; à Naples, à Milan, à la côte d'Afrique, où les Espagnols avaient à défendre leurs *présides* contre les Marocains; dans les colonies, au Mexique, au Pérou, où il fallait de grosses garnisons. L'Espagne s'épuisait d'hommes pour dominer le monde.

La guerre contre les Turcs, seule honorable, était ruineuse : ainsi en 1558, une escadre et une armée dirigées contre Tlemcen périssent; l'année suivante 15 000 soldats montés sur 200 vaisseaux veulent enlever Tripoli et éprouvent un affreux désastre; quatre ans après, c'est la flotte de Naples qui est détruite par la tempête et, en 1565, Soliman qui avait déjà pris Rhodes aux Chevaliers vient les assiéger dans Malte que le grand maître, la Valette, réussit à sauver. Ces efforts des Turcs pour se rendre maîtres de toute la Méditerranée obligèrent Philippe II à porter de ce côté une grande partie de ses ressources. Après la perte de Chypre, il réunit 300 navires montés par 80 000 soldats ou rameurs, et son frère naturel, Don Juan d'Autriche, gagna la fameuse mais inutile victoire de Lépante (1571). « Quand nous vous prenons un royaume, disait Sélim à l'ambassadeur vénitien, nous vous arrachons un bras; quand vous dispersez notre flotte, vous nous rasez la barbe, ce qui ne l'empêche pas de repousser » et il arma en effet, presqu'aussitôt, 250 navires.

Conspirations catholiques en Angleterre et en France. — Ces dépenses d'hommes et d'argent ne laissaient à Philippe pour les affaires de France et d'Angleterre que la ressource des conspirations. La victoire de Lépante les encouragea, et le duc de Norfolk essaya de renverser Élisabeth au profit de Marie Stuart, tandis que Catherine de Médicis cherchait à en finir avec le parti calviniste par la Saint-Barthélemy.

Lorsque le meurtre de Darnley, l'époux de Marie Stuart, par le comte de Bothwell (1567) et le mariage de la reine avec l'assassin eurent soulevé contre elle l'Écosse entière, Marie s'était réfugiée auprès d'Élisabeth qui la retint captive contre tout droit (1568). Presque aussitôt l'expiation de l'injustice commença, et l'Angleterre ne cessa plus d'être agitée par les complots des catholiques pour délivrer la prisonnière. Philippe II pensionna les Anglais réfugiés sur le continent, et il ouvrit à leurs prêtres les séminaires des Flandres, pour tenir la côte britannique sous la menace perpétuelle d'une invasion plus redoutable que celle d'une armée de soldats. En 1569 le pape excommunia Élisabeth et plusieurs lords réunirent une petite armée qui portait peint sur sa bannière Jésus-Christ avec les cinq plaies saignantes. L'année suivante, nouvelle révolte qui fut, comme la première comprimée; troisième tentative, en 1572 par le duc de Norfolk à qui Marie Stuart avait promis sa main et qui monta sur l'échafaud.

En Angleterre, le protestantisme se défend, en France on croirait qu'il va périr. Depuis la paix de Saint-Germain, Coligny avait conquis une grande influence sur l'esprit du jeune roi Charles IX. Il voulait conduire les protestants à la conquête des Pays-Bas Espagnols en sorte que, du même coup, il aurait fini en France les guerres civiles et commencé une guerre nationale. L'exécution de ce grand dessein se préparait, quand un assassin de profession aux gages de la maison de Guise, blessa l'amiral et l'on décida le roi à le laisser achever. Ce fut l'abominable massacre de la Saint-Barthélemy, au sujet duquel le roi reçut les enthousiastes félicitations des cours de Rome et d'Espagne : « Soyez bien persuadé, lui écrivait Philippe II, qu'en faisant les affaires de Dieu, vous ferez encore mieux les vôtres. » Voilà le mot de cette politique à la fois atroce et odieuse qui masquait de piété son ambition toute terrestre.

Progrès des protestants (1573-1587). — Le protestantisme mutilé et sanglant se releva plus fort. Malgré la perte de ses plus vaillants capitaines et de l'élite de ses soldats, le parti calviniste courut aux armes après la Saint-Barthélemy et, à la paix de la Rochelle, se fit reconnaître la liberté de conscience. Ce crime politique du 24 août avait donc été, comme il arrive toujours, inutile. Lorsque Henri III, esprit distingué, mais cœur pervers, eut succédé, en 1574, à Charles IX, il se trouva en face de trois partis qu'il fut incapable de dominer : les *politiques* conduits par son dernier frère, François d'Alençon, les calvinistes qui reconnaissaient pour chef Henri de Béarn, roi de Navarre, et les catholiques exaltés que Henri de Guise organisa, à partir de 1576, en une faction, la Ligue, dirigée aussi bien contre le roi que contre les huguenots. Des guerres et des traités sans importance conduisent jusqu'à l'année 1584 où le duc d'Alençon mourut. Henri III n'ayant point de fils, c'était le chef des protestants, le Béarnais, qui devenait l'héritier présomptif de la couronne. Dans la guerre des trois Henri, il consacra ses droits par la brillante victoire de Coutras (1587), de sorte qu'à cette heure on put croire que les guerres de religion allaient, en France, élever un hérétique au trône de saint Louis, malgré l'excommunication du pape qui, contre tout droit, déclarait Henri de Navarre indigne de succéder à la couronne.

Aux Pays-Bas, même succès. Après avoir fait longtemps la guerre de pirates qui ne finissait rien, les *gueux* entreprirent la guerre sur terre qui pouvait commencer quelque chose : en 1572, ils s'emparèrent de Briel, et aussitôt les deux provinces de Hollande et de Zélande prirent les armes.

Soutenus par les protestants d'Allemagne, d'Angleterre et de France, servis par la nature de leur pays entrecoupé de canaux, et surtout commandés par Guillaume de Nassau, prince d'Orange, qu'on surnommait *le Taciturne*, malgré son éloquence, et qui savait, aussi bien que Coligny, son beau-père, tirer avantage même des revers, les insurgés se défendirent avec succès. La violence ayant échoué, Philippe voulut essayer de la douceur, et remplaça le duc d'Albe. Mais l'armée, laissée sans solde et sans vivres, saccagea les principales villes, et l'irritation commune produisit la confédération de Gand (1576) qui réunit pour un moment tous les Pays-Bas contre la domination espagnole. Malheureusement l'union ne pouvait se maintenir longtemps entre les dix provinces Wallones (Belgique) qui étaient manufacturières et catholiques, et les provinces bataves (Pays-Bas ou Hollande) qui étaient commerçantes et calvinistes. L'opposition des intérêts et des croyances devait amener l'opposition des vues politiques. En 1579, en effet, les Wallons reconnurent pour roi Philippe II, par le traité de Maëstricht. En revanche, les provinces du nord resserrèrent leur union à Utrecht, et se constituèrent en république, avec Guillaume d'Orange pour *stathouder* ou gouverneur général. Deux ans plus tard, les États généraux de la Haye, capitale fédérale des Provinces-Unies, se séparèrent solennellement de la couronne d'Espagne, et déclarèrent Philippe II déchu de toute autorité dans les **Pays-Bas.**

Le roi avait mis à prix la tête du Taciturne; un coquin voulut gagner cet argent et tua le stathouder (1584); mais déjà la liberté des Provinces-Unies ne tenait plus à la vie d'un homme. Les Hollandais surent défendre leur indépendance, même contre le duc de Parme, l'habile Farnèse, aidés qu'ils furent par l'Angleterre qui, en 1585, leur envoya 6000 hommes et par la France où le duc fut obligé d'aller deux fois au secours de la Ligue, la dernière fois pour y mourir. Ainsi aux Pays-Bas, la guerre entreprise par les catholiques aura pour résultat de faire asseoir un nouveau peuple parmi les nations.

L'Angleterre et l'Espagne ne s'étaient pas encore prises corps à corps. Élisabeth envoyait cependant à tous les ennemis de Philippe II des armes, des soldats, de l'argent, et par de hardis corsaires faisait au commerce espagnol une guerre désastreuse. Drake, en 1577, pilla toutes les villes de la côte du Chili et du Pérou, captura un nombre considérable de navires et, après avoir fait le tour du monde, revint au bout de trois ans avec un immense butin. Cavendish, en 1585, dévasta une seconde fois les établissements espagnols, tandis que les Hollandais désolaient ceux du Portugal, devenus depuis 1580 une province de l'Espagne; et le roi ne pouvait se venger, puisque ses deux ennemis n'avaient alors ni comptoirs ni commerce et qu'il n'y avait pas, hors de leur territoire, de points vulnérables où l'on pût les frapper. Contre Élisabeth, il était donc réduit à la triste ressource des conspirations, et la cruelle situation faite par la reine aux catholiques Anglais les rendait faciles. Une année, 200 personnes furent décapitées, car les protestants ne pratiquaient pas plus la tolérance que leurs adversaires, et des deux côtés on défendait le ciel par des supplices ou des assassinats. Une dernière tentative pour tuer la reine d'Angleterre la décida à envoyer Marie Stuart à l'échafaud (1587), et avec la tête de la nièce des Guise tombèrent toutes les espérances d'une restauration catholique dans la Grande-Bretagne.

Défaite de l'Espagne et de l'Ultramontanisme (1588-1598). — Le parti ultramontain vaincu aux Pays-Bas et en Angleterre, menacé en France, se décida à un effort suprême. Dès 1584, les Guise avaient traité avec Philippe II et ranimé la Ligue. Lui-même épuisa toutes les ressources de ses États pour organiser une flotte et une armée capables de ramener les Pays-Bas et l'Angleterre, ensuite la France, sous la foi catholique et la loi de l'Espagne. Le 3 juin 1588 *l'invincible Armada* sortit du Tage; elle devait débarquer en Angleterre une armée de 50 000 hommes. La tempête, les marins anglais et flamands avec leurs brûlots eurent raison de cette œuvre d'orgueil. Un dessein auquel Philippe II avait travaillé cinq ans et réfléchi dix-huit échoua en quelques jours.

Au moment où Philippe II croyait que son Armada allait le ramener victorieux à Londres, Guise, son meilleur allié, entrait triomphant dans Paris (Journée des Barricades, mai 1588), d'où le roi s'échappait en fugitif. Mais la flotte espagnole détruite, Henri se reprit à espérer; il attira son rival à Blois et l'y fit tuer; puis, s'unissant à l'hérétique roi de Navarre, il revint assiéger sa capitale. Un moine l'assassina dans son camp (1589).

Le Béarnais fut aussitôt proclamé roi de France sous le nom de Henri IV. Si beaucoup de catholiques l'abandonnèrent, il lui arriva 7000 Anglais, 2000 Hollandais 12 000 Allemands qui lui permirent de tenir tête aux Espagnols et aux Italiens accourus au secours de la Ligue. Les combats d'Arques et d'Ivry consolidèrent sa fortune et sa renommée (1590). Deux fois Farnèse vint lui arracher Paris et Rouen (1591). Mais les excès démagogiques des Seize, la lassitude générale et l'imprudence de Philippe II qui demanda aux États généraux de 1593 la couronne de France pour sa fille Isabelle qu'il comptait marier à un archiduc d'Autriche, rallièrent à Henri IV les *politiques* et bientôt tous les bons citoyens, surtout après qu'il eut abjuré à Saint-Denis, « parce que Paris valait bien une messe » (1593).

La Ligue n'avait plus de raison d'être. Elle retarda, mais ne put empêcher le triomphe du Béarnais. Brissac lui vendit Paris, d'où il chassa la garnison espagnole (1594) et, quelques mois après, l'absolution pontificale consacra ses droits aux yeux mêmes des ligueurs. Force fut bien alors aux chefs de le reconnaître. Le duc de Guise céda comme Villars, Brancas et Mayenne ; mais tous aussi, comme Brissac, se firent acheter leur soumission. Une courte guerre avec l'Espagne, signalée par le combat de Fontaine-Française et le siège d'Amiens (1597), amena la paix de Vervins qui rétablit les limites des deux royaumes sur le pied du traité de Cateau-Cambrésis (1598). Trois semaines auparavant, il avait assuré la paix intérieure, en signant l'édit de Nantes, qui donnait aux protestants la liberté de conscience partout, la liberté du culte dans l'intérieur des châteaux et dans un grand nombre de villes ; des chambres mi-parties dans les parlements du midi ; des places de sûreté ; enfin, ce qui les constituait comme un Etat dans l'État, le droit de s'assembler par députés tous les trois ans, pour présenter au gouvernement leurs réclamations.

LXIII

RÉSULTATS DES GUERRES DE RELIGION DANS L'EUROPE OCCIDENTALE

Décadence et ruine de l'Espagne. — Il n'y a pas dans l'histoire de plus grande leçon morale que celle qui nous est donnée par le règne de Philippe II, de cet homme qui, pour dominer les volontés et les consciences, mit au service de son ambition des ressources en apparence inépuisalbes, et une énergie ne reculant devant rien, attendu que tout semblait légitime à cet esprit troublé par un double fanatisme politique et religieux. Dans l'œuvre que le pape et le roi poursuivirent en commun, l'Église fut l'instrument bien plus que le principe, car la restauration catholique devait être l'affermissement de la domination espagnole. Et quand Philippe II eut versé, pour atteindre ce but, des flots de sang, il se trouva que ce qu'il avait tué, ce n'était ni l'hérésie ni la liberté des peuples, mais l'Espagne. Tout y dépérissait. Le commerce et l'industrie cruellement atteints par l'expulsion des Juifs et des Maures, le furent plus encore par les monopoles que le gouvernement constitua. L'agriculture succombait sous les ravages périodiques des troupeaux de la *Mesta*; la population décimée par la guerre et par l'émigration, l'était aussi par la multiplication des couvents : on comptait en Espagne près d'un million d'hommes d'église. Par toutes ces causes, le travail diminuait, et le pays était forcé d'acheter au dehors ce qu'il ne savait plus produire. L'or d'Amérique traversait donc l'Espagne sans la féconder, et s'écoulait rapidement vers les peuples producteurs. Ainsi s'explique le fait qui surprit tant les contemporains que le possesseur des plus riches dépôts métalliques du monde fut obligé deux fois (1575 et 1596) de suspendre ses payements, et qu'il laissa une dette d'un milliard. On ne savait pas encore que la vraie richesse n'est pas l'or qui la représente, mais le travail qui la crée.

Philippe II mourut en 1598, quatre mois après l'édit de Nantes et le traité de Vervins, c'est-à-dire après avoir vu l'écroulement de tous ses desseins et l'affermissement de ses deux grands adversaires, Henri IV et Élisabeth, sur leur trône glorieusement reconquis ou conservé. Un siècle plus tard, le marquis de Torcy disait : « L'Espagne est un corps sans âme ; » et l'on a vu que l'Italie partageait le sort de l'Espagne.

Prospérité de l'Angleterre et de la Hollande. — Les périls auxquels l'Angleterre venait d'échapper, conspirations intérieures et guerre étrangère, avaient permis à Élisabeth d'achever l'œuvre des Tudors, en constituant la royauté la plus absolue qui fut jamais. Chef de l'Église, elle poursuivit les non-conformistes avec cruauté et pour lui permettre de mieux atteindre leurs adversaires, les anglicans lui livrèrent les libertés publiques. Le jury était à peu près supprimé ; au parlement, aucune voix n'osait s'élever contre les ministres et « dans les procès de haute trahison, qui étaient intentés sous le plus léger prétexte, les cours de justice différaient peu de vraies cavernes d'assassins. » Voilà ce que la guerre des Deux Roses, la Réforme et les haines religieuses avaient fait de la libre Angleterre. Sous ce despotisme, couvait une révolution qui éclatera contre le second successeur d'Élisabeth.

Du moins, avait-elle développé pour son pays toutes les sources de richesse en favorisant la marine et le commerce, la création de la Bourse de Londres, la colonisation de la Virginie, d'où l'on rapporta la pomme de terre et le tabac, l'émigration en Angleterre des Flamands, qui fuyaient la tyrannie espagnole, et firent profiter leur patrie d'adoption de leur habileté industrielle et commerciale. Sous la reine Élisabeth, vécurent un des plus grands poëtes dramatiques du monde, Shakespeare, et un philosophe, Bacon, qui provoqua une révolution salutaire pour les sciences en faisant prévaloir enfin la méthode expérimentale.

Les Hollandais, tout en défendant contre Philippe II leur sol à demi noyé, s'étaient déjà fait les rouliers de l'Océan et les moissonneurs de la mer. Ils changeaient leurs tonnes de harengs contre des tonnes d'or, en allant approvisionner de salaisons les pays catholiques où la pratique du maigre en faisait une nécessité. Dans une seule année, les pêcheurs versèrent cinq millions de florins dans le trésor comme leur part d'impôt. En outre, ils faisaient la *commission*, prenaient les marchandises où elles étaient à vil prix pour les porter là où elles manquaient. Philippe II leur avait fermé Lisbonne, ils allèrent chercher les denrées de l'Orient aux lieux de production, et, par la conquête des Moluques, jetèrent les fondements d'un nouvel empire colonial que la compagnie des Grandes-Indes, organisée en 1602, développa et affermit. Les deux provinces de Hollande et de Zélande possédaient à elles seules 70 000 matelots aux mains desquels va passer tout le commerce de l'Espagne et du Portugal.

Réorganisation de la France par Henri IV (1598-1610). — Henri IV avait donné à la France, par le traité de Vervins et l'édit de Nantes, la paix au dedans et au dehors; il restait à fermer les plaies du pays. Les finances étaient dans l'état le plus déplorable; la dette publique montait peut-être à treize cents millions de notre monnaie et le trésor touchait à peine trente millions par an. Henri IV choisit pour surintendant des finances un homme de guerre, le fidèle compagnon de sa fortune, Sully. Ce ministre énergique et dévoué fit rendre gorge aux traitants, vérifia par lui-même le produit des impôts et ne les afferma qu'à un taux convenable. En moins de douze ans, quoique la taille eût été réduite de quatre millions, les services publics furent assurés, cent quarante-sept millions de dettes payés, quatre-vingt millions de domaines rachetés et une épargne de vingt millions mise en réserve dans les caves de la Bastille.

« Le labourage et le pâturage, disait Sully, sont les deux mamelles dont la France est alimentée, et les vrais mines et trésors du Pérou. » Il décréta donc le desséchement des marais, prohiba le déboisement du sol, permit la libre exportation des grains. Il fut défendu aux collecteurs de la taille de saisir les bestiaux ou les instruments de labourage. Enfin, un grand agronome, Olivier de Serres, popularisa par ses ouvrages les vrais préceptes de la culture et de l'économie rurale. Sully méprisait l'industrie; mais le roi, moins exclusif, fit planter cinquante mille mûriers, releva les fabriques de Lyon, de Nîmes et de Tours qu'avait établies François Ier. Il fonda des manufactures de verrerie et de faïence à Nevers et à Paris, conclut des traités de commerce avec la Hollande et l'Angleterre, rendit à la France le monopole du commerce en Orient et fit bâtir par Champlain la ville de Québec au Canada (1608).

Henri IV rêvait de donner le repos à l'Europe, comme il le donnait à la France. Il avait conçu le plan d'une grande confédération des États européens avec une diète pour juger les différends internationaux. Il allait entreprendre, dans ce but, une guerre contre l'Autriche, et déjà il entrait en campagne avec quarante mille hommes, à l'occasion de la succession de Clèves et de Juliers, quand le poignard de Ravaillac sauva l'Autriche (1610).

Telles furent donc les suites de la formidable entreprise dirigée par la papauté et l'Espagne contre l'esprit moderne qui s'éveillait. L'indépendance de l'Europe était sauvée; la tolérance avait gagné sa première victoire et la liberté de l'esprit pouvait commencer. Un État nouveau, les Provinces-Unies, allait traiter d'égal à égal avec les rois les plus glorieux; un État ancien, l'Angleterre avait eu la révélation de sa puissance future; la France était placée par un grand prince à la tête de l'Europe; l'Espagne, enfin, tombait des mains de Philippe II épuisée, haletante, et l'inquisition romaine faisait de l'Italie, pour trois siècles, la terre des morts.

LXIV

LES GUERRES DE RELIGION DANS L'EUROPE CENTRALE (1618-1648), OU GUERRE DE TRENTE ANS

Préliminaires de la guerre de Trente ans (1555-1618). — La lutte de l'ultramontanisme contre la Réforme, après la restauration catholique accomplie par le concile de Trente et la papauté, avait éclaté d'abord dans l'Europe occidentale. Vaincu en France, aux Pays-Bas, en Angleterre, en Écosse, et contraint de subir l'édit de tolérance proclamé à Nantes, en 1598, l'ultramontanisme essaya vingt ans plus tard de regagner l'Allemagne et les pays du Nord. La première guerre avait duré trente-six ans (1562-1598), et couvert de ruines tous les pays situés entre les Pyrénées et la mer du Nord; la seconde en dura trente (1618-1648), et étendit ses ravages du Danube à l'Escaut, des rives du Pô à celles de la Baltique, détruisant des villes, ruinant les campagnes, décimant la population et ramenant la barbarie. Ce sont deux tiers de siècle qu'on employa à s'égorger au nom du Dieu de charité et d'amour.

Quand Charles-Quint, tombé du haut de ses espérances, avait résolu d'abdiquer, il avait auparavant promulgué la paix d'Augsbourg qui ne pouvait être qu'une trêve, parce que le *reservat ecclésiastique* qu'elle stipulait interdisait aux bénéficiers passant au protestantisme de garder en propriété les biens dont l'Église leur avait donné l'administration temporaire. En outre, le luthéranisme s'était scindé en une foule de sectes qui entendaient différemment la question de la grâce. Les universités d'Iéna, de Wittenberg, de Leipzig s'excommuniaient réciproquement, et, au milieu de cette anarchie, un souverain temporel, le duc de Saxe, s'arrogea de dicter un formulaire et de chasser ou d'emprisonner les contrevenants. En 1580, les réformés de Saxe et de Brandebourg signèrent une formule de concorde à laquelle adhérèrent trois électeurs et un grand nombre de princes et de villes, mais que les autres États du nord de l'Allemagne repoussèrent. Enfin, la séparation était toujours aussi profonde entre les luthériens et les calvinistes, à tel point que les premiers laissèrent dépouiller de son électorat, par les catholiques, l'archevêque de Cologne, Gebhard de Truchsess, qui s'était converti au calvinisme (1583). Ces divisions permettaient aux catholiques de regagner du terrain, grâce à l'habileté des Jésuites qui, de la Bavière, leur quartier général en Allemagne, étendaient au loin leur action, et faisaient chasser les protestants d'Aix-la-Chapelle, dégrader de son rang de ville impériale la république de Donauwerth, et empêchaient un réformé d'arriver à l'évêché de Strasbourg. Ainsi s'exécutait le plan d'une restauration catholique en Allemagne.

Les protestants inquiets se rapprochèrent et formèrent l'*Union* évangélique (1608), à laquelle leurs adversaires opposèrent la *Ligue catholique*, dont l'Autriche, sous des princes faibles, abandonna la direction au duc de Bavière, Maximilien.

La succession de Clèves, Berg et Juliers (1609) faillit mettre l'Europe en feu. Deux héritiers protestants se présentaient, le duc de Neubourg et l'électeur de Brandebourg. L'empereur ayant mis les duchés sous le séquestre, les protestants réclamèrent, et Henri IV allait les soutenir, quand il périt assassiné (1610). Le débat se prolongea : Neubourg se fit catholique, Brandebourg calviniste, et les Espagnols entrèrent d'un côté dans le pays, les Hollandais de l'autre. A ce moment, la politique de l'Autriche changea par l'avénement de Ferdinand II, prince énergique, qui dans ses États, faisait sauter par la poudre les églises hérétiques et en une seule fois brûla 10 000 bibles.

Période palatine (1618-1625). — Les Bohémiens, dont il violait les priviléges, s'étant insurgés, élurent pour roi l'électeur palatin Frédéric, gendre du roi d'Angleterre (1618); ce fut le commencement d'une lutte qui éclata juste un siècle après l'explosion de la réforme et répéta, au centre de l'Europe, ce que nous avons vu dans l'Occident : une guerre de religion cachant une guerre politique. Ferdinand II, en effet, voulait bien faire triompher l'ultramontanisme, mais comme Philippe II, il entendait que ce fût à son profit et que l'Allemagne devînt une province autrichienne.

Frédéric était calviniste ; les luthériens l'abandonnèrent, tandis que les Espagnols, au contraire, faisaient cause commune avec les Autrichiens et leurs alliés. Quand la bataille de la Montagne-Blanche, gagnée par les forces de la Ligue, eut livré la Bohême à Ferdinand II, il y exerça d'abominables cruautés ; deux siècles plus tard, le pays se ressentait encore de cette restauration sanglante du catholicisme.

Les proscrits formèrent une armée au comte de Mansfeld et à Christian de Brunswick, qui tinrent longtemps en échec le général bavarois Tilly et les Espagnols des Pays-Bas venus à son aide.

Période danoise (1625-1629). — Leur constance donna le temps aux princes protestants de pénétrer les vues de Ferdinand et d'invoquer les rois du Nord, que la défaite des réformés allemands allait livrer aux coups de l'Autriche. Christian IV, roi de Danemark, entra le premier en lice (1625) et occupa le pays entre l'Elbe et le Wéser ; mais, tandis qu'il arrêtait de ce côté les forces de la *Ligue catholique*, derrière lui, un aventurier, Waldstein, donnait à l'empereur, qui n'avait point d'armée, 50 000 hommes, puis 100 000 vivant de pillage et dont leur chef se réserva l'absolu commandement. Battu par Tilly à Lutter et menacé par Waldstein d'être coupé du Holstein, le Danois rentra dans sa péninsule et signa la paix de Lubeck (1629). Alors l'Allemagne du Nord, dépouillée par l'*édit de restitution*, occupée par 100 000 impériaux se courba sous la puissance autrichienne ; Waldstein disait tout haut « qu'il ne fallait plus d'électeurs ni de princes en Allemagne ; que tout devait y être soumis à un seul roi comme en France et en Espagne. » Ainsi, ce que la Prusse a fait de nos jours, l'Autriche se croyait alors sur le point de le réaliser. Heureusement, Richelieu se mit en travers de ce dessein. De secrets émissaires allèrent réveiller la jalousie et le courage des princes. A la diète de Ratisbonne, il les décida à demander le renvoi de Waldstein qui écrasait l'Allemagne de réquisitions, et à refuser le titre de roi des Romains au fils de Ferdinand II ; en même temps, il amenait les rois de Pologne et de Suède à conclure la paix, afin que le dernier, devenu si fameux sous le nom de Gustave-Adolphe, fût libre d'accourir au secours des réformés.

Période suédoise (1630-1635). — Ce grand capitaine, qui s'alarmait de voir les Autrichiens et le catholicisme prendre pied au bord de la Baltique, débarqua en Poméranie (1630) avec seize mille hommes admirablement disciplinés. La France ne pouvait encore entrer en lice à côté de lui ; elle lui promit du moins un subside annuel de quatre cent mille écus. La Poméranie conquise, il pénètre en Saxe, bat Tilly à Leipzig (1631) et chasse toutes les garnisons catholiques ou espagnoles de la Franconie, de la Souabe, du haut Rhin et du Palatinat, tandis que l'électeur de Saxe envahit la Lusace et la Bohême. Ayant ainsi séparé les Impériaux et les Espagnols, il entre en Bavière et force le passage du Lech, où Tilly est tué. Mais l'empereur a rappelé Waldstein, qui reforme rapidement une armée, se jette sur la Saxe et oblige Gustave à venir la défendre. Le roi de Suède remporte à Lutzen sa dernière victoire, et meurt en triomphant (1632). D'habiles généraux, ses élèves, prennent sa place à la tête des armées, le chancelier Oxenstiern dans les conseils, et Ferdinand facilite leur tâche en faisant assassiner Waldstein dont l'ambition l'alarmait (1634). Mais cette même année, la défaite de Bernard de Saxe-Weimar à Nordlingen enlève à la Suède tous ses alliés d'Allemagne, moins le landgrave de Hesse-Cassel, et Richelieu juge nécessaire de faire enfin marcher les armées de la France.

Période française (1635-1648). — Le début fut malheureux. Les Espagnols franchirent la Somme et s'emparèrent de Corbie. La cour et Paris eurent un moment d'effroi. Mais Richelieu domina le danger, reprit Corbie et imposa la victoire à ses généraux sous peine de mort. La Meilleraye et Châtillon enlevèrent Arras (1640) ; Bernard de Saxe-Weimar, acheté par Richelieu, conquit l'Alsace, et en mourant (1639) laissa à la France son armée et sa conquête. D'Harcourt remporta trois victoires dans le Piémont, en ce moment l'allié des Espagnols ; le roi lui-même alla prendre Perpignan, qui nous est resté et pour occuper l'Espagne chez elle, Richelieu encouragea la révolte en Catalogne et dans le Portugal. Les généraux suédois Banner et Torstenson répondirent à nos succès dans l'ouest par des victoires dans le Brandebourg, la Silésie et la Saxe. Guébriant, vainqueur à Wolfenbuttel et à Kempen (1641-1642), allait donner la main aux Suédois pour tomber avec leurs forces réunies sur l'Autriche épuisée, lorsque Richelieu mourut (1643). Cette mort enhardit les Espagnols, qui envahirent la France. Condé les battit à Rocroi (1643), et vainqueur encore à Fribourg (1644), à Nordlingue (1645), enfin à Lens (1648), il décida la conclusion de la paix de Westphalie.

LXV

RÉSULTATS DES GUERRES DE RELIGION DANS L'EUROPE CENTRALE

Paix de Westphalie (1648). — Les négociations pour la paix commencées en 1641, ne s'ouvrirent sérieusement qu'en 1644, dans deux villes de Westphalie : à Osnabruck entre les protestants et l'empereur, à Munster entre les plénipotentiaires des princes catholiques. Au dernier moment, l'Espagne se retira, espérant profiter des troubles de la Fronde qui éclataient alors en France, pour recouvrer la Cerdagne, le Roussillon et l'Artois, qu'elle avait perdus. Les autres États signèrent le traité le 24 octobre 1648.

Avantages conquis par les protestants. — Indépendance religieuse des États allemands. — L'Autriche avait voulu étouffer les libertés religieuses de l'Allemagne ; puisqu'elle était vaincue, ce qu'elle avait voulu abattre, subsista. Les princes eurent pleine liberté de conscience, mais les sujets ne l'eurent qu'avec beaucoup de restrictions, parce que dans chaque État se trouva une religion dominante, la catholique, la luthérienne ou la calviniste. Ces trois cultes, seuls reconnus, obtinrent l'égalité des droits. Pour la possession des biens ecclésiastiques, pour l'exercice du culte, tout fut ramené à l'état de l'Allemagne en 1624, excepté dans le Palatinat, dont l'*année normale* fut l'an 1618. Ainsi, les acquisitions territoriales, les conversions opérées depuis la paix d'Augsbourg. en 1555, étaient reconnues, et afin de donner des indemnités aux princes protestants, beaucoup d'évêchés et d'abbayes furent sécularisés. C'était un cardinal, Richelieu, qui avait préparé ce traité; c'était un autre cardinal, Mazarin, qui l'avait signé. Deux princes de l'Église avaient été les instruments de la défaite de l'ultramontanisme et de la papauté: signe que la sécularisation de la politique est achevée et que les intérêts temporels ne relèveront plus désormais que d'eux-mêmes.

Indépendance politique des États allemands. — Quand Waldstein pesait sur l'Allemagne avec son immense armée et que Ferdinand II distribuait à ses proches les dépouilles des princes, on aurait pu croire que le rêve d'Othon le Grand, de Frédéric Barberousse et de Charles-Quint allait se réaliser : l'unité de l'empire sous l'autorité absolue de l'empereur. La France et les Suédois ruinèrent cette espérance. Le droit de suffrage fut assuré dans la Diète à tous les princes et États allemands sur les questions d'alliance, de guerre, de traité, de loi nouvelle. Ils furent confirmés dans l'exercice plein et entier de la souveraineté sur leur territoire ; et ils eurent le droit de s'allier à des puissances étrangères, pourvu que ce ne fût, disait une restriction vaine, ni contre l'empereur, ni contre l'empire. L'autorité impériale n'était donc qu'un titre, et l'Allemagne ne formait plus un État, mais une confédération.

Depuis longtemps, la Suisse et la Hollande étaient étrangères à l'empire; cette séparation de fait reçut la sanction du droit.

Acquisitions de la Suède et de la France. — Les vainqueurs manquèrent de modération. La Suède se fit donner des domaines qui mirent en sa main les embouchures des trois grands fleuves allemands, l'Oder, l'Elbe et le Wéser (Brême et Verden) : possessions inutiles parce qu'elle ne pourra les conserver, et possessions dangereuses parce qu'elles lui donneront la tentation de se mêler aux guerres continentales, où elle perdra sa fortune. La France garda Pignerol, en Piémont, c'est à-dire une porte ouverte sur l'Italie ; l'Alsace, acquisition précieuse, et au delà du Rhin, Vieux-Brisach et Philippsbourg, où elle eut le droit de tenir garnison ; de plus en faisant reconnaître aux États allemands le droit de contracter alliance avec des puissances étrangères, elle eut le moyen d'acheter quelques-uns de ces princes indigents. Les Français avaient donc, à l'ouest, comme les Suédois, au nord, une position offensive, et l'Allemagne, divisée en quatre ou cinq cents États, luthériens et catholiques, monarchiques et républicains, laïques et ecclésiastiques, deviendra nécessairement le théâtre de toutes les intrigues, le champ de bataille de l'Europe, comme l'Italie l'avait été au commencement des temps modernes, et pour les mêmes raisons : les divisions et l'anarchie.

Si les Bourbons n'avaient pas hérité de l'ambition des Hapsbourgs et suscité contre eux les mêmes coalitions, la paix de Westphalie eut fait la grandeur de la France et la liberté politique de l'Europe.

LXVI

RICHELIEU ET MAZARIN ; ACHÈVEMENT DE LA FRANCE MONARCHIQUE (1610-1661)

Minorité de Louis XIII (1610-1617). — Tandis que la papauté, puissance du moyen âge, s'affaiblissait, la royauté, puissance moderne, se fortifiait. Richelieu est le continuateur, avec génie, de Louis XI, de François Ier et de Henri IV ; mais son ministère fut précédé par quatorze années de troubles qui faillirent tout remettre en question. La faible régente, Marie de Médicis, abandonna la politique de Henri IV, au dedans et au dehors. Elle livra les finances, l'épargne de Sully, à son favori Concini, maréchal d'Ancre, et aux grands qui se révoltaient pour faire acheter leur soumission par des places et des pensions. Tel fut le traité de Sainte-Menehould (1614), après lequel, pour couvrir leur cupidité d'une apparence de bien public, ils exigèrent la convocation des États Généraux, les derniers qui aient été convoqués avant la Révolution française. Le tiers état y fut remarquable par son intelligence des besoins du pays, la noblesse montra son outrageant mépris pour le troisième ordre et la cour son dédain pour les réformes. En 1616, nouvelle révolte des grands, toujours dans le même but : Condé, leur chef, arrache, avec le traité de Loudun, six millions et cinq places de sûreté. Concini ose enfin faire arrêter ce factieux ; mais la noblesse se soulève et le roi conspire avec son favori, Albert de Luynes, contre le favori de sa mère. Concini est tué par le capitaine des gardes chargé de l'arrêter, et sa femme Éléonore Galigaï est brûlée vive pour avoir, disait l'accusation, dominé la reine par ses sortiléges (1617).

Au gouvernement de la reine-mère et de Concini succéda celui de Louis XIII et du duc de Luynes qui ne valut pas mieux. Les nobles qui, naguère, combattaient la reine-mère, se servirent d'elle contre le roi et se mirent deux fois aux champs pour renverser le nouveau favori. Jeu sans péril, parce que le gouvernement était sans énergie. Une guerre plus sérieuse éclata en 1621. Irrités de l'injonction faite aux réformés béarnais de rendre les biens ecclésiastiques dont ils s'étaient emparés, les protestants se révoltèrent. Ils songeaient à fonder, dans les marais de l'Aunis, une Hollande française, dont la Rochelle serait l'Amsterdam. De Luynes, qui s'était créé connétable, vint mettre le siége devant Montauban ; mais il échoua et lui-même fut enlevé par une fièvre maligne. Le roi réussit l'année suivante à chasser Soubise de l'île de Ré et les protestants demandèrent la paix. Le traité de Montpellier, confirmatif de l'édit de Nantes, leur accorda pour villes de sûreté la Rochelle et Montauban, mais leur interdit de tenir aucune réunion politique sans l'autorisation du roi (1622).

Richelieu abaisse les protestants et la haute noblesse. — L'arrivée de Richelieu au ministère (1624), où le porta le crédit renaissant de Marie de Médicis, fit rentrer la royauté dans la grande politique de Louis XI et de Henri IV. Richelieu se proposait, au dedans, de détruire la puissance de la noblesse et l'indépendance des protestants; au dehors, d'abaisser la maison d'Autriche. Comme Louis XI, il débuta trop vivement, mais, changea de marche à temps et attaqua successivement ses différents ennemis. Deux traités avec les protestants et l'Espagne lui permirent de tourner toutes ses forces contre les grands qu'il frappa d'exécutions terribles. Le maréchal d'Ornano fut jeté à la Bastille, le comte de Chalais, décapité comme conspirateur (1626), Bouteville-Montmorency et le marquis de Beuvron, comme duellistes (1627). En même temps il retira aux grands les hautes charges qui leur donnaient trop de crédit; celle de connétable fut abolie, celle de grand amiral rachetée.

Ces sévérités donnèrent à réfléchir à la noblesse et Richelieu se trouva libre d'en finir avec les protestants que soutenait l'Angleterre, quoique, en donnant à son roi Charles Ier la main d'Henriette de France, il se fût flatté d'empêcher cette alliance. La Rochelle fut assiégée; une digue immense en ferma le port aux flottes anglaises et après la plus héroïque résistance, quand de trente mille habitants, il n'en resta plus que cinq mille, la capitale du protestantisme français ouvrit ses portes (1628). La paix d'Alais laissa aux protestants les garanties civiles et la liberté religieuse, que leur avait données l'édit de Nantes, mais leurs places de sûreté furent démantelées; ils cessèrent de former un État dans l'État et l'unité politique de la France se trouva définitivement rétablie.

« Vous verrez, avait dit le maréchal de Bassompierre que nous serons assez fous pour prendre la Rochelle. » La noblesse sentait bien que la royauté n'ayant plus de souci du côté des protestants agirait de façon à ne plus en avoir du côté des grands. Richelieu, en effet, eut jusqu'à la fin de sa vie, à étouffer leurs complots. La Rochelle à peine soumise, ils formèrent autour du roi une cabale dirigée par Marie de Médicis qui ne trouvait pas son ancien aumônier (Richelieu l'avait été) assez docile. Déjà on le croyait disgracié, quand une dernière entrevue avec Louis XIII lui rendit tout son crédit. Les victimes de la journée des Dupes furent le maréchal de Marillac, décapité pour concussions, et Marie de Médicis qui s'exila à Bruxelles (1631). Après la mère du roi, le frère du roi. Gaston d'Orléans excita la révolte du duc de Montmorency, qu'il abandonna lâchement, et qui, fait prisonnier à la bataille de Castelnaudary, mourut sur l'échafaud (1632). Une autre guerre civile, entreprise par le comte de Soissons de la maison de Condé se termina brusquement par la mort de ce prince tué au combat de la Marfée (1641); une dernière conjuration, celle de Cinq-Mars, aurait peut-être réussi, si ce favori de Louis XIII ne s'était perdu en signant un traité avec l'Espagne. Cinq-Mars fut exécuté, ainsi que de Thou, son trop fidèle ami (1642).

L'année suivante, le grand ministre mourut; il avait renversé au dedans tous les obstacles qui entravaient l'autorité royale, quelque peu diminué le désordre des finances sans être revenu au bel ordre de Sully, abattu les forteresses féodales, et démembré par la création des *intendants* (1635) l'autorité jusque-là excessive des gouverneurs de province; au dehors ses services avaient encore été plus éclatants. On les a vus dans l'histoire de la guerre de Trente ans.

Mazarin et la Fronde. — A la mort de Louis XIII, la France eut encore à subir une minorité : Louis XIV n'avait que cinq ans. Sa mère, Anne d'Autriche, se fit déférer la régence par le parlement, malgré le testament du feu roi, qui donnait le pouvoir à un conseil. La régente livra l'autorité à Mazarin, Italien d'un esprit délié et souple, d'un caractère opiniâtre plutôt que grand. Envoyé comme nonce en France, il avait été distingué par Richelieu qui l'avait fait nommer cardinal.

Une réaction éclata aussitôt contre le sévère gouvernement de Richelieu. Pensions, honneurs, priviléges furent prodigués par la *bonne* reine, sans contenir les grands seigneurs dont quelques-uns formèrent la *cabale des importants*. La régente ou plutôt Mazarin s'aperçut à temps du péril. Beaufort fut envoyé à la Bastille, Vendôme, la duchesse de Chevreuse et les autres « dans leurs maisons des champs. » Le désordre des finances était extrême, et Mazarin n'apportait pour le réparer ni l'esprit d'ordre ni le désintéressement qui eussent été nécessaires. Pour avoir de l'argent, on rendit deux édits impopulaires, ceux du *toisé* et du *tarif*, et le parlement n'en ayant autorisé la perception que pour deux ans, Mazarin demanda aux cours souveraines quatre années de leurs gages. Cette fois le parlement se cabra et prétendit jouer le rôle que venait de prendre le parlement d'Angleterre, celui de réformateur de l'État. Il proposa à la sanction royale 27 articles qui portaient que les impôts ne seraient perçus qu'après avoir été vérifiés et enregistrés, abolissaient les intendants, et défendaient que nul sujet du roi fût détenu plus de vingt-quatre heures sans être interrogé. Condé en ce moment gagnait la victoire de Lens. Mazarin enhardi par ce grand succès fit enlever, pendant le *Te Deum*, trois conseillers, Chartou, Blancmesnil et Broussel (1648). Aussitôt le peuple se soulève, deux cents barricades sont construites et la cour, afin de gagner du temps, sanctionne les demandes du Parlement. On signait en ce moment le traité de Westphalie.

La paix conclue avec l'Autriche, la régente appela Condé auprès d'elle. Aussitôt les *frondeurs*, c'est le nom qu'on donna au parti du parlement grossi de la noblesse intrigante et avide, levèrent des troupes avec l'argent fourni par les cours souveraines. L'âme du mouvement était Paul de Gondi, coadjuteur, puis archevêque de Paris, plus tard cardinal de Retz, qui se vantait d'avoir étudié l'art des conspirations dans Salluste et Plutarque, et qui avait écrit lui-même la *Conjuration de Fiesque*. Il se flattait de forcer la cour à lui donner la place de Richelieu en se créant un parti dans le peuple, comme si le peuple avait déjà un rôle à jouer. Il haranguait et se servait adroitement du duc de Beaufort, petit-fils de Henri IV, qui était très-populaire, malgré sa nullité, qu'on appelait le *roi des halles*, et qui ne pouvait pas être autre chose. Après une courte guerre, où les Parisiens furent constamment battus, la paix fut signée à Ruel (1649).

Mais Condé, par ses hauteurs, se rendit insupportable à la reine et à Mazarin qui le fit arrêter, ainsi que les chefs de la faction des *petits-maîtres*. La noblesse de province prit les armes en faveur des princes et Turenne, entraîné dans la rébellion par sa passion pour la duchesse de Longueville, fut vaincu à Rethel par les troupes royales. Mazarin triomphait donc, lorsque le coadjuteur, irrité de n'avoir pas obtenu le chapeau de cardinal qu'on lui avait promis, ralluma la guerre de la Fronde. Mazarin fut obligé de s'enfuir à Liége (1651). Heureusement Turenne rentra dans le parti du roi qu'il sauva par son habileté à Bléneau et au combat du faubourg Saint-Antoine (1652). Condé fut réduit à s'enfuir en Flandre et se mit au service des Espagnols; la Fronde était terminée (1653). Deux ans après, le parlement ayant voulu s'opposer à l'enregistrement de quelques édits, le jeune roi, revenant de la chasse, en bottes et le fouet à la main, vint interdire à cette compagnie de continuer ses délibérations.

Traité des Pyrénées (1659). — La paix rétablie au dedans, la guerre fut poussée au dehors avec énergie. Turenne força les lignes espagnoles devant Arras (1654), puis gagna la victoire des Dunes, qui lui ouvrit les Pays-Bas (1658). Quelques mois après, Mazarin signait le traité des Pyrénées (1659); l'Espagne renonçait au Roussillon, à la Cerdagne et à l'Artois; l'infante, Marie-Thérèse, épousait Louis XIV, en renonçant à toute prétention sur la couronne d'Espagne, mais Mazarin s'arrangea pour que la renonciation fut nulle. L'année précédente, il avait conclu avec plusieurs princes allemands la *Ligue du Rhin* que Napoléon renouvela, un siècle et demi après, sans plus de profit pour la France.

Mazarin mourut en 1661. Son administration, sans grandeur, avait été pourtant habile, et sa gestion financière, désastreuse pour le trésor, ne l'avait pas été pour lui et les siens; mais il laissait la royauté libre de toute entrave et la France glorifiée par la politique et les armes, même par les lettres et les arts, car Corneille, Descartes, Pascal, Poussin avaient depuis longtemps commencé ce qu'on a appelé le *siècle* de Louis XIV.

LXVII

L'ANGLETERRE DE 1603 A 1674

L'Europe en 1661. — Tandis que la France arrivait au règne qui a été le plus brillant de sa vieille monarchie, les deux vaincues des guerres de religion, l'Espagne et l'Autriche pansaient leurs blessures, l'une nonchalamment, parce qu'elle resta 35 ans sous un roi moribond; l'autre avec l'activité que le voisinage des Turcs et la turbulence hongroise lui imposaient, mais sans éclat ni grandeur, à cause de la médiocrité de ses princes. Dans l'est de l'Europe s'agitaient des ambitions multiples : Suédois contre Danois, Russes contre Polonais ; puis l'électeur de Brandebourg qui cherchait à faire sa main au milieu de ces compétitions, et les Turcs qui de temps à autre les dérangeaient par une formidable invasion, dernière menace d'une force épuisée et mourante. L'attention n'est donc pas encore sérieusement attirée de ce côté; elle reste attachée sur l'Europe occidentale, où tous les yeux se fixent déjà sur Louis XIV. Nous savons que l'Espagne et l'Empire seront impuissants à le contenir; mais en sera-t-il de même de l'Angleterre? Voyons donc ce qu'est devenu ce pays durant la guerre de Trente Ans, et nous trouverons qu'à l'humiliation de la maison d'Autriche dans ses deux branches d'Espagne et d'Empire correspond l'abaissement de la Grande Bretagne condamnée à la guerre civile ou à l'impuissance par le catholicisme secret ou public de ses rois.

Le roi d'Écosse, Jacques VI, fils de Marie Stuart et petit-fils de Henri VII, avait succédé, en 1603, à Élisabeth, et réuni sur sa tête les deux couronnes sans confondre encore les deux États en un seul. Il abandonna la politique protestante qui, sous le dernier règne, avait sauvé l'Angleterre; il refusa de coopérer aux projets de Henri IV, rechercha l'alliance de l'Espagne, et resta presque indifférent à la ruine de son gendre, l'électeur palatin. Il soutint pourtant l'anglicanisme contre les catholiques, qui formèrent la *conspiration des poudres* (1605), et contre les non-conformistes, qu'il poursuivit sans pitié : « point d'évêques, disait-il, point de roi. » Élisabeth lui avait laissé un pouvoir absolu; mais il faut une main ferme et glorieuse pour exercer une autorité sans contrôle, et, sous un prince vaniteux et faible, le parlement n'eut plus de docilité. Jacques eut beau, en 1614, envoyer cinq députés à la Tour, les Communes refusèrent les subsides, et, pour trouver l'argent que ses profusions lui rendaient nécessaire, il recourut aux plus honteux trafics, mit aux enchères les charges de la cour, les fonctions de juge, créa et vendit les titres; puis, ces richesses mal acquises, il les jetait à des favoris avides dont le plus célèbre est George Villiers, marquis de Buckingham. Lorsque la guerre de Trente ans éclata, Jacques profita des périls que le protestantisme courait en Allemagne pour convoquer un nouveau parlement. Mais les Communes n'accordèrent de subsides qu'à la condition qu'il serait fait droit aux griefs de la nation. Le vieil esprit de liberté, comprimé par les Tudors, se réveillait. Le roi cassa encore l'assemblée (1622), et séduit par l'appât d'une riche dot, demanda pour son fils la main d'une infante d'Espagne : c'était un nouvel outrage aux sentiments les plus vifs du peuple anglais, le projet échoua, grâce aux folies de Buckingham, mais le mariage du prince de Galles avec Henriette de France, sœur de Louis XIII, fut presque aussi impopulaire, parce qu'il faisait asseoir une princesse catholique sur le trône d'Angleterre. Jacques Iᵉʳ mourut en 1625; il avait publié la *vraie loi* des monarchies libres, où il établissait le droit divin des rois, et le clergé anglican, érigeant ce droit en dogme dans ses canons de 1606, faisait un article de foi de l'obéissance absolue envers le prince. Ainsi se scellait partout, même au sein de la Réforme, l'alliance de l'autel et du trône contre les libertés publiques.

Charles Iᵉʳ (1625-1649). — Charles Iᵉʳ, prince pieux et sévère dans ses mœurs, se trouva donc, dès sa jeunesse, imbu des principes du despotisme. Sa femme accordait aux catholiques une faveur qui blessait la nation et Buckingham qui avait su rester le favori du fils, après avoir été celui du père, conservait un crédit qui diminuait le respect du pays pour le roi. La lutte avec les Communes recommença aussitôt. Cette assemblée était composée de cadets des grandes familles et de citoyens de la classe moyenne, qui, enrichie sous Élisabeth et Jacques, remplissait toutes les professions libérales. L'habitude était de voter les droits de douane pour la durée du règne; la chambre basse ne les accorda que pour un an, et Charles irrité, renvoya l'assemblée. Le parlement de 1626 alla plus loin : il mit en accusation Buckingham. Nouvelle dissolution. Dans l'espoir d'acquérir quelque popularité, Buckingham décida Charles Iᵉʳ à soutenir les protestants de France, et mena une flotte au secours de la Rochelle. L'expédition échoua par l'impéritie du général (1627).

Cet échec enhardit les Communes qui obligèrent le roi à sanctionner le *bill des droits*, puis lui adressèrent deux remontrances, l'une contre la perception illégale des droits de douane, l'autre contre son favori, que l'on qualifiait d'entrepreneur de la misère publique. Le roi prorogea encore le parlement, et un fanatique, John Felton, assassina Buckingham (1628). Charles, appela alors au ministère l'archevêque Laud avec le comte de Strafford, et se décida à gouverner sans parlement, c'est-à-dire contre l'esprit de la constitution britannique.

Mais sans parlement, point de subsides, par conséquent aucun moyen d'intervenir dans les grands événements qui agitaient l'Europe, et cette abstention déconsidérait le gouvernement anglais aux yeux de ses propres sujets. D'énormes amendes frappées sur les opposants, la cruauté de Laud contre les dissidents (supplice de Leighton, Prynne, etc.), augmentèrent le mécontentement général, qui se manifesta par la sympathie dont fut entouré un ferme citoyen, Hampden, lorsqu'il opposa à l'impôt du ship-money la résistance légale (1636). L'Écosse, attaquée par Laud dans ses doctrines presbytériennes, protesta par une insurrection à Édimbourg (1637), et forma l'association à la fois politique et religieuse du *covenant* (1638), que l'armée anglaise, conduite par Strafford, refusa de combattre (1640).

Après s'être passé onze ans des chambres, le roi s'avouant vaincu convoqua un cinquième parlement, celui qui est resté fameux sous le nom de *long parlement* (1640), et qui, dépassant le but, s'empara de la perception de l'impôt et de l'autorité judiciaire, abolit les tribunaux exceptionnels, proclama sa périodicité, et frappa d'une accusation capitale le comte de Strafford, dont la tête tomba sur l'échafaud (1641). A ce moment éclata une formidable insurrection des Irlandais qui égorgèrent 40 000 protestants. Lorsque le roi demanda les moyens de réduire les rebelles, le parlement répondit par d'amères remontrances et vota le bill de la milice qui lui livrait l'armée. Charles tenta de faire arrêter, au sein même de l'assemblée, les chefs de l'opposition; n'y ayant pas réussi, il quitta Londres pour commencer la guerre civile (1642).

La guerre civile (1642-1647). — Le parlement tenait la capitale, les grandes villes, les ports, la flotte;

le roi avait la plus grande partie de la noblesse, plus exercée aux armes que les milices bourgeoises. Dans les comtés du nord et de l'ouest les royalistes ou *cavaliers* dominaient; les parlementaires ou *têtes rondes* dans ceux de l'est, du centre et du sud-est, les plus riches, et qui, contigus d'ailleurs, formaient comme une ceinture autour de Londres. Le roi eut d'abord l'avantage. De Nottingham, où il avait arboré son étendard, il marcha sur Londres. Les parlementaires, battus à Edge-Hill et à Worcester (1642), redoublèrent d'énergie : Hampden leva parmi ses tenanciers, ses amis et ses voisins un régiment d'infanterie; Olivier Cromwell, qui commençait alors à sortir de l'obscurité, forma dans les comtés de l'est avec des fils de fermiers et de petits propriétaires, des escadrons d'élite qui opposèrent l'enthousiasme religieux aux sentiments d'honneur dont étaient animés les cavaliers, et les parlementaires, vainqueurs à Newbury, s'unirent aux Écossais par un *covenant* solennel.

Le parlement était une coalition de partis : les *presbytériens*, qui abolissaient la hiérarchie dans l'Église, voulaient la conserver dans l'État; les *indépendants* repoussaient la pairie comme l'épiscopat, la souveraineté politique du roi comme sa suprématie religieuse; les *puritains* se divisaient en sectes nombreuses : niveleurs, anabaptistes, millénaires, qui avaient à leur tête des hommes habiles, surtout Olivier Cromwell, génie à la fois politique et enthousiaste, ambitieux et mystique. En 1644, il gagna la victoire de Marston-Moor avec ses escadrons surnommés *côtes de fer*, puis celle de Newbury qui sauva la révolution. Ces succès profitèrent aux *indépendants*, qui, en minorité dans le parlement, réussirent pourtant à faire passer le bill du *renoncement* par lequel les députés renonçaient à exercer aucune fonction publique. C'était livrer l'armée aux *indépendants*. Cromwell poussa alors la guerre avec vigueur : la dernière armée du roi fut écrasée à Naseby (1645), tandis que son lieutenant Montrose était battu par les covenantaires d'Écosse. Le roi désespéré se retira par lassitude dans le camp des Écossais, qui le vendirent au parlement pour 400 000 livres sterling (1647).

Exécution de Charles I͏er (1649). — Les presbytériens auraient volontiers traité avec leur captif. Soutenu de l'armée, Cromwell *purgea* le parlement d'où les députés presbytériens furent expulsés, et les indépendants firent comparaître le roi devant une cour de justice, qui l'envoya à l'échafaud (9 févr. 1649). Cette mort injuste fit oublier ses violences et ses perfidies ; elle ranima la foi monarchique de l'Angleterre et la royauté redevint populaire le jour où la tête du roi roula sous la hache du bourreau.

La république d'Angleterre (1649-1660) ; Cromwell. — La république avait été proclamée ; l'Irlande qui était catholique, l'Écosse qui se souvint que les Stuarts étaient de race écossaise, protestèrent contre la révolution accomplie. Cromwell soumit l'une par une guerre atroce, et après les victoires de Dumbar et de Worcester, il força l'autre à reconnaître l'autorité du parlement de Londres (1651). Le nouveau gouvernement débuta dans la politique extérieure par une mesure hardie : l'*acte de navigation* interdit l'entrée des ports anglais à tous les vaisseaux chargés de marchandises qui ne seraient pas un produit du sol ou du travail national du peuple dont le navire portait le pavillon, loi qui est restée en vigueur jusqu'au 1er janvier 1850. C'était forcer l'Angleterre à développer son industrie et sa marine, mais c'était aussi ruiner la Hollande, qui déclara la guerre. On était las du parlement *croupion* (*rump*). Un jour Cromwell se transporta dans la salle des séances, déclara aux députés que *Dieu n'était plus avec eux*, et les fit chasser par ses soldats qui mirent sur la porte cette affiche : Maison à louer (20 avril 1653). Cependant quelque temps après, il composa un nouveau parlement qu'il déclara convoqué au nom du Saint-Esprit, et qu'il ne tarda guère à dissoudre encore, puis il se fit proclamer *lord protecteur* ; il était roi, moins le nom. Il usa du pouvoir pour la grandeur et le bien de son pays. A l'intérieur, il assura l'ordre, développa le commerce et l'industrie. Au dehors, il vit son alliance mendiée par l'Espagne et recherchée par la France. Blake, son amiral, battit trois fois les Hollandais, et les força de renoncer à l'approvisionnement du marché anglais. Les Espagnols perdirent leurs galions, la Jamaïque et Dunkerque; les Barbaresques furent châtiés; le pape, menacé d'entendre « retentir le canon anglais au château Saint-Ange, » si les persécutions contre les Réformés n'étaient pas suspendues. Ainsi Cromwell reprenait le rôle abandonné par les Stuarts, et auquel Louis XIV allait renoncer, de défenseur des intérêts protestants. Malheureusement pour l'Angleterre, il ne garda le pouvoir que 5 ans (1658). Son fils Richard lui succéda sans le remplacer et, au bout de quelques mois, abdiqua. L'Angleterre retombait dans l'anarchie; Monk, général habile, prépara le retour de la monarchie. Il cassa le *rump* qui s'était reformé, constitua un parlement à sa dévotion, et, les tories réunis aux whigs, rappelèrent les Stuarts sans condition (1660).

C'était une faute de déclarer que vingt années de révolution avaient inutilement passé sur l'Angleterre et de croire que l'ordre ancien pouvait être rétabli sans aucun changement : imprudence qui rendra bientôt une seconde révolution nécessaire. Le despotisme des Tudors n'était point d'ailleurs l'ordre ancien, et ce qu'il y avait de plus vieux en Angleterre était la liberté publique dont on avait souffert l'éclipse momentanée par fatigue de trente années de guerre durant la lutte des Deux-Roses. Puis étaient venues la réforme qui, pendant trente autres années, avait seule occupé les esprits, et la guerre avec Philippe II, où il s'était agi de l'existence même de l'Angleterre. En face de tels périls, le pays avait laissé se fortifier l'autorité de ses rois. Mais maintenant que l'Espagne était mourante, que la France ne menaçait pas encore, et que la question religieuse était décidément vidée, l'Angleterre voulait rentrer dans son ancienne voie.

Charles II (1660-1685). Charles II parut d'abord comprendre cet état des esprits ; il resta fidèle au protestantisme de l'Église anglicane, et laissa le parlement jouir de ses anciens priviléges. Mais, frivole et débauché, il se trouva bientôt obligé, par des besoins d'argent, de se mettre dans la dépendance des Communes pour avoir des subsides ou d'une puissance étrangère pour en tirer une pension. Son choix fut vite fait. Le spectacle de la France et de l'autorité de son roi réveillèrent en lui les instincts despotiques de ses pères, et la peur du parlement, de ses remontrances, de ses réclamations, le jeta dans les bras de Louis XIV. Il lui vendit Mardick et Dunkerque, deux conquêtes de Cromwell (1662) ; et, après la triple alliance de la Haye (1666), que son peuple lui imposa pour arrêter la France aux Pays-Bas, il se vendit lui-même : Louis lui fit jusqu'à sa mort une pension de deux millions.

Mais la crainte de l'anarchie qui, en 1660, avait jeté l'Angleterre aux pieds de Charles II, s'était dissipée et, peu à peu, il s'était formé dans la nation et au sein du parlement une opposition qui, en l'année 1674, fut assez forte pour arracher le bill du *test* : ce bill fut le prélude de la seconde révolution que nous venons d'annoncer. Mais nous arrêterons à ce point l'histoire de Charles II, puisque nous savons maintenant que, durant la première partie du règne de Louis XIV, l'Angleterre sera tout aussi impuissante que l'Espagne et l'Empire à contenir l'ambition du nouveau Charles-Quint. Nous verrons plus tard les événements qui précipiteront les Stuarts du trône et donneront à la Grande-Bretagne le principal rôle dans l'opposition contre la France.

LXVIII

LOUIS XIV DE 1661 A 1685

Colbert. — Après la mort de Mazarin, Louis XIV déclara qu'il voulait gouverner, sans premier ministre, et ce prince de vingt-quatre ans tint toute sa vie l'engagement qu'il avait pris de faire virilement son *métier de roi*. Ce n'était point un grand esprit et pourtant ce fut, malgré ses fautes, un grand roi, par beaucoup de qualités personnelles et parce qu'il posséda, au moins dans la première moitié de son règne, ce qui est par excellence l'art des souverains, le talent de savoir bien choisir les dépositaires de leur pouvoir.

Colbert chargé, de 1661 à 1683, des finances, de l'agriculture, du commerce, de l'industrie et de la marine, fit prospérer toutes ces branches de l'activité nationale. L'époque de son ministère est la plus glorieuse du règne de Louis XIV, car il modéra l'ambition du roi et développa les forces de la nation. Il trouva une dette de 430 millions, les revenus dévorés deux ans d'avance et le trésor ne recevant que trente-cinq millions sur 84 d'impôts annuels. Il fit une recherche sévère des malversations, réduisit la taille imposée sur les seuls roturiers, mais augmenta les impôts indirects que tout le monde payait; il dressa chaque année l'*état de prévoyance*, origine de notre *budget*, et porta le revenu net du trésor à 89 millions. Il encouragea l'industrie par des subventions, et la protégea par des tarifs qui frappèrent de droits élevés les produits similaires de l'étranger. Pour faciliter les transactions et les transports, les droits de douanes furent abolis en plusieurs provinces, des routes réparées ou créées, et le canal du Languedoc construit entre l'Océan et la Méditerranée. Il organisa cinq grandes compagnies de commerce (Indes orientales, Indes occidentales, Levant, Sénégal et Nord), qui firent concurrence aux négociants de Londres et d'Amsterdam, et il encouragea par des primes la marine marchande. La marine militaire prit un tel essor, qu'en 1692 on put armer plus de trois cents bâtiments de toutes grandeurs, et grâce à l'*Inscription maritime* qui fournit 78,000 marins, le recrutement des équipages fut assuré. Le port de Rochefort fut créé, celui de Dunkerque racheté aux Anglais, Brest et Toulon agrandis, et un bel empire colonial, fondé aux Antilles et dans l'Amérique du nord, aurait livré ce continent à notre influence si l'on avait su continuer les desseins du grand ministre.

Louvois. — Dans le même temps, Louvois organisait l'armée à laquelle il imposa l'uniforme ; il mit la maison du roi sur le pied qu'elle conserva jusqu'en 1789, créa les compagnies de grenadiers, le corps des hussards et introduisit l'usage de la baïonnette au bout du fusil ; il fonda les écoles d'artillerie de Douai, de Metz et de Strasbourg, organisa trente régiments de milice équipés par les communes et des *compagnies de cadets*, origine de nos écoles de Saint-Cyr et Polytechnique ; enfin il soumit même les officiers nobles à une discipline sévère. Un grand ingénieur et un bon citoyen, Vauban, fortifiait les frontières.

Guerre de Flandre (1667). — Louis XIV, ébloui par les forces que ses deux habiles ministres mettaient à sa disposition, le prit de très-haut avec toutes les puissances. Il exigea du pape et du roi d'Espagne une satisfaction éclatante pour des insultes faites à nos ambassadeurs, châtia les corsaires d'Alger et de Tunis, et oubliant la politique de François Ier, il envoya 6000 hommes à l'empereur contre les Turcs, afin de paraître le protecteur de l'empire. A la mort de Philippe IV, se prévalant du *droit de dévolution* en vigueur dans le Brabant, il prétendit hériter des Pays-Bas espagnols, du chef de sa femme Marie-Thérèse, sœur aînée du nouveau roi d'Espagne, Charles II. Les Hollandais et l'Angleterre furent d'abord retenus dans la neutralité ; l'Espagne restée seule ne pouvait se défendre ; les armées françaises enlevèrent en trois mois les places de la Flandre occidentale et, en dix-sept jours, au cœur de l'hiver, toute la Franche-Comté (1668). Alors les puissances maritimes s'alarmèrent ; la Hollande, l'Angleterre et la Suède conclurent la triple alliance de la Haye, et le roi manquant d'audace le seul jour où il aurait dû en avoir, signa la paix d'Aix-la-Chapelle, qui lui laissa douze villes : Charleroy, Douai, Tournay, Oudenarde, Lille, etc. (1668).

Guerre de Hollande (1672). — Quatre années de paix furent employées à amasser un orage terrible sur un petit pays, la Hollande. Colbert, qui voulait développer le commerce maritime de la France, s'inquiétait des 15 000 vaisseaux marchands des Hollandais. De plus, lorsqu'il eut mis des droits exorbitants sur leurs draps, ils frappèrent de droits onéreux nos vins et nos eaux-de-vie. Colbert n'était donc pas opposé à une guerre qui lui semblait devoir débarrasser le commerce français d'une concurrence redoutable. Louvois la désirait pour se rendre nécessaire et Louis XIV la voulut pour humilier ces républicains qui venaient d'arrêter sa fortune. C'était abandonner cette fois la politique de Henri IV et de Richelieu, la protection des petits États et du protestantisme, les agrandissements nécessaires pour les conquêtes inutiles ; mais Louis XIV était bien plus le successeur de Philippe II que l'héritier du Béarnais et du grand cardinal.

La Suède et l'Angleterre ayant été gagnées par des subsides, il lança tout à coup (1672), sur la Hollande, 100,000 hommes commandés par Turenne et Condé. Le Rhin est passé ; toutes les places s'ouvrent et les Français campent à quatre lieues d'Amsterdam. Mais Louis XIV sauve les Hollandais par ses lenteurs : ils renversent et égorgent leur grand pensionnaire, Jean de Witt, mettent à sa place, comme stathouder, Guillaume d'Orange, qui fait ouvrir les écluses, noie le pays et force les envahisseurs à reculer devant l'inondation. En même temps, il noue contre Louis une formidable coalition : l'Espagne, l'empereur, plusieurs princes d'Allemagne et plus tard l'Angleterre, malgré son roi que Louis pensionne, s'unissent à la Hollande. La France fait tête partout : le roi en personne soumet la Franche-Comté (1674) ; Turenne, par une admirable campagne, chasse d'Alsace les impériaux ; mais il est tué l'année suivante et Condé, après la sanglante bataille de Sénef, ne paraît plus à la tête des armées où Luxembourg et Créqui remplacent imparfaitement ces deux grands généraux. Cependant la double invasion de la France au nord par les Espagnols, à l'est par les impériaux a été refoulée, tandis que Duquesne, d'Estrées battaient les flottes de la Hollande et ravageaient ses colonies. La défection de l'Angleterre décide Louis à accepter le traité de Nimègue qui lui donne la Franche-Comté avec 14 places flamandes et oblige le Danemark et le Brandebourg à rendre toutes les conquêtes qu'ils avaient faites sur la Suède. Ainsi la France sortait agrandie d'une lutte contre toute l'Europe ; notre frontière du nord et de l'est s'éloignait de Paris : c'est le plus beau moment du règne et c'est aussi le point de départ des calamités qui vont suivre, car la guerre de Hollande a retourné contre la France les coalitions que la France formait auparavant contre l'Autriche, et elle a fait la fortune de Guillaume d'Orange qui dans quelques années sera roi d'Angleterre.

Révocation de l'édit de Nantes (1685). — Cette guerre était donc une première faute et les fautes vont se multiplier, car après la mort de Colbert en 1683 l'influence étroite et dure de Louvois et de Mme de Maintenon n'eut plus de contre-poids. « S'il n'a plu à Dieu, avait dit le chef de la maison de Bourbon dans le préambule de l'édit de Nantes, permettre que son saint nom puisse être adoré par tous nos sujets, en une même forme de religion, que ce soit au moins d'une même intention...; et prie la divine bonté de leur faire comprendre qu'en l'observation de cette ordonnance consiste.... le principal fondement de leur union, tranquillité et repos, et du rétablissement de cet État en sa première splendeur ». Belles paroles qui avaient ouvert dignement l'ère nouvelle que Richelieu et Mazarin continuèrent au dehors, par leurs alliances protestantes; au dedans, par leur respect pour la liberté religieuse. Mais Louis XIV, enivré de sa toute-puissance, égaré par les funestes conseils d'un parti qui depuis trois siècles perd toutes les causes qu'il défend, entendait répudier la tolérance de Henri IV comme il avait répudié sa diplomatie. Il voulait qu'il n'y eût en son royaume qu'une religion, le catholicisme, comme il n'y souffrait qu'une volonté, la sienne, qu'un droit, celui du prince, maître de la vie et des biens de ses sujets. Pour convertir les protestants, il envoya d'abord dans les cantons où ils étaient nombreux les *missions bottées* (dragonnades), et, en 1685, il prononça la révocation de l'édit de Nantes. Les réformés furent tenus de se convertir ou de quitter le royaume, et on prit de force leurs enfants pour les élever dans l'Église catholique. Ils fournissaient à notre industrie ses plus habiles ouvriers : deux ou trois cent mille sortirent du royaume, parmi lesquels neuf mille matelots, douze mille soldats, six cents officiers. Un faubourg de Londres se peupla de réfugiés; Berlin et le Brandebourg en reçurent un grand nombre; l'étranger s'empara des secrets de notre industrie et parmi les savants qui ont été depuis un siècle et demi l'honneur de la Hollande, de l'Allemagne, de l'Angleterre, même de l'Italie[1], on compte beaucoup de descendants des proscrits de Louis XIV. Pour le moment, leurs pères laissaient derrière eux, en France, une guerre civile, celle des Camisards, dans les Cévennes, qui furent domptés seulement en 1703, par Villars, et ils portaient dans toute l'Europe la haine contre leur persécuteur.

---

1. Lagrange est né à Turin d'une famille de réfugiés français.

LXIX

LA RÉVOLUTION D'ANGLETERRE (1688)

Réveil des idées libérales en Angleterre (1673-1679). — La réponse des puissances protestantes à la révocation de l'édit de Nantes fut la révolution d'Angleterre qui précipita du trône le catholique Jacques II et y fit monter le calviniste Guillaume III.

Charles II s'était mis à la solde de Louis XIV ; mais l'Angleterre n'avait pas ratifié le marché ; en 1668, elle avait forcé son roi à s'unir aux Suédois et aux Hollandais pour sauver les Pays-Bas espagnols ; elle l'obligea, encore en 1674 à renoncer à notre alliance, puis à se tourner contre nous, ce qui amena la paix de Nimègue. Le roi battu sur la question politique, le fut encore sur la question religieuse. On le soupçonnait d'être favorable au catholicisme, le parlement vota le bill du *test* qui obligea les fonctionnaires à attester avec serment qu'ils ne croyaient pas à la transsubstantiation ; c'était fermer aux catholiques les emplois publics, exclusion qui a duré jusqu'en 1829. La *conspiration papiste* imaginée par le misérable Titus Oates, le souvenir de l'incendie de Londres en 1666, qu'on raviva en attribuant ce désastre aux catholiques, provoquèrent des rigueurs extrêmes : huit jésuites furent pendus, le vicomte Stafford décapité, malgré ses soixante-dix ans et le duc d'York, frère du roi qui avait abjuré le protestantisme, fut menacé d'être privé de ses droits à la couronne. Pour restreindre l'arbitraire royal, les whigs, c'est-à-dire les libéraux, qui dominaient au parlement, firent passer, en 1679, le bill fameux d'*habeas corpus* qui confirmait la loi de garantie individuelle, écrite dans la grande charte et si souvent violée : tout prisonnier dut être interrogé par le juge, dans les vingt-quatre heures de son arrestation, et relâché ou mis en liberté sous caution si les charges étaient insuffisantes.

Réaction catholique et absolutiste; Jacques II (1685). — Ainsi le parlement contenait à la fois les dissidents et la cour; les Anglais faisaient donc pacifiquement leur révolution intérieure, quand les violents compromirent tout. Les puritains se soulevèrent en Écosse : ils furent écrasés, et un nouveau bill du test imposa aux Écossais l'obéissance passive envers le roi. A Londres, une conspiration pour empêcher le duc d'York de succéder à son frère amena l'exécution de plusieurs des chefs whigs et l'exil des autres : c'était la défaite du parti libéral. Aussi Jacques II prit tranquillement possession du trône en 1685, l'année de la révocation de l'édit de Nantes. Son neveu Monmouth, et le duc d'Argyle essayèrent bien de le renverser, mais tous deux périrent, après la défaite de Sedgemoor, et l'odieux Jeffries envoya une foule de leurs partisans à l'échafaud. Si le clergé anglican et, dans l'aristocratie, ceux qu'on appelait les *tories* ou conservateurs, étaient disposés à pardonner aux Stuarts leur despotisme, ils n'entendaient pas que cette royauté de droit divin, *a deo rex, a rege lex*, les ramenât au catholicisme qui voudrait certainement leur reprendre les grands biens d'Église dont ils s'étaient emparés. Lorsque Jacques envoya au Vatican une ambassade solennelle pour réconcilier l'Angleterre avec l'Église romaine, l'archevêque de Cantorbéry réclama; il fut jeté à la tour avec six de ses suffragants.

Chute de Jacques II (1688); Déclaration des droits; Guillaume III (1689). — Ces violences, la naissance, en 1688, d'un prince de Galles dont la mère était italienne et catholique, et qui allait primer les droits du calviniste Guillaume d'Orange, gendre de Jacques II, décidèrent le stathouder de Hollande à écouter les offres des whigs. Jacques abandonné de tout le monde s'enfuit en France et le parlement proclama roi Guillaume III, après lui avoir fait signer la *déclaration des droits* qui substituait la royauté consentie à la royauté de droit divin, et contenait presque toutes les garanties d'un gouvernement libre : convocation périodique du parlement, vote de l'impôt, la loi faite par le concours des chambres et du roi, le jury, le droit de pétition, etc. Quelques mois après, Locke, un des persécutés de Jacques II, faisait la théorie de la révolution de 1688 en reconnaissant pour seuls principes légitimes et durables d'un gouvernement, la souveraineté nationale et la liberté.

Un nouveau droit politique. — Ainsi un droit nouveau, celui des peuples, se levait dans la société moderne, en face du droit absolu des rois, et l'humanité commençait une nouvelle étape. La féodalité avait été un progrès sur la barbarie carlovingienne ; la royauté en avait été un autre sur l'anarchie féodale, mais après avoir constitué les nations modernes, développé le commerce et l'industrie, favorisé l'épanouissement des arts et des lettres, la royauté prétendait s'éterniser dans son droit absolu et demandait à l'Église catholique de l'aider à s'y maintenir. L'Angleterre eut la bonne fortune, grâce à sa position insulaire et à son histoire, de se saisir du principe qui allait être celui de l'avenir et elle doit déjà à cette sagesse deux siècles de tranquillité, au milieu des écroulements qui s'accomplissent autour d'elle.

LXX

COALITIONS CONTRE LA FRANCE (1688-1714)

Formation de la ligue d'Augsbourg (1686). — Au seizième siècle et dans la première moitié du dix-septième, la France avait pris en main la défense du protestantisme et des libertés générales de l'Europe contre les Hapsbourgs de Madrid et de Vienne, et contre l'ultramontanisme du Vatican. Avec Louis XIV, elle menaça la conscience des réformés et l'indépendance des États. Le rôle que nous abandonnions, l'Angleterre le prit et il fit sa fortune, comme il avait fait celle de Henri IV et de Richelieu.

Tandis que les protestants chassés de France allaient porter partout leur haine contre Louis, il bravait l'Europe comme à plaisir par des conquêtes faites en pleine paix. Il se faisait adjuger, par les *chambres* de réunion, les *dépendances* de ses dernières conquêtes : vingt villes et parmi elles Strasbourg (1681). Il traitait le pape avec arrogance pour une insulte faite à notre ambassadeur ; il obligeait le doge de Gênes à venir s'humilier à Versailles ; il achetait Casal en Italie, pour dominer la vallée du Pô, réclamait une partie du Palatinat comme dot de sa belle-sœur, s'opposait à l'installation de l'archevêque de Cologne et occupait Bonn, Neuss, Kayserwerth. Les puissances inquiétées par cette ambition avaient formé dès 1686, la ligue d'Augsbourg ; l'Angleterre y accéda en 1689.

Guerre de la ligue d'Augsbourg (1689-1697). Louis tourna ses premiers coups contre Guillaume. Il fit à Jacques II un accueil magnifique et lui donna une flotte et une armée qui débarqua en Irlande, mais perdit la bataille de la Boyne. Tourville obligé par les ordres du roi d'attaquer 99 vaisseaux avec 44, essuya le désastre de la Hogue (1692). Dès lors, la mer appartint aux Anglais et notre commerce fut à leur merci, malgré les exploits de hardis capitaines, Pointis, Duguay-Trouin, Jean-Bart qui couraient sus aux marchands anglais, espagnols et hollandais. Sur terre, nous conservions l'avantage. Luxembourg battit les alliés à Fleurus (1690), à Steinkerque (1692), à Neerwinden (1693); Catinat occupa le Piémont et s'en assura la possession par les victoires de Staffarde et de la Marsaille (1693). Mais la France s'épuisait dans une lutte inégale. « La moitié du royaume, écrivait Vauban, vit des aumônes de l'autre. » D'ailleurs, Charles II se mourait : la succession d'Espagne allait enfin s'ouvrir et l'Europe avait besoin de repos pour se préparer à ce grand événement. Afin d'avoir la paix, Louis divisa ses ennemis, et la défection du duc de Savoie à qui l'on rendit ses États, même Pignerol, détermina les alliés à signer le traité de Ryswick (1697). Louis XIV reconnut Guillaume III comme roi d'Angleterre, rendit à l'Empire ce que les chambres de réunion lui avaient adjugé hors de l'Alsace, remit le duc de Lorraine en possession de son duché, mais garda l'ouest de Saint-Domingue, Landau et Sarrelouis.

Guerre de la succession d'Espagne (1701-1714). — La branche aînée de la maison d'Autriche allait s'éteindre à Madrid avec Charles II. Trois puissances se disputaient l'héritage : la France, l'Autriche et la Bavière. Louis XIV invoquait les droits de sa femme, Marie-Thérèse, l'aînée des enfants de Philippe IV; Léopold Ier avait épousé la fille cadette, Marguerite; l'électeur de Bavière réclamait au nom de son fils mineur, petit-fils de cette même Marguerite. Un premier projet de partage de la monarchie espagnole, accueilli et garanti par Guillaume, fut repoussé par Charles II qui favorisait le jeune duc de Bavière. Cet enfant mourut : la France et l'Autriche restant seules, Charles fit un testament qui désignait pour son héritier le duc d'Anjou, petit-fils de Louis XIV, dans l'espoir de sauvegarder l'intégrité de sa monarchie.

Au lieu de ménager l'Europe alarmée par cette grandeur nouvelle des Bourbons, Louis XIV l'irrita en conservant au nouveau roi, Philippe V, ses droits de succession éventuelle à la couronne de Saint-Louis, ce qui aurait rétabli au profit de la France la monstrueuse puissance de Charles-Quint; il mit des garnisons françaises dans les villes des Pays-Bas, au grand effroi de la Hollande; enfin il reconnut à Jacques III, après la mort de son père Jacques II, le titre de roi d'Angleterre. C'était violer ouvertement le traité de Ryswick (1701). Une nouvelle ligue fut bientôt conclue à la Haye, entre l'Angleterre et les Provinces-Unies; la Prusse, l'Empire, le Portugal et jusqu'au duc de Savoie, beau-père de Philippe V, y adhérèrent successivement (1701-1703). Trois hommes supérieurs, Heinsius, grand pensionnaire de Hollande, Marlborough, chef du parti whig en Angleterre, habile diplomate et grand général, le prince Eugène, Français émigré en Autriche, dirigeaient la coalition. La France avait Chamillart pour remplacer Colbert et Louvois. Heureusement, ses généraux valaient mieux que ses ministres, sauf l'incapable Villeroi.

L'Autriche commence les hostilités par des revers. Eugène est battu à Luzzara par le duc de Vendôme (1702), une autre armée impériale à Friedlingen et à Hochstedt par Villars. Mais Marlborough débarque dans les Pays-Bas, l'archiduc Charles en Portugal; le duc de Savoie trahit la France et les Camisards se soulèvent dans les Cévennes. La perte de la seconde bataille de Hochstedt rejette les Français hors de l'Allemagne (1704); celle de Ramillies donne aux alliés les Pays-Bas; celle de Turin, le Milanais et le royaume de Naples (1706). Toulon est menacé (1707). Pour arrêter l'ennemi aux Pays-Bas, Louis XIV réunit encore une magnifique armée : elle est mise en déroute à Oudenarde. Lille se rend après deux mois de siége (1708); l'hiver de 1709 ajoute ses rigueurs à nos désastres et Louis demande la paix. On y met pour condition, qu'il chassera lui-même son petit-fils d'Espagne. Il aime mieux continuer la lutte : 100,000 hommes accourent encore avec Villars; ils sont vaincus à Malplaquet, mais en tuant vingt mille hommes aux ennemis, contre huit mille qu'ils ont perdus.

Cependant Vendôme assure le trône d'Espagne à Philippe V par la victoire de Villaviciosa (1710), et l'archiduc Charles, le protégé des alliés, devient empereur d'Allemagne par la mort de son frère (1711). L'équilibre européen se serait trouvé rompu d'une façon bien plus menaçante s'il eût réuni à la couronne impériale celles de Naples et d'Espagne que si Philippe V régnait à Madrid. L'Angleterre n'avait donc plus d'intérêt à cette guerre; les whigs qui veulent la continuer sont renversés du pouvoir et le ministère tory qui les remplace entame des négociations avec la France. Quelques mois après, l'armée impériale était battue à Denain par Villars. Cette glorieuse victoire hâta la conclusion de la paix qui fut signée à Utrecht (1713) par l'Angleterre, le Portugal, la Savoie, la Prusse et la Hollande.

Traités d'Utrecht et de Rastadt (1713-4). Louis acceptait l'ordre de succession établi en Angleterre par la révolution de 1688, cédait aux Anglais l'île de Terre-Neuve, s'engageait à démolir les fortifications de Dunkerque et consentait à ce que les couronnes de France et d'Espagne ne pussent jamais être réunies sur la même tête. La Hollande obtint le droit de mettre garnison dans la plupart des places fortes des Pays-Bas espagnols pour empêcher qu'elles ne tombassent aux mains de la France. Le duc de Savoie reçut la Sicile avec le titre de roi, et l'on reconnut à l'électeur de Brandebourg celui de roi de Prusse qu'il venait d'acheter de l'empereur. Celui-ci resté seul, continua la guerre ; mais la prise de Landau et de Fribourg le décida à signer le traité de Rastadt (1714), par lequel il acquerrait une partie des domaines extérieurs de l'Espagne, les Pays-Bas, Naples, la Sardaigne, le Milanais et les présides de Toscane.

La France faisait de durs sacrifices ; mais l'Espagne n'ayant plus les Pays-Bas, devenait son alliée naturelle, au lieu d'être, comme elle l'avait été durant deux siècles, sa constante ennemie : c'était la sécurité pour notre frontière du sud et par conséquent plus de force au nord-est. Louis XIV mourut quelque temps après (1715) : il avait régné 72 ans.

Louis XIV personnification de la royauté de droit divin. — Il laissait le royaume sans commerce, sans industrie, épuisé d'hommes et d'argent avec une dette publique qui ferait aujourd'hui plus de huit milliards. La fin de ce long règne ne tenait donc pas les promesses du début. L'acquisition de deux provinces, Flandre et Franche-Comté, celle de quelques villes : Strasbourg, Landau, Dunkerque, n'étaient pas une compensation aux misères affreuses que la France avait subies et qui lui eussent été épargnées si elle était restée fidèle à la politique de Henri IV et de Richelieu. En outre elle était descendue de tout ce que d'autres avaient monté. l'Espagne ne s'était pas relevée; l'Autriche restait aussi faible; mais deux jeunes royautés, la Sardaigne et la Prusse, formaient en Italie et en Allemagne, comme la pierre d'attente de quelque grand édifice dont on n'entrevoyait pas encore les proportions, et l'Angleterre avait déjà le rôle, qu'elle gardera un siècle et demi, de puissance prépondérante en Europe par son commerce, sa marine, ses colonies et son or.

Par l'éclat incomparable de sa cour, ses fêtes magnifiques, ses constructions somptueuses, son goût pour les arts et les lettres; par le grand air de sa personne, la dignité qu'il mettait en tout, la sereine confiance qu'il avait dans son droit et dans ses lumières supérieures, Louis avait été la plus glorieuse manifestation de cette royauté d'ordre à la fois ancien et nouveau qui faisait dire à Bossuet : « O Rois, vous êtes des dieux ! » On lui prêtait cette parole « l'État c'est moi; » et elle était vraie, grâce à une centralisation énergique qui mettait la France entière à Versailles et Versailles dans le cabinet du prince. Il croyait fermement, et l'on croyait avec lui, que les biens comme la vie de ses sujets lui appartenaient; qu'il était leur intelligence, leur volonté, leur action; c'est-à-dire que vingt millions d'hommes vivaient en lui et pour lui. Mais aussi ses défaillances, ses vices étaient sacrés, comme ceux des dieux de l'Olympe dont les images remplissaient ses palais. Au besoin, la justice servait ses passions, l'armée ses caprices, le trésor public ses plaisirs, et l'adultère devenait une institution monarchique qui donnait aux maîtresses du roi rang à la cour.

Un tel gouvernement peut convenir à l'Orient qui ne connaît que la force et s'y soumet avec résignation; il ne saurait durer dans notre monde occidental où l'humanité a pris conscience d'elle-même et de ses droits. En développant l'industrie et le commerce, par conséquent la fortune de ses peuples, en favorisant les arts et les lettres c'est-à-dire le développement de l'esprit, Louis avait préparé lui-même la formation de deux puissances nouvelles qui devaient d'abord miner, puis renverser son système.

LXXI

LES ARTS, LES LETTRES ET LES SCIENCES AU DIX-SEPTIÈME SIÈCLE

Les lettres et les arts en France. — Le seizième siècle avait fait la réforme religieuse, le dix-huitième fera les réformes politiques. Placé entre ces deux âges révolutionnaires le dix-septième fut et est resté, pour la France, la grande époque littéraire. Les générations qui vivent dans les jours d'orage vont plus haut et plus bas, mais n'arrivent jamais à cette calme beauté qui est le reflet d'un temps paisible et pourtant fécond, où l'art est à lui-même son but et sa récompense. Bien avant que Louis XIV prît en main le gouvernement et régnât par lui-même (1661), la France avait déjà recueilli la moitié de la gloire littéraire que le dix-septième siècle lui réservait; plusieurs de ses grands écrivains, avaient donné leurs chefs-d'œuvre et presque tous étaient en pleine possession de leur talent; le *Cid* avait été joué en 1636 et le *Discours de la Méthode* avait paru en 1637.

La magnifique moisson faite alors par l'esprit français a donc poussé d'elle-même, sans que personne l'ait semée. Le calme succédant, sous Henri IV et Richelieu, à l'agitation stérile des luttes religieuses, les choses de l'esprit avaient pris le pas sur celles de la guerre et quelques grands hommes survenant, toute la haute société les suivit. On discuta sur un beau vers, comme auparavant sur une belle arquebusade, on se serait même perdu, au milieu des raffinements de la pensée et des subtilités précieuses de l'hôtel de Rambouillet, sans les mâles accents de Corneille et de ses héros, le bon sens suprême de Molière, de Boileau et de la Fontaine, sans l'éloquence biblique de Bossuet, l'énergie de Pascal, et la grâce pénétrante de Racine. Sur cette liste d'honneur, mettons encore les noms de Mme de Sévigné pour ses *Lettres*, de la Rochefoucauld pour ses *Maximes*, de la Bruyère pour ses *Caractères*, de Fénélon pour son *Télémaque*, de Saint-Simon pour ses redoutables *Mémoires* et de Bourdaloue, pour ses *Sermons*.

De savants hommes débrouillaient le chaos de nos origines ou nous faisaient mieux connaître l'antiquité. Casaubon, Scaliger, Saumaise, du Cange, Baluze et les bénédictins. Bayle continuait la tradition sceptique de Rabelais et de Montaigne que Voltaire au siècle suivant reprendra. Le grand révolutionnaire alors c'est Descartes qui demandait qu'on fît table rase dans l'esprit pour le délivrer de tout préjugé, de toute erreur et qu'on n'y laissât rentrer que les vérités dont l'évidence s'imposerait invinciblement à la raison. A force de prudence, Descartes voila aux yeux de ses contemporains les conséquences de sa *Méthode*, mais elle est devenue la condition essentielle du progrès philosophique, elle est la règle de la science, et elle deviendra celle du monde.

La France eut en ce temps-là quatre peintres de premier ordre: Poussin, Lesueur, Claude Lorrain et, à quelque distance d'eux, Lebrun; un admirable sculpteur, Puget; des architectes de talent, Mansart et Perrault; enfin un musicien habile, Lulli.

Les lettres et les arts dans les pays étrangers. — En Italie: décadence littéraire, comme décadence politique; en Espagne: stérile abondance de Lope de Véga et de Caldéron; *Don Quichotte* de Cervantès appartient par sa date et son sujet à l'autre siècle où l'on pensait encore au moyen âge, fût-ce pour en rire. L'Angleterre a alors son grand âge littéraire avec Shakespeare, Milton, Dryden, Addison, et l'Allemagne son âge de fer: la réforme tombée aux mains des princes comme le catholicisme italien aux mains des jésuites, semble avoir arrêté la pensée.

Le Hollandais Grotius, le Suédois Puffendorf, déterminaient les droits de la paix et de la guerre d'après des principes d'humanité et de justice, dont on a fait récemment le droit du plus fort; l'Anglais Hobbes, pensionné par Charles II, soutenait dans son *Leviathan* que l'état naturel des hommes était la guerre et qu'il leur fallait un bon despote pour les empêcher de s'égorger : c'était la théorie du pouvoir absolu donnée par la philosophie, telle que Bossuet l'avait établie au nom de la religion ; mais qu'un autre philosophe, Locke, renversait heureusement dans son *Essai sur le but du gouvernement* où le conseiller de Guillaume III démontrait que la société civile ne doit être soumise qu'au pouvoir établi par le consentement de la communauté. « La communauté, disait-il, peut constituer le gouvernement qui lui plaît, ces gouvernements pour être conformes à la raison doivent remplir deux conditions : la première est que le pouvoir de faire les lois, lesquelles sont obligatoires pour les sujets comme pour le monarque, doit être séparé du pouvoir qui les exécute ; la seconde est que nul ne sera tenu de payer l'impôt sans son consentement donné personnellement ou par représentants. » — « L'égalité, disait-il encore, est le droit égal que chacun a à la liberté, de sorte que personne n'est assujetti à la volonté ou à l'autorité d'un autre homme. » Ce traité parut en 1690, juste un siècle avant la révolution française dont Locke est un des précurseurs. Car la nécessité du consentement commun établie pour principe de toute société politique, qu'est-ce autre chose que la reconnaissance de la souveraineté nationale? Les idées du philosophe anglais allaient, comme celles de Descartes, cheminer lentement à travers le dix-huitième siècle pour aboutir à Rousseau.

Deux autres philosophes méritent une mention pour l'influence dans l'ordre des idées métaphysiques, le panthéiste Spinosa, juif d'Amsterdam, et Leibnitz dont le génie était universel.

Dans les arts, le premier rang appartient alors aux écoles hollandaise et flamande représentées par Rubens, Van-Dyck, Rembrandt et les deux Téniers. L'Espagne possède Vélasquez, Murillo et Ribéra qui n'ont pas eu d'héritiers ; l'Italie : le Guide et le Bernin qui sont une décadence contre laquelle proteste cependant Salvator Rosa. L'Angleterre et l'Allemagne ne comptent pas un artiste.

Les sciences au dix-septième siècle. — L'univers est double : monde moral, monde physique. L'antiquité avait parcouru l'un dans tous les sens ; elle avait étendu, développé les facultés que Dieu a déposées en germe dans notre argile, mais du monde physique, elle ne savait à peu près rien. Cette ignorance devait durer tant que les vraies méthodes d'expérimentation ne seraient pas trouvées et elles ne pouvaient l'être qu'après qu'on aurait acquis la confiance que l'univers est gouverné par les lois immuables d'une sagesse éternelle, non par les volontés arbitraires de puissances capricieuses. L'alchimie, la magie, l'astrologie, toutes ces folies du moyen âge devinrent des sciences, du jour où l'homme ne s'arrêtant plus aux phénomènes isolés s'efforça de saisir les lois mêmes qui les produisent. Ce temps commence au seizième siècle avec Copernic, mais ce n'est qu'au dix-septième que la révolution est accomplie et triomphe avec Bacon et Galilée, le premier qui en a proclamé la nécessité, le second qui, par ses découvertes, en démontre les bienfaits.

A la tête du mouvement scientifique de ce siècle étaient : Képler, du Wurtemberg, qui prouva la vérité du système de Copernic; Galilée, de Pise, qui expia, en 1633, dans les cachots de l'Inquisition la démonstration du mouvement de la terre ; l'Anglais Newton qui trouva les principales lois de l'optique et la gravitation universelle; Leibnitz qui lui dispute l'honneur d'avoir créé le calcul différentiel ; Pascal l'inventeur du calcul des probabilités ; Descartes, aussi célèbre comme savant que comme philosophe, car ces puissants esprits ne s'enfermaient pas dans une seule étude. A leur suite une foule d'hommes se jettent dans les voies qu'ils ont ouvertes : Papin constate la puissance comme force motrice de la vapeur d'eau condensée ; Rœmer la vitesse de la lumière ; Harvey la circulation du sang et Cassini exécute avec Picard la méridienne de Paris. Au thermomètre construit par Galilée, Torricelli ajoute le baromètre, Huygens l'horloge à pendule et la science se trouve armée de précieux instruments d'investigation [1].

Ainsi dans ce siècle, trois pays : l'Allemagne qui eut Leibnitz, mais qui laissa Képler mourir presque de misère ; l'Italie qui persécuta Galilée ; l'Espagne où l'on ne trouve que des peintres et des dramaturges, sont en pleine décadence morale. Les deux peuples, France et Angleterre, auxquels sont passées la force et la prépondérance ont, au contraire, alors leur grand siècle littéraire. La première surtout se met à la tête de la civilisation moderne et, par la supériorité reconnue de son esprit et de son goût, elle fait accepter de l'Europe entière le pacifique empire de ses artistes et de ses écrivains.

LXXII

CRÉATION DE LA RUSSIE, ABAISSEMENT DE LA SUÈDE

États du Nord au commencement du dix-huitième siècle. — L'Orient et le nord de l'Europe avaient été, pour les Romains et les Grecs, la terre inconnue. Au moyen âge, l'activité des peuples se déploya dans les pays

---

[1]. Les lunettes avaient été inventées vers 1300, le télescope vers 1590, la machine pneumatique en 1650.

du centre et de l'ouest et les Slaves, les Scandinaves restèrent enveloppés d'une obscurité que pour cette revue rapide de l'histoire générale, il a été inutile de dissiper. Les Russes avaient été soumis par les Mongols contre lesquels les Polonais avaient gagné de l'honneur et de la puissance ; et nous avons vu les Suédois faire sous Gustave-Adolphe une foudroyante apparition dans l'empire. Grâce à leurs victoires sur les Allemands, les Polonais et les Russes, la Baltique était au milieu du dix-huitième siècle un lac suédois qu'enveloppait une mince ligne de postes fortifiés : domination fragile, parce qu'elle était mal faite et entourée d'ennemis intéressés à sa ruine.

La Pologne s'étendait encore des Carpathes à la Baltique et de l'Oder aux sources du Dnieper et du Volga, mais sa constitution anarchique et sa royauté élective la livraient sans défense aux attaques de l'étranger. Un électeur de Saxe était alors roi de Pologne.

Les Russes à qui les Suédois, les Polonais et le duc de Courlande interdisaient l'accès de la Baltique méridionale étaient, au sud, séparés de la mer Noire par la république guerrière des Cosaques, sujets indociles de la Pologne et par les hordes tartares. Ils ne s'étendaient librement que vers les régions désertes de la Sibérie. La chute de la puissante république de Novogorod en 1476 leur avait ouvert les approches de l'Océan glacial et de la Baltique orientale ; par la destruction des Tartares d'Astrakan, ils étaient arrivés sur la mer Caspienne et au traité de Wilna (1656), ils avaient obligé les Polonais à leur céder Smolensk, Tchernigow et l'Ukraine : c'était leur premier pas vers l'Occident. Ils avaient déjà des éléments redoutables de puissance. Iwan III avait aboli dans sa famille la loi des apanages, ce qui avait établi l'unité du pouvoir et de l'État ; il l'avait au contraire maintenue pour la noblesse qui restait par conséquent divisée et affaiblie. Au seizième siècle Iwan IV avait passé quinze ans à assouplir les boyards au joug, avec l'implacable cruauté qui lui a valu le surnom de *terrible* et un ukase de 1593 avait réduit tous les paysans à la servitude de la glèbe en leur interdisant de changer de maître et de terre.

Pierre le Grand (1682). — Celui qui devait être le créateur de la Russie reçut en 1682 le titre de czar à l'âge de dix ans. Guidé par le Génevois Lefort qui lui vantait les arts de l'Occident, il se rendit en 1697 à Saardam en Hollande pour y apprendre la construction d'un vaisseau, et alla ensuite étudier l'Angleterre et son industrie, l'Allemagne et son organisation militaire. La nouvelle d'une révolte des Strelitz lui arrive à Vienne; il court à Moscou, en fait pendre ou rouer 2000, décapiter 5000, puis commence les réformes. Il organise des régiments où il oblige les fils des boyards à servir comme soldats avant d'être officiers; il fonde des écoles pour les mathématiques, l'astronomie, la marine; et il entreprend de joindre par un canal le Don au Volga; une grande guerre arrête ces travaux.

La prépondérance de la Suède pesait à ses voisins. A la mort de son roi Charles XI, la Russie, le Danemark et la Pologne crurent l'occasion bonne pour dépouiller un jeune prince de dix-huit ans et enlever aux Suédois leurs provinces de la Baltique (1700). « Si Charles XII n'était pas Alexandre, il aurait été le premier soldat d'Alexandre; » il prévient l'attaque par une invasion impétueuse en Danemark, court à quatre-vingt mille Russes qu'il bat avec huit mille Suédois à Narva, chasse les Saxons de la Livonie, les poursuit en Saxe, détrône Auguste II, et l'oblige, par le traité d'Altranstadt, à abdiquer sa couronne polonaise en faveur de Stanislas Leckzinski. Mais tandis qu'il emploie cinq années (1701-1706) à ces guerres, Pierre le Grand crée derrière lui un empire, se forme une armée sur le modèle de celles qu'il a vues dans les royaumes de l'Occident, conquiert l'Ingrie et la Carélie, et fonde Saint-Pétersbourg (1703), pour prendre possession du golfe de Finlande. Charles XII revient alors contre lui; mais en voulant joindre l'hetman des Cosaques, Mazeppa, qui lui a promis

100 000 hommes, il s'égare dans les marais de Pinsk et laisse au czar le temps d'accabler Mazeppa, et de battre une armée suédoise de secours. Le cruel hiver de 1709 augmente sa détresse, et la défaite de Pultawa (1709) l'oblige à fuir avec cinq cents cavaliers chez les Turcs. De Bender, son asile, il poussa la Porte contre les Russes; 150,000 Ottomans franchirent le Danube et Pierre, cerné dans son camp sur les bords du Pruth, allait y périr lorsque le grand vizir se laissa acheter (1711). Le czar rendit Azof et s'engagea à retirer ses troupes de la Pologne. Par ce traité, Charles XII était une seconde fois vaincu. Il s'obstina à rester trois ans encore en Turquie, reprit en 1714, le chemin de la Suède, dont les puissances du nord enlevaient les dépouilles : George Ier d'Angleterre, électeur de Hanovre, achetait Brême et Verden; le roi de Prusse prenait Stettin et la Poméranie. Stralsund résistait encore; Charles XII s'y jeta, la défendit un mois puis rentra en Suède et alla se faire tuer au siège de Fréderickshall, peut-être en trahison (1718). Il laissait la Suède épuisée par cette guerre de quinze ans, privée de ses possessions extérieures, sans agriculture, sans industrie, sans commerce, ayant perdu 250,000 hommes, l'élite de sa population, et son ascendant dans le nord de l'Europe. Cet aventurier héroïque avait renversé la fortune de son peuple et ruiné son pays pour un siècle.

Pierre, au contraire, faisait la fortune du sien. Il n'accorda la paix aux Suédois par le traité de Nystadt (1721) qu'en les faisant renoncer à tout droit sur la Livonie, l'Esthonie, l'Ingrie, une partie de la Carélie, du pays de Viborg et de la Finlande. Quand l'ambassadeur de France sollicitait des conditions moins dures, Pierre répondait : « Je ne veux pas voir de mes fenêtres les terres de mon voisin. »

Ainsi la Suède descend, la Russie monte et un double exemple est donné au monde de ce que peut un homme pour le malheur ou la prospérité des nations qui ne sont point encore en état de gouverner elles-mêmes leurs destinées. En 1716 le czar entreprit un nouveau voyage en Europe. Cette fois, il vint en France où il s'offrit à remplacer la Suède comme notre allié contre l'Autriche. Le cardinal Dubois vendu à l'Angleterre fit rejeter la proposition. Un siècle plus tard, la Restauration reprit, sans avoir le temps de la faire prévaloir, cette politique à laquelle Napoléon avait aussi songé un instant et qui l'aurait sauvé ; aujourd'hui elle est pour nous une nécessité et notre espérance non plus contre l'Autriche, mais contre la Prusse. Ce voyage fut aussi fécond que le premier pour le développement des ressources de la Russie ; elle y gagna des ouvriers de toute sorte, des ingénieurs, des manufactures, des fonderies. Le czar créa l'uniformité des poids et mesures, un tribunal de commerce, des canaux, des chantiers de construction ; il ouvrit les mines de la Sibérie, des routes pour les denrées de la Chine, de la Perse et de l'Inde et il pressentit l'avenir du fleuve Amour qui débouche dans la mer Orientale. Pour mettre le clergé dans son absolue dépendance, il remplaça le patriarche par un synode que le czar reconnut comme chef suprême de l'Église et il fit du peuple russe un régiment, en appliquant la hiérarchie militaire à toute l'administration de l'empire. Son fils Alexis semblait contraire aux réformes ; il le fit juger, condamner à mort et sans doute exécuter. Du moins, ce prince mourut le lendemain de la sentence et beaucoup de ses complices périrent : un général fut empalé, un archevêque rompu vif ; l'impératrice Eudoxie reçut le knout. Avec cette énergie sauvage, il réussit, comme il le disait lui-même, à habiller en hommes son troupeau de bêtes. « Le czar Pierre, disait Frédéric II, c'était de l'eau forte qui rongeait du fer. » Il mourut en 1725 des suites de ses débauches.

LXXIII

CRÉATION DE LA PRUSSE, ABAISSEMENT DE LA FRANCE ET DE L'AUTRICHE

Régence du duc d'Orléans ; ministères de Dubois, du duc de Bourbon et de Fleury (1715-1743). — Le successeur de Louis XIV en France n'avait que cinq ans, le parlement déféra la régence au duc d'Orléans, prince intelligent et brave, bon jusqu'à la faiblesse et honteusement débauché, qui livra le pouvoir à son ancien précepteur le cardinal Dubois. Contre Philippe V d'Espagne, plus rapproché par sa naissance du trône de France que le régent, Dubois s'unit étroitement à l'Angleterre qui le pensionna et nos ennemis d'hier virent avec joie la France s'armer contre les Espagnols ses amis de la veille, lorsque le cardinal Albéroni, ministre de Philippe V, forma le dessein de rendre à l'Espagne ce que le traité d'Utrecht lui avait enlevé. Il voulait occuper l'Autriche au moyen des Turcs, renverser le régent par une conspiration et rétablir les Stuarts avec l'épée de Charles XII. Mais le prince Eugène battit les Turcs à Belgrade (1717) ; la conspiration de Cellamare échoua ; Charles XII périt en Norwége ; les Anglais détruisirent la flotte espagnole près de Messine ; les Français entrèrent en Navarre, et l'Espagne sortit encore amoindrie de cette lutte où la France n'avait gagné que de conserver à sa tête le régent et Dubois.

Louis XIV avait laissé derrière lui la ruine financière. L'État devait trois milliards et demi, dont près du tiers immédiatement exigible ; on avait dépensé d'avance deux années de revenu et sur un budget de 165 millions le déficit était de 78. Le régent, après avoir usé sans succès de tous les moyens, se décida à recourir aux expédients de Law. Ce hardi financier écossais, fonda une banque qui réussit à merveille et la *compagnie des*

Indes, qui échoua complétement, après avoir trop bien réussi. Par d'habiles manœuvres on éleva les actions de la compagnie jusqu'à la valeur factice de douze milliards, tandis que les bénéfices annuels ne dépassaient pas quatre-vingt millions au moment où les yeux se dessillèrent. Pour sauver la *compagnie*, Law l'unit à la banque : ce fut une double ruine. Le public, qui s'étouffait naguère dans la rue Quincampoix pour avoir du papier, s'étouffa encore pour avoir du numéraire. Tout croula, et Law s'enfuit au milieu des malédictions ; il avait pourtant ouvert sur la puissance du crédit des horizons nouveaux. La régence est tristement fameuse par la scandaleuse dépravation des mœurs qui succéda soudainement, dans la haute société, à l'hypocrite dévotion des dernières années de Louis XIV.

Le régent et Dubois moururent en 1723. Le ministère du duc de Bourbon, n'est remarquable que par le mariage de Louis XV avec la fille de Stanislas Leckzinski (1725) que Charles XII avait fait un moment roi de Pologne. Un septuagénaire ambitieux, Fleury, évêque de Fréjus et précepteur du roi, le renversa et fut principal ministre de 1726 à 1743. Toute son administration tendit à faire régner l'économie dans nos finances et la paix en Europe, fût-ce aux dépens de la considération de la France, surtout à ceux de notre marine, qu'il sacrifia aux exigences des Anglais. A la mort d'Auguste II, l'immense majorité des Polonais élut Stanislas Leckzinski, tandis que l'électeur de Saxe était nommé sous la protection des baïonnettes russes (1733). Le roi de France ne pouvait abandonner son beau-père ; mais Fleury lui envoya un secours dérisoire de quinze cents hommes, et le dévouement du comte de Plélo ne sauva pas Stanislas, qui s'échappa à grand'peine de Dantzick pour revenir en France (1734). En vue d'effacer cette honte, Fleury s'allia à la Savoie et à l'Espagne contre l'Autriche qu'on voulait chasser d'Italie. C'était au moins une politique française et elle réussit en partie. Après les victoires de Parme et de Guastalla, la France imposa à l'empereur le traité de Vienne (1738) : Stanislas recevait en échange du trône de Pologne, le duché de Lorraine, réversible après sa mort au roi de France; le duc de Lorraine eut la Toscane comme indemnité ; l'infant don Carlos la Sicile avec le royaume de Naples et le roi de Sardaigne deux provinces Milanaises. On aurait pu obtenir davantage et faire alors ce qui a été accompli en 1859, en donnant tout le Milanais au Piémont. Un de nos ministres le voulait; Fleury s'y refusa pour traiter plus vite. « Après la paix de Vienne, dit Frédéric II, la France était l'arbitre de l'Europe. » Elle venait de vaincre l'Autriche en Italie et elle allait aider les Turcs à gagner au traité de Belgrade, la Servie (1739). L'Autriche reculait donc, à ce moment, partout, en Italie comme sur le Danube, les deux guerres de sept ans la mettront plus bas encore et elle entraînera la France dans sa chute.

Formation de la Prusse. — L'instrument de cette double chute fut une puissance toute nouvelle, la Prusse. En 1417, Frédéric de Hohenzollern, burgrave de Nuremberg, acheta de l'empereur Sigismond le margraviat de Brandebourg qui avait une des sept voix électorales et Albert, l'*Ulysse du Nord* (1469), fonda la puissance de sa maison en décrétant que les acquisitions futures seraient toujours réunies à l'électorat, lequel resterait indivisible. En 1618, acquisition de la Prusse ducale (Kœnigsberg) ; en 1624, du duché de Clèves avec les comtés de Mark et de Ravensberg, de sorte que l'État des Hohenzollern, étendu de la Meuse au Niémen, forma sur le Rhin, l'Elbe et la rive orientale de la Vistule, trois groupes séparés par des provinces dont la possession a été jusqu'à nos jours le but de toutes leurs entreprises. Au traité de Westphalie, le grand Électeur se fortifia sur l'Elbe par l'occupation de Magdebourg et se rapprocha de la Vistule par celle de la Poméranie ultérieure (1648).

Quoique membre de la ligue du Rhin que Mazarin avait formée sous le protectorat de la France, Frédéric-Guillaume soutint la Hollande contre Louis XIV et fonda la réputation de l'armée prussienne en battant les Suédois à Fehrbellin. Ses États étaient mal peuplés, il y attira des colons Hollandais et beaucoup de protestants chassés par l'édit de Nantes, qui peuplèrent Berlin sa nouvelle capitale. Son fils, Frédéric III, acheta de l'empereur le titre de roi et se couronna lui-même à Kœnigsberg (1701), tout en restant simple électeur dans le Brandebourg, puisque la Prusse ducale qui forma le nouveau royaume n'était point comprise dans les limites de l'empire allemand. Frédéric-Guillaume Ier (1713), le *roi sergent*, créa l'armée prussienne qui compta jusqu'à quatre-vingt mille hommes et passa sa vie à les faire manœuvrer, sans beaucoup s'en servir; cependant il acquit sur la Suède presque toute la Poméranie citérieure avec Stettin, et déjà il songeait au démembrement de la Pologne.

Marie-Thérèse et Frédéric II ; première guerre de sept ans (1741-1748). — Pendant que grandissait au nord cette puissance protestante qui héritait du rôle joué par la Suède sous Gustave Adolphe, la catholique Autriche s'abaissait. Prise entre les protestants d'Allemagne que soutenait la Suède, les Turcs qui conservaient un reste de vigueur, et la France de Richelieu, de Mazarin et de Louis XIV, l'Autriche avait reçu bien des coups sensibles, mais avait été sauvée par un grand général et relevée par des circonstances heureuses. Eugène, le vaincu de Denain, fut le vainqueur des Turcs à Zenta (1697), à Péterwaradein (1716), à Belgrade (1717) ; et la guerre de la succession d'Espagne valut à l'Autriche les Pays-Bas, le Milanais et Naples échangée plus tard contre Parme et Plaisance, possessions qui l'agrandirent sans la fortifier. Avec l'empereur Charles VI qui mourut la même année que le *roi sergent*, en 1740, s'éteignit la ligne masculine des Hapsbourg. Pour assurer son héritage à sa fille Marie-Thérèse, Charles avait pris toutes les précautions diplomatiques, mais pas une militaire. A peine eut-il expiré qu'on déchira les parchemins signés avec lui et cinq prétendants réclamèrent, les uns comme le roi d'Espagne, les électeurs de Bavière et de Saxe, la totalité de l'héritage, les autres des provinces à leur convenance, comme le roi de Sardaigne à qui le Milanais plaisait fort et Frédéric II que la Silésie tentait beaucoup. Des hostilités avaient éclaté déjà entre les Anglais et les Espagnols au sujet de la contrebande que les premiers exerçaient dans les colonies des seconds; la guerre générale se greffa sur cette guerre particulière, Frédéric II ayant entraîné la France dans son alliance, ce qui jeta l'Angleterre dans celle de Marie-Thérèse. Ce prince tout occupé jusque-là d'art et de littérature se révéla tout à coup grand roi et le plus habile capitaine du siècle. Il frappa à Molwitz le premier coup de cette guerre par une victoire sur les vétérans du prince Eugène et cette victoire lui livra la Silésie, tandis que les Français envahissaient la Bohême, et que le duc de Bavière se faisait couronner empereur.

Les subsides de l'Angleterre, l'enthousiasme des Hongrois, fournirent à Marie-Thérèse des ressources inattendues; et l'abandon de la Silésie à Frédéric qui oublia la parole qu'il nous avait donnée fit retomber sur nous tout le poids d'une guerre où nous n'avions aucun intérêt, puisque nous nous étions interdit toute acquisition du côté des Pays-Bas (1743). Notre armée cernée dans Prague fit, au cœur de l'hiver, une glorieuse mais pénible retraite et, la Bohême reprise, les Autrichiens envahirent la Bavière. Nos provinces orientales se virent alors menacées d'une double attaque : du côté du Palatinat par 50,000 Anglo-Allemands que le maréchal de Noailles arrêta à Dettingen; vers l'Alsace, par les Impériaux. Louis XV ou plutôt le maréchal de Saxe était entré dans les Pays-Bas avec 120,000 hommes qui avaient pris plusieurs villes. Ces succès s'arrêtèrent lorsqu'il fallut faire un grand détachement pour couvrir nos provinces du Rhin. Heureusement, l'Autriche s'était relevée si vite que Frédéric craignit pour ses conquêtes. Il reprit les armes et envahit la Bohême, diversion qui dégagea la ligne du Rhin et permit à l'empereur, Charles VII, de rentrer dans Munich où son fils traita avec Marie-Thérèse (1745). La guerre n'avait donc plus d'objet pour la France, mais il restait à conquérir la paix. La campagne de 1745 fut glorieuse. Tandis que Frédéric battait de nouveau l'Autriche et lui imposait le traité de Dresde, le maréchal de Saxe gagnait sur les Anglais la bataille de Fontenoi, qui lui ouvrait Bruxelles, et le prétendant Stuart, Charles-Édouard, débarquait en Écosse, pour soulever les highlanders contre la maison de Hanovre assise depuis la mort de la reine Anne (1714) sur le trône d'Angleterre. Les victoires de Raucoux et de Lawfeld, la prise de Maëstricht, par le maréchal de Saxe, au moment où la Russie, entraînée dans la coalition, envoyait dix mille Russes sur le Rhin, décidèrent les ennemis de la France à lui donner la paix. Victorieuse sur le continent, elle avait beaucoup souffert sur mer, où sa marine avait été presque détruite et elle avait perdu l'occasion de fonder dans l'Indoustan un empire que Dupleix commençait à élever. Par le traité d'Aix-la-Chapelle (1748), l'Angleterre et la France se rendirent mutuellement leurs conquêtes, mais la Silésie fut garantie au roi de Prusse.

Seconde guerre de sept ans (1756-1763). — La France employa la paix à refaire sa marine et à étendre son commerce. L'Angleterre vit avec colère cette renaissance, et sans déclaration de guerre, captura nos vaisseaux qui naviguaient sous la foi des traités (1755). Nous avions intérêt à conserver à cette lutte nouvelle un caractère exclusivement maritime, mais les Anglais offrirent de l'or à qui voudrait nous attaquer sur le continent et Frédéric II, inquiet d'un rapprochement inattendu de la France et de l'Autriche, accepta des subsides. Depuis la paix d'Aix-la-Chapelle, il s'était attaché la Silésie par de sages mesures; il avait commencé un grand travail de réformation de la justice et des finances et incorporé à son royaume l'Ost-Frise. Mais son esprit faisait tort à sa politique : il avait blessé par ses épigrammes la czarine Élisabeth et Mme de Pompadour, favorite de Louis XV. Marie-Thérèse qui ne pouvait voir un Silésien sans pleurer, attisa habilement ces colères et retourna contre la Prusse la coalition qui l'avait menacée dans la guerre précédente.

Frédéric prévint ses ennemis par une invasion en Saxe dont il incorpora les troupes dans son armée, pénétra en Bohême et y battit les Autrichiens à Lowositz. La France jeta alors deux armées en Allemagne, l'une qui força les Anglo-Hanovriens à capituler, l'autre qui subit à Rosbach une honteuse défaite (1757). Durant plusieurs années, le roi de Prusse soutint contre l'Autriche, la Russie, la France et la Suède, avec ses seules ressources, son génie et les subsides de l'Angleterre, une lutte héroïque, marquée par les batailles de Prague, de Kollin, de Jœgerndorf, de Zorndorf, de Kunnersdorf, de Liegnitz, de Minden et de Crévelt. En 1761, il semblait à bout de force ; il fut sauvé par la mort de la czarine dont le successeur, Pierre III, admirateur du héros prussien, se hâta de rappeler les troupes russes. Une dernière campagne lui rendit la Silésie et décida l'Autriche à traiter. La France n'avait pas été entamée, mais elle avait perdu Pondichéry, Québec et toute sa marine de guerre ; elle accepta le traité de Paris (1763).

Le résultat de la seconde guerre de Sept ans était d'un côté la grandeur continentale de la Prusse et la suprématie maritime de l'Angleterre ; de l'autre l'humiliation de l'Autriche et l'abaissement de la France. On comptait que cette guerre avait coûté la vie à un million d'hommes ; en Prusse seulement 14,500 maisons avaient été brûlées.

Après avoir sauvé son pays et constitué par la gloire un peuple nouveau en Europe, Frédéric II le sauva de la misère par une administration habile et vigilante. Il multiplia les desséchements de marais, les digues, les canaux, les manufactures ; il créa un système nouveau de crédit foncier, réorganisa l'instruction publique et réforma l'administration de la justice.

En 1772, il fit le démembrement de la Pologne qu'on

verra plus loin et en 1777 il infligea à l'Autriche une nouvelle défaite politique en la forçant de renoncer à la Bavière qu'elle avait achetée après la mort du dernier électeur. Ainsi Frédéric II se faisait contre l'Autriche à demi slave le protecteur de l'empire allemand, en attendant que ses successeurs pussent s'en faire les maîtres.

LXXIV

PUISSANCE MARITIME ET COLONIALE DE L'ANGLETERRE

L'Angleterre de 1688 à 1763. — La révolution anglaise de 1688 avait eu pour résultats : au dedans, de faire revivre les libertés nationales, soit publiques, soit religieuses ; au dehors, de substituer, comme adversaire de la France, à la Hollande épuisée, l'Angleterre pleine de force et de ressources. Les deux guerres de la ligue d'Augsbourg et de la succession d'Espagne ruinèrent notre marine, et celle de la Hollande étant aux ordres de Guillaume III, l'Angleterre prit possession de l'Océan que ses marchands couvrirent de leurs navires. A Guillaume mort en 1702, succéda la seconde fille de Jacques II, la reine Anne, zélée protestante qui supprima le parlement d'Édimbourg, de sorte que l'Écosse et l'Angleterre furent réunies sous le titre officiel de royaume de la Grande-Bretagne. Jusqu'en 1710, elle continua avec les Whigs, représentants de la révolution de 1688 et par conséquent fort animés contre Louis XIV, la politique de son beau-frère et la guerre contre la France qui fut signalée par les victoires de Marlborough à Hochstedt, Oudenarde, Ramillies et Malplaquet. L'entrée des tories au ministère, en 1710, amena la paix d'Utrecht (1713) et, à la mort de la reine, le parlement donna la couronne à George de Brunswick électeur de Hanovre (1714). Ce prince ne savait ni un mot d'anglais, ni un article de la constitution, mais il laissa gouverner Robert Walpole, chef des Whigs qui avaient retrouvé la majorité dans le parlement et qui la gardèrent jusqu'en 1742, grâce au procédé employé par le premier ministre, l'achat des électeurs ou des élus. Walpole avait besoin de la paix pour gouverner avec de tels moyens, l'explosion de la guerre pour la succession d'Autriche le renversa. L'Angleterre ne gagna pas à cette guerre un pouce de terre, mais beaucoup de ruines causées par l'invasion du prétendant Charles Stuart (1745) et beaucoup de dettes : 80 millions de livres sterling au lieu de 50. A cette époque, le *grand député* des Communes, William Pitt attirait déjà sur lui l'attention de l'Angleterre. En 1757, il devint premier ministre et la France n'éprouva que trop ses talents et sa haine pendant la guerre de Sept ans qu'il dirigea avec une énergie fatale à notre marine et à nos colonies.

George Ier était mort en 1727, George II mourut en 1760 : tous deux avaient été fidèles au pacte de 1688. N'ayant à eux ni un soldat, ni un parti, ils avaient accepté les ministres que la majorité du parlement leur donnait, de sorte que pour changer de politique, la Grande-Bretagne n'avait qu'à changer de ministres. Les wighs ou les tories, c'est-à-dire les libéraux ou les conservateurs, arrivaient donc au pouvoir par un vote des députés et non par une insurrection de la rue. Voilà pourquoi, depuis deux siècles l'Angleterre a pu faire beaucoup de réformes et n'a jamais eu ni le prétexte, ni le besoin de faire une révolution. George III qui régna soixante ans, jusqu'en 1820, perdit même à plusieurs reprises la raison, sans que l'action gouvernementale en fut affaiblie. A Londres, le roi règne et ne gouverne pas ; il prend les conseillers que les Chambres lui imposent et signe les décrets que ses ministres lui présentent. Il est le rouage nécessaire pour mettre la machine en action, mais il n'en commande pas les mouvements, de sorte que par sa permanence il représente la conservation, tandis que le ministère, par sa mobilité, assure le progrès.

La Compagnie anglaise des Indes orientales. — La guerre de Sept ans avait ruiné nos affaires aux Indes et livré l'Amérique à l'Angleterre. Laissant leurs colons s'étendre librement dans les riches vallées du Saint-Laurent, de l'Ohio et du Mississipi où nous les retrouverons bientôt, les Anglais se jetèrent sur l'Inde où Dupleix venait de leur montrer comment on pouvait y créer un empire. Dès le règne d'Élisabeth, ils avaient organisé une compagnie des Indes orientales qui avait obtenu du Grand-Mogol (1650) le droit de trafiquer au Bengale et fondé en 1690 Calcutta. Mais nos corsaires qui, dans la seule guerre de la ligue d'Augsbourg, firent perdre au commerce de la Grande-Bretagne, 675 millions, ruinèrent la compagnie dont l'empereur Indou, Aureng-Zeyb, arrêtait d'ailleurs les agrandissements. La mort de ce prince (1707) livra l'Inde à l'anarchie; les Anglais comptaient en profiter, lorsqu'ils trouvèrent dans une compagnie créée par Colbert et reconstituée en 1723, une dangereuse rivale. Dupleix, directeur général des comptoirs français dans l'Inde, transforma sa compagnie de commerce en un puissant État ayant des forteresses, des arsenaux, des armées et 900 kilom. de territoire, du cap Comorin à la Krishna. Pendant plusieurs années, il gouverna, avec un pouvoir absolu, 30 millions d'Indous. Mais Louis XV l'abandonna; rappelé en 1754, il mourut dans la misère. Les Anglais prirent sa place en copiant l'organisation qu'il avait donnée à sa conquête, et nous ne gardâmes que Pondichéry.

L'empire du Grand-Mogol, dans la vallée du Gange, était en dissolution; les *soubabs* ou vice-rois, les *nababs* ou gouverneurs de districts s'étaient rendus indépendants après la mort d'Aureng-Zeyb, de sorte qu'au Bengale, la Compagnie, ou *la Grande Dame de Londres* comme les Indous l'appelaient, put s'étendre aisément. Dans le Dekhan, elle trouva des adversaires actifs et braves: le musulman Hayder-Ali, souverain du Mysore, son fils Tippou-Saïb qui de 1761 à 1799 luttèrent presque sans relâche contre elle et dont le dernier périt sur la brèche de sa capitale; de 1799 à 1818, la vaillante population des Mahrattes qui, un demi-siècle auparavant avaient été sur le point de soumettre l'Inde entière. L'indépendance du Pendjab, le pays des Cinq Rivières, périt en 1846. Aujourd'hui les Anglais gouvernent aux Indes directement ou par des princes indigènes plus de 200 millions de sujets; ils ont conquis, au N. E., les régions transgangétiques pour s'ouvrir une route vers la Chine et en 1841 ils avaient essayé, dans une expédition qui fut désastreuse, de s'emparer au N. E. des montagnes de l'Afghanistan, pour aller au devant des Russes. Mais si les Anglais sont toujours aux Indes, et plus forts que jamais, la Compagnie n'y est plus. Cette société de marchands qui gagnait des royaumes, et point de dividendes, qui faisait la fortune du commerce britannique et ruinait ses actionnaires, a cédé en 1858 à la Couronne ses territoires égaux en étendue à l'Europe continentale, moins la Russie.

LXXV

FONDATION DES ÉTATS-UNIS D'AMÉRIQUE (1783)

Origine et caractère des colonies anglaises d'Amérique. — Les Anglais n'avaient pas compté sur l'Inde et l'Inde est pour eux une mine féconde de richesses; ils avaient compté sur l'Amérique et l'Amérique devenue libre est leur rivale.

Fondées par des compagnies ou par des particuliers qui fuyaient les persécutions dirigées dans la métropole contre les non-conformistes, les colonies anglaises d'Amérique ne furent pas tenues, comme les nôtres, à la lisière par leur gouvernement et se développèrent rapidement, à l'abri de la liberté religieuse, civile et commerciale. Il n'y avait pas de parti vaincu dans les révolutions de la Grande-Bretagne qui ne trouvât en Amérique un asile pour le recevoir : la Nouvelle Angleterre pour les têtes rondes et les républicains, la Virginie pour les cavaliers, le Maryland pour les catholiques. Avec leurs croyances, les émigrants avaient apporté leurs idées politiques, celles de la vieille Angleterre, c'est-à-dire l'administration de la chose publique par les représentants des intéressés. Dans toutes ces colonies, une assemblée législative dirigeait les affaires communes, tandis que les Français du Canada n'avaient même pu obtenir de nommer à Québec un syndic ou maire « n'étant pas bon, leur écrivait Colbert, que personne parle pour tous. » L'imprimerie qui ne fut introduite au Canada qu'en 1764, après que nous l'eûmes perdu, existait dès 1636 dans le Massachusetts « afin, y disait-on, que les lumières de nos pères ne soient pas ensevelies avec eux dans leurs tombeaux. » Dans cette différence d'organisation pour les colons des deux pays se trouve l'explication de la ruine des uns et de la prospérité des autres.

Guerre d'Amérique (1775-1783). — Après la guerre de Sept ans, le ministère Anglais, pour faire porter par les colonies une partie des charges de la métropole, voulut d'abord les soumettre à l'impôt du timbre, puis à un droit sur le verre, le papier et le thé (1767). Les colons qui ne nommaient point de députés à la Chambre des communes, invoquèrent le principe de la constitution anglaise que les citoyens ne sont tenus de se soumettre qu'aux impôts votés par leurs représentants ; et quatre-vingt-seize villes s'engagèrent à n'acheter aucune marchandise anglaise, tant qu'il ne serait pas fait droit à leurs plaintes. A Boston, en 1774, on jeta trois cargaisons de thé à la mer. Quelques mois après la guerre éclata et le 14 juillet 1776 le congrès de Philadelphie proclama l'indépendance des treize colonies qui se réunirent en une confédération où chaque État conserva sa liberté politique et religieuse.

Washington ; la France prend part à la guerre ; ligue des neutres. — Un riche planteur de la Virginie, Washington fut leur général. Froid, méthodique, persévérant, audacieux sans témérité, et ne se laissant ni abattre par un revers, ni enivrer par un succès, il était l'homme qu'exigeait une telle guerre où des milices sans expérience avaient à combattre de vieilles troupes en partie achetées aux princes Allemands qui vendirent aux Anglais jusqu'à 17 000 hommes. Washington perdit New-York et Philadelphie ; mais en retenant Howe dans l'est, il permit aux insurgés de l'ouest d'arrêter Burgoyne qui descendait avec une armée du Canada, et de l'envelopper à Saratoga (oct. 1777). La France leur envoya d'abord une flotte qui jusqu'au dernier moment tint la victoire indécise entre elle et la flotte anglaise, puis une armée dont les chefs, Rochambeau et La Fayette, forcèrent Cornwallis à capituler dans York-Town, enfin quantité de brillants volontaires que le spectacle de cette république naissante gagna aux idées libérales. L'Espagne avait uni ses forces à celles de la France et toutes les marines secondaires avaient formé la *Ligue des neutres* pour la franchise des navires qui ne porteraient pas de la contrebande de guerre. L'Angleterre plia sous le faix et signa la paix de Versailles qui nous rendit quelques comptoirs et proclama l'indépendance des États-Unis (1783).

Ainsi l'Angleterre perdait l'Amérique moins le Canada qu'elle nous avait pris et qu'elle garde encore. Elle trouva une compensation à cette perte dans le développement de son commerce avec le nouvel État ; mais il n'a point fallu un demi-siècle pour que le pavillon étoilé fît concurrence sur tous les marchés du monde au pavillon anglais, et pour que la nouvelle République imposât à son ancienne métropole un sentiment de respect, voisin de la crainte, parce que, invulnérable sur son continent, elle pourrait frapper mille coups avant d'en recevoir un seul. Washington s'honora plus encore dans la paix que dans la guerre. Il aurait pu conserver le pouvoir et faire à son profit une révolution militaire ; il fût le plus fidèle serviteur de la loi, licencia ses soldats, non sans difficulté, et redevint simple particulier au bord du Potomac. C'est là que ceux qu'il avait sauvés sur les champs de batailles vinrent le chercher en 1789 pour qu'il les sauvât par la politique. Deux fois de suite ils le nommèrent président des États-Unis et après cette double présidence il retourna à son domaine de Mount-Vernon. Il emporta au tombeau, en 1799, le nom le plus pur des temps modernes.

LXXVI

DESTRUCTION DE LA POLOGNE; ABAISSEMENT DES TURCS; GRANDEUR DE LA RUSSIE

Catherine II (1764) et Frédéric II; premier partage de la Pologne (1773). — Tandis qu'un peuple nouveau naissait sur l'autre rive de l'Atlantique, un peuple ancien mourait dans la vieille Europe, sous l'étreinte de deux puissances qui n'avaient pris rang que depuis quelques années parmi les grands États. Le vrai successeur de Pierre le Grand fut l'épouse de son petit fils Pierre III, la princesse d'Anhalt qui fit étrangler son mari et régna sous le nom de Catherine II. La Pologne avec sa royauté élective et sans pouvoir, avec sa noblesse anarchique et ses passions religieuses, était comme un contre-sens au milieu des monarchies absolues du dix-huitième siècle. Or en politique les contre-sens ne peuvent durer : la Pologne était donc condamnée à se réformer ou à périr; ses voisins empêchèrent les réformes et elle tomba. D'abord Catherine II fait élire roi son favori Poniatowski et signe avec Frédéric II, qui lui proposait déjà le démembrement, un traité secret pour le maintien de la constitution polonaise : Catherine espérait éviter le partage et se réserver à elle seule le royaume tout entier. Quand elle vit la diète disposée, par une étrange aberration en pareil temps, à persécuter les dissidents, elle prit ceux-ci sous sa protection et fit enlever deux évêques qu'elle envoya en Sibérie. Aussitôt les catholiques forment la *confédération de Bar* qui prend pour étendard une bannière de la Vierge et de l'enfant Jésus. La croix latine marche contre la croix grecque ; les paysans égorgent leurs seigneurs ; la Pologne nage dans le sang et les Prussiens entrent par l'O., les Autrichiens par le S. ; les Russes sont partout.

La France ne pouvant pas secourir directement la Pologne poussa du moins les Turcs contre la Russie, mais ils perdirent leurs provinces et leur flotte qui fut brulée à Tchesmé. Frédéric II inquiet de ces victoires de la czarine, la ramena aux affaires de Pologne et lui rappela l'idée du partage, en y ajoutant la menace d'une guerre avec la Prusse et l'Autriche, en cas de refus. Catherine se résigna, et le 19 avril 1773, le crime s'accomplit : Marie-Thérèse prit la Gallicie ou le versant septentrional des Carpathes ; Frédéric, les pays dont il avait besoin pour réunir la province de Prusse à ses États allemands ; Catherine, plusieurs palatinats de l'est.

Traités de Kaïnardji (1774) et de Jassy (1792). — Catherine ayant satisfait en Pologne la convoitise de la Prusse et la sienne, reprit ses projets contre la Turquie et lui imposa le traité de Kaïnardji (1774) qui donna aux Russes plusieurs villes, la liberté de naviguer dans la mer Noire et le protectorat de la Moldo-Valachie ; aux Tartares de la Crimée et du Kouban, l'indépendance à l'égard du Sultan, c'est-à-dire, leur prochain assujétissement envers le czar ; aux Grecs que les intrigues Russes avaient soulevés, une amnistie qui leur montrait un zélé protecteur dans le prince reconnu pour chef de l'église orthodoxe à Saint-Pétersbourg. L'année suivante, Catherine II mettait fin à la république des cosaques zaporogues qui gênait l'expansion de la puissance Russe vers la mer Noire ; en 1777 elle achetait au khan de Crimée sa souveraineté et bâtissait Sébastopol ; elle faisait même accepter son protectorat au roi de Géorgie, sur le versant méridional du Caucase ; enfin elle s'entendait avec l'empereur Joseph II pour le partage de l'empire Turc.

Le divan déclara la guerre (1787) et la soutint bravement durant quatre années ; mais les Ottomans auraient succombé si la czarine menacée par les démonstrations militaires de la Prusse qui avait réuni 80 000 hommes dans ses provinces orientales, et par les dispositions hostiles de l'Angleterre et de la Hollande, n'avait consenti au traité de Jassy qui donna le Dniester pour frontière aux deux empires (1792). La Turquie, autrefois si menaçante pour l'Europe, venait d'être sauvée une première fois par trois puissances chrétiennes qui n'avaient pas voulu que l'équilibre européen fût renversé au profit d'un seul.

Second et troisième partage de la Pologne (1793-1795). — Les Polonais payèrent pour les Turcs. Avertis par le premier démembrement, ils avaient voulu réformer leur constitution, abolir le *liberum veto*, rendre la royauté héréditaire et partager le pouvoir législatif entre le roi, le sénat et les nonces ou députés. Mais la Prusse et l'Autriche qui s'occupaient alors d'étouffer la révolution en France entendaient bien n'en pas laisser faire une derrière elles. Un nouveau partage opéré à deux années d'intervalle supprima la patrie de Sobieski. Si, dans les traités qui suivirent, les peuples allemands à leur tour furent partagés comme des troupeaux, et leurs pays comme des fermes à la convenance des vainqueurs, ce fut l'application de l'exemple donné par les auteurs de la grande spoliation polonaise. L'Autriche en 1806 et 1809, la Prusse à Tilsitt souffrirent ce que les Polonais avaient souffert par elles.

Tentative d'un démembrement de la Suède. — La Prusse et la Russie mises en goût par leur succès en Pologne préparaient le même sort à la Suède. Elles s'engagèrent par un traité secret à maintenir dans ce pays les factions qui y étaient nées après la mort de Charles XII et que leur argent soutenait. Le coup d'État de Gustave III en 1772 et l'acte constitutionnel de 1789 prévinrent ce danger. Mais les nobles assassinèrent ce prince ami des réformes et ennemi des Russes (1792), et Catherine II occupée alors en Orient, la Prusse en Occident laissèrent en paix ce royaume vieil allié de la France.

LXXVII
PRÉLIMINAIRES DE LA RÉVOLUTION.

Découvertes scientifiques et géographiques. — Le dix-huitième siècle fut pour les sciences ce que le dix-septième avait été pour les lettres, et le seizième pour les arts et les croyances, une époque de rénovation. La physique est alors régénérée par les belles expériences électriques de Franklin, de Volta et de Galvani qui inventent le paratonnerre et la pile ; l'analyse mathématique par Lagrange et Laplace ; la botanique par Linnée et de Jussieu ; la zoologie par Buffon qui trouve encore la géologie ; et Lavoisier donne à la science chimique des fondements inébranlables. Déjà les applications se multiplient et l'homme qui travaille à se rendre maître des lois de la nature veut aussitôt les tourner à son profit. En 1775 découverte de la vaccine ; en 1783 un bateau à vapeur remonte la Saône et le premier ballon s'élance dans les airs.

En même temps d'habiles navigateurs, Cook, Bougainville, la Pérouse, complètent l'œuvre des grands marins du XVe siècle et achèvent la reconnaissance du globe, non par amour du gain ou sentiment religieux, comme trois cents ans plus tôt, mais dans l'intérêt de la science.

Des lettres au XVIIIe siècle. — Tandis que les physiciens découvraient de nouvelles forces et les navigateurs de nouvelles terres, les écrivains, de leur côté, trouvaient un nouveau monde. La littérature n'était pas, comme au siècle précédent renfermée dans le domaine de l'art ; elle avait tout envahi et prétendait tout régler. Les forces les plus viriles de l'esprit français semblaient tournées à la recherche du bien public. On ne travaillait plus à faire de beaux vers, mais à lancer de belles maximes. On ne peignait plus les travers de la société pour en rire, mais pour changer la société même. La littérature devenait une arme que tous, les imprudents comme les habiles, voulaient manier. Et par une étrange inconséquence, ceux qui avaient le plus à souffrir de cette invasion des gens de lettres dans la politique étaient ceux qui y applaudissaient le plus. Cette société du XVIII° siècle si frivole, si sensuelle, avait pourtant le culte de l'esprit, et le talent y tenait presque lieu de naissance.

Trois hommes étaient à la tête du mouvement : Voltaire à qui l'on trouvera des travers, de la passion et des vices, mais qui a combattu toute sa vie pour la liberté de la pensée; Montesquieu qui, en étudiant la raison des lois et la nature des gouvernements, enseignait à examiner, à comparer les constitutions existantes, pour y chercher la meilleure qu'il nous montrait dans la libre Angleterre; enfin Rousseau et son *Contrat social* où il proclamait le principe de la souveraineté nationale et du suffrage universel. A côté d'eux les *encyclopédistes* faisaient la revue des connaissances humaines et les exposaient d'une manière souvent menaçante pour l'ordre social, toujours hostile pour la religion; enfin Quesnay créait une science nouvelle l'*Économie politique*. Ainsi la pensée de l'homme, jusque là renfermée dans les spéculations métaphysiques et religieuses ou bornée au culte désintéressé des muses, prétendait aborder maintenant les plus difficiles problèmes de la société. Et tous, philosophes comme économistes, cherchaient la solution du côté de la liberté. De l'école de Quesnay était sorti l'axiome : « Laissez faire, laissez passer; » et pour la politique, le Mis d'Argenson avait dit : « Pas trop gouverner. »

Désaccord entre les idées et les institutions. — Ainsi l'agitation des esprits, provoquée autrefois par la discussion des dogmes, se produisait maintenant pour des intérêts tout terrestres. On ne cherchait plus à déterminer les attributs de Dieu, ou les limites de la grâce et du libre arbitre; mais on étudiait l'homme et la société, leurs droits, leurs devoirs; et comme le moyen âge et la féodalité, en expirant sous la main des rois, avaient couvert le sol de leurs débris, on trouvait partout les plus choquantes inégalités et la plus étrange confusion. Aussi les réclamations étaient-elles vives, nombreuses, pressantes.

On voulait que l'administration ne fût plus un affreux dédale où le plus habile se perdait, et que les finances publiques cessassent d'être mises au pillage par le roi, ses ministres et la cour; que la liberté personnelle fût garantie contre les *lettres de cachet* et la fortune contre les confiscations; que le code criminel, encore aidé de la torture, fût moins sanguinaire, le code civil plus équitable.

On demandait la tolérance religieuse, au lieu du dogme imposé sous peine de la vie; la loi fondée sur les principes du droit naturel et rationnel, au lieu du privilége pour quelques-uns et de l'arbitraire envers tous; l'unité des poids et mesures, au lieu de la plus extrême confusion; l'impôt payé par chacun, au lieu de la misère taxée et de la richesse affranchie; l'émancipation du travail et la libre concurrence, au lieu du monopole des corporations; enfin la libre admissibilité aux charges publiques, au lieu de la faveur pour la naissance et la fortune.

C'était une révolution à faire et tout le monde la voyait venir. Dès l'année 1719, Fénelon disait : « La machine délabrée va encore de l'ancien branle qu'on lui a donné et achèvera de se briser au premier choc. »

Réformes opérées par les gouvernements. — Ces paroles n'étaient pas vraies pour la France seule; elles s'appliquaient à toute l'Europe absolutiste et si le peuple ne comprenait point partout la nécessité des réformes, les princes sentaient le besoin d'en faire. D'habiles ou hardis ministres, Pombal à Lisbonne, Aranda à Madrid, Tanucci à Naples, encourageaient l'industrie, l'agriculture et la science, ouvraient des routes, des canaux et des écoles, supprimaient des priviléges, des abus et bannissaient les jésuites qui semblaient la personnification de toutes les influences mauvaises du passé. Le grand-duc de Toscane créait des provinces, en transformant par le colmatage des marais pestilentiels en terres fécondes ; le roi de Sardaigne accordait à ses sujets le rachat des droits féodaux ; Joseph II, en Autriche, abolissait les dîmes, les corvées, les droits seigneuriaux, les couvents et subordonnait l'Église à l'État. En Suède, Gustave III rendait au travail 22 jours de fêtes, interdisait la torture et doublait le produit des mines de fer et de cuivre. On a vu les réformes de Frédéric II en Prusse ; celle que la dépravation de ses mœurs a fait appeler la Messaline du nord, et ses conquêtes Catherine la Grande, flattait Voltaire, Diderot, d'Alembert pour séduire par eux l'opinion publique ; elle faisait rédiger de magnifiques projets de constitution qu'elle n'exécutait pas ; elle construisait des écoles qu'elle laissait vides et quand le gouverneur de Moscou s'en désolait, elle lui écrivait : « Mon cher prince, ne vous plaignez pas de ce que les Russes n'ont pas le désir de s'instruire. Si j'institue des écoles ce n'est pas pour nous, mais pour l'Europe qui nous regarde. Du jour où nos paysans voudraient s'éclairer, ni vous ni moi, nous ne resterions à nos places. » C'était le mot du cardinal Pole à Léon X au début de la réforme : « Il est dangereux de rendre les hommes trop savants. »

Un nouvel esprit de réforme soufflait donc sur l'Europe : de réforme sociale et non plus religieuse, prêchée par les philosophes ou les économistes, et non point par les moines ou les théologiens. Les princes, cette fois encore, s'étaient mis à la tête du mouvement pour en profiter, comme ils avaient profité par les sécularisations de la réforme luthérienne et anglicane. Ils cherchèrent à donner du bien-être à leurs peuples ; ils les délivrèrent, aux dépens de la double aristocratie féodale et religieuse, de charges vexatoires ou onéreuses ; mais ils travaillèrent surtout à augmenter leurs revenus et leur force. Ces princes disaient tous comme l'empereur d'Autriche : « Mon métier à moi est d'être royaliste[1] ; » et ils

---

1. C'est aussi le mot de Catherine II à M. de Ségur : « Je suis aristocrate ; il faut bien faire son métier. »

conservaient le pouvoir discrétionnaire que l'anarchie féodale leur avait permis de saisir, que les intérêts nouveaux des peuples les condamnaient à ne pas garder. Rien donc ne changeait au fond ; malgré ces sollicitudes paternelles et faute d'institutions régulières, tout dépendit encore des hommes, de sorte que la prospérité publique changea avec ceux qui en restèrent les suprêmes dispensateurs. Ainsi l'Espagne retomba sous Charles IV et Godoï aussi bas que sous Charles II ; le temps des lazzarones refleurit à Naples sous la reine Caroline et son ministre Acton. Joseph II agita l'Autriche sans la régénérer, et l'on a vu ce que Catherine II pensait des réformes pour son peuple. En Prusse seulement, un grand homme a fait de grandes choses, et en France, d'habiles ministres qui voulaient en faire, étant rejetés du pouvoir, la nation se chargera de les accomplir elle-même.

Dernières années de Louis XV (1763-1774). — Au traité d'Aix-la-Chapelle (1748) la France avait encore le rôle de la première puissance militaire de l'Europe ; il lui fut enlevé par les hontes de la guerre de Sept ans et depuis, l'armée n'eut pas l'occasion de reconquérir sa vieille renommée, car la France n'intervint dans les graves affaires de l'Europe orientale que par des notes diplomatiques et quelques volontaires. Quant aux acquisitions faites sous Louis XV, celle de la Corse (1769) fut la suite d'un marché avec Gênes qui nous vendit l'île 40 millions, et celle de la Lorraine (1766), l'exécution d'un traité qu'une occupation presque séculaire de ce duché par nos troupes avait depuis longtemps préparé. Rien donc de bien glorieux dans ces affaires. Cependant la guerre d'Amérique, quelques années plus tard, jeta de l'éclat sur notre marine, et tandis que la Prusse, l'Autriche et la Russie tuaient un peuple, nous avions l'honneur d'en faire naître un autre. C'était un succès d'opinion et la vieille France reprenait, avant de mourir, quelque chose de la fière attitude que Rosbach lui avait ôtée.

A l'intérieur Louis XV déshonorait la royauté par ses

vices (parc aux cerfs, la Du Barry, etc.), et la compromettait en de honteuses manœuvres (pacte de famine); il chassait les jésuites, ce qui blessait un parti puissant et supprimait les parlements ce qui en frappait un autre. Les esprits s'irritaient de la fréquence des lettres de cachet et les intérêts s'alarmaient des procédés financiers du contrôleur général, l'abbé Terray, qui justifiait la banqueroute en disant : « Le roi est le maître. » Louis voyait venir quelque terrible expiation, mais il croyait avoir le temps d'y échapper. « Ceci durera bien autant que moi ; mon successeur s'en tirera comme il pourra. »

Louis XVI jusqu'à la Révolution. — Ce successeur fut le plus honnête et le plus faible des hommes. Il abolit la corvée, l'incapacité civile des protestants et la torture que Pussort et Lamoignon condamnaient déjà plus d'un siècle auparavant. Il appela au ministère Turgot qui était capable de prévenir la révolution par des réformes ou tout au moins de la contenir et de la diriger; mais sur les clameurs des courtisans, il le renvoya en disant : « Il n'y a que M. Turgot et moi qui aimions le peuple. » Le banquier génevois Necker ne réussit point à combler l'abîme du déficit que les dépenses de la guerre d'Amérique agrandirent. On ne vivait plus que d'emprunts : Calonne en pleine paix et en trois ans accrut la dette de 500 millions. Une assemblée des notables convoquée en 1787 ne sut indiquer aucun remède. De tous côtés on demandait les États généraux ; le gouvernement à bout de ressources les promit et Necker rappelé au ministère fit décider que le nombre des députés du tiers État serait égal à celui des deux autres ordres : c'était décider par cela seul que de grandes réformes allaient s'opérer.

HISTOIRE CONTEMPORAINE
1789-1848

LXXVIII

LA RÉVOLUTION (1789-1792)

Le droit divin et la souveraineté nationale. — Au moyen âge les légistes avaient repris, pour combattre la féodalité, la thèse des jurisconsultes romains sur le pouvoir absolu du prince, et l'Église avait sanctionné de son autorité religieuse cette doctrine, empruntée aux monarchies orientales, en faisant des rois, par le *sacre*, des représentants directs de Dieu sur la terre. Cependant l'autre système, celui de la souveraineté du peuple qui avait régi le monde grec, germain, celtique et romain, dont Auguste même avait fait la base de son pouvoir, n'avait jamais été complétement oublié et prescrit. Il avait été maintes fois revendiqué : En France par exemple aux États généraux de 1484 ; en Espagne, par les Aragonais qui imposaient à leurs rois un si dur serment ; en Angleterre, avant les Tudors ; sous Henri VI par le chancelier Fortescue qui proclamait que les gouvernements ont été constitués par les peuples et n'existent que pour leur avantage ; sous Guillaume III, par Locke qui proclamait la nécessité du consentement commun ; au XVIIIe siècle par la plupart des écrivains.

Le régime le plus ancien dans l'occident était donc celui de la souveraineté nationale et le principe du droit divin, représenté par Louis XIV et Jacques Ier, avait été un tard venu contre lequel la raison et l'histoire faisaient des réserves, en ne l'acceptant que comme une forme politique accidentelle qui avait eu son utilité et, à ce titre, sa légitimité temporaire.

Dans la France de 1789, la monarchie de droit divin, c'est-à-dire sans contrôle, se trouvait réduite par ses fautes à l'impossibilité de gouverner. Depuis que la royauté avait cessé de vivre du revenu de ses domaines, il s'était formé un axiome de droit public, c'est que pour le commun salut de l'État, le tiers contribuait de ses biens, la noblesse de son sang, le clergé de ses prières. Or le clergé de cour et de salon ne priait guère, la noblesse ne formait plus seule l'armée, mais le tiers était resté fidèle à ses fonctions, il payait toujours et chaque année davantage. Puisque sa bourse était le trésor commun, il était inévitable que plus la monarchie deviendrait dépensière, plus elle se mettrait dans sa dépendance et qu'un moment arriverait où, lassé de payer, il demanderait des comptes. Ce jour-là s'appelle la Révolution de 1789.

La cour eût voulu que les États généraux s'occupassent seulement d'affaires de finance et que le déficit comblé, les dettes payées, on renvoyât les députés chez eux. Mais la France souffrait de deux maux : un mal financier et un mal politique, le déficit et les abus. Pour guérir le premier, il fallait des économies et une nouvelle assiette de l'impôt; pour guérir le second, il fallait une réorganisation du pouvoir. La royauté qui s'était transformée tant de fois depuis les empereurs romains, en passant par la royauté barbare de Clovis, la royauté féodale de Philippe-Auguste et la royauté de droit divin de Louis XIV, devait subir un nouveau changement, car, dans sa forme dernière, elle avait donné tout ce que le pays pouvait attendre d'elle, l'unité de territoire et l'unité de commandement. Elle avait constitué la France, mais avec les immenses développements de l'industrie, du commerce, de la science, de l'esprit public et de la richesse mobilière, cette France avait maintenant des intérêts trop complexes, des besoins trop nombreux, pour s'en remettre à l'omnipotence d'un seul homme, sans garantie contre les hasards malheureux des naissances royales ou la légèreté de ministres insuffisants.

L'Assemblée constituante jusqu'à la prise de la Bastille. — Le 5 mai 1789, les 1145 députés se réunirent à Versailles : 561 pour le clergé et la noblesse, 584 pour le tiers qui représentait les 96 centièmes de la population. Celui-ci avait donc une majorité de 23 voix qui devenait illusoire si l'on votait par ordre et non par tête. Mais établir l'unité politique et sociale de la nation par l'égalité devant la loi et la garantir par la liberté, c'était en deux mots tout l'esprit de 89 ; or cet esprit avait pénétré jusqu'au milieu des ordres privilégiés dont plusieurs membres vinrent rejoindre les députés du tiers qui, réunis dans la salle commune, se déclarèrent *Assemblée nationale constituante* : le 27 juin la fusion des trois ordres était accomplie. La cour avait voulu l'empêcher, d'abord en fermant le lieu des séances, puis en faisant prononcer par le roi un discours menaçant qui n'eut d'autre effet que de décider les députés à se déclarer inviolables. Elle espéra mieux d'une action militaire, et une armée de 30 000 hommes, où l'on eut soin de mettre des régiments étrangers, fut rassemblée autour de Paris et de Versailles. La menace était très-claire ; cependant le courage manqua pour frapper un grand coup, et à cette provocation imprudente, on en ajouta une autre, l'exil de Necker, le ministre populaire (11 juillet). Les plus grands seigneurs de l'Assemblée, un Montmorency, un Clermont-Tonnerre répondent à ce défi en renouvelant le serment fait au Jeu de Paume que les représentants ne se sépareront pas avant d'avoir donné une constitution à la France. Mais Paris où le Royal-Allemand pousse des charges usque dans le jardin des Tuileries, s'effraye et court aux armes. Les uns se rassemblent contre les troupes campées aux Champs-Élysées et qui se replient sur Versailles ; d'autres courent à la Bastille, la prennent et en massacrent le commandant ; le prévôt des marchands, le ministre Foulon, l'intendant Berthier sont aussi égorgés : la populace commençait à goûter au sang (14 juillet).

La conduite insensée de la cour qui, après avoir appelé l'assemblée, veut et ne veut pas vivre avec elle, qui menace et n'agit point, qui provoque et ne sait ni intimider ni contraindre, qui a des haines puériles et pas de résolution, avait, en deux mois, fait dévier la réforme de ses voies pacifiques. Le 14 juillet, que les circonstances et l'état des esprits expliquent, n'en est pas moins la première de ces journées révolutionnaires qui démoraliseront le peuple, en lui faisant prendre la fatale habitude de considérer le pouvoir et la loi comme une cible sur laquelle on peut toujours tirer.

Journées d'octobre; l'émigration, constitution de 1791. — « C'est une révolte, » s'écria Louis XVI à cette nouvelle. « Non, sire, répondit le duc de la Rochefoucauld, c'est une révolution. » Le 4 août, en effet, l'Assemblée abolissait tous les droits féodaux et la vénalité des charges ; en septembre, elle votait la déclaration des Droits, établissait une seule chambre législative et repoussait le véto illimité du roi. La cour revint alors à l'idée d'un coup de force ; on proposa au roi de se rendre à Metz au milieu de l'armée de Bouillé : c'eût été commencer la guerre civile. Il resta à Versailles, en y appelant des troupes, assez encore pour inquiéter, trop peu pour n'avoir rien à craindre.

La famine désolait la France et Paris mourait de faim ; le 5 octobre, une armée de femmes se dirige sur Versailles, s'imaginant qu'on aurait l'abondance si l'on ramenait le roi à Paris. Des gardes nationaux récemment organisés par La Fayette les escortent et prennent querelle dans les cours du château avec les gardes du corps. Plusieurs de ceux-ci sont tués, la reine est insultée, la demeure royale violée et par une dernière faiblesse le roi et l'assemblée suivent cette foule à Paris où tous deux allaient se trouver sous la main de la populace. Le succès de l'expédition sur Versailles révélait aux meneurs des faubourgs qu'ils pourraient désormais tout dominer, assemblée ou gouvernement, par une *journée*.

Dans les provinces aussi des scènes sanglantes avaient lieu : les paysans ne se contentaient pas toujours de déchirer les titres féodaux, d'abattre les ponts-levis et les tours ; ils abattaient quelquefois le seigneur. La terreur fut dans les châteaux, comme elle était à la cour. Déjà les conseillers les plus imprudents du roi, le comte d'Artois, son frère, les princes de Condé et de Conti, les ducs de Bourbon et d'Enghien, les Polignac, etc., s'étaient enfuis le laissant seul au milieu d'un peuple dont ils allaient soulever toutes les colères, exalter toutes les passions, en dirigeant contre la patrie les armes de l'étranger.

Cependant l'Assemblée poursuivait le cours de ses travaux. Au nom de la liberté, elle affranchit de toute entrave les cultes dissidents, la presse et l'industrie; au nom de la justice, elle supprima le droit d'aînesse ; au nom de l'égalité, elle abolit la noblesse et les titres, déclara tous les Français admissibles aux emplois publics, quelle que fût leur religion, et remplaça les vieilles démarcations provinciales par la division en quatre-vingt-trois départements. L'argent sortait du royaume avec les émigrés et surtout se cachait par peur de l'émeute. L'Assemblée ordonna l'émission de quatre cents millions d'*assignats* hypothéqués sur les biens du clergé, dont elle ordonna la vente. En même temps les vœux monastiques cessèrent d'être reconnus par la loi, les cloîtres furent ouverts et les parlements remplacés par des tribunaux électifs. La souveraineté de la nation étant proclamée, on en concluait que tous les pouvoirs devaient découler du peuple. L'élection fut donc partout introduite. Un conseil délibérant fut placé dans les départements, les districts et les communes, à côté du conseil exécutif, comme à côté du roi on plaçait le Corps législatif. Et déjà quelques-uns trouvaient que, dans ce système, un roi héréditaire était une inconséquence.

Cependant la cour n'acceptait pas et ne pouvait pas accepter la Constitution. Vaincue à Paris le 14 juillet, à Versailles le 6 octobre, la noblesse fuyait à Coblentz ; et de là conspirait tout haut contre la France. Celle qui était restée auprès du roi conspirait tout bas. Louis, qui n'eut jamais une volonté, laissait faire ; il acceptait publiquement les décrets de l'Assemblée et, en secret, il protestait contre la violence faite à ses droits : jeu double, qui toujours porta malheur. Il y eut pourtant un moment d'universelle confiance : ce fut à la fête de la Fédération, offerte par les Parisiens, dans le Champ de Mars, aplani à cet effet, aux députés de l'armée et des quatre-vingt-trois départements. Depuis novembre 1789 jusqu'en juillet 1790, dans les villages, dans les villes, les habitants, en armes, fraternisèrent avec les hommes de la ville, du village voisin, tous s'unissant dans la joie de la patrie retrouvée. Ces fédérations locales se rattachèrent les unes aux autres et finirent par former la grande fédération française, qui envoya, le 14 juillet 1790, à Paris, cent mille représentants. Le roi jura solennellement, devant eux, fidélité à la Constitution. Mais cette fête n'eut pas de lendemain. Les sourdes hostilités recommencèrent aussitôt entre la cour et l'Assemblée. La cause en fut la *constitution civile du clergé*, qui, appliquant à l'Église la réforme introduite dans l'État, soumettait à l'élection même les curés et les évêques, et troublait toute la hiérarchie ecclésiastique alors existante. C'était, de la part de l'Assemblée, un abus de pouvoir, car la société laïque n'avait point compétence pour réglementer l'organisation *intérieure* de la société religieuse. Le pape condamna cette intervention de l'*État* dans la discipline de l'*Église* et défendit d'obéir à la nouvelle loi. Le roi opposa son *véto* et ne le leva qu'après une émeute. Mais la grande majorité du clergé refusa de prêter serment à la constitution civile. Le schisme entra alors dans l'Église de France ; à sa suite vont arriver les persécutions et une guerre effroyable.

Le roi, violenté dans sa conscience par ce décret, comme il l'était dans ses affections par les mesures que l'Assemblée le forçait de prendre contre l'émigration, ne se sentait plus libre. Cette liberté, qu'il n'avait pas aux Tuileries, il crut la retrouver en se réfugiant dans le camp de Bouillé, d'où il pouvait appeler l'Autriche et la Prusse à son secours. Arrêté, dans sa fuite, à Varennes (21 juin 1791), il fut suspendu de ses fonctions par l'Assemblée, et le peuple réclamant, le 17 juillet, au Champ de Mars, son abdication, Bailly ordonna de déployer le drapeau rouge et de tirer sur les attroupements. Le 14 septembre, le roi, jusque-là retenu aux Tuileries comme un prisonnier, accepta la Constitution de 1791, qui créait une seule assemblée chargée de faire les lois, et laissait au monarque, avec le pouvoir exécutif, la faculté de suspendre pendant quatre ans les volontés nationales (droit de *véto*). Le corps électoral était divisé en assemblées primaires qui nommaient les électeurs et en assemblées électorales qui nommaient les députés. Les premières comprenaient les citoyens actifs, c'est-à-dire les hommes âgés de vingt-cinq ans, inscrits sur les rôles de la garde nationale et payant une contribution directe égale à la valeur locale de trois journées de travail; les secondes étaient formées par les propriétaires, usufruitiers, ou locataires d'un bien rapportant au moins de 150 à 200 fr. Les citoyens actifs étaient éligibles.

La Constituante finit dignement par des paroles de liberté et de concorde. Elle proclama une amnistie générale, supprima les entraves mises à la circulation, et effaça, pour rappeler les émigrés à la patrie, toutes les lois d'exception; mais ils ne l'entendirent pas. Parmi ses membres s'étaient signalés Mounier, Malouet, Barnave, les Lameth, Cazalès, Maury, Duport, Siéyès et surtout Mirabeau qui, s'il avait vécu, eût peut-être réconcilié la royauté et la révolution. Elle est de Mirabeau cette belle formule de l'ère nouvelle : « Le droit est le souverain du monde. »

La Constituante avait interdit la réélection de ses membres à la nouvelle assemblée : désintéressement imprudent ; car la liberté avait besoin que les vétérans de la Révolution tinssent haut et ferme son drapeau au-dessus des adorateurs superstitieux du passé et des rêveurs farouches de l'avenir, pour préparer le triomphe paisible de cet état nouveau des esprits et des institutions qui a été si souvent troublé et compromis par les regrets des uns et la témérité des autres. Malgré tout, la Constituante est restée la mère de nos libertés, puisque la plupart des ses idées ont reparu dans toutes nos constitutions et forment aujourd'hui le fond même de l'esprit français.

LXXIX

COALITION IMPUISSANTE DES ROIS CONTRE LA RÉVOLUTION (1792-1802)

L'Assemblée législative (1791-1792). — Cette assemblée, si pâle entre ses deux grandes et terribles sœurs, la Constituante et la Convention, commença ses séances le 1ᵉʳ oct. 1791 et les termina le 21 sept. 1792. Ses meneurs, les girondins Brissot, Pétion, Vergniaud, Gensonné, Ducos, Isnard, Valazé, travaillèrent à renverser la royauté, mais en laissant aux partis extrêmes l'initiative de la république, que ces partis firent sanglante, et qu'eux peut-être ils auraient faite modérée.

Effet produit hors de France par la révolution ; première coalition, 1791. — Aux difficultés intérieures qu'avait eues la Constituante s'ajoutèrent pour la Législative les embarras du dehors. La révolution avait eu au dehors de nombreux échos qui en redisaient les principes et les espérances. En Belgique, en Hollande, tout le long du Rhin et au cœur de l'Allemagne, même en Angleterre et jusqu'en Russie, elle avait paru une promesse de délivrance. L'ambassadeur de France auprès du czar écrivait dans ses mémoires : « Quoique la Bastille ne fut assurément menaçante pour personne, à Saint-Pétersbourg, je ne saurais exprimer l'enthousiasme qu'excitèrent parmi les négociants, les marchands, les bourgeois et quelques jeunes gens d'une classe plus élevée, la chute de cette prison d'État et le premier triomphe d'une liberté orageuse. Français, Russes, Allemands, Anglais, Danois, Hollandais, tous, dans les rues, se félicitaient, s'embrassaient, comme si on les eût délivrés d'une chaîne trop lourde qui pesait sur eux. » L'historien Suisse, Jean de Muller, voyait dans cette victoire la volonté de la Providence. Les philosophes et les poëtes, Kant et Fichte, Schiller et Gœthe, pensaient alors de même. Le dernier disait, le soir de Valmy : « En ce lieu et en ce jour commence une ère nouvelle pour le monde [1]. » Ainsi, à ces premiers moments, les peuples étaient avec nous, parce qu'ils comprenaient que c'était pour eux aussi que Mirabeau et ses collègues avaient écrit à Versailles la nouvelle charte de la société.

Mais les princes en étaient d'autant plus irrités contre cette révolution qui menaçait de ne point s'enfermer, comme la révolution anglaise de 1688, dans l'intérieur du pays où elle avait éclaté.

Déjà en janvier 1791, l'empereur d'Allemagne avait réclamé avec hauteur le maintien de leurs droits féodaux pour les princes allemands possessionnés dans l'Alsace, la Lorraine et la Franche-Comté. Les émigrés trouvaient toutes facilités pour réunir des troupes à Coblentz et à Worms ; et le comte d'Artois entretenait avec l'empereur, de l'aveu du roi, des négociations qui avaient abouti à une convention secrète : les souverains d'Autriche, de Prusse, de Piémont, d'Espagne, même les gouvernements aristocratiques de la Suisse s'étaient engagés à

---

1. Cinq ans plus tard il rappelait encore, dans *Hermann et Dorothée*, « ces jours de douce espérance, alors qu'on sentait son cœur épanoui battre plus librement dans la poitrine, aux premiers rayons du nouveau soleil. »

faire avancer 100 000 hommes sur les frontières du royaume (mai 1791). Cette convention avait décidé la fuite du roi (20 juin) et la Constituante, qui la pressentait sans la connaître, y avait répondu en votant la levée de 300 000 gardes nationaux pour la défense du territoire. A cette époque les guerres où étaient engagées les puissances du Nord : celles des Suédois contre les Russes, des Russes contre les Turcs, des Turcs contre les Autrichiens, des Autrichiens contre les Belges, et les inquiétudes que causaient à la Prusse tous ces armements faits autour d'elle, touchaient à leur fin. L'insurrection brabançonne s'était terminée à l'avantage de l'Autriche, en laissant, il est vrai, dans le pays, une haine violente contre cette domination étrangère, et la paix de Szistowa avec les Turcs (4 août), ayant rendu à l'empereur la libre disposition de ses forces, il eut à Pilnitz, avec le roi de Prusse, une entrevue où fut arrêté un plan pour l'invasion de la France et la restauration de Louis XVI (déclaration de Pilnitz, 27 août 1791). La Législative le prit de haut avec ces monarques; elle convia le roi à leur répondre : « Si les princes d'Allemagne continuent à favoriser des préparatifs dirigés contre les Français, les Français porteront chez eux, non pas le fer et la flamme, mais la liberté. C'est à eux de calculer quelles peuvent être les suites de ce réveil des nations » (nov.) Le roi transmit aux puissances l'invitation de retirer leurs troupes de nos frontières ; elles maintinrent « la légitimité de la ligue des souverains réunis pour la sûreté et l'honneur des couronnes, » et le roi de Suède, Gustave III, offrit de se mettre à la tête d'une sorte de croisade monarchique contre les révolutionnaires.

Ainsi la lutte des deux principes qui s'était établie, à Versailles, puis à Paris, entre le roi et l'assemblée, allait, après la défaite de l'ancien droit en France, se continuer sur la frontière, entre la France et l'Europe. Les princes qui, à l'exemple de nos rois, avaient saisi le pouvoir absolu ne voulaient point l'abandonner et se coalisaient « pour la sûreté des couronnes » contre l'ennemi commun : la réforme politique que les États généraux avaient inaugurée. Ils allaient donc commencer cette épouvantable guerre de 23 années qui ne fut pour eux, si ce n'est au dernier jour, qu'une longue suite de désastres, mais qui exalta les passions, en même temps que l'héroïsme, et qui couvrit la France de sang autant que de gloire.

La commune de Paris; — Journées du 20 juin et du 10 août 1792; — Massacres de septembre. — Les premiers décrets de l'Assemblée après la déclaration de Pilnitz, frappèrent les émigrés et les prêtres non assermentés qui par leur refus de prêter le serment civique devenaient des causes de troubles dans la Vendée et la Bretagne. Le roi ne voulut point d'abord sanctionner ces décrets. La déclaration de guerre qu'il fit à l'Autriche le 20 avril 1792 ne put dissiper la crainte de secrètes négociations de la cour avec l'ennemi; et la déroute des troupes françaises, à la rencontre de Quiévrain, fit crier à la trahison. Les constitutionnels, amis du roi, qui avaient eu d'abord la prépondérance dans l'Assemblée, n'avaient pu prévaloir dans le conseil municipal de Paris. Un girondin, Pétion, fut nommé maire, de préférence à La Fayette. Dès lors les plus violentes motions contre la royauté partirent de l'hôtel de ville, répétées, grossies encore dans les clubs fameux des Jacobins et des Cordeliers, et de là répandues dans le peuple par les mille voix de la presse, surtout par le journal de Marat, qui commençait sa sanguinaire dictature. La foule ne résista pas longtemps à cet appel, que semblaient justifier les menaces de l'étranger, et l'insuffisance des mesures prises pour la défense du territoire. Le 20 juin, les Tuileries furent envahies, et le roi, injurié en face, fut contraint de se couvrir du bonnet rouge. La Fayette demanda en vain justice pour cette violation de la demeure royale. Lui-même proscrit deux mois après fut forcé de quitter son armée et la France. Il avait été la dernière espérance des constitutionnels; sa fuite annonçait le triomphe des républicains.

L'insolent manifeste du duc de Brunswick, qui, en envahissant la France, menaça de mort tous les habitants pris les armes à la main (25 juillet), et la déclaration faite par l'Assemblée que la patrie était en danger, donnèrent une nouvelle impulsion à l'exaltation populaire. La France répondit au patriotique appel de Paris ; mais aux cris de haine contre l'étranger se mêlaient des cris de colère contre la cour, secrète alliée de l'ennemi. Au 10 août, les républicains reprirent la tentative manquée au 20 juin. Des volontaires marseillais et bretons, le peuple des faubourgs, plusieurs sections de la garde nationale attaquèrent le château dont les défenseurs furent massacrés. Le roi se réfugia au milieu de l'Assemblée qui, s'associant à l'émeute, le déclara suspendu de ses droits, et le fit enfermer au Temple avec toute la famille royale : quatre mille personnes avaient péri. La constitution étant déchirée, une *Convention* fut convoquée pour rédiger une constitution nouvelle. Avant qu'elle s'assemblât, et quand la Législative avait achevé de perdre le peu qui lui restait d'autorité par l'approche de sa fin, un grand crime épouvanta la France. Les prisons de Paris furent forcées du 2 au 5 septembre, et 966 prisonniers furent égorgés. Danton avait prononcé ces sinistres paroles : « Il faut faire peur aux royalistes ; de l'audace, de l'audace, encore de l'audace. » Un petit nombre d'égorgeurs, soudoyés par la Commune, avaient exécuté ce forfait que l'Assemblée et la bourgeoisie terrifiées laissèrent accomplir et que nous avons eu la douleur et la honte de voir se renouveler.

Première coalition ; — Défaite des Prussiens à Valmy, 20 sept. 1792. — Cependant les hostilités étaient commencées. Le moment avait été bien choisi par les puissances : toutes leurs guerres dans le Nord et l'Est étaient finies ; l'Angleterre elle-même venait d'imposer la paix à Tippou-Saëb avec l'abandon de la moitié de ses États. La France fut menacée de trois côtés : au Nord par les Autrichiens, sur la Moselle par les Prussiens, vers les Alpes par le roi de Sardaigne. L'inexpérience des troupes, les défiances entre les officiers et les soldats donnèrent lieu d'abord dans l'armée du Nord à quelques désordres qu'on répara vite par la prise de plusieurs villes. La Savoie et Nice furent conquises ; les Prussiens entrés en Champagne, furent arrêtés par Dumouriez à Valmy et rejetés sur le Rhin où Custine prenant l'offensive, enleva Spire, Worms et Mayence, dont les habitants voyaient en ses soldats moins des ennemis que des libérateurs. L'attention et les forces de la Prusse étaient alors attirées de nouveau vers la Pologne ; elle voulait achever dans ce malheureux pays son œuvre de spoliation plutôt que de courir une aventure chevaleresque pour délivrer la reine de France. Les Autrichiens, plus intéressés à la défense d'une princesse de leur sang, avaient inauguré à Lille la guerre sauvage que la Prusse a renouvelée de nos jours : au lieu d'attaquer les défenses, ils avaient bombardé la ville derrière les remparts et brûlé en six jours 450 maisons. Cruauté inutile ! Ils furent contraints de lever le siège et, avec l'armée de Valmy, Dumouriez gagna (6 nov.) la bataille de Jemmapes qui lui livra les Pays-Bas.

La Convention (1792-1795); — Proclamation de la République Française (21 septembre 1792); — Mort de Louis XVI. — Dès sa première séance, la Convention abolit la royauté et proclama la république. Le 3 décembre, elle décida que Louis XVI serait jugé par elle, contrairement à la constitution, qui déclarait le roi inviolable et ne prononçait d'autre peine contre lui que la déchéance.

Louis était condamné d'avance. Le vénérable Malesherbes demanda et obtint l'honneur de défendre son ancien maître. Un jeune avocat, Desèze, porta la parole : « Je cherche en vous des juges, dit-il, et je ne vois que des accusateurs. » Il disait vrai. La situation était extrême ; l'Angleterre menaçait ; les Autrichiens allaient faire de plus grands efforts, et une coalition de l'Europe entière était imminente. « Jetons-leur en défi une tête de roi ! » s'écria Danton. Louis monta sur l'échafaud le

21 janvier 1793. On avait cru que cette tête royale, en tombant, creuserait un abîme infranchissable entre l'ancienne France et la France nouvelle ; et c'était moins le roi que la royauté que l'on décapitait. En signant l'arrêt de Louis, Carnot avait pleuré. Ainsi la fatale doctrine du salut public comptait dans l'histoire un crime de plus. On venait d'oublier encore une fois que le salut vient des grands cœurs, non du bourreau.

La Terreur. — A la nouvelle de la mort de Louis XVI, les puissances, qui hésitaient encore, se déclarèrent contre la France, et toutes nos frontières furent menacées, tandis que dans la Bretagne et dans la Vendée s'allumait la guerre civile. La Convention fit tête partout. Carnot organisa quatorze armées et l'on créa un tribunal révolutionnaire qui, jugeant sans appel, punit de mort pour une parole, pour un regret, pour le nom seul qu'on portait (10 mars 1793). La défection de Dumouriez qui abandonna son armée pour passer dans le camp autrichien (4 avril 1793), augmenta les craintes et fit multiplier les mesures révolutionnaires. Afin qu'aucun de ceux qu'on appelait des traîtres ne pût échapper, la Convention renonça à l'inviolabilité de ses membres ; et, abdiquant elle-même une partie de ses droits, elle créa dans son sein un *Comité de salut public* qui fut investi du pouvoir exécutif. Le soupçon, en effet, était partout : Robespierre croyait fermement que les girondins voulaient démembrer la France et l'ouvrir aux étrangers ; les girondins, que Marat, Robespierre et Danton voulaient faire roi le duc d'Orléans, ensuite l'assassiner, et fonder un triumvirat, d'où Danton aurait précipité ses deux collègues pour régner seul. Chacun prêtait de bonne foi à ses adversaires des plans absurdes. De là des défiances, la peur, cette terrible conseillère, et la hache suspendue et tombant sur toutes les têtes. Ce système a un nom, *la Terreur* : terreur parmi les bourreaux comme au milieu des victimes, et d'autant plus impitoyable.

Le premier décret fut bientôt mis à exécution. Les *montagnards*, qui avaient pour chefs Marat, Danton et

Robespierre, firent décréter d'accusation trente et un girondins (2 juin), dont plusieurs, échappés aux perquisitions, tentèrent de soulever les départements. Alors Caen, Bordeaux, Lyon, Marseille et la plupart des villes du Midi se déclarèrent contre la Convention ; Toulon fut livré aux Anglais avec toute la flotte de la Méditerranée; Condé, Valenciennes, tombèrent aux mains des ennemis ; Mayence occupé par nos troupes capitula ; au nord et au sud, l'ennemi passa nos frontières. En même temps les Vendéens étaient partout victorieux, et un autre ennemi, une disette affreuse, provoquait la désorganisation intérieure.

La cause de la Révolution, défendue par moins de trente départements, semblait perdue ; la Convention la sauva en déployant une énergie sauvage. Merlin rédigea la loi des suspects, qui jeta plus de trois cent mille individus dans les prisons ; et Barrère vint dire au nom du Comité de salut public : « La République n'est plus qu'une grande ville assiégée : il faut que la France ne soit plus qu'un vaste camp. Tous les âges sont appelés par la patrie à défendre la liberté ; les jeunes gens combattront, les hommes mariés forgeront les armes ; les femmes feront les habits et les tentes des soldats ; les enfants mettront le vieux linge en charpie, et les vieillards se feront porter sur les places publiques pour enflammer les courages. » Douze cent mille hommes furent mis sur pied. Bordeaux et Lyon rentrèrent dans le devoir. Bonaparte, alors capitaine d'artillerie, reprit Toulon ; les Vendéens furent chassés des portes de Nantes, et Jourdan, mis à la tête de la principale armée, contint les coalisés.

Tant d'efforts ne s'accomplirent pas sans de terribles déchirements à l'intérieur. Les nobles, les prêtres, proscrits sous le nom de suspects, périssaient en foule sur les échafauds dressés dans toutes les villes. Carrier, Fréron, Collot-d'Herbois, Couthon, Fouché, Barras se montraient sans pitié. L'assassinat de Marat par Charlotte Corday, qui, en le tuant, croyait tuer la Terreur (13 juillet), la rendit plus implacable. La reine Marie-

Antoinette, sa sœur Madame Élisabeth, Bailly, les chefs des girondins, le duc d'Orléans, le général Custine, Mme Roland, Lavoisier, Malesherbes, mille autres têtes illustres tombèrent. Puis les montagnards se déchirèrent entre eux. Robespierre et Saint-Just, soutenus par la puissante société des Jacobins, proscrivirent d'abord les anarchistes hideux du parti d'Hébert ; après ceux-ci, Camille Desmoulins et Danton, qui parlaient d'indulgence.

Le 9 thermidor. — La paix ne put encore régner parmi ce qui restait de montagnards. Plusieurs des proconsuls les plus féroces que Robespierre menaçait, et quelques membres des comités dont il voulait briser à son profit la dictature, Fouché, Tallien, Carrier, Billaud-Varennes, Collot-d'Herbois, Vadier, Amar, etc., firent la journée du 9 thermidor, où l'on décréta d'accusation Robespierre, Couthon, Saint-Just, et deux autres représentants, Lebas et Robespierre le jeune qui demandèrent à partager leur sort. Cent de leurs amis périrent avec eux. Deux jours plus tôt, cette révolution eût sauvé la tête du jeune et noble André Chénier (27 juillet 1794).

Quelques-uns des hommes qui avaient renversé Robespierre étaient ceux-là mêmes qui avaient poussé la Terreur aux dernières limites. Mais telle était la force de l'opinion publique qu'ils furent contraints de paraître n'avoir vaincu que pour la modération. La chute de Robespierre devint ainsi le signal d'une réaction qui, malgré d'affreux excès, laissa cependant respirer la France. La guillotine cessa d'être le grand moyen de gouvernement ; et si les partis continuèrent longtemps encore à se proscrire, du moins le peuple ne fut plus appelé au hideux spectacle de trente ou quarante têtes tombant par jour sous le couteau. Durant les 420 jours qu'avait duré la Terreur, 2669 condamnations avaient été prononcées par le tribunal révolutionnaire et exécutées. Du 10 au 27 juillet, 1400 personnes avaient péri à Paris. Mais comment compter les victimes de Couthon et de Collot-d'Herbois à Lyon, de Lebon à Arras, de Carrier à Nantes, de Fréron à Toulouse et à Marseille, de Tallien à Bordeaux?

Glorieuses campagnes de 1793-1795. — Après la mort de Louis XVI, la coalition de l'Autriche, de la Prusse et du Piémont s'était augmentée de l'Angleterre qui avait saisi avec joie l'occasion d'enlever à la France son commerce et ses colonies; l'Espagne et Naples par des raisons de famille, la Hollande et le Portugal pour obéir à l'Angleterre, l'Empire, sous la pression de ses deux grands États, y étaient entrés. C'était contre nous la guerre universelle à laquelle l'éloignement empêchait pour le moment la Russie de prendre part; nos vieux alliés du nord, le Danemark et la Suède où Gustave III venait d'être assassiné, avaient seuls maintenu résolûment le principe de la libre navigation des neutres (convention du 27 mars 1794).

Deux choses sauvèrent la France : les affaires de Pologne qui occupèrent les trois puissances spoliatrices durant les années 1793 et 1794, et la guerre de sièges que les coalisés substituèrent à la guerre d'invasion. Celle-ci répondant au but de la ligue : l'écrasement de la révolution, était une guerre de principes que l'on pouvait comprendre ; l'autre n'était qu'une guerre d'intérêts et de convoitises odieuses : s'agrandir en diminuant la France. Les Anglais voulaient prendre ou détruire nos places maritimes de la Flandre ; les Autrichiens, nos forteresses de l'Escaut; les Prussiens comptaient déjà s'emparer de l'Alsace; et les Espagnols voulaient le Roussillon. Mais tandis que les coalisés perdaient trois mois devant Condé, Valenciennes et Mayence, un mois encore à préparer de nouveaux sièges contre Dunkerque, le Quesnoy, Maubeuge et Landau, nos volontaires se formaient, nos armées s'organisaient et nos généraux gagnaient de l'expérience tout en conservant leur audace. A la fin d'août 1793 la situation de la France, envahie par toutes ses frontières et déchirée à l'intérieur, semblait désespérée ; a la fin de décembre nous étions partout victorieux. Houchard avait vaincu les Anglais à Hondschoote et Jourdan les Autrichiens à Wattignies ; Bonaparte avait repris Toulon ; Hoche, les lignes de Wissembourg ; et la grande guerre vendéenne finissait. Quelques mois après, la victoire de Fleurus nous livrait les Pays-Bas ; les Espagnols étaient rejetés au delà des Pyrénées, les Piémontais au delà des Alpes, les Impériaux, les Prussiens au delà du Rhin et, durant l'hiver, Pichegru pénétrait en Hollande. Ces revers décidèrent deux puissances à sortir de la coalition : l'une, l'Espagne livrée à une cour honteuse que tout bruit d'armes épouvantait ; l'autre, la Prusse qui, comme les grands rapaces après l'absorption d'une proie trop grosse, avait besoin de repos pour digérer la Pologne démembrée par un second partage en 1793, et pour la troisième et dernière fois deux ans plus tard.

L'Angleterre, l'Autriche, la Sardaigne, les États du Sud de l'Allemagne restaient en ligne, et la Russie y entrait, en envoyant ses vaisseaux aider l'Angleterre à affamer nos côtes et à se construire un immense empire colonial. Que de sang l'aristocratie anglaise fit alors verser ! Ses subsides nourrissaient la guerre, arrêtaient les défaillances des coalisés, et pendant que pour elle on s'égorgeait sur le Rhin sans motif, ses flottes couraient les mers, enlevaient nos navires, nos comptoirs et ceux de la Hollande devenue notre alliée. La haine et l'avidité britanniques n'ont été égalées que de nos jours par la haine et l'avidité prussiennes. Notre histoire nationale n'a point de pages pareilles !

Sur terre, nos jeunes soldats avaient rapidement appris à battre les vétérans de Frédéric II, mais la guerre maritime exige de la science et une longue pratique. Or, tout le brillant état-major naval qui avait vaincu l'Angleterre dans la guerre d'Amérique avait émigré, nos flottes étaient sans chefs, de là notre infériorité dans les combats d'escadre. Le 1er juin 1794, l'amiral Villaret-Joyeuse, naguère simple capitaine, attaqua, avec vingt-six vaisseaux montés par des paysans, une flotte anglaise de trente-huit voiles, pour protéger l'arrivée d'un immense convoi de blé. Le convoi passa, et une partie de nos départements fut sauvée de la famine, mais la flotte fut battue et perdit sept vaisseaux. Un d'eux, *le Vengeur*, plutôt que d'amener son pavillon, s'engloutit dans les flots au chant de *la Marseillaise*. La Martinique, la Guadeloupe, la Corse même, que nous ne pouvions défendre, furent enlevées par les Anglais.

Constitution de l'an III ; le 13 vendémiaire. — Cependant la Convention, sortie victorieuse des émeutes qui suivirent le 9 thermidor, abolit la constitution démocratique de 1793, qui n'avait pas encore été mise à exécution, et attribua le pouvoir législatif à deux conseils, celui des Cinq-Cents et celui des Anciens, et le pouvoir exécutif à un *Directoire* formé de cinq membres, qui se renouvelait tous les ans par cinquième. La Convention avait tout réuni. Maintenant on divisait tout. Le pouvoir législatif allait avoir deux têtes, ce qui n'est pas trop pour un bon conseil, mais le pouvoir exécutif en aura cinq, ce qui est mauvais pour l'action. On espérait ainsi échapper à la dictature et faire une république modérée : on ne fit qu'une république faible et anarchique.

Les assemblées primaires acceptèrent l'acte constitutionnel ; mais des troubles éclatèrent dans Paris. Les royalistes, si souvent victimes de l'émeute, commirent la faute d'y recourir à leur tour. Ils entraînèrent plusieurs sections de la garde nationale, qui marchèrent en armes sur la Convention. Barras, que l'Assemblée avait nommé général en chef, chargea Bonaparte de la défendre. La journée du 13 vendémiaire assura son triomphe et la fortune du jeune officier, dont les habiles dispositions avaient rendu la supériorité du nombre inutile (5 oct. 1795). Le 4 brumaire suivant, la Convention déclara sa mission terminée (26 octobre).

Au milieu de ces déchirements et de ces victoires, la Convention avait poursuivi ses réformes politiques et sociales. Pour fortifier l'unité de la France, elle avait décrété une instruction nationale et la création de l'École normale, des écoles centrales (lycées), des écoles de droit, de médecine et d'art vétérinaire, des écoles primaires, du Conservatoire des arts et métiers, des chaires de langues vivantes, du Bureau des longitudes, du Conservatoire de musique, de l'Institut, du Muséum d'histoire naturelle, enfin établi l'unité des poids et mesures (système métrique). Par la vente des biens nationaux, elle avait appelé quantité d'hommes à la propriété ; et, par la création du grand-livre de la dette publique, elle avait fondé le Crédit de l'État. L'invention du télégraphe aérien permit de porter rapidement jusqu'aux frontières les ordres du gouvernement central, et l'établissement des musées ranima le goût des arts. La Convention voulait encore que l'infirme, l'enfant abandonné fussent recueillis, secourus par la patrie, et le dernier décret de ces législateurs terribles porta que la peine de mort serait abolie après la pacification générale.

Le Directoire (1795-1799). — Avant de se séparer, la Convention avait eu soin de décréter que les deux tiers des membres du conseil des Anciens et de celui des Cinq-Cents seraient pris parmi les conventionnels. Ceux-ci avaient donc la majorité dans les conseils ; ils élurent pour directeurs cinq régicides : Laréveillère-Lepeaux, Carnot, Rewbell, Letourneur et Barras. Les cinq membres du nouveau gouvernement vinrent s'établir au palais du Luxembourg. La situation était difficile : les *conseils* électifs qui devaient *administrer* les départements, les cantons et les communes ne faisaient rien ou faisaient mal, et cette paralysie de l'autorité compromettait tous les intérêts du pays ; le Trésor était vide ; les assignats tombés dans le plus complet discrédit ; le commerce, l'industrie n'existaient plus ; nos armées manquaient de vivres, de vêtements, même de munitions. Mais trois années d'une telle guerre avaient formé les soldats et les généraux. Moreau commandait l'armée du Rhin, Jourdan celle de Sambre-et-Meuse ;

Hoche veillait sur les côtes de l'Océan pour les défendre contre les Anglais et pacifier la Bretagne et la Vendée. Enfin, celui qui devait les éclipser tous, Bonaparte, alors âgé de vingt-sept ans, venait de gagner, au 13 vendémiaire, le commandement de l'armée de l'intérieur, qu'il échangea bientôt après contre celui de l'armée d'Italie.

Campagnes de Bonaparte en Italie (1796-1797). — Quand il vint se placer à sa tête, il la trouva cantonnée dans les Alpes, où elle luttait péniblement contre les troupes sardes, tandis que les Autrichiens menaçaient Gênes et marchaient sur le Var. Avec le coup d'œil du génie, Bonaparte choisit son champ de bataille. Au lieu d'user ses forces au milieu de rochers stériles où l'on ne peut frapper de grands coups, il tourne les Alpes, dont il n'aurait pu forcer le passage, se place par cette habile manœuvre entre les Autrichiens et les Piémontais, les coupe, les bat successivement, rejette les premiers dans l'Apennin, les autres sur leur capitale, et pousse l'armée sarde l'épée dans les reins jusqu'à ce qu'elle ait posé les armes. Délivré d'un ennemi, il se retourne sur l'autre. En vain Beaulieu, effrayé des victoires de Montenotte (11 avril), de Millésimo (14), de Dégo (15) et de Mondovi (22), se replie en toute hâte; Bonaparte le suit, l'atteint, l'écrase. Au pont de Lodi, les Autrichiens veulent l'arrêter par le feu d'une artillerie formidable : nos soldats les culbutent (10 mai). A Beaulieu succède Wurmser, le meilleur général de l'Autriche; à la première armée, une seconde plus nombreuse et mieux aguerrie : elle disparaît comme l'autre (victoires de Lonato et de Castiglione, 3 et 5 août, de Bassano, 8 septembre). Alvinzi qui remplace Wurmser est vaincu à Arcole (novembre 1796) et à Rivoli (janvier 1797). L'archiduc Charles n'est pas plus heureux. Toutes les armées, tous les généraux de l'Autriche viennent se briser contre moins de quarante mille hommes conduits par un général de vingt-huit ans. Sur le drapeau que le Directoire donna à l'armée d'Italie, il fit écrire ces mots : « Elle a fait cent cinquante mille prisonniers, pris soixante-dix drapeaux, cinq cent cinquante pièces d'artillerie de siége, six cents pièces de campagne, cinq équipages de pont, neuf vaisseaux, douze frégates, douze corvettes, dix-huit galères, donné la liberté aux peuples du Nord de l'Italie, envoyé à Paris les chefs-d'œuvre de Michel-Ange, du Guerchin, du Titien, de Paul Véronèse, du Corrége, de l'Albane, de Carrache, de Raphaël, etc., triomphé en dix-huit batailles rangées, et livré soixante-sept combats. »

Durant ces merveilleuses campagnes d'Italie, Jourdan s'était laissé battre par l'archiduc Charles à Wurtzbourg ; et Moreau, découvert, avait dû reculer jusqu'en Alsace : retraite aussi glorieuse qu'une victoire ; car il avait mis quarante jours à faire cent lieues sans se laisser entamer. D'ailleurs l'armée d'Italie avait conquis pour la France la limite du grand fleuve, qui, pendant près de mille ans, avait séparé la Gaule et la Germanie : le traité de Campo-Formio, signé par Bonaparte le 17 octobre 1797, nous rendit le Rhin pour frontière. Au delà des Alpes, nous avions une alliée dévouée dans la nouvelle république cisalpine fondée en Lombardie.

Expédition d'Égypte (1798-1799); seconde coalition (1798); victoire de Zurich. — L'Autriche avait posé les armes ; mais les Anglais, inattaquables dans leur île, ne pouvaient consentir à laisser à la France tant de conquêtes. La guerre continua donc avec eux. Pour les frapper au cœur, en détruisant leur commerce, le Directoire entreprit l'expédition d'Égypte, que Bonaparte conduisit. Des bords du Nil, il espérait atteindre l'Angleterre dans l'Inde et y renverser son empire. Aux batailles des Pyramides (21 juillet 1798) et du Mont-Thabor (16 avril 1799), il dispersa devant lui les Mamelucks et les Turcs. Mais la destruction de la flotte française à Aboukir (12 août 1798), en le privant d'artillerie de siége, le fit échouer devant Saint-Jean-d'Acre (20 mai 1799). Dès lors, enfermé dans l'Égypte, il ne pouvait rien faire de grand. Après avoir encore exterminé une armée turque à Aboukir (25 juillet 1799), il abandonna sa conquête pour venir offrir à la France son épée et son génie.

Durant son absence, la faiblesse du Directoire avait laissé perdre tous les fruits de la paix de Campo-Formio. Le spectacle de notre désorganisation intérieure, l'éloignement de Bonaparte et de notre meilleure armée perdue dans les sables de l'Égypte, décidèrent les puissances du continent à prêter l'oreille aux paroles de Pitt. Dès le mois de mai 1798, le grand et haineux ministre commença à nouer contre nous les liens d'une seconde coalition : elle se composa de la Russie où Paul Ier venait de succéder à Catherine II, d'une partie de l'Allemagne soumise à l'influence autrichienne, de l'empereur, qui ne pouvait se consoler d'avoir perdu le Milanais, de Naples, du Piémont et de la Turquie, dont l'expédition d'Égypte avait rompu l'alliance trois fois séculaire avec la France. Les États barbaresques offraient eux-mêmes leur concours contre ceux qui semblaient être devenus les ennemis du Croissant. La France sans argent, sans commerce, ayant perdu l'élan patriotique de 93 et n'ayant pas encore l'enthousiasme militaire et la forte organisation de l'empire, se trouvait exposée aux plus sérieux dangers. Les premières opérations furent heureuses : Joubert chassa de Turin le roi de Sardaigne et Championnet proclama à Naples la République parthénopéenne ; mais la coalition avait trois cent soixante mille soldats contre cent soixante-dix mille Français. Une armée anglo-russe débarqua en Hollande, l'archiduc Charles vainquit Jourdan à Stockach et assiégea Kehl en face de Strasbourg. Schérer, à Magnano (5 avril 1799), Macdonald, à la Trébia (17-19 juin), Joubert, à Novi (15 août), perdirent l'Italie envahie par cent mille Austro-Russes.

La victoire de Masséna à Zurich (25 septembre 1799) et celle de Brune à Bergen (19 septembre) sauvèrent la France d'une invasion.

Anarchie intérieure; le 18 brumaire. — A l'intérieur, la lutte des partis recommençait très-vive, mais heureusement moins meurtrière. Depuis le 9 thermidor, la Révolution, déviant de sa route, semblait vouloir retourner en arrière : les émigrés rentraient en foule; les royalistes se montraient partout. La condamnation de quelques républicains exaltés (Babeuf), qui prêchaient l'abolition de la propriété, et le succès des *blancs* dans les élections de l'an v, qui donnèrent aux monarchistes la majorité dans les Conseils, accrurent leurs espérances : le prétendant, Louis XVIII, frère de Louis XVI, se croyant sur le point d'être rappelé, faisait déjà ses conditions. Au coup d'État parlementaire qui se préparait, le Directoire répondit par un coup d'État du gouvernement et de l'armée. Il se décima lui-même en proscrivant deux de ses membres : Carnot qui ne voulait pas qu'on recourût à la violence contre les royalistes, Barthélemy qui les favorisait; et il fit condamner à la déportation cinquante-trois membres des deux conseils. Parmi eux étaient Pichegru, Barbé-Marbois, Boissy-d'Anglas, Portalis et Camille Jordan (18 fructidor ou 4 septembre 1797). Le 22 floréal (11 mai 1798), nouveau coup d'État, mais cette fois contre les députés dits *patriotes* dont les élections furent cassées. Le Corps législatif, frappé par le Directoire, le frappa à son tour au 30 prairial (18 juin 1799) : trois directeurs furent contraints de se démettre de leurs fonctions. Dans les Conseils, à Paris, aux armées, on parlait tout haut de renverser cette constitution de l'an III, qui, en divisant le pouvoir exécutif, le réduisait à être tour à tour faible ou violent, jamais fort avec calme et durée. Aussi, fatiguée de l'anarchie dans laquelle la laissait vivre un gouvernement sans force et sans dignité, la France accepta pour chef Bonaparte quand il revint d'Orient avec le prestige dont le couvraient ses nouvelles victoires. Un des directeurs, Siéyès, qui espérait enfin faire accepter le plan de constitution que depuis longtemps il méditait, crut trouver dans le général un utile instrument. Bonaparte lui laissa ses espérances et accomplit la révolution militaire du 18 brumaire (9 novembre 1799), qui amena la chute du Directoire et la création du Consulat.

Le 18 brumaire était encore une *journée*, c'est-à-dire un coup de force. Quelles leçons données au peuple par ces perpétuelles insurrections de la cour contre l'Assemblée, des *faubourgs* contre les Tuileries, de la *Commune* contre la *Convention*, du *Directoire* contre les Conseils et des *Conseils* contre le Directoire ! *Royalistes* et *républicains*, *généraux* et *magistrats*, *prêtres* et *laïques* avaient, tour à tour, depuis dix ans recouru aux conspirations ou aux armes. Comment pouvait-il se former des citoyens respectueux de la loi, préoccupés de la modifier avec sagesse, au lieu de la déchirer avec colère, lorsqu'il semblait que rien ne devait plus marcher que par soubresauts violents ?

Constitution de l'an VIII; le Consulat. — Pour rendre le pouvoir plus fort, on réduisit de cinq à trois le nombre des nouveaux chefs de l'État, et on prorogea leurs fonctions pour dix années. Les trois consuls étaient Bonaparte, Siéyès et Roger-Ducos. Dès le premier jour, Siéyès reconnut qu'il s'était donné un maître ; Bonaparte rejeta ses plans et fit adopter une constitution dite de l'an VIII, qui remit entre ses mains, sous le titre de Premier Consul, les plus importantes prérogatives de l'autorité. Ses deux collègues, Cambacérès et Lebrun, n'eurent que voix consultative.

D'après la nouvelle constitution, les lois préparées, sur l'ordre des consuls, par les membres *révocables* du *Conseil d'État*, étaient discutées par le *Tribunat*, votées ou rejetées par le *Corps législatif*. Le Tribunat exprimait sur les lois faites ou à faire, sur les abus à corriger, les améliorations à introduire, etc., des vœux que le gouvernement prenait ou ne prenait pas en considération. Quand une loi, après l'examen des tribuns, était portée au Corps législatif, trois orateurs du Tribunat venaient ou la soutenir ou la combattre contradictoirement avec trois conseillers d'État, orateurs du gouvernement. Aucun membre du Corps législatif n'avait le droit d'intervenir au débat : ils votaient en silence.

Un corps, le *Sénat conservateur*, composé de quatre-vingts membres, nommés à vie, eut mission de veiller au maintien de la constitution, de juger tous les actes contraires à la loi organique, et de choisir sur la liste nationale les membres du Tribunat et du Corps législatif. Tous les Français âgés de vingt et un ans accomplis et inscrits sur les registres publics étaient électeurs. Les électeurs de chaque arrondissement communal choisissaient un dixième d'entre eux pour dresser une liste de notabilités communales ; et c'est dans cette liste que le Premier Consul prenait les fonctionnaires publics de l'arrondissement. Les citoyens portés sur la liste communale nommaient un dixième d'entre eux pour former la liste départementale, dans laquelle le Premier Consul choisissait les fonctionnaires du département. Les élus de la liste départementale formaient, d'un dixième d'entre eux, la liste nationale. Tous ceux qui y étaient compris pouvaient être élevés aux fonctions publiques nationales. C'était dans cette troisième liste de notabilités que le Sénat allait prendre les membres du Tribunat et du Corps législatif. Les assemblées qui discutaient et votaient les lois n'étaient donc que le produit d'une élection à quatre degrés.

On ne connaissait Bonaparte que comme grand général ; il se montra plus grand administrateur. Il donna ses premiers soins au rétablissement de l'ordre. Proclamant lui-même l'oubli du passé et la réconciliation des partis, il déclara les ci-devant nobles admissibles aux emplois, rappela les proscrits du 18 fructidor, rouvrit les églises et ferma la liste des émigrés. Les campagnes furent purgées des bandits qui les infestaient, et, pour fonder une administration à la fois forte et éclairée, il constitua le département à l'image de l'État lui-même. Les départements étaient administrés par des directoires électifs, sur lesquels le pouvoir central avait peu d'action, et qui eux-mêmes n'agissaient point ou agissaient mul; il les remplaça par un *préfet* relevant directement du ministre de l'intérieur, et concentra dans les mains de ce fonctionnaire toute l'autorité exécutive. A côté de lui, il plaça dans le *conseil de préfecture* une sorte de conseil d'État départemental, et dans le *conseil général* une sorte de Corps législatif. Le *sous-préfet* eut aussi un *conseil d'arrondissement;* le *maire* de chaque commune un *conseil municipal;* chaque arrondissement ou sous-préfecture un tribunal civil, et, pour les finances, un receveur particulier; chaque département, un tribunal criminel et un receveur général. Vingt-sept tribunaux d'appel furent répandus sur toute la surface du territoire, et une cour de cassation maintint l'uniformité de la jurisprudence. Une commission composée de Portalis, Tronchet, Bigot de Préameneu, de Malleville, et que présida souvent Bonaparte lui-même, prépara le Code civil que discuta le conseil d'État et que le Corps législatif, après un examen des grands corps judiciaires et du Tribunat, adopta en 1804. Une des utiles créations de cette époque fut celle de la *Banque de France*, qui a rendu de grands services au pays dans les moments difficiles.

Marengo; paix de Lunéville et d'Amiens. — Les royalistes, trompés dans leurs espérances, avaient relevé dans l'Ouest le drapeau de l'insurrection; Bonaparte étouffa par d'énergiques mesures cette nouvelle guerre civile. Aux frontières, surtout du côté de l'Italie, de sérieux dangers menaçaient la République : la situation semblait la même qu'en 1796. Au lieu de se répéter en tournant les Alpes comme la première fois, Bonaparte les franchit par le Saint-Bernard et tomba sur les derrières de Mélas, qui, maître de Gênes, menaçait de franchir le Var. En une seule bataille, à Marengo, il reconquit l'Italie (14 juin 1800). Cet éclatant succès et la victoire de Moreau à Hohenlinden forcèrent l'Autriche à signer la paix de Lunéville (9 février 1801).

L'Angleterre seule, toujours gouvernée par Pitt, notre mortel ennemi, s'obstinait dans sa haine. Mais les yeux commençaient à s'ouvrir : on comprenait pourquoi cette puissance, qui gagnait à la guerre, quand toutes les autres y perdaient, se refusait à poser les armes. Les idées qui vingt ans auparavant avaient armé contre elle les États du Nord, reparaissaient dans les conseils des rois. Le czar, les rois de Prusse, de Danemark et de Suède, dont les Anglais molestaient le commerce, avaient renouvelé la ligue des neutres (décembre 1800). L'Angleterre y répondit par l'embargo mis dans ses ports sur les navires des États alliés, et Nelson, forçant le passage du Sund, menaça Copenhague d'un bombardement. Cette exécution audacieuse et l'assassinat de Paul Ier rompirent la ligue des neutres : le nouveau czar Alexandre Ier renonça à la politique de son père, et la France se retrouva seule à défendre la liberté des mers. La capitulation de Malte après un blocus de 26 mois, l'évacuation de l'Égypte par notre armée, semblèrent justifier la constance de l'Angleterre; mais elle fléchissait sous le poids d'une dette de douze milliards et de la misère de ses classes laborieuses qui produisait des émeutes sanglantes; depuis longtemps la Banque de Londres ne payait plus en espèces. En outre elle voyait la marine française renaître : au combat d'Algésiras, trois de nos vaisseaux avaient victorieusement résisté à six navires anglais dont deux avaient péri, et à Boulogne se faisaient d'immenses préparatifs pour une descente en Angleterre. La veille de la signature de la paix de Lunéville, Pitt était tombé du pouvoir; quelques mois après, le nouveau ministère convenait avec la France des préliminaires de la paix qui fut signée à Amiens le 25 mars 1802. Les acquisitions de la France, les républiques qu'elle avait fondées étaient reconnues. L'Angleterre restituait nos colonies, rendait Malte aux chevaliers, le Cap aux Hollandais; elle ne gardait que l'île espagnole de la Trinité et Ceylan, qui complétait son établissement aux Indes. La paix était rétablie sur tous les continents et sur toutes les mers; la coalition des rois était vaincue.

LXXIX

GRANDEUR DE LA FRANCE (1802-1811).

Le Consulat à vie. — Le traité d'Amiens mit le comble à la gloire de Bonaparte. Pour la seconde fois, il venait de donner la paix à la France. L'Égypte était perdue, et une expédition pour faire reconnaître aux noirs de Saint-Domingue l'autorité de la métropole allait échouer. Mais ces lointains malheurs éveillaient à peine un écho en France. On les oubliait en voyant sous la main habile et ferme du Premier Consul les partis se calmer, et partout l'ordre renaître. Il renouvelait pour l'industrie la puissante impulsion de Colbert. Le commerce était encouragé, les finances réorganisées, les routes, les ports réparés, les arsenaux remplis. A Paris, il jetait trois ponts sur la Seine. Entre les vallées de la Seine et de l'Oise il creusait le canal de Saint-Quentin; entre la France et l'Italie il ouvrait la magnifique route du Simplon, et il fondait des hospices sur la cime des Alpes. Le Code civil se discutait sous ses yeux, et il élaborait déjà le projet d'une puissante organisation de l'éducation nationale. Une merveilleuse activité, une puissance de travail inouïe lui faisaient tout voir, tout comprendre, tout faire. Les arts, les lettres recevaient de lui de précieux encouragements et il institua pour récompenser les services civils et militaires, le talent et le courage, l'ordre de la Légion d'honneur, glorieux système de distinctions sociales que l'esprit d'égalité pouvait avouer. Étranger aux rancunes des dix dernières années, il accueillait les émigrés, rappelait les prêtres et signait avec Pie VII le *Concordat*; il essayait d'effacer les haines et de ne former qu'un grand parti, celui de la France. Enfin, tout en enchaînant la Révolution à son char, il en conservait les principes dans son Code civil, c'est-à-dire qu'il la rendait impérissable.

Mais il ne put désarmer tous ses ennemis. Chaque jour de nouvelles conspirations se formaient contre sa vie. La machine infernale de la rue Saint-Nicaise avait failli le faire périr. Pour renvoyer, comme il le dit lui-même, à ses ennemis la terreur jusque dans Londres, il fit exécuter Georges Cadoudal, venu à Paris pour l'assassiner ; il exila Moreau, emprisonna Pichegru qui s'étrangla dans son cachot, et enlevant, contre le droit des gens, du château d'Ettenheim, dans le margraviat de Bade, le duc d'Enghien, il le livra à une commission militaire qui le condamna et le fit fusiller, la même nuit, dans les fossés de Vincennes (20 mars 1804).

Le 2 août 1802, quatre mois après le traité d'Amiens, il s'était fait nommer Consul à vie. Afin de mettre les institutions en harmonie avec ses nouveaux pouvoirs on remania la constitution de l'an VIII. Les listes de notabilité furent remplacées par des colléges électoraux à vie et d'importants changements se firent au profit du Sénat. Investi du pouvoir constituant, ce corps eut le droit de régler, par des sénatus-consultes, ce qui n'avait pas été prévu par les lois organiques, de suspendre le jury, de dissoudre le Corps législatif et le Tribunat, de mettre les départements hors de la constitution. Toutefois les sénatus-consultes organiques devaient être discutés au préalable dans un conseil privé dont les membres seraient chaque fois choisis par le Premier Consul.

Bonaparte empereur héréditaire (18 mai 1804). — L'admiration pour un beau génie, la reconnaissance pour de grands services et un immense besoin d'ordre après tant d'agitations, faisaient accepter ces dangereuses nouveautés. Au Tribunat, quelques membres protestèrent ; mais les voix de Daunou, de Lanjuinais, de Chénier, de Carnot, de Benjamin Constant, comme l'opposition de Mme de Staël et de Chateaubriand, se perdaient dans l'éclat qui environnait le nouveau pouvoir. Le terme de ces innovations fut la déclaration par laquelle le Sénat pria le Premier Consul de gouverner la république française avec le titre d'Empereur héréditaire sous le nom de Napoléon Ier. Le puissant maître de la France n'avait pas su se rendre maître de lui-même et contenir son ambition.

Plus de trois millions et demi de suffrages avaient accepté l'empire. Le pape Pie VII vint lui-même à Paris couronner le nouveau Charlemagne (2 décembre 1804). Pour donner au trône, qui venait d'être relevé, l'éclat des vieilles monarchies et réunir, sous les mêmes titres, les hommes de la Révolution et ceux de l'ancien régime, Napoléon créa une nouvelle noblesse : des comtes, des ducs, des princes. Il nomma dix-huit maréchaux : Berthier, Murat, Moncey, Jourdan, Masséna, Augereau, Bernadotte, Soult, Brune, Lannes, Mortier, Ney, Davoust, Bessières, Kellerman, Lefèvre, Pérignon, Serrurier, avec des titres et de larges dotations en argent et en terres. On revit les anciennes charges de cours, les grands dignitaires, les chambellans, même les pages.

Napoléon était président de la république italienne. Passé empereur en France, il devint roi en Italie (18 mars 1805). Ce beau pays, énervé par une servitude quatre ou cinq fois séculaire et par des divisions qui dataient de la chute de l'empire romain, ne pouvait alors, par lui-même, ni se défendre ni s'unir. Que la main de la France se retire et l'Autriche le ressaisit ou il retombe dans ses éternelles rivalités. « Vous n'avez que des lois locales, dit Napoléon aux députés de la république cisalpine ; il vous faut des lois générales. » C'est-à-dire vous n'êtes que des municipalités, ennemies les unes des autres, il faut que vous deveniez un État. Cette unité que Napoléon Ier voulait donner aux habitants de la péninsule en les faisant d'abord Français, Napoléon III la leur a assurée en les laissant Italiens. L'empereur était, depuis 1803, médiateur de la république helvétique ; il avait profité du droit que lui conférait ce titre pour donner à la Suisse une constitution qui, maintenant la paix entre ses cantons rivaux, devait les amener à former une nation véritable sans détruire le patriotisme dans les localités. Six cantons nouveaux

Argovie, Thurgovie, Saint-Gall, Grisons, Vaud, Tessin, furent ajoutés aux treize anciens et tous les priviléges disparurent. Après la proclamation de l'empire, Napoléon ne changea rien à ses rapports avec ce pays, mais il fit passer plusieurs régiments suisses à son service.

Troisième coalition; Austerlitz et le traité de Presbourg (1805). — Pitt était rentré au ministère le 15 mai 1804; le parti de la guerre reprenait donc le dessus. L'Angleterre, en effet, n'avait pu se résigner à évacuer Malte, malgré la parole donnée au traité d'Amiens et, sans déclaration de guerre, fit saisir 1200 navires français et bataves. Napoléon répondit à cette provocation en envahissant le Hanovre, patrimoine du roi anglais, et en commençant aussitôt les préparatifs pour franchir le Pas de Calais avec une armée. L'Américain Fulton en offrait le moyen par le bateau à vapeur qu'il avait construit; mais ses offres furent refusées. Le péril était grand pour l'Angleterre, car Nelson lui-même échoua contre la flottille de Boulogne qui, si la tempête éloignait pour quelques jours les vaisseaux anglais ou si le calme les retenait immobiles, était prête à transporter 150 000 hommes répartis sur ses 1300 navires. Une autre combinaison aurait permis à l'amiral Villeneuve de venir avec la flotte de Toulon protéger le passage; mais il manqua d'audace, et, pour avoir redouté une défaite dans la Manche, il subit quelques mois plus tard un affreux désastre sur les côtes d'Espagne, à Trafalgar (21 octobre 1805).

L'Angleterre détourna le péril à force d'or, en soudoyant une troisième coalition où entrèrent avec elle la Suède, la Russie, l'Autriche et Naples; la Prusse se réserva et attendit les événements. L'Empereur était au camp de Boulogne lorsqu'il apprit que 160 000 Autrichiens, précédant une armée russe, s'avançaient sous l'archiduc Charles sur l'Adige, sous le général Mack sur le Rhin. Il fallait ajourner le projet de descente. Napoléon lève aussitôt le camp de Boulogne, fait arriver en poste la grande armée sur le Rhin, et tandis que Masséna contient de front l'archiduc, lui, il tourne Mack, l'enferme dans Ulm et l'y prend (19 octobre). Deux jours après, la destruction de sa flotte à Trafalgar l'obligea à renoncer à la mer où il ne pouvait se prendre corps à corps avec son ennemi, mais il tenait la terre et il songeait déjà à ruiner les Anglais en leur fermant le continent. Le 19 novembre il entra à Vienne, et le 2 décembre gagna sur les deux empereurs d'Autriche et de Russie la bataille d'Austerlitz.

Les débris de l'armée russe rentrèrent en leur pays par journées d'étapes, et l'Autriche, au traité de Presbourg, abandonna les États Vénitiens avec l'Istrie et la Dalmatie que Napoléon réunit au royaume d'Italie; le Tyrol et la Souabe autrichienne dont il agrandit les domaines des ducs de Wurtemberg, de Bavière et de Bade, les deux premiers qu'il fit rois, le troisième qu'il fit grand-duc (26 déc.). Ainsi, par la cession de Venise, l'Autriche perdait toute action sur l'Italie; par celle du Tyrol, toute influence sur la Suisse. L'offre du Hanovre faite à la cour de Berlin en échange de Clèves et de Neuchâtel allait permettre d'éloigner aussi la Prusse de notre frontière.

La Confédération du Rhin et les États vassaux de l'Empire. — L'empereur rêvait la constitution d'un nouveau système européen. Il voulait être le Charlemagne de l'Europe moderne, et il avait conçu pour son empire un plan qui ne fut achevé qu'après Tilsitt, mais qu'il convient de présenter dès maintenant dans son ensemble pour n'avoir plus à y revenir. Reprenant l'idée qu'avait eue Mazarin d'une ligue des États de l'Allemagne occidentale, il organisa après Austerlitz la *Confédération du Rhin*. Le vieil empire germanique fut dissous après une durée de dix siècles : François II, réduit à ses domaines héréditaires, abdiqua le titre d'empereur d'Allemagne pour prendre celui d'empereur d'Autriche. Les 370 petits États qui se partageaient le sol allemand et y entretenaient une anarchie permanente, furent réduits à 30 ou 40, au profit des princes les plus puissants, après quoi ceux-ci, dont plusieurs reçurent de la France le nom et tous l'existence de rois, se réunirent sous la protection de Napoléon en un État fédératif d'où la Prusse et l'Autriche, États à moitié slaves, furent écartés.

La nouvelle Diète siégea à Francfort divisée en deux colléges : le *Collège des Rois*, comprenant les rois de Bavière et de Wurtemberg, le prince Primat, ex-électeur de Mayence; les grands-ducs de Bade, de Berg, de Hesse-Darmstadt, et le *Collège des princes* pour les ducs de Nassau, de Hohenzollern, de Salm, etc. La noblesse *immédiate* enclavée dans les territoires de ces divers princes et dont les anciens empereurs avaient favorisé la formation pour affaiblir leurs grands vassaux, fut *médiatisée*, c'est-à-dire soumise au pouvoir du chef territorial, ce qui lui ôtait les droits souverains de législation, de juridiction suprême, de haute police, d'impôt et de recrutement. Chacun des États confédérés dut être absolument libre dans son gouvernement intérieur; les résolutions communes n'étaient prises que pour les relations extérieures. Successivement accrue par l'adjonction de nouveaux membres, la Confédération n'en comptait cependant que 34 en 1813. C'était un pas immense que Napoléon avait fait faire à l'Allemagne vers l'unité, et nous venons de payer bien cher la dernière conséquence de cette simplification, par la suppression de la Diète de Francfort et la restauration d'un empire allemand tout autrement puissant que l'ancien. Cependant pour le progrès de l'ordre civil en Allemagne et pour le maintien de la paix en Europe, l'idée de placer entre trois grands États militaires, France, Prusse et Autriche, une confédération lente à l'action et nécessairement pacifique, qui empêcherait leurs frontières de se toucher, était une combinaison heureuse ; mais pour qu'elle réussît, il eût fallu que Napoléon laissât aux confédérés une véritable indépendance. A force de vouloir rendre cette troisième Allemagne trop française, il produisit ce résultat que les Allemands du centre et de l'ouest qui alors nous accueillaient si volontiers, furent par ses exigences repoussés vers ceux du nord et de l'est dont il avait voulu les séparer. Si l'empereur s'en était tenu à la conception première du traité de Presbourg et de la Confédération du Rhin, il aurait assuré pour longtemps la paix de l'Europe et la grandeur de la France.

La création de ce nouvel État n'était qu'une partie dans l'ensemble des combinaisons audacieuses et téméraires de ce parvenu de génie. Il faisait de tous les siens des rois et des princes. Ses trois frères Louis, Jérôme et Joseph furent rois de Hollande, de Westphalie et de Naples ; Eugène de Beauharnais son beau-fils, vice-roi d'Italie ; Murat, son beau-frère, grand-duc de Berg, puis roi de Naples, quand Napoléon jugea utile de transporter Joseph à Madrid, comme roi d'Espagne ; sa sœur Élisa, princesse de Lucques et de Piombino, plus tard grande-duchesse de Toscane ; son autre sœur Pauline, duchesse de Guastalla. Il était lui-même *roi* d'Italie et *médiateur* de la Suisse; ses ministres, ses maréchaux, les grands officiers de sa couronne, avaient hors de France des principautés souveraines, comme Berthier à Neuchâtel, Talleyrand à Bénévent, Bernadotte à Pontécorvo, ou des duchés dans la Lombardie, le Napolitain l'État de Venise et l'Illyrie, sans pouvoir féodal il est vrai, mais avec une part dans les propriétés et les revenus publics.

Ainsi la politique dynastique remplaçait la politique nationale et Napoléon commettait l'imprudence de mettre dans une famille, hier encore inconnue et pauvre, plus de couronnes que n'en avaient jamais eu les vieilles maisons de Hapsbourg et de Bourbon. Cependant, par cette élévation soudaine de tous les siens, il pensait servir la France plus encore que sa maison. Croyant à la force des organisations administratives et point du tout à celle des idées, ou des sentiments populaires, il s'imaginait fortifier son empire en l'entourant de ces États feudataires, comme d'autant de contreforts qui l'appuieraient et de postes avancés qui en surveilleraient les approches. Ces rois, ces princes, ces ducs qui renouvelaient les races royales en tant de pays n'étaient sur leurs trônes ou sous l'hermine blasonnée dont il les couvrait, que des préfets de France, et il n'échappait à personne que, sous une forme ou sous une autre, la moitié de l'Europe obéissait à Napoléon.

Iéna (1806) et Tilsitt (1807). — En face de cette ambition qui grandissait chaque jour, il était inévitable que les puissances restées debout feraient contre elle ce que la France avait légitimement fait au seizième siècle contre la maison d'Autriche et l'Europe au dix-septième contre la maison de Bourbon. C'est une politique nécessaire : l'union des faibles pour contenir celui qui veut l'omnipotence. Voilà pourquoi Napoléon aurait dû s'en prendre à lui-même si la guerre était toujours ou menaçante ou déclarée.

Le canon d'Austerlitz avait tué William Pitt, et Fox, son rival, esprit plus libre qui n'avait pas sa haine de la France, lui succéda au ministère. Napoléon offrit aussitôt de traiter, et comme la garantie d'une paix durable avec l'Angleterre était la restitution du Hanovre, patrimoine de ses rois, il en laissa entrevoir à Londres la possibilité. La Prusse, qui croyait déjà tenir cette proie depuis si longtemps convoitée, s'irrita de ce qu'elle considéra comme une perfidie, et la mort de Fox ayant rendu le pouvoir aux partisans de la guerre, la cour de Berlin s'y jeta étourdiment. Les victoires d'Iéna et d'Awerstaedt brisèrent la monarchie prussienne (14 octobre 1806). Derrière la Prusse, Napoléon trouva encore une fois les Russes. Après leur avoir fait éprouver un échec à Eylau (8 fév. 1807), il les écrasa à Friedland (14 juin), et l'empereur Alexandre signa la paix de Tilsitt qui réduisit la Prusse de moitié, à cinq millions d'âmes, et donna la Finlande à la Russie.

Le blocus continental. — Quelques jours après Iéna Napoléon avait essayé d'atteindre l'Angleterre, en promulguant le décret de Berlin qui déclara les îles Britanniques en état de blocus, et interdit tout commerce avec elles. C'était une représaille contre le despotisme maritime des Anglais ; mais pour qu'elle fût efficace il était nécessaire que pas une porte du continent ne restât ouverte à leurs marchandises. Après avoir fermé celles de la Hollande, de l'Allemagne du nord et de la Prusse, il fallait donc fermer encore celles de la Russie et de l'Espagne, c'est-à-dire se rendre à peu près le maître partout. Le blocus continental était une gigantesque machine de guerre qui devait sûrement frapper à mort un des deux adversaires : c'est Napoléon qu'elle a tué.

Invasion d'Espagne (1807-1808). — Le Portugal refusant de s'associer à la politique nouvelle, Napoléon forma un corps d'armée pour chasser les Anglais de ce royaume. En ce temps-là, la cour de Madrid donnait au monde le plus triste spectacle : Ferdinand, l'héritier présomptif, conspirait contre son père Charles IV, livré à un indigne favori, et celui-ci effrayé invoquait l'appui de l'Empereur. Napoléon usa d'une duplicité qui n'allait pas à sa force : il attira les deux princes à Bayonne et décida le vieux monarque à abdiquer en sa faveur (9 mai 1808). Ferdinand fut relégué sous une garde vigilante au château de Valençay ; Charles se retira avec une espèce de cour dans celui de Compiègne. Napoléon voulait reprendre la politique de Louis XIV et s'assurer de l'Espagne au sud, pour avoir au nord toute sa liberté d'action. La pensée était juste ; l'exécution fut mauvaise. Cette tentative pour mettre la main sur l'Espagne a été une des causes de la chute de l'Empire.

Les troupes françaises étaient déjà entrées en Espagne ; mais le courage de nos soldats et l'habileté de leurs chefs furent inutiles contre le fanatisme religieux et patriotique des Espagnols. Napoléon eut beau gagner des victoires et conduire à Madrid son frère Joseph qu'il ôta comme roi aux Napolitains pour le donner aux Espagnols : dans ce pays de montagnes, l'insurrection écrasée sur un point, reparaissait sur un autre ; et puis l'Angleterre fournissait des armes, de l'argent, des soldats, des généraux.

Wagram (1809). — Malgré les assurances que Napoléon reçut de toutes les puissances du continent à l'entrevue d'Erfurth, les Anglais surent organiser une cinquième coalition, qui força l'Empereur à laisser inachevée son entreprise d'Espagne pour courir de nouveau en Allemagne. Le 12 mai 1809, il entra pour la seconde fois à Vienne, et, le 6 juillet suivant, il gagna la sanglante bataille de Wagram, suivie de la paix de Vienne ; l'Autriche y perdit 3 400 000 âmes, que la France, la Bavière, la Saxe, le grand-duché de Varsovie et la Russie se partagèrent. Napoléon parut alors au comble de la puissance. Son empire, qui s'étendait des bouches de l'Elbe à celles du Tibre, comptait cent trente départements. Son mariage avec l'archiduchesse Marie-Louise venait de le faire entrer dans une des plus vieilles maisons royales de l'Europe. La naissance d'un fils (20 mars 1811), qui fut proclamé roi de Rome à son berceau, et qui est mort duc de Reichstadt, épuisa pour lui les prospérités.

LXXX

COALITION VICTORIEUSE DES PEUPLES ET DES ROIS CONTRE NAPOLÉON (1811-1815).

Réaction populaire contre l'esprit de conquête représenté par Napoléon. — La révolution de 1688 en Angleterre était restée tout anglaise, aussi n'était-elle point sortie de son île ; la nôtre fut philosophique, en ce sens que nos constituants, au lieu de revendiquer les anciennes libertés du pays, s'inspirèrent de l'idée des droits communs à tous les hommes réunis en société[1] ; ils songèrent à l'humanité, presque autant qu'à la France, et cette préoccupation fit la grandeur, en même temps que la misère, de la Révolution française. Il en résulta, en effet, que l'ordre nouveau ne sortit du passé qu'en le déchirant avec d'affreuses douleurs ; mais aussi que ce qu'il y avait de général dans la première de nos trop nombreuses Constitutions, et qu'on a appelé les principes de 1789, parut aussi bon, aux bords de la

---

1. *Déclaration des droits* mise en tête de la Constitution de 1791.

Meuse, du Rhin et du Pô, que sur ceux de la Seine, et ce sentiment aida à nos succès : de là, tant de Constitutions calquées sur la nôtre et qui n'étaient point toutes imposées par le vainqueur. Un jour la Révolution abdiqua aux mains d'un soldat de génie qui, du legs de 1789, fit deux parts : l'une, la liberté, qu'il ajourna; l'autre, l'égalité civile, qu'il prétendit établir partout, en cherchant dans cette œuvre la grandeur de la France et surtout la sienne. Condamné par la haine de l'aristocratie anglaise à une guerre sans fin, il oublia, dans l'ivresse de la victoire et de la puissance, son vrai rôle, pour prendre celui d'un conquérant dont la main écarte ou broie tout ce qui lui fait obstacle. Ainsi, à Presbourg, à Tilsitt, Napoléon avait remanié, à son gré, la carte de l'Europe centrale et fait des rêves plus grands encore que les terribles réalités dont il donnait au monde le spectacle. Les peuples, naguère nos alliés, étaient devenus pour lui les pièces d'un échiquier dont il conduisait le jeu d'après les seules combinaisons de son esprit; il avait pris ceux-ci, livré ceux-là, sans souci de traditions séculaires et d'affections ou d'intérêts qui ne voulaient point changer. Et il ne s'était pas douté que du sein de ces masses, pour le moment inertes, allait bientôt se dégager une force plus grande que celle des armées les mieux aguerries, plus redoutable que ces coalitions de rois qu'il avait déjà quatre fois détruites : la volonté d'hommes résolus à n'être plus traités comme des troupeaux qu'on achète ou qu'on vend, qu'on accouple ou qu'on partage. D'abord indifférents à la chute de leurs maisons royales, les peuples comprenaient à présent qu'ils étaient les victimes, cruellement éprouvées, de ces bouleversements ; que l'indépendance n'est pas seulement la dignité des nations comme la liberté est celle de l'individu, mais qu'elle est encore la sauvegarde des intérêts ; qu'enfin les habitudes, les idées, les sentiments les plus intimes sont douloureusement froissés par un maître étranger, lors même qu'il se présente les mains pleines de bienfaits. Alors on retrouva pour défendre la conscience politique, l'enthousiasme qu'on avait eu trois siècles plus tôt pour défendre la conscience religieuse. Bien qu'il nous en coûte de le reconnaître et de le dire, la force qui brisa Napoléon et notre fortune était de même nature, quoique d'un autre ordre, que celle qui avait brisé Philippe II et l'Inquisition. La lueur des incendies allumés par les Prussiens dans la dernière guerre nous a fait voir la profondeur de la haine excitée contre nous en Allemagne par Napoléon, et gardée, toute vive encore, un demi-siècle après le grand assouvissement de 1815.

Préparatifs d'insurrection en Allemagne. — Après avoir brisé à Wagram une cinquième coalition, Napoléon se croyait mieux assuré que jamais de sa fortune. Cependant ses armes n'étaient plus invincibles. En Espagne, Junot, Masséna lui-même, n'avaient pu conquérir le Portugal, et le général Dupont avait signé, en 1808, la honteuse capitulation de Baylen. Les espérances ennemies grandissaient, et l'Angleterre se confirmait dans la résolution de combattre à outrance, en voyant la haine des gouvernements contre Napoléon descendre peu à peu dans le cœur des peuples et y remplacer l'affection pour la France.

La Prusse, après Iéna, s'était abandonnée elle-même; des corps d'armée capitulaient sans combat, de puissantes forteresses se rendaient sans tirer un coup de canon, et pourtant c'est elle qui fut le principal instrument de la vengeance de l'Allemagne contre la France, bien qu'elle ne se soit point élevée par sa vertu propre à ce grand rôle. Son roi Frédéric-Guillaume, esprit mystique, répondait à ceux qui lui demandaient des réformes : « Je suis Celui que la Providence a réservé pour le salut de la Prusse ; » mais personne autour de lui et lui-même n'imaginait rien au delà du vieux système monarchique prussien, et le nombre de ceux qui se résignaient était très-considérable. Ce sont des Allemands étrangers à la Prusse qui provoquèrent la régénération de ce pays : Stein, du Nassau ; Scharnhorst et Hardenberg, du Hanovre. Le baron de Stein se mit à l'œuvre au lendemain de Tilsitt. « Il faut, disait-il, ranimer le sentiment de l'existence commune, utiliser les forces qui sommeillent, conclure une alliance entre l'esprit de la nation et l'esprit d'autorité. » Il abolit le servage de la glèbe, accorda aux paysans le droit de propriété, aux villes le droit de nommer leurs magistrats et d'administrer par des conseils électifs leurs propres affaires. Il réforma dans un sens libéral la haute administration et fit décider que les grades d'officiers, jusque-là réservés aux nobles, seraient la récompense du courage et du mérite. Scharnhorst nommé ministre de la guerre se chargea d'éluder l'article du traité de Tilsitt qui réduisait à 42 000 hommes l'effectif de l'armée prussienne. Il mit le salut dans le principe du service obligatoire, et, pour l'appliquer, il fit passer successivement sous les drapeaux tous les hommes en âge de porter les armes, les renvoyant dès qu'ils étaient exercés ; en peu de temps, il prépara ainsi une armée de 150 000 hommes, qui n'attendit pour paraître sur le champ de bataille que le décret de la levée en masse. Ces réformes, inspirées par les idées de 1789, créaient en Prusse un esprit public, en intéressant au salut de l'État toutes les classes de la population, et elles ranimaient le patriotisme. Une association fondée par quelques professeurs, sous le nom d'association de la Vertu (*Tugend-Bund*), et qui n'eut d'abord que vingt membres, se répandit rapidement dans l'Allemagne entière, où bientôt ses affiliés se comptèrent par milliers. Elle s'était donné pour mission de restaurer « la force et la moralité allemandes ! » le dernier mot étant là par suite d'une habitude qui n'est pas encore perdue au delà du Rhin, pour masquer des choses parfois très-immorales : ainsi, dès 1809 un de ses membres, l'étudiant Staaps, essayait de tuer Napoléon à Schœnbrunn. Proscrite par lui (1810) elle subsista secrètement, pénétra dans les couches profondes de la population, et prépara le réveil de 1813.

Progrès des idées libérales en Europe. — La résistance de l'Espagne avait en Allemagne un grand retentissement et Stein exploitait contre nous chaque nouvelle qui arrivait de cette lutte héroïque. Napoléon, génie d'ordre militaire, se souciait peu des forces morales. Il croyait en lui-même, à ses combinaisons stratégiques ou administratives, et ne pensait pas qu'une idée pût tenir contre un coup de canon. Aussi le sens des réformes de Stein lui échappait ; il se riait du ministre qui, « au défaut de troupes de ligne, méditait le sublime projet de lever des masses [1] ; plus tard cependant il exigea sa démission ; enfin par un décret injurieux daté de Madrid, il proscrivit « le nommé Stein » (1809). L'injure fut vivement ressentie dans la Prusse et l'Allemagne entière ; Hardenberg n'en continua pas moins les réformes : affranchissement des paysans ; liberté industrielle, afin de stimuler le travail ; abolition de quelques-unes des lois d'exception portées contre les juifs ; et pour ne laisser aucune force à l'écart, création de l'Université de Berlin (1810), d'où Fichte allait adresser ses *discours au peuple allemand* qui envoyèrent autant de recrues à l'insurrection que les ardentes poésies d'Arndt et de Schenkendorff, que le *chant de mort* de Kœrner et les *sonnets cuirassés* de Rückert. « Alors naquit dans les larmes, le sang et le désespoir, mais aussi dans la prière, et dans la foi à l'idéal de la liberté, la conscience de la patrie. »

Les idées libérales se retournaient aussi contre nous en Espagne et en Italie. Les Cortès de Cadix rédigeaient une constitution dérivée des principes de 1789 : souveraineté de la nation, délégation au roi du pouvoir exécutif ; aux représentants du pays, de la puissance législative ; responsabilité des ministres ; liberté de la presse, excepté en matière religieuse ; suppression de tout privilège au sujet de l'impôt. L'ancien roi de Naples réfugié en Sicile donnait à cette province une constitution calquée sur celle de l'Angleterre. Ainsi les rois et les peuples prenaient pour nous combattre nos propres armes, celles qui, au début des guerres de la Révolution, nous avaient

---

1. Monit. du 21 nov. 1808.

valu la conquête des Pays-Bas, de la Hollande, de la rive gauche du Rhin, de la Suisse et de l'Italie. On abolissait les priviléges, on remplaçait ce qui subsistait encore de féodalité par de libres institutions ; et comme la France ne représentait plus que la dictature militaire[1], forme de gouvernement ancienne et usée, elle devait, en dépit de l'homme extraordinaire placée à sa tête, succomber dans la lutte.

Formation ou réveil des nationalités. — La France, en effet, avait à présent contre elle deux forces irrésistibles. L'une qu'elle avait elle-même créée : celle des idées libérales et des droits souverains de la nation avec toutes les conséquences qui en dérivent ; l'autre dont elle avait provoqué la formation en violentant les peuples : celle du principe nouveau des nationalités. Sous la pression de nos armées, les insurgés espagnols et les affiliés du *Tugend-Bund* avaient retrouvé la patrie dont leurs pères au dix-huitième siècle s'inquiétaient si peu ; et tout en réclamant l'abolition des priviléges, ils voulaient garder leur autonomie. C'est donc dans les montagnes de la Castille, du Tyrol et de la Bohême, sur les rives de l'Elbe et de l'Oder, dans les landes du Brandebourg que naquit ou se retrouva cette idée qui a renouvelé l'histoire par la question des races ; la littérature, par celle des poésies populaires ; la philologie par la comparaison des langues ; la politique, par la considération des intérêts résultant de la communauté des origines, de l'idiome et des traditions ; qui enfin, de nos jours, a fait l'Italie pour notre honneur, l'Allemagne pour notre péril, et qui menaça un moment de donner à la Russie la moitié de l'Europe.

En Allemagne, dès 1809, au moment où l'Autriche

---

[1]. Décret du 26 sept. 1811 contre la presse. La censure sera pratiquée par les autorités locales. La plupart des journaux ne seront plus que des feuilles d'annonces. — Suppression du tribunat ; exil de Mme de Staël, persécution contre Chateaubriand, etc. — Captivité du pape (1809).

achevait contre nous ses armements, l'opinion publique avait énergiquement réclamé la participation de la Prusse à la guerre, et Scharnhorst y avait poussé le roi. Frédéric Guillaume n'osa tenter ce coup hardi ; après Wagram, il s'humilia même jusqu'à donner au vainqueur des réparations pour le patriotisme prématuré de ses sujets. Cependant le sourd travail qui minait le sol sous les pas du puissant maître de l'Occident avançait. Beaucoup, même en France, voyaient les symptômes d'une ruine prochaine. Au lendemain de Wagram, l'amiral Decrès la montrait comme imminente au maréchal Marmont, et Wellington l'annonçait aux ministres anglais effrayés de leur isolement. Ce fut à ce moment que Napoléon entreprit la plus téméraire de ses expéditions.

Moscou (1812), Leipzig (1813), campagne de France (1814). — Pour contraindre la Russie à rester dans le système du blocus continental, il allait conduire ses armées à six cents lieues de la France, quand 270 000 de ses meilleurs soldats et ses plus habiles capitaines étaient arrêtés à l'autre extrémité du continent devant Cadix et l'armée anglaise de Wellington. Le 24 juin 1812, il passa le Niémen, à la tête de 450 000 hommes. Six jours auparavant, le congrès de Washington avait déclaré la guerre au cabinet de Saint-James à cause du droit de visite exercé d'une manière vexatoire par les croiseurs anglais sur les navires du commerce américain. Que l'Empereur renonçant à sa folle expédition de Russie eût, comme en 1804, concentré ses forces et son génie sur la guerre contre l'Angleterre, et, avec le nouvel allié qui se levait pour lui sur l'autre rive de l'Atlantique, des résultats inattendus pouvaient se produire ; mais il ne comptait que sur lui-même. L'expédition parut d'abord réussir. Partout les Russes furent battus : à Witepsk, à Smolensk, à Valoutina, et la sanglante victoire de la Moskowa lui livra Moscou, la seconde capitale de l'empire, que les Russes incendièrent en se retirant.

Malheureusement il crut avoir gagné la paix : il l'attendit et perdit un temps précieux. Quand il reconnut qu'il faudrait, pour l'arracher, une seconde expédition sur Saint-Pétersbourg, il était trop tard ; l'impossibilité d'hiverner au milieu d'un pays ruiné le décida à la retraite. Elle eût été heureuse sans un hiver précoce et le manque de vivres. Une grande partie de l'armée, tous les chevaux, tous les bagages périrent ou furent abandonnés, soit au milieu des neiges, soit au désastreux passage de la Bérésina.

Pendant que la grande armée fondait dans les neiges de la Russie, des trahisons que Napoléon aurait dû prévoir éclataient derrière lui. Il avait forcé la Prusse, l'Autriche et les Confédérés du Rhin à lui fournir de nombreux contingents, mais Arndt réfugié en Suède, Stein en Russie, inondaient l'Allemagne de pamphlets patriotiques où ils sommaient les Allemands de déserter l'armée française et représentaient le czar Alexandre comme le libérateur des peuples. Ces conseils furent écoutés et York, commandant une partie du contingent prussien, passa aux Russes. Frédéric-Guillaume III entama aussitôt une double négociation : il fit dire à Napoléon « qu'il était l'allié naturel de la France, » à Alexandre qu'il n'attendait que le moment de s'unir à lui, avec tout son peuple. Il insinua même au premier, qu'il y avait moyen de tout arranger, en donnant au roi de Prusse le royaume de Pologne, et en le chargeant d'arrêter « les envahissements de la puissance russe. » Cette proposition était une trahison à l'égard de la « patrie allemande, » le *Vaterland*, grand mot dont la Prusse s'est si habilement servie depuis 1815 et surtout de nos jours : en 1864, contre le Danemark ; en 1866, contre l'Autriche ; en 1870, contre la France, et aujourd'hui contre l'Allemagne même que le *Preussenthum* enveloppe et enlace. Frédéric-Guillaume croyait cette duplicité commandée par les circonstances ; elle était d'ailleurs la continuation de la politique de Frédéric II : tout, pour le succès des Hohenzollern ! Il n'y a pas de fortune, dans les siècles modernes, qui ait été faite de tant de mensonges et de perfidies. Cependant Bulow, qui commandait un autre corps prussien, avait suivi l'exemple d'York. Stein accourut alors à Kœnigsberg, chef-lieu de la province de Prusse qui se trouvait en pleine révolte contre le roi, parce que celui-ci paraissait désavouer ses généraux et tenir toujours pour Napoléon. Les États de la province organisèrent la guerre à outrance. Le 7 février parut l'ordonnance sur le ban et l'arrière-ban, la *landwehr* et la *landsturm*. Une population d'un million d'habitants fournit 60 000 soldats. Alors, tout en négociant, le roi de Prusse se décida à armer; mais ce fut seulement le 28 février 1813 qu'il signa le traité de Kalisch avec la Russie. Encore n'oubliait-il pas les intérêts de sa maison, car il se faisait garantir par Alexandre, en échange de territoires polonais, des agrandissements en Allemagne: il avait en vue le royaume de Saxe, si fort à sa convenance, pour appuyer la Prusse aux montagnes de Bohême et fortifier sa position en Silésie. Si Frédéric-Guillaume avait longtemps hésité, c'est qu'il commençait à s'inquiéter du mouvement populaire suscité par ses ministres. Il trouvait les peuples bons pour sauver sa couronne, mais n'entendait pas leur en payer la rançon avec des libertés publiques. Cependant, il ne pouvait plus s'arrêter; il lança « l'appel à mon peuple » avec un édit sur la landwehr et sur la landsturm, plein de fureur guerrière, où l'on trouve ces mots, dont la Prusse s'est ressouvenu en 1870 pour les appliquer de nouveau: « Le combat auquel tu es appelé sanctifie tous les moyens! Les plus terribles sont les meilleurs! Non-seulement tu harcèleras l'ennemi, mais tu détruiras et anéantiras les soldats isolés ou en troupes; tu feras main basse sur les maraudeurs.... » En même temps les chaires des universités, les églises retentissaient d'appels aux armes; les généraux, les ministres prodiguaient dans leurs proclamations les promesses de liberté. La guerre des peuples avait commencé; elle eut sa grande bataille, celle de Leipzig, la *Volkerschlacht*, le combat des Nations.

Après le passage de la Bérésina, Napoléon, accouru à Paris, avait refait une armée. Mais ses alliés, excepté le Danemark, s'étaient tournés contre lui : la Suède dirigée par un de nos anciens généraux, Bernadotte, en avait donné l'exemple ; l'Autriche attendait une occasion favorable pour joindre ses armes à celles des Russes vainqueurs sans combat, et l'Allemagne entière, travaillée par les sociétés secrètes, se tenait prête à passer, fût-ce sur le champ de bataille, dans les rangs ennemis. Les brillantes victoires de Lutzen, de Bautzen et de Wurschen, gagnées par Napoléon avec des conscrits, dans la campagne de 1813, arrêtèrent quelque temps la défection de l'Autriche ; mais cette puissance oublia à la fin les nœuds qu'elle avait formés, et l'empereur François réclama le droit d'aider à détrôner sa fille et son petit-fils.

Trois cent mille hommes se réunirent à Leipzig contre les cent trente mille soldats de Napoléon. Après une lutte gigantesque de trois jours, aidés par la trahison des Saxons, qui, au milieu de l'action, passèrent de leur côté, ils nous forcèrent à quitter le champ de bataille, pour la première fois vaincus. Il fallut reculer jusqu'au Rhin.

L'année suivante commença cette admirable campagne de France où le génie militaire de l'Empereur fit des miracles. Mais, tandis qu'il luttait héroïquement avec quelques milliers de braves contre l'Europe conjurée, les royalistes relevèrent la tête, et les libéraux firent à ses mesures une opposition intempestive. A cette heure suprême, il eût fallu une dictature pour épargner à la France la plus grande honte qu'une nation puisse subir : l'invasion étrangère ; et l'on ne parlait que de droits politiques et de libertés ! A beaucoup, l'ennemi semblait un libérateur. Vainement Napoléon vainquit à Champaubert, à Montmirail, à Montereau ; les alliés avançaient toujours, favorisés par les défections qui partout éclataient, surtout dans le Midi, par où arrivaient le duc de Wellington et les Anglais que le maréchal Soult arrêta un moment à la bataille de Toulouse.

Un mouvement hardi sur les derrières des armées ennemies allait peut-être sauver la France. Que Paris seulement tînt quelques jours et les alliés, coupés de leurs communications, étaient compromis. Mais Paris, défendu seulement pendant douze heures, capitula (30 mars), et le Sénat proclama la déchéance de l'Empereur. Lui-même signa à Fontainebleau son abdication (11 avril).

La première Restauration, les Cent-Jours, Waterloo (1814-1815). — Les princes français de la maison de Bourbon avaient suivi les armées ennemies. Le czar, le roi de Prusse et l'empereur d'Autriche, embarrassés sur le choix du gouvernement qu'ils devaient imposer à la France, furent décidés par Talleyrand et les royalistes à reconnaître Louis XVIII, qui data son règne de la mort de son neveu. Le drapeau blanc remplaça le drapeau d'Austerlitz, et la France rentra dans les limites qu'elle avait eues avant la Révolution, en cédant 58 places fortes que ses troupes tenaient encore, 12 000 canons, 30 vaisseaux, 12 frégates (premier traité de Paris, 30 mai 1814). En compensation de tant de sacrifices, Louis XVIII octroyait une charte constitutionnelle, qui créait deux chambres où seraient discutés les grands intérêts du pays. Les émigrés, revenus avec les princes, s'irritèrent de ces concessions faites aux idées nouvelles. L'avidité des uns, les prétentions surannées des autres, les excès de tous, excitèrent un mécontentement qui retentit jusqu'à l'île d'Elbe, où Napoléon avait été relégué. Il crut pouvoir en profiter pour réparer ses derniers désastres, et le 1er mars 1815 il vint débarquer avec huit cents hommes sur les côtes de la Provence. Toutes les troupes qu'on envoya contre lui passèrent de son côté, et, sans avoir brûlé une amorce, il rentra dans Paris, d'où les Bourbons s'étaient enfuis pour la seconde fois. Mais les princes coalisés n'avaient pas encore licencié leurs troupes Ils se trouvaient alors réunis au congrès de Vienne, occupés à régler à leur gré les affaires de l'Europe. Ils lancèrent de nouveau huit cent mille hommes sur la France, et mirent Bonaparte au ban des nations.

Cependant l'Empereur avait essayé de rallier à lui les libéraux, en proclamant l'Acte additionnel aux constitutions de l'empire, qui consacrait la plupart des principes de la Charte. Dès qu'il eut rétabli l'ordre à l'intérieur, il courut au-devant de Wellington et de Blücher, battit les Prussiens à Ligny (16 juin 1815), et, pendant une demi-journée, lutta victorieusement avec soixante-cinq mille hommes contre quatre-vingt-dix mille Anglais, Belges, Hanovriens, etc. Déjà Wellington commençait la retraite, quand les Prussiens, échappés par un fatal concours de circonstances à la poursuite de Grouchy, tombèrent sur nos soldats épuisés (18 juin). Le désastre de Waterloo termina les destinées de l'Empire. Napoléon abdiqua de nouveau en faveur de son fils Napoléon II (22 juin); mais Paris vit une seconde fois les étrangers entrer dans ses murs, piller nos musées et dépouiller nos bibliothèques. Napoléon, qu'on n'osa tuer d'un coup, fut déporté à Sainte-Hélène, au milieu de l'Atlantique. Il y mourut le 5 mai 1821, après six ans d'une douloureuse captivité.

LXXXI

RÉORGANISATION DE L'EUROPE AU CONGRÈS DE VIENNE. — LA SAINTE-ALLIANCE

Congrès de Vienne (1815). — Le second traité de Paris (20 nov. 1815) fut plus désastreux que le premier. Indemnité de guerre de sept cents millions, sans compter les réclamations particulières qui montaient à trois cent soixante-dix millions; occupation étrangère pendant cinq ans; rectification de frontière qui nous enlevait Chambéry, Annecy, Philippeville, Marienbourg, Sarrelouis, Landau, le duché de Bouillon, et faisait le long de notre ligne de défense les trouées des Ardennes, de la Moselle et de la Savoie. En Alsace, Strasbourg se trouva découvert par l'abandon de Landau, et le démantèlement d'Huningue assura une nouvelle route à l'invasion. Sur mer, nous perdîmes Tabago, Sainte-Lucie, l'Ile-de-France, les Seychelles, et l'Angleterre, en nous laissant nos comptoirs des Indes, nous interdit le droit de les fortifier. Cependant nous avions échappé à de plus grands désastres : l'Angleterre, par politique, pour ne point ébranler le trône des Bourbons, l'empereur Alexandre, par sympathie intéressée pour notre pays, avaient fait échouer les plans de la Prusse, qui aurait déjà voulu nous enlever l'Alsace et la Lorraine.

Le Congrès de Vienne, où furent réglées les affaires de l'Europe, s'était ouvert en septembre 1814. Tous les excès reprochés à Napoléon s'y reproduisirent; et les quatre souverains de Russie, d'Angleterre, de Prusse et d'Autriche, qui s'étaient donnés comme les instruments de la Providence contre la France révolutionnaire, remanièrent la carte de l'Europe au profit de leur ambition. Il se tint un véritable marché d'hommes. La commission chargée de répartir entre les rois le troupeau humain, et appelée du nom significatif de commission d'*évaluation*, fut fort occupée par les exigences de la Prusse, qui réclamait une indemnité de trois millions trois cent mille âmes. On alla jusqu'à discuter sur la qualité de la marchandise, et l'on nous fit l'honneur de reconnaître qu'un ancien Français d'Aix-la-Chapelle ou de Cologne valait plus qu'un Polonais : pour égaliser les parts on donnait moins d'hommes de la rive gauche du Rhin que de la rive droite de l'Oder. Quand les quatre puissances étaient d'accord, il n'y avait pas de difficultés, mais les faibles en souffraient : en Allemagne, les petits princes laïques ou ecclésiastiques, les villes libres étaient un vil butin qu'on se partageait sans scrupule. Pourtant cette traite des blancs faillit, à un moment, amener la rupture de la coalition. La

Russie, la Prusse s'étaient entendues pour se faire attribuer : la première, toute la Pologne; la seconde, en échange de ses provinces polonaises, toute la Saxe. « Il faut que chacun trouve ses convenances, » avait dit le Czar. L'Angleterre, l'Autriche et la France se concertèrent pour faire avorter ce projet (traité secret du 3 janvier 1815), et notre ambassadeur, M. de Talleyrand, réussit à sauver le roi de Saxe; mais, en même temps, il compromit la France par la proposition d'attribuer à la Prusse, en échange des provinces saxonnes qu'elle souhaitait, celles du Rhin, dont elle ne voulait pas : tous nos malheurs viennent de là.

La Russie reçut la meilleure partie du grand-duché de Varsovie, jusqu'aux portes de Posen et de Cracovie, ainsi que la Galicie occidentale et le cercle de Zamosk; l'Autriche gagnait les États-Vénitiens, Raguse, les vallées de la Valteline, de Bormio, de Chiavenna, et rentrait en possession de Salzbourg, du Tyrol, du Vorarlberg; la Prusse acquérait le duché de Posen, la Poméranie suédoise, sept cent mille âmes en Saxe, la Westphalie et la Prusse rhénane. L'Angleterre n'avait point de revendication territoriale à faire sur le continent; elle avait obtenu la restitution à sa maison royale de l'Électorat de Hanovre, avec quelques accroissements de territoire; mais le Hanovre étant un fief masculin, on prévoyait une séparation qui eut lieu en 1837. D'ailleurs elle pouvait se contenter de garder ce qu'elle avait acquis sur toutes les mers dans sa lutte contre la Révolution et l'Empire : Héligoland, en face des bouches de l'Elbe et du Wéser; le protectorat des îles Ioniennes, à l'entrée de l'Adriatique; Malte, entre la Sicile et l'Afrique; Sainte-Lucie et Tabago, aux Antilles; les Seychelles et l'Ile-de-France, dans la mer des Indes; enfin les colonies hollandaises du cap de Bonne-Espérance et de Ceylan.

La France, diminuée de tout l'accroissement de puissance des quatre grands États, parut encore assez redoutable, pour que des précautions fussent prises contre elle le long de ses frontières, qu'on avait cependant ouvertes à de futures invasions. La coalition établit comme ses avant-postes : au nord, la Belgique et la Hollande réunies en un royaume, sous le sceptre du prince d'Orange; au nord-est, le pays rhénan, qui fut partagé entre la Prusse, pour la plus forte part, la Hollande (Luxembourg et Limbourg), la Hesse-Darmstadt et la Bavière, notre vieille alliée, qu'on mit à nos portes pour qu'elle devînt notre ennemie; au sud, enfin, la Savoie, rendue au roi de Piémont, plaçait Lyon, notre seconde capitale, à deux journées de marche des armées de la coalition.

La plus difficile affaire avait été la reconstitution de la Confédération du Rhin, qui fut retournée contre nous sous le nom de *Confédération germanique.*

De longs et violents débats s'élevèrent à ce sujet dans le sein du Congrès, où les petits États firent d'énergiques efforts pour sauver leur indépendance. Les unitaires allemands, même la Prusse, voulaient rétablir l'ancien empire d'Allemagne. L'Autriche n'osa reprendre l'antique couronne des Hapsbourg, et les rois de Bavière, de Wurtemberg n'entendaient pas laisser tomber de leur tête celle que Napoléon y avait placée. Déjà, lorsqu'il s'était agi de la spoliation de la Saxe, la Bavière avait promis trente mille hommes à M. de Talleyrand, si la France unie à l'Autriche et à l'Angleterre voulait rejeter la Prusse en Brandebourg, la Russie derrière la Vistule; et le Wurtemberg, le Hanovre, Bade, la Hesse étaient d'accord avec elle. On convint que l'empire détruit en 1806 ne serait pas rétabli; et la nouvelle du retour de l'île d'Elbe survenant, « on construisit en toute hâte une hutte pour abriter l'Allemagne pendant l'orage : misérable abri que les princes ont eux-mêmes détruit plus tard. » Cette Confédération dont un diplomate allemand parle avec tant d'irrévérence dut se composer de trente-neuf États, qui enverraient à Francfort des députés à une Diète où la présidence perpétuelle serait dévolue à l'Autriche; que cette Diète se composerait de deux assemblées : assemblée ordinaire, comptant dix-sept voix, c'est-à-dire un suffrage pour chacun des grands Confédérés et un aussi pour chacun des groupes entre lesquels on avait réparti les petits États ; l'assemblée générale, où chaque Confédéré avait un nombre de voix proportionné à son importance : en tout soixante-neuf suffrages. La première déciderait les affaires courantes ; la seconde devait être convoquée chaque fois qu'il s'agirait des lois fondamentales ou des grands intérêts du pacte fédéral. Les Confédérés conserveraient leur indépendance souveraine, leur armée, leur représentation diplomatique ; mais la Confédération aurait aussi son armée et des forteresses qui furent bâties avec l'indemnité payée par la France : Luxembourg, Mayence, Landau, pour nous interdire l'approche du Rhin ; Rastadt et Ulm, pour nous arrêter au pied de la forêt Noire ou dans la vallée du Danube.

En Suisse, Genève et Vaud s'accrurent à nos dépens d'une partie du pays de Gex et de quelques communes de la Savoie ; le Valais, Genève, Neuchâtel, ajoutés aux dix-neuf cantons anciens, formèrent la *Confédération helvétique*, que le Congrès plaça sous la garantie d'une neutralité perpétuelle. En Italie, le roi des Deux-Siciles et le pape recouvrèrent ce qu'ils avaient perdu ; mais l'Autriche redevenait toute puissante dans la péninsule. Maîtresse du Milanais et de la Vénétie, elle s'assura la rive droite du Pô par le droit de mettre garnison dans Plaisance, Ferrare et Comacchio ; elle avait placé sur le trône de Toscane un archiduc, stipulé la réversibilité à la couronne impériale des duchés de Parme, Plaisance et Guastalla, cédés en viager à l'ex-impératrice Marie-Louise, et de celui de Modène, donné à un prince autrichien. Enfin, bien qu'il eût reçu Gênes et la Savoie, le roi de Piémont, mal défendu par la frontière du Tessin, semblait à la discrétion de sa redoutable voisine. Au nord de l'Europe, la Suède, en compensation de la Finlande, prise par la Russie, reçut la

Norvége enlevée au Danemark, qui devait obtenir, en compensation, la Poméranie suédoise et Rugen ; mais la Prusse, acharnée contre ce petit État, le seul qui fût resté fidèle à notre fortune, lui imposa l'échange de ces pays avec le Lauenbourg. Ce duché, comme celui de Holstein, n'était d'ailleurs que le domaine personnel du roi, qui devint, pour ces deux provinces allemandes, membre de la Confédération germanique, c'est-à-dire d'un État organisé contre la France. Le Danemark a éprouvé en 1864, et nous en 1870, l'effet de ces artificieuses combinaisons.

La Sainte-Alliance (1815). — Les stipulations du Congrès de Vienne (9 juin 1815) étaient l'acte le plus important que la diplomatie eût conclu en Europe depuis la paix de Westphalie; les trois souverains de Russie, d'Autriche et de Prusse entreprirent de lui donner une consécration religieuse. Le 14 septembre 1816, sous l'inspiration du czar Alexandre, ils signèrent à Paris le traité de la Sainte-Alliance, où ils manifestaient « à la face de l'univers leur détermination iné-
« branlable, de ne prendre pour règle de leur conduite,
« soit dans l'administration de leurs États respectifs,
« soit dans leurs relations politiques avec tout autre
« gouvernement, que les préceptes de la religion chré-
« tienne, préceptes de justice, de charité et de paix. »
En conséquence, ils s'engageaient : dans le premier article, à se regarder comme « frères »; dans le second, « à se témoigner une bienveillance inaltérable, » en se considérant comme « délégués par la Providence, pour gouverner trois branches d'une même famille, savoir : l'Autriche, la Prusse et la Russie; » à ne former qu'une seule nation chrétienne ayant pour souverain « Celui à qui seul appartient en propriété la puissance, parce qu'en lui se trouvent tous les trésors de l'amour, de la science et de la sagesse infinie. » Dans les pays constitutionnels, les rois ne purent signer le traité de la Sainte-Alliance; mais dans tous un parti en soutint les principes.

Ainsi était couronnée, par un acte mystique et sentimental, l'œuvre de la politique la plus intéressée. Ces mots de « justice et d'amour » présentent un singulier contraste avec la réalité des choses. « Le droit public, disait Hardenberg, c'est inutile; » à quoi Alexandre ajoutait : « Vous me parlez toujours de principes.... je ne sais ce que c'est. Quel cas croyez-vous que je fasse de vos parchemins et de vos traités? » Cependant c'est au Congrès de Vienne que Talleyrand inventa le mot de *légitimité* : singulier berceau pour une idée de droit traditionnel que ce lieu où se débattaient tant de convoitises, et où l'on prit en si petite considération les désirs et les véritables intérêts des rois et des peuples.

Pour satisfaire à des convenances politiques, on avait rattaché, malgré elle, la Belgique à la Hollande; on avait livré l'Italie à l'Autriche, et ainsi préparé l'insurrection aux Pays-Bas et dans la Péninsule. La Pologne, démembrée, restait une cause perpétuelle de conflits entre les trois « monarques frères ». Enfin, par l'oubli des promesses libérales faites aux peuples, pour les soulever contre nous, l'esprit de révolte allait bientôt ébranler cet édifice si laborieusement construit et dont, à cette heure, rien n'est resté debout.

La Confédération germanique semblait propre, il est vrai, à assurer la paix du continent, en séparant trois grands États militaires. Les jalousies mutuelles de l'Autriche et de la Prusse; la défiance des petits États à l'égard des grands; les lenteurs résultant du jeu compliqué des institutions germaniques, prémunissaient l'Allemagne contre les entraînements soudains. Entre trois pays d'action rapide : la Russie qui exploite des idées de race et de religion au profit d'une politique séculaire, l'Angleterre qui obéit à l'esprit mercantile, et la France trop portée aux résolutions précipitées, l'Allemagne, terre classique des longues négociations, pouvait interposer un esprit temporisateur. Vivant, par la nature même de ses institutions, de perpétuels compromis, elle représentait dans les affaires européennes le génie de la transaction, qui est celui de la diplomatie.

Mais pour rendre ce service à la paix du monde, il aurait fallu que la Confédération, organisée pour la défense, non pour l'attaque, et indépendante de Berlin aussi bien que de Vienne, formât une Allemagne véritable : ni française, comme au temps de Napoléon ; ni prussienne, comme elle l'est aujourd'hui. Or les deux grandes puissances entendaient, au contraire, mettre ses forces au service de leurs intérêts. L'Autriche, qui n'occupe qu'un point du territoire allemand à son extrême limite, se contentera d'exercer de l'influence à Francfort. La Prusse voudra davantage. Comme elle a besoin du Hanovre pour souder sa province rhénane au Brandebourg, ainsi qu'il lui a fallu un morceau de la Pologne pour réunir l'Électorat aux pays de l'Ordre teutonique, elle se rendra de plus en plus allemande ; elle fera dire partout, dans les chaires, dans les livres, dans les journaux, qu'elle est l'espoir, la personnification de la patrie allemande, et un jour elle rejettera l'Autriche hors de l'Allemagne ; un autre jour elle prendra Francfort, même la Diète, et elle conduira la Confédération germanique au suicide, après s'être fait reconnaître, par un acte en due forme, son légataire universel.

Mais, en 1815, la Prusse était bien loin encore de cette menaçante grandeur, et la prépondérance en Europe semblait acquise pour longtemps aux deux puissances qui s'étaient trouvées invulnérables, même à l'épée de Napoléon, la Russie et l'Angleterre.

LXXXII

LA SAINTE-ALLIANCE, LES SOCIÉTÉS SECRÈTES ET LES RÉVOLUTIONS (1815-1824).

Caractère de la période historique qui s'étend de 1815 à 1830. — Les constituants de 1789 tenant plus de compte des idées que des faits, ce qui est le propre de la philosophie, mais non de la politique, avaient repris, pour les appliquer à d'innombrables multitudes, des principes qui n'avaient jamais été réalisés que dans des cités ou des tribus peu nombreuses : la liberté politique et l'égalité civile. Malheureusement, la société n'est pas plus capable que l'individu de faire triompher deux grandes idées à la fois. L'une, l'égalité, inscrite au code Napoléon, avait bien vite passé dans les mœurs, et nos soldats en avaient porté par toute l'Europe le germe fécond ; la Terreur, nos discordes et l'ambition d'un grand homme avaient ajourné l'autre. Celle-ci pourtant voulait aussi se faire accepter, et, en s'associant chez beaucoup de peuples européens au sentiment national, l'esprit de liberté avait ajouté sa force à toutes celles qui menaçaient Napoléon. Mais les vainqueurs de Leipzig et de Waterloo n'entendaient point faire sa part au droit national[1]. Ils s'étaient unis, au contraire, pour enchaîner ce qu'ils appelaient les passions révolutionnaires et ce qui n'était, si l'on en sépare les excès et les crimes, qu'une nouvelle et légitime évolution de l'humanité. La lutte qu'ils engagèrent contre l'esprit nouveau forme le principal intérêt du drame qui se déroula de 1815 à 1830.

Dans ce drame, de quel côté était la justice, par conséquent le droit à la vie, au succès ? C'est la question qui doit être posée en face de tout grand conflit social. Écartons les banales accusations d'hypocrisie et d'entêtement sénile pour les uns, d'amour du désordre ou d'utopie insensée pour les autres ; et il restera la lutte inévitable d'une société ancienne qui ne veut pas mourir contre une nouvelle société qui prétend se faire sa place au soleil et qui mérite de la trouver[2].

---

1. On peut juger des sentiments qui animaient les hommes de 1815 par les cris de colère qui sortaient encore, à la veille de 1848, de la bouche du roi de Prusse « contre la pusillanimité et l'aveuglement des puissances qui ont laissé, il y a soixante ans, grandir la Révolution.... Le libéralisme est une maladie de l'esprit. »

2. Voyez ci-dessus le paragraphe LXXVI et les pages 472 et 473.

Malheureusement cette lutte fut envenimée par les passions qui poussèrent ceux-ci à de cruelles violences, ceux-là à de coupables conjurations. Les libéraux eurent tort de recourir aux émeutes, et les rois manquèrent à leur rôle en méconnaissant des intérêts et des idées qui exigeaient d'autres institutions que celles des vieilles monarchies. La vérité était au milieu de quelques sages qui auraient voulu, comme en Angleterre, après 1688, garder du passé l'esprit de conservation, en le vivifiant, pour satisfaire les besoins nouveaux, par l'esprit de progrès que la royauté absolue avait autrefois favorisé et qui, à cette heure, ne pouvait plus l'être que par la liberté. Ce miracle, Louis XVIII, qu'un long séjour en Angleterre avait éclairé sur les avantages du gouvernement représentatif, aurait su peut-être l'accomplir en France ; car il voyait bien que le pays était partagé en deux camps armés l'un contre l'autre, et il comprenait qu'une politique avisée et prudente pouvait seule les réunir. « Il ne faut pas, disait-il au comte d'Artois, son frère, qui se fit le chef de la réaction, il ne faut pas être le roi de deux peuples ; tous mes efforts tendent à faire qu'il n'y en ait qu'un seul en France. » Mais cette sagesse ne convenait pas aux violents, et la Sainte-Alliance en rendit la pratique impossible, par son système de compression à outrance qui surexcita dans toute l'Europe l'activité des ferments révolutionnaires. Du reste, les malheurs de ce temps sortirent de la fatale pensée contenue dans le mot *Restauration*, qui, pris à la lettre, et paraissant aux uns une menace, aux autres une promesse, devint le cri de guerre de ceux qu'effrayait le retour des abus, et le mot d'ordre des nouveaux croisés prêts à partir en guerre « pour Dieu et le Roi », c'est-à-dire pour le rétablissement de leurs priviléges. Dans la politique, on change en avançant, on ne restaure point en reculant ; parce que, chez les nations modernes, la société se compose d'éléments si mobiles et si variables que les générations se succèdent sans se ressembler.

Efforts pour conserver ou rétablir l'ancien régime; situation particulière de la France de 1815 à 1819.
— La Révolution de 1789, entreprise pour assurer à l'individu la plus grande somme possible de liberté, avait au contraire augmenté la force du gouvernement dans les pays où elle avait momentanément triomphé, comme dans ceux qui n'en avaient ressenti que le contre-coup. Vingt-trois années de guerre avaient habitué les peuples à fournir plus largement l'impôt du sang et l'impôt d'argent : ils payaient davantage et la conscription ou le service obligatoire avait remplacé l'engagement volontaire. En outre, l'autorité administrative, dispersée autrefois dans beaucoup de corps intermédiaires, était revenue tout entière au prince, et une centralisation énergique avait remis dans ses mains toutes les forces nationales. Les gouvernements du bon plaisir étaient donc plus forts en 1815 qu'en 1789 ; ils avaient plus de ressources pour commander l'obéissance ; et ils trouvaient devant eux moins de ces obstacles traditionnels qui semblent si fragiles et qui sont parfois si résistants. Leipzig et Waterloo les avaient faits maîtres du monde ; ils prétendirent organiser leur conquête de manière à y ramener l'ordre, et cet ordre leur parut bientôt ne pouvoir être assuré qu'à la condition d'arrêter tout mouvement, c'est-à-dire d'étouffer la vie nouvelle qui n'était pour eux, suivant l'expression de Frédéric-Guillaume IV, que « la contagion de l'impiété. » Victorieux de la Révolution par les armes, ils voulurent l'être aussi par les institutions et par une implacable sévérité ; quelques habiles crurent même que les passions populaires serviraient utilement la bonne cause, et, en certains lieux, on ouvrit la chasse aux libéraux en jetant la populace sur leur piste.

A Palerme, à Madrid, les Constitutions de 1812 furent abolies et le pouvoir absolu reconstitué ; à Milan, le Code autrichien remplaça le Code français, et des canons braqués sur la grande place de la ville, mèche allumée, servirent de symbole au régime qu'on rétablissait. Les États de l'Église, le Piémont retournèrent à la situation où ils se trouvaient en 1790. On recula même au delà de cette date : des institutions de Joseph II en Autriche, de Léopold Ier en Toscane, de Tanucci à Naples, considérées comme la cause du mal, furent condamnées ; et, pour prévenir le retour de « ces réformes plus abusives que les abus mêmes[1], » un article secret du traité signé à Vienne, le 12 juin 1815, par Ferdinand IV, portait : « Il est entendu que le roi des Deux-Siciles, en rétablissant le gouvernement du royaume, n'admettra pas des changements qui ne pourraient se concilier avec les principes adoptés par Sa Majesté Impériale et Royale Apostolique pour le régime intérieur de ses possessions italiennes. » Alors, on vit au sud des Alpes et des Pyrénées, les priviléges du clergé et de la noblesse renaître, l'inquisition refleurir, tandis que les amis des libertés publiques prenaient la route de l'exil, de la prison, même de l'échafaud.

En Allemagne, les princes oubliaient les promesses de 1813, excepté dans la Bavière et quelques petits États de l'ancienne Confédération du Rhin que les idées françaises avaient remués profondément. Pour l'Autriche et la Prusse, il semblait que rien ne se fût produit dans le monde depuis un quart de siècle : le régime patriarcal s'y maintenait, défendu par 300 000 soldats aux bords du Danube, par 200 000 sur les rives de la Sprée, dans les deux États, par l'immense armée des fonctionnaires ; une ligue des nobles, l'*Adelskette* prussienne, s'était même formée pour maintenir la distinction des classes et les immunités féodales.

Les tories continuaient à gouverner l'Angleterre dans le sens des intérêts aristocratiques ; ainsi, pour accroître la fortune territoriale de la noblesse, menacée d'être éclipsée par la fortune mobilière des industriels[2], ils

---

1. Lettre du prince de Metternich au cardinal Ferretti.
2. La *Mull-Jenny* d'Arkwright, la machine à vapeur de Watt, le *steamboat* de Fulton, la *locomotive* et les *rails en fer* de Stephenson

établissaient sur les céréales une législation (*l'échelle mobile*) qui livrait le marché anglais au blé des landlords, dût le peuple souffrir quelquefois de la disette et toujours de la cherté des vivres.

Les royalistes de France auraient de même voulu tout réorganiser au profit des grands propriétaires et du clergé, et à la Chambre des députés, conduite par MM. de la Bourdonnaye, de Marcellus, de Villèle, on parlait tout haut de revenir à l'ancien régime, fût-ce par une voie sanglante. Les émigrés de Coblentz, les fugitifs de Gand tenaient à se venger de leurs deux exils et ils le firent : dans le monde officiel, par des lois et des jugements que souvent la passion dicta; dans la foule, par des meurtres que l'autorité n'osa ou ne put empêcher ni punir. Une ordonnance royale proscrivit cinquante-sept personnes; des généraux, le maréchal Ney furent condamnés à mort et fusillés; le maréchal Brune, les généraux Ramel, Lagarde furent assassinés; les cours prévôtales qui jugeaient sans appel et faisaient exécuter leur sentence dans les vingt-quatre heures, méritèrent leur renommée sinistre; et la monarchie restaurée eut ses massacres des prisons, sa terreur qu'on appela la Terreur blanche, ses bourreaux, ses pourvoyeurs de victimes qui rivalisèrent avec ceux de la Convention (Trestaillons, les Verdets, etc.). En Espagne, en Italie, mêmes excès : Ferdinand VII à Madrid, emprisonnait, déportait, condamnait à mort les partisans trop zélés de la Constitution de 1812 et les *Josefinos* ou *Afrancesados*; à Naples, les *Calderari* (chaudronniers), qu'on avait opposés aux *Carbonari*, pillaient et assassinaient pour le compte du ministre de la police, le prince de Canosa, dont les violences allèrent si loin que les rois alliés, craignant des troubles sérieux, réclamèrent sa destitution.

Louis XVIII s'inquiéta aussi du zèle trop ardent de ses dangereux amis, plus royalistes que le roi; et par

---

(1824), la *lampe de sûreté* de Davy, avaient fait une révolution dans l'industrie et le commerce de l'Angleterre.

l'ordonnance du 6 septembre 1816, que les *ultras* appelèrent un coup d'État, il renvoya la Chambre dite des *introuvables*. Cette mesure répondait au vœu public, car la France n'était point toute composée de *verdets*. Malgré ses malheurs, elle gardait une vitalité singulière, et les idées de 1789, en partie conservées dans le code civil, avaient entretenu dans le pays un esprit libéral qui lui donnait encore l'avance sur le reste de l'Europe. Si, dans la Charte octroyée, le principe de la souveraineté nationale demeurait voilé par un reste de droit divin, du moins nous n'avions plus la vénalité des charges, les lettres de cachet et les procédures secrètes ; la justice ordinaire ne dépendait pas du pouvoir ; le trésor appartenait à la nation ; les lois étaient discutées par les représentants du pays, au lieu d'être faites par le Prince, et, dans les tribunaux, dans la Chambre des députés, la publicité des débats donnait de puissantes garanties pour l'impartialité du juge et la sagesse du législateur, dont l'opinion surveillait les arrêts et les votes. Il est vrai que l'égalité n'existait pas toujours devant les faveurs royales, mais elle était dans la loi et dans les mœurs, ce qui devait la faire entrer un jour dans la pratique du gouvernement. Déjà la nouvelle législature (4 nov. 1816), surtout après le renouvellement du cinquième de ses membres, en 1818[1], se trouva animée d'un esprit libéral, et grâce à la sagesse du prince, l'ère du gouvernement représentatif commençait véritablement pour la France, au moment où il disparaissait de l'Espagne et de l'Italie, tandis que les princes allemands éludaient l'exécution de l'article 13 du pacte fédéral qui le promettait à leurs peuples. Aussi, bien que 150 000 étrangers occupassent encore nos provinces, les yeux restaient fixés sur ce pays où l'ère nouvelle était éclose et où elle semblait devoir renaître.

Alliance de l'autel et du trône ; la Congrégation.

---

1. C'est alors qu'entrèrent à la Chambre Lafayette, Benjamin Constant, Manuel, le général Grenier, les chefs de la *gauche*.

— Mais ce retour aux sages idées de la première Constituante ne faisait pas le compte des anciennes puissances, clergé, noblesse, serviteurs du droit divin, et privilégiés de toute sorte qui, pour combattre un ordre social contraire à leurs habitudes d'esprit et d'existence, se servirent de toutes les armes, d'une surtout qui semblait devoir être efficace, la religion.

Les préoccupations des princes étaient surtout temporelles ; s'ils avaient conclu une *sainte* alliance, la religion n'était pour eux que l'appoint de la politique. Mais la papauté qui venait de recouvrer aussi sa puissance territoriale, s'effrayait de l'état des esprits. La philosophie, les sciences, la liberté de penser lui semblaient bien autrement redoutables que Luther et Calvin ; et elle voulut prendre, au profit de l'Église, sa part du combat livré par les rois pour le maintien de leur pouvoir. La curie romaine se fit l'adversaire résolu, implacable de cet esprit moderne qui doit pourtant triompher, puisqu'il n'est que le développement nécessaire et divin de la raison et de la conscience humaines ; à chaque génération Rome augmenta ses prétentions, dont le dernier mot a été dit de nos jours dans le *Syllabus* et l'infaillibilité pontificale. Ceux qui, au seizième siècle, avaient été ses meilleurs auxiliaires contre la Réforme, lui offraient leur persévérant concours. Les Jésuites, que tout le monde chassait un demi-siècle auparavant, même le pape Clément XIV qui, en 1773, avait prononcé l'abolition de l'ordre, venaient d'être rétablis par Pie VII (1814). De Rome, ils se répandirent rapidement dans le monde catholique, surtout en France, où ils furent toujours plus nombreux qu'ailleurs[1], bien qu'ils n'y soient pas encore légalement reconnus. Ils déployèrent contre l'ennemi nouveau l'habileté dont ils avaient fait preuve après le Concile de Trente ; leurs missions, restées fameuses, entraînèrent de nombreuses conversions ; on revit même

---

1. En 1855 la Compagnie de Jésus avait 5510 membres, dont 1697 en France, 1515 en Italie, 463 en Belgique, 364 en Espagne, etc.

des miracles : le prince de Hohenlohe, leur élève, en opérait. Mais les Jésuites inspiraient alors, à la plus grande partie du clergé et à de zélés catholiques, des défiances qui les empêchèrent de s'emparer de l'éducation de la jeunesse. Ce fut aux évêques que l'ordonnance du 27 février 1821 remit en France la surveillance des colléges. Ils l'avaient déjà ressaisie dans les autres pays catholiques, car le mouvement qui ramenait aux idées religieuses avait une force qu'il devait aux immenses ébranlements des vingt dernières années. Depuis la chute du Directoire, il s'était produit en France, et de là dans toute la société européenne, contre l'esprit irréligieux du dix-huitième siècle, une réaction dont Chateaubriand, avec *le Génie du christianisme* (1802) et *les Martyrs* (1809), avait été la plus éclatante manifestation. A côté du poëte s'étaient placés un logicien aussi paradoxal que Rousseau, mais en sens inverse, M. de Bonald (*la Législation primitive*, 1802), puis « un Bossuet sauvage » d'une éloquence tumultueuse, d'un esprit impitoyable, de Maistre, et tous deux, reculant bien au delà de 89 jusqu'en plein moyen âge, rêvaient pour les idées de Grégoire VII un triomphe que l'énergique vieillard n'avait pu lui-même leur assurer. Chateaubriand, de Bonald, de Maistre, étaient des laïcs, et d'autant plus écoutés ; en 1817, s'éleva une voix puissante qui allait devenir bientôt audacieuse, celle d'un prêtre, Lamennais (*Essai sur l'indifférence*), dont la première conclusion était aussi le gouvernement du monde par l'infaillibilité pontificale. Une société se forma même, celle des sanfédistes, pour réaliser les idées du comte de Maistre et soumettre au moins l'Italie à ce gouvernement théocratique dont le pape devait être le chef.

Au seizième siècle, dans une moitié de l'Europe, il y avait eu contradiction entre l'intérêt des princes et celui de Rome ; les partis religieux étaient même parfois des partis révolutionnaires, comme la Ligue qui voulait la Commune, les gentilshommes protestants qui entendaient défaire la royauté, et les anabaptistes qui déclaraient déjà la guerre à la société tout entière. A présent, la politique et la religion s'accordaient partout, même dans les monarchies protestantes, où l'autorité civile recherchait l'alliance de l'esprit religieux. Des poëtes chantaient les pompes du culte et la douceur des sentiments pieux (premières *Odes* de V. Hugo, 1819-1822; *Méditations* de Lamartine, 1820); des philosophes érigeaient la théocratie en système; des politiques voulaient rendre au clergé ses terres avec son pouvoir civil, et des écrivains de toute sorte remettaient à neuf un moyen âge de fantaisie tout plein de brillants cavaliers et de belles châtelaines, de rois puissants et de prêtres obéis qui gouvernaient ensemble des peuples vertueux et disciplinés. La société, profondément remuée par ces diverses influences, surtout dans les hautes classes, se prêtait à l'organisation « pour la défense de l'autel et du trône » d'une association occulte, la *Congrégation*, qui compta en France jusqu'à 50000 affiliés, laïcs ou ecclésiastiques, et finit, dans les dernières années de la Restauration, par dominer le gouvernement et le roi, c'est-à-dire par précipiter l'un et l'autre.

Le principal foyer de cette rénovation religieuse était le pays même où la philosophie avait régné avec le plus d'autorité: phénomène étrange en apparence, pourtant tout naturel et heureux, parce qu'avant de trouver l'équilibre stable où sera leur puissance, les idées ont comme les forces physiques des réactions en sens opposé, et que de ces mouvements contraires la vérité se dégage plus pure et plus forte. Mais ce phénomène était général; dans toutes les confessions, il s'était montré un redoublement de ferveur. Les méthodistes, en Angleterre et aux États-Unis, les Herrnhutes ou Frères moraves, les Piétistes et les mômiers, dans l'Allemagne et la Suisse, renouvelaient quelques-unes des ardeurs singulières du seizième siècle, et les sociétés bibliques trouvaient assez de ressources pour distribuer gratuitement, de 1803 à 1843, douze millions de bibles. Mme de Krudner avait conquis à ses idées mystiques le czar Alexandre, qui chassait les Jésuites, mais se déclarait le protecteur d'une association formée pour la propagation du Nouveau Testament parmi tous les peuples de son empire. Une Russe, la princesse Galitzin, était rentrée dans le giron de Rome, et son fils, parti comme missionnaire, évangélisait les Indiens ; un Danois, de race presque royale, le comte de Stolberg, qui avait abjuré le protestantisme, écrivait (1806-1818) une histoire de l'Église si favorable au Saint-Siége que la *Propagande* romaine se hâtait d'en publier une traduction italienne ; en Suisse, un petit-fils du grand Haller, après s'être fait catholique, se faisait encore disciple de M. de Bonald. Enfin la foi de Rome gagnait en Angleterre des adhésions inattendues, et dans quelques années son influence produira un schisme au sein de la vieille université d'Oxford, « cette citadelle de la Haute Église[1]. »

Il y eut même une tentative qui n'aurait pas manqué de grandeur, si la grandeur, dans les choses humaines, pouvait être le caractère des œuvres condamnées d'avance par leur nature propre, à ne point réussir. Le protectorat des intérêts protestants en Allemagne avait appartenu d'abord à la maison de Saxe, berceau de la Réforme ; mais elle l'avait perdu en se faisant catholique, pour gagner la couronne polonaise. Les électeurs de Brandebourg s'en saisirent, et le sceptique Frédéric II lui-même l'exerça. Après 1815, Frédéric-Guillaume III, par zèle religieux et intérêt monarchique, essaya de discipliner les sectes nées de la Réforme, pour opposer l'unité protestante à l'unité catholique, Berlin à Rome, le roi de Prusse au pontife du Vatican, en réunissant les membres de toutes les confessions, même celles d'Angleterre dans une *église évangélique*. Il leur bâtit un temple ; il rédigea la liturgie du nouveau culte, et le 18 octobre 1817, anniversaire de la fondation du pro-

---

1. En 1815, les catholiques n'avaient que 24 chapelles dans toute l'Angleterre ; ils en avaient 500 en 1845, et l'on estimait à cette dernière époque qu'ils étaient au nombre de 500 000.

testantisme, il fit célébrer une cène où un ministre luthérien lui donna le pain, un ministre réformé, le vin de la communion. « Ils s'unissent dans le néant ! » s'écria Gans, et il avait raison, car cette union était la négation même de la Réforme dont le principe est la liberté de l'examen individuel. Le projet de Frédéric-Guillaume échoua donc ; mais il paraissait trop utile politiquement pour être abandonné, et son fils, l'empereur Guillaume, vient de la reprendre sous une forme nouvelle, celle de l'Église, quelque nom qu'elle porte, subordonnée au Prince, et de l'État, maître des choses religieuses. « La théocratie de notre temps, disait Royer-Collard, est moins religieuse que politique ; elle fait partie de ce système de réaction universelle qui nous emporte. »

Aussi, malgré les chartes octroyées et les constitutions consenties ou promises, malgré même les bonnes intentions de certains princes pour opérer des réformes, l'ancien régime, aidé de la puissante organisation de l'Église et du réveil des sentiments religieux, s'efforçait de se maintenir ou de renaître afin de rétablir ce que la Révolution avait détruit : cette domination des volontés et des consciences, ce patronage des grands, cette dépendance des petits, qui semblaient à quelques-uns avoir fait les époques calmes et prospères. Mais, comme au temps de Philippe II et de Paul IV, cette réaction suscita des contradictions qui prirent toutes les formes que les vaincus ou les persécutés donnent trop souvent à leur résistance.

Le Libéralisme dans la presse et les Sociétés secrètes. — En face du nombreux parti qui, dominé par le souvenir des grandeurs anciennes et des malheurs récents, voulait mettre la société à l'abri des orages en la plaçant sous la double tutelle de la foi monarchique et de la foi religieuse, se trouvaient des multitudes infinies ayant aussi gardé la mémoire des idées pour lesquelles s'étaient faites la révolution et les insurrections nationales des derniers temps de l'Empire. C'étaient, en Belgique, en Italie, en Pologne, des patriotes qui n'acceptaient pas la domination de l'étranger, et ailleurs tous ceux, anciens francs-maçons ou nouveaux républicains, libéraux ou bonapartistes, qui, par l'intérêt, le sentiment ou la pensée tenaient aux institutions de 1789, ou à celles de 1804, et qui les croyaient, eux aussi, nécessaires au bon ordre social. Ils comptaient parmi eux des hommes de cœur et de talent, qui défendaient ouvertement les idées nouvelles à la tribune, dans les pays où les Chambres étaient restées ouvertes ; au prétoire, quand une cause politique s'y jugeait; dans les journaux et les livres, même dans les chansons, là où la censure en laissait paraître. Tels étaient en France : Benjamin Constant, Foy, Manuel, Étienne, Laffitte, Dupin aîné, Casimir Périer, Paul-Louis Courier, Béranger, Augustin Thierry, Cousin et mille autres ; — en Allemagne, quelques-uns des grands patriotes de 1813, Arndt, Görres, Jahn, que la police prussienne persécuta bientôt jusqu'à leur défendre de parler et d'écrire (suppression du *Mercure Rhénan* de Görres en 1816, suppression du cours de Jahn à Berlin en 1817) ; — en Italie, Manzoni qui, dans ses *Hymnes sacrés*, essayait de réconcilier la religion et la liberté, Berchet avec ses Odes patriotiques, Léopardi avec ses Canzones ardents, le doux Silvio Pellico avec sa tragédie d'*Eufemio di Messina*, où l'Autriche entendit un cri de guerre contre l'étranger.

Ceux-là, les orateurs, les écrivains, étaient les amis de la libre discussion et du progrès pacifique, le seul qui soit efficace. Mais d'autres, fanatiques d'un genre nouveau, s'agitaient dans l'ombre et y organisaient des sociétés secrètes où les impatients rêvaient des insurrections, et les criminels des assassinats. Il en existait de toutes les formes et de tous les noms : les *Chevaliers du Soleil*, les *Affiliés de l'Épingle noire*, les *Patriotes* de 1816, les *Vautours de Bonaparte*, etc. Quelques-unes avaient déjà le caractère international que, cinquante ans plus tard, devaient prendre d'autres passions, et surtout d'autres appétits. Les *Patriotes Européens réformés* et les *Amis de la régénération universelle* se proposaient d'unir les peuples contre les rois, comme leurs successeurs veulent unir, sans distinction de patrie, les pauvres contre les riches, les ouvriers contre les patrons, pour opérer une révolution, non plus dans les croyances ou dans les institutions, mais dans l'ordre social. La plus fameuse fut une vieille association guelfe, qui devait son nom à ce que ses membres, les *Carbonari*, se réunissaient au fond des bois, dans les cabanes des charbonniers; elle couvrait les pays de langue latine : Italie, France, Espagne. La Grèce eut ses *hétéries*, la Pologne, les *Chevaliers du Temple* et les *Faucheurs*, lorsque les sévérités d'Alexandre décidèrent les patriotes à recourir aux sociétés secrètes, le grand moyen du temps. Les victorieux mêmes s'en servaient ; ils avaient les *Sanfédistes* en Italie, ceux qui formèrent l'*armée de la Foi* en Espagne, l'*Adelskette* en Prusse, la *Ferdinandéenne* en Autriche, la *Congrégation* partout.

Deux sociétés particulières à l'Allemagne, l'*Arminia* et la *Burschenschaft* (Union des camarades), avaient succédé au *Tugend-Bund*, dissous dès 1815, par ceux qu'il avait tant aidés à retrouver ou à sauver leur couronne: ces sociétés voulaient, à présent que la patrie allemande était délivrée de l'étranger, faire disparaître ses divisions intérieures et le gouvernement absolu ou pseudo-libéral de ses princes. En octobre 1817, le jour même où le roi de Prusse essayait à Berlin de ressaisir la Réforme pour en faire un grand moyen de gouvernement, *instrumentum regni*, une foule immense célébrait bruyamment à la Wartbourg le troisième jubilé du protestantisme et l'anniversaire de la bataille de Leipzig. Mais elle réclamait, après la liberté religieuse conquise et l'indépendance nationale assurée, l'avènement de la liberté politique; elle arborait les couleurs de l'Allemagne unie, passion qui, depuis soixante ans, agite tous les esprits au delà du Rhin ; et elle brûlait dans des feux de joie les ouvrages contraires aux idées philosophiques et libérales, comme Luther avait brûlé les bulles pontificales : « Au seizième siècle, disaient-ils, l'Antechrist c'était le pape; au dix-neuvième, c'est le despotisme monarchique. » Les princes répondirent à cette manifestation par la suppression de plusieurs universités. Dans les seuls pays prussiens, quatre furent fermées, et « au lieu d'une Constitution, la Prusse eut une consigne. »

Conspirations (1816-1822); — Assassinats (1819-1820); — Révolutions (1820-1821). — La compression produisit ses effets habituels : la force refoulée fit explosion. C'est une loi physique qui se montre aussi dans l'ordre moral, avec cette différence que, quand la compression agit sur des idées répondant à des besoins réels, elle les dénature et les rend plus redoutables. Ainsi, les étudiants déclamaient en plein air et dans les brasseries des pensées généreuses; on les en chasse : ils conspirent tout bas, et l'un d'entre eux se fait assassin. En 1819, Sand poignarda, au cri de : *vivat Teutonia*, un écrivain vendu à la Sainte-Alliance; un autre essaya de tuer le président de la régence de Nassau; quelques mois après, « pour tarir à sa dernière source le sang des Bourbons, » un fanatique imbécile, Louvel, frappait d'un coup de couteau le duc de Berry, qui semblait alors le dernier héritier de la branche aînée; à Londres même, Thistlewood complotait le meurtre de quatorze ministres, à un dîner de lord Harrowby, président du conseil.

Dans tous les États de la Sainte-Alliance, la conspiration était permanente, principalement en France, en Espagne, à Naples, à Turin, dans la Confédération germanique, et jusqu'en Suède[1]. De temps à autre éclatait une insurrection de caserne, de cabaret ou d'université, et quelques têtes roulaient sur l'échafaud[2]. Les

---

1. En France : prise d'armes de Didier (1816), conspirations de quelques officiers français et belges (1818), du capitaine Nantil (1820), du général Berton, du colonel Caron, du capitaine Vallé, des quatre sergents de la Rochelle (1822), etc.; en Espagne : des généraux Porlier (1815) et Lacy (1817), du colonel Vidal (1819); en Portugal : de Freyre d'Andrade (1818); mouvement insurrectionnel en Suède (1818), etc.

gouvernements sentaient le sol trembler sous eux comme à l'approche des grandes éruptions, moins en deux pays qui, par des raisons contraires, échappaient à ces convulsions souterraines ; la Russie les comprimait par sa masse pesante, au sein de laquelle rien encore ne semblait fermenter ; le czar était même alors prodigue de promesses et de réformes libérales dans ses provinces de langue allemande ou polonaise ; et l'Angleterre prévenait le péril en laissant libre issue à toutes les idées. Grâce au droit de réunion, les mécontents n'avaient pas besoin d'y former des sociétés secrètes et des complots ; celui de Thistlewood est une exception. Cependant on y voyait des meetings de cent mille personnes avec des drapeaux où se lisaient les menaçantes devises : « Droits de l'homme ; suffrage universel ; égalité. » Et ces assemblées tumultueuses étaient l'occasion de conflits sanglants qui obligeaient de suspendre la loi d'*habeas corpus* (1817).

Lorsque les Espagnols avaient, en 1814, rendu à Ferdinand VII la couronne « conquise pour lui et sans lui, » les députés des Cortès étaient allés à sa rencontre jusqu'à la frontière pour lui présenter la constitution de 1812. « N'oubliez pas, lui avaient-ils dit avec la fierté des anciens Aragonais, que le jour où vous la violerez, le pacte solennel qui vous a fait roi sera rompu. » Quelques semaines après, Ferdinand déchirait cette constitution et poussait la réaction avec tant de cruauté (rétablissement de la torture) que les membres de la Sainte-Alliance lui firent des représentations. Elles restèrent inutiles (1817) ; aussi les complots se multiplièrent avec les exécutions, et, aux prises d'armes isolées, succéda une insurrection de l'armée entière : Riégo à Cadix (5 janv. 1820), Mina dans les Pyrénées, proclamèrent la constitution de 1812. Ferdinand, abandonné de tout le monde, lui jura fidélité, « puisque telle était la volonté du peuple ; » et le même jour il bannit les jésuites, ses conseillers ; il abolit l'inquisition dont les biens furent confisqués pour amortir la dette publique, et il rétablit la liberté de la presse. Les deux principes contraires qui se disputaient le monde, se retrouvaient donc dans ce qui venait de tomber le 9 mars 1820, en Espagne, et dans ce qui venait de s'y relever.

La révolution d'Espagne eut son contre-coup à Lisbonne (août), en Sicile et dans le royaume napolitain (juillet), à Bénévent et à Ponte-Corvo, dans les États de l'Eglise, en Piémont dont le roi abdiqua (mars 1821), et quelques-uns songeaient déjà à constituer une *confédération italienne*, comme Napoléon III le voulut, ou un *royaume d'Italie*, comme les événements l'ont fait. Le mouvement gagna même la Turquie, où des Roumains et les Grecs coururent aux armes (mars et avril 1821). Tout le midi de l'Europe retournait aux idées libérales ; dans le reste du continent, la fermentation augmentait et, au delà de l'Atlantique, les colonies espagnoles se constituaient en républiques indépendantes, comme les colonies anglaises l'avaient fait quarante années auparavant. Il y a des contagions morales aussi actives que les contagions physiques : un vent de liberté passait sur le monde. Il agitait jusqu'à la vieille Angleterre entre les mains des tories et réveillait la Pologne où le czar arrivait de la bienveillance aux rigueurs ; il établissait la censure pour tous les écrits publiés dans le royaume (1819) ; il fermait la Diète de 1820 par des paroles sévères, et bientôt il dira que la nationalité polonaise n'existe pas. A ces menaces, la Pologne répondit aussitôt par des sociétés secrètes (*Chevaliers du Temple, Faucheurs*) et tout se prépara pour une grande insurrection.

La Sainte-Alliance fait la police de l'Europe; — Expéditions d'Italie (1821) et d'Espagne (1823). — Il semblait donc que la Sainte-Alliance allait être vaincue par le seul mouvement de la vie au sein des nations. Cinq années à peine avaient passé sur l'édifice si laborieusement construit en 1815, et déjà il chancelait. Pour en empêcher la ruine, les congrès de souverains se multiplièrent, et un homme d'une grande habileté, le prince de Metternich, en prit la direction. Il gouvernaît l'Autriche; pour cet État formé de tant de pièces de rapport, tout ébranlement était dangereux. Aussi Metternich se donna, comme règle de politique, le maintien en tout et partout du *statu quo*, et il sut faire entrer dans l'âme mobile du czar Alexandre l'idée qu'après avoir défendu la civilisation contre le despotisme, il devait la sauver de l'anarchie, dût-on pour y réussir mettre en mouvement toutes les armées de la coalition. Et il faut dire que l'activité des sociétés secrètes, la permanence des conspirations, les assassinats qui déshonoraient la cause libérale, ne donnaient que trop de prétextes aux exécutions militaires. Comme on n'avait pas compris que le meilleur moyen d'en finir avec les violents était de satisfaire les modérés, on allait réprimer par l'épée qui ne termine rien, au lieu de prévenir par des réformes sagement calculées pour réconcilier une partie des adversaires en présence.

La Prusse marchait à la remorque de l'Autriche et de la Russie; il fut donc facile au prince de Metternich, une fois le czar gagné à ses vues, d'établir l'accord entre les trois puissances. Au congrès d'Aix-la-Chapelle (nov. 1818), elles avaient renouvelé leur alliance de 1815 et pris l'engagement de se réunir en conférence, soit de souverains, soit de ministres, pour examiner les questions qui importaient au maintien de la paix, ou sur lesquelles d'autres « gouvernements auraient formellement réclamé leur intervention. » Cette pensée se précisa plus tard dans la déclaration du congrès de Laybach (février 1821). « Les changements utiles ou nécessaires dans la législation et l'administration des États ne doivent émaner que de la volonté libre, de l'impulsion éclairée et réfléchie de ceux que *Dieu a rendus responsables du pouvoir.* » C'était une nouvelle affirmation du droit divin des rois, avec cette conséquence que le prince à qui ses peuples voudraient imposer le *contrat* qu'on appelle une constitution, pourrait appeler à l'aide ses collègues en royauté.

La plupart des royalistes français étaient prêts à suivre cette politique, qui était celle de Pilnitz et des émigrés. Cette fois la Grande-Bretagne ne s'y laissa pas entraîner. Tant qu'il s'était agi de détruire notre commerce et notre domination militaire qui pouvait nous rendre une marine, elle avait jeté les guinées à pleines mains. Mais elle commençait à s'effrayer de la prétention qu'avaient les puissances continentales de faire la police de l'Europe, au nom d'idées qui, au fond, ne représentaient que des intérêts pouvant devenir un jour ou l'autre des intérêts opposés à ceux de l'Angleterre. Castlereagh, qui semblait avoir hérité de la haine de Pitt contre la France, fut obligé de déclarer dans le Parlement britannique : « Qu'une puissance n'a pas le droit de se mêler des affaires d'une autre puissance par la seule raison que celle-ci fait dans son gouvernement des changements qui ne plaisent point à celle-là; et qu'en s'érigeant ainsi en tribunal pour juger les affaires d'autrui, on usurpe un pouvoir que condamnent à la fois les lois des nations et le sens commun. » Et dans le pays qui devait sa grandeur et ses libertés à l'insurrection nationale de 1688, l'ami de Wellington, le chef des tories, reconnaissait, tout en blâmant l'esprit révolutionnaire, « qu'il y a des révolutions justes et nécessaires. »

Ainsi deux politiques qui ont joué au dix-neuvième siècle un rôle considérable, affirmaient publiquement leur principe : l'une qui repoussait, l'autre qui admettait l'intervention armée. En 1820, l'Angleterre était seule à soutenir la première, et restant seule se trouvait impuissante à la faire prévaloir; la Sainte-Alliance adoptait la seconde, qui d'ailleurs n'était que la continuation de la politique des cabinets européens depuis 1791.

Le congrès de Carlsbad en Bohême, après l'assassinat de Kotzebue (1819), ne se composa que de ministres allemands. On y résolut de placer les universités et la presse sous une surveillance rigoureuse, et l'on constitua à Mayence une commission d'enquête qui dut rechercher et punir les ennemis de l'ordre établi. Un nouveau congrès, réuni dans la capitale de l'Autriche où il siégea six mois (nov. 1819), étudia les moyens d'étouffer le libéralisme, et un de ces moyens fut de demander au pape une bulle contre les sociétés secrètes. Mais on recourut à beaucoup d'autres. L'acte final du congrès de Vienne (1820) retira presque toutes les concessions qui avaient été faites, à la première heure, dans la joie de la délivrance. « La Confédération germanique, disait l'article 57, étant formée par des souverains, le principe de cette union exige que tous les pouvoirs de la souveraineté restent réunis dans le chef suprême du gouvernement et qu'il ne puisse être tenu d'admettre la coopération des assemblées que pour l'exercice de droits déterminés. » La diète de Francfort fut déclarée seule interprète de l'article 13 du pacte fédéral qui promettait des constitutions; on lui reconnut le droit d'exécution à l'aide des troupes confédérées contre tous les perturbateurs du repos public, même sans l'assistance des gouvernements locaux. La police de la Sainte-Alliance poursuivit les patriotes de 1815, comme Napoléon avait poursuivi ceux de 1807. On supprima des journaux, des revues; le philosophe Fries, le naturaliste Oken furent destitués; d'autres professeurs et des étudiants exilés; Görres, chassé de la Prusse; Jahn, Arndt, Welker, emprisonnés.

En France, les idées libérales, jusqu'alors encouragées dans une certaine mesure par Louis XVIII (ministère Decazes), avaient été rendues responsables du crime de Louvel: le roi, débordé par la réaction, fut contraint de former un nouveau ministère qui fit entrer le gouvernement dans la voie funeste où le trône se brisa en 1830. La liberté individuelle fut suspendue, la censure des journaux rétablie, et le double vote institué pour faire passer l'influence politique dans les mains des grands propriétaires, qui votaient deux fois, au collège du département et au collège d'arrondissement. La naissance du duc de Bordeaux, fils posthume du duc de Berry (29 septembre 1820), les élections de novembre

1820 qui ne laissèrent entrer à la Chambre qu'un petit nombre de libéraux, et la mort de Napoléon (5 mai 1821), augmentèrent la joie et les espérances des ultra-royalistes, qui firent arriver au ministère MM. de Villèle et Corbière (décembre 1820). Alors on parla tout haut dans le sein même du gouvernement de restituer à la royauté et à l'Église leurs anciennes prérogatives. Béranger fut condamné à la prison pour ses chansons; Paul-Louis Courier, pour son *Simple Discours* (1821). On avertit durement l'Université qu'elle était suspecte par la suppression des cours de MM. Cousin et Guizot et par le licenciement de l'École normale (1822); enfin, pour intimider la presse, on imagina les procès de tendance, où l'accusation n'incriminait pas un délit déterminé, mais la direction donnée à la rédaction d'un journal.

Ces mesures tendaient à rétablir un calme de surface dans les pays qui étaient les principaux foyers du libéralisme militant. Les Congrès de Troppau (1820), de Laybach (1821) et de Vérone (1822), se proposèrent de l'étouffer dans les deux péninsules où il venait de triompher. On ne voulut pas distinguer les griefs légitimes des réclamations inopportunes : les révolutions de Grèce, d'Espagne, de Naples, de Turin furent représentées dans une note circulaire « comme étant de même origine et dignes du même sort. » Si l'on ne prit aucune mesure contre les Grecs, c'est que la Russie était intéressée à cette révolte de ses coreligionnaires qui lui donnait des alliés au milieu de l'empire turc. Quant à l'Italie, l'Autriche s'en chargea pour y détruire « les fausses doctrines, les criminelles associations qui ont appelé sur des peuples rebelles le glaive de la justice. » Une nombreuse armée que cent mille Russes, au besoin, devaient suivre, partit du Lombard-Vénitien. A Riéti, à Novare, les recrues de Pepe et de Santa-Rosa ne purent tenir contre les vétérans des grandes guerres de l'Empire, et les Autrichiens entrèrent à Naples, à Turin, à Messine. Derrière eux, les geôles se remplirent et les échafauds se dressèrent. L'Autriche prêtait ses prisons comme ses soldats : les plombs de Venise, les cachots de Laybach et du Spielberg s'encombrèrent de victimes, mais il en restait bien davantage dans les prisons indigènes. Seize mille se trouvèrent en même temps dans celles des Deux-Siciles, et, en 1822, on vit encore, dans ce royaume, neuf exécutions capitales pour délits politiques. Au Piémont, tous les chefs qu'on put saisir furent décapités : on exécuta les autres en effigie. Aucune insurrection n'avait éclaté dans les États de l'Église proprement dits; quatre cents personnes y furent cependant incarcérées, et beaucoup condamnées à la peine de mort, que le pape commua, il est vrai, en une reclusion perpétuelle ou à temps. Le Piémontais Silvio Pellico, enfermé à Venise, puis au Spielberg, a raconté, avec la douceur d'un martyr, quelles tortures étaient jointes à la captivité par cette politique impitoyable.

Après les exécutions, des mesures administratives et une police savante maintinrent l'ordre extérieur. Le roi de Sardaigne rétablit la corvée (1824), ne permit d'apprendre à lire qu'à ceux qui possédaient au moins quinze cents livres de biens (1825), et, pour témoigner à l'Église de son zèle, ordonna une nouvelle et toujours inutile persécution contre les paisibles habitants des vallées vaudoises. Le pape rétablit la juridiction épiscopale pour les affaires civiles, rendit le droit d'asile aux églises, et par haine de toutes les nouveautés, révoqua jusqu'à la Commission de vaccine comme une institution révolutionnaire. Quand Léon XII succéda à Pie VII (1823), une violente Encyclique condamna le mariage civil et excita les rois à l'intolérance. Rome donna l'exemple : l'inquisition ouvrit une nouvelle prison aussitôt remplie d'hérétiques (1825). Le roi de Naples, François I*er*, interdit à peu près l'entrée des livres étrangers, afin d'établir une sorte de cordon sanitaire autour de son royaume et de faire retrouver à ses peuples, dans l'isolement moral, leur sainte ignorance. Puis, il acheta dix mille Suisses, soldatesque mercenaire qui assura la rentrée de l'impôt et l'obéissance des sujets, les deux préoccupations principales de son gouvernement. Les provinces austro-italiennes avaient vu de trop près l'administration française pour que leur maître étranger ne jugeât point qu'il était prudent d'y favoriser le bien-être des populations. Mais un formidable espionnage dégrada les âmes, en se glissant au milieu des relations sociales et jusque dans l'intimité du foyer domestique.

C'était bien un combat à mort contre l'esprit du siècle qui voulait trois choses : depuis 1789, des institutions libres et l'égalité devant la loi ; depuis 1808, l'indépendance des nations. Aux deux premières demandes, la Sainte-Alliance répondait par un retour aux principes de la monarchie pure et du régime féodal ; à la troisième, par ce mot dédaigneux de Metternich : « L'Italie n'est qu'une expression géographique, » et par celui du czar Alexandre : « La nationalité polonaise est un nonsens. »

En 1823, cette politique semblait réussir ; on conspirait moins, on n'assassinait plus et les insurrections étaient écrasées sur un des points où elles avaient été le plus menaçantes, parce que le peuple et l'armée s'y prêtaient. Avec ses dociles lieutenants assis sur les divers trônes de l'Italie, avec son armée d'occupation établie sur tous les points stratégiques[1], ses nombreux espions et l'assistance du Saint-Père[2], l'Autriche crut en

1. Les Autrichiens restèrent dans le Piémont jusqu'en 1823 ; dans le Napolitain jusqu'en 1827.
2. De 1815 à l'avénement de Pie IX en 1846, le gouvernement pontifical ne fut, à vrai dire, qu'une lieutenance de l'Autriche. Cette puissance qui, en 1814, pour obtenir le concours de Murat contre Napoléon, lui avait remis, par traité secret, un bon de quatre cent mille âmes à prendre sur les États de l'Église, avait voulu en 1815 se faire attribuer les Romagnes, possession du Saint-Siége. Comme elle n'avait obtenu, par suite de l'opposition du czar, que le droit de tenir garnison dans Ferrare et Comacchio, elle y organisa une société, la *Ferdinandéenne*, qui se proposa ouvertement l'annexion des Romagnols ! Le Saint-Siége ayant condamné à l'exil un

effet avoir accompli une œuvre durable de *restauration*, et elle montrait avec orgueil à ses alliés cette péninsule naguère si agitée où, du pied des Alpes au canal de Malte, elle avait fait un silence de mort. Alors la Sainte-Alliance songea à entreprendre même besogne au delà des Pyrénées. Toutes les passions y étaient déchaînées : les uns, comme le curé Mérino et le Trappiste, tuaient, le crucifix au poing; d'autres, les *descamisados* ou sans-culottes, égorgeaient au chant révolutionnaire de la *Tragala*. Pour dissiper les soupçons que la France avait un moment inspirés par ses hésitations au sujet de l'intervention autrichienne en Italie, le gouvernement de Louis XVIII demanda à aller étouffer en Espagne des agitations qui d'ailleurs menaçaient de gagner nos départements du midi. Chateaubriand, alors ministre, croyait que cette expédition donnerait aux jeunes fleurs de lis de la Restauration l'éclat dont cinquante victoires avaient entouré les aigles impériales. L'Angleterre, où l'irritation croissait contre les prétentions de la Sainte-Alliance à régenter l'Europe, se tint à l'écart. Son ambassadeur à Vérone, Wellington, n'avait consenti qu'à laisser la France former le long de la frontière une armée d'observation, et celui qui était devenu, depuis le suicide de Castlereagh, son principal ministre,

---

fonctionnaire romain, chef de cette conspiration, l'Autriche exigea pour lui une indemnité de cent mille francs et le garda à Ferrare pour qu'il y pût continuer ses intrigues. En 1829, Metternich demande au cardinal Bernetti les noms de tous les suspects dans les légations. Le secrétaire d'État pontifical qui sent la honte et le péril de céder à cette ingérence hautaine de l'étranger répond : « Mais les suspects sont le peuple tout entier, et la seule liste des noms formerait un volume. » Cependant il s'effraye à l'idée de ne pas obéir ; il promet de livrer quelques centaines de noms, et il finit par cette humble déclaration : « Si Votre Excellence désire en connaître davantage, il ne faudra qu'un signe d'Elle pour que le soussigné s'empresse de se mettre à ses ordres. » Et dans le secret de l'intimité, ce cardinal, ce ministre d'un État indépendant, disait avec une douloureuse amertume : « Ils sont plus forts que nous ! » Les autres princes italiens n'avaient pas plus de liberté.

Canning, menaçait en plein Parlement de reconnaître l'indépendance des colonies espagnoles, comme représailles de l'expédition française.

L'armée commandée par le duc d'Angoulême entra en Espagne le 7 avril 1823. Elle eut peu d'occasions de combattre et ne rencontra de résistance sérieuse qu'à Cadix, dont elle fit le siége. Le 31 août, nos troupes s'emparèrent, après un brillant assaut, de la forte position du Trocadéro, et ce succès décida la reddition de la ville. L'armée française avait porté en Espagne son esprit libéral : nos officiers ouvraient les prisons où gémissaient des hommes dont le crime était de vouloir répandre dans leur patrie les idées de la France, et le duc d'Angoulême, par l'ordonnance d'Andujar, chercha à prévenir les violences d'une réaction royaliste, à empêcher les arrestations arbitraires et les exécutions. Mais Ferdinand n'entendait pas que ses sauveurs lui fissent des conditions. Les Commissions militaires se montrèrent implacables. Riégo, grièvement blessé, fut conduit au gibet sur une claie traînée par un âne ; en un même lieu, cinquante-deux compagnons d'un cabécilla furent mis à mort. La contre-révolution s'opéra à Lisbonne comme à Madrid : le roi y déclara la constitution abolie et rétablit pour quelques mois le pouvoir absolu.

Malgré les félicitations envoyées par les princes et le pape au prince honnête, mais sans éclat, qui venait de conduire cette facile campagne, la branche aînée des Bourbons n'y avait pas gagné assez de gloire militaire pour se réconcilier avec le pays. On ne voyait, dans cette expédition, que nos soldats mis au service d'un prince fourbe et cruel, et nos finances grevées d'une dépense de 200 millions. Mais si petit qu'il fût, ce succès inspira au ministère composé de membres de la Congrégation une confiance dans leurs projets réactionnaires, que les élections faites sous l'empire de la loi du double vote augmentèrent encore en n'ouvrant la Chambre qu'à dix-neuf députés libéraux.

Charles X (1824); ministère congréganiste; loi du sacrilége, etc. — La mort de Louis XVIII, roi prudent et modéré, parut assurer le triomphe des ultra-royalistes en faisant passer le pouvoir au comte d'Artois (16 septembre 1824). C'était un de ces esprits fermés aux leçons de l'expérience, qui, sur certaines questions, sont comme ankylosés, de sorte que dans ces directions-là le mouvement de leur pensée ne se fait plus. En 1789, ce prince avait donné le signal de l'émigration; il n'avait rien appris, rien oublié, et il n'écouta pas son frère, lorsque Louis, à son lit de mort, lui dit, en mettant la main sur la tête du duc de Bordeaux : « Que Charles X ménage la couronne de cet enfant. » Il se crut appelé à faire revivre l'ancienne monarchie. « En France, disait-il, le roi consulte les Chambres; il prend en grande considération leurs avis et leurs remontrances ; mais quand le roi n'est pas persuadé, il faut bien que sa volonté soit faite. » Ces paroles étaient déjà la négation de la Charte et l'on ne s'étonnera plus qu'il ait fini par la violer. Dès les premiers jours de son règne, il fit demander aux Chambres, par M. de Villèle, une indemnité d'un milliard pour les émigrés, le rétablissement des couvents de femmes, celui du droit d'aînesse, et deux lois d'une extrême sévérité contre la presse et les délits commis dans les églises (loi du sacrilége). La nouvelle Chambre introuvable accorda tout; il n'y eut de résistance qu'à la Chambre des pairs qui, par cette opposition, gagna quelques jours de faveur publique.

Au mois de mai 1825, le nouveau monarque fit renouveler la solennité du sacre avec le cérémonial traditionnel, l'ancien serment et les écrouelles touchées par le roi. A cette fête royale et religieuse répondit une manifestation populaire. Un des chefs du parti libéral, le général Foy, venait de mourir. Cent mille personnes suivirent ses funérailles et une souscription nationale assura l'avenir de ses enfants.

LXXXIII

PROGRÈS DES IDÉES LIBÉRALES.

En France : formation d'une opposition légale ; l'école romantique, les sciences, etc. — Cependant l'opinion libérale gagnait chaque jour du terrain et l'opposition contre l'esprit de la congrégation augmentait : Voltaire semblait revivre, tant l'on faisait d'éditions de ses œuvres ; Béranger était dans toutes les mains, et l'on aurait voulu voir Tartuffe sur toutes les scènes. Menace plus grave ! Il se marquait dans les lettres, dans les arts un grand mouvement de rénovation ; et ce mouvement était dans le sens de la liberté, puisqu'il allait contre les traditions et la discipline des écoles dont l'éruption romantique (1825-1830) brisait les formules surannées, en projetant d'éclatantes lumières avec beaucoup de scories et de cendres. Gœthe et Schiller, Shakespeare et Byron avaient été les précurseurs de ces lettrés, même de ces artistes qui, par la recherche de nouvelles expressions du beau, donnaient aux esprits un salutaire ébranlement et favorisaient l'œuvre des politiques dont le but était de porter la société en avant. Ils réformaient l'*histoire* (Thierry, Guizot, de Barante, Mignet, Michelet) ; la *philosophie* (Cousin, Jouffroy) ; la *poésie*, le *théâtre* et le *roman* (Hugo, Lamartine, de Vigny, Dumas, Musset, Balzac) ; la *critique littéraire* (Villemain, Sainte-Beuve) ; la *peinture* (Géricault, Delacroix, Ary Scheffer, Ingres, Delaroche, Léopold Robert) ; la *sculpture* (David d'Angers, Rude) ; et la défaite de l'ancien régime classique rendait plus difficile la victoire de l'ancien régime social.

Les lettres érudites élargissaient aussi leur horizon et le nôtre : Champollion forçait le sphinx d'Égypte à parler, de Sacy, de Rémusat levaient quelques-uns des voiles qui nous cachaient l'Orient, et M. Guigniaut commençait la publication de la *Symbolique de Creuzer*, qui faisait enfin comprendre les religions de l'antiquité : c'était de nouvelles idées jetées dans la circulation générale.

Les sciences continuaient leur marche sereine et majestueuse, et ajoutaient de grands noms sur la liste d'honneur de la France ; pour les mathématiques et la physique : Poisson, Ampère, Fresnel, Cauchy, Chasles, Arago, Biot, Dulong ; pour la chimie : Gay-Lussac, Thenard, Chevreul, Dumas ; pour les sciences naturelles : Cuvier, Geoffroy Saint-Hilaire, Brongniart, de Jussieu, Élie de Beaumont. Par les heureux efforts de tant d'hommes supérieurs, la philosophie naturelle s'enrichissait de vérités dont les applications industrielles tendaient aussi à transformer la société, en créant des intérêts nouveaux. Les phares de Fresnel commençaient à éclairer nos côtes et guidaient les navires jusqu'à 50 kilomètres au large (1822). Les bateaux à vapeur du marquis de Jouffroy, reconstruits avec les idées de Watt et de Fulton, paraissaient sur nos rivières et dans nos ports (1825). La compagnie de Saint-Etienne établissait notre premier chemin de fer (1827) ; deux ans après, Seguin d'Annonay construisait la locomotive tubulaire, et les découvertes d'Oerstoedt (1820), d'Ampère et d'Arago (1822) mettaient sur la voie de la télégraphie électrique. Ainsi, dans ces fécondes années (1815-1830), se réalisaient deux des trois grandes inventions qui ont changé le commerce du monde (chemins de fer, bateaux à vapeur), et, théoriquement, on était en possession de la troisième (télégraphe électrique)[1]. Cet immense labeur se faisait en dehors de la politique ; mais ceux qui l'accomplissaient augmentaient la confiance

---

[1]. Ce n'est qu'en 1841, par l'adoption de l'appareil de Weatstone, que la télégraphie électrique est devenue d'un usage industriel. Une autre découverte fort heureuse, celle de la propriété anesthésique du chloroforme, appartient aussi à un Américain, le docteur Jackson (1846).

dans la puissance du génie humain ; ils habituaient les esprits aux sévères méthodes des investigations scientifiques ; ils montraient quelles sont les conditions nécessaires de la vérité ; et, par là, ils contribuaient, quelques-uns même à leur insu, aux progrès, dans la civilisation moderne, du rationalisme qui était une des forces de l'opinion libérale.

Formation en France d'une opposition légale. — Dans le Parlement, des hommes de talent ou d'autorité, Chateaubriand, Royer-Collard, de Broglie, Pasquier, de Barante, Molé, Benjamin Constant (*Cours du droit constitutionnel*), servaient la cause des libertés publiques ; des journaux graves, le *Globe*, le *Censeur*, les *Débats*, le *Constitutionnel*, le *Courrier Français*, qui fondaient alors un nouveau pouvoir dans l'État, celui de la presse, la défendaient dans le public ; le haut enseignement la popularisait dans les écoles. L'Académie française elle-même protestait contre un projet de loi qui devait supprimer toute liberté pour les écrits périodiques, et la magistrature, devenue libérale depuis que la congrégation était menaçante, acquittait les journaux poursuivis, donnait raison au comte de Montlosier et rappelait les lois qui bannissaient les jésuites en déclarant les principes de leur compagnie incompatibles avec l'indépendance du Gouvernement. Enfin, dix années de paix avaient permis à l'industrie et au commerce de prendre l'essor ; les finances publiques étaient gérées avec économie, et le pays reconstituait rapidement le capital détruit par la guerre, l'invasion et les indemnités. Mais, au milieu de la prospérité générale se montraient ces impatiences nerveuses auxquelles la France est sujette, quand une accalmie prolongée lui a fait oublier les ruines causées par les grandes commotions qui l'épouvantent et qui pourtant ont paru jusqu'à présent plaire à l'étrange tempérament que quatre-vingts années de révolution lui ont donné.

Les questions sociales commençaient même à être agitées. Comme la philosophie et la religion, ces deux vieilles institutrices du genre humain, n'avaient rien à enseigner pour la vie nouvelle où le monde entrait par l'industrie et la politique, des rêveurs prétendaient prendre leur place. Le comte de Saint-Simon faisait paraître son *Nouveau Christianisme* (1826) où il formulait le principe fameux : « à chacun selon sa capacité ; à chaque capacité suivant ses œuvres, » qui n'était point fait pour plaire aux privilégiés de la naissance et de la fortune. Bien des extravagances sortiront de la petite église que les Saint-Simoniens ses élèves essayeront de fonder ; et les prédications de leur maître, celles de Robert Owen en Angleterre, de Fourrier en France (publication en 1829 du *Nouveau-Monde industriel et sociétaire*), donnèrent naissance à de dangereuses utopies qui, après avoir cheminé sourdement au-dessous de la société officielle, éclateront (1848, 1871) en une épouvantable guerre civile qu'on retrouvera dans l'atelier après qu'elle aura cessé dans la rue. Par certaines de leurs idées ces dangereux idéologues nous auraient ramenés en arrière, puisqu'ils voulaient faire de l'État le maître absolu, jusque dans la vie industrielle et privée ; mais ils attiraient l'attention vers des problèmes nouveaux que la justice commande d'étudier lors même que la sagesse du législateur ne saurait les résoudre. Ainsi se montraient déjà les hommes qui, faisant le procès à la société tout entière, à ses lois, à sa religion, se proposaient de tout renverser. Ce n'étaient encore que des rêveurs solitaires : les figures sinistres apparaîtront plus tard avec les passions violentes et les appétits monstrueux. Pour le moment l'extravagance de quelques-unes de leurs doctrines excitait le rire bien plus que l'inquiétude dans les rangs serrés où il paraissait suffisant de demander au Gouvernement une politique plus libérale.

Le pays était avec ceux-ci. Depuis le 5 mai 1821, le bonapartisme comptant peu sur le fils de Napoléon détenu à Vienne et pas encore sûr de son neveu, le prince Louis, existait plus à titre de souvenir qu'à celui d'espérance ; la République ne trouvait que de rares adhérents dans la classe influente; et le socialisme annoncé comme doctrine ne comptait pas encore comme parti. Les vrais maîtres de la situation étaient donc ces libéraux prêts à se rallier à la dynastie si elle rompait avec la congrégation et avec les hommes de 1815. Ils avaient le haut commerce dont les représentants n'aiment pas les priviléges de naissance : la bourgeoisie qui redevient frondeuse dès qu'elle cesse de craindre; ceux à qui la congrégation avait fait reprendre la route des loges maçonniques et une bonne partie du peuple qui, dans les villes, hait tout gouvernement, et dans les campagnes avait peur de revoir quelque jour la dîme et les droits féodaux. Les grandes villes étaient dans l'opposition; Paris tout entier y fut jeté. A une revue de la garde nationale, que le roi passa au mois d'avril 1827, le cri : « A bas les ministres ! » retentit dans tous les rangs. Le soir même la garde nationale fut licenciée : mesure nécessaire après cette protestation sous les armes, mais qui acheva d'éloigner la bourgeoisie de la cour. Le ministère Villèle vécut huit mois encore. Pour détruire l'opposition de la Chambre haute, il fit une fournée de 76 pairs; mais des élections générales qu'il provoqua imprudemment, et qu'un comité central, soutenu de la Société *Aide-toi, le Ciel t'aidera*, fit tourner au profit de la gauche, envoyèrent à la Chambre une majorité libérale devant laquelle il tomba (décembre 1827). Royer-Collard avait été élu dans sept colléges.

Quelques années plus tôt, les divers éléments d'opposition s'agitaient tumultueusement en France. On ne rêvait que sociétés secrètes et complots, d'où sortaient des insurrections militaires et des attentats qui compromettaient la cause des libertés. Voici qu'il se produit quelque chose de bien autrement redoutable pour l'ancien régime : c'est l'opinion publique qui s'éclaire et trouve enfin sa voie; c'est un grand parti libéral qui s'organise et se discipline; c'est l'*opposition légale* qui s'établit au sein du Gouvernement, dans les deux Chambres, et, de là, forcera l'entrée du ministère. Ainsi les idées se précisent sur le but à atteindre et l'on marche vers ce but à ciel ouvert, sans coups de tête ni violence, en acceptant la royauté des Bourbons, mais en les mettant dans l'obligation de faire de la Charte « une vérité. » A l'avénement de M. de Martignac à la présidence du Conseil, on put croire en effet que la France échapperait aux aventures en faisant à propos les réformes nécessaires. Le ministère du 4 janvier 1828 abolit la censure des journaux et chercha à empêcher les fraudes électorales que les précédents ministres avaient favorisées ; il affirma la liberté de conscience naguère menacée, rouvrit à la Sorbonne les cours fermés par la congrégation, et plaça sous le régime commun les établissements d'éducation dirigés par des ecclésiastiques. Ce n'était qu'un commencement, mais on en pouvait conclure que le pays rentrait enfin dans l'ère du progrès pacifique, d'où l'assassinat du duc de Berry et le ministère Villèle l'avaient fait sortir.

La situation générale du monde, qu'il faut toujours considérer pour découvrir les mouvements d'opinion véritablement irrésistibles, confirmait cette espérance, car l'ancien régime était partout en retraite.

En Angleterre : Huskisson, Canning (1822); nouvelle politique étrangère; principe de non-intervention. — Dès l'année 1822, les tories, ou du moins leur politique, avaient perdu la direction des affaires anglaises. Le ministre le plus influent, George Canning, élève de Pitt, venait de passer aux whigs, et l'Angleterre, irritée de l'ingérence hautaine des cours du Nord dans toutes les affaires du continent, arrivait à vouloir contenir ses anciens alliés en favorisant les idées qu'ils combattaient. Canning fit donner, en 1823, la présidence du bureau du commerce à Huskisson dont les réformes douanières ouvrirent de larges brèches dans cette forteresse de tarifs derrière laquelle l'aristocratie abritait ses priviléges et sa fortune. Cette évolution économique dictée par l'esprit libéral, et bien autrement grave, à raison de ses conséquences, que beaucoup de révolutions politiques, allait gagner de proche en proche toutes les parties du monde industriel et donner aux pauvres du travail ; à beaucoup du bien-être ; à tous l'habitude et le besoin de l'action individuelle et libre. L'Irlande était en proie à une affreuse misère, résultat d'une législation atroce. « Le wigwam de l'Indien du Nouveau-Monde, disait un député, est plus habitable que la hutte du pauvre Irlandais ; j'ai vu des paysans de Kerry offrir de travailler pour deux pence par jour. » Cet état ne pouvait changer que le jour où les représentants de ce malheureux pays plaideraient sa cause au Parlement, et les catholiques irlandais étaient frappés d'incapacité politique. Canning ne réussit pas à les en délivrer, les lords ayant repoussé le bill accepté par les Communes ; mais deux années après son dernier discours en leur faveur (mars 1827), Robert Peel sera obligé de proposer lui-même et de faire passer le bill d'émancipation (1829). En 1807, le Parlement, sur les pieuses instances de Wilberforce, avait voté l'abolition de la traite des noirs ; à présent on voulait que, comme la Convention[1], il décrétât l'affranchissement des esclaves. Canning repoussa l'affranchissement subit, mais proposa tout un ensemble d'améliorations qui faisaient de l'esclave un homme et entr'ouvrait pour lui la porte de la liberté. Cette loi humaine de 1825 conduira quelques années plus tard (1833) à la suppression de l'esclavage.

Le parlement anglais se laissait donc pénétrer par les idées généreuses ; cependant on ne trouvait pas ce grand corps assez libéral et avec raison, car l'aristocratie tenait la Chambre des lords par le droit héréditaire de ses aînés, et la Chambre des communes par ses cadets et ses clients qu'elle y faisait entrer à l'aide des *bourgs pourris*. Douze familles disposaient d'une centaine de siéges à Westminster, et parfois en vendaient argent comptant : on citait tel village de sept feux qui envoyait

---

1. Décret du 5 février 1794, aboli par le Consulat en l'an X.

deux députés à la Chambre; Gatton, Old-Sarum n'avaient qu'un propriétaire qui faisait à lui tout seul l'élection, tandis que la grande ville de Manchester ne possédait ni électeur ni représentant. Aussi, s'était-il formé une association puissante, l'*Union de Birmingham*, pour agiter le pays sur la double question de la réforme parlementaire et de l'abolition des lois concernant les céréales, afin de donner le pain à bon marché. De ces deux réformes, l'une se fera en 1832, l'autre atteindra jusqu'en 1846; mais on voit que sous l'influence de l'esprit nouveau, sans émeute et par la libre discussion, la vieille Angleterre se transformait. La prospérité du pays y gagnait. Dès 1824, Canning pouvait diminuer les impôts de 50 millions, créer un fonds d'amortissement pour la dette et réduire les droits sur le rhum, le charbon, la soierie et les laines : mesures favorables à l'industrie, au commerce et au crédit public qui se relevait.

La politique étrangère prenait le même caractère : en 1821, l'Angleterre s'était résignée à l'intervention de l'Autriche dans les affaires italiennes; mais déjà en 1823 elle avait été contraire, dans le Congrès de Vérone, à l'expédition française contre les constitutionnels de Madrid, sans toutefois montrer encore à ceux-ci autre chose qu'une sympathie stérile. L'irritation croissait contre la Sainte-Alliance; aussi lorsque les alliés, pour étendre leur action jusqu'au Nouveau-Monde, firent proposer à Canning, par l'ambassadeur de France, M. de Polignac, d'étudier les moyens de réduire les colonies espagnoles révoltées contre leur métropole, le ministre répondit : « Si quelque puissance s'unit à l'Espagne pour lui rendre ses provinces d'outre-mer, l'Angleterre avisera à sauvegarder ses intérêts. » Ce n'était point pour elle une question de sentiment, et il ne faudrait point faire cette politique plus généreuse qu'elle ne l'était; elle s'inspirait sans doute d'une idée libérale, mais plus encore d'une préoccupation mercantile. Le pays qui avait fait la guerre de Sept-Ans pour le maintien de la contrebande anglaise au Mexique, n'entendait pas en faire une autre pour se fermer l'immense débouché que lui ouvraient les colonies espagnoles, rendues à l'indépendance et au libre trafic. Cependant la politique de l'avenir gagnait à ce changement, par l'affirmation, cette fois catégorique et menaçante, du principe de non-intervention. Sans passer du côté de la démocratie, l'Angleterre entendait qu'on laissât les gouvernements se tirer comme ils le pourraient des difficultés où ils se jetaient, en blessant les intérêts, les idées et les passions des peuples qui voulaient ne plus être les sujets d'un homme, mais ceux de la loi.

Indépendance des colonies espagnoles (1824); empire constitutionnel du Brésil (1822); révolution libérale en Portugal (1826). — L'Espagne avait soumis ses provinces transatlantiques à un régime qui les conduisait fatalement à la révolte. Toute industrie, tout commerce au dehors, beaucoup de cultures, même celle de la vigne, avaient été interdits aux colons. Ils devaient extraire de leurs montagnes l'or et l'argent que les galions emportaient en Espagne, et recevoir de la métropole les objets manufacturés, jusqu'aux fers et aux bois de construction. L'Amérique, en un mot, était une ferme exploitée à outrance par son propriétaire, le gouvernement de Madrid. Une pénalité atroce maintenait cet état contre nature : le contrebandier était puni de mort et l'inquisition mettait son autorité religieuse et ses tribunaux au service de cet étrange despotisme économique. Le soulèvement éclata au Mexique en 1810, quand l'invasion de Napoléon en Espagne empêcha la métropole de soutenir ses vice-rois; et il gagna de proche en proche toutes les provinces. En 1816, les pays composant la vice-royauté de la Plata proclamèrent leur indépendance; l'an d'après, le Chili suivit cet exemple; vers 1821, le Pérou, la Colombie, l'Amérique centrale et le Mexique étaient libres; et les Espagnols ne tenaient plus qu'un petit nombre de points au Nouveau-Monde avec les îles de Cuba et de Porto-Rico. Comme on ne pouvait prévoir les malheureuses divisions où ces jeunes républiques allaient tomber, cette défaite de l'absolutisme au Nouveau-Monde réagissait sur l'opinion dans l'ancien continent et la cause libérale s'en trouvait fortifiée : un des héros de l'indépendance, Bolivar *el Libertador*, était presque aussi populaire à Paris que dans sa ville de Caracas.

Le congrès de Washington se hâta de reconnaître les nouveaux États ; en 1822, l'Angleterre était déjà disposée à agir de même, bien qu'un acte du Parlement eût encore, en 1819, interdit aux sujets anglais de fournir des munitions de guerre aux insurgés. L'expédition française au delà des Pyrénées la décida, à la fin de 1824, à envoyer, en représailles, dans l'Amérique espagnole des agents diplomatiques et à demander des traités de commerce à ceux qui naguère ne pouvaient obtenir d'elle un peu de poudre. Pour justifier sa nouvelle politique, Canning adressa aux puissances européennes une note circulaire où reniant la doctrine de Pilnitz, base encore de la Sainte-Alliance, il s'efforçait d'ôter aux guerres contre la France le caractère qu'elles avaient eu aux premiers jours : celui de deux principes ennemis aux prises l'un contre l'autre ; il ne montrait que ce qu'elles étaient ensuite devenues : la lutte pour l'indépendance des États. « La coalition, disait-il, a eu lieu contre l'ambition impériale, non contre le gouvernement de fait établi en France, ni par respect pour la monarchie légitime. » Et il rappelait, avec une malice cruelle, qu'en 1814, même après avoir exclu du trône Napoléon, le conseil des alliés avait songé à un autre qu'à un Bourbon pour la couronne conquise.

En 1826 et 1827, l'Angleterre fit une nouvelle application de ces doctrines, cette fois sur le continent européen, plus près par conséquent des matières inflammables.

La France impériale, sans y songer, avait donné la liberté à l'Amérique espagnole et portugaise en renversant à Madrid et à Lisbonne les deux gouvernements qui tenaient leurs colonies dans une si étroite dépendance. Le Brésil était encore soumis aux révoltantes sévérités de l'ancien système colonial, quand la maison de Bragance, chassée des rives du Tage par l'armée de Junot (1808), s'y réfugia. Le roi que sa colonie abritait et sauvait dut lever les anciennes prohibitions et inaugurer un régime libéral qui, sous la forme de royauté (1815), puis d'empire constitutionnel (1822), a garanti à ces immenses provinces la paix intérieure et une prospérité croissante. La métropole ne voulut pas, après la chute de Napoléon et le retour de son ancien roi, demeurer en arrière : Jean VI fut obligé, en 1820, de donner au Portugal une Constitution que les intrigues de don Miguel, son second fils, et la défaite des libéraux espagnols (1823) firent déchirer. A la mort de Jean VI (1826), le fils aîné de ce prince, don Pedro, empereur démissionnaire du Brésil et légitime héritier de la couronne portugaise, abdiqua encore cette couronne en faveur de sa fille doña Maria après avoir octroyé une nouvelle Constitution. Les absolutistes des bords du Tage et du Douro soutenus par ceux d'Espagne repoussèrent à la fois et la Charte et la reine-enfant. Le Portugal était pour la Grande-Bretagne une ferme et un marché ; beaucoup d'Anglais y possédaient de vastes domaines ; ses vins allaient à Londres et toute son industrie venait d'Angleterre. Une victoire des absolutistes à Lisbonne parut à Canning devoir être une défaite pour l'influence et les intérêts de son pays ; il promit à la régence portugaise de la secourir, et le 11 décembre 1826, il annonça au Parlement les mesures prises à cet effet. Son discours eut un immense retentissement, parce que, pour la première fois depuis 1815, une grande puissance constatait tout haut et dans sa vérité, l'état moral de l'Europe. Canning rappela que quand la France eut franchi les Pyrénées pour rendre à Ferdinand VII les pouvoirs que ses sujets lui avaient ôtés, « l'Angleterre sans armée, sans folles dépenses, avait ôté un hémisphère à ce monarque restauré ; que, d'un mot, elle avait séché la vie dans le sein de l'Espagne, et d'un trait de plume rétabli la balance de l'Ancien-Monde en donnant l'existence au Nouveau. Notre pays n'ignore pas, disait-il, combien de cœurs et de bras énergiques dans leurs désirs du mieux, sont tendus vers lui, et je tremble à la seule idée de cette force, car elle est celle d'un géant. Notre but n'est pas de chercher les occasions de la déployer, mais notre devoir est de faire sentir à ceux qui professent des sentiments exagérés que leur intérêt n'est pas de se donner un tel empire pour adversaire. L'Angleterre, dans la lutte des opinions qui agitent le monde, est dans la position du maître des vents : elle tient dans ses mains les outres d'Éole ; et nous pouvons d'un seul mot précipiter l'ouragan sur le monde. » Ces menaces directes à la Sainte-Alliance inquiétèrent le prince de Metternich, qui accusa le ministre anglais de vouloir « déchaîner encore une fois la révolution », mais elles réjouirent en tout pays le cœur des libéraux ; une médaille frappée en France en l'honneur de Canning portait ces mots gravés sur une des faces : « Liberté civile et religieuse dans tout l'univers » ; et sur l'autre : « Au nom des peuples, les Français à George Canning. »

La devise disait vrai : c'était bien pour deux grandes choses : la liberté civile et la liberté religieuse, les droits du citoyen et ceux de la conscience, que le grand combat était engagé ; et nos pères avaient raison de le soutenir.

L'intervention de l'Angleterre en Portugal « autorisée par les anciens traités » fut du reste beaucoup moins éclatante que l'éloquence de son ministre. Les entreprises de don Miguel, quelque temps arrêtées, eurent libre cours après la mort prématurée de Canning (8 août 1827), que suivit de près la rentrée des tories aux affaires. On verra plus loin cette question se dénouer par le triomphe d'une nouvelle politique des puissances occidentales.

Affranchissement de la Grèce (1827). — Quelques jours avant sa mort Canning avait signé le traité de Londres, par lequel trois des cinq grandes puissances se promettaient de contraindre le sultan à reconnaître l'indépendance des Grecs.

L'insurrection de ce peuple, depuis longtemps fomentée par la Russie et rendue inévitable par la cruauté des Turcs, avait éclaté en 1820. Les gouvernements la condamnèrent d'abord, même les Anglais, parce que cette lutte compromettait l'existence de la Turquie dont la conservation paraissait nécessaire à la sécurité de leur empire indien. « Le libéralisme britannique, disait Chateaubriand, porte le bonnet de la liberté à Mexico et le turban à Athènes. » Pour la Sainte-Alliance, elle ne voyait dans cette insurrection qu'une révolte et, par une étrange application de la doctrine du droit divin, elle prétendait que son principe de la légitimité devait protéger le trône du chef des Osmanlis. « Ne dites pas les Grecs, répondait un jour Nicolas à Wellington qui lui parlait des sympathies de l'Angleterre pour eux ; ne dites pas les Grecs, mais les insurgés contre la Sublime Porte. Je ne protégerai pas plus leur révolte que je ne voudrais voir la Porte protéger une sédition parmi mes sujets » (1826). A quelques mois de là, il est vrai, ce langage fut remplacé par des actes contraires. C'est que l'opinion en faveur des Hellènes devenait irrésistible; toute l'Europe libérale épousait une cause héroïquement soutenue pour l'indépendance et la religion nationales. La sympathie était excitée, même parmi les conservateurs, par ce nom magique de la Grèce, par cette lutte de chrétiens contre musulmans, et, en France, on eût montré au doigt celui qui n'aurait pas applaudi aux exploits légendaires de Nikétas, de Botzaris, de Canaris, audacieux chefs qui conduisaient leurs palikares au plus épais des rangs des janissaires et leurs brûlots au milieu des escadres ennemies. La poésie vint au secours des insurgés : lord Byron leur donna jusqu'à sa fortune et sa vie. Il fallut bien alors que les politiques cédassent au courant. Canning y entraîna facilement l'Angleterre qui, en face de l'Italie soumise à l'influence autrichienne, de l'Espagne revenue à l'amitié de la France, de l'Orient agité par les intrigues de la Russie ou menacé par ses armes, s'inquiétait de voir les puissances du Nord se rapprocher ainsi des rives de la Méditerranée où le grand commerce allait revenir. Elle avait bien dans cette mer des points d'appui formidables : Gibraltar, Malte et les îles Ioniennes ; mais c'étaient des forteresses, non des provinces : de là elle observait plus qu'elle ne contenait ; et il lui importait de ne pas laisser les Romanow dominer à Nauplie et à Constantinople comme les Hapsbourgs dominaient à Naples, à Rome, à Milan, et les Bourbons à Madrid.

Pour prévenir une intervention armée que les Russes préparaient déjà, le ministère anglais essaya de tout terminer lui-même en faisant accepter aux deux partis sa médiation. En mars 1826, sir Stratford Canning, cousin du principal ministre, se crut sur le point d'arracher à la Porte et d'imposer aux Grecs, par la seule pression de l'Angleterre, une solution pacifique. Il demandait aux uns de renoncer « à la grande idée », la croix de Constantin replacée sur Sainte-Sophie, et de se résigner à commencer par avoir une patrie modeste, mais libre ; aux Turcs, il disait qu'on fortifierait le corps de l'empire en coupant un membre où se trouvait pour tout l'État un germe de mort. Par cette politique à double face, l'Angleterre comptait conserver comme amis les deux adversaires qu'elle aurait réconciliés. Mais le divan, trompé par les succès de l'armée égyptienne qui venait de prendre Missolonghi et qui tenait presque toute la Morée, rejeta avec hauteur ces conditions, et force fut de s'entendre avec le czar pour une action commune, afin de ne pas lui laisser le bénéfice d'une action isolée. La France, protectrice des catholiques du Levant, ne pouvait demeurer à l'écart ; l'Autriche que tout mouvement effrayait, y resta, attendant les événements et réservant ses forces ; la Prusse, qui n'avait pas alors les grandes ambitions d'aujourd'hui, était d'ailleurs trop loin des événements pour s'y mêler. Ce furent donc trois puissances seulement : France, Russie et Angleterre, qui s'engagèrent par le traité de Londres (6 juillet 1827) à mettre un terme à la guerre d'extermination portée dans le Péloponnèse par Ibrahim Pacha, fils du vice-roi d'Égypte. Les trois escadres alliées brûlèrent dans la baie de Navarin la flotte ottomane (20 octobre 1827) : facile succès dont on fit trop de bruit et que, dans son discours pour l'ouverture du Parlement, le roi d'Angleterre déplora. La Porte ne cédant pas encore, les Russes qui venaient de conquérir l'Arménie persane lui déclarèrent la guerre (26 avril 1828), et 15 000 Français débarquèrent en Morée pour en finir au plus vite avec cette question grecque, d'abord si petite, qui pouvait à présent donner lieu aux plus redoutables complications.

Destruction des janissaires (1826) ; succès des Russes (1828-9). — Les Turcs étaient incapables de résister. Mahmoud, le padischah, venait d'exterminer les janissaires, milice indisciplinée qui avait déposé ou étranglé huit sultans, mais aussi qui avait promené victorieusement l'étendard vert, depuis Bude jusqu'à Bagdad. D'innombrables abus s'étaient introduits dans ce corps et il les défendait par des émeutes. L'Orient ne connaît qu'un châtiment, la mort. Mahmoud fit mitrailler cette soldatesque qui lui refusait de faire l'exercice à l'européenne. Du 16 au 22 juin 1826, dans Constantinople seulement, 10 000 janissaires périrent sous le canon et la fusillade, par le lacet ou dans l'incendie des casernes ; ceux des provinces, traqués de toutes parts, s'enfuirent ou se cachèrent.

Le sultan venait de briser la seule force militaire de son empire avant d'en avoir organisé une autre. Aussi les Russes firent-ils de si rapides progrès (prise de Silistrie, juin 1829 ; d'Erzeroum, juillet ; d'Andrinople, août) que l'empire turc parut sur le point de s'écrouler. L'Autriche, effrayée de voir les Russes aux portes de

Stamboul, s'unit à la France et à l'Angleterre pour imposer la paix à Nicolas ; celui-ci n'ayant pu, malgré une visite à Berlin, entraîner la Prusse à lui donner un appui effectif, accepta le 14 septembre 1829 le traité d'Andrinople qui l'obligea à rendre ses conquêtes, mais lui donna les bouches du Danube, le droit pour ses flottes de naviguer dans la mer Noire, c'est-à-dire la facilité de brusquer une attaque directe sur Constantinople, et le protectorat de la Moldavie, de la Valachie, de la Servie gouvernées désormais : les deux premières par des hospodars à vie, la dernière par un prince héréditaire. Ce traité qui sauvait la Turquie, livrait à l'influence russe les Principautés danubiennes ; mais les alliés espéraient que le nouvel État grec dont on fit une monarchie en 1831, leur servirait de point d'appui pour contre-battre la diplomatie du czar dans la péninsule orientale.

Résumé : État du monde en 1828. — En résumé, sans révolution opérée par les violents, mais non pas sans efforts persévérants des sages, la France avec Martignac, l'Angleterre avec Canning, le Portugal par don Pedro, avaient repris la tradition libérale. L'Espagne allait y être ramenée par un changement dans la loi de succession. Au Nouveau-Monde, dix républiques étaient nées, et la seule monarchie qui y restât s'était faite constitutionnelle ; sur l'ancien continent, un nouvel État, œuvre de sentiment autant que de politique, était venu prendre place parmi les nations, mais du côté des institutions libres. En Italie, surtout à Milan et à Rome, en Allemagne, dans la Hesse, Bade, le Brunswick et la Saxe, une sourde fermentation annonçait à des gouvernements impopulaires que le temps des réformes était venu, si l'on ne voulait voir arriver celui des révolutions ; en Belgique, en Pologne se préparait, sous la direction du clergé, l'insurrection de nationalités et de religions que voulaient étouffer des religions et des nationalités contraires. Enfin, le commerce et l'industrie qui s'étaient développés au sein de la paix, les lettres qu'animait un souffle rénovateur, la presse périodique qui devenait une puissance, avaient favorisé les progrès de l'esprit public dans le sens de l'indépendance des peuples et de la liberté des individus. Tout conseillait donc aux gouvernements de se tenir dans ce grand courant libéral qui traversait le monde d'un pôle à l'autre, depuis Paris jusqu'à Lima. Il se trouva malheureusement des princes et des ministres pour tenter encore une fois de résister à cette force des choses que les uns appellent Providence ou fatalité, et qui, pour les autres, est la résultante inéluctable des mille causes, grandes et petites, par lesquelles se détermine la vie commune d'une nation et de l'humanité.

LXXXIV

NOUVEAUX ET IMPUISSANTS EFFORTS DE L'ANCIEN RÉGIME CONTRE L'ESPRIT LIBÉRAL.

Don Miguel en Portugal (1828); don Carlos en Espagne (1827). — L'absolutisme, étonné et inquiet de ses revers, fit un suprême effort pour ressaisir les pays qui venaient de lui échapper. Le signal partit de Vienne qui en était comme la citadelle, sous la direction du prince de Metternich. Don Miguel s'y était réfugié, et, de là, agitait incessamment le Portugal pour renverser sa nièce doña Maria. Don Pedro crut sauver le trône de sa fille en y faisant asseoir à côté d'elle, comme son époux, don Miguel qu'il investit de la régence. Le régent jura fidélité à la constitution (22 février 1828), et quatre mois après se fit proclamer roi. Ce parjure, cette usurpation appuyée par les tories anglais, sembla d'abord réussir, et un despotisme abominable sévit sur tout le pays : c'est par milliers que l'on compta les malheureux qui furent assassinés, exécutés ou bannis (1829).

Don Miguel était fils d'une sœur de Ferdinand VII;

l'oncle et le neveu se valaient, et le roi d'Espagne avait donné aux absolutistes des gages sanglants. On trouva cependant l'ami des jésuites trop libéral. Dès l'année 1825, Bessières, un aventurier d'origine française, avait pris les armes « pour délivrer le roi tenu captif par les *negros* » (les constitutionnels) ; en 1827, les anciens soldats de l'armée de la Foi proclamèrent roi son frère, don Carlos, chef du parti clérical. Cette tentative ne réussit pas ; mais elle commençait une guerre civile qui dure encore. Don Miguel s'était révolté deux ou trois fois contre son père. Les représentants de l'ancien régime, les *apostoliques*, comme ils s'appelaient eux-mêmes en Espagne, étaient donc aussi révolutionnaires que leurs adversaires de 1820, et nous ne nous étonnerons pas de trouver bientôt ce même mépris du droit dans l'esprit et dans les actes de leurs amis de France.

Le ministère Wellington (1828) et la diète de Francfort. — Quelque temps après la mort de Canning, les tories étaient rentrés au pouvoir (ministère Wellington, 25 janvier 1828) et ils avaient essayé de donner à la politique de la Grande-Bretagne une direction différente. Le zèle pour la cause hellénique s'était aussitôt ralenti ; la protection accordée aux libéraux portugais avait été retirée ; Wellington rappelait la division anglaise envoyée dans le Tage, arrêtait de vive force une expédition des constitutionnels et reconnaissait la royauté de don Miguel (1829). A l'intérieur, ils entravèrent l'importation des grains étrangers et refusèrent l'émancipation des catholiques irlandais, bien que O'Connel « le grand agitateur » eût déjà commencé à remuer les masses populaires au cri de : « Justice pour l'Irlande ! » Mais l'opinion libérale, un moment surprise, se raffermit ; l'année suivante elle emporta le bill irlandais, et lord John Russel, chef des whigs, fit passer une résolution qui mit un terme à une immense hypocrisie religieuse en supprimant l'obligation pour les candidats à une fonction dépendant de la couronne de prouver qu'ils recevaient le sacrement de la communion suivant les rites officiels, ce qui interdisait les charges publiques à tous ceux qui vivaient en dehors de la haute Église. Ainsi les tories eux-mêmes étaient obligés de se faire libéraux, ou du moins de céder au courant qui portait du côté des institutions libres.

L'Italie, étreinte par la rude main de l'Autriche, ne remuait plus, et l'Allemagne devenait comme elle silencieuse. « Depuis 1815, écrivait en 1848 un ambassadeur prussien, ami personnel de son roi, depuis 1815, nous avons vécu courbés sous de lourdes chaînes ; nous avons vu toute voix étouffée, même celle des poëtes, et nous avons été réduits à chercher un refuge dans le sanctuaire de la science. » Cependant des réformes d'intérêt matériel furent accomplies (commencements du *Zollverein*[1]). Mais au mépris de l'indépendance des États confédérés, la diète de Francfort avait renouvelé en 1824 sa déclaration qu'elle maintiendrait partout la royauté, c'est-à-dire que pour les plus simples réformes les libéraux auraient à triompher de la résistance de leurs souverains respectifs, et des armées de la Confédération tout entière, puisque celle-ci restait juge des actes qui pouvaient compromettre « le principe monarchique ». La loi qui, en 1819, avait établi, pour cinq années, contre la presse, une pénalité rigoureuse fut prorogée, et l'on chargea une commission « d'examiner les vices de l'enseignement » afin de soumettre les jeunes générations à une éducation selon l'esprit de la

---

[1]. Le principe s'en trouvait dans l'art. 19 du traité de Vienne où il était question de donner à l'Allemagne, en matière de douanes, une législation uniforme. Le *Zollverein* supprimait les douanes entre les États qui consentaient à faire partie de cette union. La Prusse donna l'exemple en abolissant les douanes dans l'intérieur de ses provinces (1818), en même temps qu'elle adoptait le principe de la liberté commerciale, sauf un droit de 10 p. 100 mis à l'entrée des produits de l'industrie étrangère. Les négociations qu'aussitôt elle commença autour d'elle décidèrent, de 1819 à 1833, la plupart des États allemands à se rallier aux principes économiques de la Prusse. Le 1er janvier 1834, le Zollverein s'appliquait déjà à 24 millions d'hommes.

Sainte-Alliance. Enfin les débats de la Diète jusqu'alors publics, paraissant agiter les esprits, l'assemblée se résolut à ne plus délibérer qu'à huis clos : le gouvernement fédéral se cachait dans l'ombre comme les inquisiteurs de Venise ; Alexandre prit la même mesure à l'égard de la diète polonaise (1825). Que d'efforts pour suspendre la vie !

Le czar Nicolas. — Il n'en fallait pas tant à ceux qui voulaient l'arrêter en Russie, car la nation entière s'y résumait encore presque tout entière en un homme, le czar. La défense faite par Alexandre d'importer en Russie des livres traitant de la politique « dans un sens contraire aux principes de la Sainte-Alliance, » avait été une gêne pour bien peu de lecteurs. Cependant cette contagion morale qui ne saurait être arrêtée par une ligne de douanes, passait la frontière, et les idées nouvelles gagnaient çà et là quelques hommes. Les derniers moments d'Alexandre furent assombris par la découverte d'une conspiration formidable qui s'était propagée jusque dans l'armée : « Que leur ai-je donc fait ? » s'écriait-il douloureusement. Rien, sire, si ce n'est que vous aviez pris le rôle de Dieu sur la terre, en voulant être l'intelligence, la volonté de 60 millions d'âmes, et que, même en Russie, il se trouvait déjà des hommes pour croire que ce rôle était fini. Quand Alexandre eut expiré à Taganrog (déc. 1825) et que son frère, le grand-duc Constantin, eut volontairement renouvelé sa renonciation à la couronne, un troisième fils de Paul Ier, Nicolas, fut proclamé czar. C'était un homme de fer, dur aux autres comme à lui-même, convaincu qu'il était un représentant de la volonté divine, et agissant en conséquence avec la plus parfaite tranquillité d'âme, soit qu'il ordonnât le supplice d'un individu, l'agonie d'un peuple ou une guerre qui devait emporter un million d'hommes. Le complot formé sous Alexandre continua : les conjurés se proposaient les uns de renverser le czarisme en réunissant toutes les populations slaves dans une république fédérale comme les États-Unis ; les autres de l'obliger à capituler en lui imposant une constitution. Ils avaient gagné plusieurs régiments à leur cause. Le jour où la garnison de Saint-Pétersbourg devait prêter serment au nouveau prince, la sédition éclata; avant la nuit, elle était étouffée; après quelques exécutions dans les provinces (cinq à Kiew, 1826), la Russie reconnut son maître dans ce prince qui durant un quart de siècle fut pour l'Europe la personnification hautaine et toute-puissante de l'autocratie.

Ministère Polignac (1829). — Ainsi, en Allemagne, en Russie, dans les deux péninsules ibérique et italienne, l'esprit libéral était de nouveau comprimé et les alliés de 1815 semblaient avoir encore une fois vaincu. Dans la Grande-Bretagne, il se réveillait, mais sous la garde prudente des tories. Restait la France dont le privilège a été jusqu'à présent de remuer le monde. De quel côté allait-elle pencher? Si elle continuait paisiblement son évolution libérale, la vie nouvelle rayonnait au dehors, sans secousse, avec une force pénétrante qui serait devenue irrésistible.

Tant que M. de Martignac resta au gouvernement, les libéraux conservèrent leurs espérances. Malheureusement, Charles X, livré aux conseils de la Congrégation, supportait son ministère sans l'aimer. Après dix-huit mois, il se trouva à bout de patience et, le 8 août 1829, profitant d'un échec imprudemment infligé par la Chambre à ses ministres, au sujet d'une loi d'intérêt secondaire, il les remplaça par MM. de Polignac, de Labourdonnaie et de Bourmont. Ces choix étaient une déclaration de guerre de la royauté au pays : une crise devenait inévitable. Pendant dix mois, la presse de l'opposition répéta au gouvernement qu'il aboutirait forcément à un coup d'État, et les députés déclarèrent dans leur réponse au discours du roi que le ministère n'avait pas leur confiance. La Chambre fut dissoute, mais les deux cent vingt et un signataires de l'adresse furent réélus, et la royauté, vaincue dans les élections, se décida à faire elle-même un 18 brumaire, c'est-à-dire une révolution.

Prise d'Alger (1830). — Elle y fut encouragée par un succès militaire, l'expédition d'Alger, entreprise pour venger un affront fait à notre consul. Une armée de 37 000 hommes, commandée par le comte de Bourmont, s'embarqua à Toulon et descendit le 13 juin 1830 sur la côte africaine. Les Algériens battus et dispersés dans les montagnes, la ville fut aussitôt attaquée, et le 4 juillet nos troupes s'emparaient du fort appelé le Château de l'Empereur, qui, dominant Alger, nous en assura la possession. Le trésor amassé par les deys paya les frais de cette expédition qui plantait notre drapeau sur la terre d'Afrique, d'où il n'a plus été enlevé.

La Révolution de 1830. — Le 26 du même mois parurent des ordonnances qui supprimaient la liberté de la presse, annulaient les dernières élections et créaient un nouveau système électoral. C'était un coup d'État contre les libertés publiques et contre la Charte qui avait été la condition du retour des Bourbons sur le trône de leurs pères. La magistrature déclara les ordonnances illégales (jugement du tribunal de première instance), et Paris répondit à la provocation de la Cour par les trois journées des 27, 28 et 29 juillet 1830 : résistance légitime, cette fois, puisque la bourgeoisie et le peuple se battaient contre ceux qui avaient violé la constitution. Malgré la bravoure de la garde royale et des Suisses, Charles X fut vaincu. Lorsqu'il abdiqua en faveur de son petit-fils, le duc de Bordeaux, on lui répondit par le mot des révolutions : il est trop tard, et il reprit le chemin de l'exil. Six mille hommes étaient tombés morts ou blessés, victimes de l'entêtement d'un vieillard qui, selon l'expression d'un royaliste, « avait constitué son gouvernement en sens inverse de la société comme s'il existait contre elle, pour la démentir et la braver. » (Royer-Collard.)

La France salua d'acclamations à peu près unanimes cette séparation d'avec les hommes et les idées de 1815.

En reprenant le drapeau de 1789, elle semblait reprendre aussi possession d'elle-même, des libertés que la révolution avait promises sans les avoir encore données, et elle allait éloigner respectueusement la religion de la politique pour la remettre à la place qu'elle n'aurait jamais dû quitter, au temple et dans la conscience individuelle.

LXXXV

CONSÉQUENCES DE LA RÉVOLUTION DE JUILLET EN FRANCE; LUTTE DES CONSERVATEURS LIBÉRAUX ET DES RÉPUBLICAINS (1830-1840).

Caractère de la période comprise entre 1830 et 1840. — Sous la Restauration, deux questions seulement se trouvaient en présence : la politique de la Sainte-Alliance et celle des libéraux; aussi l'histoire de cette période a-t-elle pu se ramener à la lutte sourde ou éclatante, généreuse ou criminelle de ces deux principes. Après 1830, cette lutte continue, en se compliquant d'intérêts nouveaux.

La révolution de juillet qui donne, dans certains pays, la victoire aux idées libérales, semble la promettre à d'autres qu'elle pousse à l'insurrection; tandis que l'alliance de 1815, à demi brisée, fait effort pour se maintenir. Si les puissances occidentales, France, Angleterre, Belgique, Suisse, Espagne, Portugal, lui échappent sans retour, celles du centre et de l'est, Prusse, Autriche et Russie, lui restent fidèles. Mais le principe des sociétés libres élargit de jour en jour son domaine, comme une mer qui ronge ses rivages et pousse plus loin ses vagues. On le verra, gagnant de proche en proche, agiter l'Italie, ébranler l'Allemagne et soulever la Pologne de sa couche funèbre.

L'esprit de résistance avait eu pour principal représentant, dans la période précédente, le prince de Metternich, avec sa froide habileté, sa politique cauteleuse et ses temporisations; l'empereur Nicolas méritera cette fois d'en être la plus haute expression par son implacable énergie et son activité, en même temps que par la grandeur de ses desseins.

Cependant des questions nouvelles surgissent et font diversion aux préoccupations intérieures. Une immense succession, celle de l'empire Turc, paraît sur le point de s'ouvrir, et l'on se demande avec inquiétude quels seront les héritiers. L'Égypte, c'est-à-dire le plus court passage aux Indes, se civilise sous un barbare de génie et les puissances maritimes s'y disputent l'influence. L'Asie centrale devient le champ de bataille des intrigues rivales de la Russie et de l'Angleterre, tandis que les barrières qui fermaient l'extrême Orient s'entr'ouvrent et vont bientôt tomber devant le commerce du monde. C'est une expansion nouvelle de l'activité des nations civilisées. De 1789 à 1815, on ne pensait qu'à la France victorieuse ou vaincue et l'on oubliait l'Asie où l'Angleterre s'affermissait, le Nouveau-Monde où la république américaine grandissait sans bruit. De 1815 à 1830, l'attention encore concentrée sur l'Europe, ne s'en détourne un moment que pour voir naître les nouveaux États de l'Amérique espagnole. Dans la troisième période, c'est d'un pôle à l'autre qu'il faut aller pour suivre la civilisation qui veut achever de prendre possession du globe par le commerce ou par la guerre, ses deux puissants véhicules.

Le roi Louis-Philippe. — La Fayette avait dit en montrant le duc d'Orléans au peuple, à l'hôtel de ville: « Voilà la meilleure des républiques. » Beaucoup avaient pensé comme La Fayette. Les vertus privées du prince, sa belle famille, ses anciennes relations avec les chefs du parti libéral, les souvenirs soigneusement ravivés de Jemmapes et de Valmy, ses habitudes bourgeoises, l'éducation populaire donnée à ses fils dans nos écoles publiques, tout encourageait les espérances.

Le duc d'Orléans, chef de la branche cadette de la

maison de Bourbon, fut proclamé roi le 9 août, après avoir juré l'observation de la Charte revisée. Les changements faits alors au pacte constitutionnel ou, dans les mois suivants, aux lois existantes étaient peu importants : abolition de l'hérédité pour la pairie, et de la censure pour les journaux ; fixation du cens d'éligibilité à 500 francs et du cens électoral à 200, ce qui maintenait les droits politiques à la fortune sans faire une part expresse à l'intelligence ; suppression de l'article qui reconnaissait la religion catholique comme religion de l'État et de toutes les pairies créées par Charles X. Mais, en 1814, Louis XVIII avait paru *octroyer* une Charte par son bon plaisir ; en 1830, Louis-Philippe en acceptait une que lui *imposaient* les députés. Toute la révolution était là. Il faut cependant constater que le droit violé d'abord par la royauté, l'avait été ensuite par la Chambre, puisque les députés avaient disposé de la couronne et refait la constitution, sans mandat du pays. Ce sera pour la dynastie d'Orléans une cause irrémédiable de faiblesse, parce que le gouvernement, né d'un fait et non pas d'un principe, ne trouvera, dans le *pays légal* où il va s'enfermer, ni la force que donnait autrefois la légitimité, ni celle que donne à présent le droit national.

Ministère Laffitte (1830). — L'ébranlement causé par la chute de la Restauration avait donné une force inattendue au parti républicain. Il fallut d'abord compter avec lui. On le flatta quelque temps dans la personne de deux hommes que les républicains respectaient, le général La Fayette, que l'on nomma commandant de toutes les gardes nationales de France, et M. Laffitte, qui fut appelé au ministère (2 nov.). On exploita habilement la popularité du premier jusqu'après le procès des ministres de Charles X, et celle du second jusqu'au moment où il fallut se prononcer nettement sur la politique extérieure.

La France a l'insigne honneur de fixer sur elle l'attention du monde. Au bruit du trône qui s'écroulait à Paris, le 29 juillet 1830, tous les pouvoirs impopulaires avaient été compromis. On verra bientôt qu'en Suisse les gouvernements aristocratiques tombèrent, et qu'en Allemagne de libérales innovations s'introduisirent. L'Italie était frémissante ; l'Espagne préparait une révolution ; la Belgique se séparait de la Hollande ; l'Angleterre elle-même, émue, agitée, allait arracher aux torys le bill de réforme. La paix était plus profitable que la guerre à la liberté et nos idées refaisaient les conquêtes que nos armes avaient perdues.

Mais la France devait-elle prendre le rôle de champion de toutes les insurrections européennes, au risque de soulever une guerre universelle et de verser des flots de sang ? Le nouveau roi ne le pensa point. La Belgique s'était séparée de la Hollande et s'offrait à la France ; on la repoussa pour ne point exciter la jalousie de l'Angleterre. Les réfugiés espagnols voulaient tenter une révolution dans leur pays ; on les arrêta sur la frontière pour ne point violer le droit international, même en face d'un prince qui était un secret ennemi. La Pologne, quelques instants délivrée par un héroïque effort, nous appelait. Était-il possible de la sauver par les armes ? Comme elle le dit elle-même au moment des grandes douleurs : « Dieu est trop haut et la France est trop loin. » On ne lui envoya que des secours isolés qui n'empêchèrent pas que Varsovie succombât. Sa chute retentit douloureusement au cœur de tous les Français. L'Italie, enchaînée par l'Autriche, s'agitait pour briser ses fers. M. Laffitte voulait l'y aider. Le roi refusa de le suivre si loin, et appela Casimir Périer à la présidence du conseil.

Ministère Casimir Périer (1831). — On trouvait cette politique trop prudente. Casimir Périer (13 mars) lui donna un moment de grandeur, par l'énergie qu'il mit au service de cette modération. Il déclara nettement deux choses : qu'il voulait l'ordre légal, par conséquent que les républicains et les légitimistes seraient combattus à outrance, s'ils en appelaient à l'émeute pour faire triompher leurs opinions ; qu'il ne jetterait point la France dans une guerre universelle, par conséquent qu'il ferait à la paix du monde tous les sacrifices compatibles avec l'honneur du pays. Ce langage semblait fier ; des actes le soutinrent. Don Miguel, en Portugal, avait outrageusement traité deux Français ; une flotte força les passes du Tage, réputées infranchissables, et mouilla à trois cents toises des quais de Lisbonne. Les ministres portugais s'humilièrent ; une légitime réparation fut accordée. Les Hollandais avaient envahi la Belgique ; cinquante mille Français y pénétrèrent, et le pavillon néerlandais recula. Les Autrichiens, une première fois sortis des États pontificaux, y étaient rentrés ; Casimir Périer, résolu à faire respecter le principe de non-intervention, envoya une flottille dans l'Adriatique, et des troupes de débarquement s'emparèrent d'Ancône. Cette apparition du drapeau tricolore au centre de l'Italie était presque une déclaration de guerre à l'Autriche. Elle ne la releva point et replia ses troupes.

A l'intérieur, le président du conseil suivait avec la même énergie la ligne de conduite qu'il s'était tracée. Les légitimistes agitaient les départements de l'Ouest; des colonnes mobiles y étouffèrent la révolte. Les ouvriers de Lyon, excités par de trop cruelles misères, mais aussi par des meneurs, s'étaient soulevés en inscrivant sur leur bannière cette devise douloureuse et sinistre : « Vivre en travaillant ou mourir en combattant. » Après une affreuse mêlée dans la ville même, ils furent désarmés, et l'ordre parut rétabli à la surface. Grenoble à son tour fut ensanglantée. A Paris éclatèrent les complots dits des tours de Notre-Dame et de la rue des Prouvaires.

Tel fut le ministère de Casimir Périer : une lutte énergique, dans laquelle sa forte volonté ne recula, pour la cause de l'ordre, devant aucun obstacle. Collègues, Chambres, le roi même, il maîtrisa tout. Une telle vie avait épuisé ses forces quand le choléra vint l'enlever le 16 mai 1832[1].

---

1. Ce terrible mal, sorti de l'Inde, parcourut tout l'ancien conti-

Ministère du 11 octobre 1832. — La société était travaillée dans ses plus intimes profondeurs, par les partisans de Saint-Simon et de Fourier qui demandaient un autre ordre social. Ceux-ci ne jouaient encore que le rôle d'apôtres pacifiques, mais l'insurrection lyonnaise avait montré dans les prolétaires une armée toute prête pour appliquer les doctrines. La garde nationale défendit énergiquement la royauté, lorsque, à la suite des funérailles du général Lamarque, les républicains livrèrent, derrière les barricades de Saint-Méry, la bataille des 5 et 6 juin qu'ils perdirent. Cet échec abattit pour quelque temps leur parti. Un mois après (22 juillet 1832), la mort du fils de Napoléon, le duc de Reichstadt, débarrassa d'un concurrent redoutable la dynastie d'Orléans, qui, à la même époque, semblait gagner un appui par le mariage de la princesse Louise avec le roi des Belges.

Un autre prétendant perdait aussi sa cause. La duchesse de Berry, débarquée secrètement sur les côtes de Provence avec le titre de régente, était venue allumer dans l'Ouest la guerre civile au nom de son fils Henri V. Mais il n'y avait plus ni Vendéens ni chouans. Les idées nouvelles avaient pénétré là comme ailleurs, plus qu'ailleurs même. « Ces gens-là sont patriotes et républicains, » disait un officier chargé de les combattre. Quelques gentilshommes, des réfractaires, peu de paysans répondirent à l'appel. Le pays, sillonné de troupes, fut promptement pacifié, et la duchesse, après avoir longtemps erré de métairie en métairie, entra dans Nantes, déguisée en paysanne. Cette aventureuse équipée montra la faiblesse du parti légitimiste. Pour achever de le ruiner, M. Thiers, alors ministre, fit rechercher active-

---

nent, de la Chine à l'Angleterre, et, entré dans Paris le 26 mars, en sortit le 30 septembre, laissant derrière lui près de vingt mille morts. Dans la France entière, il a fait 120 000 victimes en 1832, 100 000 en 1849, 150 000 en 1854. La dernière épidémie, celle de 1867, a été moins meurtrière.

ment la duchesse. Découverte le 7 novembre et enfermée à Blaye, elle fut contrainte d'y avouer un mariage secret, qui rendait pour l'avenir toute tentative du même genre impossible.

Succès au dehors. — On verra plus loin l'histoire des États européens de 1830 à 1840 et comment la France s'y mêla ; il faut cependant indiquer dès maintenant quelques-uns des résultats de notre politique étrangère parce qu'ils réagirent sur la politique intérieure. Ainsi la prise par nos soldats de la citadelle d'Anvers, que les Hollandais refusaient de rendre aux Belges, mit un terme à une situation critique d'où, à chaque instant, la guerre pouvait sortir (23 décembre 1832 ; voy. ci-dessous, p. 578). L'occupation d'Arzew, de Mostaganem, de Bougie affermit notre établissement d'Alger, et ces expéditions aux bords de l'Escaut et sur les rives de la Méditerranée jetèrent quelque éclat sur nos armes.

En Orient, la diplomatie française intervenait entre le sultan et son victorieux vassal, le pacha d'Égypte. Le traité de Kutayeh, qui laissait la Syrie à Méhémet-Ali, ne rendait pas le sultan plus faible, mais il fortifiait le vice-roi d'Égypte, gardien pour l'Europe des deux grandes routes commerciales de la mer Rouge et du golfe Persique, dont l'Angleterre voulait se saisir (mai 1833 ; voy. p. 601).

Au Portugal, don Miguel, prince absolutiste, était renversé du trône au profit de doña Maria, qui donnait à son peuple une charte constitutionnelle (1834). En Espagne, Ferdinand VII mourait (1833) en excluant de la couronne son frère don Carlos que soutenait le parti rétrograde ; de sorte que la Péninsule tout entière allait échapper en même temps au parti absolutiste si l'Angleterre et la France s'unissaient pour empêcher un nouveau congrès de Laybach ou de Vérone. Le traité de la quadruple alliance, signé le 22 avril 1834, entre les cours de Paris, de Londres, de Lisbonne et de Madrid, promit, en effet, aux nouveaux gouvernements espagnol et portugais l'appui des deux grands pays constitutionnels, contre le mauvais vouloir des cours du Nord. En France, quelques effets suivirent même ces promesses. Pour soutenir, au besoin, contre les légitimistes espagnols, alliés naturels des légitimistes français, la jeune reine Isabelle, on forma un corps d'armée de cinquante mille hommes au pied des Pyrénées [1].

Insurrections à Lyon et à Paris (1834); attentat de Fieschi (1835). — A l'intérieur, les Chambres avaient adopté une loi qui organisait enfin notre instruction primaire (1833). Dans le Parlement, sur les questions graves, la majorité était acquise au ministère. Si le jury acquittait souvent les accusés politiques, l'armée était fidèle et la magistrature montrait envers les républicains une sévérité qui rassurait la cour. Un premier attentat contre la vie du roi faisait profiter la royauté de l'horreur qu'inspirent toujours de pareils crimes. « Eh bien? ils ont tiré sur moi, disait le roi. — Sire, répondit Dupin, ils ont tiré sur eux. »

Les insurrections d'avril 1834, à Lyon et à Paris, et les dramatiques incidents du procès intenté à 164 républicains devant la Cour des pairs, amenèrent l'emprisonnement ou la fuite de presque tous les chefs, et la ruine momentanée de ce parti comme faction militante.

Cependant, les violents recoururent encore à l'assassinat. A la revue du 28 juillet 1835, Fieschi, repris de justice et faussaire, dirigea contre le roi une machine infernale, dont les coups jetèrent morts autour du monarque le maréchal Mortier, une des gloires de l'Empire et naguère président du conseil, un général, deux colonels, un vieillard, une femme, une jeune fille, plusieurs gardes nationaux : en tout 18 morts et 22 blessés, dont 5 généraux. Cet épouvantable attentat effraya la société, encore émue de la guerre civile récente et des violentes péripéties du procès d'avril. Le ministère profita de l'indignation universelle pour présenter les lois de septembre sur les cours d'assises, le jury et la presse. Elles

---

1. Voy. ci-dessous, p. 590.

étaient calculées de manière à rendre la justice criminelle plus sévère et plus prompte ; elles interdisaient toute discussion sur le principe du gouvernement et élevaient le cautionnement des journaux, de quarante-huit mille francs à cent mille.

Ministère Thiers (1836). — Jusqu'à ce moment, la cause de l'ordre avait été énergiquement soutenue à l'intérieur ; maintenant qu'elle était triomphante, M. Thiers, président du conseil des ministres depuis le 22 février 1836, voulut reprendre au dehors le rôle de Casimir Périer.

Les carlistes espagnols faisaient dans la Péninsule de menaçants progrès ; M. Thiers se décida à intervenir, l'Angleterre elle-même le demandait. C'était donc à la fois se rapprocher de cette puissance et prendre hautement en main la défense des idées libérales en Europe. Le souvenir de la malheureuse intervention de 1823 eût été ainsi glorieusement effacé.

Le même ministre avait conçu et préparé une autre expédition. Depuis la conquête d'Alger nous avions fait peu de progrès dans l'ancienne Régence. On avait pris quelques villes sur la côte et livré quelques combats dans l'intérieur. M. Thiers chargea le maréchal Clausel d'attaquer Constantine, la plus forte place de toute l'Afrique, dans le même temps où il comptait faire entrer le général Bugeaud en Espagne à la tête de douze mille hommes. Ainsi le gouvernement, qui avait comprimé les troubles intérieurs, allait ouvrir au dehors une issue à l'activité de la France. A l'ordre qu'il avait donné, il voulait ajouter un peu de gloire. Le roi, que tout grand mouvement effrayait, consentit bien à l'expédition de Constantine, parce que les coups de canon tirés en Afrique, disait-il, ne s'entendaient pas en Europe ; mais il se refusa à l'intervention en Espagne. M. Thiers, plutôt que de céder, sortit du ministère, où M. Molé le remplaça (6 sept. 1836) comme président du conseil.

Ministère Molé (1836-1839). — La première partie du ministère de M. Molé fut marquée par des événements malheureux. Le maréchal Clausel, laissé sans moyens suffisants, échoua dans l'expédition de Constantine. Le prince Louis, neveu de Napoléon, tenta de soulever la garnison de Strasbourg (30 oct. 1836). Arrêté, on le fit reconduire hors du royaume, mais ses complices furent traduits devant le jury, qui les renvoya absous, parce que le principal coupable avait été soustrait à sa juridiction. Ce verdict mécontenta la cour, et le ministère présenta la loi de disjonction qui violait le principe de l'égalité devant la justice, en soumettant à deux juridictions différentes les citoyens et les militaires accusés d'un même crime. La Chambre la repoussa.

Ces échecs furent compensés, les années suivantes, par quelques succès. Le traité de la Tafna, dont on ne connut que plus tard l'imprudence, pacifia la province d'Oran; à l'autre extrémité de nos possessions algériennes, l'armée planta enfin son drapeau sur les murailles de Constantine (1837), et, pour terminer de longs démêlés avec le Mexique, on envoya une expédition qui s'empara de Saint-Jean-d'Ulloa, dont la prise nous livra la Vera-Cruz et la principale douane du pays. Le Mexique paya une indemnité de guerre. Le prince de Joinville se trouvait sur la flotte; il y montra le courage que ses frères avaient maintes fois déployé en Afrique à la tête de nos soldats. Enfin, la naissance d'un fils du duc d'Orléans (24 août 1838), que le roi nomma comte de Paris, parut affermir la dynastie.

Déjà cependant, au sein du Parlement, se préparaient contre le ministère de vives attaques. M. Molé venait, aux termes du traité de 1833, de rappeler nos troupes d'Ancône; on prétendit qu'abattre à Ancône le drapeau tricolore, c'était abaisser l'attitude de la France en Europe, et renoncer à un gage précieux contre l'Autriche. La diplomatie française ne parut pas plus heureuse dans le règlement définitif de l'affaire hollando-belge. La révolution de Bruxelles s'était faite pour la séparation de deux peuples divisés de langue, de religion et d'intérêts. Or, le traité des vingt-quatre articles, accepté par notre ministère, cédait au roi de Hollande des populations belges qui avaient combattu contre lui. L'Europe n'avait pas voulu laisser entre des mains amies de la France la province de Luxembourg, qui eût couvert un des points vulnérables de notre frontière.

Avec plus de souci, disait-on, de l'honneur national, avec plus de confiance dans les forces du pays, on se fût épargné ces inutiles concessions au système de la paix à tout prix. Mais le prétexte véritable de ces attaques était ce qu'on appelait l'insuffisance du ministère. M. Guizot, chef des doctrinaires, parti peu nombreux, mais plein de talent et d'ambition; M. Thiers, chef d'un groupe du centre gauche, où le gouvernement personnel était hautement condamné; M. Odilon Barrot, chef des députés opposés à la politique, mais dévoués à la personne du roi, formèrent une *coalition* pour rappeler la devise de 1830 : « Le roi règne et ne gouverne pas. »

Le ministère voulut, le 22 janvier 1839, se retirer. Le roi, dont la cause était en jeu, refusa les démissions et fit appel au pays en prononçant la dissolution de la Chambre. Le ministère se jeta énergiquement dans la bataille électorale; mais il fut vaincu et tomba. Les rivalités éclatèrent dès qu'il fallut partager les portefeuilles, et la coalition se rompit le lendemain du jour où elle avait triomphé. D'inextricables difficultés, pour la formation d'un nouveau ministère, tinrent pendant plus d'un mois Paris en suspens. L'occasion parut favorable à quelques républicains, qui croyaient bien plus à la vertu des coups de fusil qu'à la propagande des idées. Leurs chefs, Barbès et Blanqui, esprits sombres, conspirateurs-nés, tentèrent une révolution. Ils ne firent même pas une émeute (12 mai).

Ministère du maréchal Soult (1839). — Ce réveil des passions violentes précipita la crise ministérielle. Le même jour, un cabinet se constitua sous la présidence du maréchal Soult. Aucun des chefs de la coalition n'en faisait partie. Aussi ne pouvait-il être qu'un ministère intérimaire. Il ne dura pas dix mois, du 12 mai 1839 au 1ᵉʳ mars 1840. Sous lui, en Afrique, Abd-el-Kader rompit le traité de la Tafna et proclama la guerrre sainte. Des succès répondirent à cette levée de boucliers : le maréchal Valée et le duc d'Orléans franchirent le passage redouté des Portes de Fer ; et, deux mois après, l'infanterie régulière de l'émir fut écrasée au combat de la Chiffa.

La grosse affaire de ce cabinet fut la question d'Orient. Avant d'en parler, il nous faut exposer les conséquences que la nouvelle révolution de la France avait eues pour l'Europe. Constatons seulement, avant de quitter l'histoire de notre pays, le résultat obtenu par la royauté de Juillet en dix années de règne. Les partis extrêmes, légitimistes et républicains, ayant été vaincus, les conservateurs libéraux étaient restés maîtres du Gouvernement. Ce grand parti va-t-il demeurer uni et, fidèle à sa pensée, saura-t-il donner des garanties à l'ordre, en même temps que des gages à la liberté ? Comprendra-t-il ce qu'il devra faire pour répondre aux progrès de la richesse nationale et de l'esprit public ? Élargira-t-il lentement, mais de continu, la base étroite qui porte tout le monde officiel, ce « pays légal » où s'appuient le Parlement, le ministère et la royauté ? L'histoire nous le dira quand nous reprendrons la suite des affaires intérieures de la France entre 1840 et 1848.

LXXXVI

CONSÉQUENCES DE LA RÉVOLUTION DE JUILLET EN EUROPE (1830-1840).

État général de l'Europe en 1830. — Ce n'est pas la révolution de Juillet qui fut la cause des terribles nouveautés qui se produisirent en Europe, après les trois journées de Paris. Tout était prêt en Angleterre pour la chute des tories ; en Belgique, en Italie, en Pologne, pour une insurrection nationale ; en Espagne, au Portugal, dans le sein de la Confédération germanique, pour donner plus de force aux réclamations des constitutionnels. La politique de compression suivie par les grands États depuis 1815 avait préparé les matières inflammables sur lesquelles tomba une étincelle de la bataille de Paris. Le feu prit alors partout ; sur certains points, il fit son œuvre et place nette pour des édifices nouveaux ; sur d'autres, il fut momentanément contenu ou étouffé. On montrera d'abord les peuples qui, à l'exemple de la France, passèrent du côté de 89, en allant du régime autoritaire au régime contractuel, du droit royal ou aristocratique au droit national ; et nous remarquerons qu'ils habitaient tous au pourtour de la France ou avaient avec elle de vieilles relations d'amitié ; on verra ensuite ceux qui maintenus à terre par de puissantes mains s'agitèrent sans parvenir à se mettre debout.

Angleterre : Ministère whig (1830) et bill de réforme (1831-1832). — Le premier parlement qui se réunit à Londres, après la révolution de France, renversa le ministère tory, malgré l'illustration de son chef, Wellington (2 novembre 1830). Les whigs prirent la direction des affaires et présentèrent pour la réforme électorale un bill qui supprimait 60 *bourgs-pourris*, donnait des représentants aux villes qui n'en avaient point et créait une multitude de nouveaux électeurs, en abaissant le cens électoral dans les villes à 10 livres sterling de loyer ou de revenu. C'était une réforme bien plus libérale que la nôtre, puisque le chiffre *minimum* du cens, à peu près le même dans les deux pays, était en France représenté par une somme que l'impôt prélevait sur le revenu ; et en Angleterre par le revenu même ou par le loyer payé au propriétaire. Aussi le nombre des électeurs fut presque doublé : l'Angleterre seule (*England*) en eut alors plus de 800 000 ; et l'on verra, en 1848, le sort de la France joué sur la question de savoir si l'on devait ajouter 24 000 électeurs à un corps électoral qui, pour une population de plus du double, n'était que le quart du corps électoral de l'aristocratique Angleterre! Les lords résistèrent durant quatorze mois aux Communes, aux ministres, au roi même et à des manifestations populaires qui réunissaient jusqu'à 300 000 personnes. Ils ne cédèrent que devant la menace d'une fournée de pairs qui aurait déplacé la majorité (4 juin 1832). Les whigs firent encore voter au Parlement deux autres lois libérales : en 1833, l'émancipation de 600 000 Nègres, dont l'affranchissement coûta à l'Angleterre seize millions et demi de livres sterling ; l'année suivante, la taxe des pauvres en faveur des déshérités de la métropole. Pour décider les lords à accepter le bill de réforme, Wellington, le chef des tories, leur avait dit tristement : « Le temps n'est plus, milords, où la Chambre haute pouvait faire prévaloir son sentiment. Il faut nous résigner aujourd'hui à vouloir ce que veulent les Communes. » L'aristocratie anglaise, la plus forte, la plus riche qui fût au monde, mais celle aussi qui avait montré depuis un siècle et demi le plus de sagesse politique, annonçait par ces mélancoliques paroles son abdication comme classe dirigeante. Il lui restait une utile fonction que jusqu'à cette heure elle a bien remplie, celle de ces freins modérateurs qui sont aussi nécessaires dans les grands organismes qu'on appelle des États que dans les puissantes et dangereuses machines de l'industrie.

Il faut donc mettre au compte de la révolution de Juillet d'avoir permis à la France de prendre sur l'aristocratie anglaise une revanche de ses longues inimitiés, revanche non sanglante et utile aux deux pays, car en aidant à précipiter les tories du pouvoir pour faire monter les libéraux à leur place, elle nous assurait des amis au delà du détroit. A l'attitude froide et hautaine des cours d'Allemagne et de Russie, le roi Louis-Philippe pourra opposer « l'entente cordiale » avec l'Angleterre, de sorte que les deux puissances occidentales unies, pendant plusieurs années, par la communauté des idées et des intérêts, vont contenir les ambitions réactionnaires et favoriser les légitimes aspirations des peuples.

Le premier fruit de l'alliance fut la solution pacifique de la question belge.

Révolution belge (août et septembre 1830). — En 1815, les Anglais avaient fait donner la Belgique à la Hollande en dédommagement de ses colonies qu'ils voulaient garder. On avait, en outre, vu dans cette combinaison un moyen de contenir et de surveiller la France au nord-est. Mais la Belgique qui avait notre langue, nos lois, notre religion éprouvait la même répugnance qu'au seizième siècle à s'unir aux provinces Bataves (voy. p. 399). Le roi des Pays-Bas accrut cette antipathie par des démêlés avec le clergé catholique et la Cour de Rome, par l'interdiction du français dans les écoles et dans les tribunaux, par la défense faite aux étudiants de son royaume, de fréquenter les facultés étrangères. Des écrivains furent jetés en prison, des journalistes condamnés, et telle était, en 1829, l'irritation des Belges, que d'innombrables pétitions adressées aux deux Chambres réclamèrent contre les abus d'autorité commis par le Gouvernement. Aussi un mois après la révolution de Paris, Bruxelles prenait feu, toutes les villes brabançonnes et flamandes suivaient son exemple, et l'armée hollandaise était rejetée sur la citadelle d'Anvers, seul point du territoire belge qui lui restât.

L'Angleterre avait vu avec déplaisir ce renversement de l'œuvre de 1815; elle redoutait toujours l'occupation d'Anvers, c'est-à-dire des bouches de l'Escaut et de la Meuse, par la France, et le discours du trône rédigé par le ministère tory avait blâmé la Révolution brabançonne. L'esprit plus large des whigs, aidés par la modération de Louis-Philippe, prévint les complications. Dans la *conférence* réunie à Londres le 4 novembre 1830, les puissances du Nord reconnurent elles-mêmes l'impossibilité de tenir réunies sous le même sceptre deux populations si différentes, et l'on résolut de laisser s'organiser un royaume belge, à la seule condition que le roi ne serait pris dans aucune des cinq maisons royales dont les représentants siégeaient à la Conférence. Aussi lorsque le congrès de Bruxelles eut élu le duc de Nemours, second fils de Louis-Philippe, ce prince refusa pour sa maison un honneur qui aurait été un péril pour la France (fév. 1831). Quelques mois après, une autre élection appela au trône de Belgique le prince de Saxe-Cobourg dont la sagesse a valu au nouvel État une prospérité qui depuis quarante ans ne s'est pas démentie. La Conférence acheva son œuvre en décidant pour repousser une agression des Hollandais l'entrée de 50 000 Français en Belgique. La prise d'Anvers après un siége fort bien conduit dans la défense comme dans l'attaque (novembre et décembre 1832), termina la question au point de vue militaire; la diplomatie dépensa plus de six années pour arriver à faire signer aux deux parties le traité des 34 articles (avril 1839). La neutralité perpétuelle de la Belgique fut reconnue par toutes les puissances; celle de la Suisse l'était depuis 1815. Si l'on avait étendu ce principe aux provinces rhénanes, on aurait évité les malheurs de 1870 et la terrible guerre que l'avenir tient sans doute en réserve.

Modifications libérales dans les constitutions de la Suisse (1834), du Danemark (1834) et de la Suède. — Dans les pays du Nord, que ce soient les régions qui inclinent vers le pôle ou celles qui, sous une latitude moins haute, s'étendent au pied des glaciers alpestres, la passion est moins vive, l'action plus contenue. La Suisse avait été contrainte d'entrer, après 1815, dans la Sainte-Alliance; et, la mode ne conduisant pas encore chaque été les désœuvrés de l'Europe au milieu de ses montagnes où ils laissent tant d'or, elle avait pour industrie principale les soldes militaires gagnées par les régiments suisses à Rome, à Naples, à Madrid, en France, même aux Pays-Bas. Jusqu'en 1830, elle fut très-déférente pour les puissants d'alors : elle reçut les Jésuites dans le Valais et à Fribourg; sur la demande des ministres étrangers, elle usa de sévérité à l'égard de la presse, et elle mit des restrictions au droit d'asile qu'invoquaient chez elle les réfugiés de tous pays. A la nouvelle que la France échappait à la politique réactionnaire, on demanda dans presque tous les cantons des institutions plus libres, mais seulement par les voies légales et la pression de l'opinion publique. L'Autriche ayant massé des troupes dans le Vorarlberg et le Tyrol pour intimider les libéraux, la Diète décréta une levée de 60 000 hommes, et 100 000 s'armèrent; les souverains, menacés par la révolution belge, par l'agitation toujours croissante de l'Italie et de l'Allemagne, se hâtèrent d'envoyer des assurances de paix. Abandonnés à eux-mêmes, les gouvernements aristocratiques de la Suisse s'écroulèrent; le patriciat perdit ses anciennes immunités, et ce sage peuple fit son évolution politique sans verser une goutte de sang. Il n'y eut de troubles violents et quelques morts que plus tard, à Neuchâtel, dont les habitants se soulevèrent contre le roi de Prusse, leur souverain, et à Bâle, où les bourgeois de la ville prétendaient conserver des priviléges au détriment des communes rurales.

Le Danemark n'eut pas même ces légers désordres : le roi institua de son propre mouvement quatre assemblées provinciales pour les îles, le Jutland, le Sleswig, le Holstein (1831); plus tard, il donnera à tout le royaume une diète générale (1849). La Suède fut encore plus patiente : travaillée depuis 1830 par les idées libérales, elle attendra jusqu'en 1840 pour reconstituer son gouvernement avec deux chambres électives, la responsabilité ministérielle et l'abolition des droits héréditaires de la noblesse, tout en maintenant la distinction des ordres.

Le Midi, au contraire, où les imaginations sont ardentes, eut des insurrections armées et des révolutions.

Révolutions en Espagne (1833) et en Portugal (1834); traité de la quadruple alliance (1834). — A Madrid, Ferdinand VII était toujours le prince selon le cœur des absolutistes. Il avait d'abord refusé de reconnaître le nouveau roi de France et il encouragea, au moins de ses vœux, la folle équipée de la duchesse de Berry. Mais, durant la grossesse de la jeune reine Marie-Christine, qu'il avait épousée en décembre 1829, il exhuma une déclaration secrète par laquelle Charles IV avait, en 1789, révoqué la pragmatique de Philippe V, qui n'appelait les filles à succéder au trône qu'à défaut d'héritier mâle. Cette déclaration était un retour à l'ancienne loi de succession qui avait fait la grandeur de l'Espagne par la réunion de l'Aragon à la Castille, sous Isabelle la Catholique, et qui avait donné la couronne à Charles-Quint. Le roi n'éprouvait d'ailleurs aucun scrupule à déposséder son frère, don Carlos, qui avait essayé deux fois de le renverser, et Marie-Christine ayant donné le jour à une fille, Isabelle, cette enfant devint reine, à la mort de Ferdinand (septembre 1833), sous la tutelle de sa mère. Les « apostoliques », oublieux des traditions nationales et infidèles à leur principe du droit divin des rois, qui avait permis à Charles II de léguer ses peuples comme un héritage, même à un étranger, prirent parti pour don Carlos qui se prépara à revendiquer le trône les armes à la main. Il en résulta que la régente, pour sauver la couronne de sa fille, fut obligée de s'appuyer sur les constitutionnels, de sorte qu'une querelle de famille allait ramener le gouvernement espagnol au parti libéral; mais une guerre civile de sept années était déchaînée sur la péninsule.

Don Carlos s'était d'abord réfugié auprès de don Miguel qui, aidé du maréchal Bourmont, des légitimistes français et des absolutistes de Portugal, défendait son usurpation contre son frère don Pedro, que soutenaient les sympathies effectives de la France et de l'Angleterre[1]. Le 8 juillet 1832, les constitutionnels s'étaient

---

1. L'expédition française dans le Tage (14 juillet 1831) n'avait eu pour but que de venger les insultes faites à nos nationaux; mais en humiliant don Miguel, elle avait servi la cause de doña Maria, fille de don Pedro.

saisis d'Oporto ; l'année suivante, les victoires de Saint-Vincent et de Lisbonne leur avaient livré la capitale ; enfin le traité de la quadruple alliance, conclu en avril 1834 avec l'Angleterre et la France, par don Pedro et Marie-Christine, au nom de leurs filles, les jeunes reines doña Maria et Isabelle II, contraignit don Miguel à sortir du royaume (capitulation d'Évora, mai 1834).

Battus en Portugal, les absolutistes comprirent que, s'ils ne se maintenaient pas en Espagne, leur cause serait perdue dans l'Europe occidentale et compromise partout. Don Carlos souleva les provinces du nord, surtout le pays basque, toujours épris de ses antiques *fueros* et ennemi de la centralisation madrilène. Les bandes carlistes coururent toutes les Pyrénées ; sous Gomez et Cabrera, elles pénétrèrent jusqu'aux environs de Madrid, et Zumalacarreguy parvint même un moment à remplacer ces courses de partisans qui ne finissent rien, par la grande guerre qui pouvait tout terminer ; il fut mortellement blessé en 1835 devant Bilbao.

Les carlistes avaient appelé à leur aide tous ceux que la révolution de Juillet avait vaincus ou menacés. Les partisans de Henri V soutinrent naturellement le prétendant espagnol. Mais il était impossible aux cours du Nord de lui envoyer des forces régulières : les escadres d'Angleterre et de France barraient la mer, et les Pyrénées étaient bien loin de Vienne, de Berlin et de Moscou, où le czar voyait avec colère cette lutte qui avait lieu hors de la portée de sa main. Il fallut se contenter d'encouragements secrets et de subsides, qui vinrent surtout de Naples et de Saint-Pétersbourg. De leur côté, les puissances occidentales encouragèrent la formation de légions anglaise et française qui étaient de véritables armées : celle de France compta jusqu'à 7000 hommes (1835). Ainsi les deux politiques qui se divisaient l'Europe, n'osant se heurter de front, se combattaient à distance et par intermédiaires sur les rives de l'Èbre. C'est que l'Autriche et la Prusse, sentant frémir sous elles l'Italie et l'Allemagne, hésitaient à déchaîner une grande guerre, et que Louis-Philippe, malgré l'alliance de l'Angleterre, ne voulait pas risquer la paix et sa couronne en allant au delà d'une intervention discrète et détournée.

La guerre se fit avec les horreurs habituelles aux guerres espagnoles, quoique les deux partis eussent dans leurs rangs beaucoup de volontaires : les uns venus par dévouement à la cause ou pour faire leur apprentissage militaire, d'autres par désœuvrement, curiosité de touriste, moins que cela même, pour dépenser une ardeur inquiète au milieu des émotions de combats qui n'étaient pas toujours dangereux; au lieu de courir le loup et le sanglier sur son domaine, on passait un printemps ou un automne à courir dans les montagnes le christinos ou le carliste. Cela dura jusqu'en 1840, au milieu de péripéties sanglantes et de tergiversations politiques qui renversèrent à Madrid plusieurs ministères. Espartero, que la régente nomma pompeusement duc de la Victoire, mit fin à la guerre carliste, puis chassa Marie-Christine (octobre 1840) et prit sa place comme régent. Trois ans après, il fut chassé à son tour par Narvaez (juillet 1843), et, sous la main de ce rude soldat, la monarchie espagnole resta à peu près constitutionnelle[1], avec le caractère de conservation exagérée que M. Guizot donnait alors en France à la monarchie de Juillet.

Efforts impuissants des libéraux en Allemagne et en Italie (1831); défaite de l'insurrection polonaise (1831). — Ainsi, l'extrême Nord européen et tout l'Occident entraient dans le mouvement déterminé par la chute du roi Charles X et par le retour de la France vers ce qu'il y avait de sage dans les idées de 1789. D'autres pays auraient voulu suivre cet exemple, mais ils

---

1. En 1837, Marie-Christine avait accepté une Constitution rédigée d'après les principes libéraux de la Constitution de 1812. La révision qu'en fit Narvaez en 1845 fut dans un sens très-monarchique. Il effaça le principe de la souveraineté nationale, établit un cens électoral, restreignit les droits des municipalités, etc.

se trouvèrent enlacés de liens trop forts pour les pouvoir briser, et leurs princes éprouvaient, à l'égard de ce qui venait de s'accomplir en France, un sentiment d'aversion et de colère qui n'était pas toujours contenu [1].

Le contre-coup de la révolution de Juillet ne se fit pas sentir, du moins ostensiblement, dans les deux grandes monarchies allemandes. Un puissant état militaire, l'alliance du gouvernement, à Berlin comme à Vienne, avec l'Église officielle, l'appui d'une nombreuse noblesse qui prenait pour devise : Dieu et le roi, enfin la réserve politique d'une bourgeoisie à qui l'industrie et le commerce n'avaient pas encore donné la fortune et, avec elle, le sentiment de sa force et une légitime fierté, protégeaient, en Autriche et en Prusse, le pouvoir absolu. Frédéric-Guillaume III se contenta de desserrer les liens qui enlaçaient la presse et de rendre la censure moins intraitable. C'étaient des concessions sans danger qu'il contre-balança d'ailleurs par les avantages résultant pour la Prusse de l'achèvement du *Zollverein* : œuvre double qui détournait les esprits des questions brûlantes de gouvernement et préparait l'hégémonie politique de la Prusse par son hégémonie commerciale (11 mai 1833).

Il n'en alla pas de même dans les petits États : le Brunswick, les deux Hesse, la Saxe, le Hanovre, l'Oldenbourg, la Bavière furent agités de mouvements qui précipitèrent plusieurs princes (duc de Brunswick, Électeur de Hesse) et en obligèrent d'autres à concéder des chartes et des réformes. Mais lorsque la Russie eut « fait régner l'ordre à Varsovie, » lorsque le gouvernement français eut triomphé de l'esprit révolutionnaire par sa double victoire sur les légitimistes et les républicains, les diplomates de l'Autriche et de la Prusse rentrèrent en scène et remirent en mouvement la diète de Francfort, instrument commode dont ils jouaient à merveille.

1. Six ans plus tard, celui qui allait être Frédéric-Guillaume IV, apprenant que les princes d'Orléans allaient être enfin reçus à Berlin et à Vienne, écrivait encore : « Cela m'est si dur que j'en pleurerais. »

Dès le mois de juin 1832, la Diète toujours présidée par l'Autriche et sous son influence décréta que les princes n'avaient besoin de la coopération des assemblées représentatives que pour l'exercice de certains droits, et que ces assemblées ne pouvaient refuser les voies et moyens nécessaires à l'exécution des mesures qui intéressaient la Confédération tout entière. Une commission fut instituée pour surveiller les délibérations des chambres, comme il y en avait déjà pour surveiller la presse et l'enseignement : trois suspects que le prince de Metternich ne perdait jamais de vue. Un autre règlement prescrivit aux princes de se prêter assistance mutuelle et de se livrer les prévenus politiques. Quelques mois plus tard (août 1833), les deux grandes puissances, se défiant de l'activité de la Diète et de l'énergie de ses commissaires, se firent donner le droit de constituer un comité qui eut la mission d'arrêter les tentatives révolutionnaires et dans lequel ils admirent les représentants de la Bavière, pour pallier l'espèce d'abdication que la Diète venait de faire entre leurs mains. Les arrestations, les bannissements recommencèrent par toute l'Allemagne. Le czar, venu à Münchengratz en Bohême pour fortifier personnellement les souverains de Prusse et d'Autriche dans leurs idées de résistance, obtint d'eux l'expulsion des réfugiés polonais qui durent être déportés en Amérique.

On voit ce qu'il restait de liberté aux trente-neuf États dont le Congrès de Vienne avait reconnu l'indépendance. Par sa haine pour les institutions libérales, l'Autriche poussait incessamment la Diète à empiéter sur la souveraineté des princes, de sorte que la Confédération devenait peu à peu un corps bizarre auquel il ne manquait qu'une tête. L'Autriche croyait bien qu'elle serait cette tête ; mais le jour où la toile de décor que l'on montrait à Francfort tombera, ce sera la Prusse qui apparaîtra victorieuse et menaçante, avec sa devise : La force prime le droit ; et le prince de Metternich se trouvera n'avoir travaillé durant un demi-siècle que pour ce révolutionnaire sans scrupule qui détrônera des rois, en humiliera d'autres et fera l'unité de l'Allemagne autant contre l'Autriche que contre la France.

En Italie, le roi de Naples, Ferdinand II, rassuré par la fidélité mercenaire de ses régiments suisses, attendit une insurrection, que tout le monde prévoyait. Louis-Philippe, son beau-frère, lui avait envoyé un mémoire du général Pepe indiquant les réformes à faire pour éviter une catastrophe. Il le lut, remercia et répondit comme César : « On n'osera pas. » Il eut raison pour Naples, de son vivant; mais le 4 février 1831, Bologne se souleva, puis la Romagne, l'Ombrie, et, au bout d'un mois, le pape ne conservait que la Campagne de Rome et la Sabine. Deux frères, Charles et Louis-Napoléon, étaient venus offrir aux chefs leur concours à cette entreprise où le premier laissa sa vie. Parme et Modène avaient aussi chassé leurs princes. Les Autrichiens saisirent ce prétexte pour franchir le Pô, rétablir les fugitifs et écraser l'insurrection romagnole. Les patriotes italiens avaient compté sur la France; le gouvernement français déclara aux puissances que sa politique extérieure serait réglée par le principe de non-intervention; mais il n'entendait point aller jusqu'à la guerre pour faire entrer ce principe dans le droit européen. Les Autrichiens restèrent donc libres d'accabler les Romagnols, de violer les conventions qu'ils signèrent avec eux; seulement, lorsqu'on les vit s'établir comme à demeure dans Ferrare et Bologne, Louis-Philippe fit occuper Ancône, protestation sans grandeur et pourtant utile, qui dura sept ans (1832-1838). A l'exemple du roi de Naples, le pape solda une petite armée de mercenaires, et les États de l'Église présentèrent le singulier spectacle du souverain pontife vivant à l'abri des baïonnettes étrangères : les Suisses à Rome, les Français à Ancône, les Autrichiens à Bologne, et au milieu de « ces transalpins, » les cardinaux et les légats administrant, jugeant et condamnant à l'exil, à la prison, aux galères, comme sous le moins paternel des gouvernements. Cependant, les cinq grandes puissances reconnaissant que l'esprit de révolte était entretenu d'une manière dangereuse pour le repos de l'Europe par cette administration détestable, avaient, sur l'invitation de la France, rédigé (mai 1831) un *mémorandum* où elles demandaient au Saint-Père l'admissibilité des laïcs aux fonctions publiques, des municipalités et des assemblées provinciales électives, une Cour des comptes, un conseil d'État, la réforme des cours judiciaires, etc. Le cardinal Bernetti avait promis « une ère nouvelle », et le péril passé, tout était revenu à l'ordre ancien. D'un bout à l'autre de la péninsule, excepté dans la Toscane et le Piémont, les rigueurs de 1816 et de 1821 reparurent : commissions militaires, sévérités contre les Universités, défense d'introduire des livres étrangers, condamnation aux galères pour une pensée, pour une parole ; après une émeute à Syracuse, Ferdinand II ordonna de fusiller cinquante-deux personnes. Jamais princes et ministres n'eurent moins le sentiment de la nécessité des choses et des dangers auxquels expose une politique à contretemps. On ne voyait pas qu'en comprimant les aspirations légitimes des constitutionnels, on formait des républicains : Mazzini remplaçait Pepe et Santa-Rosa.

Dans l'Europe orientale avait éclaté la plus formidable et la plus légitime des insurrections : la Pologne entière s'était levée et avait constitué un gouvernement régulier, organisé une armée puissante, fait la grande guerre et tenu quelque temps en échec toutes les forces de l'empire russe. Ici encore, comme en Italie, on voulait des libertés politiques, mais par-dessus tout l'indépendance nationale. Le mouvement éclata le 29 novembre 1830 ; par excès de prudence, après un excès de témérité, on ne chercha pas à propager l'insurrection dans les provinces restées en dehors des huit palatinats qui formaient le royaume tel que l'avait constitué le congrès de Vienne. Les *partageux* de 1773 se retrouvèrent d'accord pour maintenir leur œuvre d'iniquité. Tandis que cent mille Russes marchaient sur Varsovie, soixante mille Prussiens dans le duché de Posen, autant d'Autrichiens dans la Galicie gardèrent contre la contagion révolutionnaire la part qui leur était revenue des dépouilles polonaises. En outre les deux gouvernements de Vienne et de Berlin convinrent d'intercepter toutes les communications des insurgés avec l'Europe et d'unir leurs forces à celles des Russes si la révolte gagnait leurs provinces. La Prusse fit mieux encore, lorsqu'après les sanglantes batailles de Wawer et de Grochow (février 1831), de Dembé et d'Ostrolenka (mars et mai), le maréchal Paskewitch renonçant à forcer de front l'entrée de Varsovie, résolut d'attaquer la ville par la rive gauche de la Vistule. Cette marche hardie et dangereuse le séparait de sa base d'opération ; Frédéric-Guillaume III lui ouvrit Kœnigsberg et Dantzig par où il put faire son ravitaillement. C'était une coopération directe à la guerre et la violation du principe de non-intervention arboré par les puissances occidentales. Cependant elles n'élevèrent pas de sérieuses réclamations, quoique la cause polonaise fût très-populaire en France et en Angleterre. Dans ces deux pays il s'était formé des comités qui envoyaient en Pologne de l'argent, des volontaires et des armes ; mais à Paris, comme à Londres, les gouvernements étaient bien résolus à ne point se mêler d'une querelle qui se passait hors de leur sphère d'action militaire.

Le roi Louis-Philippe négociait pour avoir l'air de faire quelque chose, et le cabinet britannique qui, lui aussi, tenait des nations ennemies, l'Irlande et l'Inde dans une dure dépendance, déclarait les droits du czar incontestables. Abandonnés à eux-mêmes, les Polonais devaient succomber : Varsovie tomba le 8 septembre 1831 après une résistance héroïque, et Nicolas, effaçant des traités de 1815 les articles qui concédaient à la Pologne une existence indépendante avec des institutions nationales, fit de son territoire des provinces russes. Les patriotes furent proscrits, les suspects dépouillés de leurs biens, et la Sibérie se peupla de condamnés. Le russe devint la langue officielle, celle de l'administration, de la justice et de l'enseignement. Le catholicisme était la religion du pays; on lui ôta quantité d'églises pour les donner au culte grec, et tandis qu'on interdisait toute propagande catholique, les apostasies religieuses furent encouragées autant que les défections politiques [1] : Nicolas aurait voulu supprimer jusqu'à l'histoire de la Pologne; il a du moins effacé son nom : dans les documents officiels, la Pologne s'appelle aujourd'hui les *gouvernements de la Vistule*.

Cette entreprise de dénationaliser en quelques années un peuple tout entier, rappelait en plein dix-neuvième siècle l'écrasement de la France méridionale au temps des Albigeois. L'Europe, si fière de ses progrès, jetait l'anathème sur les exécutions sanglantes autrefois commises par l'intolérance religieuse, et elle n'avait que de stériles protestations, comme celles dont les tribunes de France et d'Angleterre retentirent jusqu'en 1848 contre les cruautés, tout aussi implacables, de l'intolérance politique, déchirant les traités qu'elle avait dictés et s'efforçant de détruire par les supplices, l'exil, la confiscation et l'achat des consciences, la foi religieuse et patriotique de toute une nation. Mais le vainqueur se chargeait de préparer lui-même l'expiation en s'abandonnant à l'infatuation de son orgueil. Il avait vu son peuple briser la colossale fortune de Napoléon; il venait d'étouffer en Pologne la révolution qu'il écrasera bientôt en Autriche, qu'il contenait en Allemagne à l'aide de ses alliances de famille, et il cherchait à la faire échouer en Espagne par ses subsides aux Carlistes, à l'humilier en France par ses dédains envers le roi *élu* [2].

---

1. En France la Constituante, pour rompre les habitudes et effacer les traditions, avait supprimé les provinces et créé les départements; le czar Nicolas prit en 1844 ce moyen révolutionnaire, et les huit palatinats anciens furent remplacés par de nouvelles circonscriptions administratives.

2. Le roi de Prusse parlait aussi dédaigneusement « de la couronne de pavés de Louis-Philippe, » et ne craignit point de dire assez

En se voyant si redouté, il en vint à croire à la mission providentielle réservée par Dieu à « la Sainte Russie » et à son chef, pour sauver l'ordre européen et replacer les trônes sur leurs bases antiques. Le temps des nations latines et germaniques est fini, disait-il, celui des Slaves est venu ; et il tirait d'une simple question de race un plan gigantesque de domination, la réunion de tous les Slaves, depuis l'Oural jusqu'à la Montagne Noire, sous le sceptre du czar. Ce système, qu'on a appelé le *panslavisme*, en fera naître un autre, au profit de la Prusse, le *pangermanisme*. Alors, des deux pays se disant les plus conservateurs, partiront les intrigues et les guerres les plus révolutionnaires. D'antiques dynasties seront dépossédées ou menacées, et de vieux droits populaires seront méconnus : ambitions mauvaises dont l'une a été châtiée déjà par la France, à Sébastopol, ce qu'il est bien permis, même à des vaincus par surprise, de regarder comme un présage menaçant pour l'autre.

LXXXVII

LES TROIS QUESTIONS D'ORIENT (1832-1842).

Intérêts des puissances européennes en Asie. — La question d'Orient est double, même triple. La première se débat sur les rives du Bosphore, la seconde au centre de l'Asie, et les adversaires sont les mêmes : la Russie et l'Angleterre ; celle-ci ayant besoin de tenir libres toutes les routes qui mènent vers son empire indien, veut conserver l'indépendance des États de l'Asie occidentale que, par la raison contraire, celle-là menace de ses armes ou enlace de ses intrigues. La troisième s'agite à l'extrémité de ce continent, en Chine et au Japon, mais intéresse toutes les nations maritimes. De telles ques-

haut pour être entendu « que sa couronne, à lui, n'avait été volée à personne. »

tions ne se résolvent pas d'un coup. Nous allons les voir commencer toutes trois successivement; et elles en seront encore aux préliminaires quand 1848 et le terme de notre récit arriveront.

Cette portion de l'histoire contemporaine ne présente donc pas le spectacle que nous avons eu en Occident, de deux sociétés qui, au nom d'idées différentes, se disputent le gouvernement du monde. Au lieu d'une guerre de principes ayant, malgré ses violences et quelquefois malgré ses crimes, une origine honorable, on verra aux prises des intérêts mercantiles et des ambitions qui, pour être grandioses, n'en sont pas moins vulgaires, car leur mobile est l'exploitation des sujets. Les deux puissances auxquelles revient le principal rôle dans ces événements ne songeront qu'à gagner des provinces ou des guinées; et la moralité de ces entreprises se marque par le motif de l'une d'elles : les Anglais forçant à coups de canon le gouvernement chinois à laisser ses sujets s'empoisonner d'opium pour combler le déficit de la compagnie des Indes! Cependant l'homme accomplit parfois une œuvre plus grande que ses desseins, et de riches moissons peuvent pousser sur les sillons de la guerre. Après les violences de lord Clive et d'Hastings, après les guerres injustes et les sentences cruelles des czars, l'Inde se couvrira de voies ferrées; « l'enfer sibérien » se peuplera de cités commerçantes, la sécurité reviendra dans la steppe des nomades, et la vie sociale prendra racine au désert.

La première question d'Orient : Constantinople. — Nous avons montré les vastes projets de Nicolas, de l'empereur-pontife dont les États couvraient la moitié de l'Europe et le tiers de l'Asie. Pour les faire réussir il avait besoin de relever le trône de Constantin et de s'y asseoir. De Moscou ou de Saint-Pétersbourg, cités roturières, il ne pouvait sortir un maître du monde; Stamboul était la vraie cité impériale, celle d'où l'on dominait la Grèce, une moitié de la Méditerranée, l'ouest de l'Asie et les deux passages aux Indes par la mer

Rouge et le golfe Persique. Nicolas qui, en 1829, à la faveur de l'insurrection hellénique, avait poussé ses troupes jusqu'à Andrinople et à quelques lieues de la Corne-d'Or, avait toujours les yeux sur la « seconde capitale de l'Empire Romain. » Une fois aux Dardanelles et bien établi dans cette position inexpugnable, il aurait repris le plan de Napoléon contre la domination anglaise aux Indes, tandis que la France, retenue dans les entraves toujours subsistantes de la Sainte-Alliance, aurait vainement usé ses forces et ses colères dans l'immobilité.

Mais si l'Autriche était d'accord avec les Russes contre les idées libérales, leurs ambitieux projets la jetaient dans une grande perplexité. État à moitié slave, elle redoutait de les voir pénétrer dans le bassin du Danube pour agiter aux yeux de ses populations de même sang le drapeau du panslavisme; puissance maritime, leur établissement dans les échelles du Levant eût ruiné son commerce. Or, par un châtiment du crime de 1773, le czar ne pouvait plus aller par terre à Constantinople sans un laissez-passer des Autrichiens, et les Anglais continuaient à lui fermer la route de mer. En invitant l'Autriche à prendre, pour sa part de la Pologne, la Galicie et la Bukowine, Catherine l'avait établie dans les vallées du Pruth et du Dniester, de sorte que la route à suivre par les armées russes jusqu'à la mer de Marmara était une ligne de 150 lieues perpendiculaire à toutes les voies militaires de l'Autriche et pouvant être par conséquent coupée sur mille points, le jour où le sultan appelant cette puissance à son aide, lui ouvrirait la vallée du Danube. Certain de trouver les forces austro-hongroises sur cette route et les Anglais dans les Dardanelles, Nicolas attendit de nouvelles complications, et se contenta d'imposer au sultan sa hautaine protection.

Décadence de la Turquie; puissance et ambition du vice-roi d'Égypte. — La Turquie descendait rapidement cette pente de la décadence qu'il est si difficile de remonter[1]. En 1774, elle avait perdu la Crimée et l'embouchure du Dnieper; en 1792, la rive gauche du Dniester; en 1812, la Bessarabie jusqu'au Pruth; en 1829, les bouches du Danube et une partie de l'Arménie : c'étaient les boulevards de l'empire qui successivement s'écroulaient; à l'intérieur la Grèce s'était affranchie; les Serbes, les Roumains, les vaillantes tribus de la Montagne Noire s'étaient donné, sous la protection de la Russie, un gouvernement national, et ne devaient à la Porte qu'un faible tribut. Si la révolte d'Ali, pacha de Janina (1820), avait été étouffée, les réformes du sultan Mahmoud ébranlaient pour le moment plus qu'elles ne fortifiaient son empire, parce qu'elles soulevaient l'indignation des croyants et des ulémas. En Europe, la domination des Osmanlis était donc sérieusement menacée, et quatre à cinq millions de Turcs, perdus au milieu de douze à quatorze millions de chrétiens, ne semblaient pas pouvoir garder longtemps leur domination. Il avait fallu l'intervention de l'Europe pour les sauver au traité d'Andrinople[2], et ils se maintenaient, petitement, par leur vieille habitude de commandement, surtout par les divisions de leurs sujets qui, appartenant à des races et à des religions différentes, avaient des passions et de intérêts contraires.

Pendant que tout déclinait au nord de l'empire, une puissance nouvelle se formait dans les provinces du sud. Un aventurier rouméliote, Méhémet-Ali, avait profité de la désorganisation de l'Égypte après le départ des Français, pour s'y faire une place et, en 1806, se saisir du pouvoir. Il avait glorifié cette usurpation en jetant à la mer un corps anglais qui s'était emparé d'Alexandrie (1807), et il avait affermi, à la manière orientale, son autorité par le massacre des mamelucks attirés dans un guet-apens (1811). Les Wahabites, protestants de l'Islam et sectaires farouches, avaient pris la Mekke, Mé-

---

1. Voyez ci-dessus, p. 463.
2. Voyez ci-dessus, p. 566.

dine, Damas ; il les extermina dans une guerre de six années, et l'orthodoxie musulmane retrouva ses villes saintes, son sanctuaire, son grand pèlerinage obligatoire dont il assura la sécurité (1818). Ses conquêtes dans la haute vallée du Nil (Sennaar, Kordofan, Dongola, etc.) rendirent quelque orgueil à cet empire qui reculait partout où l'Égyptien n'était pas ; et après la terrible expédition de son fils Ibrahim en Morée (prise de Missolonghi, 1826), on se dit qu'il aurait terminé l'insurrection grecque sans l'intervention des puissances à Navarin. Le vice-roi d'Égypte avait donc en Orient la double auréole du restaurateur religieux et du conquérant invincible ; en Europe, surtout en France, il jouissait d'une autre popularité, celle du réformateur. Avec l'assistance d'ingénieurs et d'officiers français, il avait créé une flotte de guerre et de commerce, organisé une armée qui manœuvrait à l'européenne, construit des arsenaux, des ateliers de tout genre, et fondé des écoles. Pour accomplir tant de choses, il avait fait une révolution qui n'était possible qu'avec un des peuples les plus doux de la terre, les fellahs que soixante siècles de servitude ont habitués à tout subir sans murmurer. Non-seulement il se déclara seul propriétaire du sol, ce qui en pays musulman est de droit écrit, mais encore, il prescrivit les cultures, et s'attribua le monopole du trafic ; de sorte qu'il fut seul propriétaire, seul producteur et seul marchand dans l'Égypte entière ; aussi l'argent ne manquait-il jamais pour ses entreprises, ni les soldats pour ses régiments.

Conquête de la Syrie par Ibrahim-Pacha (1832) ; traité d'Unkiar-Skélessi (1833). — Dans tous les temps, les maîtres de l'Égypte ont eu l'ambition de posséder la Syrie et les grandes îles de la Méditerranée orientale, afin d'avoir des bois de construction dont l'Égypte manque absolument et des ports qui suppléent à l'insuffisance de celui d'Alexandrie, le seul que le Delta possédait avant la création artificielle de Port-Saïd, par M. de Lesseps. Un bey mameluck avait même, au dernier siècle, pris le titre de « dominateur des deux mers ». En récompense de ses services en Grèce, Méhémet-Ali avait reçu le gouvernement de Candie : ce n'était pas assez pour son ambition; il se croyait appelé à régénérer l'empire ou à le démembrer et il voulait au moins, pour sa part, la Syrie, dont les montagnes lui semblaient une forteresse pouvant couvrir les approches de l'Égypte et dominer la seconde route du grand commerce européen avec l'Inde par l'Euphrate et le golfe Persique. Sous prétexte de poursuivre des fellahs fugitifs et de terminer une querelle particulière avec le pacha de Saint-Jean-d'Acre, Ibrahim-Pacha attaqua, en 1831, cette place qui avait résisté au général Bonaparte, la prit (mai 1832) et soumit la Syrie entière. Une première armée du sultan fut détruite en plusieurs rencontres; une seconde perdit la grande bataille de Konieh au nord du Taurus (décembre 1832). La route de Constantinople était libre, Ibrahim s'y précipita, et Mahmoud, effrayé, implora son puissant voisin. Aussitôt la flotte de Sébastopol entra dans le Bosphore, 15 000 Russes débarquèrent à Scutari et 45 000 franchirent le Danube « pour sauver le sultan. » Heureusement, la France et l'Angleterre arrêtèrent l'armée égyptienne en imposant à Mahmoud et à son vassal la convention de Kutayeh (mai 1833), qui donna la Syrie à Méhémet-Ali. Les Russes furent contraints, encore une fois, de rebrousser chemin; mais ils emportaient un traité, celui d'Unkiar-Skélessi (juin 1833), qui stipulait une alliance offensive et défensive entre le czar et le sultan, avec la clause secrète dirigée contre la France et l'Angleterre, que les Dardanelles seraient fermées à tout navire de guerre étranger.

Le traité d'Andrinople avait fini le premier acte du grand drame de la question d'Orient; celui d'Unkiar-Skélessi en terminait le second. Après avoir commencé le démembrement de la Turquie, le czar venait de placer cet empire sous son protectorat, et si l'Europe n'y met obstacle, ce protectorat sera bientôt une domination.

Le traité de Londres (1840) et le traité des Dé-

troits (1841). — Six années se passèrent durant lesquelles Mahmoud prépara tout pour renverser le pacha qui l'avait humilié. En 1839, il crut avoir mis assez de discipline dans son armée pour qu'elle pût se mesurer avec les Égyptiens, et il la chargea de reprendre les provinces que le traité de Kutayeh lui avait ôtées. Ibrahim-Pacha battit encore les Ottomans à la journée de Nézib, et par cette victoire s'ouvrit une seconde fois la route de Constantinople (juin 1839). S'il marchait sur cette ville, les Russes y entraient, sous prétexte de la défendre, et n'en seraient plus sortis. La France arrêta par son intervention Ibrahim victorieux.

Constantinople était sauvée, mais Alexandrie fut compromise. L'Angleterre, en effet, certaine maintenant que les Russes ne viendraient pas aux Dardanelles, voulut empêcher le retour des craintes qu'elle avait un instant conçues. Le plus sûr moyen lui parut être de dépouiller Méhémet-Ali de la Syrie. Elle trouvait doublement son compte à cette combinaison; car l'empire ottoman semblait par là fortifié, et l'Égypte, où il lui importait que son influence dominât, était affaiblie. Nous avions *alors* à Constantinople un intérêt identique à celui de la Grande-Bretagne : tenir les Russes éloignés de cette ville; mais, en Égypte, les deux intérêts paraissaient contraires. La France aimait le vainqueur de Nézib, cet Ibrahim qui, sous la tente, se faisait, sans en être jamais lassé, raconter nos victoires, et ce vieux pacha, fils de ses œuvres, qui nous rendait en sympathie ce que nous lui donnions en estime. Notre influence dominait donc au Caire, et l'Angleterre en était jalouse, parce qu'elle avait besoin de pouvoir y parler haut depuis que ses soldats, ses voyageurs et toutes ses marchandises peu encombrantes prenaient la route de l'Égypte pour aller aux Indes ou en revenir. Or, en couvrant Constantinople, le gouvernement français commit la faute de ne rien stipuler en faveur de Méhémet-Ali, et il accepta pour le règlement de cette affaire un congrès européen, où, d'avance, il pouvait compter quatre voix sur cinq contre lui.

L'Angleterre n'eut point de peine à persuader aux puissances de briser un accord qui, mettant sous la même main Toulon, Alger, Alexandrie, Beyrouth et les flottes de France, d'Égypte et de Turquie[1], nous assurait la prépondérance dans la Méditerranée. Le czar, pour qui la France n'était qu'un foyer de révolutions et son chef qu'un roi de barricades, saisit cette occasion de faire appliquer, par les Anglais eux-mêmes, les principes de la Sainte-Alliance. Le 15 juillet, l'Angleterre, la Russie et les deux puissances qu'elles traînaient à leur remorque, l'Autriche et la Prusse, signèrent, sans la participation de la France, le traité de Londres qui devait ôter la Syrie au pacha d'Égypte.

Ainsi donc, la France était remise au ban de l'Europe ; la coalition était renouée contre elle. Tous les sacrifices accordés à la paix du monde et à l'alliance anglaise, toutes les avances faites aux monarchies absolutistes avaient été inutiles. A cette nouvelle, un frémissement de colère agita le pays ; le gouvernement parut s'associer à cette explosion du sentiment national, et la France mit la main à la garde de son épée.... mais ne la tira pas. Notre flotte du Levant, qui, de l'aveu des Anglais eux-mêmes, aurait pu écraser la flotte britannique, rentra à Toulon, et le bombardement de Beyrouth, la chute de la puissance égyptienne en Syrie, furent pour nous un affront et pour notre politique un échec. Devions-nous combattre ? Non. Nous étions seuls alors contre tous, et les cours avaient su tourner les peuples contre nous, en évoquant à leurs yeux le fantôme de l'ambition française, en ravivant les souvenirs haineux de 1813. Déjà l'Allemagne criait à tue-tête : « Non, vous ne l'aurez pas, notre Rhin allemand ! »

N'acceptant point la guerre dans les conditions désavantageuses où elle se présentait, le gouvernement voulut du moins donner à la France une attitude digne et ferme.

---

1. La flotte turque était venue se livrer elle-même au pacha d'Égypte, après la victoire de Nézib.

Il fit commencer les fortifications de Paris qui devaient mettre un bouclier sur le cœur de la France ; il arma les places fortes, il augmenta l'armée, et, puisqu'on s'isolait de la France, il voulait que la France acceptât cet isolement qui lui rendait la liberté de ses mouvements, et la facilité de choisir ses alliances auprès des rois, ou auprès des peuples, en son temps et à son heure.

Cette situation avait ses périls. Le roi s'en effraya. Il abandonna son ministère qu'il avait suivi d'abord ; M. Thiers céda la place à M. Guizot (29 octobre 1840), et le nouveau chef du cabinet se hâta de tendre la main aux puissances, dont nous venions de recevoir une injure. Le 13 juillet 1841, il signa la convention *des Détroits*, double succès pour lord Palmerston qui pouvait montrer la France rentrant humblement dans « le concert européen » et la Russie contrainte de renoncer à la clause secrète d'Unkiar-Skélessi, puisque le traité nouveau fermait les détroits à *toutes* les marines militaires.

Le troisième acte du drame qui se joue autour de Constantinople se terminait donc à l'avantage de l'Angleterre. La France prendra sa revanche au quatrième, devant Sébastopol. Mais, pour le dernier où se produira la catastrophe, ses malheurs lui auront sans doute créé d'autres intérêts et une politique différente.

La seconde question d'Orient; l'Asie centrale. — Au dernier siècle, les Anglais avaient occupé l'Inde, et les Russes la Sibérie. Entre eux, il y avait, d'un côté, toute l'épaisseur de la Chine, de l'autre, toute celle du Turkestan, de la Perse et de l'Afganistan; les deux peuples ne songeaient donc pas que leurs frontières pussent un jour se toucher et leurs armées se combattre. Mais ils passèrent un demi-siècle à se rapprocher l'un de l'autre ; et comme aujourd'hui ils sont presque en présence, demain peut-être ils seront aux prises. Nous voudrions montrer ici en quelques mots cette double marche de conquérants qui se heurteront sans doute quelque jour d'un choc formidable.

Progrès des Russes en Asie. — Le roi de Géorgie.

sur le versant méridional du Caucase, ayant imploré en 1796 et obtenu le secours de Catherine II contre les Persans, les Russes, pour le mieux protéger, s'emparèrent de Derbent sur la Caspienne, du Daghestan, de presque tout le pays jusqu'au Kour; puis ils placèrent sous leur tutelle son royaume, dont ils firent bientôt une province (1801). Plus tard, ils s'emparèrent sur les Turcs des embouchures du Phase (1809), sur les Persans, du Schirwan (1813) et de l'Arménie au delà du Kour jusqu'à l'Aras son affluent et jusqu'au mont Ararat (1828). Si donc la formidable barrière du Caucase n'était pas encore franchie, du moins elle était tournée, ce qui devait la faire tomber un jour. Cette occupation de l'isthme transcaucasique donnait en outre aux Russes une excellente base d'opération, soit pour prendre à revers la Turquie asiatique et peser sur la Perse, soit pour dominer la Caspienne et l'Euxin, le Kour tombant dans l'une, le Phase dans l'autre. Restaient les montagnards : une ligne de postes fortifiés qui chaque année se resserra autour d'eux, les rejeta peu à peu dans les gorges sauvages et sur les cimes désolées. Pourtant Schamyl, leur héros et leur prophète, soutint durant trente-cinq années la guerre sainte, et usa dix armées russes; en 1859 il fut cerné et pris : avec lui tomba l'indépendance de ces vaillantes tribus. Alors le czar posséda, au sud du Caucase, huit vastes provinces adossées aux montagnes que ses troupes occupaient, couvertes sur leurs flancs par deux mers et par de puissantes forteresses. Réunies en un grand gouvernement militaire dont le siège est à Tiflis, ces provinces forment, pour l'empire russe, un poste avancé inexpugnable d'où ses armées peuvent prendre, à droite, la route de Scutari, dont les hauteurs dominent Constantinople; à gauche, celle de Téhéran, capitale de la Perse. Tandis que la marine marchande d'Odessa et de Taganròg, protégée par la flotte du nouveau port militaire de Sébastopol, dominait la mer Noire, la Caspienne devenait un lac russe, car le huitième article du traité de Tourmantchaï stipulait que les Russes navigueraient librement dans cette mer et y auraient seuls des bâtiments armés. Les stations des bateaux à vapeur purent donc, même dans les eaux persanes, se transformer en fortins qui marquèrent la route pour de futures expéditions, soit vers la rive méridionale non loin de laquelle s'élève la capitale de la Perse, soit vers la rive orientale d'où l'on peut menacer Khiva et le Turkestan. Dans le même temps les Russes se rapprochaient de ces pays, par l'immense steppe des Kirghis Kasacks, le lac Aral où ils avaient aussi une flottille de guerre, et les nombreuses forteresses dont ils jalonnaient le désert pour atteindre un jour les fertiles régions de l'ancienne Bactriane.

Progrès des Anglais en Asie. — Tandis que l'Europe était occupée, contre la France républicaine ou impériale, à des guerres que l'Angleterre soudoyait, cette puissance achevait de se faire deux cents millions de sujets aux Indes. En 1816, le Népaul, au nord de l'Indoustan, et, deux ans après, le vaillant peuple des Mahrattes, dans le Dekhan, étaient obligés d'accepter le régime *subsidiaire* : chaque prince recevait, près de sa cour, un officier de la Compagnie ou *résident* qui le surveillait, et, près de sa capitale, pour la maintenir dans l'obéissance, une garnison anglaise dont la solde était garantie par les revenus d'un district de ses États. Les Anglais s'étaient ainsi donné une nombreuse armée qui, sans leur rien coûter, dominait le Dekhan et la vallée du Gange. En 1824-26, ils pénétrèrent dans l'Inde transgangétique, enlevèrent deux cents lieues de côtes aux Birmans, rendirent le royaume d'Assam tributaire, et s'emparèrent de Singapour et de Malacca, ce qui faisant du golfe du Bengale une mer anglaise, leur permettait de commander la grande route commerciale de l'Indo-Chine. De ce côté, ils ne songeaient qu'aux intérêts de leur négoce ; au nord-est, ils avaient à garantir leur sécurité.

Lutte indirecte entre les Anglais et les Russes dans l'Asie centrale. — Depuis le traité de Tourmantchaï (1828) l'influence russe dominait à Téhéran. Lorsque la populace de cette ville, irritée des dures conditions de la paix, égorgea l'ambassadeur moscovite, sa famille et tous les gens de sa maison, le roi des rois se hâta d'envoyer son petit-fils porter à Saint-Pétersbourg d'humbles excuses. Le czar pardonna; mais le fondateur de la dynastie des Khadjars, Feth-Ali, qui avait bravement lutté, depuis 1797, contre son redoutable voisin, dut reconnaître que les jours glorieux de Nadir-Shah, quand les Osmanlis, les Russes et les Mongols reculaient devant les armées persanes, étaient passés et probablement sans retour [1].

Deux grandes villes commandent les communications entre la Perse et l'Inde : Hérat et Caboul. Le général Bonaparte allait en prendre la route, quand la résistance de Saint-Jean-d'Acre l'arrêta; après Tilsitt, Napoléon proposa au czar Alexandre d'agir de concert dans cette grande entreprise, et jusqu'en 1812 un de ses agents secrets parcourut la Mésopotamie et la Perse pour préparer les voies. Nicolas hérita de ce plan et y donna d'abord le premier rôle au shah devenu son vassal. Hérat était aux mains d'un prince Afghan; il poussa la cour de Téhéran à l'attaquer. Une première tentative, en 1833, échoua; une seconde, en 1837, eut le même sort; on en fit l'année suivante une troisième, pour laquelle le czar envoya au roi des officiers qui conduisirent les opérations du siége. L'Angleterre suivait d'un œil attentif tous ces mouvements. On savait que des espions russes parcouraient l'Inde; on soupçonnait des marchands grecs et arméniens, établis à Calcutta ou à Bombay, de renseigner la cour de Saint-Pétersbourg sur l'armée, les finances et toutes les affaires de la Com-

---

1. Nadir-Shah ou Thamas-Kouli-khan, mort en 1747, est le dernier des grands conquérants asiatiques. Il avait repris aux Russes Derbent et le Ghilan, soumis la Géorgie, enlevé aux Turcs une grande partie de l'Arménie, conquis Khiva et le Kharism, la Boukharie, le Caboul, franchi l'Indus et, après la prise de Delhi, forcé le Grand Mogol à lui payer tribut.

pagnie. Les indigènes eux-mêmes étaient travaillés par des bruits qui couraient sur le déclin de la puissance anglaise et la grandeur de l'Empire moscovite. « Vous ne pouvez, écrivait quelques années plus tard un gouverneur général aux ministres de la reine, vous ne pouvez imaginer quelle idée les peuples de l'Inde se font de la puissance Russe. » Enfin l'empereur Nicolas ne cachait pas sa pensée d'abattre quelque jour le drapeau anglais dans l'Inde. Un de ses organes officiels déclarait, avant la guerre de Crimée, que « si l'on prétendait lui faire obstacle en Europe, il irait dicter la paix à Calcutta. » Hérat était donc une des étapes de l'armée russe vers la vallée du Gange, par conséquent elle était aussi un poste avancé de la Compagnie. Les deux rivaux se rencontrèrent sous ses murs. Avant que les troupes persanes parussent en vue de Hérat, des Anglais y étaient entrés pour en diriger la défense, et une escadre remontant le golfe Persique faisait contre les provinces méridionales de la Perse une démonstration menaçante. Le shah fut obligé de ramener ses troupes en arrière (1838)[1]. C'était un échec pour le czar : il essaya de se dédommager l'année suivante par une expédition contre Khiva que ses généraux conduisirent eux-mêmes. Khiva est sur la seconde route de l'Inde par l'Amou-Daria et la Boukharie. Mais d'affreux déserts séparent cette ville de la Caspienne ; le corps d'armée russe y périt presque tout entier[2].

Avant l'insuccès de cette expédition, les Anglais s'étaient décidés à aller au-devant des Russes, ou du moins à occuper, au delà de l'Indus, la chaîne des hautes mon-

---

1. En 1856, les Persans s'étant emparés de Hérat par surprise, l'Angleterre leur déclara la guerre, se saisit, dans le golfe Persique, du port de Bender-Bushire et de l'île de Karrack, et leur imposa le traité du 4 mars 1857, par lequel ils s'engagèrent à ne jamais chercher à s'emparer de Hérat.

2. L'expédition fut reprise en 1853 et les Russes entrèrent à Khiva d'où ils sortirent en imposant au Khan un traité qu'il n'observa pas. Ils y sont rentrés en 1873, probablement pour n'en plus sortir.

tagnes de l'Afghanistan qui, dans leurs mains, aurait donné à leur empire indien un boulevard inexpugnable. Au commencement de 1839, l'armée du Bengale franchit le fleuve et les passes du Bolan, s'empara de Kandahar, de la forteresse de Ghizni et de Caboul où elle rétablit, comme roi, Schah-Soudjâh qui en avait été chassé trente ans auparavant. Les vaillantes tribus de ce pays, un moment étonnées, reprirent promptement courage, et, quand le gouverneur général voulut diminuer les subsides d'abord fournis aux chefs, une insurrection générale éclata. Quinze mille Anglais, enveloppés de toutes parts, périrent : un seul homme repassa l'Indus (1842). La Compagnie ne pouvait rester sous le coup d'un tel désastre; une nouvelle armée rentra dans le pays, qu'elle dévasta affreusement, mais elle se hâta d'en sortir, car la catastrophe de Koord-Caboul était un avertissement pour les Anglais de ne point s'étendre hors de leur péninsule, de s'y fortifier plutôt, en n'y laissant subsister aucun État indépendant qui pût servir de point d'appui à une révolte ou à une invasion. En 1843, par la soumission des émirs du Sind et du Béloutchistan, ils se rendirent maîtres des embouchures de l'Indus, et, sur le haut du fleuve, ils établirent le régime subsidiaire, présage d'une annexion prochaine, dans le Penjaub ou Pays des Cinq Rivières, vaste région habitée par la population guerrière des Sikhes. Six ans plus tard, le Penjaub était réuni aux autres domaines de la Compagnie. La célèbre vallée de Kaschmir suivit le sort du royaume de Lahore dont elle dépendait. C'était aussi une des portes de l'Inde, car non loin de là, sur la rive droite du Sind, s'élève la chaîne du Bolor d'où descend l'Amou-Daria, qui tombe dans les eaux Russes de l'Aral, et cette porte les Anglais voulaient la fermer. Ils tenaient donc très-fortement, avant 1848, tout le cours de l'Indus; ils s'efforçaient de mettre sous leur influence l'Afghanistan qu'ils n'avaient pu placer sous leur domination; et ils se rapprochaient du plateau de Pamir, antique berceau des races européennes et point où convergent les principales chaînes de l'Asie [1].

Aujourd'hui les deux peuples, bien établis dans leurs anciens domaines de la Sibérie et de l'Inde, ont leurs avant-postes : l'un à Khiva, où ses troupes viennent d'entrer ; l'autre à Hérat qu'il protége contre les Persans. De ces deux points ils surveillent attentivement l'espace qui les sépare et qui sous les pas des Russes diminue chaque jour ; car, tandis que l'Angleterre se tient derrière la chaîne du Bolor et de l'Hindou-Kho sur une prudente défensive, ses rivaux avancent incessamment : de 1864 à 1869, ils ont occupé presque toutes les grandes villes du Turkestan oriental, même Samarcande, une des anciennes capitales de l'Asie, et Gouldja, la principale ville de la Dzoungarie, qui garde les passages des monts Thian-Chan ou monts célestes. Tous les princes de ce pays sont réduits à la condition de vassaux du czar, et les explorateurs russes ont déjà pénétré dans le Turkestan chinois (1870). Les possessions de la Russie et de l'Angleterre dans l'Asie centrale sont donc bien près de se toucher, et de ce contact on verra naître, si la passion domine, une grande guerre; si la sagesse l'emporte, un grand commerce qui rendra la vie à ces régions autrefois si prospères.

La troisième question d'Orient : l'océan Pacifique. — L'océan Pacifique, mer autrefois déserte, est à présent le rendez-vous de toutes les marines du monde, parce que sur ses bords vivent de vieilles nations industrieuses qui, jusqu'à nos jours, fermaient avec un soin jaloux leurs portes à l'étranger, et de jeunes colonies des peuples d'Europe ou d'Amérique qui sont rapidement devenues florissantes. Au nord-ouest, ce sont

---

1. Le plateau de Pamir, prolongation occidentale de l'Himalaya, s'élève jusqu'à 5000 mètres, et mesure 300 kil. du N. au S., et 150 de l'E. à l'O. Il donne naissance à des rivières qui forment l'Amou-Daria ou Oxus au N. O. et grossissent l'Indus au S. On a cru retrouver dans ses vallées les restes des anciens Aryas.

quatre cent millions de Chinois qui produisent et achètent, et quarante millions de Japonais intelligents et actifs; au sud-ouest, les colonies anglaises de l'Australie où le premier *convict* était déporté en 1788, et qui aujourd'hui expédient ou reçoivent pour cinq à six cent millions de denrées[1]; au centre, les îles aux épices; non loin de là la Cochinchine, admirable position commerciale et militaire où la France a, depuis douze ans, planté son drapeau (1860), et plus à l'ouest deux cent millions d'Hindous à qui la civilisation donne des besoins et demande des produits; sur le rivage oriental, les républiques espagnoles et la Californie américaine, dont la capitale, peuplée en 1843 de cent cinquante habitants, en compte maintenant soixante ou quatre-vingt mille. Un chemin de fer jeté au travers de tout le continent américain réunit New-York, le grand port d'arrivée pour les denrées d'Europe, à San-Francisco; et de ce dernier port partent régulièrement des bateaux à vapeur qui remontent dans les eaux de la Chine et du Japon, où d'autres arrivent deux fois par mois de Marseille et de Southampton. L'océan Pacifique, sur lequel s'ouvrent les plus grands marchés du monde, a donc conquis de nos jours l'importance commerciale que la Méditerranée a eue dans l'antiquité et au moyen âge, l'Atlantique dans les temps modernes. C'est une révolution économique presque aussi considérable que celle qui a suivi la découverte de Christophe Colomb et plus rapide, car elle s'est accomplie en quelques années.

Isolement de la Chine et du Japon. — Depuis longtemps les étrangers frappaient aux portes de la Chine : les missionnaires catholiques pour l'évangéliser (dès 1581), les Portugais (plus tôt encore), les Hollandais arrivés à leur suite, puis l'Angleterre et la France, pour commercer avec ses peuples. Les jésuites se firent bien admettre à titre de savants à Pékin, et une mission

---

1. La Nouvelle-Calédonie à l'E. de l'Australie a été acquise par la France en 1853.

Russe s'y établit en dissimulant son rôle véritable sous le caractère religieux; mais les marchands n'obtinrent que le droit d'ouvrir des comptoirs en dehors des murs de Canton, comme la Russie en avait un à Kiakhta, où les fourrures de la Sibérie étaient échangées contre la soie et le thé de la Chine. En vain l'Angleterre (1793-1806) et la Russie (1805) envoyèrent de solennelles ambassades. Le Fils du Ciel exigea pour les recevoir que les ambassadeurs se soumissent à un humiliant cérémonial; les uns s'y refusèrent, les autres n'arrivèrent à Péking qu'en captifs et tous revinrent sans le traité de commerce qu'ils étaient chargés d'obtenir. « En trois mots voici notre histoire, dit un témoin oculaire de la plus heureuse de ces ambassades, celle de lord Macartney, nous entrâmes à Péking comme des mendiants, nous y séjournâmes comme des captifs, et nous en sortîmes comme des condamnés. » Cette situation s'aggrava encore; en 1828, les missionnaires catholiques furent chassés, malgré la tolérance professée par le Gouvernement à l'égard des autres religions, et la Chine resta murée. Le Japon, fermé plus hermétiquement, ne tolérait la présence des Hollandais au port de Nangasaki qu'à la condition qu'ils se confineraient dans un îlot de la rade, et ils refusaient à tout autre peuple l'approche de leurs côtes [1].

Guerre de l'opium (1840-1843). — Tous les peuples du monde, barbares ou civilisés, se sont créé des besoins factices, les uns mâchent le bétel, d'autres fument le tabac, les Chinois s'enivrent d'opium, malgré les désastreux effets de ce poison sur l'organisme humain. Les Anglais exploitèrent ce vice; ils couvrirent le Bengale de champs de pavots et, comme le gouvernement chinois prohibait sévèrement ce commerce, ils organisèrent une vaste contrebande. L'Empire du Milieu continua d'être

---

1. Les Hollandais ne pouvaient amener chaque année à Nangasaki que deux navires, les Chinois que dix jonques. Cet état a duré jusqu'en 1854.

inondé de la denrée funeste, et les Anglais y gagnèrent 60 millions par an. En 1839, le commissaire impérial, fit saisir et jeter à la mer 22 000 caisses d'opium appartenant à des sujets britanniques. Il n'y avait point à réclamer contre cette saisie légale, mais elle avait été l'occasion de quelques violences contre des Anglais. On prit ce prétexte, et une expédition, envoyée dans les eaux Chinoises, occupa l'île de Chusan, et détruisit les forts du Bogue qui commandent l'entrée de la rivière de Canton. Une première convention n'ayant pas été ratifiée, les Anglais allèrent en deux campagnes dicter la paix sous les murs de Nanking. Par ce traité (août 1842), la Chine ouvrait cinq ports au commerce étranger, cédait Hong-Kong à l'Angleterre et lui promettait une indemnité de près de 120 millions. Les deux gouvernements continuèrent dans leurs déclarations officielles à considérer le commerce de l'opium comme illicite; la contrebande, facilitée par l'ouverture des cinq ports, en introduisit l'année suivante 40 000 caisses. C'était 100 millions de profit pour les propriétaires du Bengale.

Traité de la France avec la Chine (1844); — Prise de Péking (1860); — Ouverture du Japon (1854); — Acquisition de la Mandchourie par les Russes (1860). — La France essaya de prendre sa part dans le commerce honnête de ces régions. En 1844, elle envoya en Chine une ambassade qui signa un traité de commerce et obtint le retrait des édits contre les chrétiens, la restitution des églises confisquées, la liberté pour les missionnaires de répandre où ils voudraient l'Évangile. Il était fort honorable de protéger des prêtres, au lieu de marchands empoisonneurs; mais c'était aussi très-imprudent de prendre, à une telle distance, la responsabilité d'une propagande religieuse qu'on n'était pas maître de diriger pour contenir au besoin un zèle imprudent. Plusieurs missionnaires ayant été exécutés en 1856, la France unit ses griefs à ceux que donnaient à l'Angleterre les continuelles infractions faites aux traités par les Chinois, et l'année suivante commença cette suite d'opérations qui devaient amener une armée Anglo-Française dans Péking (1860), après la victoire de Palikao. Les Américains et les Russes bénéficiaient, sans débourser un dollar ni un rouble, de la victoire des deux alliés. Quelques années auparavant les premiers avaient forcé l'entrée du Japon en déclarant au Taïcoun qu'il n'avait pas le droit de fermer, au milieu de mers dangereuses, des ports que la nature avait ouverts (1854) ; et les seconds profitaient de la terreur des Chinois pour se faire céder par eux, en 1858 et 1860, toute la Mandchourie à gauche de l'Amour, jusqu'au 42° degré de latitude, ce qui leur livrait, après la mer d'Okhotsk, celle du Japon. C'était une immense étendue de côtes que la Russie possédait à proximité des points vers lesquels convergeaient toutes les marines marchandes. Tandis que les autres peuples n'avaient que des comptoirs ou un rocher, comme l'établissement anglais de Hong-Kong, ils occupaient de vastes territoires où ils accumulaient sans bruit leurs moyens d'actions. Lorsqu'en 1855, la flotte Anglo-Française poursuivit l'escadre russe du Pacifique, celle-ci disparut soudain derrière des remparts dont on ne soupçonnait pas l'existence et on recula devant une forteresse qui s'était élevée silencieusement aux bouches de l'Amour ; quatre ans après douze navires en sortaient pour aller imposer au Japon un traité avantageux à la Russie. Cette puissance s'est donc mise en mesure de dominer un jour le nord du Pacifique, et d'approcher de Péking. De ce côté encore, la position commerciale est meilleure pour l'Angleterre qui fait avec la Chine et le Japon un commerce immense ; la position militaire semble plus forte pour la Russie, qui s'est étendue jusque-là sans sortir de chez elle, mais il faudra aux czars ce qu'ils n'ont pas, des hommes et des capitaux, pour peupler ces solitudes[1]. Le même ennemi qui les a vaincus

---

1. La Russie a contre elle deux autres ennemis : le climat et la nature du sol. Sur certains points de l'immense steppe saline qui s'étend du Volga jusqu'au milieu du Turkestan, et qui n'est qu'un

dans la guerre de Crimée, la distance, fera longtemps encore la sécurité des nations commerçantes, dont le pavillon couvre à présent ces mers. La France a plus modestement fait dans la Cochinchine un établissement auquel l'avenir réserve sans doute une brillante destinée.

Ainsi, nous avons vu tomber les barrières de l'extrême Orient; et aujourd'hui l'on part chaque semaine de Southampton, de Marseille, de Trieste ou de New-York, pour Canton, Yokohama et San-Francisco, par des paquebots rapides qui arrivent à jour fixe et l'on pourrait, en deux mois, faire le tour du monde. Ces peuples, si longtemps dédaigneux et ennemis « des barbares, » appellent chez eux nos officiers et nos ingénieurs. Le Japon n'entre pas seulement dans la civilisation occidentale, il s'y précipite. Hier[1], son ambassadeur demandait, dans une solennité savante à la Sorbonne, que nous l'aidions, pour faciliter les relations de son pays avec l'Europe, à trouver une écriture alphabétique qui remplaçât le système si compliqué et si insuffisant de leurs signes idéographiques. C'est donc bien une révolution profonde qui s'accomplit, et celle-là se fait paisiblement par des hommes que, nous aussi, nous appelions des barbares.

LXXXVIII

PRELIMINAIRES DES RÉVOLUTIONS DE 1848.

Caractère de la période comprise entre 1840 et 1848; Progrès des idées socialistes. — Le traité des

fond de mer desséché dont la Caspienne (28 mètres au-dessous du niveau de la mer Noire) et l'Aral occupent les plus grandes dépressions, les températures sont excessives : 80 et même 90 degrés entre le maximum d'été et le minimum d'hiver. On compte 9 millions d'âmes dans la Russie asiatique, la Transcaucasie comprise. Ce n'est pas un habitant par kilomètre carré, au lieu de 68 en France et de 95 dans la Grande-Bretagne. Aussi l'on estime qu'à cette population clair-semée il faudra un siècle ou deux pour doubler.

1. Le 1er septembre 1873.

Détroits marque pour l'Europe comme un temps d'arrêt. Durant plusieurs années, on ne voit presque plus d'émeutes, ni d'insurrections. Les puissances parlent de paix, et l'ordre règne à peu près dans tous les États. En Angleterre, les tories reviennent au pouvoir (1841); le prince de Metternich continue à gouverner l'Autriche « paternellement, » et le czar Nicolas s'applique à organiser la Russie comme une immense caserne d'où sortiront, contre l'Europe ou l'Asie, des armées qu'il croit formidables. Narvaez refait pour l'Espagne une constitution plus monarchique que celle de 1837; enfin la France où, depuis 1830, on avait vu presque chaque année un cabinet nouveau, n'a même plus de changement ministériel; M. Guizot, principal ministre ou président du conseil de 1840 à 1848, constitue un parti conservateur qui, trouvant que tout est pour le mieux dans un ordre social où il tient le pouvoir et les honneurs, estime qu'il n'y a rien à y changer. Il se produit donc alors comme un moment d'apaisement. Aux agitations politiques des dix années précédentes succède le labeur fécond de l'industrie et du commerce : d'un bout de l'Europe à l'autre, on n'entend que le bruit des chemins de fer qui se construisent et celui des usines qui s'élèvent et travaillent avec une fiévreuse ardeur; on voit les institutions de crédit et les valeurs fiduciaires se multiplier, la circulation devenir plus active dans le corps social, par conséquent la vie plus intense, et la Bourse s'en faire le régulateur, comme le cœur régularise toute la circulation dans l'organisme humain[1]. Pourtant cette société qui se calme, en déve-

---

1. « Si l'on dressait une échelle des sociétés humaines, comme on a fait une échelle zoologique, on reconnaîtrait, en les mettant toutes deux en parallèle, que notre état actuel correspond aux degrés inférieurs. C'est à peine, en effet, si les fonctions de circulation sociale commencent à apparaître dans les populations qui sont à la tête de la civilisation, et nécessairement elles y sont accompagnées de tous les désordres qui se manifestent chez un être vivant en voie de formation. » (Lefebvre, *Psychologie et Mécanique sociales*, 1873.) Les

loppant ses richesses, se trouvera bientôt au bord d'un abîme, par la faute de ceux qui, ayant le devoir de veiller sur elle, croient à leur tour à l'immobilité du monde et oublient de chercher s'il n'y aurait point quelques besoins nouveaux à contenter.

A côté et au-dessous de la société officielle, satisfaite de la tranquillité qui régnait dans la rue et de l'activité qui se montrait dans les affaires, se continuait l'œuvre de propagande en faveur de deux idées déjà anciennes : l'indépendance des nations et la liberté des peuples, et au profit d'une idée nouvelle, l'amélioration du sort des classes laborieuses.

En Pologne, en Italie, le Russe, l'Autrichien étaient toujours odieux. En Bohême, en Hongrie, l'étude nouvelle de l'histoire et de la littérature nationales ravivait des souvenirs d'autonomie que l'on croyait depuis longtemps effacés. L'Allemagne rêvait à son unité, au *Vaterland*; et, pour se rendre populaires, quelques-uns de ses princes lui en parlaient. Le roi de Bavière élevait à cette idée un temple, le *Walhalla*, Panthéon de toutes les gloires germaniques; et, à Berlin, on entendait le chef de la maison de Hohenzollern célébrer « la Patrie Allemande. »

Après les *nationaux*, les *libéraux*, dont les uns réclamaient les libertés entrevues ou promises, les autres, l'élargissement des libertés obtenues. Les Romagnols demandaient au gouvernement pontifical, quelquefois avec menaces, comme en 1843, une administration régulière avec un corps de lois. Chaque année, les provinces rhénanes émettaient le vœu d'une constitution et jusque dans les pays prussiens de la Vistule et de l'Oder, il se montrait des tendances libérales dont on s'inquiétait à Berlin. Turin imprimait un journal dont le titre seul était significatif : *Il Risorgimento*; et le comte Balbo publiait ses *Speranze d'Italia* (1843). On verra

---

Bourses sont de vieilles institutions, mais l'importance qu'elles ont prise de nos jours en a fait comme une institution nouvelle.

plus bas les désirs modestes et d'autant plus légitimes de l'opposition française.

Mais dans l'ombre se formait un parti plus redoutable, qui n'a pas encore trente ans et qui deux fois déjà a ensanglanté Paris, fait d'illustres victimes, mis nos palais en cendres et qui peut-être restera longtemps encore l'effroi de l'Europe, si la sagesse et l'énergie n'y pourvoient.

La révolution de 1789 accomplie par et pour la bourgeoisie semblait réalisée partout où avaient disparu les priviléges de naissance et l'arbitraire royal. Cette double conquête : l'égalité devant la loi et la libre discussion des intérêts du pays, suffisait à l'ambition de la classe moyenne où chaque homme habitué à être l'artisan de sa fortune, ne demandait à l'État que d'assurer l'ordre public sans intervenir dans les affaires particulières. On n'avait pas le même sentiment dans les classes laborieuses. La société du dix-neuvième siècle prenait de plus en plus le caractère industriel. L'application de la vapeur aux travaux manuels et l'invention des machines-outils qui parurent pour la première fois en France à l'Exposition de 1845, déterminèrent une révolution dans le mode de fabrication et dans la constitution même du travail. Les petits ateliers tombèrent pour faire place à d'immenses usines où les chemins de fer amenèrent en foule les habitants des campagnes. En quelques années, les capitales et les villes manufacturières ou marchandes, dans les deux mondes, doublèrent le chiffre de leur population ; et au sein de ces agglomérations redoutables, l'industrie surexcitée par les moyens puissants mis à sa disposition créa de grandes richesses et aussi de grandes misères. Pour soutenir la concurrence, il fallait produire beaucoup et à bon marché ; c'est-à-dire demander à l'ouvrier des journées plus longues, en lui donnant un salaire plus petit qui ne lui permettait de parer ni à la maladie ni aux chômages. De là des souffrances que les utopistes, dont quelques-uns étaient de généreux esprits, se proposèrent de supprimer, en faisant disparaître le prolétariat comme avaient disparu les deux grandes misères des temps passés : l'esclavage domestique et la servitude de la glèbe. Mais au lieu de procéder par améliorations successives, ils prétendirent tout changer d'un coup, ce qui eût causé mille maux pour en guérir un seul, sans même guérir celui-là, parce que leurs remèdes allaient contre la nature même de l'homme et de la société. Un couvent peut vivre avec la communauté des biens; une tribu barbare, avec la promiscuité des sexes; une association religieuse ou charitable avec le seul mobile du dévouement de chacun au bien de tous; on ne fait pas, dans de telles conditions, une société régulière. Les *Phalanstères* et *l'Icarie* essayés en France, en Belgique, au Brésil, au Texas, finirent misérablement. Mais la populace ignorante n'entendit pas en vain des formules comme celles-ci : « La propriété, c'est le vol. » — « Tout homme a droit au travail, » même lorsqu'il n'y a ni œuvre à faire ni argent pour la payer. » — « Les salaires seront égaux, malgré l'inégalité du travail produit. » — « L'individu doit disparaître dans une vaste solidarité où chacun recevra selon ses besoins et donnera selon ses facultés. »

Ces rêves socialistes qui sont en opposition absolue avec le besoin le plus impérieux de nos jours, celui de la liberté pour l'individu, allaient malheureusement devenir des réalités politiques, par l'alliance de certains républicains avec les nouveaux sectaires. Ceux-ci, pour donner la vie à leurs songes avaient besoin de faire intervenir l'État en tout. Or, le gouvernement se trouvant aux mains de la bourgeoisie, la première chose à faire était de le lui ôter. La foule s'inquiète peu des questions politiques qu'elle ne comprend pas; mais comme elle écoutait avidemment ceux qui lui promettaient du bien-être, elle les suivit quand ils lui dirent qu'elle n'arriverait « à la liquidation sociale » qu'avec un gouvernement de son choix. C'est ainsi que le socialisme né sous la Restauration, au milieu d'utopies humanitaires, très-inoffensives en apparence, devenait un parti qui avait le nombre, puisqu'il comprenait tous les pauvres, et à qui les *logiciens* de 48 donnèrent la force, en décrétant le suffrage universel.

Ce mouvement n'était point particulier à la France. L'angleterre avait eu, dès 1817, les *chartistes*; en 1836, la *working men's association* et, trois ans après, les troubles du pays de Galles. En 1844, une association centrale pour le bien-être des travailleurs se formait en Prusse, et des troubles graves agitaient la Silésie et la Bohême. C'était le commencement de cette guerre entre le salaire et le capital, entre l'ouvrier et le patron, qui éclatera bientôt avec tant de violence[1].

De ce travail souterrain, la société officielle, comme il arrive si souvent, ne voyait rien, ou elle s'inquiétait peu d'un mal dont souffraient des classes habituées depuis tant de siècles à souffrir : la veille du 24 février, elle était à de tout autres idées, et, peu de mois après, il fallait livrer une bataille de quatre jours à cent mille prolétaires.

La France de 1840 à 1846. — L'histoire de la France durant les années qui précédèrent la révolution de février est bien plus dans les faits obscurs dont il vient d'être parlé que dans les événements si bruyants en ce temps-là qu'un quart de siècle a suffi pour ramener à leurs proportions véritables. Ce fut le règne des orateurs : on dépensa beaucoup d'éloquence et l'on ne fit que de petites choses. Un ami du gouvernement résuma en 1847 cette politique tout en paroles : « Qu'avez-vous fait du pouvoir, disait-il aux ministres, rien ! rien ! rien ! » Racontons-les pourtant sans y insister plus qu'ils ne le méritent.

Le sentiment national avait été profondément blessé par les événements de 1840. M. Guizot, pour donner une

---

1. M. Schulze-Delitzsch essayait déjà d'en prévenir l'explosion en Allemagne par des associations d'assistance et de crédit dont quelques-unes, telles que les sociétés coopératives de consommation, ont reussi.

compensation à notre orgueil, fit occuper dans l'océan Pacifique les stériles rochers des îles Marquises (mai 1842). La Nouvelle-Zélande valait mieux; nous allions y descendre, quand l'Angleterre, avertie, en prit possession. Un de nos officiers planta le drapeau de la France sur la grande île océanienne de la Nouvelle-Calédonie; le ministère le fit arracher. Les États de Honduras et de Nicaragua réclamèrent le protectorat de la France, Haïti voulait faire de même; on refusa, et l'Angleterre parut avoir imposé ces refus. Nous prîmes encore les îles de la Société; mais les intérêts commerciaux que nous avons dans ces parages n'étaient malheureusement pas assez considérables pour nécessiter un dispendieux établissement. La cession de Mayotte (1843) fut une meilleure opération, parce que cet îlot offrait à nos vaisseaux un refuge que Bourbon ne pouvait leur donner, et une station navale dans le voisinage de Madagascar. A Taïti, un Anglais, Pritchard, à la fois consul, missionnaire et pharmacien, excita les indigènes contre nous. L'indigne agent des prédicants de Londres fut chassé de l'île (1844); ses clameurs retentirent dans le parlement, et notre cabinet demanda aux Chambres une indemnité pour l'homme qui avait fait couler le sang de nos soldats. Le désaveu du contre-amiral Dupetit-Thouars, qui avait essayé de donner de plus sérieuses proportions à notre établissement dans l'Océanie, accrut l'irritation publique; on y vit une nouvelle preuve de notre faiblesse vis-à-vis du gouvernement britannique. Une plus grave concession faite à nos orgueilleux voisins avait été le droit de visite reconnu à l'Angleterre, en 1841, pour la répression de la traite. Cette fois, l'opposition fut si vive dans le pays, que la Chambre força le ministre de déchirer le traité et de replacer, par de nouvelles conventions, notre marine marchande sous la protection exclusive du pavillon national (mai 1845).

La Chambre et l'opinion publique voulaient du moins que l'on continuât la conquête de l'Algérie. Le ministère eut le mérite de choisir un homme énergique et habile, le général Bugeaud, qui sut imprimer à la fois le respect et la terreur aux Arabes. Abd-el-Kader avait violé le traité de la Tafna, prêché la guerre sainte, et, par la rapidité de ses mouvements, répandu l'effroi dans la province d'Oran, l'inquiétude même aux portes d'Alger. Le général le poursuivit sans relâche jusque dans les montagnes de l'Ouarensénis, et pacifia cette région difficile. Dans sa fuite vers le Sahara, l'émir fut atteint par le duc d'Aumale, et perdit sa smala (sa famille et ses troupeaux, mai 1843). Réfugié au Maroc, il entraîna l'empereur dans sa cause. L'Angleterre n'était pas étrangère à cette résolution. Notre territoire fut violé à plusieurs reprises, et une armée, qui semblait formidable, se rassembla aux bords de la Moulouiah. La France répondit à ces provocations par le bombardement de Tanger et de Mogador, que le prince de Joinville dirigea sous les yeux de la flotte anglaise irritée, et par la victoire d'Isly, que le général Bugeaud gagna avec 8500 hommes et 1400 chevaux sur 25 000 cavaliers (14 août 1844). L'empereur, si rudement châtié, signa la paix, qu'on lui rendit peu onéreuse, car la France était assez riche, disait le ministre, pour payer sa gloire. Le principal article du traité portant qu'Abd-el-Kader serait interné dans l'ouest, resta longtemps inexécuté; mais, après une nouvelle et inutile tentative sur l'Algérie, l'émir travailla à se former un parti dans l'empire même. Abd-er-Rhaman, cette fois, directement menacé, se souvint de la convention faite avec nous, et Abd-el-Kader, rejeté sur nos avant-postes, fut réduit à se rendre au général Lamoricière (23 nov. 1847).

Au Maroc, comme à Taïti, nous avions trouvé l'Angleterre contre nous. Ainsi l'alliance anglaise, trop avidement recherchée, ne nous avait valu que des embarras. Mais elle assurait, disait-on, la paix du monde. Un mariage cependant faillit la rompre, celui du duc de Montpensier avec la sœur de la reine d'Espagne (oct. 1846). La branche cadette des Bourbons tenait à reprendre la fortune de la branche aînée dans la Péninsule, et à ôter à un prince de Cobourg, candidat des Anglais, l'expectative de la couronne espagnole, comme si le temps n'avait pas enlevé presque toute importance politique aux unions princières. L'Angleterre montra un vif mécontentement de la hâte qu'on avait mise à contracter ce mariage. Comme elle s'éloignait de nous, le ministère, effrayé de l'isolement où la France allait se retrouver, se rapprocha de l'Autriche, malgré la récente suppression d'un dernier reste de la Pologne, l'État de Cracovie[1], et, pour la gagner, il lui sacrifia la Suisse et l'Italie.

La Suisse voulait réformer sa constitution de manière à donner plus d'autorité au pouvoir central. Nous avions à ce changement un intérêt sérieux, car une Suisse forte couvrira mieux notre frontière qu'une Suisse divisée. Mais c'était le parti libéral qui voulait la réforme, et sept cantons catholiques s'y opposaient. M. Guizot s'y montra contraire au point d'accepter une intervention diplomatique des puissances étrangères, qui aurait conduit à une intervention militaire. Les séparatistes (*Sonderbund*) qu'il favorisait, furent vaincus dans une campagne de dix-neuf jours, et les jésuites chassés (nov. 1847).

Au bord du Pô, les Autrichiens avaient occupé Ferrare; le pape Pie IX, qui réveillait alors l'Italie de sa torpeur, protesta et ne fut point soutenu (1847). A Milan, la garnison allemande commit d'odieuses violences (fév. 1848). M. Guizot se contenta de négocier en faveur des victimes. Ainsi la France devenait l'alliée d'un empire qui alors ne se soutenait qu'à la condition d'opprimer l'un par l'autre les divers peuples qu'il tenait asser-

---

[1]. A la suite d'une insurrection fomentée par la noblesse polonaise en Gallicie, le gouvernement avait excité les paysans contre leurs seigneurs; ce fut une sorte de Jacquerie. Le mouvement paraissant être parti de Cracovie, les trois puissances copartageantes de la Pologne s'entendirent pour annexer cette république à l'Autriche.

vis. A toutes les plaintes de l'opposition, le ministère répondait en traçant le tableau de la prospérité publique, attestée par un budget des recettes de 1500 millions et la très-faible augmentation de la dette publique [1]. L'instruction populaire se développait; le Code pénal avait été adouci, et la loterie supprimée; la loi sur l'expropriation pour cause d'utilité publique permettait que des travaux entrepris dans l'intérêt général ne fussent pas entravés par des intérêts particuliers. L'industrie prenait l'essor; le commerce s'étendait; l'éclairage de nos côtes s'achevait; nos chemins vicinaux étaient améliorés, et l'on arrêtait l'exécution d'un vaste réseau de chemins de fer. Cette prospérité, comme il arrive souvent, donna naissance à un agiotage effréné. Le mal alla loin, car un ministre du roi fut condamné pour avoir vendu sa signature, un pair de France pour l'avoir achetée.

Les élections de 1846, soigneusement préparées et conduites par l'administration, lui donnèrent la majorité. Mais le nombre des fonctionnaires envoyés à la Chambre était considérable. Il devenait évident que, dans le pays légal, c'est-à-dire au sein de la classe si peu nombreuse des électeurs (220 000), le sens politique se perdait, et que le calcul y remplaçait le patriotisme : des électeurs vendaient leurs voix au député; des élus, leur suffrage aux ministres, et le régime représentatif était vicié à sa source. De là ce mensonge politique, funeste

---

1. Progrès de la dette publique : en 1804, après les assignats et la banqueroute, la dette n'était que de 40 millions de rentes; elle s'éleva :

En 1814, à 63 millions, augmentation de 23 millions en 10 ans.
En 1830, à 206   —   —   143   —   en 16 ans.
En 1848, à 228   —   —   22   —   en 18 ans.
En 1851, à 243   —   —   15   —   en 4 ans.
En 1869, à 363   —   —   120   —   en 18 ans.

La guerre de 1870 a doublé cette dette, dont le chiffre est aujourd'hui de 748 millions.

pour tout le monde, d'un ministère repoussé par l'opinion, mais retenu par une majorité factice. Le président du conseil, qui se croyait fort, parce qu'il comptait sur une Chambre composée à son gré, le prit de haut avec l'opposition parlementaire, la seule dont il consentît à s'occuper. Il avait dit au moment des élections : « Toutes les politiques vous promettront le progrès; la politique conservatrice seule vous le donnera. » En attendant, il refusait tout, sous prétexte qu'il ne faut se laisser arracher rien.

Angleterre : le libre-échange, l'income-tax et le nouveau système colonial (1841-1849). — Cette résistance était fort impolitique à un moment où les idées libérales, comprimées par les gouvernements, se relevaient partout. Le chef des tories, sir Robert Peel, n'avait gardé son ministère (1841-1846), qu'en se faisant plus réformateur que les whigs. Enlevant à ses adversaires leurs propres armes, les idées d'Huskisson et de Canning, il abolissait les lois relatives aux céréales et aux prohibitions qui entravaient les importations étrangères, et il rétablissait l'*income-tax* ou impôt sur le revenu. Il détruisait donc ce que l'on regardait comme la pierre angulaire du pouvoir aristocratique; il supprimait l'*Acte de navigation* de Cromwell qui avait fondé la puissance maritime de son pays, mais qui n'était plus qu'une machine de guerre bonne à être reléguée parmi les vieux engins inutiles; enfin il faisait payer le riche pour donner au pauvre la vie à bon marché[1].

Il avait fallu beaucoup de temps aux institutions parlementaires de la Grande-Bretagne pour réagir sur les autres gouvernements, il en faudra peu à la révolution économique de sir Robert Peel pour sortir de l'île où elle est née. Faite au nom des principes du libre-échange et appliquée au plus grand marché du monde,

---

1. En 1849 l'*income-tax* ne frappait que les revenus supérieurs à 350 fr. et en 1853, on ne comptait que 146 882 personnes qui y fussent soumises. Cependant il donna au trésor jusqu'à 100 millions.

elle avait forcément un caractère d'expansion universelle. Ce grand acte, qui contrastait avec nos mesquines préoccupations, allait donc exercer une influence considérable sur les législations douanières du continent. Mais tout se tient ; le triomphe de la liberté dans le régime économique préparera nécessairement sa victoire dans le régime politique.

Déjà, sous l'empire de ces idées, l'Angleterre avait renoncé au système colonial que l'Europe moderne avait hérité de l'ancienne Rome, et que certains États conservent encore : celui d'une domination absolue de la métropole sur ses colonies qui, servantes dociles et n'existant que pour la mère-patrie, travaillaient, produisaient et achetaient à son profit. Ce système avait coûté aux Anglais, l'Amérique du Nord ; aux Espagnols, aux Portugais, l'Amérique du Sud ; aux Français, le Canada et la Louisiane. Le nouveau, auquel l'Angleterre était d'ailleurs conduite par son génie propre, et qui, n'accordant à la métropole que la nomination du gouverneur laisse les colonies gérer elles-mêmes leurs affaires par un corps législatif qu'elles élisent, a développé leur prospérité et sa fortune. « La liberté constitutionnelle accordée au Canada, disait lord Russel en 1852, a produit de merveilleux progrès ; » et cette liberté féconde, toutes les colonies anglaises s'en trouvaient dotées en 1849, excepté l'Inde et celles qui sont des positions militaires[1]. Encore lord Derby disait-il en plein parlement (1852) : « Le temps n'est pas venu d'octroyer à l'Inde des institutions populaires ; mais je suis d'avis qu'il faudrait instruire les indigènes à prendre une plus grande part dans l'administration de leurs affaires intérieures, dussent-ils être amenés à souhaiter qu'au pouvoir judiciaire fût ajouté le pouvoir politique ; dût aussi l'immense empire britannique tomber de ses propres mains, par la suite des temps, et faire place à un pouvoir indi-

---

1. Comme Gibraltar, Malte, Heligoland, Ceylan, Maurice, Sainte-Lucie et les comptoirs de la côte occidentale d'Afrique.

gène. Il serait digne d'une nation comme la nôtre, d'entreprendre d'affranchir ces populations de l'abaissement et de l'ignorance dans lesquels nous les avons trouvées, et de les rendre capables de se gouverner elles-mêmes. » Belles paroles, qui étaient en même temps un habile langage; car la liberté n'est pas seulement comme dit un vieux poëte anglais, une noble chose : « *Ah! freedom is a noble thing!* », c'est encore une chose utile. En dix ans (1842-1851), la libre Angleterre a supprimé pour 305 millions d'impôts annuels; de 1832 à 1849 son commerce a presque doublé[1], et tandis qu'à la dernière époque le budget de tous les États du continent se soldaient en déficit, celui de l'Angleterre avait un excédant de 50 millions.

L'Angleterre qui n'aime pas les révolutions, mais dont le gouvernement, comme un pilote habile, a toujours l'œil à l'horizon pour reconnaître les grands courants et y placer le navire, avait depuis 1822 échappé aux ouragans politiques en suivant la direction de l'esprit public : en 1822-26, réformes d'Huskisson; en 1829, émancipation des catholiques; en 1832, réforme électorale; en 1841, rétablissement de l'income-tax, non plus comme impôt de guerre, mais pour délivrer de tout droit le pain, la viande, la bière et les matières premières qui sont le pain de l'industrie; en 1846, suppression des *Corn Laws* et établissements du *free trade*. C'est ainsi qu'on n'a pas de 24 février.

Établissement du régime constitutionnel en Prusse (1847). — Du temps de Voltaire et de Montesquieu les échos partis de la Chambre des communes ne passaient guère la Manche et n'arrivaient qu'à un petit nombre d'hommes supérieurs; maintenant, grâce aux journaux, on les entendait partout et ils réveillaient, ils

---

1. 47 millions de liv. st. en 1832, 80 en 1849. La compagnie des Indes avait le monopole du commerce avec la Chine; on le lui ôte, et en quelques années ce trafic est triplé (160 000 tonnes en 1833, 460 000 en 1849).

excitaient les esprits. En 1845, les États de Silésie, du Grand-Duché de Posen et de la Prusse royale avaient réclamé des libertés. Le roi refusa tout : liberté de la presse, publicité des débats, code pénal d'après les principes de la législation française ; et à ceux qui lui demandaient une constitution, il répondait que jamais il ne laisserait mettre une feuille de papier entre son peuple et lui. Deux ans après, il était obligé de convoquer une diète générale à laquelle il ne voulait, il est vrai, reconnaître qu'un caractère consultatif. Mais la diète revendiquant le droit de recevoir le compte annuel de l'administration de la dette publique, et celui de délibérer sur toutes les lois générales, y compris les impôts, s'attribuait du premier coup le contrôle financier avec le pouvoir législatif ; et, pour se garantir contre toute surprise, elle déclarait d'avance ne reconnaître à aucune assemblée ou commission, même sortie de son sein, la faculté de la suppléer dans ses fonctions. C'était le régime constitutionnel qui s'établissait à Berlin et il ne restait plus au monde que deux grands États pour représenter l'opposition à outrance aux nouvelles idées, la Russie et l'Autriche.

Agitations libérales en Autriche et en Italie. — Cependant le mouvement gagnait jusqu'à cette immobile Autriche. Dans ses plus vieux duchés, en Styrie, en Carinthie, on voulait des réformes ; en Hongrie, un grand parti constitutionnel était déjà organisé. La Bohême aussi s'agitait ; mais comme le pays était partagé entre deux populations ennemies, les Allemands et les Tchèques, le prince de Metternich pouvait s'appuyer sur l'une pour résister à l'autre ; en 1847, il retira aux États de Bohême le droit de voter l'impôt.

Sa politique venait d'éprouver un éclatant échec sur la frontière occidentale de l'empire, par la défaite si prompte du *Sonderbund*, qu'il avait voulu sauver. La victoire des libéraux suisses n'était qu'un mauvais exemple de plus donné aux dociles sujets des Hapsbourg ; elle ne constituait pas un danger. Mais, de l'autre côté des Alpes, un orage grondait, d'autant plus menaçant que cette fois la tempête venait de Rome.

La malheureuse tentative des frères Bandiera, fils d'un amiral autrichien, qui essayèrent de soulever les Calabres (1844), et l'insurrection de Rimini (1845) entreprise pour obtenir l'application du *Memorandum* des grandes puissances en 1831[1], avaient été les dernières prises d'armes des Italiens. Mais ce que la propagande à coups de fusil ne réussissait pas à faire, la propagande par les idées l'accomplissait chez ce peuple intelligent. Gioberti, avec son livre *del primato.... degli Italiani* (1843), avait gagné une partie du clergé à la cause nationale ; plus tard il avait cherché, dans le *Jésuite moderne*, à soustraire le Saint-Père à la funeste influence « des fils dégénérés de Loyola », et un prédicateur fameux, le père Ventura, s'écriait : « Si l'Église ne marche pas avec le siècle, les peuples ne s'arrêteront pas, mais ils marcheront sans l'Église, hors de l'Église, contre l'Église. » Quel pontife serait capable de comprendre qu'il fallait réconcilier la religion avec la liberté ? Ce pape, réformateur pour l'Église universelle et prince national pour l'Italie, les Italiens crurent l'avoir trouvé dans Pie IX, élu en juin 1846. Dès les premiers jours, il renvoya sa garde suisse, ouvrit les prisons, rappela les exilés, soumit le clergé à l'impôt et prépara la réforme des lois civiles et criminelles. Il institua une assemblée de *notables*, choisis par lui et n'ayant que voix consultative ; il créa un conseil d'État, rendit à Rome des institutions municipales et publia pour la première fois le budget des États de l'Église. Le roi de Sardaigne, le Grand-Duc de Toscane suivirent cet exemple ; et l'Italie renaissait au double espoir de retrouver sa liberté politique et son indépendance nationale. Le 5 décembre 1846, des feux s'allumèrent la nuit d'un bout à l'autre de l'Apennin : on célé-

---

1. Voyez ci-dessus, p. 597.

brait, au vieux cri : « Dehors, les barbares! *Fuori i barbari!* » l'anniversaire centenaire d'une défaite des Autrichiens devant Gênes. L'Angleterre, dirigée depuis juin 1846 par le ministère wigh de lord Russel, envoyait la flotte de la Méditerranée dans les eaux de la Sicile; et lord Minto, son ambassadeur, parcourait l'Italie en poussant les princes dans les voies constitutionnelles. Du haut de la tribune française, l'opposition criait aussi au pape : « Courage, Saint Père, courage! » Mais le cabinet des Tuileries, tout en étant favorable à des réformes administratives, déconseillait les réformes politiques, afin de ménager l'Autriche dont l'alliance, depuis les mariages espagnols, lui semblait nécessaire.

En se ralliant au mouvement libéral, l'Autriche l'aurait contenu et dirigé, mais cette puissance était encore sous l'influence fatale du parti qui accusait « le carbonaro Mastaï » d'avoir usurpé le Saint-Siége par l'intrigue et qui osait bien l'appeler : « Un Robespierre en tiare. » Elle adressa au pape une note sévère contre ses réformes (juin 1847), fomenta une conspiration jusque dans Rome et, contrairement aux traités, occupa la ville de Ferrare (août). Le cardinal Ferretti envoya à Vienne une protestation énergique que soutinrent les cours de Turin et de Florence, mais que M. Guizot blâma. « Père Ventura, dit Pie IX découragé, la France nous abandonne, nous sommes seuls! — Non, répondit le théatin, Dieu nous reste, marchons. »

Et l'Italie marcha. A la fin de novembre, la consulte romaine s'ouvrit. Léopold II, Charles-Albert firent des réformes qui équivalaient à une promesse de Constitution et leurs ministres signèrent avec ceux du pape une alliance « pour le développement de l'industrie italienne et le bien-être des populations (3 nov.). » Le duc de Modène, le roi des Deux-Siciles furent invités à s'adjoindre au traité. Cette union était une menace pour l'Autriche, elle y répondit par l'occupation militaire de Parme et de Modène (déc.). Aussitôt le feu prit aux extrémités de l'Italie.

Trois mois auparavant (sept.), une insurrection à Reggio et à Messine, un mouvement à Naples avaient été sévèrement réprimés et des réformes promises. Le 12 janvier 1848, celles-ci ne se faisant pas, Palerme s'arma au cri de : *viva Pio nono!* le 16, l'insurrection était maîtresse de l'île entière; le 18, dix mille hommes marchaient sur Naples, en réclamant, comme en 1821, une Constitution; le 28 Ferdinand II cédait, et le 11 février, une charte modelée sur la charte française de 1830 était publiée à Naples; quatre jours après à Florence, le 4 mars à Turin.

Les populations italiennes étaient frémissantes, surtout dans le Lombard-Vénitien où l'exaspération contre le *Tedesco* avait gagné jusqu'aux femmes et aux enfants. Le 3 janvier, les dragons autrichiens avaient sabré les groupes dans les rues de Milan; des troubles éclataient à Pavie, à Padoue le 8 février; le 15 à Bergame, et, le 22, le maréchal Radetzki proclamait à Milan la loi martiale en disant à ses soldats : « Contre votre courage, les coupables efforts du fanatisme et de la rébellion se briseront comme le verre contre le roc. »

Presqu'au même moment s'accomplissait à Paris une révolution qui, dix-sept jours après, se répercutait à Vienne, d'où le prince de Metternich était chassé, et, le 30 mars, il ne restait à l'Autriche en Italie que les forteresses du quadrilatère.

A considérer la situation générale de l'Europe au commencement de l'année 1848, on voit que l'heure suprême était arrivée. Après une lutte qui avait duré plus qu'une génération d'hommes entre l'ancien régime et les idées libérales, celles-ci se sentaient assez fortes pour être assurées de leur prochain triomphe. Mais cette victoire sera-t-elle gagnée pacifiquement par l'accord intelligent et patriotique des gouvernants et des gouvernés? ou bien une résistance aveugle suscitera-t-elle d'inutiles émeutes, même la guerre, qui ouvriront la carrière aux aventures républicaines et aux violences socialistes? Cela dépendait de la France. Si elle penchait du côté où allait toute l'Europe civilisée, les institutions libres s'établissaient paisiblement. Devant la France et l'Angleterre unies dans une même pensée et au besoin dans une même action, la Prusse et l'Autriche, affaiblies par les agitations intérieures, reculaient, et le vieux système, comme un corps demeuré debout, mais que la vie a depuis longtemps abandonné, tombait et ne se relevait plus. Voilà la fortune que le ministère français eut alors dans la main et qu'il laissa échapper.

LXXXIX
RÉVOLUTIONS DE 1848.

Révolution en France du 24 février 1848. — La victoire de la Suisse libérale et du parti constitutionnel en Prusse, l'agitation de l'Allemagne, de la Hongrie et des duchés autrichiens, la conduite de Pie IX et les efforts de l'Italie pour échapper au despotisme de ses princes en même temps qu'à l'étreinte des Hapsbourg avaient eu en France un immense retentissement. Dans le Corps législatif, les députés du centre gauche et de la gauche dynastique, dirigés par MM. Thiers et Odilon Barrot, mirent le ministère en demeure d'accomplir ses promesses. Ils demandèrent le remaniement de certains impôts, la réforme électorale et la réforme parlementaire vainement proposées à chaque session depuis 1842[1]. Le ministère repoussa ces inoffensives réclamations et railla l'opposition sur ses inutiles efforts pour faire sortir le pays de sa torpeur politique. A ce défi, l'opposition répondit par soixante-dix banquets réunis dans les villes

---

1. Pour la réforme électorale, on demandait l'*adjonction des capacités*, ce qui eût augmenté la liste électorale de 20 à 25 000 électeurs ; pour la réforme parlementaire, on voulait éloigner du Corps législatif une bonne partie des fonctionnaires publics qui formaient presque la majorité et étaient supposés manquer d'indépendance vis-à-vis des ministres, leurs chefs hors de la Chambre.

les plus importantes. On y exposa les griefs du pays : au dehors, l'abaissement de la France, qui n'avait plus en Europe son influence nécessaire, au dedans, le refus des réformes les plus légitimes, et ce qu'on appelait les moyens équivoques de gouvernement, la corruption électorale et parlementaire.

Paris, qui d'instinct et de tradition aime à fronder dès qu'il n'a plus peur, appartenait tout entier à l'opposition. Aux récentes élections municipales du quartier le plus riche, et par conséquent le plus essentiellement modéré, pas un candidat ministériel n'avait réussi à passer. Un journal que les conservateurs fondèrent ne put vivre. Au sein même de ce parti, la désaffection se montrait. Plusieurs membres influents de la majorité passèrent à l'opposition. Le prince de Joinville marquait une désapprobation sensible, et s'exilait à Alger, auprès de son frère le duc d'Aumale. Dans le ministère même, quelques membres répugnaient à cette politique à outrance. M. de Salvandy, qui, au département de l'instruction publique, avait entrepris de nombreuses et libérales réformes, n'était plus retenu que par le désir de défendre les projets de loi qu'il avait présentés. Mais le président du Conseil engagea la lutte en faisant prononcer par le roi, à l'ouverture de la session, un discours qui déclarait cent députés ennemis du trône (28 décembre 1847).

D'irritants débats tinrent, pendant six semaines, l'opinion publique en émoi. Le 18 février, l'opposition tenta une dernière manifestation, le banquet du douzième arrondissement. Les républicains, depuis longtemps découragés, laissaient faire, mais se tenaient prêts. « Si le ministère, disait le 20 février un de leurs chefs, autorise le banquet, il tombera ; s'il le défend, c'est une révolution. » La gauche dynastique fit un dernier effort pour en prévenir l'explosion : le 21, M. Odilon Barrot déposa sur le bureau de la Chambre un acte d'accusation contre les ministres.

Ceux-ci empêchèrent la réunion, aussitôt d'immenses rassemblements se formèrent et, çà et là, il éclata des conflits. Cependant le soir du 23 février, l'opposition avait gagné sa cause : un ministère libéral était nommé, sous la présidence de M. Thiers. Mais ceux qui avaient si bien commencé le mouvement n'avaient rien préparé pour l'arrêter juste au point où la majorité du pays attendait. Hommes d'attaque plus que de résistance, de critique plus que d'action, ils virent en quelques heures la direction de l'émeute leur échapper pour passer à un parti où se trouvaient des conspirateurs émérites et des vétérans de barricades, gens de combat qui se jetèrent dans la foule dont les boulevards, déjà tout illuminés et joyeux, étaient encombrés. Un coup de feu ayant été tiré par un inconnu sur le poste de l'hôtel des Affaires étrangères, la troupe riposta par une décharge qui jeta à terre cinquante promeneurs inoffensifs. A la vue de leurs cadavres portés dans la ville aux cris : « On assassine nos frères, vengeance ! » le peuple des faubourgs courut aux armes. Le roi pouvait compter sur l'armée, commandée par le général Bugeaud. Ce chef énergique avait déjà pris ses dispositions pour réprimer l'émeute, quand, dans la nuit du 23 au 24, il reçut du président du nouveau ministère l'ordre de replier ses troupes sur les Tuileries. Plutôt que d'obéir à cet ordre insensé, il résigna son commandement, et la résistance fut paralysée. Quant aux gardes nationaux tardivement convoqués, et croyant que tout se bornerait à un changement de ministres, ils laissèrent passer la réforme; la révolution suivait. Bientôt ils essayeront de détruire ce que dans ce moment ils aident, sans le savoir, à édifier; mais pour eux aussi, il sera trop tard : le 24 février a tué, moralement, l'institution née le 14 juillet 1789. Abandonné de la bourgeoisie parisienne, Louis-Philippe crut l'être de la France entière. A midi, il abdiqua pendant qu'on se battait encore au Palais-Royal, et partit, protégé par quelques régiments, sans être poursuivi, ni inquiété.

Le duc d'Orléans, dont l'influence sur l'armée avait

été grande, était mort, le prince de Joinville, le duc d'Aumale, qui avaient une popularité justement acquise, étaient absents. Restaient, avec le duc de Nemours, prince peu populaire, et le duc de Montpensier, trop jeune encore pour être connu, une femme et un enfant, la duchesse d'Orléans et le comte de Paris. La duchesse, respectée pour ses vertus et l'élévation de son esprit, mais étrangère, isolée, était sans force. Tandis que le peuple entrait aux Tuileries, elle se rendit à la Chambre avec le comte de Paris; les insurgés l'y suivirent et firent proclamer un gouvernement provisoire composé de MM. Dupont (de l'Eure), Arago, Lamartine, Crémieux, Ledru-Rollin et Garnier-Pagès.

Ainsi, par l'incapacité du gouvernement et l'audace d'un parti, la France avait, au lieu d'une réforme nécessaire, régulièrement accomplie par les pouvoirs publics, une nouvelle insurrection qui allait arrêter le travail, détruire des milliards, faire couler le sang à flots et jeter le pays hors de la voie du progrès pacifique. Deux hommes surtout devraient porter le deuil de cette révolution inutile et de cette dynastie qu'ils ont perdue : l'un qui pouvait prévenir l'émeute en lui ôtant son prétexte; l'autre qui pouvait la réprimer et qui ne l'osa pas.

Suites de la Révolution de Février en Europe. — La révolution, victorieuse à Paris, le fut aussitôt sur la moitié du continent européen, avec des exagérations qui devaient produire, par contre-coup, une réaction nouvelle.

En février : abdication et fuite du roi Louis-Philippe.

En mars : révolution à Vienne, à Berlin, dans toute l'Allemagne, et insurrection à Venise, à Milan, dans le Sleswig et le Holstein; abdication du roi de Bavière; retraite du duc de Parme;

En avril : insurrection à Modène, en Sicile et dans le grand-duché de Bade;

En mai : soulèvement du duché de Posen, de Rome, de Naples et de la Hongrie; nouveau mouvement à Vienne, et retraite de l'empereur à Inspruck;

En juin : insurrection de la Bohême et de Bukarest.

Mais la Belgique, le Portugal, la Suède, le Danemark, la Hollande, restent calmes et confiants sous des gouvernements sagement libéraux ; la Suisse, par les voies légales, se donne, sans agitation ni émeute, une nouvelle constitution, et l'Angleterre, sous son ministère wigh, ne paye de tribut à la fièvre révolutionnaire que par quelques désordres en Irlande et une inoffensive procession de Chartistes dans les rues de Londres.

Grâce à leurs institutions libres et à l'habileté de leurs gouvernants, ces pays avaient des soupapes de sûreté qui rendaient impossibles les explosions préparées par les agitations intérieures. Un puissant monarque qui se croyait assez fort pour n'avoir pas besoin dans ses États de ces moyens préventifs, faisait seul tête à l'orage ; il adressait à la révolution de fières paroles (*Manifeste du czar*, 26 mars), et se disposait à l'écraser là où il la trouverait à portée de ses coups : dans quelques mois les armées de Nicolas seront à Bukarest et au cœur de la Hongrie, son influence partout. Alors se produira un de ces mouvements d'opinion qui ramènent les sociétés en arrière, lorsqu'elles se sont portées trop vite en avant. Déjà le roi de Prusse répète, malgré l'avertissement de la révolution de Berlin, le mot de Charles X : « en principe, c'est ce que je veux qui doit être fait » ; et bientôt on parlera partout, avec juste raison, de restaurer le principe d'autorité qui n'est jamais trop fort, quand c'est au nom de la loi librement faite qu'il agit.

XC

RÉSUMÉ GÉNÉRAL POUR 1815-1848.

Nous n'avons rien dit du Nouveau-Monde pour cette période, c'est qu'il ne fournit à peu près rien à l'histoire générale. L'Amérique espagnole s'est agitée longtemps en convulsions périodiques, fruit d'un double despotisme sous lequel n'avait pu se faire l'éducation politique des citoyens. L'Amérique portugaise développait lentement ses richesses et sa population à l'abri d'un gouvernement constitutionnel. Le Canada prospérait par la liberté. Les États-Unis, n'ayant point derrière eux de passé qui arrêtât leurs mouvements ou en excitât la violence, et ayant devant eux l'espace infini et libre, dépensaient contre la nature les forces d'une exubérante jeunesse, sans les tourner encore contre eux-mêmes, comme dans les vieux États de l'Occident européen [1]. Fidèles aux institutions qu'ils se sont données, ils labouraient la prairie, défrichaient la forêt, et couvraient le terrain de chasse des Indiens de villes où accourait une population qui, plusieurs fois, doubla en vingt ans.

Pour n'être pas troublés dans cette œuvre, ils avaient tenu à l'Europe un fier langage. Après avoir reconnu, en 1821, l'indépendance des colonies espagnoles, le président Monroë avait établi dans un message au sénat le principe qui est resté la règle de conduite du cabinet de Washington dans sa politique étrangère : « L'Union regardera comme une attaque personnelle toute entreprise d'une puissance européenne pour rétablir en Amérique le régime colonial. » (1822.) Cette déclaration fut renouvelée en termes menaçants, quand le succès de l'invasion française en Espagne fit craindre une tentative de restauration à Buenos-Ayres, Lima ou Mexico ; et le vieux monde, séparé du nouveau par quinze cents lieues de mer, n'osa pas relever le défi.

Cependant, si depuis la guerre de 1812-1815 contre l'Angleterre, les États-Unis étaient en paix avec l'Europe ; si de Washington il n'arrivait à nos chancelleries que des propositions de traités de commerce ou des règlements d'affaires sans importance [2], le spectacle de

1. La première guerre civile aux États-Unis a été celle de la *Sécession* (1861-1865), entreprise pour la suppression de l'esclavage dans les États du Sud.

2. Ainsi, en 1834, réclamation hautaine contre la France d'une créance de 25 millions, qui excita des orages au Corps législatif et amena dans le gouvernement une crise ministérielle.

cette nation grandissant tous les jours, avec les institutions les plus libres qui fussent au monde, était contagieux pour la vieille société de notre continent. Chaque année celle-ci leur envoyait 300 000 de ses pauvres qui leur demandaient de la terre et la liberté. Chaque année aussi, nous revenaient des ingénieurs, des négociants, des politiques qui étaient allés admirer, aux bords de l'Ohio et sur les rives du Mississipi, la puissance de l'énergie individuelle, et les récits qu'on nous faisait des grandeurs de la république américaine étaient un encouragement pour le parti libéral, qui voulait limiter les droits de l'État au profit de ceux des citoyens[1].

Cette jeune république manquait, il est vrai, des élégances et de la distinction des vieilles sociétés où l'aristocratie a laissé quelque chose de ses mœurs raffinées, de son goût pour les arts, de son sentiment de l'honneur qui, lui aussi, est une religion. Pressés de vivre et de jouir, les yankee restaient dans la région inférieure de l'utile. Mais l'utile est un des besoins de la vie; l'autre, l'idéal, leur viendra plus tard, avec la richesse héréditaire et les loisirs, lorsqu'ils n'auront plus à dire : « *Time is money,* » et que, leur sol mis en culture, leurs chemins de fer et leurs canaux construits, ils donneront du temps aux méditations solitaires, à l'art pur, à la science théorique, c'est-à-dire à toutes les glorieuses inutilités qui font les grands peuples.

A lire cette histoire de l'Europe et du Nouveau-Monde entre les années 1815-1848, il semblerait que rois et peuples n'eurent tous, durant ces trente-trois années, qu'une seule idée : détruire ou sauver la liberté politique. Cependant on avait alors, pour occuper les esprits, l'art, la poésie, la science, la pensée, la religion, mille autres choses encore. L'industrie, le commerce se transformaient; on faisait des réformes utiles; le bien-être général augmentait; l'ignorance et

---

1. De Tocqueville, *la Démocratie en Amérique*, 4 vol. 1835-1840.

les crimes étaient en décroissance; enfin on pouvait presque partout avoir sécurité pour ses biens et pour sa personne. Mais ces grandes et heureuses choses dont on jouissait manquaient de garanties avec les gouvernements absolus, et ne pouvaient en avoir qu'avec les gouvernements constitutionnels. Les libertés civiles sont indispensables à tous les citoyens; chaque individu en a besoin pour vivre en homme. La liberté politique, au contraire, ne serait qu'un luxe, nécessaire à un petit nombre, inutile à la foule, si, comme le fidèle gardien de la maison qui renferme des trésors, elle n'était là pour avertir quand les larrons approchent, et pour les empêcher d'entrer. Puisque son rôle est de mettre tous nos biens à l'abri, on en doit conclure que plus les sociétés sont riches et heureuses, plus les facultés se déploient avec une activité féconde, et plus la liberté politique leur est indispensable; car elle est le gage de durée pour leur fortune. Voilà pourquoi elle a été, et méritait d'être, l'objet du grand combat que nous avons raconté.

FIN.

TABLE DES MATIÈRES

HISTOIRE ANCIENNE DE L'ORIENT

I.	LES ORIGINES. — La terre....................	1
	L'homme..................................	3
	Les races humaines et les langues............	5
	La race noire et la race jaune................	6
	La race blanche : Aryens et Sémites..........	7
	Premiers foyers de civilisation................	8
	Les livres primitifs.........................	9
II.	LA CHINE ET LES MONGOLS. — Haute antiquité de la civilisation chinoise........................	10
	Dynasties impériales et féodalité chinoise......	11
	La grande muraille et l'incendie des livres. — Immense étendue de l'empire aux premiers siècles de notre ère.........................	12
	Invasion des Mongols au XIIIe siècle...........	13
	Premiers Européens en Chine.................	14
	Nouvel empire mongol dans l'Asie centrale et l'Inde. — La Chine dans les temps modernes..	15
	Confucius et la société chinoise...............	16
III:	L'INDE. — Opposition entre la Chine et l'Inde.....	19
	Population primitive : les Aryas, Védas.........	20
	Histoire de l'Inde...........................	22
	Les castes : Brahmanes, Xatryas et Soudras.....	23
	Organisation politique et religion..............	24
	Le Bouddhisme..............................	26
IV.	L'ÉGYPTE. — Premiers habitants.................	29
	Premières dynasties (5000 ans av. J. C.)........	31
	Invasion des Pasteurs ou Hycsos (2200 av. J. C.)	32
	Prospérité de l'Égypte (du XVIIIe au XIIIe siècle av. J. C.)...................................	33

	Décadence de l'Égypte; invasion des Éthiopiens.	34
	Les derniers Pharaons	35
	L'Égypte sous les Perses, les Grecs, les Romains et les Arabes. — Religion, gouvernement et arts de l'Égypte	36
V.	Les Assyriens. — Le Tigre et l'Euphrate, Babylone et Ninive	39
	Second empire assyrien (744-606 av. J. C.)	40
	Dernier empire assyrien, prise de Babylone par Cyrus (530 av. J. C.)	41
	Gouvernement, religion et arts de l'Assyrie	42
VI.	Les Phéniciens. — Cités phéniciennes entre le Liban et la mer. — Commerce et colonies des Phéniciens	44
	Conquérants de la Phénicie	45
VII.	Les Juifs. — Anciennes traditions	46
	Législation religieuse et civile	47
	Grandeur morale de la législation hébraïque	48
	Conquête de la Palestine; les juges; les rois (1097)	49
	Le schisme (978) et la captivité (599)	51
	Les Juifs sous la domination des Perses, des Grecs et des Romains (538 av. J. C., 70 après)	52
VIII.	Les Mèdes et les Perses. — Le mazdéisme	54
	Mèdes	57
	Les Perses sous Cyrus (559-529); conquête de l'Asie occidentale. — Les Perses sous Cambyse (conquête de l'Égypte, 527) et sous Darius	58
	Gouvernement	60

HISTOIRE GRECQUE

IX.	Temps primitifs. — Anciennes populations; Pélasges et Hellènes	61
	Temps héroïques; guerre de Troie (1184?)	62
	Invasion des Doriens (1104); colonies grecques et institutions générales	64
X.	Mœurs et religion des anciens Grecs. — Esprit de liberté dans les mœurs et les institutions	65
	Religion	67

TABLE DES MATIÈRES.

XI.	Lycurgue et Solon. — Sparte avant Lycurgue. — Lycurgue (822?); ses lois politiques............	71
	Lois civiles....................................	72
	Guerres de Messénie (743-668).................	73
	Athènes jusqu'à Solon; l'archontat. — Solon (594)...	74
	Les Pisistratides; Clisthénès, Thémistocle........	75
XII.	Les Guerres médiques (490-449). — Révolte des Grecs asiatiques contre les Perses (500)........	76
	Première guerre médique; Marathon et Miltiade (490). — Seconde guerre médique; Salamine (480)...	77
	Platées (479). — Athènes continue seule la guerre; ses alliés...................................	78
	Dernières victoires des Grecs; Cimon (449)......	79
XIII.	Le Siècle de Périclès. — Le peuple athénien. — Périclès.......................................	80
	Concours à Athènes des plus beaux génies......	81
	Le Parthénon..................................	82
XIV.	Rivalité de Sparte, d'Athènes et de Thèbes (431-359). — Irritation des alliés contre Athènes. — Guerre du Péloponnèse jusqu'à la paix de Nicias (431-421).............................	82
	Expédition de Sicile; Alcibiade (425-413).......	83
	Sparte alliée de la Perse; prise d'Athènes (404).	84
	Puissance de Sparte. Expédition des Dix-Mille (401); Agésilas................................	85
	Traité d'Antalcidas (387). — Lutte de Sparte et de Thèbes; Épaminondas (381-362)............	86
XV.	Philippe de Macédoine et Démosthène (359-336). — Philippe (359). — Prise d'Amphipolis, occupation de la Thessalie............................	87
	Démosthène. — Seconde guerre sacrée (346); bataille de Chéronée (338)........................	88
XVI.	Alexandre (336-323). — Soumission de la Grèce à Alexandre (336-334). — Expédition de Perse (334). Conquête du littoral asiatique et de l'Égypte. — Conquête de la Perse; mort de Darius; meurtre de Clitus (331-327)........................	90
	Alexandre au delà de l'Indus; retour à Babylone; sa mort (327-323).............................	92
	Le siècle d'Alexandre..........................	93
XVII.	Réduction de la Grèce et des royaumes grecs	

	EN PROVINCES ROMAINES (323-146). — Démembrement de l'empire d'Alexandre; Ipsus (301). — Royaumes de Syrie (301-64) et d'Égypte (301-30)...	94
	Royaume de Macédoine (301-146); Cynocéphale et Pydna..	95
	Mort de Démosthène (322); la ligue achéenne (251-146)...	96
XVIII.	RÉSUMÉ DE L'HISTOIRE GRECQUE. — Services rendus par la Grèce à la civilisation générale..........	98
	Défauts de l'esprit politique et religieux des Grecs..	100

HISTOIRE ROMAINE

XIX.	ROME ET SON ANCIENNE CONSTITUTION (754-366). — Les légendes et les institutions de la période royale (754-510)..	103
	La république : consuls, tribuns (510-493)......	104
	Le décemvirat et les douze Tables...............	105
	Les plébéiens arrivent à toutes les charges (448-286)..	107
XX.	CONQUÊTE DE L'ITALIE (343-265). — Prise de Rome par les Gaulois (390); Camille. — Guerre du Samnium..	109
XXI.	LES GUERRES PUNIQUES (264-146). — Première guerre punique (264-241); conquête de la Sicile.	113
	Guerre des mercenaires contre Carthage (241-238)..	114
	Seconde guerre punique; Annibal et Scipion (218-201)...	115
	Troisième guerre punique; ruine de Carthage (146)..	117
XXII.	CONQUÊTES DES ROMAINS HORS DE L'ITALIE (229-129). — Conquête d'une partie de l'Illyrie (229) et de l'Istrie (221). — Conquête de l'Asie Mineure, de la Macédoine et de la Grèce (190-146)..	119
	Conquête de l'Espagne; Viriathe; Numance (197-133)..	120
XXIII.	PREMIÈRES GUERRES CIVILES. LES GRACQUES. MARIUS.	

TABLE DES MATIÈRES.

	Sylla (133-79). — Résultats des conquêtes de Rome pour ses mœurs et sa constitution........	123
	Les Gracques, ou tentative d'une réforme (133-121)..	124
	Marius; conquête de la Numidie (118-104)......	125
	Invasion des Cimbres et des Teutons (113-102).— Renouvellement des troubles civils; Saturninus (106-98)............................	127
	Sylla, soulèvement des Italiens (98-88).........	128
	Proscriptions dans Rome; Sulpicius et Cinna (88-84)..	130
	Victoire de Sylla; ses proscriptions; sa dictature (84-79)...................................	131
	Ruine du parti populaire par la défaite de Sertorius (72)....................................	133
XXIV.	De Sylla a César. Pompée et Cicéron (79-60). — Guerre contre Mithridate sous Sylla (90-84)......	134
	Guerre contre Mithridate par Lucullus et Pompée (74-63).....................................	136
	Réveil du parti populaire à Rome; les gladiateurs (71).....................................	137
	Pompée se rapproche du peuple; guerre des Pirates (67).....................................	138
	Cicéron : conjuration de Catilina (63)..........	139
XXV.	César (60-44). — César, chef du parti populaire; son consulat (60)..............................	141
	Guerre des Gaules : victoires sur les Helvètes; Arioviste et les Belges (58-57)................	142
	Soumission de l'Armorique et de l'Aquitaine; expéditions en Bretagne et au delà du Rhin (56-53). — Soulèvement général (52); Vercingétorix; Alésia................................	143
	Défaite de Crassus par les Parthes (53). — Guerre civile entre César et Pompée (49-48).........	144
	Guerre d'Alexandrie; César dictateur (48-44)....	146
XXVI.	Le second triumvirat (43-30). — Octave........	148
	Second triumvirat; proscriptions; bataille de Philippes....................................	149
	Antoine en Orient; guerre de Pérouse; traité de Misène (39)..................................	151
	Sage administration d'Octave; expédition d'Antoine contre les Parthes.......................	152
	Actium (31); mort d'Antoine et réduction de l'Égypte en province (30).........................	154
XXVII.	Auguste et les empereurs Juliens (31 av. J. C., 68	

	après). — Constitution du pouvoir impérial (30-12).	156
	Organisation militaire et financière............	158
	Habile administration d'Auguste dans les provinces et à Rome.................................	159
	Politique extérieure; défaite de Varus (9 après J. C.)...	160
	Tibère (14-37)...................................	162
	Caligula (37-41). — Claude (41-54)............	165
	Néron (54-68)...................................	166
XXVIII.	Les Flaviens (69-96). — Galba, Othon et Vitellius (68-69)......................................	168
	Vespasien (69-79)...............................	169
	Titus (79-81)....................................	170
	Domitien (81-96)................................	171
XXIX.	Les Antonins (96-192). — Nerva (96-98). — Trajan (98-117)...................................	172
	Hadrien (117-138)..............................	174
	Antonin (138-161)...............................	175
	Marc-Aurèle (161-180)..........................	176
	Commode (180-192).............................	177
XXX.	L'anarchie militaire (192-285). — Pertinax et Didius Julianus (192-193). — Septime Sévère (193-211).......................................	178
	Caracalla (211)..................................	179
	Macrin (217). — Élagabal (218). — Alexandre Sévère (222)....................................	180
	Maximin (235). — Six empereurs en neuf ans...	181
	Philippe (244); Décius (249); les trente tyrans (251-268).......................................	182
	Claude (268); Aurélien (270); Tacite (275); Probus (275); Carus (282)........................	183
XXXI.	Dioclétien et Constantin (285-337). — Le Christianisme. — Dioclétien (285). — La tétrarchie.	186
	Nouveaux empereurs et nouvelles guerres civiles (305-323).......................................	188
	Le Christianisme................................	189
	Réorganisation de l'administration impériale...	193
	Dernières années de Constantin (323-337).......	198
XXXII.	Constance, Julien et Théodose.— Constance (337).	199
	Julien (361)....................................	200
	Jovien (363); Valentinien et Valens (364).......	201
	Théodose (378).................................	202
	Fin de l'empire d'Occident (476). — Résumé....	204

HISTOIRE DU MOYEN AGE

XXXIII.	LE MONDE BARBARE AU QUATRIÈME ET AU CINQUIÈME SIÈCLE. — Définition du moyen âge............	207
	Barbares du Nord; leurs mœurs et leur religion.	208
	Arrivée des Huns en Europe...................	210
	Invasion des Visigoths; grande invasion de 406..	211
	Prise de Rome par Alaric (410); royaumes des Visigoths, des Suèves et des Vandales........	212
	Attila......................................	213
XXXIV.	PRINCIPAUX ROYAUMES BARBARES. — JUSTINIEN. — Royaumes barbares de Gaule, d'Espagne et d'Afrique. — Royaumes saxons en Angleterre...	214
	Royaume des Ostrogoths en Italie; Théodoric (489-526)...................................	215
	Justinien (527-565); réveil de l'empire d'Orient.	217
XXXV.	CLOVIS ET LES MÉROVINGIENS (481-752). — Les Francs.....................................	218
	Clovis (481).................................	219
	Les fils de Clovis (511-561). — Frédégonde et Brunehaut; traité d'Andelot (587)............	222
	Clotaire II (584) et Dagobert (628). — Les rois fainéants; les maires du palais, Ébroïn et Pépin d'Héristal (638-687)....................	225
XXXVI.	MAHOMET ET L'INVASION ARABE. — L'Arabie; Mahomet et le Coran............................	226
	Le Khalifat; les sonnites et les schiites; conquêtes des Arabes (637-661).................	229
	Les Ommiades...............................	230
	Division du Khalifat.........................	231
	Civilisation arabe............................	232
XXXVII.	L'EMPIRE DES FRANCS; EFFORTS POUR METTRE L'UNITÉ DANS L'ÉGLISE ET DANS L'ÉTAT. — Différence entre l'invasion arabe et l'invasion germanique...................................	234
	La société ecclésiastique.....................	235
	Charles Martel et Pépin le Bref (715-768)......	237
	Charlemagne, roi des Lombards et patrice de Rome (774).................................	239
	Conquête de la Germanie (771-804); expédition d'Espagne..................................	240

	Limites de l'empire..................................	241
	Charlemagne empereur (800). — Gouvernement.	242
XXXVIII.	LES DERNIERS CARLOVINGIENS ET LES NORTHMANS. — Faiblesse de l'empire carlovingien; Louis le Débonnaire...	245
	Traité de Verdun (843)...........................	246
	Charles le Chauve (840-877)....................	247
	Progrès de la féodalité...........................	248
	Déposition de Charles le Gros (887); sept royaumes. — Eudes, Charles le Simple, Louis IV, Lothaire et Louis V (887-987)................	249
XXXIX.	LA TROISIÈME INVASION AU NEUVIÈME ET AU DIXIÈME SIÈCLE. — La nouvelle invasion. — Les Northmans en France...................................	251
	Les Northmans-Danois en Angleterre...........	252
	Les Northmans dans les régions polaires et en Russie..	253
	Les Sarrasins et les Hongrois....................	254
XL.	LA FÉODALITÉ. — La féodalité ou l'hérédité des offices et des bénéfices................................	258
	Grands fiefs de France, d'Allemagne et d'Italie..	261
	La civilisation du neuvième siècle au douzième..	263
XLI.	L'EMPIRE GERMANIQUE. — LUTTE DU SACERDOCE ET DE L'EMPIRE. — L'Allemagne de 887 à 1056.....	265
	Le moine Hildebrand...............................	268
	Grégoire VII et Henri IV (1073-1085)..........	269
	Concordat de Worms (1122). — Les Hohenstaufen..	271
XLII.	CROISADES D'ORIENT ET D'OCCIDENT. — La première croisade en Orient (1096-1099).................	275
	Seconde et troisième croisades (1147 et 1189)...	278
	Quatrième croisade (1202); empire latin de Constantinople.....................................	279
	Dernières croisades (1229-1270); saint Louis....	280
	Résultats des croisades d'Orient.................	281
	Croisades d'Occident...............................	283
XLIII.	LA SOCIÉTÉ AU DOUZIÈME ET AU TREIZIÈME SIÈCLE. — Progrès de la population urbaine...............	289
	Progrès intellectuel................................	290
	Littératures nationales............................	292
XLIV.	FORMATION DU ROYAUME DE FRANCE (987-1328). — Premiers capétiens (987-1108)..................	293

TABLE DES MATIÈRES. 653

Louis le Gros (1108-1137).......................... 294
Louis VII (1137-1180). — Philippe Auguste
   (1180).. 295
Louis VIII (1223) et saint Louis (1226)......... 297
Victoire de Taillebourg (1242); modération de
   saint Louis...................................... 298
Philippe III (1270) et Philippe IV (1285). — Querelle entre le roi et le pape..................... 299
Condamnation des Templiers..................... 300
Insurrection des Flamands. — Derniers capétiens
   directs; la loi salique (1314-1328)............ 301

XLV.   FORMATION DE LA CONSTITUTION ANGLAISE. — Invasion normande (1066)............................... 302
Force de la royauté normande en Angleterre.... 303
Guillaume II (1087); Henri I (1100); Étienne
   (1135). — Henri II (1154)....................... 304
Richard (1189); Jean sans Terre (1199)......... 306
Henri III (1216). — Premier parlement anglais
   (1258).. 307
Progrès des institutions anglaises................ 308

XLVI.   PREMIÈRE PÉRIODE DE LA GUERRE DE CENT ANS (1328-1380). — Causes de la guerre de Cent ans; Philippe de Valois (1328) et Édouard III (1327). — Hostilités en Flandre et en Bretagne (1337)..... 309
Crécy (1346). — Jean le Bon (1350); défaite de
   Poitiers (1356).................................. 310
Tentative de réformes; la Jacquerie............. 311
Traité de Brétigny (1360). — Charles V (1364) et
   Duguesclin...................................... 312

XLVII.   LA FRANCE ET L'ANGLETERRE APRÈS ÉDOUARD III ET CHARLES V; SECONDE PÉRIODE DE LA GUERRE DE CENT ANS (1380-1453). — Charles VI (1380). Mouvement communal.............................. 313
Les Armagnacs et les Bourguignons (1407)...... 314
Insurrection en Angleterre. — Wiclef........... 315
Richard II (1380); il est déposé (1399). — Henri
   IV; bataille d'Azincourt (1415); traité de Troyes
   (1420).. 316
Charles VII (1422); Jeanne d'Arc (1429)......... 317
Réformes et succès de Charles VII.............. 318

XLVIII.   L'ESPAGNE ET L'ITALIE DE 1250 A 1453. — Les rois espagnols oublient la croisade, querelles intestines... 319

	Le royaume de Naples donné à Charles d'Anjou (1265)...	322
	Républiques italiennes; Guelfes et Gibelins.....	324
	Retour de la papauté à Rome (1378); les principautés..	325
	Les Aragonais à Naples.........................	326
	Éclat des lettres et des arts....................	327
XLIX.	L'ALLEMAGNE ET LES ÉTATS SCANDINAVES, SLAVES ET TURCS DE 1250 A 1453. — Le grand interrègne; maison de Habsbourg (1273).........	328
	La Suisse (1315). — Impuissance des empereurs...	329
	Union de Calmar (1397). — Puissance de la Pologne...	331
	Les Mongols en Russie.........................	332
	Les Turcs à Constantinople (1453)..............	333
L.	RÉSUMÉ DE L'HISTOIRE DU MOYEN AGE.............	334

HISTOIRE DES TEMPS MODERNES

LI.	PROGRÈS DE LA ROYAUTÉ EN FRANCE (1453-1494).— Principales divisions de l'histoire des temps modernes..	336
	Louis XI (1461-1483). Ligue du bien public (1465).	337
	Entrevue de Péronne (1468)....................	338
	Mort du duc de Guyenne (1472). — Folles entreprises et mort de Charles le Téméraire (1477)....	340
	Réunion des grands fiefs à la couronne...........	341
	Administration de Louis XI. — Charles VIII (1483)..	342
LII.	PROGRÈS DE LA ROYAUTÉ EN ANGLETERRE; GUERRE DES DEUX ROSES. — Henri IV (1422) et Richard d'York, protecteur (1454).....................	343
	Édouard IV (1460).............................	345
	Richard III (1483). — Henri VII (1485).........	346
LIII.	PROGRÈS DE LA ROYAUTÉ EN ESPAGNE. — Abandon par les Espagnols de la croisade contre les Maures...	347
	Mariage de Ferdinand d'Aragon avec Isabelle de Castille (1469).................................	348
	Conquête du royaume de Grenade (1492). — L'inquisition; puissance de la royauté........	349

Progrès de la royauté en Portugal.............. 351

LIV. L'Allemagne et l'Italie de 1453 a 1494. — Frédéric III (1440). — Maximilien (1493); son mariage avec Marie de Bourgogne................ 351
L'Italie vers 1453; républiques remplacées par des principautés.. 352

LV. Les Turcs de 1453 a 1520. — Forte organisation militaire des Turcs; Mahomet II.............. 356
Bajazet II (1481) et Sélim le Féroce (1512)...... 358

LVI. Guerres d'Italie; Charles VIII et Louis XII. — Conséquences de la révolution politique : premières guerres européennes. — Expédition de Charles VIII en Italie (1494).................. 359
Louis XII (1498). Conquête de Milan et de Naples... 361
Ligue de Cambrai (1508) et Sainte Ligue (1511). 362
Invasion de la France (1513). — Traités de paix (1514).. 363

LVII. La Révolution économique. — Découverte du cap de Bonne-Espérance (1497). — Empire colonial des Portugais.. 364
Christophe Colomb (1492). — Empire colonial des Espagnols... 365
Résultats... 366

LVIII. La Révolution dans les lettres et les arts, ou la Renaissance. — Découverte de l'imprimerie. 368
Renaissance des lettres........................... 369
Renaissance des arts. — Renaissance des sciences.. 370

LIX. La Révolution dans les croyances, ou la Réforme. — Le clergé au seizième siècle......... 371
Luther (1517)..................................... 372
La réforme luthérienne dans les États scandinaves. — La réforme en Suisse, Zwingli (1517) et Calvin (1536)................................. 374
La réforme aux Pays-Bas, en France, en Écosse, en Angleterre.................................... 375
Caractère des trois églises réformées........... 378
Conséquences de la réforme...................... 379

LX. La restauration catholique. — Réformes à la cour pontificale et dans l'Église. Les Jésuites.... 379

TABLE DES MATIÈRES.

	Concile de Trente (1545-1563)....................	381
LXI.	Nouvelles guerres d'Italie; François Ier, Charles-Quint et Soliman. — François Ier; victoire de Marignan (1515)............................	383
	Puissance de Charles-Quint.....................	384
	Pavie (1525); traités de Madrid (1526) et de Cambrai (1529)................................	385
	Alliances de François Ier, succès de Soliman....	387
	Nouvelle guerre entre Charles-Quint et François Ier...	388
	Abdication de Charles-Quint (1556).............	389
	Continuation de la lutte entre les maisons de France et d'Autriche (1558-1559)..............	390
LXII.	Les guerres de religion dans l'Europe occidentale (1559-1598). — Philippe II................	391
	Caractère de cette période.....................	392
	La France, principal champ de bataille des deux partis. Première guerre (1562-1563)..........	393
	Succès du catholicisme aux Pays-Bas et en France (1564-1568). — Le tribunal de sang (1567)....	394
	Dispersion des forces de l'Espagne; victoire de Lépante (1571)................................	396
	Conspirations catholiques en Angleterre et en France..	397
	Progrès des protestants (1573-1587).............	398
	Défaite de l'Espagne et de l'Ultramontanisme (1588-1598)....................................	401
LXIII.	Résultats des guerres de religion dans l'Europe occidentale. — Décadence et ruine de l'Espagne.....................................	402
	Prospérité de l'Angleterre et de la Hollande.....	403
	Réorganisation de la France par Henri IV (1598-1610)...	405
LXIV.	Les guerres de religion dans l'Europe centrale (1618-1648), ou guerre de Trente ans. — Préliminaires de la guerre de Trente ans (1555-1618).	406
	Période palatine (1618-1625)....................	408
	Période danoise (1625-1629). — Période suédoise (1630-1635)....................................	409
	Période française (1635-1648)...................	410
LXV.	Résultats des guerres de religion dans l'Europe centrale.— Paix de Westphalie (1648). — Avan-	

	tages conquis par les protestants. — Indépendance religieuse des États allemands..........	411
	Indépendance politique des États allemands. — Acquisitions de la Suède et de la France......	412
LXVI.	RICHELIEU ET MAZARIN; ACHÈVEMENT DE LA FRANCE MONARCHIQUE (1610-1661). — Minorité de Louis XIII (1610-1617).........	413
	Richelieu abaisse les protestants et la haute noblesse......	415
	Mazarin et la Fronde......	416
	Traité des Pyrénées (1659)......	418
LXVII.	L'ANGLETERRE DE 1603 A 1674. — L'Europe en 1664......	419
	Charles Ier (1625-1649)......	421
	La guerre civile (1642-1647)......	422
	Exécution de Charles Ier (1649). — La république d'Angleterre (1649-1660); Cromwell..........	424
	Charles II (1660-1685)......	426
LXVIII.	LOUIS XIV DE 1661 A 1685. — Colbert....	427
	Louvois. — Guerre de Flandre (1667)..........	428
	Guerre de Hollande (1672)......	429
	Révocation de l'édit de Nantes (1685)..........	430
LXIX.	LA RÉVOLUTION D'ANGLETERRE (1688). — Réveil des idées libérales en Angleterre (1673-1679).......	432
	Réaction catholique et absolutiste; Jacques II (1685). — Chute de Jacques II (1688); déclaration des droits; Guillaume III (1689)......	433
	Un nouveau droit politique......	434
LXX.	COALITIONS CONTRE LA FRANCE (1688-1714). — Formation de la ligue d'Augsbourg (1686)..........	434
	Guerre de la ligue d'Augsbourg (1689-1697)....	435
	Guerre de la succession d'Espagne (1701-1714)..	436
	Traités d'Utrecht et de Rastadt (1713-1714). — Louis XIV personnification de la royauté de droit divin......	438
LXXI.	LES ARTS, LES LETTRES ET LES SCIENCES AU DIX-SEPTIÈME SIÈCLE. — Les lettres et les arts en France......	440
	Les lettres et les arts dans les pays étrangers...	441
	Les sciences au dix-septième siècle............	443
LXXII.	CRÉATION DE LA RUSSIE, ABAISSEMENT DE LA SUÈDE.	

— États du Nord au commencement du dix-huitième siècle.................................... 444
Pierre le Grand (1682)........................... 446

LXXIII. Création de la Prusse, abaissement de la France et de l'Autriche. — Régence du duc d'Orléans; ministères de Dubois, du duc de Bourbon et de Fleury (1715-1743)................... 449
Formation de la Prusse........................ 451
Marie-Thérèse et Frédéric II; première guerre de Sept ans (1741-1748)...................... 452
Seconde guerre de Sept ans (1756-1763)........ 454

LXXIV. Puissance maritime et coloniale de l'Angleterre. — L'Angleterre de 1688 à 1763........... 456
La compagnie anglaise des Indes orientales..... 458

LXXV. Fondation des États-Unis d'Amérique (1783). — Origine et caractère des colonies anglaises d'Amérique.................................... 459
Guerre d'Amérique (1775-1783). — Washington; la France prend part à la guerre; ligue des neutres.. 460

LXXVI. Destruction de la Pologne; Abaissement des Turcs; Grandeur de la Russie. — Catherine II (1761) et Frédéric II; premier partage de la Pologne (1773)............................ 462
Traités de Kaïnardji (1774) et de Jassy (1792).... 463
Second et troisième partages de la Pologne (1793-1795). — Tentative d'un démembrement de la Suède....................................... 464

LXXVII. Préliminaires de la Révolution. — Découvertes scientifiques et géographiques. — Des lettres au dix-huitième siècle............................ 465
Désaccord entre les idées et les institutions..... 466
Réformes opérées par les gouvernements....... 467
Dernières années de Louis XV (1763-1774)...... 469
Louis XVI jusqu'à la Révolution................. 470

HISTOIRE CONTEMPORAINE

LXXVIII. La Révolution (1789-1792). — Le droit divin et la souveraineté nationale........................ 471

	L'assemblée constituante jusqu'à la prise de la Bastille..	473
	Journées d'octobre; l'émigration, constitution de 1791..	474
LXXIX.	COALITION IMPUISSANTE DES ROIS CONTRE LA RÉVOLUTION (1792-1802). — L'Assemblée législative (1791-1792). — Effet produit hors de France par la Révolution; première coalition (1791)....	478
	La commune de Paris. — Journées du 20 juin et du 10 août 1792. — Massacres de septembre.	481
	Première coalition. — Défaite des Prussiens à Valmy, 20 septembre 1792...................	482
	La Convention (1792-1795). — Proclamation de la République Française (21 septembre 1792). — Mort de Louis XVI......................	483
	La Terreur...................................	484
	Le 9 thermidor...............................	486
	Glorieuses campagnes de 1793-1795...........	487
	Constitution de l'an III; le 13 vendémiaire.....	489
	Le Directoire (1795-1799)....................	490
	Campagnes de Bonaparte en Italie (1796-1797)..	491
	Expédition d'Égypte (1798-1799). — Seconde coalition (1798). — Victoire de Zurich.......	492
	Anarchie intérieure; le 18 brumaire...........	494
	Constitution de l'an VIII; le Consulat..........	495
	Marengo; paix de Lunéville et d'Amiens.......	497
LXXIX bis.	GRANDEUR DE LA FRANCE (1802-1811). — Le Consulat à vie......................................	499
	Bonaparte empereur héréditaire (18 mai 1804)..	500
	Troisième coalition; Austerlitz et le traité de Presbourg (1805)..............................	502
	La Confédération du Rhin et les États vassaux de l'Empire.................................	503
	Iéna (1806) et Tilsitt (1807). — Le blocus continental..	506
	Invasion d'Espagne (1807-1808). — Wagram (1809)......................................	507
LXXX.	COALITION VICTORIEUSE DES PEUPLES ET DES ROIS CONTRE NAPOLÉON (1811-1815). — Réaction populaire contre l'esprit de conquête représenté par Napoléon.....................................	508
	Préparatifs d'insurrection en Allemagne........	510
	Progrès des idées libérales en Europe..........	511

	Formation ou réveil des nationalités............	513
	Moscou (1812), Leipzig (1813), campagne de France (1814)...................................	514
	La première Restauration, les Cent-Jours, Waterloo (1814-1815).................................	518
LXXXI.	Réorganisation de l'Europe au Congrès de Vienne. — La Sainte-Alliance. — Congrès de Vienne (1815)..	519
	La Sainte-Alliance (1815)........................	524
LXXXII.	La Sainte-Alliance, les Sociétés secrètes et les Révolutions (1815-1824). — Caractère de la période historique qui s'étend de 1815 à 1830.....	526
	Efforts pour conserver ou rétablir l'ancien régime; situation particulière de la France de 1815 à 1819.....................................	529
	Alliance de l'autel et du trône; la Congrégation..	532
	Le Libéralisme dans la presse et les Sociétés secrètes..	537
	Conspirations (1816-1822). — Assassinats (1819-1820). — Révolutions (1820-1821)............	540
	La Sainte-Alliance fait la police de l'Europe. — Expéditions d'Italie (1821) et d'Espagne (1823).	542
	Charles X (1824). — Ministère congréganiste; loi du sacrilége, etc.................................	551
LXXXIII.	Progrès des idées libérales. — En France : formation d'une opposition légale; l'école romantique et les sciences; commencements du socialisme..	552
	Formation en France d'une opposition légale....	554
	En Angleterre : Huskisson, Canning (1822). — Nouvelle politique étrangère; principe de non-intervention.....................................	557
	Indépendance des colonies espagnoles (1824). — Empire constitutionnel du Brésil (1822). — Révolution libérale en Portugal (1826).......	560
	Affranchissement de la Grèce (1827).............	564
	Destruction des janissaires (1826). — Succès des Russes (1828-1829).............................	566
	Résumé : état du monde en 1828................	567
LXXXIV.	Nouveaux et impuissants efforts de l'ancien régime contre l'esprit libéral. — Don Miguel en Portugal (1828). — Don Carlos en Espagne (1827)..	568
	Le ministère Wellington (1828) et la diète de Francfort..	569

	Le czar Nicolas...........................	571
	Ministère Polignac (1829)..................	572
	Prise d'Alger (1830). — La Révolution de 1830..	573
LXXXV.	Conséquences de la Révolution de Juillet en France ; lutte des conservateurs libéraux et des républicains (1830-1840). — Caractère de la période comprise entre 1830 et 1840.........	574
	Le roi Louis-Philippe........................	575
	Ministère Laffitte (1830)....................	576
	Ministère Casimir Périer (1831)..............	577
	Ministère du 11 octobre 1832.................	579
	Succès au dehors............................	580
	Insurrections à Lyon et à Paris (1834). — Attentat de Fieschi (1835).......................	581
	Ministère Thiers (1836). — Ministère Molé (1836-1839)...	582
	Ministère du maréchal Soult (1839)............	584
LXXXVI.	Conséquences de la Révolution de Juillet en Europe (1830-1840). — État général de l'Europe en 1830..........................	585
	Angleterre : ministère whig (1830) et bill de réforme (1831-1832).........................	586
	Révolution belge (août et septembre 1830)......	588
	Modifications libérales dans les constitutions de la Suisse, de la Suède et du Danemark (1831)..	589
	Révolutions en Espagne (1833) et en Portugal (1834). — Traité de la quadruple alliance (1834)......................................	590
	Efforts impuissants des libéraux en Allemagne et en Italie (1831). — Défaite de l'insurrection polonaise (1831)...........................	593
LXXXVII.	Les trois questions d'Orient (1832-1842). — Intérêts des puissances européennes en Asie......	600
	La première question d'Orient.—Constantinople.	601
	Décadence de la Turquie ; puissance et ambition du vice-roi d'Égypte......................	602
	Conquête de la Syrie par Ibrahim-Pacha (1832). — Traité d'Unkiar-Skelessi (1833)...........	604
	Le traité de Londres (1840) et le traité des Détroits (1841)..............................	605
	La seconde question d'Orient ; l'Asie centrale. — Progrès des Russes en Asie................	608
	Progrès des Anglais en Asie. — Lutte indirecte entre les Anglais et les Russes dans l'Asie centrale..................................	610

La troisième question d'Orient : l'océan Pacifique. 614
Isolement de la Chine et du Japon............ 615
Guerre de l'opium (1840-1843)................ 615
Traité de la France avec la Chine (1844). — Prise de Péking (1860). — Ouverture du Japon (1854). — Acquisition de la Mandchourie par les Russes (1860)........................ 617

LXXXVIII. Préliminaires des révolutions de 1848. — Caractère de la période comprise entre 1840 et 1848. — Progrès des idées socialistes............... 619
La France de 1840 à 1846.................... 624
Angleterre : le libre-échange, l'income-tax et le nouveau système colonial (1841-1849)........ 629
Établissement du régime constitutionnel en Prusse (1847)............................. 631
Agitations libérales en Autriche et en Italie..... 632

LXXXIX. Révolution de 1848. — Révolution en France du 24 février................................. 636
Suites de la révolution de Février en Europe.... 639

LXXXX. Résumé général pour 1815-1848................. 640

FIN DE LA TABLE DES MATIÈRES.

708 — PARIS, IMPRIMERIE LALOUX Fils et GUILLOT
7, rue des Canettes, 7